泰州医药高新区（高港区）年鉴 2024

泰州医药高新技术产业开发区（泰州市高港区）党史方志办公室　编

方志出版社
Publishing House of Local Records

图书在版编目（CIP）数据

泰州医药高新区（高港区）年鉴. 2024 / 泰州医药高新技术产业开发区（泰州市高港区）党史方志办公室编. 北京 : 方志出版社, 2024. 10. -- ISBN 978-7-5144-6353-8

Ⅰ. F127.534-54

中国国家版本馆 CIP 数据核字第 2024N3L682 号

责任编辑：陈菁
责任校对：张玉霞
责任印制：梅中英
出 版 者：方志出版社
地　　址：北京市朝阳区潘家园东里 9 号（国家方志馆 4 层）
邮　　编：100021
网　　址：http://www.zgfzcb.cn
发　　行：方志出版社图书营销中心（010-67110500）
印　　刷：南京凯德印刷有限公司
开　　本：889 毫米×1194 毫米　1/16
印　　张：21.75
字　　数：769 千字
版　　次：2024 年 10 月第 1 版
印　　次：2024 年 10 月第 1 次印刷
定　　价：280.00 元

数字2023

区域面积：402.87平方千米

户籍人口：43.96万人

地区生产总值：1191.95亿元

第一产业增加值：16.19亿元

第二产业增加值：645.37亿元

第三产业增加值：530.39亿元

农林牧渔业总产值：25.55亿元

粮食总产量：11.32万吨

建筑业总产值：667.35亿元

限额以上单位贸易额：1420.96亿元

进出口总额：40.68亿美元

一般公共预算收入：103.18亿元

全体居民人均可支配收入：50975元

城镇居民人均可支配收入：61043元

农村居民人均可支配收入：33193元

荣誉2023

全国生物医药产业园区前十强（第9名）

国家生态文明建设示范区

国家环境健康管理试点

第六批省级全域旅游示范区

全省高质量平安校园建设区

全省文物安全综合管理实验区

全省扫黑除恶斗争先进地区

全省农村河道长效管护第一等次

2022—2023中国医药制造业百强榜榜首（扬子江药业集团）

国家示范物流园区（高港综合物流园）

向新而行　以质攀高

——泰州医药高新区（高港区）高质量发展图片展

大道同行，和合共生。

中国医药城就是泰州，泰州就是中国医药城，市委、市政府一以贯之、坚定不移举全市之力建设中国医药城。泰州医药高新区、高港区融合发展，是市委、市政府聚力建设“中国第一、世界有名”医药名城的利当前、谋长远的战略安排，更是优化市域发展布局、打造未来发展重要引擎和增长极的重大举措。

2021年融合以来，作为中国医药城的核心区，面对艰巨繁重的改革发展稳定任务，泰州医药高新区（高港区）始终坚持以习近平新时代中国特色社会主义思想为指引，全力打造更具向心力、更具竞争力、更具辨识度的改革先行区、创新活力区、发展引领区和幸福示范区，加快建设大健康产业集聚发展的产业高地和未来泰州拥江发展的新城中心，以知重负重、唯实唯勤的实际行动，切实担当起“挑大梁、勇争先”的职责使命。

大道如砥，行者无疆。在市委、市政府的坚强领导下，泰州医药高新区（高港区）将进一步向新而行、以质攀高，动员全区上下坚定信心、鼓足干劲、勇挑大梁，牢牢把握高质量发展这个首要任务，加快打造全市发展新质生产力的重要阵地，为扎实稳健推进中国式现代化泰州新实践作出更大贡献。

（图片展由区党政办、区党史方志办组织，各园区、镇街、部门参与）

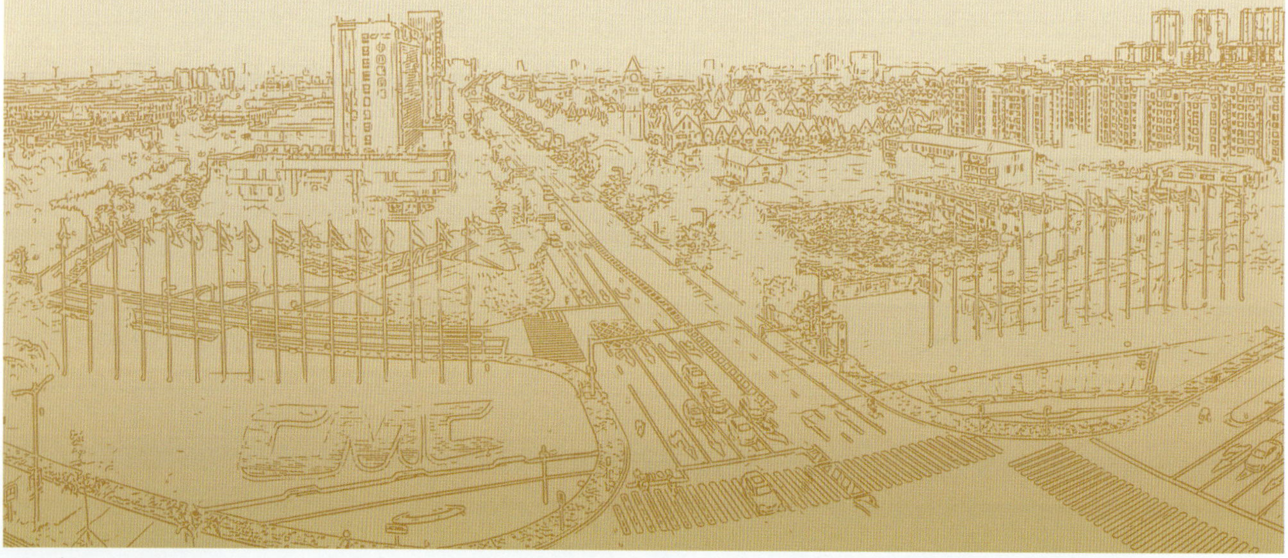

融合发展

1997年4月30日，中共泰州市高港区工作委员会、泰州市人民政府高港区管理委员会成立大会召开

2009年5月29日，泰州国家医药高新技术产业开发区成立大会召开

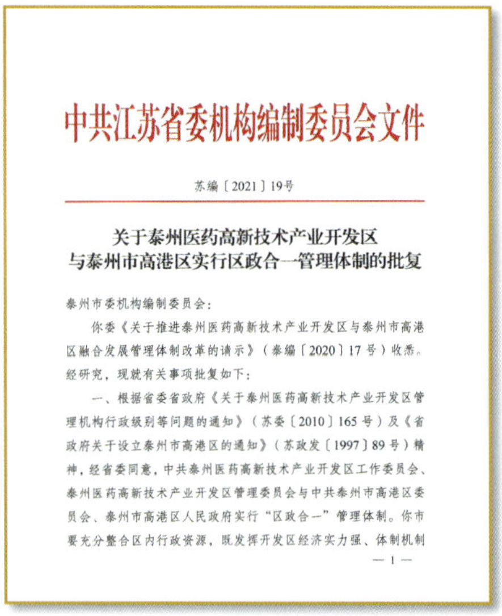

中共江苏省委机构编制委员会文件

苏编〔2021〕19号

关于泰州医药高新技术产业开发区
与泰州市高港区实行区政合一管理体制的批复

泰州市委机构编制委员会：

你委《关于推进泰州医药高新技术产业开发区与泰州市高港区融合发展管理体制改革的请示》（泰编〔2020〕17号）收悉。经研究，现就有关事项批复如下：

一、根据省委省政府《关于泰州医药高新技术产业开发区管理机构行政级别等问题的通知》（苏委〔2010〕165号）及《省政府关于设立泰州市高港区的通知》（苏政发〔1997〕89号）精神，经省委同意，中共泰州医药高新技术产业开发区工作委员会、泰州医药高新技术产业开发区管理委员会与中共泰州市高港区委员会、泰州市高港区人民政府实行“区政合一”管理体制。你市要充分整合区内行政资源，既发挥开发区经济实力强、体制机制

— 1 —

中共江苏省委机构编制委员会《关于泰州医药高新技术产业开发区与泰州市高港区实行区政合一管理体制的批复》

中共泰州市委文件

泰委〔2021〕118号

中共泰州市委　泰州市人民政府
关于印发《支持泰州医药高新区（高港区）率先发展的实施意见》的通知

各市（区）委、人民政府，泰州医药高新区党工委、管委会，市委各部委办、市各委办局，市各直属单位：

《支持泰州医药高新区（高港区）率先发展的实施意见》已经市委、市政府同意，现印发给你们，请认真贯彻执行。

中共泰州市委　泰州市人民政府

2021年6月25日

— 1 —

市委、市政府关于印发《支持泰州医药高新区（高港区）率先发展的实施意见》的通知

2021年6月28日，市委、市政府召开泰州医药高新区、高港区融合发展暨举全市之力建设中国医药城大会

2021年7月28日，中国共产党泰州市高港区第六次代表大会召开

2021年8月6日，泰州市中国医药城建设发展委员会第一次全体会议召开

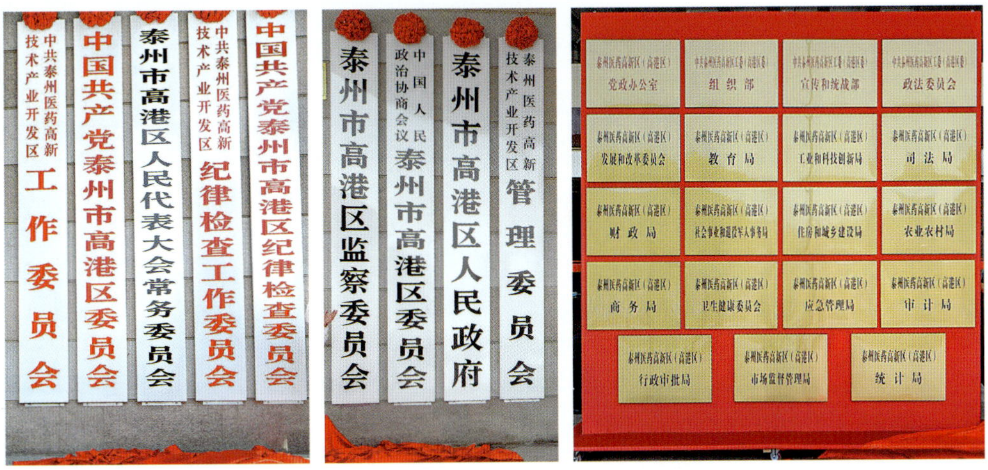

2021年9月27日，泰州医药高新区（高港区）党工委、管委会、纪（工）委和党政部门集中揭牌

2022年6月28日，市委、市政府召开泰州医药高新区（高港区）融合发展推进会

园区改革

全面落实“两集中”“三剥离”任务，推行“园区管理办公室+集团公司”管理模式，强化“KPI+重点工作”考核，实现“五大功能园区”脱胎换骨、转型蝶变。

2022年1月6日，泰州医药高新区（高港区）园区改革动员大会召开

中国医药城疫苗工程中心实验室

生物医药产业园区

2022年1月8日，化学新材料产业园区改革动员大会召开

化学新材料产业园区

电子信息产业园区

2022年1月7日，电子信息产业园区改革动员大会召开

2022年1月24日，泰州港经济开发区管理办公室投资促进中心员额人员集体谈话会召开

高端装备制造产业园区

2022年1月30日，港口物流产业园集体谈话会召开

港口物流产业园区

改革先行区

突出敢闯敢试，致力打造开放包容、敢为人先的改革先行区。围绕完善要素市场化配置，统筹推进“智改数转网联”、“亩均论英雄”、产业园用地整治提升、产业工人队伍建设、绿色制造体系构造等改革，促进各类要素高效流通、高质运行。锚定建设农业强区目标，有序推进全国农村综合性改革试点试验等改革，全面激发乡村振兴动力活力。聚焦打造一流营商环境，创新推行“园区吹哨、部门报到”“一件事一次办”“跨区域通办”“超时默认制”等做法，实现政务服务市、区一体化。创设全国首个“药品监督服务综合体”，省委书记信长星点赞“营商环境高级版”。

区党工委（区委）全面深化改革委员会年度工作要点

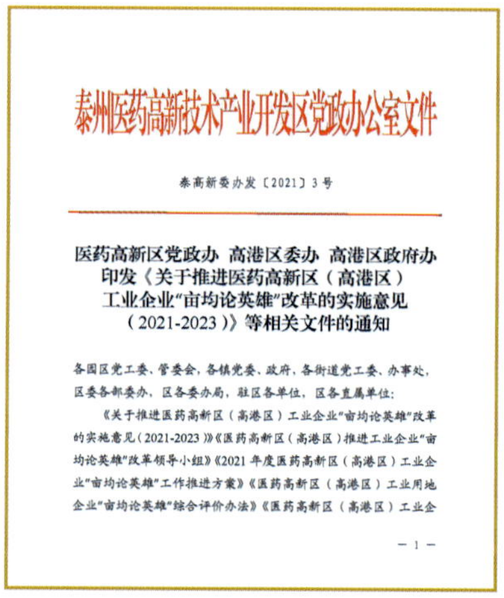

泰州医药高新技术产业开发区党政办公室文件

泰高新委办发〔2021〕3号

医药高新区党政办 高港区委办 高港区政府办
印发《关于推进医药高新区（高港区）
工业企业“亩均论英雄”改革的实施意见
（2021-2023）》等相关文件的通知

各园区党工委、管委会，各镇党委、政府，各街道党工委、办事处，区委各部委办，区各委办局，驻区各单位，区各直属单位：

《关于推进医药高新区（高港区）工业企业“亩均论英雄”改革的实施意见（2021-2023）》《医药高新区（高港区）推进工业企业“亩均论英雄”改革领导小组》《2021年度医药高新区（高港区）工业企业“亩均论英雄”工作推进方案》《医药高新区（高港区）工业用地企业“亩均论英雄”综合评价办法》《医药高新区（高港区）工业企

— 1 —

推进“亩均论英雄”改革，3亩以上工业企业亩均税收29万元，全市第一

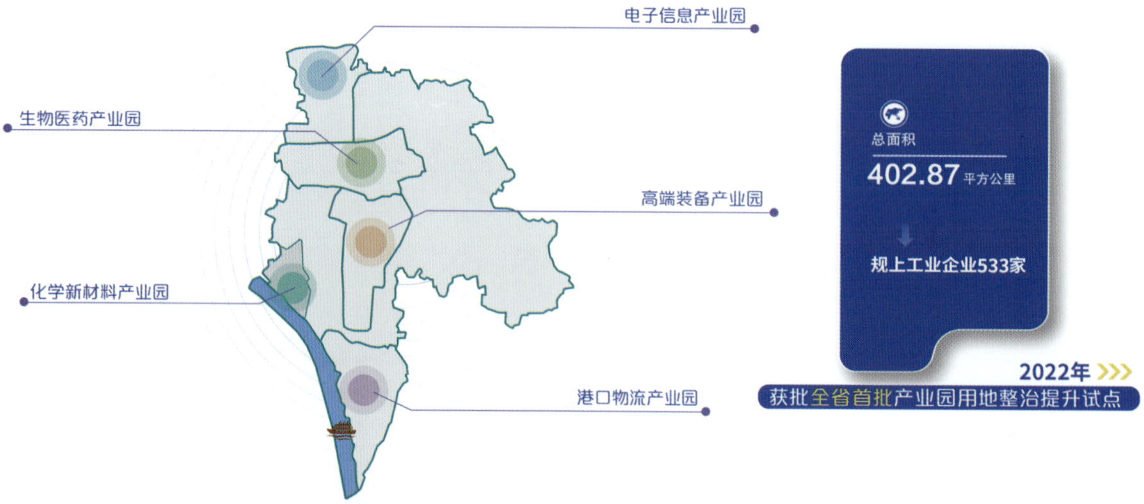

开辟产业园用地整治提升新路径，实施整治提升项目16个，盘活和提升低效工业用地1660亩

蓝思精密（泰州）有限公司

盛虹动能科技（泰州）有限公司

精诚工科汽车零部件绿色智能制造生产线

全国农村综合性改革试点试验项目——“大泗良食”

2023年4月7日，泰州医药高新区（高港区）产业工人队伍建设改革联席会议暨工作推进会召开

政务服务中心工程建设项目专区

推行“园区吹哨、部门报到”工作机制

市、区政务服务中心一体化办公

打造全国首个“药品监督服务综合体”

创新活力区

突出蓄势赋能，致力打造人才荟萃、动能澎湃的创新活力区。建成新型研发机构、公共服务平台等创新载体29个。北大医学部（泰州）医药健康产业创新中心正式启用，复旦大学泰州健康科学研究院“国家级泰州队列研究中心”加快建设；携手复旦大学重组扬子江药业国家重点实验室，与华西海圻合作共建非临床安全评价中心；中科院大化所中国医药城生物医药创新研究院推动中药绿色发展，ICGEB-泰州区域研究中心架起国际合作交流桥梁。谋划建设泰州健康实验室，打造具有核心竞争力的创新生态。深入实施“科技型企业培育计划”，新增国家级专精特新“小巨人”企业12个，“潜在独角兽”“瞪羚”企业数量、占比领跑全市。推进“智改数转网联”三年行动计划，新增省级智能工厂4个、省级智能制造示范车间31个。迭代升级“113医药人才特别计划”、“凤栖高新”英才计划，新引进高层次人才（团队）2480人（个）、入选国家级人才计划12名。

2023年10月30日，北大医学部（泰州）医药健康产业创新中心启用

北大医学部（泰州）医药健康产业创新中心

2023年10月19日，“国家级泰州队列研究中心”创建启动仪式

复旦大学泰州健康科学研究院

2022年11月19日，复旦大学与扬子江药业集团合作共建克服递药屏障高端制剂全国重点实验室，图为签约仪式现场

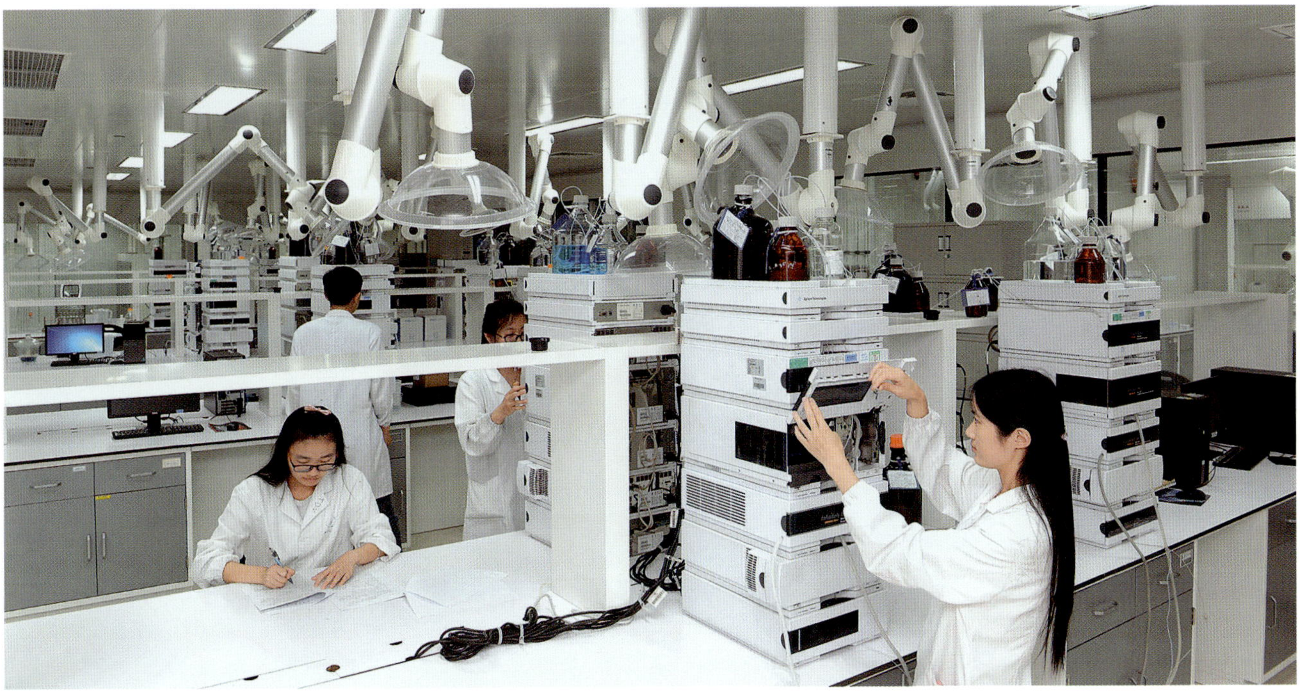

克服递药屏障高端制剂全国重点实验室

中科院大连化物所中国医药城生物医药创新研究院

国际遗传工程和生物技术中心泰州区域研究中心

生物医药产业园区疫苗工程中心

2024年1月12日，泰州海华医药科技有限公司与成都华西海圻医药科技有限公司在中国医药城签约，携手共建中国医药城药物非临床研究中心

中国医药城药物非临床研究中心效果图

扬子江药业集团等4个企业入选省级智能工厂，图为扬子江药业集团江苏龙凤堂中药有限公司

长城汽车股份有限公司泰州分公司智能焊接生产线

12个企业入选国家级专精特新“小巨人”企业，图为泰州苏中天线集团有限公司

9个企业获评省级“潜在独角兽”企业，图为江苏荃信生物医药股份有限公司

2024年5月30日，泰州医药高新区（高港区）举办“潮创新高 遇见未来”创咖会

2023年5月29日，“潮创高新”第二届中国医药城人才发展大会召开

2023年10月24日，第十届中国（泰州）国际大健康产业高层次人才创新创业大赛颁奖仪式在泰州医药高新区（高港区）举办

2023 年 5 月 13 日，2023“泰州日”暨“药城进药大”系列活动在中国药科大学举行

2023 年 5 月 24 日，泰州医药高新区（高港区）举行青年人才驿站授牌仪式

发展引领区

突出质量效益，致力打造实力强劲、优势凸显的发展引领区。加速布局“1+3+N”特色产业体系，大健康产业规模持续突破，高端装备制造、电子信息及智能制造、石化及新材料等支柱产业稳中有进，新兴产业快速壮大，未来产业前瞻布局，特色鲜明、高端引领的现代化产业体系加快建立。港口能级持续提升，集装箱码头二期建成投用，泰州港跻身“3亿吨大港”，国家药品进口口岸获批并运营，获批全国跨境电子商务综合试验区。项目建设量质齐升。盛虹新型储能电池、国能煤炭储运交易中心、生物基高分子材料等一批百亿级项目接连突破，为产业高质量发展构筑强劲支撑。“三比一提升”新竣工项目78个，实际完成投资642.3亿元，竣工转化率全市首位。8个药企陆续成功上市，资本市场中国医药城板块加速崛起，中国医药城首次进入全国生物医药产业园区综合竞争力十强。

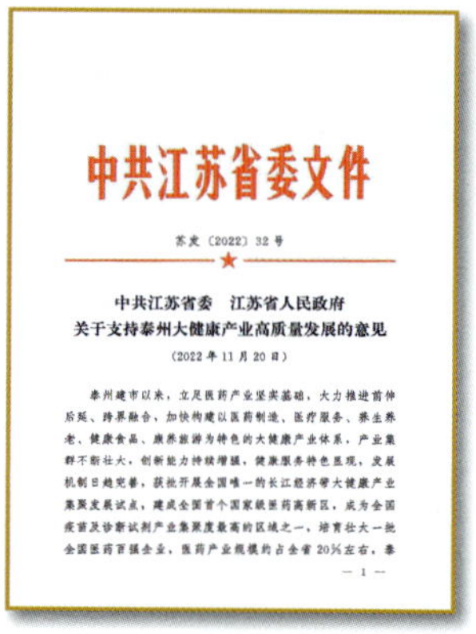

中共江苏省委文件

苏发〔2022〕32号

中共江苏省委　江苏省人民政府
关于支持泰州大健康产业高质量发展的意见

（2022年11月20日）

泰州建市以来，立足医药产业坚实基础，大力推进前伸后延、跨界融合，加快构建以医药制造、医疗服务、养生养老、健康食品、康养旅游为特色的大健康产业体系，产业集群不断壮大，创新能力持续增强，健康服务特色显现，发展机制日趋完善，获批开展全国唯一的长江经济带大健康产业集聚发展试点，建成全国首个国家级医药高新区，成为全国疫苗及诊断试剂产业集聚度最高的区域之一，培育壮大一批全国医药百强企业，医药产业规模约占全省20%左右，泰

— 1 —

省委、省政府出台《关于支持泰州大健康产业高质量发展的意见》

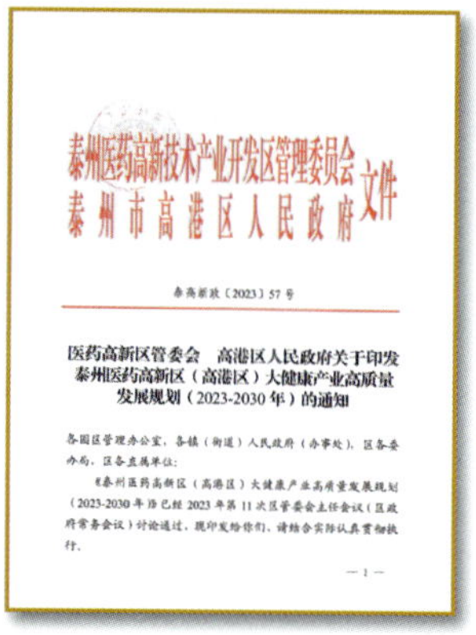

泰州医药高新技术产业开发区管理委员会
泰州市高港区人民政府
文件

泰高新政〔2023〕57号

医药高新区管委会　高港区人民政府关于印发
泰州医药高新区（高港区）大健康产业高质量
发展规划（2023-2030年）的通知

各园区管理办公室，各镇（街道）人民政府（办事处），区各委办局，区各直属单位：

《泰州医药高新区（高港区）大健康产业高质量发展规划（2023-2030年）》已经2023年第11次区管委会主任会议（区政府常务会议）讨论通过，现印发给你们，请结合实际认真贯彻执行。

— 1 —

区管委会、区政府出台《泰州医药高新区（高港区）大健康产业高质量发展规划（2023—2030年）》

泰州医药高新区（高港区）党政办公室文件

泰高新政办〔2024〕5号

泰州医药高新区（高港区）党政办公室关于印发
泰州医药高新区（高港区）推进新型工业化
加快制造强区建设实施意见的通知

各园区管理办公室，各镇（街道）人民政府（办事处），区各委办局，区各直属单位：

《泰州医药高新区（高港区）推进新型工业化加快制造强区建设的实施意见》已经医药高新区党工委2024年第4次会议、六届高港区委第72次常委会会议、第2次区管委会主任会议（区政府常务会议）审议通过，现印发给你们，请结合实际认真贯彻落实。

泰州医药高新区（高港区）党政办公室

2024年2月23日

— 1 —

泰州医药高新区（高港区）党政办公室文件

泰高新政办〔2024〕8号

泰州医药高新区（高港区）党政办公室关于印发
泰州医药高新区（高港区）推进新型工业化
加快制造强区建设若干政策意见的通知

各园区管理办公室，各镇（街道）人民政府（办事处），区各委办局，区各直属单位：

《泰州医药高新区（高港区）推进新型工业化加快制造强区建设的若干政策意见》已经医药高新区党工委2024年第4次会议、六届高港区委第72次常委会会议、2024年第2次区管委会主任会议（区政府常务会议）审议通过，现印发给你们，请结合实际认真贯彻落实。

泰州医药高新区（高港区）党政办公室

2024年3月12日

— 1 —

出台关于推进新型工业化加快制造强区建设的政策意见

扬子江药业集团站稳全国医药工业企业百强榜前列

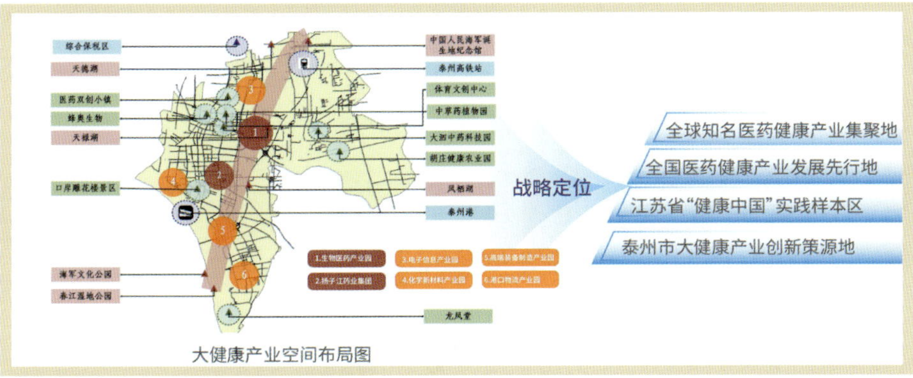

大健康产业空间布局图

大健康产业空间布局图、战略定位

2024年2月28日，泰州医药高新区（高港区）召开“全区弘扬企业家精神 推进新型工业化大会”

2023年2月24日，第三届“健康中国”发展大会在泰州医药高新区（高港区）召开

2023年10月20日，健康中国建设研讨会在泰州医药高新区（高港区）召开

2022年11月19日，泰州市、连云港市、无锡市国家级生物医药集群建设正式启动

2023年10月19日，第十四届中国（泰州）国际医药博览会开幕

生物医药产业园区

致力打造成国内规模最大、产业链最完善的生物医药产业基地。集聚包括阿斯利康、雀巢、勃林格殷格翰等14个跨国企业在内的1300多个生物医药企业，培育8个本土上市企业，形成“4+2”产业链条，即生物药、化学药新型制剂、体外诊断试剂及高端医疗器械、现代中药四大支柱产业，特医配方食品、动物保健类药物两大特色产业。引进4300多名生物医药类海内外高层次人才；着力构建大健康全链条创新生态系统；获评国家创新型特色园区、全国唯一的新型疫苗及特异性诊断试剂产业集聚发展试点、特殊食品产业集群示范基地。

共有8个医药企业成功上市，图为江苏瑞科生物技术股份有限公司等4个医药企业上市仪式

阿斯利康药业（中国）有限公司持续为中国及国际市场生产和供应高质量产品

2023年，江苏硕世生物科技股份有限公司荣登中国医药工业百强

雀巢健康科学（中国）有限公司上市一批特医配方食品明星产品

泰州迈博太科药业有限公司成功上市消化科、风湿科及皮肤科等多个适应症的生物药品，填补国产空白

化学新材料产业园区

聚焦高端石化、新材料及新能源等主导产业，致力打造以中海油气泰州石化为龙头的全国规模最大的润滑油产业基地、以常青科技为支撑的高端化学新材料产业基地和以盛虹动能为代表的新型储能电池及系统集成生产基地。通过省化工园区认定，入选全国首批清洁生产审核创新试点项目，获评省级“工业互联网+安全生产”试点园区。

2023年，总投资120亿元的盛虹集团新型储能电池及系统集成项目实现“当年签约落户、当年开工建设、当年竣工投产”

2023年12月18日，总投资100亿元的高分子材料生产基地项目签约

2024年3月18日，总投资50亿元的高端润滑油、特种油国产化产业升级项目签约

中海油气（泰州）石化有限公司

江苏海阳锦纶新材料有限公司

电子信息产业园区

围绕电子信息和高端装备制造两大主导产业方向，立足现有产业基础，逐步拓展电子产品核心部件、电力电气及新能源装备、半导体装备制造等产业热点领域。总投资100亿元的泰州蓝思精密消费类电子产品精密部件扩能项目入围2022年江苏省重大项目，并于2023年全部建成达产。坚持节约资源、效益为先，先后培育平高泰事达、新源电工、信力机械等一批税收过千万元的专精特新优质企业；通过盘活标准厂房16.6万平方米，增加租金收入2000万元、税收5000万元。

泰州综合保税区

蓝思精密（泰州）有限公司

巨腾电子科技（泰州）有限公司

江苏平高泰事达电气有限公司

高端装备制造产业园区

重点打造以新能源汽车及零部件产业为主导，以食品饮料、高端医疗器械等产业为支撑的“1+2”现代产业体系，先后招引落户长城汽车、精诚工科、曼德电子、蜂巢蔚领、万向精工、统一企业、苏萨食品、统之幸食品、华润雪花等一批重点企业。获批国家火炬新能源汽车及关键零部件特色产业基地、国家级科技企业孵化器、国家级众创空间、国家知识产权试点园区、中国产学研合作创新示范基地、中国通用动力产业基地、省汽车零部件产业基地等国家级和省级品牌20余个。2023年，该园区在中国社会科学院发布的“中国省级开发区高质量发展百强榜单”中，名列第四位。

长城汽车股份有限公司泰州分公司欧拉好猫产品在新能源汽车市场杀出重围，被誉为中国汽车界的“奥斯卡”

江苏苏萨食品有限公司生产线

蜂巢蔚领动力科技(江苏)有限公司

诺博汽车零部件(泰州)有限公司

精诚工科汽车零部件(泰州)有限公司

曼德汽车零部件(泰州)有限公司

港口物流产业园区

重点打造以港航服务为引领，以临港制造、医药原料药、智能制造三大产业为支撑的"1+3"产业体系，高质量建设全省现代港口标杆地、大宗商品总部经济新高地、沿江先进制造业集聚地。园区有13.26千米的长江白金岸线，有生产性码头泊位30座(万吨级18座)。连续六年荣获全国优秀物流园区称号，获评国家示范物流园区、江苏省粮食物流产业园。

2023年12月26日，总投资100亿元的煤炭储运交易中心项目签约

2023年8月，江苏泰州高港综合物流园获评全国示范物流园区

2023年11月6日，华永医药制造公共服务平台项目开工建设

2023年12月22日，苏中智慧物流园项目开工建设

2022年3月19日，粮食交易中心粮油物流项目开工建设，建成后将成为长江沿线粮食吞吐能力第一的单体码头

幸福示范区

突出共建共享，致力打造更有温度、更有质感的幸福示范区。紧扣“一轴一核三极三城”总体布局，坚持“以城促产、以产兴城、产城共荣”理念，完善产业载体和城市功能，形成生产、生活、生态融合发展新格局。实施“精致高新”三年行动计划，着力补齐设施短板、提升城市品质，建成投用青年公寓、实验小学东部校区、体育公园、万象城、雕花楼二期等一批重大城市功能性项目。持续打好打赢蓝天、碧水、净土保卫战，空气质量持续向好，创成国家生态文明建设示范区。全国首创实施“健康惠民工程”；新改建学校20余所，创成省义务教育优质均衡发展区、省幼小衔接实验区、省平安校园建设示范区。泰州海军舰艇文化公园建成开放，扬子江龙凤堂创成江苏省工业旅游区，A级旅游景区数量全市最多，创成全省全域旅游示范区。扛起主场之责，省运会、全国象棋青年大师赛、泰州半程马拉松赛等体育赛事在区内成功举办。

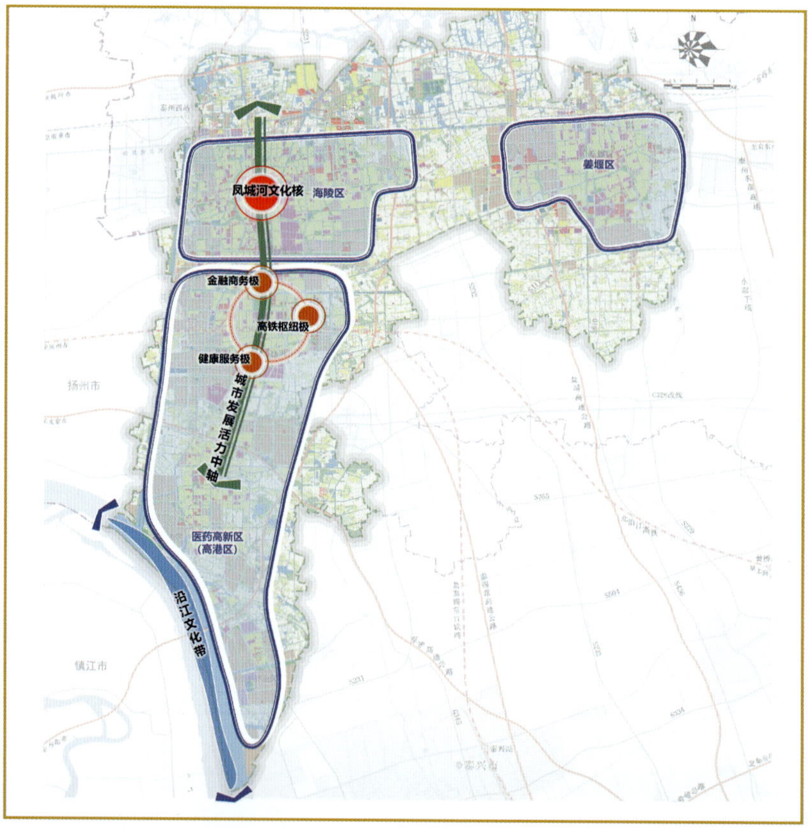

泰州市中心城区国土空间总体格局规划图

药城新貌

泰州金融中心

泰州体育公园

泰州万象城

青年公寓

口岸雕花楼景区二期

市民广场

泰州高铁南站示意图

建设中的泰州高铁南站

2023年10月28日，在中国生态文明论坛济南年会上，泰州医药高新区（高港区）被生态环境部命名为生态文明建设示范区

春江湿地公园

天德湖公园

凤栖湖公园

天禄湖公园

2023年6月，国家能源集团泰州发电有限公司二氧化碳捕集利用封存项目正式投产，建成亚洲最大的火电碳捕集利用与封存项目

港城污水处理厂三期效果图

2022年5月2日，泰州医药高新区（高港区）举办保护长江母亲河"健康江来"志愿放流活动

2023年12月，“高港河蟹”获评全国名特优新农产品

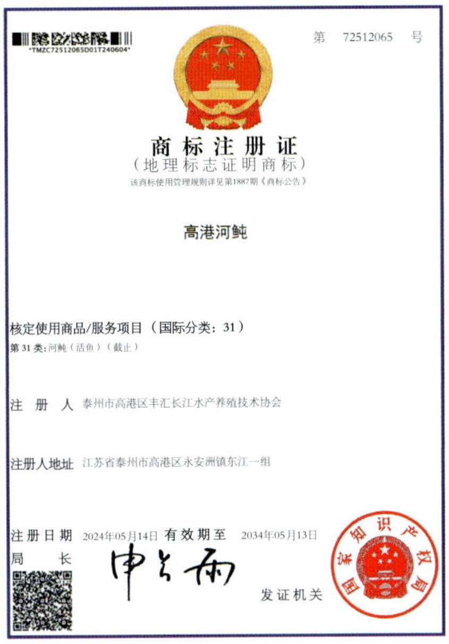

第 72512065 号

商标注册证

（地理标志证明商标）

该商标使用管理规则详见第1887期《商标公告》

高港河鲀

核定使用商品/服务项目（国际分类：31）

第31类：河鲀（活鱼）（截止）

注 册 人 泰州市高港区丰汇长江水产养殖技术协会

注册人地址 江苏省泰州市高港区永安洲镇东江一组

注册日期 2024年05月14日 有效期至 2034年05月13日

局 长

发证机关

2024年5月，“高港河鲀”被国家知识产权局授予国家地理标志证明商标

高新区高级中学效果图

2022年9月10日，泰州市“镜人励学”教育基金会成立暨泰州市高港实验小学“镜人楼”冠名揭幕仪式举行

2023年5月14日，基于泰州医药高新区（高港区）“健康惠民一号工程”的《我国12万人幽门螺杆菌筛查报告》在国内首次发布

2024年1月23日，泰州医药高新区（高港区）新时代文明实践中心、融媒体中心、“学习强国”学习平台泰州医药高新区（高港区）供稿中心揭牌

2024年2月2日，泰州医药高新区（高港区）举办2024迎春文艺演出暨“致敬奋斗者”颁奖活动

2024年4月23日，泰州医药高新区（高港区）举办“凝望那片海”2024年“世界读书日”全民阅读分享活动

2023年4月10日，“王干书屋”揭牌

“玫瑰有约”读书吧成为网红打卡地

2023年5月9—11日，“高新高港杯”第八届全国象棋青年大师赛在泰州医药高新区（高港区）举办

中国人民解放军海军诞生地纪念馆

人民海军诞生地

泰州海军舰艇文化园

2022年8月28日，江苏省第二十届运动会开幕式在泰州体育公园举行

2023年10月15日，2023泰州半程马拉松在泰州体育公园鸣枪开跑

编辑说明

一、《泰州医药高新区（高港区）年鉴（2024）》以马克思列宁主义、毛泽东思想、邓小平理论、“三个代表”重要思想、科学发展观、习近平新时代中国特色社会主义思想为指导，坚持辩证唯物主义和历史唯物主义的立场、观点和方法，全面、系统记述2023年全区自然、政治、经济、文化、社会和生态建设等的年度情况，旨在为领导决策提供参考资料，为社会各界和海外人士了解、研究泰州医药高新区（高港区）提供翔实信息。

二、《泰州医药高新区（高港区）年鉴》是由中共泰州医药高新技术产业开发区工作委员会、中国共产党泰州市高港区委员会、泰州医药高新技术产业开发区管理委员会、泰州市高港区人民政府主办，泰州医药高新技术产业开发区（泰州市高港区）党史方志办公室编纂的年度综合性、资料性文献。首卷于2010年出版，本卷为第15卷。

三、本年鉴采用分类法编辑，设类目、分目、条目3个层次，分目下视情设副分目。类目设30个，包括年度聚焦、大事记、区情概览、中共泰州医药高新技术产业开发区工作委员会·中共泰州市高港区委员会、泰州市高港区人民代表大会、泰州医药高新技术产业开发区管理委员会·泰州市高港区人民政府、政协泰州市高港区委员会、纪检监察、民主党派·群众团体、法治·军事、功能园区、主导产业、开放型经济、农业、工业·建筑业、服务业、科技、经济管理、城市建设、乡村振兴、生态环境、文化·体育、教育、卫生健康、收入与分配、社会事务管理、应急管理、街道·镇、人物·荣誉、附录。条目为记述的基本单位，其标题采用黑体加【 】表示。大事记前有△者，表示与前所记日期相同。

四、本年鉴资料由全区各园区、镇街、部门、单位供稿，并由供稿单位领导审核。撰稿人员署名于条目之后。文中数据及有关内容由区统计局和区保密局审核把关。部分数据因统计口径不同存在差异的，以统计部门提供的统计数据为准。部分数据因四舍五入等原因，总数与分项之和之间存在合理范围内误差。

五、清代及其以前使用朝代年号纪年，括注相应的公元纪年，在同一条目中只首次括注相同朝代年号的公元纪年。中华民国、中华人民共和国采用公元纪年。外币注明币种，人民币不作标注。

六、数字用法、标点符号用法分别采用国家标准《出版物上数字用法》（GB/T 15835—2011）、《标点符号用法》（GB/T 15834—2011），计量单位采用国家技术监督局1993年12月发布的《量和单位》系列国家标准。

七、本年鉴中的机构、缩略语使用规范性简称，附录中设有部分组织机构全称、简称对照表和缩略语注释表。

八、本年鉴卷末设主题分析索引，按汉语拼音字母顺序排列。

目 录

Contents

年度聚焦

Annual focus

大事记

Chronicle of events

区情概览

Overview of Taizhou Pharmaceutical High-tech Industry Development Zone and Gaogang District

中共泰州医药高新技术产业开发区工作委员会 中共泰州市高港区委员会

CPC Taizhou Pharmaceutical High-tech Industry Development Zone Working Committee & CPC Committee of Gaogang District

泰州市高港区人民代表大会

People's Congress of Gaogang District

泰州医药高新技术产业开发区管理委员会 泰州市高港区人民政府

Administration Committee of Taizhou Pharmaceutical High-tech Industry Development Zone & People's Government of Gaogang District

政协泰州市高港区委员会

CPPCC of Gaogang District

纪检监察

Discipline inspection & Supervision

民主党派　群众团体

Non-CPC political parties & Mass organizations

法治 军事

Rule of law & Military

功能园区

Functional parks

主导产业

Functional parks

开放型经济

Open economy

农　业

Agriculture

工业 建筑业

Industry & Construction industry

服务业

Service industry

科　技

Science and technology

经济管理

Economic management

城市建设

Urban construction

乡村振兴

Rural revitalization

生态环境

Ecological environment

文化　体育

Culture & Sports

教　育

Education

卫生健康

Hygiene and health

收入与分配

Income and distribution

社会事务管理

Social affairs management

应急管理

Emergency management

街道 镇

Sub-districts & Towns

人物　荣誉

Figures & Honors

附　录

Appendices

索　引

Index

年度聚焦

学习贯彻习近平新时代中国特色社会主义思想主题教育

2023年，区党工委（区委）统筹推动全区5个县处级领导班子、70个区属参学单位、2.4万名党员，牢牢把握“学思想、强党性、重实践、建新功”总要求，在省委第七巡回督导组和市委主题教育办的指导下，坚持学思用贯通、知信行统一，加强组织领导，认真谋划推进，推动主题教育取得实效。

一、坚持统筹谋划，以严密组织把方向、抓落实

牵头抓总定方向　区党工委（区委常委会）带头，第一时间组织学习领会习近平总书记最新重要讲话精神，贯彻落实省、市委主题教育各项部署安排，及时召开主题教育领导小组会议、主题教育工作推进会、园区（镇街）主题教育调度会、基层党组织书记培训会等，推动各项任务落地落细。组织区党工委（区委）主题教育办制定各类针对性答复意见、工作提示28个，引领全区各参学单位方向不偏、焦点不散。省委印发2张责任清单和2张任务清单后，区党工委（区委）第一时间组织全区传达学习，督促各级党组织书记履行“第一责任人”职责，把主题教育谋划好、组织好、推进好。

融入特点巧布局　区党工委（区委）主题教育领导小组牵头，全面落实省、市要求，制定区级实施方案，结合大健康产业发展实际，擦亮“两高”主题教育学用转化成色，有效提高全区开展主题教育的针对性和实操性。着眼推动全区各参学单位找准自身定位，指导参学单位制定工作方案，先后开展3轮审核修改，在具体举措中，体现落实导向、问题导向、效果导向，结合各自实际，找准找实问题，做到“基础工作不漏项、规定动作不缺项、创新动作选好项”，防止“上下一般粗”“上下一个样”，确保从谋划起步阶段，就把发力方向选准、基础工作打牢。

精细指导促落实　抽调精干力量，设立主题教育办及其内设机构，针对不同基层党组织特点，按照“组纪联动”模式组建4个联络组，同时依托区纪（工）委监委12个派驻纪检监察组、区国资办工作力量，加强对各领域党组织开展主题教育的联络服务和工作指导。注重全过程精准指导，区分县处级以上领导班子、基层党组织、联络组3个层面，组织区党工委（区委）主题教育办每周分别制定下周重点任务清单，帮助各级党组织理清思路、明确方向，制发周重点任务清单18期、54张。研究制定《园区、镇街、区级部门（单位）主题教育开展情况过程评价、跟踪问效办法》，明确评估结果纳入年度党建考核，每月完成参学单位主题教育开展情况评估。坚持分类指导，推行“看问评督”指导模式，加强对参学单位完成规定动作、落实重点措施的过程评估，形成差别化评价结果，派员跟踪问效，并按照“家家到”要求，对全区参学单位开展5轮推演督导调研，把严的标准贯穿始终。针对发现的问题实行“双反馈”，既反馈给参学单位党组织及时进行整顿，也反馈给相关联络组对照自查，推动同步整改提升。

二、坚持学深悟透，以理论学习强党性、固根基

关键少数示范带动　区党工委（区委常委会）带头，以区级领导班子成员为主体，其他县处级干部参与，将理论学习作为“第一议题”，组织区级领导班子读书班、理论学习中心组学习，推动结合集中学习、个人自学体悟，开展集中交流研讨6次，区级领导班子成员人均参与交流2次以上。组织全区80名县处级以上领导干部逐一制定《个人学习计划》，将内容具体到周、落细到具

体篇目，抓好常态化个人自学。带动党员领导干部，尤其是各级党组织书记结合学习情况，提前确定党课选题，并对区级领导班子党员领导干部的党课选题进行审核把关，从源头上确保讲党课质量。区级领导班子开展“牢记嘱托、感恩奋进、走在前列”大讨论，班子成员围绕“走在前列的要求是什么”“我们的差距在哪里”“下一步怎么干”等方面开展讨论交流。深挖党的路线、方针、政策在区内的生动实践，整理汇编20个鲜活案例，组织县处级以上领导干部到基层各领域，通过以案阐释、以案明理，将党的创新理论讲细、讲实、讲活，相关做法被《人民日报》头版报道。

绝大多数同步行动　组织各领域986个基层党组织系统制定学习计划，依托“三会一课”、主题党日等活动载体，开展集中学习。指导各基层党组织开展“牢记嘱托、感恩奋进、走在前列”讨论，组织广大党员结合工作实际，谈思想认识、谈感悟体会、谈差距不足、谈对策建议。坚持以党内教育带动全员学习，聘请115名镇街党校兼职教员，焕新12个镇街党校、19个组织生活馆，定期运用党员“听得懂、坐得住、有收获”的方式开展理论宣讲，累计开展宣讲370多次，带动2.1万名党员参与学习研讨。突出特色导学，注重从泰州医药高新区（高港区）红色文化资源中挖掘教育素材，有针对性开辟人民海军诞生地、海军舰艇文化园、高港烈士陵园等红色学习路线，每条突出1～2个方面特色内容，先后组织各级党员干部现场学习6610余人次、开展教育研讨442次。

重点群体分类推动　坚持问题导向，区分8个领域分类制定指导方案，在普遍抓好流动党员、老年党员理论学习的同时，突出对园区主导产业领域党员理论学习的指导推动。统筹安排分组联学，以园区、镇街为单位，打破领域隔阂，推动136个强弱支部结对联学，实现同学习、同提升。抓好面向广大团员和青年的主题教育，围绕助力青年和人才友好型城市建设，建立“生动故事+现场研学+深刻理论”学习模式，推进“校地”联学。组织5个产业联盟党委，创新领导挂钩领学、“红链”专员带学等方式，引导链上企业党员精准参加学习。打破行业限制，破解大健康产业高层次人才党员人员较密集、需求有差异的难题，分类设立科研团队理论学习小组，该做法得到中央主题教育巡回指导组肯定，被《江苏新时空》等推介。

2023年11月4日，区级领导班子主题教育正面典型案例解剖式调研活动在化学新材料产业园区举行　　化学新材料产业园区　供图

三、坚持求真务实，以调查研究察实情、解难题

紧盯正反典型复盘解剖　区党工委（区委常委会）牵头，结合区情实际，深挖细找、精心比选正反案例选题，确保正面案例有可总结、能推广的经验，反面案例有可复盘、能警醒的启发。专题制定调研方案，精准选择有典型性的现场调研点，排定有代表性的交流研讨对象，通过“现场看、集中学、研讨谈、精准点”的形式，解剖麻雀、举一反三，努力把问题研究得更深更透、对策提得更准更实，真正做到解剖一个问题，解决一类问题。在全市各市（区）中率先完成区级领导班子正反面典型案例调研，形成调研报告，其中反面案例调研工作得到省委督导组肯定。

紧抓堵点难点解题施策　组织县处级以上领导干部学习《在全党大兴调查研究工作方案》，要求统筹主次要矛盾，处理好管当下和利长远的关系，推动人人领题，确定“小切口”课题76个，逐一制定调研方案。区党工委（区委）主题教育领导小组成立5个课题评估预审小组，对课题的选题角度、实用价值、预期目标等先后预审3轮，杜绝选题地气不足、价值不高等问题，确保调研课题精准聚焦。在主题教育办设立调研协调组，统筹领导干部调研活动，避免扎堆多头调研。先后开展调研251人次，通过情景式、参与式互动体验，掌握第一手鲜活资料，推动现场协调解决实际难题167个，跟进督办难题231个，钝化解决基层突出矛盾纠纷问题62件，收集意见建议372个，76个调研主体形成调研成果。

紧扣成果转化走深走实　坚持“当下改”与“长久立”相结合，运用主题教育的探索实践，总结提炼经验做法，建立成果转化定期调度机制，依托党（工）委工作例会等，组织定期汇报成果转化进度。建立成果转化运用清单，推动加快将调研中经过论证、成熟可行的好做法、好经验，运用到稳增长、惠民生、促发展的工作中。梳理在主题教育过程中暴露出的突出问题和工作中的短板漏洞，有针对性建立健全一些行得通、做得实、管长远的制度机制，研究出台《区级财政专项资金管理办法》《全区发展新型农村集体经济的若干措施》《全区“园中区”项目环评审批改革试点实施方案》等16个政策规定。

四、坚持学用转化，以实干实绩促发展、惠民生

保持定力加快发展　始终把抓经济、稳经济作为第一要务，切实把在主题教育中焕发出来的学习热情转化为干事创业的强大动力，坚持目标必成，全力争先进位。全面开展党员干部直接联系企业“百千万”行动、亲企清政走访服务活动，构建“四上”企业挂钩服务体系，解决企业各类问题614个，为各类市场主体减税降费15.07亿元。成功举办第十四届中国（泰州）国际医药博览会，成立生物医药供应链联盟，启用北大医学部（泰州）医药健康产业创新中心，专班服务阿斯利康安达唐、中慧元通四价流感疫苗等产品上市，2023年大健康产业规模突破1200亿元，中国医药城首次进入全国生物医药产业园区综合竞争力十强。以学用成果促成项目招引质量提升，12月先后招引落户高分子材料生产基地项目、煤炭储运交易中心项目2个，总投资分别达100亿元的延链补链强链项目。

全力以赴增进福祉　组织党员干部深入群众听民意、访民情，梳理群众问题清单，采取台账式管理、项目化推进、责任制落实的方式，着力把“民生清单”转化为人民群众的“幸福账单”。聚焦就业、教育、医疗、托育、住房、养老等领域突出问题，十大类30项民生实事扎实推进，新增全市义务教育“新优质学校”3所，创成省级普惠托育机构1个，高新区高级中学开工建设；完成刁铺、许庄卫生院迁址新建和3个医共体组建，全区首个医养结合型养老机构投入运行；实施城建重点项目39个，完成老旧小区改造6个，筹建保障性租赁住房3167套；铺设城乡污水管网136千米、燃气管网10千米，防洪排涝圈层建设、城区积淹点改造等工程加快实施；新增智能充电点位3000个、改造停车位3500个，相关做法被央视《新闻直播间》、中央主题教育官网等宣传推介。

鲜明导向担当作为　结合推进主题教育，聚焦引导党员干部“树立和践行正确政绩观”主题，联合省、市委组织部制作党员教育图解作品，被中组部“共产党员”、省委组织部“江苏先锋”微信公众号头条转发。深化“学习身边榜样”活动，全区优选14名弘扬“四敢”担当身边典型，在全市率先启动身边典型“四敢”担当事迹巡回宣讲活动，累计开展宣讲活动37场次，近5000名各领域党员干部现场聆听，相关做法得到省委督导组肯定。聚焦激励干部担当作为，编印自学教材《领导干部“能下”案例》，对照“能下”23种情形，精选50个案例，用“活教材”推动学习入脑更入心。开展“立足岗位作贡献”“双报到、双服务”活动，45个区级机关部门（单位）党组织与社区参与组织共建，区分不同层次、不同领域、不同群体党员实际情况，推动机关企事业单位6200余名党员深入一线、服务基层，组建395支党员突击队，实施共建项目48个，引导党员在推动发展、服务群众中发挥作用、争先作为。

五、坚持动真碰硬，以整改整治强作风、求实效

压实责任抓整改　区党工委（区委）主题教育办牵头相关职能部门，成立12个问题排查预审小组，对全区70个参学单位排查的458个问题、制定的1342条措施逐一审核，确保问题梳理精准、整改措施靠实。建立每月调度研判机制，及时了解掌握责任单位整改进度，累计召开工作调度会8次，提出有针对性的意见建议58个，通过“挂图作战”推动问题真改、实改。采取暗访抽查、实地走访等方式，全面核实问题整改工作情况，特别是对群众反映诉求是否解决、群众是否满意等情况进行动态跟进，针对“基层突出问题大起底”问题，组建攻坚支部49个，建立“逐题回访+逐项销号”机制，统筹解决各类问题425个，实现所有问题100%解决。

聚焦发展抓整改　聚焦影响和制约高质量发展的堵点痛点难点问题，区党工委（区委）领导班子成员带头到一线现场办公，通过实地走访、座谈交流、数据分析等方式，寻找问题症结，制定破解举措，抓好整改落实。开展国企投融资、政府工程、营商环境等领域专项整治，深化产业园用地整治提升试点和“亩均论英雄”改革，盘活土地253.33公顷；推进国资国企改革深化提升行动，盘活闲置资产面积超50万平方米，创成全市首个双AAA主体信用评级国企；获批国家药品进口口岸，建成全国首个“药品监督服务综合体”，实体化运行新药申报服务中心、医药政策服务中心、审评核查服务中心，园区药品监管事项平均办理时间缩短40%，药械审评平均办理时间缩短33%；推动市、区政务服务中心一体化运行，创新实施“拿地即开工”“一件事一次办”等改革，着力减事项、减材料、减环节、减时限，做到“成本低”“速度快”“效率高”。

对照检视抓整改　组织开展专题民主生活会和组织生活会，区级领导班子带好头、作表率，联系自身思想、工作实际找差距、寻根源、触灵魂，既找理论短板、工作弱项，又找思想差距、作风不足，班子成员查摆问题人均超过10条，原因分析人均超过3条。区管领导班子在开展专题学习、谈心谈话、问题剖析基础上，在专题民主生活会中拿起批评和自我批评的武器，进行严肃的党

内政治生活，推动问题解决。986个基层党组织按要求召开专题组织生活会，坚持刀刃向内，每位党员检视学习贯彻党的创新理论情况、党性修养提高情况、联系服务群众情况、检视发挥先锋模范作用情况，用好批评武器，找准问题、开出药方，一着不让抓好整改落实。

［区党工委（区委）组织部］

创成国家生态文明建设示范区

2018年，高港区入选江苏省首批省级生态文明建设示范区，并于2021年通过省级复核。2023年4月，泰州医药高新区（高港区）启动国家生态文明建设示范区创建工作。2023年10月，入选七批国家生态文明建设示范区。

一、强化顶层设计，健全高效有力的生态制度体系

强化组织领导　成立泰州医药高新区（高港区）生态文明建设领导小组，由区党工委（区委）、区管委会（区政府）主要领导任组长，相关部门主要负责人为成员，负责统筹部署生态文明建设示范区创建的各项工作，及时协调解决创建过程中的重大问题。严格落实生态文明建设党政同责、一岗双责，实现河湖长制、断面长制、点位长制全覆盖，一线协调解决生态环保工作中存在的困难和问题。健全党委、政府负责，人大政协监督，环保部门统一监管，责任部门密切协同，群众共同参与的生态文明建设，监督考核和长效管理工作机制。

强化监管监控　建立和运用“空天地”智慧监测监管手段，持续开展环境质量监测，深化生态环境质量分析评价、预测预报和风险评估。加强重点排污单位执法监测，规范排污单位自行监测。完成25个重点行业企业工况在线监控，46个重点排污单位污染源监测监控系统建设任务，21个重点行业企业用电、工况、视频监控安装。各园区全面开展污染物排放限值限量管理，相关监控装置均处于联网运行中。建立重点企业的碳排放监测、报告与核查制度，推动国家能源集团泰州发电有限公司开展碳排放监测工作，泰州金泰环保热电有限公司、江苏联美生物能源有限公司开展减碳探索工作。完善温室气体排放清单，建立温室气体排放监测体系及监测网络。

严格制度执行　加强规划环评管理，强化规划环评的约束和指导作用。落实“三线一单”生态环境分区管控要求，发挥“三线一单”在优布局、控规模、调结构、促转型中的指导作用以及对项目环境准入的硬约束。严格执行建设项目环境影响评价制度，推进区域评估与项目环评联动，对符合相应条件的建设项目简化环评审批手续。全面落实排污许可责任，加强排污许可监管。坚决遏制“高能耗、高排放”项目盲目发展，对不符合要求的“两高”项目，坚决停批停建。完善区域能评制度，启动编制区域能评工作方案。

建立长江流域生态修复机制　严格遵守长江生态缓冲带生态保护要求，科学安排生态、生产、生活空间，落实岸线退出要求。建立长江排口数据库和常态化监管制度，推进生态保护修复和岸线优化利用。建立长江生态保护修复协调机制，严格执行长江禁捕，严厉打击非法采砂，制定针对性、常态化执法监管方案，完善突发事件应急预案。创新实施生态缓冲区示范工程，在赵泰支港汇入长江末端建设生态缓冲区。推进自然生态系统保护与修复，打通生态价值转化路径。

二、深入保护治理，建设安全优美的生态环境体系

稳步改善大气环境　严格落实空气质量点位长制度，运用定期约谈、资金引导、豁免政策等手段，不断推动突出大气环境问题解决。组织实施大气防治重点工程。制定大气污染整治计划清单，排定大气污染防治工程，推进产业结构调整、挥发性有机物源头替代、污染综合治理。强化企业精细化管控，对全区企业进行全面排查，形成问题清单，逐一整治，逐一销号。抓好城乡面源管控，建设乡镇大气自动监测站点，实施严格的工地、港口扬尘污染防控，加大柴油货车、非道路移动机械等移动源污染防治。统筹常态化巡查和重点专项巡查，开展大气专项执法。对各类大气污染源开展巡查，发现问题及时督办整改。强化重点时段、重点行业、重点区域、重点污染物执法监管，精准严厉打击各类大气污染违法违规行为。

持续改善水环境　坚持以“河湖长制”促进“河湖长治”，强力推进村级以上河道“三乱两违”专项整治。设置区、镇、村三级河（湖）长290余名，对管护范围内的河湖开展常态化巡查，累计履职3万余次。印发《泰州医药高新区（高港区）河道长效管理实施意见》，夯实制度保障。深入推进“健康长江泰州行动”，细化分解任务，组织实施长江入河排污口分类整治。制定水质保障方案，根据全区水质的实际情况，编制区域水污染物平衡核算方案，国、省考断面提优争先“一断

面一方案”，着力解决影响断面水质稳定的突出水生态、水环境问题，合理划定整治区域范围。严格执行黑臭水体长效管护机制，完成“污水提质增效达标区”建设。协调推进城市建成区雨污分流排查整治改造。加强整治提升汛期水质波动明显断面，重点加强对断面上游的重点污染源排口，排涝泵站、闸口和农田退水排污口的排查整治。加强水质监测，对河长制市、区两级河道15个监测点位开展月度性监测分析，对全区镇街地表水、重点废水排污企业开展常态化监测。合理调度生态用水，引排结合，发挥水利枢纽调度作用，维持南官河基本生态用水需求。2022年，国、省考断面地表水优Ⅲ比例均为100%，集中式饮用水源地水质达标率100%，入江支流无劣Ⅴ类水体，区段内长江常年保持Ⅱ类水质。

加快改善土壤环境　完成土壤污染状况详查，及时更新土壤污染重点监管单位名录清单，严格落实土壤污染隐患排查、土壤和地下水自行监测、有毒有害物质排放报告、建设用地土壤污染状况调查制度。完成土壤污染重点监管单位土壤及地下水周边监督性监测；完成年度涉镉等重金属重点行业企业排查计划，及时更新全口径涉重金属重点行业企业清单；对列入“地块管理系统”的地块进行定期现场核查。建立危险废物全周期监管体系，完成省级以上重点监管产废企业检查并签订《危险废物环境守法主体责任承诺书》，持续推进危险废物减存量控风险工作，对于危险废物累计贮存100吨及以上的化工企业未完成削减库存任务的进行挂牌督办。开展固体废物整治百日行动及长江清废专项行动，督促问题点位进行整改。强化受污染耕地安全利用，持续做好农用地分类管理。对优先保护类耕地加大保护力度；对安全利用类耕地分类分区分级精准落实安全利用技术措施；对严格管控类耕地依法划定特定农产品严格管控区域。

三、构建安全格局，打造绿色韧性的生态空间体系

优化城市空间布局　加强沿江、沿河、环湖、沿路防护林体系和高标准农田林网建设，建设有机串联城市、集镇和村落的绿色生态廊道体系。大力推动水源保护区、重点工业集中区、清水通道沿岸等重点区域生态保护林和隔离带建设，加强长江水道生态涵养带与生态大走廊建设。推进南官河生态廊道、周山河生态廊道、宣堡港生态廊道、鸭子河生态廊道、凤凰河—永丰河生态廊道建设，合理控制沿线城市发展规模和强度，保留足够的生态开敞空间，保持和恢复生态片区之间的自然生态连通性。

持续加强生态管控　按照“功能不降低、面积不减少、性质不改变”的要求，衔接落实“三线一单”生态环境分区管控体系，编制《泰州医药高新区（高港区）生态空间管控区域调整方案》。加强“三线一单”生态环境分区管控与国土空间规划分区及用途管制要求的衔接，做好生态空间、生产空间、生活空间的协调联动。强化生态空间保护的监督和监测机制，提高生态保护红线监管能力，落实《泰州市“三线一单”生态环境分区管控实施方案》，优先做好自然生态空间用途管制，确保生态红线安全。

加强长江岸线生态保护与修复　优化配置港区布局，清除与复绿小散乱码头。清退生产线项目利用岸线0.98千米，长江高港段干流岸线生产性利用率降至50%以下。加强滨江绿地及生态廊道系统建设。推进沿江生态景观防护林带建设，生态、生活岸线和背水堤外100米宜林地植树造林，形成包括长江水域、沿江湿地、生态防护林的长江水道生态屏障。制定长江湿地福沙段湿地保护小区建设方案。推进长江生态环境整治修复，7个长江生态环境整治修复重点项目和泰州市伟业拆船轧钢有限公司沿岸复绿工作基本完成，“高港春江江畔湿地”创成省级长江大保护示范工程。

持续推进造林绿化　持续开展国土绿化行动，加强林木良种和乡土树种苗木种植，加强森林抚育管理，提升森林质量和蓄积量，增强自然生态功能，构筑国土绿色生态安全屏障。落实建设项目使用林地“占一补一、先补后占”的要求，破解生态保护与林地资源利用矛盾难题。持续推动沿江绿化带，深挖潜力，因地制宜做好临水侧护堤内至江水滩面、背水侧护堤外100米范

滨江公园落日余晖　　沿江街道　供图

围内造林绿化，背水侧护堤外500米范围内村庄绿化美化，背水侧护堤外1000米（宜宽则宽、宜窄则窄）范围内森林抚育等工作。净增造林面积34.15公顷，全区林木覆盖率31.48%，高于全市平均水平，被评为全国绿化模范区。

四、全面转型升级，构建持续发展的生态经济体系

推进大健康产业高质量发展　紧扣建设“中国第一、世界有名”医药名城目标，抢抓大健康产业集聚发展示范区建设机遇，推动产业创新和企业技术升级。持续深耕医药健康产业，着力汇聚各类产业资源，形成以生物药（疫苗、抗体药）、诊断试剂及高端医疗器械、化学药新型制剂为主导，以特医配方食品、动物保健为特色的“3+2”产业体系，综合竞争力位列全国同类园区第9名。持续强化国家新型疫苗及特异性诊断试剂产业集聚发展试点和进口粮食指定进境口岸效应，疫苗产业集聚度全国最高，获批人用疫苗生产许可证占全省5/9，健康食品产值占全市的40%以上，初步叫响“抗体药泰州造”“特医特区”等特色产品区域品牌。

推进工业绿色高质量发展　推进绿色低碳发展。2013年，泰州医药高新区和原泰州高港高新技术开发区入选江苏省首批省级园区循环化改造试点园区。2020年，泰州医药高新区成为江苏唯一通过论证评审的国家生态工业示范园区。2022年，扬子江药业集团江苏制药股份有限公司、益海（泰州）粮油工业有限公司、扬子江药业集团江苏海慈生物药业有限公司获评2022年度省级绿色发展领军企业。落实创新驱动发展战略。深入实施创新驱动发展战略，建立“科技型中小企业—高新技术企业—瞪羚企业—独角兽企业—上市企业”的创新型企业梯队培育机制，至2022年，累计获批省级潜在“独角兽企业”9个、省“瞪羚企业”22个、国家级专精特新“小巨人”企业11个。2022年，全区工业战略性新兴产业总产值占工业总产值比重达66.94%，占比位居全市第一位。大健康、高端装备制造、石化及新材料、电子信息等主导产业产值占规上工业总产值80%以上。成功创建国家火炬特色泰州高港新能源汽车及零部件产业基地、江苏省首批制造业高质量发展示范区、江苏省首批碳达峰碳中和（绿色生物医药领域）科技成果转化基地。生物医药产业园区、高端装备制造产业园区入选江苏省“互联网+先进制造业”特色产业基地。

推进农业产业绿色可持续发展　全区围绕省级农业产业高质量发展示范园建设，完善基础设施、产业布局，合理开发、科学运营，发展高效精品农业、休闲观光农业和都市农业，形成优质粮食、绿色果蔬、花卉苗木、道地中药材四大主导产业，先后被确定为国家级农业综合开发项目县（区）、国家农产品质量安全县（区）。至2022年，全区拥有有机农产品96个、绿色食品55个，绿色优质农产品比重达70%。建成农业物联网示范基地14个，农业物联网技术应用水平全省领先，数字农业农村发展水平达65%。累计创成全国“一村一品”示范村3个、省级示范合作社4个、省级示范家庭农场16个、全国家庭农场典型案例1个。获评全国农村创业创新园区。获批全国休闲农业与乡村旅游四星级企业（园区）1个，江苏省农村一二三产业融合发展先导区1个，大泗镇大马村入选国家农业可持续发展试验示范区。

五、营造良好环境，形成绿色低碳的生态生活体系

补齐基础设施短板　持续推进城镇垃圾无害化处理，实行村收集、镇街转运、区处理的模式，全区生活垃圾全量收运，城镇生活垃圾无害化处理率达100%。重视城镇污水处理设施建设，2022年完成11.8千米污水管网建设工程和港城污水处理厂三期扩建工程，新增处理规模4万吨/日，全区污水处理厂总设计处理规模为10.6万吨/日，出水水质均达到一级A标准，污泥无害化处理率达100%。

提升城区宜居品质　实施“绿满高港”专项行动，开展引江河高港段、南官河和大桥北接线3个生态廊道建设，推进凤栖湖公园海绵城市建设，实施京沪高速、泰镇高速4个互通出入口的绿化景观提升工程，完成春江生态湿地节点改造。推进老旧小区改造工程，建成保障性租赁住房3033套，完成小区智慧技防建设67个，新增省级垃圾分类达标小区25个。完成以许庄河为引领的97条幸福河湖建设任务。其中，许庄河获市级“十佳”幸福河湖称号，蔡圩河、王营河获市级“五星”幸福河湖称号。开展垃圾分类工作，在泰州市率先实行城乡环卫一体化改革，全区垃圾分类覆盖率达100%。2021年，入选国家能源局综合司整县（市、区）屋顶分布式光伏开发试点名单。

改善农村人居环境　村（居）整体美丽宜居，所有涉农社区、村均达到“美丽宜居示范村”标准，农村人居环境明显改善。城乡环卫一体化和垃圾分类治理实现全覆盖，农村人居环境长效管护的行政村比例达100%，全区农村人居环境整治工作跻身全省第一等次，获评全国农村生活垃圾分类和资源化利用示范区。加快推进村庄生活污水治理，实现农村生活污水治理行政村全覆盖，获评全国农村生活污水治理示范区。河道绿化和镇村公路、村内主干道绿化全部到位，评选创建“美丽庭院”户覆盖率10%。大泗镇创成省级生态宜居美丽乡村示范镇，引江社区创成省级特色田园乡村，蔡庄村、乔杨社区、宗林村获评全国“千村万寨展新颜”村庄。

六、培育生态文化，营造全民参与新风尚

推进长江国家文化公园建设

推动长江国家文化公园高新高港段建设。加强长江生态环境保护修复，优化提升沿江生态廊道建设。利用长江文化资源的外溢辐射带动效应，推动数字文化产业和创意经济跨越发展。

鼓励社会力量参与 指导蔡庄村生态文明教育实践基地入选市级生态文明教育实践基地（第一批）。举办“5·22”国际生物多样性日主题宣传活动。开展“江洲行者”骑行环保活动，永安洲镇青年之家“江洲行者”长江大保护行动入选“2022年度全省青年之家项目展评活动”优秀项目，系全市唯一。开展环保设施“公众开放日”活动，邀请区人大代表、政协委员、行风监督员、媒体记者等代表参加。发起“长江放流”活动，每年长江放流河豚鱼苗近10万尾，至2022年连续开展5年。全区先后建成国家、省、市三级绿色学校21所、环境教育基地3个，泰州市第三高级中学、泰州市永安洲实验学校获国际生态学校绿旗。

鼓励公众参与环境监管 2022年，接收各类环境问题有效线索716件，结案率和回复率均达98%以上，满意度达92%以上。

（区生态环境局）

第十四届中国（泰州）国际医药博览会

2023年10月19—22日，第十四届中国（泰州）国际医药博览会在中国医药城会展交易中心举办。大会以“创新赋能共建大健康产业生态体系”为主题，由中国国际商会主办，泰州市政府、中国国际贸易促进委员会江苏省分会承办，中华医学会、中国药学会、中华中医药学会、中国医药质量管理协会、中国食品药品检定研究院、中国兽医药品监察所等联合支持。展区总面积3万平方米，包括E1馆一层、二层和E2馆二层。其中，E1馆二层为中国医药城主展区和国内外知名企业展区；E1馆一层首设供应链展区和成果交易区，160余个医药产业链相关企业现场展示；E2馆二层为中国医药城人才智力交流区。建立“线上+线下”一体式同步会展，17个国家及地区580个企业参展，日均注册观众约8000人。举办各类会议论坛18场，主要涉及生物制品、医疗器械、特医、精准医学、国际合作、供应链、医疗健康、医保等领域，有10名院士，120余名专家、学者参加交流，3500余名观众参与。

医博会开幕式 10月19日，第十四届中国（泰州）国际医药博览会在中国医药城会展交易中心开幕。开幕式上，中国农业科学院上海兽医研究所与中国医药城合作共建生物安全三级防护实验室（P3）签约，中国医药城与华西海圻共建药物非临床研究中心（GLP）签约，科大讯飞医疗人工智能研究院揭牌，中国医药城药品监督服务综合体揭牌，生物医药产业供应链联盟成立，国家级泰州队列研究中心创建启动。全国政协副主席、农工党中央常务副主席杨震出席开幕式；全国政协常委、农工党中央副主席焦红出席开幕式并致辞；中国贸促会、中国药学会有关领导出席开幕式并致辞；中国科学院、中国工程院5名院士参加活动。

省部共建联席会议第十二次会议 10月19日，省部共同推进泰州医药高新区建设联席会议第十二次会议在中国医药城会展交易中心召开。科技部、国家卫生健康委、国家药监局、国家中医药管理局与省政府专题研究泰州医药高新区发展相关重大事项。泰州医药高新区党工委、高港区委主要负责人汇报优化省部共建泰州医药高新区相关情况。国家中医药管理局科技司、国家药监局科技和国际合作司、国家卫生健康委科技教育司有关人员详细解答提请研究的有关事项。江苏省人民政府副秘书长徐华勤就省部

2023年10月19日，省部共同推进泰州医药高新区建设联席会议第十二次会议召开

生物医药产业园区 供图

共同推进泰州医药高新区建设联席会议提出建议。

中国（泰州）医药峰会 10月19—20日，中国（泰州）医药峰会在中国医药城会展交易中心举行。聚焦生物医药前沿科技，邀请50余名专家、学者围绕“人工智能与医药健康产业创新融合发展”和“创新推动中医药产业和文化发展”交流研讨。

中国（泰州）精准医学高峰论坛 10月20日，第四届中国（泰州）精准医学高峰论坛在泰州万怡酒店举行。3名院士分别作题为《表型组时代的大型队列建设》《心脑血管疾病个体化风险评估及精准预防》《人工智能在口腔颌面的应用探索和伦理思考》的专题报告。

生物医药供应链大会（和熙论坛） 10月20日，2023生物医药供应链大会（和熙论坛）在CMC国际会议中心举行。大会聚焦生物医药供应链发展趋势与创新应用、数字化转型、供应链信用风险等热点议题。600余个国内外知名生物医药产业链相关企业现场参会参展，涉及原料药、中间体、包装、设备等领域。

中国医药城项目集中签约仪式 10月21日，中国医药城项目集中签约仪式在CMC国际会议中心举行。20个亿元以上重大医药项目集中签约，总投资约51亿元，涵盖疫苗、高端制剂、诊断试剂及高端医疗器械、中医诊疗等领域。其中，5亿元以上重大项目4个，江苏研诺医药科技有限公司的高端制剂产业化项目总投资达20亿元。

中国医药城重大产业化项目开工 10月21日，中国医药城10个重大产业化项目开工，总投资29.7亿元，平均单体规模2.97亿元。其中，5亿元以上项目4个，投资总额22亿元，主要涵盖生物药、化学药、高端医疗器械和特医配方食品。

（许文欣）

第十四届中国（泰州）国际医药博览会活动一览表

表1

时间	名称
10月19日	第十四届中国（泰州）国际医药博览会开幕式
10月19日	省部共同推进泰州医药高新区建设联席会议第十二次会议
10月19日	江苏省生物医药集群创新产品“医保面对面”专场活动
10月19—20日	2023中国（泰州）医药峰会
10月20日	泰州中国医药城专家咨询委员会第七次会议
10月20日	2023医疗器械国际法规高峰论坛
10月20日	兽用生物制品青年科学家论坛会议
10月20日	泰州市法治建设暨生物医药企业行政合规指导论坛
10月20日	2023医药健康产业国际合作与创新发展论坛
10月20日	中国—英国、欧洲创新医药项目对接洽谈会
10月20日	2023年新版GB9706.1标准公益培训班
10月20日	特殊医学配方食品论坛
10月20日	2023生物医药供应链大会（和熙论坛）
10月20日	健康中国肿瘤早筛与预防发展研讨会
10月20—21日	第十一届中国（泰州）国际医药人才智力交流大会
10月20—22日	第六届中国国际生物医药大会
10月20—22日	第十四届中国（泰州）国际医药博览会展览展示
10月21日	中国医药城项目集中签约仪式
10月21日	长三角医药产业供给侧结构性改革专家咨询会第二次会议
10月23—24日	第十届中国（泰州）国际大健康产业高层次人才创新创业大赛

大事记

1月

1—3日 政协高港区第六届委员会第二次会议召开。

2—4日 高港区第六届人民代表大会第二次会议召开。

10日 高港区红十字会第三次会员代表大会召开。

13日 高港区妇女第五次代表大会召开。

△ 泰州市举行"快递小哥之家"入住仪式。来自顺丰、京东、中通的20名快递员入住华润国际社区、祥龙家园、东方明珠保障性租赁住房。

16日 扬子江药业集团江苏龙凤堂中药有限公司、华威特（江苏）生物制药有限公司、泰州城色文化传媒有限公司、江苏耐特尔绳带有限公司4个企业入选2022年度江苏省"正版正货"承诺企业。

29日 由市、区两级人社部门联合举办的"创响江苏"春风行动企业专场招聘会在天虹购物中心举办。

2月

3日 泰州医药高新区（高港区）召开高铁动迁动员部署会。

6日 泰州市落实"四敢"重大要求动员部署会暨全市大健康产业重大项目开工仪式在泰州医药高新区（高港区）举行。

8日 区政协举办首期"智汇政协·创新讲坛"。

14日 省委常委、政法委书记刘建洋调研泰州医药高新区（高港区）"警法融合、三所共治"工作，实地查看大泗镇网格化指挥中心和"智安大泗"平台运作情况。

24日 第三届健康中国发展大会在泰州医药高新区（高港区）召开。全国政协副主席、民革中央主席郑建邦出席大会并讲话。省委副书记、省长许昆林，省政协副主席杨岳等分别致辞。

25日 泰州市第三人民医院急诊科获评全国巾帼文明岗。

是月 泰州市海军小学获评全国国防教育示范学校。

△ 泰州海军舰艇文化园获评国家AAA级旅游景区。

△ 扬子江药业集团获评2022年度中国医药行业质量匠星企业。

△ 泰州市汪群初级中学、泰州市胡庄初级中学、泰州市白马初级中学3所学校获评江苏省智慧校园。

△ 唐泽交通器材（泰州）有限公司、江苏南瑞泰事达电气有限公司、万向精工江苏有限公司3个企业上榜2022年度"江苏精品"认证企业名单。

3月

2日 高性能电池集成母排模组研发及生产项目签约落户高端装备制造产业园区。该项目由上

泰州海军舰艇文化园 车赛 摄

市公司苏州瑞可达连接系统股份有限公司投资建设，首期投资10亿元。

6日　“中国医药城科技创新巾帼行动基地”在生物医药产业园区揭牌。

13日　泰州医药高新区（高港区）召开“亲企清政”走访活动动员部署会。

18—25日　“墨海扬波”古罗塘书画院全国巡展·泰州展在区美术馆开展。展览共展出省内外书画名家作品59幅。

31日　省政协副主席胡刚围绕“助力民营经济健康发展、高质量发展”主题到泰州医药高新区（高港区）开展走访调研，实地察看扬子江药业集团、泰州迈博太科药业有限公司和鲲鱼健康药业江苏有限公司等地，并召开座谈会。

△　部省共建中国医药城2023年第一次联络员会议在北京召开。科技部、国家卫生健康委、国家药品监管局、国家中医药管理局共建中国医药城联席会议联络员出席。

是月　阜溧高速大泗服务区电信服务点揭牌启用。该服务点为江苏省首个高速公路服务区电信服务点，由江苏泰州大桥有限公司和泰州电信联手打造。

△　泰州医药高新区（高港区）获评全国“平安农机”示范县。

△　区工商联获评全国工商联2022年民营企业劳动关系监测调查工作示范基层单位。

4月

2—3日　2023年全国竞速小轮车联赛第一站在泰州市小轮车轮滑运动中心（位于凤凰街道）举行。来自全国8个省、市的近200名小轮车运动员参加比赛。

3日　高港中医院妇产科签发全区第一张新版出生医学证明。

6日　泰州医药高新区（高港区）与国网泰州供电公司签署战略合作协议。同时，泰州医药高新区（高港区）供电服务中心启动运行。

7日　由江苏省农业科学院、泰州医药高新区管委会共同承办的国家兽用生物制品技术创新中心（筹）首批“揭榜挂帅”征集项目路演在泰州医药高新区（高港区）举行，11个项目成果在现场推介。

7—8日　泰州医药高新区（高港区）举办“潮起江东”2023年第一期领导干部读书班暨理论学习中心组学习（扩大）会。

10日　泰州医药高新区（高港区）在凤栖湖景区举行“王干书屋”揭牌仪式。

13日　“健康名城”泰州首届电商直播大赛决赛在泰州医药高新区（高港区）举办。

15日　2023江苏·稻米全产业链发展大会在泰州医药高新区（高港区）召开。

18日　省委第十一巡视组巡视泰州市高港区（泰州医药高新技术产业开发区）工作动员会召开。省委巡视组在泰州市高港区（泰州医药高新技术产业开发区）的巡视时间为4月18日—6月28日。

20—22日、27—28日　泰州医药高新区（高港区）举办区管干部学习贯彻习近平新时代中国特色社会主义思想和党的二十大精神研讨班。

25日　江苏省委书记信长星到泰州医药高新区（高港区）调研，考察扬子江药业集团，了解企业药品研发生产情况。

27日　“健康中国、医药名城”2023年中国医药城（北京）投资说明会在北京举行。

是月　扬子江药业集团江苏龙凤堂中药有限公司获评2022年江苏省优秀劳动关系和谐企业。

5月

1日　许庄街道蔡庄村举行首届农民田头文化节。

9—11日　“高新高港杯”第八届全国象棋青年大师赛在泰州医药高新区（高港区）举办。共有28名国内顶尖青年棋手参赛。

13日　“泰州日”暨“药城进药大”系列活动在中国药科大学举行。

15日　新疆伊犁哈萨克自治州昭苏县党政代表团到泰州医药高新区（高港区）考察交流。

△　泰州医药高新区（高港区）以“共育文明新家庭、共享健康新生活”为主题举办首届家庭文化节。

△　“2023全国无幽日《我国12万人幽门螺杆菌筛查报告》发布会”在北京举行。此次发布的报告基于泰州医药高新区（高港区）组织实施的“健康惠民一号工程”筛查检测结果。

16日　泰州市行政审批局向泰州天德湖奥特莱斯项目A地块3号、5号、8号楼发放首张“桩基础施工许可证”。该项目系泰州市试行分阶段办理施工许可新政出台后首个“桩基先行”项目。

19日　2023年“中国旅游日”暨泰州医药高新区（高港区）首届“人民海军诞生地”红色旅游节启动仪式在泰州海军舰艇文化园举行。

19—20日　首届纳米抗体药物创制国际高峰论坛在生物医药产业园区举行。其间，举行中国医药质量管理协会纳米抗体质量管理专业委员会成立大会。

22日　江苏省首个规范性沿江生物多样性观测站——春江湿地—凤栖湖观测站在泰州医药高新区（高港区）启用。

25日　全国蜂产品标准化技术委员会成立大会在泰州医药高新区（高港区）召开。

在凤栖湖栖息的鸟类　　王学辉　摄

△　西藏自治区拉萨市曲水县党政代表团到泰州医药高新区（高港区）考察经济社会发展情况，实地参观扬子江药业集团、长城汽车泰州生产基地、泰州大健康产业展示馆。

29日　泰州医药高新区（高港区）举办“潮创高新”第二届中国医药城人才发展大会。

是月　泰州市永安洲小学获评全国营养与健康示范学校。

△　口岸街道吴和兰家庭获评2023年全国最美家庭。

△　刁铺街道为民服务中心、明珠街道为民服务中心入选2022年度“15分钟医保服务圈”江苏省级示范点。

6月

1日　2023年氢燃料电池行业研讨会在高端装备制造产业园区举行。

△　泰州医药高新区（高港区）4名幼儿园教师到云南省怒江傈僳族自治州福贡县石月亮乡中心幼儿园进行“园对园”线下送教帮扶活动。

2日　国家能源集团泰州发电有限公司二氧化碳捕集利用封存项目投产。该项目由中国自主设计、制造、安装，为亚洲最大的火电碳捕集利用与封存项目。

7—8日　陕西省咸阳市淳化县党政代表团在泰州医药高新区（高港区）考察交流。

7—9日　泰州医药高新区（高港区）举行“招商菁领”培养计划启动仪式。

15日　泰州医药高新区（高港区）举行老区乡村发展“三会”（区老区经济建设会、区乡村发展基金会、区乡村发展协会）授牌挂牌仪式，区扶贫“三会”（老区经济建设会、扶贫基金会、扶贫开发协会）更名为区老区乡村发展“三会”。

21日　高港区二轮土地延包首批不动产权证书颁发仪式在胡庄镇史庄村举行。

22—23日　泰州医药高新区（高港区）首届“欢乐端午节　供销大集场”活动在口岸雕花楼景区举行。

28日　泰州医药高新区（高港区）村（社区）女书记联盟成立。

是月　由中国计量科学研究院与江苏康为世纪生物科技股份有限公司共同制定的《核酸提取纯化试剂盒质量评价技术规范》获2022年中国标准创新贡献奖标准项目奖。江苏康为世纪生物科技股份有限公司董事长王春香获2022年中国标准创新贡献奖。

△　泰州医药高新区（高港区）获评江苏省高质量平安校园建设县（市、区）。

△　永安洲镇青年之家“江洲行者”长江大保护行动入选“2022年度江苏省青年之家项目展评活动”优秀项目。

7月

4日　省人大常委会副主任、省总工会主席魏国强到泰州医药高新区（高港区）开展特种设备安全“一法一条例”执法检查。

10—12日　2023疫苗前沿技术与应用国际论坛在泰州医药高新区（高港区）举行。论坛以“增进国际合作，护佑人类健康”为主题，搭建国际交流与合作平台，促进疫苗全球合作。

11日　国际遗传工程和生物技术中心（ICGEB）中国区域研究中心2023年度管理委员会会议在泰州医药高新区（高港区）召开。

12日　泰州医药高新区（高港区）与南京医科大学举办共建泰州医药产业研究院签约仪式。活动现场为国家疫苗研发创新平台（南京医科大学）揭牌。

13日　泰州市首家市场监管稽查执法数字化工作站揭牌仪式在区市场监管局寺巷分局举行。

21日　泰州医药高新区（高港区）举办夏季综合类企业暨高校毕业生专场招聘会。江苏扬子江医疗科技股份有限公司、长城汽车股份有限公司泰州分公司等130余个企业参加。

是月　港口物流产业园区所属江苏泰州高港综合物流园获评国家级示范物流园区。

△　扬子江药业集团位居2022—2023年度中国医药制造业百强榜

榜首。

△ 许庄街道乔杨社区获评江苏省特色田园乡村。

8月

1日 泰州医药高新区（高港区）举办生物医药子产业联盟党总支揭牌仪式暨生物医药产业联盟党委首期“联盟日”活动。

2日 经国内权威评级机构中证鹏元资信评估股份有限公司综合评定，泰州国控投资集团有限公司获评AAA主体信用等级。

3日 2023中国医药城（上海）投资推介会在上海举行。

△ 泰州市凤凰小学教育集团洪泽湖路校区项目竣工。

6日 中共泰州医药高新区工委（扩大）会议暨中共泰州市高港区委六届五次全体会议召开。

△ 2023“苏韵乡情”乡村休闲旅游农业（高新高港）推介启动仪式在白马镇陈家村举行。

是月 经国务院审批，同意增设泰州市泰州港口岸为药品进口口岸。至此，泰州成为全国第29个、省内第4个拥有药品进口口岸的城市。

△ 省水利厅、财政厅发布2022年度全省农村河道长效管护项目绩效评估结果，泰州医药高新区（高港区）获全省一等奖。

9月

8日 省重大项目泰州太洋高新材料科技有限公司年产2万吨铍铝合金型材、铍铜合金型材及连接件项目开工。该项目从拿地到取得施工许可仅2个工作日，创造全区“拿地即开工”最快纪录。

12日 泰州医药高新区（高港区）举行“金融助村惠民 ‘贷动’乡村振兴”高新高港金融服务乡村振兴暨授信签约仪式。

13日 泰州港经济开发区与泰州市产品质量监督检验院举行签约仪式，双方在泰州医药高新区（高港区）共建江苏省汽车机电零部件产品质检中心。

13—15日 泰州医药高新区（高港区）党政代表团赴陕西省咸阳市淳化县开展对口协作工作，并参加淳化县·泰州医药高新区（高港区）对口协作暨全面推进乡村振兴联席会。

21日 沪上金融菁英江苏行——走进中国医药城暨产业与金融对接会在泰州医药高新区（高港区）举行。30余个上海金融机构的菁英走进中国医药城，共同推动产业金融对接，赋能实体经济发展。

26日 泰州市“我们的节日·中秋暨中国农民丰收节”主题活动在泰州医药高新区（高港区）全民健身中心广场举办。

28日 口岸街道引江社区人民调解委员会获评全国模范人民调解委员会，系泰州市唯一。

是月 高港区润翔家庭农场、高港区富民家庭农场、高港区北全家庭农场3个家庭农场获评2023年江苏百佳家庭农场。

△ 2023年度第二季度“江苏好人榜”发布，寺巷街道蒋维入选孝老爱亲类“江苏好人”。

泰州市凤凰小学教育集团洪泽湖路校区　　区教育局　供图

10月

8日 2023年中国农民丰收节泰州医药高新区（高港区）主场活动暨首届刁铺（万庄）羊肉节启动仪式在刁铺街道万庄社区举行。

15日 扬子江药业2023泰州半程马拉松在泰州体育公园开跑。

17日 生态环境部办公厅发布2023年国家环境健康管理试点名单，泰州医药高新区（高港区）被确定为国家级试点地区，成为全国20个试点地区（单位）之一。

△ 2023年江苏省重大项目深国际·泰州智慧供应链产业园项目在高端装备制造产业园区开工。该项目由深圳市深国际物流发展有限公司投资兴建，总投资1亿美元。

19日 第十四届中国（泰州）国际医药博览会在中国医药城会展交易中心开幕。医博会举办时间为10月19—22日。

△ 中国生物技术发展中心发布2022年度全国生物医药产业园区综合竞争力排名，泰州医药高新

技术产业开发区位列第9名，首次进入全国前十强。

24日 第十届中国（泰州）国际大健康产业高层次人才创新创业大赛在泰州医药高新区（高港区）落幕，15个参赛项目现场签约，达成落户意向。

28日 在中国生态文明论坛济南年会上，泰州医药高新区（高港区）被生态环境部命名为第七批生态文明建设示范区。

30日 北大医学部（泰州）医药健康产业创新中心启用。

是月 中国人民解放军海军诞生地纪念馆、泰州海军舰艇文化园入选“水韵江苏·长江百景”。

△ 扬子江药业集团获评江苏省优秀企业。

△ 扬子江药业集团江苏龙凤堂中药有限公司入选2023年度全省绿色发展领军企业。

△ 江苏省高可靠性车桥工程研究中心、江苏省抗体偶联药物研发工程中心获批2023年江苏省工程研究中心。

△ 泰州市美画艺术品有限公司入围2023—2024年度国家文化出口重点企业。

11月

5日 泰州医药高新区——阿斯利康安达释项目投资合作框架协议签约仪式在第六届中国国际进口博览会阿斯利康主展台举行。省委副书记、省长许昆林，副省长方伟等出席签约仪式。

6日 中国科协名誉主席、中国科学院院士韩启德到泰州医药高新区（高港区）专题调研生物医药产业发展情况，实地走访泰州医药博览馆、江苏康为世纪生物科技股份有限公司、北大医学部（泰州）医药健康产业创新中心。

10日 “科创江苏”泰州医药高新区（高港区）试点建设创新发展大会在中国医药城举行。

12日 工业和信息化部公示《2023年5G工厂名录》，国家能源集团泰州发电有限公司5G智慧电厂项目入选。

22日 中国工程院公布2023年增选当选院士名单，哈工大泰州创新科技研究院首席科学家赫晓东教授当选为中国工程院机械与运载工程学部院士。

22—24日 第十二届中国创新创业大赛生物医药全国赛在泰州医药高新区（高港区）举行。

28日 国家自然科学基金委员会下发通知，复旦大学泰州健康科学研究院获批成为“国家自然科学基金依托单位”，具备独立申报和承担国家自然科学基金项目的资格。

是月 “2023中国省级开发区高质量发展百强榜单”发布，江苏泰州港经济开发区位居全国第四。

△ 区市场监管局新城分局获评全国五星市场监管所，为泰州市首家。

△ 泰州医药高新区（高港区）“海军诞生地 水兵母亲城”红色旅游项目入选江苏省第二批红色旅游融合发展培育项目。

△ 扬子江龙凤堂工业旅游区被认定为江苏省工业旅游区。

△ 庆元街入选2023年江苏省级地名文化遗产名单。

△ 胡庄镇刘元村村民薛粉明入选2023年第三季度孝老爱亲类“江苏好人”。

12月

10日 全国总工会发布2023年“最美工会户外劳动者服务站点”，泰州医药高新区（高港区）青年公寓二期“一点回忆”劳动者驿站当选。

12日 由省委宣传部组织的“江苏最美人物”发布会在泰州市举行。高港区人民检察院派驻核心港区检察室主任、第三检察部主任金秋桦当选2023年度“江苏最美法治人物”。

15日 高港区第三次归侨侨眷代表大会召开。

18日 总投资100亿元的高分子材料生产基地项目签约落户化学新材料产业园区。

19日 泰州市汽车产业联盟党委成立仪式暨首期“联盟日”活动在高端装备制造产业园区长城汽车泰州基地举行。

26日 总投资约100亿元的国能港口公司煤炭储运交易中心项目签约落户港口物流产业园区。

27日 泰州市知识产权运用促进中心揭牌仪式在泰州医药高新区（高港区）举行。

28日 中共泰州医药高新区工委（扩大）会议暨中共泰州市高港区委六届六次全体会议召开。

△ 泰州医药高新区（高港区）举行高新区高级中学工程开工仪式。

29日 总投资120亿元的盛虹集团新型储能电池及系统集成项目通过竣工验收，实现“当年签约落户、当年开工建设、当年竣工投产”。

是月 区党工委（区委）宣传和统战部、“泰州高新发布”微信公众号分别获评2022年度国家高新技术产业开发区优秀宣传部门、优秀微信公众号。

△ “高港河蟹”入选2023年第三批“全国名特优新农产品”名录。

△ 市司法局、泰州医药高新区（高港区）申报的“警法融合、三所共治”项目入选2021—2023年度江苏省法治建设创新项目。

△ 胡庄镇宗林村肖林获评江苏省级特色田园乡村。

区情概览

地方名片

【人民海军诞生地】 1949年1月，中共中央政治局通过《目前形势和党在一九四九年的任务》的决议，提出："一九四九年及一九五〇年我们应当争取组成一支能够使用的空军，及一支保卫沿海沿江的海军。"此后，中共中央、中央军委指示第三野战军前敌委员会在华东地区把海军组建起来。3月下旬，第三野战军前敌委员会传达中共中央和中央军委关于筹建人民海军的指示。4月23日，中央军委急电：第三野战军立即组建海军，名为中国人民解放军华东军区海军。13时30分，张爱萍在白马庙宣读中央军委急电和第三野战军前敌委员会关于成立人民海军的决定。张爱萍带领李进、黄胜天、张渭清、温礼芝等13人开展组建工作，成立中共华东军区海军临时委员会，组建司令部、政治部等部门。抽调第三野战军教导师第3团、直属侦察营等部和苏北军区海防部队编入海军，并接管国民党海军起义、投诚的军舰。张爱萍任华东军区海军司令员兼政治委员。1989年2月17日，中央军委关于海军成立日期的批复同意以1949年4月23日成立华东军区海军的日期为中国人民解放军海军的成立日期。1998年，江泽民为中国人民解放军海军诞生地纪念馆题写馆名。1999年，中国人民解放军海军诞生地纪念馆开馆。人民海军诞生地为全国重点文物保护单位，中国人民解放军海军诞生地纪念馆为全国爱国主义教育示范基地。

（区党史方志办）

【中国医药城】 2005年2月，省委、省政府综合泰州医药产业基础以及国内外医药产业发展趋势，作出在泰州"设立医药产业园、打造中国医药城"的重大战略决策。2006年11月，中国医药城正式启动建设。2009年3月，国务院批复泰州医药高新技术产业开发区（简称泰州医药高新区）升级为国家级高新区，成为全国第一个以医药健康产业定位命名的高新区。2010年2月，科技部、卫生部、国家食品药品监管局、国家中医药管理局与江苏省人民政府共建中国医药城机制正式启动，泰州医药高新区成为全国唯一的部省共建高新区。2013年10月，中国医药城成为全国唯一的国家新型疫苗及特异性诊断试剂产业集聚发展试点。2016年5月，《长江经济带发展规划纲要》中提出"支持泰州开展大健康产业集聚发展试点"。2019年12月，《长江三角洲区域一体化发展规划纲要》中提出"培育泰州医药健康产业创新中心"。2021年，泰州医药高新区与高港区实现融合发展，统称泰州医药高新技术产业开发区（泰州市高港区），简称泰州医药高新区（高港区）。2021年6月28日，市委、市政府召开泰州医药高新区、高港区融合发展暨举全市之力建设中国医药城大会，指出中国医药城就是泰州，泰州就是中国医药城，泰州医药高新区（高港区）是泰州发展的"特区"、中国医药城的核心区。2023年10月，中国生物技术发展中心发布2022年度全国生物医药产业园区综合竞争力排名，泰州医药高新技术产业开发区位列第9名，首次进入全国前十强。

（生物医药产业园区）

【泰州港高港港区】 北宋乾德二年（964），柴墟港口形成。明代，柴墟港口成为口岸港口。19世纪末，由于江中沙洲不断淤涨，江岸线南移，口岸港口南移2000米至封家庄。清光绪二十八年（1902），港口开埠通商。清末，封家庄码头淤浅，港口西移500米至龙窝口。1954年9月，龙窝口码头淤浅，港口移至高港，称高港港口。1988年7月，高港港被省政府批准为对外开放二类港口。1992年11月，高港港被国务院批准为对外开放一类港口。1997年6月，高港港更名为泰州港。1999年，建成杨湾作业区。2002年，泰州市整合高港区、泰兴市、靖江市三地沿江港口，统称泰州港，高港区段称泰州港高港港区，为泰州港主港区。2006年，建成永安作业区。2014年，泰州国际集装箱码头开港。2023年，高港港区拥有高港、杨湾、永安3个作业区，集装卸、仓储、运输、船舶代理、货物代理、配送等物流服务于一体，有公用长江泊位13座。其中，万吨级泊位8座，集装箱、石油制品专用码头各1个。2023年，完成货物吞吐量4757万吨，外贸吞吐量632万吨，集装箱吞吐量34.31万标准箱。（区党史方志办）

【扬子江药业集团】 创建于1971年，是跨地区、产学研相结合、科工贸一体化的国家大型医药企业集团，也是科学技术部命名的全国首批创新型企业。总部位于泰州医药高新区（高港区），有员工1.6万人，旗下20余个成员公司分布在泰州、北京、上海、南京、广州、成都、苏州、常州等地。营销网络覆盖除台湾以外的全国各省、市、自治区。1996年起，连续多年排名江苏省和全国医药行业前列。2023年，在中国医药工业百强榜上位居前十。

（扬子江药业集团）

【口岸雕花楼景区】 口岸雕花楼景区一期总占地面积8.8万平方米，建筑面积3.9万平方米，总投资近10亿元，于2014年建成并对外开放，为国家 AAAA 级旅游景区。以柴墟古街区为载体，融休闲、娱乐、餐饮、购物等功能，集楼景、水景、桥景、街景于一体，形成包括“一桥、两街、三庙、四宅”在内的主要景点。2023年7月，口岸雕花楼景区二期建成交付，占地面积近6万平方米。

（口岸雕花楼景区）

地理环境

【区位面积】 泰州医药高新区（高港区）位于泰州市市区南部，濒临长江。北连海陵区，东接姜堰区、泰兴市，西邻扬州市江都区，南与镇江扬中市隔江相望。全区总面积402.87平方千米。

【地形地貌】 属长江三角洲冲积平原。古代是浅海，后来渐次成陆。地形平坦，地面高程一般2～5米，最低处1.8米（永安洲镇北沙局部地面）。大体北部为高沙平原，南部为沿江平原，江岸线附近的狭长区域为江边滩地。

（雷勇富　殷剑华）

【河流交通】 区内骨干河道18条。其中，市级及以上骨干河道10条，区级骨干河道8条。市级湖泊1个，为凤栖湖；区级湖泊2个，为天德湖、天禄湖。长江、引江河、南官河、两泰官河、西干河、古马干河、周山河均可通航。（滕智超）

【气候】 2023年，泰州医药高新区（高港区）平均气温16.6℃，较常年偏暖。总降水量1368.8毫米，较常年多2.6成，暴雨日5个，影响全区的台风1个。梅雨量为697毫米。全年日照时数2529.8小时。主要气象灾害有暴雨、强对流、寒潮等。

日照　全年日照时数2529.8小时，较常年（2007.2小时）多2.6成。

气温　全年平均气温16.6℃，较常年（15.1℃）偏暖，极端最高气温37.6℃（历史极值为40.5℃），出现在7月28日，极端最低气温-10.6℃（历史极值为-19.2℃），出现在1月25日。全年高温日数15天，较常年（11.9天）明显偏多，大于37℃的高温日数2个。

降水　全区总降水量1368.8毫米，较常年（1082.6毫米）多2.6成，降水日数124天，较常年（114.7天）偏多。

2023年各月泰州医药高新区（高港区）降水量一览表

表2　　单位：毫米

月份	降水量	月份	降水量
1	38.7	7	511.4
2	62.4	8	131.0
3	38.3	9	133.9
4	32.6	10	24.7
5	68.0	11	18.7
6	264.5	12	44.6

梅雨　6月17日入梅，入梅正常略早（常年平均入梅日为6月19日），7月23日出梅，出梅偏晚（常年平均出梅日为7月12日），梅期37天，较常年（24天）多13天。梅雨量697毫米，较常年平均梅雨量（247.4毫米）多1.8倍。

梅雨期间共出现5轮强降水。强降水过程分别出现在6月17—19日、6月24—26日、7月6—7日、7月16—17日和7月19—20日。7月6日午后至7日下午，出现罕见特大暴雨，该过程总降水量为352.5毫米，最大24小时降水量349.5毫米（出现在7月6日16时至7日16时），创有气象记录以来日降水量历史极值；最大小时雨强达69.4毫米（出现在7月7日0—1时的刁铺街道），仅次于泰州地区极大小时雨强76毫米的历史极值；极大风速21.1米/秒（9级，出现在7月7日凌晨的许庄街道）。

台风　全年共有1个台风明显影响全区。7月29日，受台风“杜苏芮”影响，出现6～7级大风，最大风速20米/秒（8级），出现在泰州大桥站，台风未造成明显降水影响。

强对流天气　受东北冷涡后部冷空气南下影响，4月15日傍晚到夜里，全区大部分地区出现一次弱降水伴有雷暴大风的强对流天气，刁铺街道出现8级阵风（18.2米/秒），白马镇、寺巷街道均出现7级阵风。11月5日，午后自北向南出现强对流天气，伴有雷暴大风和短时强降水，白马镇出现9级阵风（23.9米/秒），口岸街道出现8级阵风（18.8米/秒），刁铺街道、寺巷街道、胡庄镇均出现7级阵风。

高温　全年共有15个高温日，其中6月9—10日、7月11—12日、7月24—25日、8月5—6日、8月11—13日均出现连续性高温天气。

暴雪　受冷暖气流共同影响，12月18日上午自南向北出现降雪天气，18日傍晚到夜里逐渐转为雨夹雪，19日中午前后雨雪渐止，过程降雪量10.2毫米，最大积雪深度6厘米，达暴雪量级。

寒潮　全年寒潮总体较往年偏强，频次偏多。1月23—25日，受寒潮影响，最低气温-10.6℃。寒潮过程如下：1月14—17日，受强冷空气影响，48小时最低气温下降9.2℃，最低气温-5.9℃，出现在17日早晨，1月14日出现明显雨夹雪，14日、15日发布道路结冰预警信号2次。1月23—25日，受强冷空气影响，48小时最低气温下降17℃，最低气温-10.6℃，出现在25日早晨。3月11—13日，受强冷空气影响，48小时最低气温下降11.3℃，最低气温-0.2℃，出现在13日早晨。11月11—13日，受冷空气影响，48小时日最低气温下降8.6℃，最低气温1.8℃，出现在13日早晨。11月23—25日，受冷空气影响，48小时日最低气温下降8.4℃，最低气温1.0℃，出现在25日早晨。12月14—16日，受强冷空气影响，48小时最低气温下降12℃，最低气温-6.3℃，出现在17日早晨。

（徐为进）

霞映江边　　徐　芸　摄

【水文水情】 2023年，境内长江最高水位4.17米，发生在7月7日和8日；长江最低水位为-0.2米，发生在1月2日。南官河口岸闸全年引水198次、9114.9万立方米，排水14次、11812.2万立方米。　（陈江华）

【自然资源】 长江岸线资源　境内长江岸线19.75千米。

水资源　可利用水资源主要为长江水。全区水面广阔，资源丰富，江、河、塘中主要产鱼、虾、蟹、蚌、龟、鳖等。泰州引江河航道有利于建立沿河两岸旅游观光景点。

江河资源　境内河道纵横、水系发达。骨干河道18条，总长187.93千米；中沟河道171条，总长359.91千米；村庄河道1325条，总长689.74千米。

土地资源　全区土地总面积为40286.78公顷。其中，湿地54.69公顷，耕地11685.17公顷，园地1407.72公顷，林地3252.77公顷，草地627.05公顷，城镇村及工矿用地13482.9公顷，交通运输用地2879.37公顷，水域及水利设施用地6765.74公顷，其他土地131.37公顷。

地热资源　有地热资源2处，未进行实质性开发利用。

（雷勇富　殷剑华　滕智超）

建置区划

【建置沿革】 西周，境内初属邗国，春秋战国时期改属吴、越、楚。秦王政二十四年（前223），为晦（海）陵县地。西汉高祖五年（前202），属楚国。高祖六年，属荆国。高祖十二年，属淮郡海陵县。新莽天凤元年（14），属淮平郡亭间县。东汉建武十三年（37），属广陵郡海陵县。东汉永平元年（58），属广陵国海陵县。永平十年，属广陵郡海陵县。三国魏黄初五年（224），海陵县废，境内沦为魏、吴间弃地。西晋太康元年（280），属广陵郡海陵县。南朝梁天监元年（502），属海陵郡海陵县。隋开皇三年（583），属吴州海陵县。开皇九年，属扬州海陵县。大业三年（607），属江都郡海陵县。唐武德三年（620），属吴州吴陵县。武德七年，属邗州海陵县。武德九年，属扬州海陵县。天宝元年（742），属广陵郡海陵县。乾元元年（758），属扬州海陵县。五代十国吴武义二年（920），属江都府海陵县。南唐升元元年（937），分属泰州泰兴县、海陵县，泰兴县治设于济川镇，济川镇位于济川河（今南官河）河口附近。北宋乾德二年（964），因济川镇坍江，泰兴县治移至柴墟。宣和四年（1122），境内分属扬州泰兴县、泰州海陵县。南宋建炎四年（1130），岳飞任通泰镇抚使兼知泰州，屯兵柴墟，在南坝桥大败金兵。时境内分属泰州泰兴县、海陵县。绍兴五年（1135），分属扬州泰兴县、泰州海陵县。绍兴十年，分属泰州泰兴县、海陵县。绍兴十二年，分属扬州泰兴县、泰州海陵县。元至元十四年（1277），分属扬州路泰兴县、泰州路海陵县。至元二十一年，分属扬州路泰兴县、扬州路泰州海陵县。至正二十五年（1365），徐达为进攻泰州，自境内大江口开济川河直至泰州南门。至正二十六年，境内分属扬州府泰州海陵县、扬州府泰兴县。明洪武元年（1368），分属扬州府泰州、泰兴县。嘉靖年间（1522—1566），泰州至泰兴的驿道经过境内，并设刁家渡铺、口岸铺。明代，口岸成为泰兴的西北重镇，先后建有口岸察院、口岸公馆。清顺治二年（1645），境内分属扬州府泰州、泰兴县。雍正二年（1724），分属泰州、通州泰兴县。雍正十三年，泰兴全县分为四辖，口岸巡检司所治地域为“口辖”。口岸逐渐发展成为长江北岸的一个重要港口和物资集散地。乾隆九年（1744），境内分属扬州府泰州、通州泰兴县。1912年，分属泰兴县、泰县。1940年7月后，分属泰兴县、泰县抗日民主政府。1945年11月，苏皖边区政府成立，境内分属第一行政区的泰兴县、泰县。1949年4月，分属苏北行政公署泰州专区的泰州市、泰兴县、泰县。1950年5月，分属泰兴县、泰县。1953年1月，分属扬州专区（后改称扬州市）泰州市、泰兴县、泰县。1959年1月，泰州市、泰县合并为泰州县，境内分属泰兴县、泰州县。1962年5月，分属泰州市、泰兴县、泰县。1992年9月，分属泰州市、泰兴市、泰县。1994年10月，分属泰州市、泰兴市、姜堰市。1996年7月，分属地级泰州市所辖海陵区、泰兴市、姜堰市。1997年8月，设高港区，隶属于泰州市。境内永安洲等7个乡镇属高港区，寺巷、鲍徐、塘湾3个乡镇属海陵区。2010年8月，泰州医药高新区管委会成立。（区党史方志办）

【行政区划】 1997年8月高港区成立时，辖永安洲、田河、口岸、刁铺、许庄、白马、野徐7个乡镇。2008年区划调整，辖口岸、刁铺、许庄3个街道及永安洲、野徐、白马3个镇，野徐镇殷蒋村、陈庄村和白马镇朱穆村划归泰州市周山河街区管委会代管。2009年区划调整，辖口岸、刁铺、许庄3个街道及永安洲、白马、大泗、胡庄4个镇，许庄街道唐家村、老庄村划归野徐镇代管，野徐镇及刁铺街道部分村组划归泰州经济开发区代管。2010年，口岸街道分设为口岸街道、沿江街道（所辖区域已于2000年划归泰州经济开发区代管）。至2020年年末，高港区辖街道3个、镇4个，共有社区51个、居民小组883个，村40个、村民小组752个。

2000年2月，鲍徐镇并入寺巷镇。2002年，寺巷镇划归泰州经济开发区代管。2006年，泰州医药高新区启动建设。同年，撤销塘湾镇，设立凤凰路街道。2007年12月，泰州市周山河街区管委会成立。2008年，凤凰路街道更名为凤凰街道，隶属于泰州经济开发区，由泰州市周山河街区管委会代管。2009年3月，国务院批复泰州医药高新区升级为国家级高新区。2010年1月，撤销寺巷镇，分别设立寺巷街道、明珠街道。2010年8月，泰州医药高新区管委会成立，下辖泰州医药高新技术产业园区、泰州经济开发区、泰州出口加工区、泰州高等教育园区、泰州市周山河街区、泰州数据产业园区和泰州滨江工业园区7个功能性园区，原由泰州经济开发区代管的寺巷街道、明珠街道、沿江街道、野徐镇和泰州市周山河街区管委会代管的凤凰街道划归泰州医药高新区管委会代管。至2020年年末，泰州医药高新区共代管街道4个、镇1个，共有社区54个、居民小组736个。

2021年，泰州医药高新区、高港区实现融合发展，实行“区政合一”管理体制。2023年，全区共辖口岸、刁铺、许庄、沿江4个街道和永安洲、大泗、白马、胡庄、野徐5个镇，代管凤凰、明珠、寺巷3个街道，共7个街道、5个镇。新增社区3个（刁铺街道刁铺社区、明珠街道天虹社区、野徐镇雅茶社区）。全区共有社区110个、居民小组1619个，村40个、村民小组752个。

2023年泰州医药高新区（高港区）各镇街所辖村（社区）情况一览表

表3

街道、镇	社区	行政村
口岸街道	王营社区、口岸社区、龙窝口社区、城东社区、柴墟社区、新城社区、育才社区、城南社区、蔡滩社区、东南社区、朱营社区、戴集社区、集成社区、新明社区、引江社区、张马社区、田河社区	吴楼村、雅儒村、郎庄村、徐桥村、徐庄村、大石村
刁铺街道	关桥社区、通太社区、环溪社区、万庄社区、大丰社区、界牌社区、圩岸社区、明发社区、刁铺社区	—

续表3

街道、镇	社区	行政村
许庄街道	马厂社区、三星社区、官沟社区、周梓社区、三旗营社区、曹官营社区、许庄社区、乔杨社区、赵王社区、孔桥社区	明河村、钱赵村、管营村、蔡庄村
寺巷街道	寺巷社区、新华社区、小王社区、大王社区、石桥社区、三野社区、屠桥社区、二桥社区、新港社区、祥和社区、医药城社区、龙凤社区、康和社区、军甫社区	—
明珠街道	明珠社区、城南社区、祥龙社区、丹凤社区、西湖翠苑社区、靳新社区、殷庄社区、北徐社区、鲍徐社区、春风社区、东明社区、天虹社区	—
凤凰街道	梅兴社区、秦蒋社区、塘湾社区、朱穆社区、殷蒋社区、陈庄社区、杨庄社区、向阳社区、西谢社区、刘庄社区、双河社区、东谢社区、振兴社区、集镇社区、盛和社区、钟山社区、永定社区、华润社区、凤凰园社区、周山河社区、天德湖社区	—
沿江街道	滨江社区	—
永安洲镇	福沙社区、新街社区、中心社区、永兴社区、兴洲社区、永胜社区、上桥社区、建安社区、东江社区、兴隆社区、润洲社区	—
白马镇	金马社区、白马社区	岱白村、陈家村、陆家村、黄河村、前进村
大泗镇	大泗社区	时庄村、马龙村、康乐村、霍堡村、大马村、佴陈村、佴庄村、二陈村、北港村、曹于村、前进村、杨营村
胡庄镇	胡庄社区、汪群社区	赵市村、薛垛村、戴陈村、刘荡村、单王村、刘元村、史庄村、庵桥村、周马村、宗林村、丁庄村、田野村、陈隆村
野徐镇	老庄社区、永新社区、褚雅社区、康居社区、仲联社区、野徐社区、唐家社区、香榭社区、仲润社区、雅茶社区	—

（蒋月兵）

人口·民族

【人口】 2023年年末，泰州医药高新区（高港区）户籍总人口439629人。其中，男性219106人，占人口总数的49.84%；女性220523人，占人口总数的50.16%。人口密度为1091.24人/平方千米。全年出生人口2118人，死亡人口4252人。

（区公安分局）

【民族】 泰州医药高新区（高港区）是少数民族散居地区，有苗族、满族、回族、壮族、土家族等少数民族34个，全区12个镇街都有少数民族居住。其中，凤凰街道最多，有366人。全区有少数民族人口1806人。其中，土家族最多，有426人。

［区党工委（区委）宣传和统战部］

2023年泰州医药高新区（高港区）少数民族人数及分布情况一览表

表4　　单位：人

民族	口岸街道	刁铺街道	许庄街道	寺巷街道	明珠街道	凤凰街道	沿江街道	永安洲镇	白马镇	大泗镇	胡庄镇	野徐镇	小计
土家族	39	14	30	25	20	68	—	25	66	45	37	57	426
苗族	22	8	12	22	10	46	—	14	13	25	44	2	218
满族	26	22	11	13	21	53	1	11	4	10	5	7	184
壮族	15	7	21	16	2	25	11	8	11	16	14	15	161

续表4

民族	口岸街道	刁铺街道	许庄街道	寺巷街道	明珠街道	凤凰街道	沿江街道	永安洲镇	白马镇	大泗镇	胡庄镇	野徐镇	小计
回族	29	7	13	17	19	41	5	3	4	3	4	15	160
蒙古族	27	8	9	10	4	34	—	3	—	3	9	4	111
彝族	16	8	18	10	3	9	—	9	4	20	5	—	102
布依族	13	10	6	1	—	8	—	4	6	11	9	—	68
侗族	6	1	4	4	4	11	—	2	5	4	10	12	63
朝鲜族	5	1	5	3	7	27	—	—	3	2	—	—	53
白族	7	3	5	5	1	6	—	2	—	—	8	2	39
黎族	8	—	3	—	—	6	2	2	5	4	5	—	35
瑶族	6	2	2	—	1	9	2	4	3	3	2	—	34
傣族	5	5	2	2	1	—	—	5	3	4	4	—	31
哈尼族	—	1	4	4	—	—	—	—	—	4	1	—	14
藏族	3	—	—	3	3	2	—	—	—	—	2	—	13
畲族	1	2	2	1	1	4	—	2	—	—	—	—	13
仡佬族	3	—	4	2	1	1	—	1	—	—	—	—	12
佤族	—	5	2	—	—	2	—	1	1	—	—	—	11
土族	2	—	1	—	—	2	—	1	1	1	—	—	8
维吾尔族	—	—	—	1	—	4	—	1	—	—	—	—	6
傈僳族	1	—	—	—	1	—	—	2	—	—	—	—	4
拉祜族	—	—	1	2	—	—	—	—	—	—	1	—	4
纳西族	—	1	—	—	—	—	—	—	—	1	2	—	4
达斡尔族	—	—	2	2	—	—	—	—	—	—	—	—	4
仫佬族	—	—	—	2	1	—	—	—	—	—	—	1	4
羌族	—	—	3	—	—	—	—	—	—	—	—	1	4
锡伯族	—	—	—	—	—	2	—	2	—	—	—	—	4
水族	—	—	1	—	—	—	—	—	—	2	—	—	3
普米族	—	—	—	—	—	3	—	—	—	—	—	—	3
鄂温克族	—	—	—	—	—	3	—	—	—	—	—	—	3
裕固族	—	—	—	—	—	—	—	—	—	1	—	2	3
景颇族	—	—	—	—	—	—	—	—	2	—	—	—	2
保安族	—	—	2	—	—	—	—	—	—	—	—	—	2
合　计	234	105	163	145	100	366	21	102	131	159	162	118	1806

古迹·名人

【名胜古迹】 泰州医药高新区（高港区）辖区内有全国重点文物保护单位1处（人民海军诞生地）、省级文物保护单位3处（口岸雕花楼、解放街戚宅、李信昌过载行）、市级文物保护单位6处（口岸城隍庙、刁铺龙王庙、泰昌生木号、龙泉池浴室、解放街孙宅、佴家庄战斗旧址纪念碑）。有南宋抗金名将岳飞大胜金兵的遗址南坝塘，有形成于南宋的口岸庆元街、口岸解放街清式民居等古建筑。天德湖公园、口岸雕花楼景区为国家AAAA级旅游景区。中国人民解放军海军诞生地纪念馆、白马文化旅游区、江苏中药科技园、凤栖湖景区、引江河风景区、泰州海军舰艇文化园、爱情海欢乐田园均为国家AAA级旅游景区。

［区党工委（区委）宣传和统战部］

【名人】 有东汉秣陵（今南京）县尉蒋子文（被孙权追封为“白驮将军”，民间俗称“白马大将军”）、北宋名臣潘及甫、元代福建廉访使屠申驷、明代儒学大家储巏、明代武进士戚世光、明末清初评话大师柳敬亭、清康熙侍卫徐左柱、清开明绅士赵良礼、教育家李煦春、《解放军报》总编赵易亚少将、军旅诗人栾长明、工程力学专家蔡强康、现代“生命之约”英雄刘绍安、民间收藏家蔡澧泉、儿童文学作家陈模、企业家徐镜人、抗战老兵史保东、“人民科学家”叶培建等。 （区党史方志办）

地方美食

【全鱼席】 泰州医药高新区（高港区）南濒长江，自古盛产以“长江三鲜”（鲥鱼、刀鱼、河豚）为代表的各类江鲜。全鱼席精选当地特产的各类水产品，通过清蒸、白汁、黄焖、红烧等烹饪手法，保证食材的原汁原味。全鱼席有30余个品种，其中红烧河豚、白汁鮰鱼、清蒸刀鱼、黄焖江鳗、清蒸江蟹等为全鱼席中的上品。2021年1月起，长江实行十年禁渔，全鱼席不再取用江鲜食材，全部改用人工养殖食材。

【全羊席】 刁铺全羊席具有上百年的历史，用料考究、工艺独特、口味鲜嫩、色香俱佳、养身补体。全部菜肴皆以1年生山羊为原料，经去膻工艺后，或焖或炖或炒或冷切或红烧或油浸，将羊肉及羊的眼、耳、心、肝、腰、脑、蹄、卵、鞭、肠、肚等部位做成佳肴。其中，以扒乳羊、蟹黄羊肉狮子头、生爆羊球片、多子多福、豆腐烩羊脑、鳜鱼烧羊肉等为代表。

【全牛席】 大泗全牛席　中华人民共和国成立前，大泗有“霍堡庄、穷叮当、杀老牛、卖生姜”的说法。霍堡人做牛肉生意已有近百年的历史。霍堡牛肉传承至今成为大泗独特的菜肴。大泗镇现有几十个牛肉店。全牛席以牛的头、尾、蹄、内脏、肉为原料。上菜顺序，从头到尾，极为讲究，共有百余种菜品。最具代表性的有十大名菜，依次是：牛气冲天（牛头）、爆炒世界（牛眼）、美味牛簧（牛舌）、生爆牛宝（牛宝）、酸辣牛肚（牛肚）、心怀天下（牛心）、铁板腰花（牛腰）、快马加鞭（牛鞭）、祥龙摆尾（牛尾）、脚踏实地（牛蹄）。牛肉分水牛肉和黄牛肉，黄牛肉纹理清晰、肉实味美，为大泗全牛席的首选。

寺巷全牛席　寺巷牛肉传统烹饪技艺传承至今已有150余年。20世纪90年代起，推出寺巷全牛席。主要菜品有牛肉冻（蹄筋）、麻酱牛腰片、拌牛蹄黄（牛掌）、水爆肚仁（牛肚去外皮）、红焖牛尾、粉蒸牛肉、粟米牛汤、酒香牛肉、干红油百叶、栗香牛腰、红煎牛腰、虎皮牛尾（汤）、牛髓饮、彩珠牛宝（牛宝、牛鞭）、熘牛心花、核桃芝麻炖牛心、大枣牛肝汤、圆葱烩牛肝、白菜煲牛肺、芹蒜炒牛血、桃仁牛血汤、西红柿炖牛肉（肋条）、水煮牛肉、牛肉萝卜馅饼、咖喱牛肉干、清炖土豆牛肉、黑椒茭白牛柳、香辣炒牛肚、五香牛腩、凉拌牛肉、牛肉粉丝煲、杭椒牛柳（切条）、山药牛肉粒（里脊）、酸菜肥牛、彩椒牛肚、宫爆牛筋、中式罗宋汤（牛腩切小块）、牛肉凉片、拌牛头肉、拌花腱（腱子肉）、白切牛肉（腱子肉）、拌牛盘肠、红烧牛鞭、酸汤牛窝骨、韭香牛百叶、香辣牛鼻梁、香辣牛骨髓、牛耳片、红扒牛头方（牛头脸）、牛脑煎蛋等。 （区党史方志办）

国民经济和社会发展统计公报

【概况】 2023年，全区实现地区生产总值1191.95亿元，按不变价计算，比上年增长6.5%。其中，第一产业、第二产业、第三产业分别为16.19亿元、645.37亿元、530.39亿元，三次产业结构比为1.4∶54.1∶44.5。

【农林牧渔业】 农业经济运行平稳　全区实现农林牧渔业总产值25.55亿元，同比下降1.6%。其中，种植业、林业、牧业、渔业和农林牧渔专业及辅助性活动产值分别为19.35亿元、0.15亿元、2.5亿元、1.78亿元和1.78亿元。

粮食生产形势稳定　全区粮食播种面积16606.67公顷，同比增长0.2%；粮食总产量11.32万吨，同比增长0.6%。2023年以“稳面积、增单产”为重点，开展结构调整，提升小麦和水稻等主粮作物生产面积。其中，小麦面积7666.67公顷，同比增长0.4%，总产量4.43万吨，同比增长0.5%；水稻面积6053.33公顷，同比增长0.3%，总产量5.65万吨，同比增长0.9%。

蔬菜生产态势良好　全区蔬菜及食用菌的播种面积及总产量均稳健增长。播种面积5740公顷，同比增长2%；总产量21.17万吨，同比增长3.4%。

畜禽产能较快回升　生猪、牛、羊、家禽等主要畜种生产势头良好。全年出栏生猪9.5万头，同比增长17.4%；全年出栏牛0.07万头，同比增长54.6%；全年出栏羊2.14万只，同比增长32.4%；全年出栏家禽50.37万羽，同比增长2.9%。

渔业养殖形势喜人　全年推广应用河蟹小龙虾轮养、套养等新模式，提升养殖面积使用率，全年水产养殖面积886.67公顷，水产品总产量0.66万吨，同比增长5.6%。

【工业和建筑业】 工业生产承压前行　全区规模以上工业产值同比增长3.5%，其中民营工业产值同比下降0.3%。分轻重工业看，轻工业产值同比下降1.2%，重工业产值同比增长6.7%。分经济类型看，集体企业产值同比下降20.1%，股份制企业产值同比增长0.3%，外商及港澳台商投资企业产值同比增长10.7%。

重点行业贡献显著　全区规模以上工业企业涉及的31个行业大类中，17个行业产值同比实现正增长，其中14个行业增速高于全区平均水平，17个行业产值占比达76.1%，对全区产值增长的贡献率达189.5%。医药制造业实现产值293.89亿元，同比增长4.8%；农副食品加工业实现产值292.03亿元，同比增长5%；汽车制造业实现产值268.08亿元，同比增长25.5%。

企业效益持续低迷　全区规模以上工业实现利润总额93.73亿元，同比下降51%，营业利润率5.1%，较上年同期下滑4.6个百分点。

建筑业小幅回落　全区实现建筑业总产值667.35亿元，同比下降3.9%；竣工产值582.51亿元，同比增长3.1%。建筑业企业房屋建筑施工面积4663.18万平方米，同比增长2.5%，其中新开工面积1902.45万平方米，同比增长21.5%；竣工面积1886.83万平方米，同比增长12.2%，其中住宅竣工面积1516.63万平方米，同比增长2%。

【固定资产投资】 固定资产投资稳步增长　全区固定资产投资同比增长7.1%，其中民间投资占固定资产投资比重为87.2%。分行业看，医药制造业投资同比增长36.9%，电气机械和器材制造业投资同比增长77.8%，汽车制造业投资同比增长40.2%，装卸搬运和仓储业投资同比增长125.6%，商务服务业投资同比增长101.1%。

房地产开发投资高位运行　全区实现房地产开发投资165.11亿元，同比增长31%。新增房地产项目3个，实现房地产开发投资19.64亿元，拉动全区房地产开发投资增速15.6个百分点。

商品房销售行情较好　全区实现商品房销售面积152.05万平方米，同比增长14.2%。从销售用途看，住宅销售105.48万平方米，同比增长17.6%；办公楼销售7.3万平方米，同比增长17.9%；商业营业用房销售6.03万平方米，同比下降2.2%；其他用途销售33.25万平方米，同比增长8.4%。

【国内贸易】 消费品市场复苏回暖。全区限额以上单位实现贸易额1420.96亿元，同比增长7.4%。其中，限额以上批发业销售额1211.81亿元，同比增长6.7%；限额以上零售业销售额193.1亿元，同比增长10.5%；限额以上住宿业营业额4.74亿元，同比增长38%；限额以上餐饮业营业额11.31亿元，同比增长31%。分行业看，限额以上矿产品、建材及化工产品批发销售额677.2亿元，同比增长10.9%；限额以上汽车、摩托车、零配件和燃料油及其他动力零售销售额134.19亿元，同比增长9.5%。

【财政和金融】 财政收支运行平稳　全区完成一般公共预算收入103.18亿元，同比增长2%，其中税收收入75.95亿元。政府性基金收入95.1亿元，上划中央四税（国内增值税、国内消费税、企业所得税、个人所得税）100.41亿元。一般公共预算支出84.12亿元，同比下降18.9%。其中，一般公共服务支出10.32亿元，同比增长9.6%；科学技术支出5.47亿元，同比增长46.8%；社会保障和就业支出9.06亿元，同比增长7.4%；卫生健康支出6.13亿元，同比增长4.7%；农林水支出4.55亿元，同比增长18.6%；城乡社区支出24.87亿元，同比下降45.4%；教育支出7亿元，同比下降16%。

金融市场活力迸发　年末，全区金融机构本外币各项存款余额1784.1亿元，同比增长16.5%；贷款余额1580亿元，同比增长23.8%。全区银行业存贷比为88.6%。

【科学技术、教育和卫生】 科技创新动能加速跃升　全区研发投入占地区生产总值比重为3.16%。全区组织206个企业申报高新技术企业，获批119个，25个企业获批市高新技术企业；获批省“潜在独角兽”企业1个，获批省“瞪羚”企业10个，获批市“瞪羚”企业5个。全年国家级孵化器绩效考评优秀2个、良好1个，省级孵化器绩效考评优秀1个、良好3个；省级工程技术研究中心绩效评价优秀4个。新获批市级众创空间1个、市级及以上企业技术中心25个、市级及以上工程技术研究中心32个。

教育事业硕果累累　全区共有各级各类学校75所，其中幼儿园43所、小学18所、初中11所、九年一贯制学校2所、中等专业学校1所。幼儿园在园人数12784人，毕业人数4720人；小学在校人数23725人，毕业人数3263人；初中在校人数6937人，毕业人数2118人；中等专业学校在校人数3103人，毕业人数605

人。学龄儿童入学率、小学毕业升学率、初中学生毕业率均为100%。

卫生事业稳健发展　全区各级各类医疗机构共211个。其中，二级以上医院3个，街道社区卫生服务中心6个，乡镇卫生院6个，护理院1个，民营医院2个，门诊部22个，诊所（卫生所、医务室）60个，临床检验中心（所、站）13个，体检中心1个，敬老院护理站5个，村卫生室56个。专业卫生机构3个（疾病预防控制中心、卫生监督所、妇幼保健计划生育服务中心各1个）。医疗机构核定床位2321张。其中，泰州市中西医结合医院618张，泰州市第三人民医院620张，泰州市高港中医院310张，街道社区卫生服务中心以及镇卫生院709张，民营医院105张。政府办医疗机构卫生专业技术人员1921人，其中医生类728人、护士类744人、药士类149人、医技类116人。乡村医生53人（含返聘）。

【文化和体育】 文化服务水平不断提升　年末，全区共有公共图书馆1个、文化馆1个、美术馆1个、综合文化站12个、农家书屋40个、社区图书室108个、城市书房5个。拥有公共图书藏书量45万册，图书总流通34.15万册次，其中书刊文献外借19.62万人次。全区有全国文物保护单位1个，省级文物保护单位3个，市级文物保护单位6个，省级非遗4项，市级非遗6项，区级非遗9项。共有群众文艺团队27个，其中泰州市“文化惠民券”资助演出团队15个。

体育工作稳步推进　全年新建、更新体育健身路径30套。完成5公里健身步道建设，配建乒乓球桌41张、篮球架3副。新增体育场地面积63.97万平方米，人均达5.85平方米。举办“高新高港杯”第八届全国象棋青年大师赛，吸引全国28名青年象棋大师参加，赛事网络直播观看突破40万人次。

【人民生活和社会保障】 人口总量持平略增　年末，全区家庭总户数138937户，户籍总人口43.96万人，比上年末增加0.06万人，其中女性22.05万人。户籍人口中，17岁以下人口6.87万人；18岁～34岁人口7.72万人；35岁～59岁人口18.11万人；60岁以上人口11.25万人。60岁以上老龄人口占比为25.6%。全年出生人口2118人，人口出生率为4.82‰，比上年末下降0.33个千分点，死亡人口4252人，人口死亡率为9.78‰，比上年末提高0.88个千分点；全年迁入1935人，迁出1685人。

居民收入稳步增长　全体居民人均可支配收入50975元，增长6.2%。按常住地分，城镇居民人均可支配收入61043元，增长5.3%，农村居民人均可支配收入33193元，增长8.2%。城乡居民人均可支配收入比为1.84∶1，较上年缩小0.05，城乡居民收入差距进一步缩小，发展更加均衡。从收入结构看，工资性收入、经营性收入、财产性收入和转移性收入比值由2022年同期的59.4∶17.2∶10.7∶12.7调整为2023年的59∶17.6∶10.6∶12.8。

社会保障有力有效　全区新增城镇就业人口20800人，支持成功自主创业2886人。全年开展补贴性职业技能培训5255人次，新增高技能人才1550人。兑付购房券828万元，引进各类高层次人才952人，新增留学回国人员105人，新增专业技术人员3200人。城乡居民最低生活保障标准提高至每月800元/人，全年帮扶城乡低保26163人次，发放低保金1663万元。

【资源环境】 生态环境质量稳定优良。$PM_{2.5}$年均浓度为33.1微克/立方米，空气质量优良天数比率为79.2%。

注：（1）本公报使用的数据为快报数。

（2）地区生产总值和各产业增加值绝对值按现行价格计算，增长速度按不变价计算。

中共泰州医药高新技术产业开发区工作委员会 中共泰州市高港区委员会

综　述

【概况】 2023年，区党工委（区委）坚持以习近平新时代中国特色社会主义思想为指导，全面贯彻中共二十大精神和习近平总书记对江苏工作重要讲话重要指示精神，坚持稳字当头、稳中求进，坚持问题导向、目标导向、结果导向、实干导向，落实“四敢”重大要求，全力稳住经济大局，不断积蓄发展动能，持续增进民生福祉，切实守牢发展底线，着力重塑政治生态，全区各个领域工作推进有力有序、蹄疾步稳，进一步巩固高新高港融合发展的“稳进好”态势。全区共有基层党组织1403个，党员24782人。

【调研工作】 2023年，泰州医药高新区（高港区）全面落实党中央及省、市委关于大兴调查研究的工作要求，全年形成《关于全区卫生健康事业短板弱项的调研报告》《关于全区热力能源供应情况的调研报告》《关于全区教育事业短板弱项的调研报告》《融合以来干部队伍能力素质建设的调研与思考》等调研报告。

【信息工作】 2023年，区党政信息系统报送信息被中央办公厅采用4篇（条）；被省委办公厅采用31篇（条），获省领导批示4件次，累计质量系数108分，在全省市辖区中位居前列；被市委办公室采用130篇（条），获市主要领导批示2件次，在全市党委信息排名中列各市（区）第1位。区党政办公室获评全省优秀信息工作单位、全市优秀信息工作单位。获国务院领导批示4篇，被国务院办公厅采用10篇（条），获省主要领导批示5篇，被省政府办公厅采用90篇（条），被市政府办公室采用50篇（条）。年末获批纳入省政府办公厅信息直报点。编报《高新（高港）情况》52期、专报31期，获区领导批示67件次。 （李尚发）

【政策法规工作】 2023年，区党政办公室审查区党工委（区委）、区党政办公室各类文件470余件，其中前置审查拟上会审议文件70余件，提醒纠正问题350余个。向市委按时报备党内规范性文件10件，依规审查各园区、镇（街道）、区有关部门（单位）报备文件11件。探索推行《法律顾问专报》，收集来自法学专家、精英律师、司法条线的建议意见，正式刊发4期，不少建议转化为党委决策，获得区主要领导批示肯定。组织开展全区党内法规工作专题培训会，邀请省委办公厅法规室负责人专题辅导。协助承办全省党内法规业务培训班。组织参加“学习党内法规　走在前做示范”专项答题活动。 （王润环）

【保密工作】 2023年，区党工委（区委）机要保密局对全区各地各部门（单位）产生国家秘密事项、涉密人员、涉密信息设备进行调查统计，及时上报更新完善相关数据。4月，组织开展保密宣传教育月活动，通过微信公众号、小视频、发放宣传资料等方式普及保密知识，发放各类资料8000余份。对办公室、会议室等场所及办公设备落实保密管理措施，提升保密管理规范化水平。按照巡察工作要求，对被巡察对象进行专项保密检查。 （戴书琴）

【全面深化改革工作】 2023年，区党工委（区委）全面深化改革委员会办公室以提高发展质量和效益为中心，系统谋划经济发展领域、生态文明领域、农业农村领域、民主法治和社会治理领域、宣传文化和民生事业领域、党的建设领域、纪检监察体制、加强对全面深化改革的组织领导8大重点改革领域、28项重点改革任务，逐项明确改革方向和工作举措。以一名区领导、一个专项小组、一个牵头部门、一个改革事项“四个一”的组织形式，建立改革协调推进机制，及时跟踪进展情况，协调有关改革事项。按照“任务项目化、项目节点化、节点责任化”的思路，分组制定改革工作计划，细化到人到岗，形成“以重大改革为龙头、以面上改革为补充”的架构体系，引领全区各领域改革有序推进。常态化执行

"分类管理、分级督办、定期督察"制度，推进重难点改革事项目标集成、政策集成、效果集成，不断提高改革督察效能。围绕高质量发展考核导向，把改革工作纳入区级年度绩效管理范畴，采取定性与定量同步、日常考核与集中考核并行的方式，全面客观公正地评价争先进位和履责不力等情形，在全区营造思改革、谋改革、推改革的浓厚氛围。（王耀华）

重要会议

【概况】 2023年，泰州医药高新区（高港区）召开区党工委（扩大）会议暨区委全体会议2次，召开区党工委（区委常委会）会议27次，召开全区机关党员干部亲企清政走访服务活动动员部署会、全区深化全国文明城市创建动员大会、全区农村工作会议等专项工作会议。

2023年泰州医药高新区党工委、高港区委部分重要会议一览表

表5

会议类别	会议名称	召开时间	主要内容
区党工委（扩大）会议暨区委全会	中共泰州医药高新区工委（扩大）会议暨中共泰州市高港区委六届五次全体会议	8月6日	总结2023年上半年工作，部署下半年工作
	中共泰州医药高新区工委（扩大）会议暨中共泰州市高港区委六届六次全体会议	12月28日	总结2023年工作，部署2024年工作
区党工委（区委常委会）会议	泰州医药高新区党工委2023年第一次会议、六届高港区委第四十二次常委会会议、区安委会全体（扩大）会议	1月17日	传达学习习近平总书记在二十届中央纪委二次全会上的重要讲话、全国安全生产电视电话会议等精神，听取区人大常委会、区政府、区政协、区法院、区检察院党组工作情况等汇报，讨论有关事项
	泰州医药高新区党工委2023年第二次会议、六届高港区委第四十三次常委会会议	1月20日	传达学习省、市两会精神，部署春节期间值班值守、安全稳定、疫情防控等有关工作
	泰州医药高新区党工委2023年第三次会议、六届高港区委第四十四次常委会会议	2月10日	传达学习习近平总书记在学习贯彻中共二十大精神研讨班开班式上的重要讲话、全国及全省宣传部长会议、省委农村工作会议、省市纪委全会等精神，讨论《区党工委（区委）、区管委会（区政府）关于贯彻信访工作条例的实施办法（讨论稿）》、区纪委全会工作报告等事项
	泰州医药高新区党工委2023年第四次会议、六届高港区委第四十五次常委会会议	2月20日	传达学习中央政治局常务委员会会议精神，听取2018年省委巡视高港、市委巡察泰州医药高新区未整改到位的问题以及中央巡视江苏反馈涉及泰州问题整改进展情况，全区机关党员干部亲企清政走访服务活动实施方案等汇报，讨论省委、省政府《关于支持泰州大健康产业高质量发展的意见》区内责任分解清单、上争事项清单和《泰州市国土空间规划泰州医药高新区（高港区）分区规划（2021—2035年）》等事项
	泰州医药高新区党工委2023年第五次会议、六届高港区委第四十六次常委会会议	2月28日	传达学习习近平总书记在主持二十届中共中央政治局第三次集体学习时的重要讲话，中央、省、市政法工作会议和省、市信访工作会议等精神，研究部署推进全区一季度经济高质量发展工作
	泰州医药高新区党工委2023年第六次会议、六届高港区委第四十七次常委会会议	3月17日	传达学习习近平总书记在参加江苏代表团审议时的重要讲话精神和全国两会精神，讨论泰州医药高新区（高港区）供销合作社第二次社员代表大会有关事项
	泰州医药高新区党工委2023年第七次会议、六届高港区委第四十八次常委会会议	4月15日	传达学习习近平总书记在广东考察时的重要讲话，全国、省、市组织部长会议和全省学习贯彻习近平新时代中国特色社会主义思想主题教育动员会议等精神，听取全区落实统计造假屡禁难绝专项治理行动工作安排情况等汇报，讨论全面依法治区委员会年度工作要点、《医药高新区（高港区）乡村建设行动实施方案（讨论稿）》、2023年区政府重大行政决策事项目录等事项，开展党政主要负责人现场述法

续表5

会议类别	会议名称	召开时间	主要内容
区党工委（区委常委会）会议	泰州医药高新区党工委2023年第九次会议、六届高港区委第五十次常委会会议	4月24日	讨论区党工委（区委）向省委第十一巡视组工作情况汇报（讨论稿）
	泰州医药高新区党工委2023年第十次会议、六届高港区委第五十一次常委会会议	4月27日	传达学习习近平总书记在主持召开二十届中央全面深化改革委员会第一次会议时的重要讲话、省委书记信长星在泰州调研时的讲话等精神，讨论《全区小型宾馆（旅馆）消防安全专项整治行动方案》《关于推动区委巡察工作提质增效的建议方案》等事项
	泰州医药高新区党工委2023年第十一次会议、六届高港区委第五十二次常委会会议、区党工委（区委）深改委会议、区党工委（区委）党建工作领导小组会议	5月31日	传达学习习近平总书记在河北考察并主持召开深入推进京津冀协同发展座谈会时的重要讲话、在听取陕西省委省政府工作汇报以及在山西运城考察时的重要讲话等精神，听取全区对口支援协作合作工作情况、学前教育及义务教育监测反馈工作情况等汇报，讨论《中共泰州医药高新区工委　中共泰州市高港区委全面深化改革委员会2023年工作要点（讨论稿）》、建设高新区高级中学工程等事项
	泰州医药高新区党工委2023年第十二次会议、六届高港区委第五十三次常委会会议、区安委会全体（扩大）会议	6月29日	传达学习习近平总书记在内蒙古考察、主持召开加强荒漠化综合防治和推进"三北"等重点生态工程建设座谈会时的重要讲话等精神，听取全区近期燃气领域排查整治情况、工业企业"厂中厂"安全生产专项整治情况等汇报，讨论与南医大共建泰州医药产业研究院合作等事项
	泰州医药高新区党工委2023年第十四次会议、六届高港区委第五十五次常委会会议、区党工委（区委）国家安全委员会（扩大）会议	7月11日	传达学习习近平总书记考察江苏重要讲话重要指示、二十届中央国家安全委员会第一次会议等精神，讨论《中共泰州医药高新区工委（高港区委）国家安全委员会2023年工作要点（讨论稿）》
	泰州医药高新区党工委2023年第十五次会议、六届高港区委第五十六次常委会会议	7月22日	传达学习习近平总书记在全国生态环境保护大会上的重要讲话、中央全面深化改革委员会第二次会议、中央财经委员会第二次会议、全省加重村级组织负担突出问题专项整治推进会等精神，听取全区耕地保护和粮食安全工作情况、北大医学部（泰州）医药健康产业创新中心合作协议情况等汇报，讨论区人大常委会党组《关于加强开发区人大工作和建设的意见》
	泰州医药高新区党工委2023年第十六次会议、六届高港区委第五十七次常委会会议	8月4日	传达学习习近平总书记对全军党的建设会议作出的重要指示、在四川和陕西汉中考察时的重要讲话、对防汛救灾工作作出重要指示、省委十四届四次全会、市委六届六次全会等精神，讨论区党工委（扩大）会议暨区委六届五次全会建议方案和工作报告（讨论稿）
	泰州医药高新区党工委2023年第十七次会议、六届高港区委第五十八次常委会会议、区党工委（区委）国家安全委员会会议、区安委会全体（扩大）会议	8月31日	传达学习习近平总书记对党的建设和组织工作的重要指示、中共中央政治局常务委员会会议、全国及全省组织工作会议等精神，听取"六个一"行动、"9+N"小场所安全百日攻坚专项行动进展情况、全区信访突出问题"双月攻坚"工作情况等汇报，讨论《医药高新区（高港区）"祥泰行动"工作方案》《医药高新区（高港区）2023年政府投资项目计划中期调整方案（讨论稿）》等事项
	泰州医药高新区党工委2023年第十九次会议、六届高港区委第六十次常委会会议	9月14日	传达学习中央、省主题教育第一批总结暨第二批动员部署会议精神，研究全区主题教育实施方案、区党工委（区委常委会）主题教育工作安排、区党工委（区委）主题教育领导小组组建方案
	泰州医药高新区党工委2023年第二十次会议、六届高港区委第六十一次常委会会议	9月28日	传达学习习近平总书记在黑龙江考察并主持召开新时代推动东北全面振兴座谈会时的重要讲话、就推进新型工业化作出的重要指示、在浙江考察时的重要讲话等精神，听取假日东方酒店转让出售有关情况等汇报，讨论2022年度公务员奖励建议方案

续表5

会议类别	会议名称	召开时间	主要内容
区党工委（区委常委会）会议	泰州医药高新区党工委2023年第二十一次会议、六届高港区委第六十二次常委会会议	10月14日	传达学习省、市关于做好下一阶段地方债务管理重点工作相关文件精神，讨论省委巡视整改工作方案等事项
	泰州医药高新区党工委2023年第二十二次会议、六届高港区委第六十三次常委会会议、区安委会全体（扩大）会议	10月26日	传达学习习近平总书记对宣传思想文化工作作出重要指示、李希在二十届中央第二轮巡视工作动员部署会上的讲话、全国及全省党委和政府秘书长办公室（厅）主任会议等精神，听取“9·23”“10·24”事故及“6·21”“7·16”高空坠落事故反思情况、全区历年自然资源督察问题整改工作进展情况及耕地保护目标完成情况等汇报，讨论纪检监察机构监察官等级首次确定等事项
	泰州医药高新区党工委2023年第二十三次会议、六届高港区委第六十四次常委会会议	11月9日	传达学习市委书记朱立凡调研高新高港时的讲话精神，讨论省委巡视反馈意见相关整改方案
	泰州医药高新区党工委2023年第二十四次会议、六届高港区委第六十五次常委会会议	11月18日	传达学习习近平总书记主持二十届中共中央政治局第九次集体学习并发表重要讲话、关于国防和军队建设的重要讲话、中央金融工作会议、全省巡视巡察工作会议等精神，听取全区武装工作情况汇报，讨论区六届人大三次会议和区政协六届三次会议、泰州市高港区第三次归侨侨眷代表大会等事项
	泰州医药高新区党工委2023年第二十六次会议、六届高港区委第六十七次常委会会议	12月15日	传达学习习近平总书记主持召开深入推进长三角一体化发展座谈会并发表重要讲话、在上海和江苏盐城考察时的重要讲话、中央经济工作会议等精神，听取全区关心下一代工作情况汇报，讨论区六届人大代表、区政协六届委员增减等事项
	泰州医药高新区党工委2023年第二十七次会议、六届高港区委第六十八次常委会会议	12月27日	传达学习习近平总书记对“三农”工作作出重要指示、中央农村工作会议、省委十四届五次全会、省委经济工作会议、市委六届七次全会等精神，讨论区党工委（扩大）会议暨区委六届六次全会建议方案和工作报告（讨论稿）、《中共泰州医药高新区工委（高港区委常委会）2023年度落实全面从严治党主体责任情况的报告》、区委委员增补等事项
专项工作会议	全区机关党员干部亲企清政走访活动动员部署会	3月13日	部署机关党员干部亲企清政走访活动
	全区深化全国文明城市创建动员大会	4月4日	部署深化全国文明城市创建工作
	全区农村工作会议	5月20日	部署全区“三农”工作
	全区“招商菁领”培养计划启动大会	6月8日	部署实施“招商菁领”培养计划

【中共泰州医药高新区工委（扩大）会议暨中共泰州市高港区委六届五次全体会议】 8月6日，中共泰州医药高新区工委（扩大）会议暨中共泰州市高港区委六届五次全体会议召开。泰州市政府副市长、党组成员，泰州医药高新区党工委书记、高港区委书记叶冬华作题为《挑大梁　作贡献　争第一　奋力谱写“强富美高”高新高港现代化建设新篇章》的工作报告。泰州医药高新区党工委副书记、管委会主任，高港区委副书记、区长丁志强作小结讲话，并就贯彻落实会议精神和做好当前工作进行部署。泰州医药高新区党工委委员，高港区委委员、候补委员出席会议。泰州医药高新区（高港区）纪（工）委委员，高港区不是区委委员、候补委员的区四套班子负责人等列席会议。会议指出，着眼推进中国式现代化新征程，习近平总书记对江苏提出“走在前、做示范”的重大要求，是对江苏的巨大关怀、殷切嘱托，必须作为谋划推进各项工作的主题主线，作为现代化建设的目标指引，引领全区上下为之不懈奋斗、接力奋斗。当前

正处于经济恢复和产业升级的关键期，全区上下既要正面问题、反躬自省，更要坚定信心，迎难而上，锚定全年目标，聚焦关键环节，推动各项工作再深化、再细化、再实化，充分展现“挑大梁、作贡献、争第一”的责任担当。要聚焦项目招引建设，全力攻坚、奋力突破，坚持一切围绕项目转、一切围绕项目干，提高统筹项目要素资源配置能力，全力推动在建项目加快建设；要抓好项目储备，推动更多项目签约落户，不断提升项目质量和效益。要聚焦创新能力提升，积蓄动能、驱动发展，坚持把创新、转型升级等作为永恒课题，加快各类创新平台载体建设，坚持“医药名城+医药名企”发展模式，构建贯通药物研发、中试、委托生产全环节的产业服务体系，为未来找准新的发展赛道、抢占新的产业风口打好坚实基础。要聚焦市场主体关切，稳定预期、增强信心，各地各有关部门要健全政企常态化沟通交流机制，主动把握企业诉求、解决企业困难；要研究相关政策配套，落地落细各类政策措施，组织开展系列活动，不断激发市场主体活力。要聚焦群众急难愁盼问题，补齐短板、提高品质，用心用情做好年度民生实事项目，确保项目实施高质高效；要注重系统谋划，坚持科学规划、合理布局，持续完善教育、医疗、养老等城市功能，着力提升城市品质。会议强调，要深刻领会“走在前、做示范”的重大要求，认清自身所处的时代方位，认清“两高”担负的职责使命，找准自身在“走在前、做示范”中的坐标，扎扎实实打基础、补短板、强弱项，奋力跑出现代化建设“加速度”。要深刻领会“强富美高”新的实践内涵，按照习近平总书记的新论断、新要求，与时俱进、脚踏实地打造更具向心力、更具竞争力、更具辨识度的改革先行区、创新活力区、发展引领区和幸福示范区。要深刻领会“四个走在前”“四个新”重大任务，紧扣科技自立自强，打造面向未来的中国医药城；紧扣强链补链延链，构建现代化产业体系；紧扣农业现代化，全面推进乡村振兴；紧扣中华民族现代文明，加快建设文化强区；紧扣服务构建新发展格局，着力深化改革开放；紧扣保障和改善民生，创造人民群众高品质生活，奋力推进中国式现代化高新高港新实践。

【中共泰州医药高新区工委（扩大）会议暨中共泰州市高港区委六届六次全体会议】 12月28日，中共泰州医药高新区工委（扩大）会议暨中共泰州市高港区委六届六次全体会议召开。泰州市政府副市长、党组成员，泰州医药高新区党工委书记、高港区委书记叶冬华作题为《重整行装　攀高逐新　奋力谱写高新高港现代化建设新篇章》的工作报告。泰州医药高新区党工委副书记、管委会主任，高港区委副书记、区长丁志强作小结讲话，并就贯彻落实会议精神和做好当前工作进行部署。泰州医药高新区党工委委员，高港区委委员、候补委员出席会议。泰州医药高新区（高港区）纪（工）委委员，高港区不是区委委员、候补委员的区四套班子负责人等列席会议。会议指出，“两高”融合以来，全区上下坚持破立并举、纠治并重，一手抓融合、促发展，一手防风险、守底线，“1+1=1”的化学反应正在生成，“1+1>2”的乘数效应加快释放。融合以来的经验十分宝贵，要在今后的工作中始终坚持并发扬光大，必须坚持改革创新这一根本动力，坚持高质量发展这一首要任务，坚持人民至上这一价值取向，坚持正确政绩观这一施政之要，坚持党的领导这一根本保证。站在融合发展的新起点，全区上下要迈步从头越，牢记嘱托走在前，一张蓝图绘到底，树牢正确政绩观，聚精会神抓落实，在重整行装、攀高逐新中增强信心底气，奋力开创“两高”融合发展更加美好的明天。会议强调，2024年是中华人民共和国成立75周年，是全面完成“十四五”规划目标任务的关键一年，做好下一年工作意义重大。全区上下要坚持以习近平新时代中国特色社会主义思想为指导，全面贯彻中共二十大精神，深入贯彻习近平总书记对江苏工作重要讲话重要指示精神，认真

2023年12月28日，中共泰州医药高新区工委（扩大）会议暨中共泰州市高港区委六届六次全体会议召开

区党工委（区委）宣传和统战部　供图

落实中央经济工作会议和省委十四届五次全会、省委经济工作会议以及市委六届七次全会部署要求，坚持稳中求进工作总基调，完整、准确、全面贯彻新发展理念，服务构建新发展格局，着力推动高质量发展，统筹扩大内需和深化供给侧结构性改革，统筹新型城镇化和乡村全面振兴，统筹高质量发展和高水平安全，全面落实“四个走在前”“四个新”重大任务，锚定目标、加压奋进，重整行装、攀高逐新，努力在推进中国式现代化中走在前、做示范，不断谱写“强富美高”高新高港现代化建设新篇章。会议要求，要奋力走在前，在勇挑大梁、争做标杆中开创现代化建设新局面。聚焦转型升级，加快向“高”跃升，加快向“智”转变，加快向“绿”前行，着力构建现代化产业体系。突出创新驱动，聚焦需求端强企业，聚焦供给端抓平台，聚焦服务端优生态，加快培育新质生产力。聚力项目攻坚，立足当下“推”，着眼长远“谋”，全力以赴“抓”，筑牢高质量发展硬核支撑。深化城乡一体，提升城市能级，加快乡村振兴，厚植生态优势，倾力绘就融合发展新画卷。坚持人民至上，始终把解决“民生之本”放在心上，始终把追求“美好向往”抓在手上，始终把深化“精神富有”落实在行动上，持续提升群众获得感幸福感。树牢底线思维，坚决守好安全生产底线，防范化解重大领域风险，着力维护社会和谐稳定，更好统筹发展与安全。要展现新作为，在自我革命、正本清源中加强党的建设。深入学习贯彻习近平总书记关于党的建设的重要思想，旗帜鲜明加强政治建设，强基固本夯实基层基础，唯实唯勤锤炼干部队伍，激浊扬清重塑政治生态，不断健全全面从严治党体系，提高党的建设质量，切实增强自我净化、自我完善、自我革新、自我提高能力，为推动高质量发展提供坚强保障。（李尚发）

组织工作

【概况】 2023年，泰州医药高新区（高港区）共调整区管干部10批582人次。至2023年年末，泰州医药高新区（高港区）共有党的基层组织1403个，其中党委72个、党总支133个、党支部1198个。有党员24782人。其中，女党员7355人，占29.68%；35岁及以下党员5521人，占22.28%；大专以上学历党员13444人，占54.25%。

【干部选任机制规范完善】 2023年，区党工委（区委）组织部聚力干部选任质量提升，坚持党管干部原则，严把方向、严密流程、严格执行，出台《党组织推荐区管干部人选办法（试行）》《区管领导班子成员分工调整报备的操作规程》《党政领导干部执行任职试用期的操作口径》等，规范党政领导干部选拔任用工作。全年共调整区管干部10批582人次，其中提拔119人、晋升职级44人。

【年轻干部培养】 “招商菁领”培养计划　6月，泰州医药高新区（高港区）聚焦“项目大突破、突破大项目”，推动优秀干部人才向开发园区集聚、向招商一线集中，启动实施“招商菁领”培养计划，从全区遴选65名优秀年轻干部，进行全科培养、滚动培养、实战培养。全年“招商菁领”收集有效招商信息500余条，成功签约项目60个，累计投资额214.96亿元，吸引外资和港澳台资3000万美元。对其中表现突出、适岗性好的5名优秀培养对象予以提拔使用。

干部梯队建设　对照省优秀年轻干部“555”培养工程、市“377”优秀年轻干部培养计划，结合高质量发展及未来领导班子配备的结构性要求，推进年轻干部“365培养行动”，推动形成一支来源充足、结构合理、充满活力、堪当重任的高素质专业化年轻干部队伍。对照考核指标要求，配有“85后”镇街正职9人，占镇街正职总数的37.5%；新提拔“85后”正科16人，新配“90后”年轻干部8人，其中“95后”1人、“92后”5人。

【干部教育培训】 2023年，区党工委（区委）组织部举办区管干部学习贯彻习近平新时代中国特色社会主义思想和中共二十大精神学习

2023年6月17日，泰州医药高新区（高港区）第六期格物讲堂在中国医药城会议中心举行　区党工委（区委）宣传和统战部　供图

研讨班，区管干部、区属国有企业领导班子成员等近1000人参加培训。实施“高新干部专业化培训矩阵2.0”，与生物医药产业园区、区商务局等部门联合举办医药名城高阶赋能研修班、乡村振兴产业发展培训班、“双招双引”专题培训班等10个专业化培训班次，分专题分领域开展专题培训，提升各级干部专业化能力和应对外部环境考验、防范化解风险的本领。聚焦党史教育、现代产业、生物医药、科技创新等领域，举办“格物讲堂”4期，邀请相关专家教授、行业大咖、领导干部等为副科级及以上干部开展集中授课，累计培训干部4批次4000余人次。（冒颖　王伟）

【干部管理与监督】2023年，区党工委（区委）组织部完成全区1004名区管干部年度考核工作，对年度考核优秀人员进行表彰奖励。出台《泰州医药高新区（高港区）机关中层干部选拔任用工作规程》，明确中层干部选拔任用的资格条件、任用程序、注意事项等。对全区21个人事档案管档单位进行督查，对专项审核信息准确率进行抽查，并提出整改要求。围绕省委巡视选人用人专项检查和市委督查组“全面整治违反政治纪律、政治规矩问题”工作专班反馈问题，牵头制定整改方案，协调抓好整改落实，确保衔接有序、对接畅通，推动各项整改任务在规定时间内完成。加强对党政主要负责人和国有企业领导人员的监督，对14名领导干部进行经济责任审计，对19名领导干部开展离任交接，确保“责任”不断档。结合“两高”融合后机构重组情况，以及区级机关各部门新“三定”规定，分门别类列出全区副科级及以上领导干部职务名称，编制《领导干部职务名称表》。参与六届区委第三轮至第五轮巡察工作，共对15个被巡察单位开展选人用人专项检查，及时对其形成的整改方案给予审核，以“双反双评”构建“反馈—整改—督查—点评—问效”整改体系做法，被《中国组织人事报》推介。全年发放《“双考”情况反馈通知书》54份，收到《提醒谈话情况反馈单》54份，有120余名干部接受提醒谈话。

（陈国栋　曲朝霞　徐川　戚冬娟　王彧莲）

【公务员管理】2023年，泰州医药高新区（高港区）完成32名考录公务员、军转干部、调任人员、选任人员、从参照公务员法管理机关（单位）调入人员公务员登记工作和5名公务员调任审批工作。组织21名新录用公务员参加初任培训，组织全区股级及以下公务员（含参照管理人员）700余人参加泰州市公务员网络平台培训。

（陈国栋　曲朝霞　赵雯　徐长纬）

【工资福利管理】2023年，区党工委（区委）组织部为全区公务员、党群口事业单位工作人员办理基本工资调整、年度晋升及职务职级、津补贴等工资变动核定5000余人次，办理34名达到退休年龄人员退休手续。（陈国栋　曲朝霞　赵雯）

【基层党员教育管理】2023年，泰州医药高新区（高港区）深入实施党员发展“双提”工程，突出政治标准，严格规范程序，提升发展党员质量；做好产业工人、青年农民、高知识群体、“两新”组织从业人员、新业态新就业群体等发展党员工作，加大在高层次人才中发展党员的力度，不断优化党员队伍结构。全年共发展党员300人。其中，35岁以下青年190人，研究生及以上学历或副高及以上职称专业技术人员17人，非公企业120人，新业态新就业群体9人。规范支部主题党日月度方案和操作规程，推动基层党组织年度计划制定全覆盖。开展2023年度“我是党员、奋斗有我”党员集中培训，对3670名培训对象进行集中兜底培训。上半年、下半年各举办新任党支部书记培训班1次，对全区新任党支部书记进行全覆盖培训。全面推行机关党组织和在职党员“双报到、双服务”机制，引导各领域党员在防汛救灾等急难任务中亮身份、作贡献。在全区推动实施290个“放样子、亮群像”书记项目，组织开展观摩交流活动，评选产生区级“二十佳”项目。在全区范围分类评选“四敢先锋奖”10人。摸排入党50年党员309人，发放“光荣在党50年”纪念章。实施流动党员“暖流行动”，深化流出地、流入地“双联双管”机制，推动1244名流动党员有学又有为。

（陈国栋　庄坤江　沈加胜　韩正卿）

【农村党建】2023年，泰州医药高新区（高港区）深化村（社区）书记专业化建设，将村集体经济发展指数、经营性收入、主题教育开展等相关情况纳入专业化管理评价体系，对全区123个村（涉农社区）进行新一轮认定。指导全区12个镇街分别组建考察组，对全区145个村（社区）“两委”班子运行质态进行综合分析研判，加快班子结构优化、赋能班子结构增效。全面实施村（社区）干部学历提升攻坚行动，制定区级村干部学历提升工作方案，搭建村（社区）干部学历提升“校地合作”平台，组织开展现场集中报名，相关做法被《江苏组工信息》报道。市、区两级共选派11名“第一书记”到软弱涣散村、经营性收入30万元以下的村。举办第二届村干部能力大比武活动，覆盖村（社区）党组织书记、“两委”班子成员、新入职村干部三类人员共1025人次，同步联动开展村（社区）干部“基本功大比武、治理力大提升”知识竞赛活动。举办第十三届村干部培训周，做好全国村党组织书记、村委会主任视频培训班。督导全区12个镇街123个村（涉农社区）党组织

2023年9月5日，泰州医药高新区（高港区）召开全区党建引领新型农村集体经济发展工作推进会　　区党工委（区委）宣传和统战部　供图

全口径制定2023年度村集体经营性收入目标实现方案，出台《泰州医药高新区（高港区）发展新型农村集体经济的若干措施》，召开全区党建引领新型农村集体经济发展工作推进会，推进全区乡村振兴建设，推动村集体经济发展壮大，相关做法被《新华日报》宣传推介。

（陈国栋　庄坤江　沈加胜　马　强　范轩瑜）

【城市社区党建】 2023年，泰州医药高新区（高港区）深入实施城市社区“人气集聚计划”，推动社区每月结合节气假日、民俗文化等制定服务活动计划，确保日均固定项目8个、月均非固定活动4个。调动46个区级机关（单位）优势资源，充实完善5个街道大工委、22个社区大党委、54个网格大支部。全面推行“全科社工”服务模式，实施“小巷WE治”赋能行动，4名参加泰州市“星火杯”金牌社工比武的社区工作者全部入选市“金牌社工”20佳。推动明珠街道祥龙小区、西湖翠苑小区创成党建引领物业管理服务工作省级示范点。出台《医药高新区（高港区）城市社区党群服务中心建设运行导则》，细化区域位置、功能布局、服务项目、运营主体的具体规定，集成打造党群服务阵地。推动党群服务中心合理布局，精简整合办公空间，将便民服务等功能向一楼集中，将议事区域调整至二楼或以上，合理设置文体娱乐活动区域，改造健身室、舞蹈室、书画室等功能室68个。

（陈国栋　庄坤江　沈加胜　曹新涛）

【“两新”组织党建】 2023年，泰州医药高新区（高港区）推进非公企业“四同八助”党组织星级评定工作，共50个企业参与创建，其中A类企业20个、B类企业30个。举办“两新”组织党务工作者资格认证培训班，注重将产业链党建和新业态党务工作者纳入认证，组织67名初级、中级资格认证对象（包括16名产业链党建党务工作者和3名新业态党务工作者）参加为期3天的专题培训，组织1名符合条件对象申报高级资格、参加市级业务培训和资格认证考试。全区初级、中级、高级专业资格认证对象分别是325人、76人、8人。开展“两新”组织“党建共享日”活动共9期，参与人次580人，通过党建业务培训、党建活动开放、党建成果展示，提升全区“两新”组织党务工作者工作能力和专业水平。集成打造“红链向心力”产业链党建品牌集群，创设产业联盟党委“联盟日”活动载体。生物医药产业联盟党委举办子产业联盟党总支揭牌仪式暨首期“联盟日”活动，发布“联盟日”活动规则。该模式被市委组织部向全市26条产业链面上推广，生物医药产业链入选产业链党建省级联系点，系全市唯一。

（陈国栋　庄坤江　沈加胜　姬生宁　韩正卿）

【新业态新就业群体党建】 2023年，泰州医药高新区（高港区）制定《医药高新区（高港区）新就业群体党建关爱凝聚项目（升级版）》，召开全区新业态新就业群体关爱凝聚项目落实推进会，加快推动项目落实落地。发展新业态新就业群体党员9人，新培育成立1个实体型网约车党组织——泰州景行科技有限公司党支部。举办新业态新就业群体“学‘理’入心·爱党先行”主题活动，邀请市相关行业党委负责人现场指导，相关做法被《党的生活》《新华日报》宣传报道。成立全市首个“小哥食堂”，解决新业态新就业群体就餐难的问题。推荐5名新业态从业者参加学历提升计划，组织新业态新就业群体专场招聘会2场，帮助30余名新业态从业者找到意向岗位。启动“先锋骑手服务月”活动，聘任40余名外卖员担任“反浪费宣传骑士”，举办泰州市“e网情深”网信民生实践暨医药高新区（高港区）红色直播助农活动，8个农企与属地红色直播间结对共建。

（陈国栋　庄坤江　沈加胜　姬生宁）

【党员电化教育及教育视频制作】 2023年，泰州医药高新区（高港区）拍摄制作乡风文明引导短视频《邻里之间的那些事》。挑选在工作岗位上业绩突出、先锋模范作用发挥明显、具有示范带动效应的先进典型，拍摄制作《高新先锋谱》视频12期，每月依托主题党日（固定学习日）展播。上争制作“如何树立和践行正确政绩观”党员教育图解作品，该作品被中组部“共产党员”、省委组织部“江苏先锋”微信公众号头条转发。制作"'链'优荟　助链优"新媒体作品，展现5名"红链"服务专员助力主导产业强链补链延链事迹，该作品在"牢记嘱托、感恩奋进、走在前列"全省党员教育作品创作大赛中获一等奖。

（陈国栋　庄坤江　沈加胜　曹新涛）

【综合考核】　在2023年度泰州市综合考核中，泰州医药高新区（高港区）获Ⅰ类地区第二等次。区党工委（区委）考核办根据区综合考核实施办法，围绕推进高质量发展成效、党的建设成效、满意度评价等内容，对5个园区、12个镇（街道）实行目标任务、指标权重、计分规则"三差异"综合考核评比。评出2023年度泰州医药高新区（高港区）园区、镇街综合考核一等奖5名（港口物流产业园区、凤凰街道、口岸街道、胡庄镇、永安洲镇），二等奖5名（生物医药产业园区、化学新材料产业园区、刁铺街道、大泗镇、许庄街道），三等奖4名（电子信息产业园区、明珠街道、白马镇、沿江街道）。对全区47个区级机关单位、9个国有企业和17个驻区银行机构开展分类综合考核，评选出"十佳先进单位"10个［高港区人民法院、区总工会、区妇联、团区委、区农业农村局、区发展和改革委、区教育局、区审计局、区财政局（国资办、债务办）、区行政审批局］，"十佳服务发展先进单位"10个（区税务局、区公安分局、区自然资源和规划分局、区生态环境局、泰州华信药业投资有限公司、江苏创鸿资产管理有限公司、泰州市新滨江开发有限责任公司、南京银行、工商银行、江苏银行）。

（胡　雷　姚　敏　蒋逸仙　陈　磊）

宣传思想工作

【概况】　2023年，泰州医药高新区（高港区）举办区党工委（区委）理论学习中心组集中学习12次、交流研讨6次。做好基层党员冬训工作，获2021—2022年度全市冬训工作示范市（区）先进奖。全年在市级以上主流媒体发稿3000余篇。健全文明城市创建工作机制，优化全域包保网格管理，推进常态长效管理。选树和宣传先进典型，新增省级以上典型5人。

（戴斐斐）

【理论武装】　理论学习中心组学习　2023年，区党工委（区委）理论学习中心组贯彻落实《中国共产党党委（党组）理论学习中心组学习规则》和省委实施办法，围绕学习贯彻中共二十大精神、习近平新时代中国特色社会主义思想、中国式现代化、高质量发展等，通过集中学习、交流研讨、辅导报告、现场学习、专题调研等形式，开展学习12次、交流研讨6次，举办区级领导干部主题教育读书班2期、"潮起江东"领导干部读书班1期。

2023年区党工委（区委）理论学习中心组学习情况一览表

表6

学习主题	主讲人
传达学习习近平总书记在主持二十届中共中央政治局第二次集体学习时的重要讲话精神，在学习贯彻中共二十大精神研讨班开班式上的重要讲话精神；传达学习省委农村工作会议精神；传达学习泰州市落实"四敢"重大要求动员部署会精神	叶冬华
传达学习习近平总书记在参加江苏代表团审议时的重要讲话精神和全国两会精神	叶冬华
学习中共二十届二中全会精神、习近平总书记在学习贯彻习近平新时代中国特色社会主义思想主题教育工作会议上的重要讲话精神、习近平总书记在中央党校建校90周年庆祝大会暨2023年春季学期开学典礼上的重要讲话精神、中共中央办公厅印发的《关于在全党大兴调查研究的工作方案》，围绕中国式现代化进行交流研讨	叶冬华
学习推进社会治理法治化建设；提升党员干部政治三力；强化创新转型，推进高质量发展	叶冬华、杨春福、于阿专、刘斌、孙志高
学习习近平总书记在二十届中央财经委员会第一次会议上的重要讲话精神、习近平总书记在中国—中亚峰会上发表的主旨讲话精神，习近平总书记对中央国安办工作的重要批示精神、省委国安办有关通知要求和全市党委（党组）理论学习中心组关于国家安全学习会的会议精神	叶冬华
传达学习习近平总书记考察江苏重要讲话重要指示精神，相关区领导作交流发言，研究部署学习宣传贯彻工作	叶冬华
深入开展学习贯彻习近平新时代中国特色社会主义思想主题教育	叶冬华、刁龙
深入学习贯彻落实习近平总书记关于坚持和完善人民代表大会制度的重要思想，进一步加强和改进新时代人大工作，对标总书记"四个走在前""四个新"重大要求，围绕"习近平总书记关于坚持和完善人民代表大会制度的重要思想、关于全过程人民民主的重大理念"进行交流研讨	叶冬华

续表6

学习主题	主讲人
深入开展学习贯彻习近平新时代中国特色社会主义思想主题教育	叶冬华、陈蔚
深入学习贯彻习近平总书记关于安全生产重要论述和指示批示精神	叶冬华
围绕全国文明城市创建工作，坚持“创建为民、创建惠民、创建靠民、创建育民”，发挥区党工委（区委）理论学习中心组示范带动作用，结合文明城市创建工作安排，进行现场研学	叶冬华
学习中共中央、国务院《关于促进民营经济发展壮大的意见》，省委、省政府《关于学习运用“千万工程”经验加快建设新时代鱼米之乡的意见》，《光明日报》评论员文章《坚持和发展好新时代“枫桥经验”》，围绕乡村振兴主题进行交流研讨	叶冬华

基层党员冬训　做好基层党员冬训工作，推出“潮起江东”“理响环溪”“巷理而来”等理论宣讲品牌，结合常态长效开展党史学习教育，组织拍摄《我是冬训主讲人》理论宣讲视频12部，线上浏览量达5万余次。泰州医药高新区（高港区）获2021—2022年度全市冬训工作示范市（区）先进奖，凤凰街道获评2022年度全省基层党员冬训工作示范乡（镇、街道）。

（仲伯荣）

社科宣传　重点围绕加快转型升级构建现代化产业体系、推动生物医药产业高质量发展等课题，组织社科工作者开展应用课题研究活动。市社科联、泰州医药高新区（高港区）在化学新材料产业园区合作共建市社科调研示范基地。泰州海军舰艇文化园、蜂国奥秘馆被评为2023年度江苏省科普教育基地（社会科学普及基地），区文化馆、口岸雕花楼通过2023年度江苏省科普教育基地（社会科学普及基地）复评认定。泰州医药高新区（高港区）新时代文明实践中心、泰州市扬子江小学被评为泰州市第五批社科普及基地。（孙婷婷）

【新闻宣传】2023年，泰州医药高新区（高港区）相关新闻先后10次登上央视的新闻频道、经济频道、国际频道、国防军事频道等。在《人民日报》发稿7篇，在《新华每日电讯》发稿1篇；在《新华日报》头版发稿10篇，其中头版头条发稿2篇，累计播发18篇；在《江苏新时空》播发各类报道9篇；“学习强国”学习平台采用信息994篇（其中国家平台17篇、省平台106篇、市平台871篇）；被《中国日报》泰州医药高新区（高港区）英文网站采用信息163条（其中4条被推送至《中国日报》英文网首页和地方频道、2条被中国对外政务信息服务平台·投资中国平台转发）。各园区先后在北京、上海、深圳、山东等地开展对外招商、产业推介和主题推介活动，利用第十四届中国（泰州）国际医药博览会和省部共建联席会议、首届“健康中国”建设研讨会等大型国际会议做好主题宣传推介工作。设立省、市媒体工作室，召开通气会和策划会3场。（刘昊宇）

2023年国内主流媒体有关泰州医药高新区（高港区）重要新闻报道一览表

表7

日期	发表媒体	标题内容
1月8日	《新华日报》	新型集体经济强村又富民
1月10日	《新华日报》	产业更强　“第一”“唯一”，标注医药产业“风向标”
1月16日	《新华日报》	在新征程上勇挑大梁走在前列
1月18日	《新华日报》	解锁发展关键词　代表委员请回答
1月31日	《新华日报》	务实重行，谱写组织工作新篇章
2月6日	《新华日报》（头版）	泰州扛起“四敢”担当构筑“健康名城”
2月9日	《人民日报》（海外版）	泰州：大健康产业开辟新赛道
2月17日	央视国防军事频道《军事报道》之《我的家乡我的舰》系列节目	聚焦泰州舰与水兵母亲城泰州同袍同泽　心手相连共铸梦想之舰
2月24日	《江苏新时空》	第三届健康中国发展大会在泰州开幕　郑建邦出席并讲话　许昆林致辞
2月25日	《新华日报》（头版）	第三届健康中国发展大会在泰州开幕

续表7

日期	发表媒体	标题内容
2月26日	《新华日报》	中国医药城入选产业驱动型代表
3月6日	《人民日报》	谱写“强富美高”新江苏现代化建设新篇章——习近平总书记重要讲话在江苏干部群众中引发热烈反响　全国人大代表徐浩宇接受《人民日报》采访
3月6日	《新华日报》	为谱写“强富美高”新江苏现代化建设新篇章实现良好开局
3月6日	央视综合频道《今日说法》两会特别节目《法治新征程》	专题聚焦泰州多部门协作助推付费购买居家养老服务让老年人老有所依（采访刁铺街道）
3月8日	央视综合频道《晚间新闻》	全国人大代表、扬子江药业集团党委书记、董事长徐浩宇亮相央视《晚间新闻》栏目，热议“高质量发展”
3月13日	《人民日报》	会内会外共话民营经济　全国人大代表徐浩宇接受《人民日报》采访
3月14日	央视中文国际频道《中国新闻》	聚焦泰州“药检通”公共服务平台上线
3月16日	《江苏新时空》	泰州：打造幸福安康“祥泰之州”
3月25日	《新华日报》（头版）	扛起担当，打造大健康产业第一高地
3月25日	《新华日报》	组建“界别+商会”协商联合体，泰州高港把建言资政“好点子”转化为企业服务“实招子”
4月8日	《新华日报》	长三角两岸企业家溱湖论坛在泰州开幕
4月24日	《新华日报》（头版）	实干为笔，描绘高质量发展实景图
4月30日	《新华日报》（头版）	开出金融“良方”，滋养企业成长
5月6日	央视财经频道《欢乐大猜想》	在泰州，人工养殖河豚时，使河豚毒性降低的关键是什么？
5月22日	《江苏新时空》	广拓“朋友圈”，助力大健康产业蓬勃发展
6月1日	央视新闻综合频道《新闻直播间》	聚焦泰州电厂全新的二氧化碳捕集利用封存项目
6月3日	《人民日报》（海外版）	亚洲最大火电二氧化碳捕集利用与封存项目在江苏泰州投产
6月14日	《新华日报》	泰州高新高港启动培养“招商菁领”
6月15日	《新华日报》（头版）	泰州打造江苏高质量发展“中部支点”
6月22日	《新华日报》（头版）	擦亮城市名片，“大健康”扛起大担当
6月27日	《江苏新时空》	泰州：在大健康产业赛道跑出发展“加速度”
7月11日	《江苏新时空》	泰州高港：种粮大户40多万斤小麦被淹之后……
7月17日	《新华日报》（头版）	泰州力推重大项目招引建设
7月18日	《新华日报》	全力打造全国医学创新引领区
9月5日	央视国防军事频道《军事报道》	全国各地高质量做好新兵入营工作
9月16日	央视财经频道《对话》	打开江苏制造的密码
10月21日	《新华日报》	健康中国建设研讨会在泰州开幕
10月22日	《江苏新时空》	创新赋能　共建大健康产业生态体系　第十四届中国（泰州）国际医药博览会开幕
10月22日	《江苏新时空》	展示最新医疗技术成就　500项专利技术成果亮相中国（泰州）国际医药博览会
10月22日	《新华日报》	中国医药城30个项目开工签约

续表7

日期	发表媒体	标题内容
10月25日	《新华日报》	2亿元“顶格支持”招引顶尖团队
10月29日	央视新闻频道《朝闻天下》	聚焦高港粮食产业基地
11月5日	《江苏新时空》	泰州：以主题教育引领产业高质量发展实现新突破
11月14日	《新华日报》（头版头条）	《三链融合，构筑产业发展新优势》
11月21日	《新华日报》	以学促干念好主题教育“实”字诀
12月16日	央视综合频道《新闻联播》	关注盛虹动能液冷储能预制舱系统工厂
12月23日	《人民日报》（海外版）	刁铺派出所民警近日在社区走访

【网络媒体平台建设】 2023年，泰州医药高新区（高港区）紧扣学习宣传贯彻中共二十大精神，聚焦打造“中国第一　世界有名”医药健康名城，承办“e线先锋　赋能四敢”走进大健康产业等省、市重点网络主题活动。举办泰州市“e网情深”网信民生实践暨泰州医药高新区（高港区）红色直播助农活动，全市网络主播党群服务中心在泰州医药高新区（高港区）揭牌。持续开展“高港麦田　e路有你”“弘扬劳模精神　共建网络文明”等网络公益主题活动，泰州医药高新区（高港区）麦田公益服务中心入选2023年省级网络社会组织品牌项目。25篇新闻稿件被省级平台推送。用好“泰州问政”“人民网领导留言板”“高新民声”等网络问政平台，市、区重点网络问政平台回复处置率100%。　（吴雅灵）

【精神文明建设】 *文明创建*　2023年，泰州医药高新区（高港区）深化文明城市创建机制体制建设，强化文明城市创建“一办四组”分工协作，优化全域包保和网格化管理体制。组织开展市民素质提升行动、交通秩序提升行动、居民小区提质行动、背街小巷提质行动、镇村创建提标行动、网申工作提标行动，每月开展“城市清洁日”志愿服务活动。全年召开全区创建推进会2次、业务培训会3次，下发工作交办单、提醒单757份，发布《文明创建大家谈》16期。　（唐一枝）

公民思想道德建设　贯彻落实《新时代公民道德建设实施纲要》，举办“学习贯彻二十大　致敬泰州榜样”泰州道德故事宣讲活动。承办泰州市“文明交通　你我同行”主题宣传示范活动。全年举办“道德讲堂”总堂活动20期，各级各类“道德讲堂”活动600余场次。持续开展“我推荐我评议身边好人”活动，蒋维、薛粉明被评为“江苏好人”，徐永千被评为第九届“感动泰州”十大人物，蒋维、薛粉明、吴新军被评为“泰州好人”，全年评选出“高新好人”40人。组织先进典型参加观礼活动，向先进典型赠阅党报党刊。

未成年人思想道德建设　开展“童心向党”系列教育实践活动，组织“书香伴我成长”青少年征文活动、“童声里的中国”童谣征集活动、“童真里的色彩”儿童画征集活动，完成作品1600余件。常态化开展“我们的节日”主题活动，承办泰州市“我们的节日·中秋”主题活动。推进未成年人文明礼仪养成教育，承办泰州市“入学仪式”主题示范活动。举办区未成年人心理健康教育宣传月启动仪式，组织宣讲周、展播周、体验周、交流周活动70余场。推进区级未成年人成长指导中心以及各中小学校心理辅导室规范化建设，泰州市口岸小学获评全市十佳“青爱小屋”。组织开展新时代好少年选树活动，栾鑫宇当选为“新时代江苏好少年”，宫家欣、华诗婊、徐嘉惠当选为泰州市“新时代好少年”，评选出“新时代高新好少年”40人。　（党红交）

新时代文明实践及志愿服务　全区建有区级新时代文明实践中心1个、镇街新时代文明实践所12个、村（社区）新时代文明实践站146个。建成体育文创中心、雕花楼景区、文化馆、图书馆、美术馆、凤栖湖体育公园、烈士陵园、高港区全民健身中心共8个新时代文明实践点，医药博览馆、泰州海军舰艇文化园、中国人民解放军海军诞生地纪念馆、五大园区共8个新时代文明实践基地。胡庄镇史根银宣讲红色文化工作室、白马镇“海韵悠长”志愿服务队、永安洲镇润洲社区、口岸街道吴和兰志愿服务岗、区“志青春”青年志愿服务校地合作联盟项目被评为泰州市学雷锋志愿服务“五个一批”先进典型。白马镇新时代文明实践所获评2023年度泰州市优秀新时代文明实践所，野徐镇仲联社区“爱在斑马线　温暖无极限”获评泰州市十佳新时代文明实践“站长项目”，胡庄镇“‘五老’宣讲让党的创新理论根植于心”获评泰州市优秀新时代文明实践“站长项目”。　（武　莉）

全民阅读活动　制定2023年全民阅读系列活动方案，举办柴墟读书节、“书香里的年味”、“二十四节气”等活动。组织“书香润万家”图书漂流包进社区、进企业活动，向扬子江药业集团发放图书漂流包

2023年6月19日，永安洲镇新时代文明实践所联合永安洲幼儿园开展“粽叶飘香迎端午，‘粽’享端午祝安康”亲子主题活动　　永安洲镇　供图

200余个。邀请文化部原部长王蒙、知名作家王干、儿童作家沈石溪及省文联主席章剑华等开展讲座和进校园活动。在全区开展全民阅读春风行动、农家书屋等各类主题阅读活动500余场。成功申报市级优秀推广机构1个、市级优秀阅读推广人5人。（尹　聪）

【文化科技卫生“三下乡”活动】 2月17日，泰州医药高新区（高港区）在大泗镇新时代文明实践所广场开展2023年文化科技卫生“三下乡”集中服务活动。志愿服务人员为群众开展文艺演出、健康咨询、农技科普、法律咨询、非遗展示等特色服务活动。消防部门开展灭火器规范使用演示、生活常见消防安全隐患告知宣传。交警部门结合具体案例，现场以案释法，宣讲交通安全知识，与观众互动交流。相关部门向当地群众赠送价值20余万元物资。（米　霖）

统战工作

【概况】 2023年，泰州医药高新区（高港区）有民主党派组织7个，无党派知识分子联谊会1个、新的社会阶层人士联谊会1个、光彩事业促进会1个。有民主党派成员486人，党外市人大代表11人、区人大代表46人，党外市政协委员21人、区政协委员126人。支持党外人士参政议政，召开党外人士情况通报会1次。打造全市首个“红石榴就业促进服务中心”，建成泰州市统战人士大健康产业创新创业基地，“同心助力”大健康产业发展服务基地获批农工党中央社会服务基地。（徐永强　陈　群）

【多党合作】 2023年，泰州医药高新区（高港区）与农工党泰州市委签订结对共建协议，实施助力“医教同行　共筑同心”乡村振兴专项行动、助力大健康产业发展“扬帆高新”专项行动、长江生态环境保护“同心护航”专项行动、基层组织能力提升“淬火强基”专项行动。在许庄街道蔡庄村蔡氏庄园挂牌“同心助力乡村振兴工作站”。举办网络人士美丽乡村行走进许庄街道蔡庄村、大泗镇大马村活动，宣传新农村建设成就。在永安洲镇卫生院挂牌农工党员专家工作站、糖尿病并发症筛查工作站。联合农工党泰州市委开展基础慢病筛查、南京医科大学“健康服务乡镇行”等活动。农工党南京医科大学基层委员会与农工党泰州医药高新区（高港区）基层委员会结成友好合作对子。（徐永强　陈　群）

【党外干部选拔培养】 2023年，泰州医药高新区（高港区）15个政府部门中有7个部门配备党外干部，其中配备党外正职干部2人，高港区人民法院配备党外副院长1人，高港区人民检察院配备党外副检察长2人。全年新提拔副科级及以上党外干部7人，选派4名党外干部参加泰州市第21期党外干部培训班。（徐永强　党红文）

【非公有制经济领域统战工作】 2023年，泰州医药高新区（高港区）成立区总商会知识产权服务中心、许庄商会仲裁服务中心。与知名企业教培机构合作，邀请专家围绕智改数转、财务风险管控、完善公司治理结构等课题进行授课。协助举办“海棠湖”下午茶、“创美”下午茶等企业家沙龙活动。召开民营企业座谈会，优化营商环境。举办苏、泰两地企业家座谈交流会，新时代商会高质量发展论坛，承办全国民建企业家代表参观交流活动。组织开展“光彩互助暖民心”慰问活动，组织36名爱心民营企业家参加，关爱慰问困难户、孤寡老人等困难群体。累计捐款捐物10余万元。（徐永强　陈　群）

【党外知识分子和新的社会阶层人士统战工作】 2023年，泰州医药高新区（高港区）开展无党派人士资格推荐，8名无党派人士通过认定。承办全市“艺心向党”书画展；举办书画巡展、“柴墟好风光”写生等活动；参加全市无党派人士和党外知识分子、新的社会阶层人士演讲比赛，分获一、二等奖；组织新的社会阶层人士开展骑行环保、净化江滩河岸、绿化植树等活动；举办网

络数据安全风险培训、"e网情深"民生实践等活动；举办助残助学、"悦"读赠书、敬老孝老等活动。建成镇街新联会阵地11个、"同心助力"社会治理工作室16个。指导泰州市典滴援公益服务中心与华润社区"同心助力"社会治理工作室签订共建合作协议。

（徐永强　杨　寅）

督查和效能监察

【概况】2023年，区督查和效能监察中心按月汇总区党工委（区委）、区管委会（区政府）主要领导批示交办事项，每月督办工作进度，报送办理情况汇报24期，下发重要事项交办单18份，推动解决重点事项418项。开展综合考核反思专题会、28个重点项目建设推进情况、第五次全国经济普查、"四上"企业入库情况和固定资产项目入库情况、建筑施工安全生产专业委员会履职情况、全区燃气餐饮单位"灶管阀"安全等专项督查50次，拟定督查专报15期，通报问题40条，提出有效工作建议12条。与区安全生产委员会办公室开展安全生产联合督查，进驻安全生产重点园区、镇街，拟定督查报告1期，通报问题16条，提出有效工作建议16条。

【效能监察】2023年，区督查和效能监察中心开展会风会纪及工作作风督查，组织开展"格物讲堂"会风督查2期，跟踪督查有关重点会议交办任务2期，共计36项任务。对33个责任部门（单位）开展年度重点工作任务季度完成情况专项督查，并纳入年终考核。推动整治形式主义为基层减负工作，牵头开展加重村级组织负担督查，组织实施为基层减负"一件实事"项目22个，被市级以上报道、推介29次，典型案例得到市委办公室肯定。

【"亲企清政"走访活动】2023年3月，区党工委（区委）、区管委会（区政府）在全区范围开展机关党员干部"亲企清政"走访服务活动，组织全区858名科级以上干部和291名中层干部，对全区1355个"四上"企业开展"一对一"走访，收集解决问题490个。

（禚宝明）

人才工作

【概况】2023年，泰州医药高新区（高港区）制定出台2.0版"113医药人才特别计划"实施细则，为358名"113医药人才特别计划"紧缺型人才发放生活补贴573.5万元。创新组建医药园区组织人才工作部，配备人才工作专员6人。8名科技镇长团成员到任。

【人才引进】2023年，泰州医药高新区（高港区）上争并首次承办第十二届中国创新创业大赛（生物医药）全国赛，全国30余个赛区的324个生物医药企业参赛，区内3个企业入围，其中普大生物科技（泰州）有限公司晋级总决赛。举办第十届国际大健康产业高层次人才创新创业大赛，征集参赛项目221个，达成落户意向项目15个，完成落户项目9个。举办"潮聚高新、职等你来"中国医药城大型人才交流会，现场达成就业意向500余人。依托泰州市人力资源服务产业园成功招引科锐国际等46个国内知名人力资源机构落户，全年为用人单位推荐高端人才600余人、培训5000余人。走进南京、沈阳、贵阳等地开展"药城"进"药大"系列活动，提供就业见习岗位4374个。扬子江药业集团有限公司、益海（泰州）粮油工业有限公司获批省级就业见习基地。全年集聚高校毕业生1.4万人，选聘党政青年人才20人。

【人才培养】2023年，泰州医药高新区（高港区）共有4名人才入选国家级海外引才计划；6名（个）人才（团队）入选省"双创计划"，其中省"双创团队"1个、省"双创人才"2人、省"双创博士"3人；7名人才入选市"凤城英才计划"双创引进专项，22名人才入选市"凤城英才计划"113生物医药专项，获得项目资助资金4650万元；4名人才入选泰州市"凤城英才计划"青年科技人才托举计划，获得项目资助资金24万元。发放第六期省"333工程"第二、三层次培养对象补助资金31.2万元、项目补助资金20万元。指导扬子江药业集团等5个单位牵头申报省人才攻关联合体。通过开展"留泰专场"、搭建"实训平台"、专设"定制班级"等方式，与7所驻泰高校建立合作关系。

2023年泰州医药高新区（高港区）入选省、市重点人才计划资助对象一览表

表8

项目名称	姓　名	申报单位
江苏省"双创计划"	王宏伟（团队）	泰州博莱得利生物科技有限公司
	刘小阳	江苏立维斯德生物技术有限公司
	刘继红	泰州博莱得利生物科技有限公司
	温海英	江苏迈威康新药研发有限公司

续表 8

项目名称	姓　名	申报单位
江苏省“双创计划”	周莹莹	江苏瑞科生物技术股份有限公司
	高　宇	扬子江药业集团有限公司
泰州市“凤城英才计划”双创引进专项	李晓昂	江苏海泰电力科技有限公司
	徐鹏飞	江苏石星科技有限公司
	姜　欢	泰州迈塔光电科技有限公司
	权国政	江苏渝泰达工业科技有限公司
	李　帅	江苏兴欣精密科技有限公司
	蔡胜年	江苏弘门智能技术有限公司
	彭志豪	江苏晶特晶体科技有限公司
泰州市“凤城英才计划”113生物医药专项	陈则（团队）	江苏中慧元通生物科技股份有限公司
	张旭家	质肽药业（泰州）有限公司
	王羽泽	江苏泽亚生物技术有限公司
	黄文彬	佰孚生物科技（泰州）有限公司
	张自强	江苏润恒制药有限公司
	刘小阳	江苏立维斯德生物技术有限公司
	杨明绪	康现（泰州）医疗科技有限公司
	陈　光	江苏瑞康纳生物医药有限公司
	刘苏艳	普大生物科技（泰州）有限公司
	张　岭	江苏瑞科生物技术股份有限公司
	周国辉	江苏硕世生物科技股份有限公司
	何其晔	鹍远泰州医学检验实验室有限公司
	王美丛	江苏默乐生物科技股份有限公司
	张　超	江苏先思达生物科技有限公司
	李慎涛	泰州博莱得利生物科技有限公司
	邱　实	凯飞诺泰州生物科技有限公司
	陈　勇	江苏西典药用辅料有限公司
	李修庆	江苏康为世纪生物科技股份有限公司
	宋旭东	泰州开洣生物技术有限公司
	汤　艳	泰州度博迈医疗器械有限公司
	蒋艳峰	复旦大学泰州健康科学研究院
	李　明	泰州医药城国科化物生物医药科技有限公司

【人才待遇落实】　2023年，泰州医药高新区（高港区）健全完善领导挂钩联系制度，走访慰问专家人才24人。依托“5·29”人才日系列活动，创新推出“潮创、潮聚、潮叙、潮玩”主题活动16场，举办“泰有引力周末嘉年华”首场活动。创新开展“共植‘人才林’　共创‘young生态’”主题活动，举办第二届中国医药城人才发展大会等多样化活动。全年兑现人才奖补资金超7000万元。助推泰州市人力资源

服务产业园通过省级产业园验收，获全国人力资源服务先锋产业园称号。

（周宏华　丁　荟　商婷婷　戚志阳　罗家宁　任甲重　钱硕安）

【专业技术人才管理】 2023年，泰州医药高新区（高港区）向区内企业具有高级职称的96名专业技术人员发放奖励金49.5万元。全年新增专业技术人才3200人，其中数字经济专业技术人才600人，有60名高技能人才取得相应的职称。组建泰州市生物医药工程中级专业技术资格评审委员会，并开展首次评审，有20人通过首次评审。64人通过企业自主评审取得中级职称。新引进博士后3人。在泰州客运集团有限公司、蓝思精密（泰州）有限公司、泰州润杰物流安全装备科技有限公司、泰州医药高新区华融资产经营有限公司推行企业职工技能等级证书制度，共有2210名职工通过企业自主评价获得技能等级证书。新增高技能人才1550人、技师220人、数字技能人才2001人，每万名劳动力中高技能人才数1438人。

（羊宏生　顾静静　廖　斌）

【校园引才活动】 2023年，泰州医药高新区（高港区）推动公共就业服务进校园。组织长城汽车股份有限公司泰州分公司、江苏荃信生物医药股份有限公司等区内重点企业参加“泰爱才”校园引才线路30余条。举办“泰州日”暨“药城进药大”等专场招聘会，扬子江药业集团、江苏金迪克生物技术股份有限公司等40余个企业提供近1000个岗位。（顾静静）

【事业单位人才管理】 2023年，泰州医药高新区（高港区）公开招聘事业单位工作人员175人、小学教师55人、备案制幼师25人、医技人员30人。通过定向评价取得中级职称54人、高级职称70人。对全区事业单位工作人员开展年度考核，通过民主测评和实绩考核，评出管理岗位优秀94人、专业技术岗位优秀749人、工勤技能岗位优秀3人，对符合条件事业人员申报嘉奖、记功等。全区按照实有在编在岗人数，重新核定教育系统岗位总数2967个，对泰州市中西医结合医院等19个事业单位岗位设置方案进行审核备案，办理事业单位工作人员岗位调整聘用备案292笔。完善优化事业单位岗位设置和人员聘用办事指南。全区办理机关事业单位工作人员正常晋升及职务职级、职称、津补贴等工资变动核定6000余人次。办理机关事业单位退休人员一次性补贴87人。办理丧葬费、一次性抚恤金91人，办理新增遗属生活困难补助55人。义务教育学校、高中阶段学校按照当地其他事业单位绩效工资基准线分别核增20%、50%的绩效工资总量。

（杨　静　羊宏生）

2023年5月13日，“泰州日”暨“药城进药大”系列活动在中国药科大学举行

区党工委（区委）宣传和统战部　供图

机构编制工作

【概况】 2023年，泰州医药高新区（高港区）召开区党工委（区委）编委会议3次，审议机构编制议题13项，调整设立机构34个，调整配置编制115名。

【机构编制管理】 2023年，区党工委（区委）编办根据中央关于市县疾控机构改革要求，完成区疾病预防控制局挂牌及职数设置，合并区疾病预防控制中心、卫生监督所，核定事业编制73名。设立区人大常委会开发区工作委员会、知识产权运用促进中心、医药园区组织人才工作部。重新调整医药园区机构岗位、员额配备，建立岗位职责清单。整合区社会保险基金征缴中心、社会保险待遇审核中心、社会保险计划与财务中心、农村社会养老保险管理中心，组建区社会保险管理中心，核定事业编制25名。整合区人力资源服务中心、劳动就业管理中心，组建区劳动就业管理中心，核定事业编制16名。调整设置区融媒体中心。完成全区中小学校、医院党政领导分设和领导职数调整工作。持续深化公办幼儿园、公立医院人员备案制管理，核定基层医疗卫生机构人员控制总额。制定《泰州医药高新区（高港区）区级机关事业单位辅助性岗位人员管理暂行办法》，规范辅助性岗位人员管理。出台《泰州医药高新区（高港区）事业编制动态管理办法（试行）》，加强对全区事业编制的统筹管理和动态调剂。全面梳理融合后区级部门行政权力事项清单3796项，并向社会公布。

【机构编制督查】 2023年，区党工委（区委）编办贯彻落实党管机构编制原则，严格执行机构限额、领导职数、编制管理等规定，强化源头管控。依托实名制信息系统，对机构设置、编制职数使用等情况在线监督，建立全区股级干部职数库，完善职数互推互送共享机制，实现"线上+线下"联合监管。开展"三定"规定执行情况评估，形成20个部门49条问题清单，逐一整改落实。调整区发展改革委、教育局、卫生健康委、农业农村局等10个部门内设机构职责。

【事业单位登记管理】 2023年，区党工委（区委）编办完成南京医科大学泰州医药产业研究院事业单位法人设立登记工作。全年共完成事业单位变更登记62个，注销登记9个、证书补领1个，以及285个事业单位法人年度报告工作，并按规定向社会公示。开展事业单位"双随机、一公开"监督检查，按比例选取9个单位进行公示信息实地核查，对发现的问题督促其立即整改。

【全省首个药监综合体】 2023年，区党工委（区委）编办围绕大健康产业发展需求，调整设置新药申报、审评核查、医药政策3个服务中心，调配编制50余人，选配高层次专业人才40余人，制定各服务中心"三定"规定，优化职能配置、机构设置，精准放权赋能，打造全省首个药监综合体，为生物医药企业提供全生命周期服务。（赵聪聪）

机关党建

【概况】 2023年，区级机关新发展党员26人，转正预备党员40人，调入党员129人，调出党员234人。区党工委（区委）区级机关工委辖党组织131个。其中，党员数在100人以上的党委8个，党员数在50～100人的党总支12个，党员数在3～50人的党支部23个。区级机关有党员2189人。其中，女党员715人，占党员总数的32.66%；大专以上学历1990人，占党员总数的90.9%；35岁以下党员498人，占党员总数的22.75%；36～45岁的党员675人，占党员总数的30.84%；46～60岁的党员765人，占党员总数的34.95%；61岁及以上的党员251人，占党员总数的11.47%；离退休党员251人。

【机关党组织建设】 2023年，区级机关共有16个党（总）支部因人员调整、任期届满进行换届改选，新成立医药政策服务中心、新药申报服务中心2个党支部，撤销高新税务局党总支及下设党支部。深化开展"组织生活质效提升行动"，严格落实"三会一课"制度、党员教育管理，常态化执行党员领导干部参加双重组织生活制度。围绕"激发'四敢'精气神，知重负重当先锋"主题，指导机关各党组织高质量开展主题党日活动。做好机关发展党员申报、培养培训、档案管理、激励关怀、发挥作用、权利保障等工作。整理归档区级机关131个党组织的2189份党员档案。构建全方位、立体式的"党建督查考核"体系，采取日常考核、述职考核、检查考核相结合的形式，对考核结果进行量化。召开2023年度区级机关党组织书记抓党建述职评议会，对机关单位党建工作任务落实情况进行综合评定。

【机关党建阵地建设】 2023年，区党工委（区委）区级机关工委开展区级机关党员教育阵地"焕新"行动，组织区级机关各党组织完善党建阵地建设，重点指导区住房城乡建设局对标打造党建阵地"焕新"行动示范点，组织机关各党组织观摩学习。将机关党建阵地融合政治功能、组织功能、服务功能开展特色活动。

【机关党员教育培训】 2023年，区党工委（区委）区级机关工委举办培训班3期，培训党员（含党组织书记）600余人、入党积极分子和发展对象115人。4月19—21日，举办2023年度入党积极分子和发展对象培训班，就党的基础知识、中共二十大精神、法治知识、党史等内容进行专题培训，组织学员参观泰州海军舰艇文化园，进行爱国主义教育。6月28—30日，举办区级机关党组织书记培训班，通过专题辅导、主题观摩、结业测验等形式，提高机关党组织书记业务能力。8月16—18日，组织开展区级机关"我是党员、奋斗有我"党员集中轮训，设置典型引路、理论引航、实境引领等环节。10月13日，对2023年度新发展的25名党员开展集中廉政谈话活动。

（许世新　胡亚萍　程小迎）

史志档案工作

【党史工作】 2023年，区党史方志办做好《中国共产党高港历史（1997—2012）》编写工作，分2轮向有关领导、人员、单位征求意见，多次与原高港区领导开展座谈，了解相关决策背景及执行情况。稿件提交市党史方志办验收。组织开展先进人物资料汇编，举办张竹山、侯先栋先进事迹报告会。联合区老建会出版《红色印记：泰州医药高新区（高港区）红色资源史料集》。编印全区月度大事记12期，完成《高港区党史大事记（2013.1—2017.12）》汇编工作。

【镇村志编纂】 2023年，区党史方志办推进名镇名村志编纂工作，完成《屠桥社区志》出版任务，首轮编纂的10部泰州市名镇名村志全部出版。推进镇村志编纂文化工程，举办镇街志编纂业务培训班，到7个镇街开展工作督查，为各镇街提供上门服务，承担编纂任务的7个镇街均已形成初稿，其中《野徐镇志》《沿江街道志》《胡庄镇志》通过终审或验收。推进刁铺街道影像志制作工作，形成文案报送至省志办。在2023年度全省镇村志质量评定中，《口岸街道志》获评三等镇村志。《引江社区志》入选2024年江苏名镇名村志出版资助计划。

【年鉴编纂】 2023年，区党史方志办举办全区年鉴业务培训班，指导各单位做好年鉴供稿工作，对各单位年鉴稿件进行编辑、修改，做好审稿校对、图片设计等工作，完成《泰州医药高新区（高港区）年鉴（2023）》出版任务。完成《中国方志年鉴（2023）》《江苏年鉴（2023）》和《泰州年鉴（2023）》供稿任务。在2023年全省年鉴质量评定中，《泰州医药高新区（高港区）年鉴（2022）》获评二等年鉴。

【档案工作】 2023年，区档案馆依法接收原泰州医药高新区和原高港区共76个立档单位的文书档案、婚姻档案（2020—2022年）、出生医学证明档案（2022年）、渔民退捕档案以及全区重大活动（第十二届、第十三届泰州医博会）档案、重要事件（2021—2022年疫情防控档案）档案。征集到儿童文学家陈模的手信、“敬礼老兵”史保东照片、渡江战役纪念章等一批有保管价值的档案资料和口述史料。对全区档案综合管理系统进行更新升级。对馆藏婚姻档案和文书档案进行数字化扫描，完成9万余页的扫描任务。融入全国档案查询平台、江苏民生档案平台、长三角异地查档平台。开辟老年人优先、残疾人优先查档绿色通道，专设服务窗口。全年区档案馆接待查档800余人次，调阅档案1万余卷。开展2022年度档案事业统计调查工作。起草《2023年度落实档案工作责任制任务清单》，明确十项重点工作任务，经区档案局审核，由区党政办印发各地各部门。开展全区档案业务培训。会同区档案局开展全区2023年度档案执法检查和档案工作检查评价，评出示范档案室3个、规范档案室8个。

区档案馆红色档案史料陈列室　　区党史方志办　供图

【史志档案宣传】 2023年，区党史方志办举办“传承渡江精神　建设医药名城——庆祝渡江战役胜利暨人民海军诞生74周年‘泰州记忆讲堂’高新高港专场活动”，同时在“方志江苏”“哔哩哔哩”“新泰州”等平台现场直播。开展“6·9”国际档案日活动，举办红色电影画报展。区党史方志办分管负责人为基层党组织书记、区级机关入党积极分子和培养对象结合区史讲授中国共产党党史；为全区中学历史老师宣讲地方优秀历史文化，服务全区历史教研活动。全年被省、市主管部门网站采用信息40余篇。红色档案征集工作被《现代快报》和“学习强国”“荔枝新闻”“交汇点”等平台宣传报道。有9篇文稿被“方志江苏”“记忆泰州”等微信公众号推出，4篇文稿被《世纪风采》《泰州记忆》杂志刊登。完成党史、地方志、档案学术论文征集、报送工作，1篇论文获评省优秀论文，1篇论文刊于2023年江苏人民出版社出版的《全面建成小康社会历史进程与成功经验学术研讨会论文集》，1篇文章刊于2023年《泰州通讯》第五期。编发《史志档案资政参考》3期，提出“让地方优秀历史文化呈现在市民身边”等建议，呈送有关区领导，报送区有关部门、园区、镇街，为领导决策服务，每一期均得到区领导批示。区党史方志办获评2023年度全省方志文化宣传优秀组织单位、全省地方志系统政务信息报送优秀单位，2人分别获评全省方志文化宣传先进个人、全省地方志系统政务信息报送优秀信息员。

（高蓓蓓　翟雅雯）

老干部工作

【概况】 2023年，泰州医药高新区（高港区）有离休干部7人，平均年龄95周岁。其中，90～95周岁4人，

95～100周岁2人，100周岁以上1人。副乡科级以上退休干部391人。其中，副县处级以上退休干部39人，正乡科级退休干部195人，副乡科级退休干部157人。全区共有区级机关、镇街、社区老干部党支部83个，功能型老干部党支部14个。

【老干部党建工作】 2023年，区党工委（区委）老干部局开展“听党话、感党恩、跟党走”专题实践活动、“学思践悟二十大，银发先锋在行动”主题党日活动20场次，组织收看全国和江苏离退休干部网上专题报告会8场，召开离退休干部党支部书记学习贯彻习近平新时代中国特色社会主义思想示范培训班1期，组织处级以上老干部到镇江开展“话传统、谈复兴、聚力量”专题调研，编印《赓续初心》征文集。出台《关于加强新时代离退休干部党的建设工作的实施方案》。在区人大机关、区政协机关、区发展改革委3个区级机关新建退休干部功能型党支部。常态化开展星级化创争活动，明珠街道祥龙社区离退休干部党支部被命名为2023年度泰州市五星级离退休干部党组织，胡庄镇老干部支部获评第二批江苏省离退休干部示范党支部。“银龄联盟”释放共学共建动能、配齐主题党日“三大套餐”等经验做法被“江苏老干部”公众号宣传推介。

【老干部待遇落实】 2023年，区党工委（区委）老干部局按规定落实离退休干部政治生活待遇，为老干部赠阅《党的生活》《银潮》《学习参考》等报纸杂志，落实离退休干部阅读文件、参加重要会议和重大活动等制度。落实离休干部看病就医“三有一落实”工作，推进离休干部家庭医生签约服务。按标准足额发放离休干部特需费、参观休养费、交通费、护理费、高龄护工费“五项补助”，以及遗属无工作生活补助、改制破产企业离休干部月租金补贴。联合区财政局印发《明确全区离退休干部公用经费标准》，为老干部学习活动提供经费保障。制定全年老干部活动计划，按月开展掼蛋、钓鱼、参观考察、走访慰问、健康体检等活动，丰富老干部的晚年生活。会同民政部门，分批完成13户离退休干部家庭适老化改造工程。定期维护省、市老干部服务管理信息化系统，更新完善全区离退休干部基础数据库。

【老干部志愿服务】 2023年，区党工委（区委）老干部局深化“银发生辉·银龄行动”，吸纳不同领域、各有专长的“银发人才”59人，壮大11支老干部志愿服务队伍，擦亮“青蓝、护苗、晚霞”三大品牌，引导老同志开展“‘五送’助发展，银发当先锋”服务基层专项行动。指导镇街成立“老党员工作室”10个，113名驻室成员带动260余名“银龄”群体开展理论宣传、文艺惠民、矛盾调处、环境保护、新人培育等志愿服务活动53场次，服务群众1700人次。“一地一品”老党员工作室获评2023年泰州市老干部工作创新创优最佳项目，《用“三大行动”锻造“家门口”的银发先锋》《夕阳当“高”照，银龄焕“新”貌》被“老干部之家”网站、省委老干部局门户网站和“江苏老干部”公众号宣传推介。（严小龙　王璐　孙明月）

对台工作

【服务台企与台胞】 2023年，泰州医药高新区（高港区）对落户的30个台资企业和160余名台商、台胞开展涉台投诉求助案件统计、矛盾纠纷调处、台企专利品牌申报、安全生产工作调研、融资融券情况调研等各类调研服务活动。举办台商迎新春联谊会、“春风有信　青春有约”、“潮玩高新　为你闪耀”人才之夜等活动。承办海峡两岸青年逐梦智慧营，就生物医药产业融合创新发展等方面进行交流探讨。承办泰州市宣传贯彻《江苏省对台经济文化交流合作促进条例》推进会。

【涉台宣传】 2023年，泰州医药高新区（高港区）在中国台湾网、江苏省委新闻网、江苏省台办网站报送各类涉台信息20余篇，被采用14篇。

【台企及台属公益活动】 2023年，泰州医药高新区（高港区）举办台湾青年“健康江来”志愿放流活动。区台属联谊会志愿者到口岸敬老院开展志愿服务活动。

（李敏　曹健）

泰州市高港区人民代表大会

综　述

【概况】 2023年，高港区召开人民代表大会1次，人大常委会会议8次、主任会议16次，审议专项工作报告30件，作出决议决定4项；开展执法检查2次、工作评议1次、专题询问7次，组织代表视察、调研36次；任免国家机关工作人员79人次；受理群众来信13件，接待群众来访20余人次。参加区六届人大二次会议代表232人，因工作变动、调离行政区域、个人原因，终止区人大代表资格30人；补选区六届人大代表29人；因工作变动，辞去市人大代表职务1人，补选市六届人大代表1人；换届选举选出全国人大代表2人、省人大代表3人。至年末，驻泰州医药高新区（高港区）的全国人大代表2人、省人大代表4人、市人大代表47人、区人大代表231人。

【民生实事票决制】 1月2日，区六届人大二次会议组织代表观看2022年政府民生实事项目完成情况专题片，对2022年政府民生实事项目完成情况进行满意度测评，代表满意、基本满意率达99.39%。票决产生2023年政府民生实事项目，涵盖改善居住环境、畅通出行、健康服务、养老托育等10大类30项民生领域。深化民生实事代表票决制工作，制定2023年区政府民生实事票决项目建设计划和联系监督安排表。7月5日召开的区六届人大常委会第二十次主任会议、7月20日召开的区六届人大常委会第二十一次主任会议、8月29日召开的区六届人大常委会第二十三次主任会议、9月22日召开的区六届人大常委会第二十四次主任会议分别听取区政府2023年民生实事项目推进情况汇报，4次开展专题询问和满意度测评。9月15日，区人大常委会组织部分区人大代表视察2023年公共安全保障、居住供给、交通出行类民生实事项目完成情况，并对2021年部分项目进行“回头看”。11月1日，组织区人大常委会组成人员和部分区人大代表分组视察2023年政府民生实事票决项目推进情况。12月29日，区六届人大常委会第二十九次主任会议听取区政府关于2023年区政府民生实事项目完成情况和2024年区政府民生实事候选项目形成情况的汇报。12月31日，区六届人大常委会第十八次会议初审区政府关于2023年区政府民生实事项目完成情况和2024年政府民生实事候选项目形成情况的报告，审议确定2024年区政府民生实事候选项目。至年末，2023年区政府民生实事项目基本完成。

【人事任免】 2023年，区人大常委会共任免国家机关工作人员79人次。坚持任前法律知识考试、拟任职人员向区人大常委会作拟任职发言和任后颁发任命书、向宪法宣誓等制度。听取和审议区教育局、区住房城乡建设局主要负责人的履职情况报告，听取和审议2名市人大代表的履职情况报告，进行满意度测评。（焦卫华）

【区人大法制委员会工作】 3月1日，区六届人大法制委员会召开会议，研究制定2023年人大法制委员会工作计划。3月，调研关于推进“1+4”专项行动优化法治营商环境工作情况。7月，主任会议听取区政府关于“一老一小”保障、居民就业类民生实事票决项目完成情况及2021—2022年民生保障类、居民就业类民生实事票决项目“回头看”情况的汇报，开展专题询问和满意度测评。8月，组织部分区人大代表视察“八五”普法工作情况。10月，调研关于打击治理电信网络新型违法犯罪工作情况。11月，调研关于检察公开听证工作情况。（杨雪霞）

【区人大财政经济委员会工作】 1月3日，区六届人大财政经济委员会第五次会议召开，审查2022年国民经济社会发展计划和预算执行情况与2023年国民经济社会发展计划和预算草案的审查结果报告（草案）。3月2日，区六届人大财政经济委员会第六次会议召开，讨论通过区六届人大财政经济委员会2023年工作计划、关于加快推进大健康产业高质量发展的决议（讨论稿）。5月26日，区六届人大财政经济委员会第七次会议召开，审查关于2022年国有资产管理情况的综合报告、关于2022年行政事业性国有资产管理情况的专项报告。7月25日，区六届人大财政经济委员会第八次会议召开，审查关于“十四五”规划纲要实施情况中期评估的报告、关于2023年上半年国民经济社会发展计划执行情况的报告、关于2022年区级决算和2023年上半年预算执行情况的报告、关于2022年区本级预算执行和其他财政收支情况的审计工作报告。12月28日，区六届人大财政经济委员会第九次会议召开，审查2023年国民经济社会计划预算执行情况和2024年计划预算草案及2023年预算调整方案，讨论通过区六届人大财政经济委员会2023年工作报告。

3月，开展2022年政府债务管理情况督查。4月，调研行政事业性国有资产管理情况。6月，调研2022年“同级审”工作情况。6—12月，牵头开展对区发展改革委、区工业和科技创新局、区市场监管局推进大健康产业专项工作评议。7月，调研全区上半年国民经济社会发展计划执行和预算执行情况。8月，组织区人大代表视察区政府关于公共安全保障、居住供给、交通出行类民生项目实施情况。10月，组织市、区人大代表视察和调研全区重大工业投资项目实施情况。11月，调研审计查出问题整改工作。12月，调研2023年预算执行情况与预算调整情况和2024年预算初步安排，调研2023年计划执行情况和2024年计划初步安排。（杨　磊）

【区人大社会建设委员会工作】 3月29日，区六届人大社会建设委员会第五次会议召开，学习省、市人大社会建设工作座谈会精神，通过2023年社会建设委员会工作计划。7月26日，区六届人大社会建设委员会第六次会议召开，学习习近平总书记有关重要讲话精神，通报上半年工作情况及下半年工作安排，讨论教育、卫生类民生实事项目专题询问有关事项。9月30日，区六届人大社会建设委员会第七次会议召开，学习习近平总书记有关重要讲话精神，视察教育、卫生类民生实事项目现场。12月27日，区六届人大社会建设委员会第八次会议召开，讨论《2023年高港区人民代表大会社会建设委员会工作报告（讨论稿）》。

4月，组织代表视察全区职业教育发展情况。5月，调研全区应急管理体系和能力建设情况，出台《关于强化应急管理体系和能力建设的决定》。7月，调研全区高新技术产业发展情况，形成调研报告提交区人大常委会主任会议审议。9月，调研全区“人才特区”建设情况，形成推进“人才特区”建设情况调研报告，提交区人大常委会审议，审议意见交有关部门办理。（凌晓娟）

【开发区人大工作模式探索】 2023年，区人大常委探索新形势下将人大制度合理有效融入开发区治理体系的新路径，创新构建“设立区人大开发区委员会、区人大常委会开发区工作委员会、五大功能园区议政代表会办公室，建立园区议政代表会制度”的开发区人大工作模式。至年末，五大功能园区议政代表会均成立并举行首次会议，5个园区议政代表之家相继揭牌运行，320名园区议政代表受聘履职，各项规章制度逐步建立和完善。12月19日，区六届人大常委会第十七次会议决定设立区人大常委会开发区工作委员会，在全市率先实现开发园区人大工作全覆盖。开发区人大工作“两高模式”被《江苏人大调研》全文刊发，区人大在全省开发区人大工作推进会上作经验交流。（焦卫华）

重要会议

【区六届人大二次会议】 1月2—4日，区六届人大二次会议召开。应到代表232人，实到代表207人，列席133人。听取和审议区政府工作报告；审查和批准2022年区国民经济社会发展计划预计执行情况与2023年计划草案的报告；审查和批准2022年区预算预计执行情况和2023年预算草案的报告；听取和审议区人大常委会工作报告、区人民法院工作报告、区人民检察院工作报告；通过上述各项报告的决议。组织观看2022年政府民生实事项目完成情况专题片，并对项目完成情况进行满意度测评。票决确定

2023年11月13日，化学新材料产业园区（沿江街道）召开议政代表会成立大会暨第一届议政代表会第一次会议　区人大办　供图

2023年区政府民生实事项目。补选葛立网为高港区人大常委会主任，刘阳阳、李恺颖、赵琴、曹顺林为常委会委员；丁志强为高港区人民政府区长；顾宝林为高港区监察委员会主任。组织向宪法宣誓活动。

（倪守红）

【区人大常委会会议】 2023年，区人大常委会召开常委会会议8次。

区六届人大常委会第十一次会议 2月22日召开。传达学习省十四届人大一次会议、市六届人大二次会议精神，审议通过泰州市高港区人民代表大会常务委员会议事规则、泰州市高港区人民代表大会常务委员会工作评议办法，通报区人大常委会2023年工作议题安排。

区六届人大常委会第十二次会议 3月30日召开。传达贯彻十四届全国人大一次会议精神，审议区人民政府关于省级现代农业产业高质量发展示范园创建工作情况的报告、区人民法院关于推进“1+4”专项行动优化法治营商环境工作情况的报告，审议通过区人大常委会关于加快推进大健康产业高质量发展的决议。决定免去王英俊的区政府副区长职务；免去姚建华的区人大常委会办公室副主任职务、陈礼庆的区人大常委会监察和司法（法制）工委副主任职务、倪守红的区人大常委会环资城建工委副主任职务；免去何芬的高港区人民法院立案庭（诉讼服务中心）庭长职务，刘安丰的高港区人民法院民事审判庭副庭长职务，戴长宏的高港区人民法院审判委员会委员职务，华涛的高港区人民法院刑事审判庭庭长职务，许钧的高港区人民法院审判委员会委员、审判员职务；决定任命冯海镛为区政府副区长；任命倪守红为区人大常委会办公室副主任、杨雪霞为区人大常委会监察和司法（法制）工委副主任、周来泉为区人大常委会环资城建工委副主任；任命郑兴为高港区人民法院副院长、审判委员会委员、审判员，何芬为高港区人民法院副院长，谭毅为高港区人民法院立案庭（诉讼服务中心）庭长，张志伟为高港区人民法院刑事审判庭庭长、审判委员会委员，刘安丰为高港区人民法院审判委员会委员，陆乔立为高港区人民法院审判委员会委员，程华国为高港区人民法院民事审判庭副庭长，罗树平为高港区人民法院民事审判庭副庭长，韩燕为高港区人民法院刑事审判庭副庭长，彭建平为高港区人民法院立案庭（诉讼服务中心）副庭长；任命单方圆为高港区人民检察院检察员。

区六届人大常委会第十三次会议 5月30日召开。听取和审议区政府关于2022年环境状况和环境保护目标完成情况的报告、关于2022年行政事业性国有资产管理情况的专项报告，区教育局局长于勇军、区住房城乡建设局局长徐旭东、高港区人民法院副院长黄伟、高港区人民检察院副检察长李军等履职情况的报告，并进行满意度测评；听取区政府关于《泰州市国土空间总体规划泰州医药高新区（高港区）分区规划（2021—2035年）草案》编制情况的报告，审议《泰州市国土空间总体规划泰州医药高新区（高港区）分区规划（2021—2035年）草案》，决定批准该规划；审议区政府关于2022年国有资产管理情况的综合报告；审议通过区人大常委会关于强化应急管理体系和能力建设的决定。决定免去蔡磊的区司法局局长职务、邱小平的区发展改革委主任职务、李俊标的区农业农村局局长职务；免去陈义良的高港区人民法院审判委员会委员职务、王震的高港区人民法院审判委员会委员职务、栾红霞的高港区人民法院审判委员会委员职务；任命朱广洲为高港区人民法院副院长、审判委员会委员、审判员；决定任命蔡磊为区发展改革委主任、叶俊东为区农业农村局局长。决定接受许飞辞去高港区人民法院院长、审判委员会委员、审判员职务；决定朱广洲代理高港区人民法院院长职务。

区六届人大常委会第十四次会议 7月28日召开。学习贯彻习近平总书记考察江苏时的重要讲话精神；听取和审议区人大常委会执法检查组关于检查《中华人民共和国湿地保护法》《江苏省湿地保护条例》（简称湿地保护“一法一条例”）贯彻实施情况的报告；听取和审议区政府关于“十四五”规划纲要实施情况中期评估的报告、关于2023年上半年国民经济社会发展计划执行情况的报告、关于2022年区本级决算和2023年上半年预算执行情况的报告、关于2022年区本级预算执行和其他财政收支情况的审计工作报告，并进行满意度测评；审查和批准2022年区本级决算。决定免去姜志新的区商务局局长职务、陈志俊的区行政审批局局长职务；决定任命孙晓军为区政府副区长、王锁东为区商务局局长、贲腾为区行政审批局局长。

区六届人大常委会第十五次会议 9月28日召开。听取和审议区人大常委会评议工作组关于评议区发展改革委、区工业和科技创新局、区市场监管局推进大健康产业高质量发展专项工作情况的报告，并开展专项工作评议；听取和审议区人大常委会执法检查组关于检查《江苏省河道管理条例》和《泰州市河长制工作条例》（简称省河道管理、市河长制工作“两条例”）贯彻实施情况的报告；听取和审议区政府关于推进“人才特区”建设情况的报告、关于代表建议办理工作情况的报告，并进行满意度测评。决定免去全冬明的区政府副区长职务；免去于跃进的区人大常委会口岸街道工作委员会主任职务、吴凡的区人大常委会寺巷街道工作委员会主任职务；免去李军的高港区人民检察院副检察长、检察委员会委员、检察员职务；决定任命王英俊为区政府副区长、秦勇华为区司法局局长；任命朱宏俊为高港区人民检察院副检察长、检察委员会委员、检察员。决定接受于跃进、帅小剑辞去区六届人大常委会委员职务的请求。

区六届人大常委会第十六次会议　11月29日召开。听取和审议区政府关于审计查出问题整改情况的报告，并进行满意度测评；区人民检察院关于公开听证工作情况的报告，并进行满意度测评；市人大代表李乐、王爱珍的履职情况报告，并进行满意度测评；对区党工委（区委）宣传和统战部、区发展改革委、区财政局等20个部门（单位）审计整改情况进行满意度测评；审议通过《泰州市高港区人民代表大会议事规则（草案）》、区人大常委会专题询问办法、关于政府重大投资项目的监督办法（试行）、关于召开区六届人大三次会议的决定。

区六届人大常委会第十七次会议　12月19日召开。审议通过关于调整区人大常委会有关工作机构设置的决定。决定免去陈新兵的区政府副区长职务、施康振的区政府副区长职务；决定免去于勇军的区教育局局长职务、马扬光的区工业和科技创新局局长职务、徐旭东的区住房城乡建设局局长职务、戴永建的区应急管理局局长职务、朱双六的区统计局局长职务；免去赵琴的区人大常委会人事代表联络工委主任职务、何长鑫的区人大常委会财政经济（预算）工委主任职务、陈鸿斌的区人大常委会社会建设和教科文卫工委主任职务、戴曙光的区人大常委会农业农村工委主任职务、赵鹏程的区人大常委会财政经济（预算）工委副主任职务、王国平的区人大常委会农业农村工委副主任职务；免去李安建的高港区人民法院审判委员会委员、审判员职务，宗晶、栾粉林、徐林、杨荣友、乔丽琴、刘权、周凯、潘玲8人的高港区人民法院人民陪审员职务；决定任命于勇军为区政府副区长，梅宏俊为区教育局局长、申鹏飞为区工业和科技创新局局长、窦小林为区住房城乡建设局局长、成晨为区应急管理局局长、范晓娟为区统计局局长；任命陈鸿斌为区人大常委会人事代表联络工委主任，何长鑫为区人大常委会财政经济（预算、农业农村）工委主任，戴曙光为区人大常委会社会建设和教科文卫工委主任，赵琴为区人大常委会开发区工委主任，赵鹏程为区人大常委会财政经济（预算、农业农村）工委副主任，王国平为区人大常委会开发区工委副主任；任命杨帆为区人大常委会寺巷街道工委主任；任命周筠、申丽、陈茜、杭君、季鹏5人为高港区人民法院审判员，于江、王杰、王磊、毛俊、卞荔、叶淑华、印忠华、包信龙、汤利娜、李月明、李阳帆、李宏伟、杨彤、杨雪霞、吴晖、沈澄、沈兴桂、张勇、陈敏、邵才生、赵雯、侯卫坤、徐年华、徐晓丽、殷月华、黄华清、黄良飞、韩菊云、谢婷婷、蔡晶、谭丽娟、潘剑、薛飞、戴茂松、戴家勇35人为高港区人民法院人民陪审员；任命付伟为高港区人民检察院检察员。决定接受于跃进、王晓瑾、叶平章、叶俊东、朱俊茂、刘朝晖、吴凡、吴翔、沈亚、沈立志、陈礼庆、周骏、周宏华、赍腾、顾为进、徐旭、徐新、高进云、韩洁桂、樊庆勇20人辞去区六届人大代表职务的请求，其代表资格终止，并由区人大常委会予以公告；吴凡、沈亚2人的区六届人大常委会委员职务相应终止，并报区人民代表大会备案。

区六届人大常委会第十八次会议　12月31日召开。初审区政府关于2023年国民经济社会发展计划执行情况和2024年计划（草案）的报告、关于2023年政府民生实事项目完成情况和2024年政府民生实事候选项目形成情况的报告、关于2023年预算执行情况和2024年预算（草案）的报告和区人大常委会工作报告稿，审议区政府关于2023年预算调整（草案）和地方政府债务限额分配情况的报告，审议确定2024年区政府民生实事候选项目，批准2023年高港区预算调整方案，审议通过关于召开区六届人大三次会议的有关事项。免去陈鸿斌的区六届人大社会建设委员会副主任委员职务，任命戴曙光为区六届人大社会建设委员会副主任委员、杨雪霞为区六届人大法制委员会副主任委员。决定接受李强辞去区六届人大常委会副主任职务的请求，报区人民代表大会备案；接受许飞辞去泰州市第六届人大代表职务的请求，补选朱广洲为泰州市第六届人大代表，报泰州市人大常委会备案。

【区人大常委会主任会议】 2023年，区人大常委会召开主任会议16次。

区六届人大常委会第十四次主任会议　2月14日召开。讨论通过区人大常委会2023年工作要点。

区六届人大常委会第十五次主任会议　3月3日召开。讨论通过区人大法制委员会、财经委员会、社会建设委员会2023年工作计划和2023年代表工作计划。

区六届人大常委会第十六次主任会议　3月29日召开。听取有关人事任免事项的说明，初审区人大常委会关于全力推进大健康产业高质量发展的决议（草案），讨论通过《关于“助力企业解难题渡难关·人大代表在行动”主题活动的实施方案》。

区六届人大常委会第十七次主任会议　4月26日召开。听取区政府关于城乡环卫一体化及垃圾分类工作情况的汇报，讨论《关于加强镇（街道）环境状况和环境保护目标完成情况报告工作的指导意见（讨论稿）》《高港区人大常委会关于开展全区〈中华人民共和国湿地保护法〉和〈江苏省湿地保护条例〉执法检查工作方案（讨论稿）》《关于2023年度开展推进大健康产业高质量发展专项工作评议的实施方案

（讨论稿）》。

区六届人大常委会第十八次主任会议　5月25日召开。听取有关人事任免事项的说明，初审区人大常委会关于批准《泰州市国土空间总体规划泰州医药高新区（高港区）分区规划（2021—2035年）草案》的决议（草案）、区人大常委会关于强化应急管理体系和能力建设的决定（草案），讨论关于部分区人大常委会任命人员履职情况的调查报告，听取区人大常委会监察和司法工委关于组织区人大常委会任命的法院、检察院人员报告履职情况工作情况的汇报，讨论关于增加区六届人大常委会第十三次会议议程的建议。

区六届人大常委会第十九次主任会议　5月30日召开。听取有关人事任职事项的说明。

区六届人大常委会第二十次主任会议　7月5日召开。听取区政府关于全区供销为农服务体系建设情况的汇报；关于2023年健康服务、惠民教育、“一老一小”保障类民生实事项目推进情况及2021—2022年教育卫生类民生实事项目“回头看”情况的汇报，并开展专题询问和满意度测评。讨论《关于推进全过程人民民主基层实践站（点）建设的指导意见（试行）》（讨论稿）。

区六届人大常委会第二十一次主任会议　7月20日召开。听取区政府关于全区高新技术产业发展情况的汇报；关于2023年“一老一小”保障、居民就业类民生实事项目推进情况的汇报，并开展专题询问和满意度测评；讨论湿地保护“一法一条例”执法检查报告和《江苏省河道管理条例》《泰州市河长制工作条例》执法检查工作方案。

区六届人大常委会第二十二次主任会议　7月28日召开。听取有关人事任免事项的说明。

区六届人大常委会第二十三次主任会议　8月29日召开。听取区政府关于居住环境及供给、交通出行、城市管理类民生实事项目推进情况的汇报，并开展专题询问和满意度测评。初审区人大常委会工作评议组关于区发展改革委、区工业和科技创新局、区市场监管局推进大健康产业高质量发展工作的评议报告，讨论代表建议与公益诉讼检察建议衔接转化工作实施办法（草案）。

区六届人大常委会第二十四次主任会议　9月22日召开。听取区政府关于公共安全保障、居住供给、交通出行类民生实事项目推进情况的汇报，并开展专题询问和满意度测评。传达学习全省各级人大代表“牢记嘱托、感恩奋进”学习实践活动推进会、专项督查问题整改落实工作推进会暨全市各级人大代表“牢记嘱托、感恩奋进”学习实践活动推进会精神。

区六届人大常委会第二十五次主任会议　9月28日召开。听取有关人事任免事项的说明。

区六届人大常委会第二十六次主任会议　10月31日召开。听取区政府关于打击治理电信网络新型违法犯罪工作情况的汇报。

区六届人大常委会第二十七次主任会议　11月27日召开。讨论关于提请审议《泰州市高港区人民代表大会议事规则（草案）》的议案、泰州市高港区人民代表大会常务委员会专题询问办法（草案）、泰州市高港区人民代表大会常务委员会关于政府重大投资项目的监督办法（草案）和关于召开区六届人大三次会议的决定（草案）。

区六届人大常委会第二十八次主任会议　12月19日召开。听取有关人事任免事项的说明。

区六届人大常委会第二十九次主任会议　12月29日召开。听取区政府关于2023年国民经济社会发展计划执行情况和2024年计划草案的汇报、关于2023年区政府民生实事项目完成情况和2024年区政府民生实事候选项目形成情况的汇报、关于2023年预算执行情况和2024年预算草案的汇报、关于2023年区级预算调整（草案）和地方政府债务限额分配情况的汇报。讨论区人大常委会工作报告稿、区人大法制委员会工作报告稿、区人大财政经济委员会工作报告稿、区人大社会建设委员会工作报告稿。

（倪守红）

人大监督

【经济工作监督】 2023年，区人大常委会组织对区发展改革委、区工业和科技创新局、区市场监管局3个部门服务大健康产业发展进行专项评议，通过走访企业、视察项目、集中座谈、问卷调查等方式开展调研，召开常委会会议进行集中询问、开展评议，重点就产业规划、项目招引、科技创新、人才培育等方面，形成综合审议意见1份、专项评议报告3个。审议“十四五”规划纲要中期评估报告、2023年上半年计划执行情况报告和高新技术产业发展情况报告，跟踪督查工业重大投资项目实施情况，支持和督促政府明确目标任务，强化工作举措，推动经济运行恢复向好。深化预决算审查监督，审议2023年上半年预算执行和2022年区级决算报告、“同级审”报告，审议2022年国有资产管理综合报告和行政事业性国有资产管理情况专项报告，专题调研政府性债务管理和化债情况，提出进一步规范预决算编制、提高资金使用绩效、促进国资管好用好、强化债务风险管控等建议。加强审计查出问题整改情况的跟踪督查，对区级机关20个部门（单位）整改事项逐一“回头看”。

【民生事业监督】 2023年，区人大常委会组织实施“民生实事+专题询问”，共开展专题询问4场，对2023

年惠民教育、健康服务、人居环境、“一老一小”保障等10大类30件实事项目，逐一现场察看、当面询问，对2021—2022年60个子项目进行“回头看”。在询问形式上，变“一次”询问为“分批次”询问，变“听口头文字汇报”为“看PPT图文展示”；在询问内容上，变询问“部分项目”为询问“全部项目”，变“督当年度项目”为“督近两年项目”，该做法被中国人大网、《人民代表报》、“江苏人大发布”等媒体推介。“抓实民生幸福‘三件事’”得到省人大领导的批示肯定。审议年度环境状况和环境保护目标完成情况、省级现代农业产业高质量发展示范园建设情况和推进“人才特区”建设情况等专项报告，听取供销为农服务体系建设情况汇报，视察职业教育发展情况，专题调研城乡环卫一体化及垃圾分类工作开展情况，要求政府及有关部门进一步推改革、补短板、强弱项。

【社会治理监督】 2023年，区人大常委会联动开展“水环境+执法检查”，配合省、市人大，先后就湿地保护“一法一条例”及《江苏省河道管理条例》《泰州市河长制工作条例》贯彻实施情况进行实地检查，检查中注重全面检查与重点检查、定点明察与抽查暗访、自查自纠与督促整改、会议审议与现场询问“四结合”，找准突出问题，提出整改意见。出台《高港区人大代表建议与公益诉讼检察建议衔接转化工作实施办法》，审议高港区人民法院推进“1+4”专项行动优化法治营商环境工作情况、高港区人民检察院公开听证工作情况报告，听取区政府打击电信网络新型违法犯罪工作情况汇报，视察“八五”普法、长江防洪能力提升工程建设情况，专题调研司法护航大健康产业高质量发展工作情况，开展人大任命人员向人大常委会报告履职情况35人次，督促有关部门和人员依法履职、改进工作。加强基层立法点建设，配合上级人大开展立法调研并提出建议，依法开展规范性文件备案审查工作。

【执法检查】 5—7月，区人大常委会组成执法检查组，对全区贯彻实施湿地保护“一法一条例”进行检查。5月26日，市、区人大常委会上下联动开展湿地保护“一法一条例”集中执法检查，实地考察相关生态湿地现场，调阅台账资料，召开执法检查专题工作会议，听取区政府和相关职能部门汇报。7月28日，区六届人大常委会第十四次会议听取和审议区人大常委会执法检查组关于检查湿地保护“一法一条例”贯彻实施情况的报告，建议区政府加强法治宣传，提高思想认识；健全体制机制，形成工作合力；夯实湿地保护基础，提升管理水平；严格执法监管，保障生态安全。

7—9月，区人大常委会组成执法检查组，对全区贯彻实施《江苏省河道管理条例》和《泰州市河长制工作条例》情况进行检查。7月25日，市、区人大常委会上下联动开展集中执法检查，实地察看现场，听取区政府及职能部门工作汇报。9月28日，区六届人大常委会第十五次会议听取和审议区人大常委会执法检查组关于检查《江苏省河道管理条例》《泰州市河长制工作条例》贯彻实施情况的报告，建议区政府加快水利工程建设，抢抓机遇上争、统筹水系治理、推进灌区建设；推进幸福河湖建设，推进疏浚整治、恢复农村活水工程、完善长效管护机制；压实河长责任，强化责任落实、推动协同配合；提升监管力度，强化巡查执法、加强河岸环境治理。

【专题询问】 7月5日，区六届人大常委会召开第二十次主任会议，听取区政府关于2023年健康服务、惠民教育、“一老一小”保障类民生实事项目推进情况及2021—2022年教育卫生类民生实事项目“回头看”情况的汇报，开展专题询问。代表们围绕大华锦绣幼儿园和托育服务中心建设、许庄卫生院异地新建、塘湾幼儿园异址新建、初中应届毕业生免费体检、2022年民生实事项目中未完成目标任务的项目等情况进行询问，有关部门分别受询作答。要求区政府增强“交卷”意识，对照年度任务，确保每件民生实事保质保量全面按期完成；增强“答卷”意识，区政府发挥好牵头抓总作用，各牵头单位敢于承担任务，各协办单位主动协助推进，其他部门增强服务意识，为项目推进提供要素保障和支撑；增强“评卷”意识，不断增强接受评议、接受监督的自觉性，敢于面对代表和群众的监督，勇于接受代表和群众的评价，把民生实事办实办好办到位。

7月20日，区六届人大常委会召开第二十一次主任会议，听取区政府关于2023年“一老一小”保障、居民就业类民生实事项目推进情况的汇报，开展专题询问。代表们围绕就业、职业培训、青仔公益暑托班、全民体育健身器材更新等民生实事实施情况进行询问，有关部门分别受询作答。要求区政府强化责任意识和大局意识，主动对标对表年度目标任务，挂图作战，倒排序时，确保如期完成计划任务；定期组织开展“回头看”，认真做好项目验收、交接以及往年项目的管理、维护等后续工作，注重建管衔接，加强长效管理。

8月29日，区六届人大常委会召开第二十三次主任会议，听取区政府关于居住环境及供给、交通出行、城市管理类民生实事项目推进情况的汇报，开展专题询问。代表们围绕刁铺桥与长江大道交通安全隐患整治工程、生活垃圾清运、天然气进村入户、高港大道建设、小区综合整治等民生实事实施情况进行询问，有关部门分别受询作答。要求区政府年度民生实事项目按时按期、保质保量实施到位、取得成效，跨年度项目要接续发力，暂缓实施的项目要适时启动、兑现承诺，未完工的项目要跟踪推进；善于从老百姓呼声最高、反映最强烈、迫切需要解决的"小事"着眼，对燃气安装、老旧小区改造等加强统筹规划；建立长效管理工作机制，定期对往年项目开展"回头看"，做到"办成一件、巩固一件"。

9月22日，区六届人大常委会召开第二十四次主任会议，听取区政府关于公共安全保障、居住供给、交通出行类民生实事项目推进情况的汇报，并开展专题询问。代表们围绕避免小区内涝、雨污分流工程、河道长效管护、消防设备采购、长江大道交通监控设置等情况进行询问，有关部门分别受询作答。要求区政府聚焦在建项目抓推进、竣工项目抓长效、来年项目抓谋划。

（倪守红）

【专项工作评议】 4月26日，区六届人大常委会召开第十七次主任会议，讨论通过《关于2023年开展推进大健康产业高质量发展专项工作评议的实施方案》，决定成立评议领导小组及评议工作组，对区发展改革委、区工业和科技创新局、区市场监管局推进大健康产业高质量发展专项工作开展评议。6月，组织市、区人大代表参加评议区发展改革委、区工业和科技创新局、区市场监管局关于推进大健康产业高质量发展相关座谈工作，并从多个维度了解部门该项工作情况。7月，组织市、区人大代表视察区发展改革委、区工业和科技创新局、区市场监管局推进大健康产业高质量发展相关成果现场。9月28日，区六届人大常委会第十五次会议审议泰州医药高新区（高港区）、区发展改革委、区工业和科技创新局、区市场监管局推进大健康产业高质量发展专项工作情况的报告，进行满意度测评，要求区政府增强忧患意识，清醒认

2023年7月23日，区人大常委会组织市、区人大代表视察推进大健康产业高质量发展相关成果现场

区人大办　供图

识到制约大健康产业高质量发展的外部不利因素和内部机制障碍，增强贯彻省委、省政府文件精神的思想自觉和行动自觉，提升大健康产业在严峻复杂环境中的发展韧性；狠抓整改落实，认真剖析问题的根源，不断完善"查出问题、实施整改、跟踪反馈、评价考核"的整改闭环管理机制；提升发展水平，加强工作统筹，优化资源配置，加强高位对接，对标产业发展目标，抢抓产业政策风口、聚焦重大项目推进、放大引导资金效能。11月，组织区人大代表调研区发展改革委、区工业和科技创新局、区市场监管局推进大健康产业高质量发展评议发现问题整改工作。12月31日，将《关于评议区发展改革委、区工业和科技创新局、区市场监管局推进大健康产业高质量发展专项工作情况的报告的审议意见落实情况的报告》提交区六届人大常委会第十八次会议。

（杨　磊）

人大代表工作

【代表视察】 4月25日，区人大常委会组织部分区人大代表视察全区职业教育发展情况。代表们实地察看高港中等专业学校实训楼、教学楼、综合楼、师生食堂、学生宿舍、操场等地，详细了解学校建设、专业设置、办学条件、师资队伍、校企合作、学生就业等方面的情况，听取区政府关于职业教育发展情况的汇报，进行审议。建议区政府凝聚思想共识，明晰发展定位；开展配套建设，合理设置专业，改善办学条件，提高办学层次，打造办学特色；强化统筹指导，深化校企合作；加强队伍建设，畅通引进渠道，健全管理制度，培养职教名师，提升教师素质；加强组织领导，保障资金投入，加大支持力度，保障职业教育发展。

6月1日，区人大常委会组织部分区人大代表视察全区长江防洪能力提升工程推进情况。代表们实地察看沿江街道段高港码头东侧的主江堤、口岸街道段友谊闸、永安洲镇段在建幸福闸、长城汽车股份有限公司泰州分公司东侧凌家港易涝低洼区、防汛指挥部等现场，进行审议。建议区政府坚持问题导向，找准薄弱环节，区分轻重缓急，逐步落地落实；时刻关注群众诉求，调整内河水系布局，做好应急预案，改善易涝低洼地区的水系运行质态；各

2023年6月1日，区人大常委会组织部分区人大代表视察全区长江防洪能力提升工程推进情况　　区人大办　供图

成员单位明确职责、各负其责，强化直达基层防汛责任人的临灾叫应机制，严格执行汛期24小时值班制，加强日常巡查检查和应急演练。

8月15日，区人大常委会组织部分区人大代表视察"八五"普法工作情况。代表们实地察看高港滨江公园、口岸街道引江社区、江苏平高泰事达电气有限公司等现场，听取区政府专项工作汇报，进行审议。建议区政府持续放大"中国医药城法律服务产业园"品牌效应，发挥司法行政职能，服务企业职工及弱势群体；深化法治文化阵地建设，建好区法治宣传教育中心、各类法治文化广场和法治文化长廊，开展法治文化活动；定期组织开展各类法治宣传、法律咨询、矛盾纠纷化解等志愿法律服务活动。

9月15日，区人大常委会组织部分区人大代表视察2023年公共安全保障、居住供给、交通出行类民生实事项目完成情况，并对2021年部分项目进行"回头看"。代表们实地察看2023年实施的迁善小区、繁荣小区配套污水管网工程、泰州大道与创业大道交叉口东交通安全微治理现场、大华锦绣农贸市场建设工程等7个项目完成情况，现场了解2021年实施的河道疏浚整治项目管护情况。建议区政府严格按照设计要求，狠抓工程质量；合理安排施工进度，确保如期竣工；加大对已交付项目的维护，落实工程全生命周期管理；多听群众意见，确保项目发挥最大效益。

10月30日，区人大常委会组织部分区人大代表视察工业重大投资项目实施情况。代表们实地察看蓝思精密（泰州）有限公司、泰州海和药业有限公司、盛虹动能科技（泰州）有限公司等建设情况，听取区政府相关实施情况汇报，进行审议。要求区政府加强经济形势研判，做好工业重大投资项目统筹；持续优化审批流程，推动工业重大投资项目落地开工；抢抓国家政策风口，放大工业重大投资项目资金效能，推动全区经济率先整体好转，实现高质量发展。

11月1日，区人大常委会组织部分区人大代表视察2023年区政府民生实事票决项目和城建重点项目完成情况。代表们实地察看迁善小区、繁荣小区配套污水管网工程，数据园综合楼五期、托育综合服务中心（大华锦绣幼儿园装修）、康泽东苑（康居社区南侧地块保障性安置房二期）、白马镇消防站建设、蔡圩河南侧地块配套项目（泰州市高港实验小学春港校区周边道路）等项目，现场交流，详细了解项目进展情况、存在的具体困难和问题。建议区人大常委会要做好民生实事和重大项目监督工作；区政府及其职能部门要把民生实事项目建设作为政府的重要政治任务；牵头部门和责任单位要倒排工期，加大有效投资推进力度。

【代表履职】 2023年，区人大常委会在全区各级人大代表中开展"牢记嘱托、感恩奋进"学习实践活动，重点实施"铸魂、调研、护航、惠民、进网、提档、数智、建功"行动，引导人大代表立足本职岗位，发挥模范作用。举办人大代表讲坛48期，96名区、镇人大代表走上讲坛，讲履职故事、谈学习体会、话工作打算。开展"人大代表在行动"系列实践活动，围绕"助力企业解难题渡难关"和"优化营商环境·助力企业敢干"等主题，组织五级人大代表回选区、进网格、访企情、听民声。

【代表履职平台建设】 2023年，区人大常委会出台《关于建设全过程人民民主基层实践站（点）的指导意见》，推进镇街代表之家规范化、园区代表工作站专业化、村居代表联系点特色化建设。各镇街、园区推动硬件及软件同步提档、全面优化，大健康产业"千成"五级代表工作站，乡村振兴"泉涌"及"莲联有于"人大代表联系点，市人大立法蔡庄联系点等"家站点"相继建成。

【"百姓'小'事+你点我督"工作】 2023年，区人大常委会优化完善"群众点、代表提、部门办、人大督、社会评"的闭环机制，通过"线上+线下"收集、"实地调研+现场会商"筛选、"分类处理+一事一函"交办、"区镇代表+社会公众"督评的方式，确保百姓"小"事选得准、有人办、快见效。全年办成百姓"小"事150余件，涉及交通安全、施工扰民等。

【议案建议办理】 2023年，区人大常委会通过实地视察、审议报告、跟踪问效等方式，推动议案建议办理落实。区六届人大二次会议期间代表共提出建议60件，办成率68.3%，代表满意、基本满意率100%。代表提出的实施“绿改停”安装集中充电桩、加大网络诈骗查处力度等方面的建议得到有效办理。（倪守红）

2023年高港区六届人大二次会议议案建议一览表

表9

议案建议标题	提议案建议者
关于在周山河上“白马镇黄河村至凤凰街道梅兴社区”段架设桥梁，解决群众出行难问题的建议	袁荣熙
关于加大秸秆还田、人居环境整治、河道整治支持力度的建议	李　泽
关于对前进河进行整治、生态护坡的建议	陈　林
关于进一步落实有害垃圾回收处理的建议	陈月兰
关于提高医务人员薪酬待遇的建议	朱美云
关于提升吴陵南路交通安全本质能力的建议	叶平章
关于加快实施环溪小学东皋路建设的建议	孙　琴
关于增加社区人居环境整治工作资金投入的建议	孙　平
关于对刁蒋路、刁庙路提档升级的建议	孙卫锋
关于加强全区老旧小区物业管理的建议	吴　剧
关于加快铺设燃气管道的建议	孙卫锋等10人
关于实施府前河水系连通工程的建议	孙平等10人
关于完善园区配套设施及加大人才储备的建议	赵冰奇
关于提升生物医药产教融合发展的建议	张万秋
关于整合资源，协同筹建南京中医药大学大健康产业研究院，打造泰州市中医药健康产业主平台的建议	王九龙
关于创新乡村产业项目发展模式，设立乡村产业项目发展基金的建议	张　荔
关于统一税收留成和产业扶持标准，避免税源外流的建议	杨建军
关于实施泗野路梁大线“白加黑”工程的建议	于　祥
关于实施大泗镇马龙村草庙沟河道清淤、护坡工程的建议	戴小奎等10人
关于促进本土建筑业企业真正做优做强的建议	孙建伟
关于解决托育机构“先证照、后备案”后期安全隐患的建议	朱　勤
关于提高农村部分计划生育家庭奖励扶助标准的建议	丁伊梅
关于加强社区建设的建议	曹浩明
关于加快规范及简化集体经济组织成员库动态管理程序的建议	袁廷洛
关于减轻基层社区“保险业务”办理负担的建议	袁廷洛
关于加强运盐河古塘湾段保护开发的议案	陈林等10人
关于进一步加强环境监测能力和基层环保队伍建设的建议	沈　亚
关于增加交通智能设施，加大资金投入的建议	许良兵

续表9

议案建议标题	提议案建议者
关于在民生实事项目中增加关注残疾人生活改善的建议	谢晓恩
关于推行在小区物业设置“共享药箱”并给予标准化管理指导的建议	谢晓恩
关于解决长城汽车周边临港大道与环城路不贯通问题的建议	戴锦忠
关于田河社区卫生服务中心病房楼急迫重建的建议	戴永星
关于大力弘扬高港木商文化的时代精神和现实意义的建议	虞继罗等10人
关于提高老旧小区长效管护资金的建议	刘俊等10人
关于加快推进农村污水管网建设的建议	刘伯阳
关于推进管道天然气进村入户的建议	谢春华
关于人口老龄化、疫情防控常态化背景下加大农村医疗资源倾斜力度的建议	赵余虎
关于加快落实胡庄初中教育集团教学基础设施建设的建议	严　波
关于整治汪群小学危房安全隐患的建议	史见平
关于加大省级现代农业产业高质量发展示范园建设支持力度的建议	季宝宏等10人
关于加快启动S355新规划线、S355与G328连接线、金果路东延等道路建设的建议	孔玉美等10人
关于部分居民小区路灯无人管理的建议	田　伟
关于工业垃圾、绿化垃圾等到处偷倒的建议	田　伟
关于共享单车、共享电动车乱停乱放管理的建议	田　伟
关于理清茂御酒店北侧公园权属的建议	穆俊杰
关于进一步完善医药高新区（高港区）东部地区路网建设的建议	孙京津
关于推进许庄卫生院新院搬迁进程的议案	朱兆朋等10人
关于将许庄街道湖滨小区和集镇范围内污水管网改造纳入区财政统筹的议案	朱海军等10人
关于规划建设公益性墓园的建议	史绚丽
关于野徐镇永新社区14~16组河道整治的建议	陈九贵
关于在小区开发中提升基层治理能力的建议	叶平章
关于加快建设人民大食堂的建议	叶平章
关于科创中心、康泽二期驳岸改造、河坡绿化的建议	陈九贵
关于提升物业公司在文明城市创建中的主体责任的建议	徐思达
关于康居邻里中心投入使用、完善周边公共设施的建议	唐人峰
关于规范货运车辆通行及停放的建议	陈希斌
关于加大废气扰民整治力度的建议	秦长林
关于加强垃圾分类处理的建议	陆　露
关于设立乡村电动车管理值勤点并建立管理长效机制的建议	陈希斌
关于支持华信公司与核心投资公司联合推进评级的建议	黄　伟

【"主任接待代表日"活动】 12月中旬，区人大常委会分别在凤凰街道、许庄街道、永安洲镇、口岸街道开展"主任接待代表日"活动，区人大常委会领导分别到挂钩镇街，与代表互动交流，征集2024年区人大常委会监督议题，并要求代表及早调研，提前思考，撰写议案、建议、批评和意见，为区六届人大三次会议做准备。

【"人大代表工作日"活动】 2023年，区人大常委会共组织开展"人大代表工作日"活动4次。开展"五级人大代表回选区访选民'优化营商环境、助力企业敢干'"主题活动，听取企业代表和选民群众对大健康产业高质量发展以及对区人大常委会、区政府、区监委、区人民法院、区人民检察院工作的建议、批评和意见。组织开展代表片区范围内的2023年民生实事票决项目，及时征集2024年政府民生实事候选项目。全年各级人大代表进站、入室、驻点接待群众1972人次，走访企业322个，收集意见建议99条，助力解决问题78个。 （焦卫华）

人大自身建设

【人大常委会及机关建设】 2023年，区人大常委会举办"人大讲堂"10期，开展集中交流研讨5次。组织开展调研、献策等活动，收集"我为现代化建设献一策"建议38条，形成重点调研成果6项。解决开发区人大工作缺失、城乡燃气管道建设不平衡等难点问题。严格执行重大事项请示报告制度，常委会重要会议、重要决定、重要活动和重大问题等及时向区委请示汇报，做实专项督察反馈问题整改工作，提请区委转发《关于加强开发区人大工作和建设的意见》，并抓好贯彻实施。围绕"聚力融合、聚焦发展"两大主题，组织开展监督、决定和代表工作，在推进产业发展、增进民生福祉、促进区域治理等领域调查研究、建言献策。

【"数字人大"建设】 2023年，区人大常委会开发微信小程序，搭建以"一舱、两端、四场景"为主要架构的"云上高港人大"数字平台，创设特色应用场景，建立"码上一扫、直通代表"联系渠道，推动数字技术与人大立法、监督、决定和代表工作深度融合。推进省人大统建的系列场景应用，加强数据对接和推广使用，推动应用场景向镇街下沉、向代表普及。 （倪守红）

2023年12月14日，区人大常委会在口岸街道开展"主任接待代表日"活动

区人大办 供图

泰州医药高新技术产业开发区管理委员会 泰州市高港区人民政府

综　述

【概况】 2023年，泰州医药高新区（高港区）实现地区生产总值1191.95亿元，比上年增长6.5%；完成一般公共预算收入103.18亿元，增长2%，其中税收收入75.95亿元；城乡居民人均可支配收入50975元，增长6.2%。

【政务督查】 2023年，区党政办围绕区管委会（区政府）中心工作和重大决策部署，密切关注经济社会发展的重点领域和热点、难点问题，重点突出区管委会主任会议（区政府常务会议）等重要会议决定事项以及领导交办事项，加强监督工作，推动各项工作有效落实。完成人大代表建议、政协委员提案办理督查督办288件，并对市、区两级建议、提案进行"回头看"。全年办理各类来信636件，其中市委书记信箱75件、市长信箱467件、区长信箱94件，办结率均达100%。（高慧敏　周蕴哲）

【外事工作】 2023年，区外事工作委员会开展对外经贸、人文交流活动，累计出访团组7批32人次。推进APEC商务旅行卡、领事认证、护照等外事业务"一站式"办理。全年累计开展APEC卡专题推介、外事宣讲等活动近10次，办理外国人来华30批51人次。健全重要外事活动报告机制，强化国际会议扎口管理，加大因公出国境行前教育、全程管理。深入园区企业开展预防性领事保护公益宣讲，推广平安丝路网平台，增强境外公民、组织和机构的海外风险防范意识和应对能力。

（王润环）

【大数据管理工作】 2023年，区大数据管理局出台年度数字政府建设

中国医药城　　　　顾祥忠　摄

要点，围绕7个方面29项重点任务89条具体工作清单开展全面部署；加强日常跟踪督导，先后向区管委会（区政府）专题汇报1次、编印专项通报2期。依托市级公共数据平台，围绕应用系统全面梳理、公共数据目录编制、公共数据资源全量全要素归集与一数一源一标准治理等重点事项，开展全区祥泰·数据安全暨公共数据汇聚治理集中攻坚行动，累计编制、归集和治理2138个目录、362883条数据资源，梳理录入37个应用系统。（张振兴）

【政务公开】 2023年，区电子政务中心组织开展全区政务公开工作专题培训，邀请专家进行专题授课。围绕区管委会（区政府）中心工作和民生关切，及时发布重大项目、财政资金、稳岗就业、食品安全等重点领域信息293条，通过文字、图片、视频等形式发布解读信息18条，全年共发布政府信息680条。加强政务新媒体监管，采取"技术+人工"方式，每月对全区政务新媒体开展全覆盖监测检查。全区各级行政机关共受理政府信息公开申请148件，依法办结138件。

【政府网站建设】 2023年，区电子政务中心完成泰州医药高新区管委会（高港区人民政府）门户网站适老化与无障碍功能改造，获得中国互联网协会和中国信息通信研究院授予的信息无障碍标识。全年共发布各类动态信息9600余条，被市政府网站采用253条，采用率排名全市第一。开设"医博会""民生实事"等专题专栏7个，发布医博会相关信息20余条。围绕区管委会（区政府）重点工作开展网上调查、意见征集工作，全年开展调查征集16期，均第一时间公布调查征集结果报告。

【电子政务】 2023年，区电子政务中心完成全区电子政务外网安全平台升级改造，提升网络带宽和覆盖区域，实现电子政务外网统一网络架构、统一安全防护、统一运行管理。迭代升级协同办公平台，完成国产化适配交付工作，创新OA数据一屏统揽分析平台，实施机关内部反馈报送"一件事"改革，全面普及无纸化办公，全年发文1.59万件，办文14.8万件。（周蕴哲）

重要会议

【概况】 2023年，区管委会（区政府）共召开区管委会（区政府）全体（扩大）会议1次、区管委会主任会议（区政府常务会议）11次、主任（区长）办公会议8次、专题会议37次、自然资源和规划委员会会议6次。

2023年泰州医药高新区管委会、高港区政府重要会议一览表

表10

会议类别	召开时间	主要内容
区管委会（区政府）全体（扩大）会议	10月26日	部署四季度工作和政府系统廉政工作
区管委会主任会议（区政府常务会议）	1月13日	讨论安全生产专项整治三年行动完成情况、冬季专项治理工作推进情况以及下一步工作安排等事项
	2月17日	讨论《泰州市国土空间规划泰州医药高新区（高港区）分区规划（2021—2035年）》《关于更加有效发挥统计监督职能作用的实施细则》等事项
	3月4日	讨论《2023年全面推进乡村振兴重点工作的实施意见》《医药高新区（高港区）乡村建设行动实施方案》和2023年全区乡村建设行动重点任务清单等事项
	4月10日	讨论《2023年区政府重大行政决策事项目录》《泰州医药高新区（高港区）重大行政决策目录管理办法》等事项
	5月5日	听取全区一季度经济运行情况汇报，讨论《泰州医药高新区（高港区）关于全面加强和改进行政执法监督工作的意见》等事项
	5月20日	听取原料药基地规划建设相关情况汇报、拨付规上工业企业一季度开票销售奖补情况汇报等事项
	7月12日	听取2023年民生实事项目进展情况汇报、拨付一季度规模以上（限额以上）服务业企业贡献奖、春节不停工补贴情况汇报等事项
	7月29日	听取《2022年度消防工作任务清单推进落实情况反馈意见》整改情况汇报、2023年政府投资项目计划中期调整方案汇报等事项
	9月7日	听取"六个一"行动、"9+N"小场所安全百日攻坚专项行动进展情况汇报、第二轮省生态环境保护例行督察整改情况汇报等事项

续表10

会议类别	召开时间	主要内容
区管委会主任会议（区政府常务会议）	11月14日	听取审计查出问题整改情况汇报、2022年区本级预算执行和其他财政收支情况审计工作报告审议意见落实情况汇报等事项
	12月21日	讨论《政府工作报告（讨论稿）》《泰州医药高新区（高港区）大健康产业高质量发展规划（2023—2030年）（讨论稿）》等事项
主任（区长）办公会议	1月13日	听取医药高新区（高港区）国有企业超成本融资申请情况报告等事项
	2月1日	听取2023年为民办实事项目目标任务分解情况等事项
	3月1日	听取全区推进制造业智能化改造、数字化转型的工作举措等事项
	4月21日	听取关于第二轮省生态环境保护例行督察交办问题整改工作情况汇报等事项
	6月27日	听取全区“信访突出问题攻坚化解巩固提升年”行动开展情况汇报等事项
	9月7日	听取成立泰州市知识产权运用促进中心相关情况汇报等事项
	10月25日	听取自建房整治工作情况汇报等事项
	12月21日	听取泰州医药高新区（高港区）2024年政府投资项目拟开展前期工作计划情况等事项
专题会议	1月6日	研究医药高新区升级版技防城项目相关事项
	1月12日	研究通港南路西侧、泰州杨湾海螺水泥有限责任公司北侧约100米1宗工业项目用地挂牌上市相关事项
	1月15日	研究年产5GWh储能锂电池及系统集成项目评价相关事项
	1月17日	研究医药高新区水环境专项债项目农民工工资拖欠问题相关事项
	2月9日	研究泰州市三水厂水源地环境风险管控论证报告相关事项
	3月17日	研究区疾控中心拟迁址申报国家备案的疫苗临床试验现场单位相关事项
	3月22日	研究协调苏泰铝业、黄埔驾校、保力自动化等历史遗留问题相关事项
	4月12日	研究蔡圩河南侧地块配套工程相关事项
	4月12日	研究协调土地征收相关事项
	4月29日	研究区疾控中心拟迁址申报国家备案的疫苗临床试验现场单位相关事项
	6月3日	召开“口岸船舶系”重整管理人工作会议
	6月7日	研究江苏中慧元通生物科技股份有限公司创新型基因工程疫苗产业化基地等2个项目评价相关事项
	6月16日	研究寺巷街道2个地块、许庄街道2个地块和口岸街道1个地块国有建设用地使用权供应等事项
	6月19日	研究雕花楼景区提升旅游质态、打造精品文旅品牌相关事项
	7月15日	研究科创路东侧、纬七路北侧1宗工业项目用地挂牌上市相关事项
	7月15日	研究泰州市航宇电器有限公司封装基础件智能制造基地项目评价相关事项
	7月17日	研究原医药高新区学校部分教职工基本养老保险和职业年金补缴经费相关事项
	7月19日	研究区城投公司名下原驾培中心2宗土地收回补偿问题相关事项

续表10

会议类别	召开时间	主要内容
专题会议	7月20日	研究职业教育发展相关事项
	7月24日	研究永安洲镇马永路北侧、疏港路东侧地块国有建设用地使用权供应事项
	7月24日	研究江苏利华生物科技有限公司年产1万吨中链甘油三酸酯 MCT 搅打奶油粉及2万吨粉末油脂项目用地挂牌上市及项目评价事项
	8月9日	研究泰州港经济开发区3个地块国有建设用地使用权供应事项
	8月30日	研究建设路南侧、南官河西侧1宗工业项目用地挂牌上市相关事项
	8月30日	研究江苏国瑞汽车部件有限公司多型车辆天窗导轨智能制造项目用地挂牌上市及项目评价事项
	9月8日	研究东周港河道整治实施服务费相关事项
	10月8日	研究高港大道东侧、港城路两侧2宗土地相关补偿问题
	10月12日	协调推进区社会矛盾纠纷调处服务中心一体化（区政法综合服务中心）建设相关事项
	10月13日	研究疫情防控相关固定资产划转有关事项
	10月13日	研究推进省党政主要领导经济责任审计和自然资源资产审计涉及高港中医院问题整改相关事项
	11月7日	研究泰州市中泰教学装备有限公司年产120万盏节能型学生用 LED 灯具生产项目评价相关事项
	11月20日	研究推进全区校舍安全整改提升相关事项
	12月5日	研究 G10 栋1~2层整理修缮工程调整事项
	12月6日	研究高效肉羊养殖机械装备与技术推广应用项目有关事项
	12月7日	研究推进智慧医疗、智慧教育项目建设相关事项
	12月12日	研究部分公益性项目划拨供地相关事项
	12月14日	研究泰州永福港务有限公司临时增加散货作业功能相关事项
	12月15日	研究泰州市通江油品装卸有限公司油品码头靠泊5万吨级船舶有关事项
自然资源和规划委员会	2月5日	研究泰州悦城项目规划设计方案审查等事项
	3月6日	研究盛虹动能新型储能电池及系统集成项目规划事项
	6月8日	研究2023年度医药高新区生态空间管控区调整方案事项
	7月17日	研究2023年度泰州市高港区预支空间规模指标落地上图方案等事项
	9月25日	研究寺巷街区控制性详细规划 C4 局部地块图则调整等事项
	12月9日	研究滨江新城、刁铺街区、口岸街区控制性详细规划图则调整等事项

【区管委会（区政府）全体（扩大）会议】 10月26日，泰州医药高新区管委会（高港区政府）全体（扩大）会议暨政府系统廉政工作会议召开，泰州医药高新区党工委副书记、管委会主任，高港区委副书记、区长丁志强出席会议并讲话。区管委会（区政府）全体负责人参加会议。会议指出，四季度是定全年、保全局的收官阶段，更是谋明年、抢开局的关键时期。全区上下要以当表率、做示范、走在前的果敢担当，在以学铸魂、以学增智、以学正风、以学促干中，冲刺四季度，决胜保全年，以过硬执行力拼出发展新业绩。

会议要求，要在思想上对标对表、政治上紧跟紧随、行动上坚定坚决，把“学思想”贯穿主题教育始终，做到学思用贯通、知信行统一，坚定拥护“两个确立”、坚决做到“两个维护”，不断提高政治判断力、政治领悟力、政治执行力，做中央和省市区委决策部署的执行者、行动派、实干家；要提高统筹经济能力、谋划政策能力、调查研究能力、真抓实干能力，深钻细研产业、项目等经济领域专业知识，大力践行“一线工作法”，深入群众、深入基层、深入企业，沉下身子调查、静下心来研究，牢固树立“今天再晚也是早、明天再早也是晚”的效率意识，弘扬“钉钉子”精神，以执行的快速度，抢出发展的加速度；要树牢正确的政绩观、权力观、纪律观，坚持以人民为中心的发展思想，完整、准确、全面贯彻新发展理念，进一步健全政府系统工作评价机制和执行力生成体系，始终保持反腐败高压态势，把纪律规矩挺在前面，严于律己、严负其责、严管所辖，坚决守住“不出事”的底线，营造风清气正、干事创业的良好环境；要冲刺全年经济收官战、吹响项目攻坚冲锋号、加快形成新质生产力、用心用情用力惠民生、始终如履薄冰守底线、及早谋划明年抢开局，锚定全年目标任务，聚焦大健康产业高质量发展、推进新型工业化等重大命题，抓实项目建设、科技创新、民生实事等重点工作，守牢安全生产、生态环保、金融风险等底线红线，以“拼”的姿态、“抢”的劲头、“谋”的智慧，积蓄“增”的力量，为全市发展勇挑大梁、多作贡献。

（黄月琴）

民生实事项目

【概况】 2023年，泰州医药高新区（高港区）有序推进民生实事人大票决项目建设，包括改善居民居住环境、方便群众交通出行、提升健康服务能力、推进“一老一小”保障、强化公共安全保障、建设惠民满意教育、增加居住服务供给、提高城市管理能力、促进居民稳定就业、丰富群众文体生活10大类30个项目。至年末，完成年度目标任务。

【改善居民居住环境】 实施住宅小区停车位及电动车充电桩建设项目，主次干道及背街小巷人居环境整治项目，鑫泰花园、怡和花园、船厂家属区、祥龙家园、中南新村等小区综合整治改造工程，迁善小区、繁荣小区配套污水管网工程。至年末，改造百年豪景、龙锦华庭等小区机动车位1080个，增设水岸帝景、天逸华府等小区电动车充电点位2120个；对口岸农贸市场周边道路、港盛农贸市场周边、府后人家周边、刁铺街道镇溪南村、起风新村等道路破损、空中缆线等进行整治；对鑫泰花园、怡和花园、船厂家属区、祥龙家园、中南新村等小区开展楼道出新、雨污水管网改造、路面维修等整治改造；完成迁善小区、繁荣小区配套污水管网工程，实施雨污水管道1870米，改造道路635米。

【方便群众交通出行】 实施交通安全微治理项目、刁铺桥与长江大道交通安全隐患整治工程、扬子江路安全隐患整治工程、医药园区（泰州大道以西）公交站台建设项目、蔡圩河南侧地块配套项目（泰州市高港实验小学春港校区周边道路）。至年末，完成创业大道机非混行、高港大道交通信号等交通安全乱点、堵点、隐患点整改109处；完成刁铺桥与长江大道交通安全隐患整治工程，实现健康大道与长江大道有效衔接，设立十字交叉；完成扬子江路安全隐患整治工程，归并优化部分道口，除线、划线5570平方米，安装标牌、信号灯28处，改造港湾式公交站台3对；新建杏林路药检院等站台6对，更新改造祥泰路人才公寓等站台14对；完成蔡圩河南侧地块配套项目，完成道路、绿化、路灯及交安设施建设，并投入使用。

【提升健康服务能力】 实施“两癌”筛查服务项目、基层医疗救治能力建设项目、流感疫苗接种健康惠民工程。至年末，完成育龄妇女“两癌”筛查16729人；完成高港中医院和凤凰街道、刁铺街道、大泗镇等8个社区卫生服务中心（卫生院）发热诊室的建设改造，相关设施设备购置到位；为区内中小学生、65岁以上老年人接种流感疫苗，完成接种40158人。

【推进“一老一小”保障】 实施托育综合服务中心装修工程、特殊困难老年人家庭适老化改造项目、“青仔公益暑托班”项目。至年末，托育综合服务中心完成墙面装饰等基础施工；完成口岸街道新明社区、凤凰街道秦蒋社区、大泗镇二陈村等地特殊困难老年人家庭适老化改造275户；举办“青仔公益暑托班”，为困境儿童、留守儿童、外来务工人员子女提供公益暑托服务，21个暑托班办班点暑期全部结课，服务学生547人。

【强化公共安全保障】 实施医药高新区东部消防站建设工程、乡镇消防应急能力提升工程。至年末，医药高新区东部消防站执勤楼、室内训练馆、训练塔、门卫室等主体建成，并通过区质安站验收；大泗镇、胡庄镇消防站改造完成，白马镇消防站完成主体建设和门房、围墙等基础设施建设，消防车辆等装备购置到位。

【建设惠民满意教育】 实施大华锦绣幼儿园装修工程、初中应届毕业生免费体检项目、困难学生资助项目。至年末，完成大华锦绣幼儿园道路硬化、教学楼活动室装修等施工；完成全区14所初中共2214名初三应届毕业生免费体检工作；春学期累计资助学生3443人次，发放金额（含免学费）338.54万元；秋学期累计资助学生3533人次，发放金额（含免学费）352.37万元。

【增加居住服务供给】 实施保障性租赁住房筹集项目、农贸市场建设项目、管道天然气建设项目。至年末，提供人才公寓2490套住房作为保障性租赁住房；大华农贸市场建成并投入运营，许庄农贸市场完成改造升级，18个农贸市场活禽区域改造全部结束且通过验收；促进燃气使用安全，完成康泽东苑、盛雅园等小区燃气配套4134户，接通口岸街道的曙光新村、东兴街、徐庄村等地1031户的天然气，更换龙锦华庭、港城花苑等小区居民老旧橡胶软管1623户。

【提高城市管理能力】 实施道路脱空检测及路网修复工程。至年末，对解放路、金港路、珑湾路等15条道路共46处安全隐患进行整治，修复管道126米，恢复路面890平方米。

【促进居民稳定就业】 实施稳定和扩大就业项目。至年末，完成城镇新增就业17301人。

【丰富群众文体生活】 实施全民体育健身设施器材更新更换工程。至年末，完成口岸街道水岸景城、永安洲镇润洲社区、明珠街道左岸名都等30套健身路径安装。 （周海飞）

行政审批

【概况】 2023年，区行政审批局办理施工许可115件，商品房预售许可18件，小型低风险项目审批13件。清退农民工保证金12笔。开展现场踏勘150余次，审图合格证79张，项目核准1件，项目备案843件，节能审查61件，项目环评129件。组织联合会商7次，组织专家评审会33次。新登记各类型企业4643户，变更登记各类型企业5788户次，迁入、迁出729户次，注销各类企业2139户，备案490户。办理文化事项（含演出、电影院、游泳馆等）86件，食品生产24件，特种设备作业人员考核837件，药品经营许可75件。处理“12345·政风热线”165件，三类医疗器械经营许可262件，二类医疗器械经营备案286件，一类医疗器械生产和产品备案246件。办理食品经营许可93件，法人登记账号业务40个。

【行政审批改革】 *“拿地即开工”审批改革* 12月30日，区党政办印发《泰州医药高新区（高港区）产业项目“拿地即开工”审批服务实施办法》，对符合条件的产业项目，依据项目需求和企业意愿，审批部门和项目服务人员提前介入，利用土地流转、上市“等待期”高效服务，指导企业完成规划方案设计、环评报告编制、施工图设计等涉审关键事项，审批部门跟进开展实质性审查，出具审查意见。在签订用地合同后，审批部门在规定时限内办结相关建设手续，实现项目“多证齐发”。年内，区行政审批局对太洋科技、国瑞汽车、泰州智车城3个项目先试先行。

环评“园中区”审批改革 12月29日，区党政办印发《“园中区”项目环评审批改革试点实施方案》，探索在符合相关要求的园区内选取相对集中的标准厂房作为试点区域，由园区针对确定的入驻行业开展行业预评价报告编制工作。入驻“园中区”的单个项目在不突破“园中区”行业预评价报告规定的生产工艺、污染物总量及污染防治要求，且污染物达标排放、保证安全生产的情况下，由建设单位填写“‘园中区’建设项目环境影响评价报告表”，审批部门审核后即作出批复。

试行行政审批“超时默认制” 对投资1亿元以上产业项目建设审批试行超时默认制，从项目备案到竣工备案纳入“超时默认制”的审批事项共25项，各审批事项均确定超时默认审批时限，通过实施“超时默认制”，全流程审批时限压缩至30个工作日内。4月23日，总投资30亿元的盛虹动能一期年产5GWh储能锂电池及系统集成项目施工许可证获批，为全市试行行政审批“超时默认制”的首个开工项目；12月29日，该项目通过竣工验收备案。全年共28个1亿元以上产业项目实施“超时默认制”，其中有12个项目取得施工许可证。

施工许可“分阶段办理” 打破项目以工程整体办理施工许可证的传统模式，企业可按进度对桩基础工程、主体工程分别申请办理施工许可证，桩基施工、办理主体建设手续同时进行。8月8日，泰州中城城市建设发展有限公司开发的江东华庭项目通过“分阶段办理”，取得桩基工程施工许可证；10月31日，办理主体工程施工许可证，开工时间比原计划提前2个月。

“告知承诺+云踏勘”实施 对第三类医疗器械经营许可核发事项实施“告知承诺+云踏勘”审批方式。通过共享实时定位、远程视频连接、远程协助等对现场条件进行确认，以“云踏勘”替代传统的人员现场踏勘。解决传统现场踏勘耗时耗力、时间安排冲突、异地申请等问题，踏勘时间提速一半。

规划环评与项目环评联动试点 8月，市生态环境局出台《泰州市产业园区规划环评与项目环评联动试点实施方案》，生物医药产业园区、高端装备制造产业园区被列入试点范围。试点园区内符合产业特色的部分行业项目规划环评与项目环评联动，环评报告编制可简化环境可行性和政策相符性等内容，直接引用环境现状调查数据及生态环

境评价结论，实行项目环评“告知承诺”审批。通过简化环评报告、简化公示环节、简化审批流程，缩短编制时间、降低编制成本、提高审批效率。全年共办理“告知承诺”审批13件。

园区企业登记服务站设立　制定印发《泰州医药高新区（高港区）园区企业登记服务站试点工作方案》《构建园区全托式企业登记帮办代办服务模式》，按照试点先行、全面推进的原则，在高端装备制造产业园区试点设立全市首个园区企业登记服务站。在总结优化的基础上，依托五大功能园区企业投资促进中心全覆盖设立企业登记服务站，打造“区级中心+园区站点”“全程网办+线下快办”的立体式全方位服务框架，建立服务工作专班和24小时微信服务群，并将电子信息产业园企业登记服务站打造为全市标杆站点。

“一件事一次办”改革　围绕大健康产业、创新创业和综合监管等重点领域，统筹推进青年创新创业“一件事”、大健康领域综合监管“一件事”，推行“企业开办”等省定标准“一件事”。聚焦镇街特色和特殊群体等需求，推进“一件事”向基层延伸，为办事群众提供导航导办精准指引，实现“一件事”就近办。全区办理“一件事”2万余件。推行企业股权转让等企业变更“一件事”改革，由税务部门安排2名工作人员在企业开办专区8号、9号窗口设立“股权变更”等“一件事”专窗，通过整合材料、优化流程，实现企业股权转让纳税申报和股东变更登记跨部门一窗同步办理，直系亲属间股权转让现场办妥，从至少“跑两次”变为最多“跑一次”。8月，联动市交通部门将道路运输许可变更、机动车维修变更纳入企业变更“一件事”专窗服务。

“减证便民”实施　12月29日，区党政办印发《深入推进“减证便民”打造政务服务升级版的实施意见》，形成169项办理政务事项所涉法定证照清单、42项证明材料实行告知承诺清单，健全清单管理制度，建立动态调整机制，推行告知承诺方式，削减不合法、不合理的证明材料，优化证明材料开具流程，建立信息共享机制，解决证明材料繁琐和“奇葩证明”“重复证明”“循环证明”等突出问题。

住所（经营场所）集群注册登记　年内，市行政审批局发布《泰州市市场主体集群注册登记管理办法》，在许庄数字科技创业园完成全市首个集群登记，并率先在政府网站进行许庄街道永进路218号许庄数字科技创业园集群注册地址公示，年内在该地址办理集群登记市场主体160余户。

“一业一证”改革　常态化开展“一业一证”审批工作，对医疗器械、文化等25个行业的审批事项进行业务整合，把一个行业准入涉及的多个许可证整合为行业许可证，解决企业“准入不准营”问题。全年办理行业综合许可证113件，主要涉及医疗器械公司、网吧、歌舞娱乐场所等领域。

【行政审批监管】　2023年，区行政审批局会同区党工委（区委）编办、区司法局梳理区级行政许可事项清单，形成涉及23个部门190项行政许可事项清单，在区政府网站向社会公布，明晰行政许可权力边界，规范行政许可运行和自由裁量权，实现“一张清单管到底、清单之外无审批”。11月9日，在全市率先制定出台关于防范市场主体恶意退出联动工作实施意见，依托“信息共享、系统预警”，对涉案市场主体注销、变更登记行为进行限制，堵住市场主体恶意退出的漏洞。强化涉审中介服务规范化管理，完善行政审批中介服务事项动态管理机制，印发《泰州医药高新区（高港区）行政审批中介服务事项清单（2023年版）》，涵盖发改、住建、卫健、应急等10个部门64项中介服务事项，明确中介服务事项名称、关联事项、设定依据、收费标准等信息。推广泰州市网上中介服务超市，累计引导入驻环评、测绘、规划设计等中介机构200余个，发布公告1687条。联合区纪（工）委制定《规范行政审批中介服务管理联席会议制度》、“规范行政审批中介服务工作任务分解表”等，组织召开全区规范行政审批中介服务管理工作动员部署会暨第一次联席会议，明确规范中介管理工作方向、职责分工，细化任务清单、时间节点。

【项目审批服务】　2023年，区行政审批局升级“项目吹哨、部门报到”工作机制，完善限时响应、联合调度、市区联动、政企交流、逆向考核五项举措，推行“多对一”政策辅导、方案联合预审、“拿地即开工”等服务模式，开辟以区分管负责人、部门负责人、新签约及重点企业为主体的“吹哨报到”线上互动平台。全年累计办理“吹哨”事项49件，召开项目专题推进会、咨询会、协调会等80余次，协调解决难点、堵点问题400余件。相关经验做法被新华网、中共江苏省委新闻网、《泰州日报》等主流媒体宣传报道，被《江苏政务服务管理通讯（第6期）》刊登推广。持续优化“店小二”专业化服务，健全覆盖市级8个部门、区级29个部门及5大园区共计133名专员的三位一体“店小二”服务体系。组织招商引资、项目服务一线人员开展专题业务培训，助推“店小二”团队实现由“专科”到“全科”的业务转变，从“跑腿”到“智囊”的角色升级。全年累计服务新老项目80余个，惠及江苏瑞科生物技术股份有限公司、江苏中慧元通生物科技股份有限公司、江苏国瑞汽车部件有限公司等企业。

【数字政务建设】　2023年，区行政审批局优化升级区级政务服务旗舰

市、区政务服务中心

区行政审批局 供图

店，新增办件统计、好差评统计和政务服务地图功能，强化旗舰店适老化和无障碍功能，实现主体分类快捷办、高频事项一站办、专题服务方便办。依托“苏服办”App，新增高频事项办理要素展示功能，方便企业群众“指尖查询”。在凤凰街道投放全市首台政务服务自助终端。年内，自助终端在全区12个镇街实现全覆盖，涵盖63项高频事项自助办理、查询打印功能，支持“苏服码”扫码办理。在线下窗口端，依托综合受理平台，实现预约服务、分类叫号、综合受理、自助办理、互动评价等数字应用。综合受理平台可办理区级政务服务事项400余项，月均受理量1万余件。11月，区行政审批局创新开发政务服务“便利码”，在区级政务服务中心及各镇街便民服务中心同步推广。全年实现食品经营许可、食品生产许可、文化（网吧、KTV、演出）、药品等政务服务事项100%“全程网办”，将前期登记中发现的全程电子化自动生成的股东会决议等文书不齐全、不完善等问题向上级反馈，通过补交材料、补扫档案的办法进行优化解决。

【基层政务服务体系建设】 2023年，区行政审批局围绕政务服务标准化、规范化、便利化，推进区、镇（街道）、村（社区）三级政务服务体系建设。全区12个便民服务中心及149个村（社区）便民服务站参照《江苏省便民服务中心标准化指标》评价内容，规范窗口设置，完善便民服务设施。个体户登记、食品经营、社保登记、医保登记等政务服务事项下沉至便民服务中心办理。推动基层政务数字化建设，“政银合作”营业网点、政务服务一体化自助终端覆盖全区12个镇街，建成村级“政银合作”金融服务站30个。聘请“政务服务体验员”18人。

【政府采购】 2023年，区公共资源交易中心完成集采项目18件，采购预算合计3755.56万元，实际采购金额合计3462.66万元，节约资金292.9万元，资金节约率7.8%。

（蔡 君）

机关事务服务管理

【概况】 2023年，区机关事务服务中心建设区级“公物仓”，统筹集中办公区办公用房资源，加强公务用车管理。做好中国（泰州）国际医药博览会、“健康中国”发展大会以及市、区两会等重大活动服务保障近10次。做好视频会议联网调试和技术保障工作，全年共保障视频会议150余场次。建成区级机关大食堂，年均保障就餐23.6万人次。区机关事务服务中心获评全省公共机构节能低碳示范单位。

【机关资产管理】 2023年，区机关事务服务中心建设区级“公物仓”，满足重大会议、大型活动、应急保障等临时性资产需求供给保障，并与泰州市机关事务管理局联动，加入

“公物仓”资源系统，扩大资源共享渠道。与财政部门联合制定《区行政事业单位通用资产配置计划管理业务操作规程》，明确国有资产管理和资产调剂审批程序。

【公务用车管理】 2023年，区机关事务服务中心推进公务用车平台融合建设，分类摸排公务出行用车需求，推进“驻点车辆优先、统管车辆应急、租赁车辆补充”保障机制建设，统筹调配车辆保障重大活动、重点项目，缓解公务用车供求矛盾。运用全市公务用车管理“一张网”，推进公务用车保障工作，提升公务用车监管能力和服务水平。

【机关办公用房管理】 2023年，区机关事务服务中心对2个集中办公区办公用房资源统筹考虑、科学分配，最大限度满足相关职能部门集中办公需求。建立健全区党政机关办公用房管理信息系统，实现办公用房“一张网”管理。（朱　慧）

信　访

【概况】 2023年，区信访局共接待到区上访685批、985人次，受理人民来信206件，受理上级交办和领导批示件24件。受理复查案件8件。泰州医药高新区（高港区）获信访高质量考核指标（重点信访事项攻坚化解率）Ⅰ类地区第1名。

【领导干部接访下访】 2023年，区党政领导接访下访176批次，包案领导带队下沉一线研究会办上级交办事项18次。

【网上信访办理】 2023年，全区阳光信访信息系统共受理信访件2012件，及时受理率100%，按期办结率100%，一次性化解率99.1%；网上信访登记1409件，网上信访占比70%，信访标准化率100%。

【信访问题化解】 2023年，全区组织“信访问题源头治理三年行动”和“信访突出问题攻坚化解巩固提升年”行动。区党工委（区委）主要领导带头接访、会商，逐案听取包案领导攻坚情况汇报，提出工作要求，作出专题批示4次。全区有效化解信访积案31件。（王夏年）

对口支援与合作

【与陕西省咸阳市淳化县对口协作】 9月13—15日，泰州医药高新区（高港区）党政代表团到陕西省咸阳市淳化县考察对口协作工作，在淳化县召开对口协作联席会议，为淳化县捐赠对口帮扶资金100万元。6月6—8日，淳化县党政代表团到泰州医药高新区（高港区）参观考察，两地召开对口协作联席会议，签订2023年度对口协作框架协议。全区选派2名党政干部、19名支教支医支农专技人员赴淳化县挂职帮扶。8个镇街（园区）、15个社区、4所学校、2所医院、5个国企、1个社会组织分别与淳化县有关方建立结对帮扶关系。开展“四方双结对、共建示范村”工作，帮助淳化县十里塬村招引项目8个，均建成投产。全年支持淳化县苏陕协作财政援助资金2005万元。其中，省级援助资金1800万元，区、镇援助资金205万元。帮助淳化县向东部地区销售特色农副产品929万元。（高康萌）

【医疗卫生对口支援】 2023年，泰州医药高新区（高港区）选派7名医护人员至淳化县相关医院进行对口支援。淳化县选派10名医务人员到泰州市第三人民医院、泰州市高港中医院进行学习进修培训，提升外科、检验科、临床护理的诊疗能力和管理水平。

（赵亚萍）

政协泰州市高港区委员会

综　述

【概况】 2023年，政协泰州市高港区第六届委员会共有界别19个，包括中共、工商联、无党派人士、工会、共青团、妇联、侨联、台联、文艺、新闻、教育、体育、医药卫生、农业和农村、经济、少数民族、宗教、科技、特邀。区政协委员229人，退出委员6人，增补委员14人。在泰州医药高新区（高港区）的市政协委员有30人。区政协党组有书记1人、党组副书记2人、党组成员5人（不包括书记、副书记）。区政协机关党组有成员5人，其中书记1人。区政协常务委员会有主席1人、副主席5人、秘书长1人、常委31人。区政协有内设机构6个，分别为办公室、提案委、学习文史委、经济城乡建设委、科教文卫体委、社会法制委。全年区政协召开全体会议1次、常委会会议5次、主席会议4次，共讨论通过事宜29项；收到委员提案217件，立案133件，所立提案全部办复，委员满意率和基本满意率100%，表彰优秀提案15件；开展调研5次，形成调研报告5篇；组织议政活动2次，提出意见、建议8条。

（虞　悦）

【文史编研】 2月28日，区政协在刁铺街道挂牌成立全区首个街道文史工作室。3月21日，在泰州市第三高级中学召开文化品牌建设专题调研座谈会。4月，组织部分委员专题视察泰州市扬子江小学长江文化课程馆和学校传承弘扬长江文化活动成果展示，实地考察古济川河入江故道、近代龙窝港口开埠与外轮停靠旧址、木业文化发源地木商街、渡江战役靴子圩战斗遗址等。6—10月，组织无党派界别部分委员、镇街社区干部和文史骨干，到刁铺街道关桥社区、许庄街道蔡庄村、白马镇白马社区和陈家村等地调研传统村落保护与开发利用情况，提出传统村落保护初步设想与建议。12月，编纂出版《泰州市古镇丛书·刁铺》，全书20万余字，插图80幅。

（李文华）

【界别协商】 6月，区政协开展“访界别群众　聚发展合力”专题界别协商议事月活动。工商联、经济、科技和医药卫生界别小组围绕“提振‘四敢’精气神　助力民营经济健康发展”“聚焦绿色环保　助力企业发展”“‘政治引领+政策解读’科技服务助力企业发展”等主题开展协商议事活动，推动企业“敢闯敢为”；中共、文艺、新闻、教育、体育界别小组围绕“助推全区食品安全水平实现新提升”和“应群众所需　护学子中考”开展协商议事活动，回应民众的热切期待；特邀、农业和农村、无党派人士、工会、共青团、妇联、侨联、台联、少数民族、宗教界别小组聚焦基层百姓身边的急难愁盼问题，围绕“社区‘绿改停’”“聚焦村级增收　赋能乡村振兴”“道路换新颜　幸福民生路”“长廊议事会　议出民满意”等开展协商议事，推动以“小切口”撬动“大民生”。

【“有事好商量”协商议事工作】 9月，区政协组织“民生专题协商议事月”活动，累计开展协商议事活动190余场，参与人数约3300人次，政协委员参与680人次，解决民生问题200余个。永安洲镇政协委员活动小组选择“打造放心食堂　守护舌尖安全”作为协商议题，回应广大民众对于食品安全的关切和期待；胡庄镇政协委员活动小组联合区政协农业和农村、经济界别，围绕“推动农业园区发展　促进农民增收致富”开展协商议事，推动实现产业园区发展与富农兴农惠农的相融互促；寺巷街道委员活动小组围绕“‘骑手食堂’——让新业态新就业群体吃出幸福滋味”建言献策；白马镇政协委员活动小组联合区政协工会、共青团、妇联、少数民族、宗教、侨联、台联界别小组围绕“民族团结一家亲　同心共育石榴籽”开展协商议事活动；明珠街道、凤凰街道、沿江街道、刁铺街道、大泗镇政协委员活动小组紧盯群众关键小事，围绕“沿河步道改造升级”“加装电梯‘阻车’报警器”“便民停车”“增设小型充电桩”“地下车库跑沙”等，组织开展协商议事活动。口岸街道政协委员活动小组将“推动信访积案化解　惠及民生增进福祉”纳入协商议题，推动矛盾纠纷化解在基层。野徐镇和许庄街道政协委员活动小组围绕“流动摊点整治”开展协商，探究如何实现“摊贩要生存”“城市要管理”“经济要发展”的三方共赢。

【“政协委员工作日”活动】 2023年，区政协分别于3月、6月、9月、12月组织开展“政协委员工作日”活动。通过调研视察、座谈走访等形式，宣传中共二十大、习近平总书记系列重要讲话精神和全国、省、市、区两会精神，帮助村（社区）理清工作思路，听取基层群众对政协工作的建议。结合协商文化“五进”活动、挂钩扶贫、党员服务等，开展实地走访，征集群众意见诉求，反映社情民意信息。围绕群众急难愁盼问题，组织委员开展“有事好商量”协商议事活动，助力基层社区治理。以社情民意信息等形式，向区委、区政府反映建议11条。到镇（街道）、村（社区）开展“送服务、送政策、送健康”下乡镇、进社区志愿服务活动。组织慰问贫困群众，参与爱心募捐活动。

【交流联谊活动】 2023年，区政协接待到区内考察的省政协调研组以及浙江、山东、河北、四川、江西、宁夏、西藏、新疆等省（自治区）政协单位28批次。做好省政协“营造加快科技型中小微企业成长的环境”“助力民营经济健康发展、高质量发展”“加强金融创新　提高服务实体经济能力”等调研活动的组织、接待工作。配合市政协在泰州医药高新区（高港区）开展协商文化培育展示点观摩推进会、重点提案《关于乘势而上推进原料药产业集聚发展》的调研督办，开展“知名人士看泰州”和“助力民营经济健康发展、高质量发展”“走近委员”等专题调研活动。（虞　悦）

重要会议

【区政协六届二次会议】 1月1—3日，区政协六届二次会议召开。应到委员229人，实到200人。会议听取并讨论区党工委（区委）主要负责人的讲话；听取并审议区政协主席所作的常委会工作报告和区政协副主席所作的提案工作情况报告；列席区六届人大二次会议，听取并讨论政府工作报告。区管委会（区政府）主要负责人等区领导到会听取委员大会发言，4名副区长对委员发言作出回应。会议选举袁斌为区政协六届委员会副主席，许立新、周昌军为区政协六届委员会常务委员。会议表彰2022年度政协工作优秀镇（街道）、优秀政协委员和区政协六届一次会议以来优秀提案，通过区政协六届二次会议决议。

2023年6月12日，口岸街道政协委员活动小组开展“政协委员工作日”活动　　口岸街道　供图

【区政协常委会会议】 2023年，区政协共召开常委会会议5次。

六届五次常委会会议　1月1日召开。区党工委（区委）组织部部长冯海镛到会作政协人事安排的说明，对区政协副主席候选人及监票人建议名单进行协商讨论。

六届六次常委会会议　1月3日召开。听取各界别活动小组讨论情况汇报，通过区政协六届委员会副主席候选人以及监票人名单。

六届七次常委会会议　3月21日召开。传达学习中共二十届二中全会精神、习近平总书记近期重要讲话和全国两会精神，通过委员调整、人事任免、2022年区政协社情民意信息工作先进集体和先进个人名单。

六届八次常委会会议　5月18日召开。传达学习习近平总书记近期重要讲话，省委书记信长星到泰州调研讲话，以及全市政协信息工作会议精神；解读《关于培育协商文化更好发挥专门协商机构作用的实施意见》《关于在全区政协系统大兴调查研究的实施方案》。4名政协委员围绕相关协商文化培育展示点建设作表态发言。

六届九次常委会会议　12月22日召开。协商讨论《政府工作报告》（征求意见稿）；听取区发展改革委关于2024年民生实事项目安排，以及高港区人民法院、高港区人民检察院工作情况通报；开展提案办理“一通报一述职双评议”，听取区党政办关于区政协六届二次会议以来提案办理情况通报、相关承办单位对提案办理情况的述职，并开展协商，对重点提案办理质量和撰写质量进行双向评议。

【区政协主席会议】 2023年，区政协共召开主席会议4次。

六届七次主席会议 2月15日召开。传达学习习近平总书记在中共中央政治局第二次集体学习时的重要讲话、在学习贯彻中共二十大精神研讨班开班式上的重要讲话精神，省政协主席张义珍在省政协十二届二十三次常委会会议结束时的讲话精神，以及十四届省纪委三次全会、六届市纪委三次全会、六届区纪委三次全会精神；听取区政协机关党组2022年度工作情况汇报；协商讨论区政协2023年工作要点和2023年度重点协商议题建议方案。

六届八次主席会议 3月21日召开。会议传达学习中共二十届二中全会精神、习近平总书记近期重要讲话和全国两会精神，通过委员调整、人事任免、2022年区政协社情民意信息工作先进集体和先进个人名单建议方案。

六届九次主席会议 5月18日召开。通过《关于培育协商文化更好发挥专门协商机构作用的实施意见》《关于在全区政协系统大兴调查研究的实施方案》。通过区政协六届八次常委会会议暨协商文化培育展示点建设工作专题推进会建议方案。

六届十次主席会议 12月22日召开。传达学习市政协协商文化培育展示点观摩推进暨全市政协工作座谈会精神；听取区政协各专委会相关调研监督情况汇报；讨论通过区政协《关于充分发挥中共党员委员先锋模范作用的意见》《常务委员履职报告制度》《中共党员常委履职建言点评实施办法》《关于发挥提案监督在政协民主监督中的重要作用实施意见》，以及区政协六届九次常委会会议建议方案。（季 京）

协商议政

【委员议政】 7月14日，区政协组织6名区政协委员与区发展改革委、工业和科技创新局、住房和城乡建设局、行政审批局、市场监管局、自然资源和规划分局、税务局召开进一步打造“近悦远来、令人向往”的营商环境专题协商议政会。建议精准施策，进一步营造公平竞争的市场环境；简政放权，进一步营造高效便捷的政务环境；创新举措，进一步营造保障有力的要素环境；加强监管，进一步营造公开透明的法治环境。

【专题调研】 5—6月，区政协围绕“加强和改进人民信访工作”开展专题调研，形成《关于我区加强和改进人民信访工作情况的调研报告》。建议构建多元联动机制；充实专业调解力量，建立信访代言人制度。

6—7月，区政协围绕“提高职业教育办学水平，助力地方产业发展”开展专题调研，形成《关于提高职业教育办学水平 助力地方产业发展的调研报告》。建议坚持统筹谋划，促进职业教育优质发展；聚焦内涵发展，增强职业教育办学活力；深化校企合作，赋力职业教育发展动能；加大支持力度，打造职业教育良好生态。

8—10月，区政协围绕“推进城管体制改革，大力提升城市管理水平”开展专题调研，形成《关于推进城管体制改革、大力提升城市管理水平的调研报告》。建议理顺城市管理体制机制，实现各自为政向高效协同转变；创新城市管理方法手段，实现简单粗放向科学精细转变；着力解决城市管理“顽疾”，实现突击整治向常态长效转变。

9—10月，区政协围绕农民增收工作情况开展专题调研，形成《关于健全完善农民增收长效机制的调研报告》。建议强化就业创业扶持机制，推动两业稳收；完善现代农业发展机制，推动经营创收；建立农民财产增收机制，推动改革增收；创新支农惠农保障机制，推动转移保收。

9—10月，区政协围绕教育“双减”政策落实情况开展专题调研，形成《关于教育“双减”政策落实情况的视察调研报告》。建议加强宣传引导，坚定“双减”工作信心；深化教学改革，不断提升校内教育；加大监管力度，持续规范校外培训。

9—10月，区政协围绕“健全完善民生实事推进机制 高质量抓好民生项目建设”开展专题调研，形成《健全完善民生实事推进机制 高质量抓好民生项目建设调研报告》。建议建立项目来源的问需于民机制，建立科学高效的协调推进机制，建立稳定多元的民生投入机制，建立灵活务实的政策完善机制，建立严格透明的激励约束机制，健全全方位的巡查督查机制，完善管理养护的长效机制，建立民生实事的责任追究制度。

10—11月，区政协围绕“深入挖掘红色文化内涵，赋能文旅融合高质量发展”开展专题调研，形成《“深入挖掘红色文化内涵，赋能文旅融合高质量发展”调研报告》。建议突出规划先行，促进融合发展；深挖文化内涵，放大品牌效应；完善配套建设，优化服务供给；多方合力赋能，强化保障支持。（虞 悦）

民主监督

【提案工作】 2023年，区政协共收到提案217件，经审查立案133件。至年末，提案全部办理结束，委员满意率100%。已经解决和已被采纳的108件，占81.2%；列入计划逐步解决的22件，占16.6%；尚不具备落实条件的3件，占2.2%。

2023年高港区政协优秀提案一览表

表11

提案号	提案人	案　由
2362008	工商联界别	构建区域微循环生态圈　促进民营经济融合发展
2362009	文新教体界别	加强红色资源保护利用　传承弘扬我区红色文化
2362011	永安洲镇政协委员活动小组	加强医养结合　让老年人有“医”靠
2362012	沿江街道政协委员活动小组	加强安置小区管理　提升居民生活品质
2362018	凤凰街道政协委员活动小组张卫、窦克祥	完善公共体育设施　促进群众性体育运动蓬勃发展
2362020	胡庄镇政协委员活动小组	推动高港现代农业示范园区提档升级
2362041	李　苹	让海军大道多一点“海军味道”
2362048	吉园、翟云、沈建、蔡晶、侯明敏	聚焦特色产业发展　谱写乡村振兴新篇章
2362054	宋凌翔	进一步支持国有企业改革发展
2362077	吴爱军	加大医疗器械企业扶持力度
2362097	李　敏、戚秀兰、周叶年、李志峰	务实“双减”行动构建良好教育生态
2362106	姚　静	加快推进企业“智改数转”
2362109	袁　翔	加快疫苗级白油研产销进程
2362120	姚娟妹	加大区域科技创新人才的培塑力度
2362129	令狐昌黎	推进医药园区生物医药产业创新发展

（戚斐斐）

【社情民意信息】 2023年，区政协共收集社情民意信息389件，向市政协整理编报215件。其中，被全国政协采用4件，省政协采用20件，市政协采用28件；获省领导批示1件。总积分在全市各市、区政协中名列第一，被市政协评为信息工作一等奖。区政协被市政协评为反映社情民意信息工作先进单位，2人被市政协办公室评为反映社情民意信息工作先进个人。区政协提案委、永安洲镇政协委员活动小组等8个单位被评为区政协反映社情民意信息工作先进集体，18人被评为区政协反映社情民意信息工作先进个人。（周昌军）

【监督工作】 5月下旬，区政协围绕省委、省政府推进经济运行率先整体好转一揽子政策措施落实情况，与省、市政协开展三级联动民主监督活动。通过走访部门企业、组织座谈交流、听取情况介绍、广泛征求意见等形式，针对存在的问题提出整改建议8条。区政协对全区宗教活动场所和教职人员管理开展民主监督。建议完善工作机制，构建宗教工作齐抓共管格局；坚持厉行法治，提高宗教工作依法履职水平；强化方向引领，推动宗教中国化方向行稳致远；加强监督指导，筑牢宗教工作安全生产防线；突出队伍建设，注重教职人员队伍健康传承。

（杨　鼎　朱　娟）

政协自身建设

【政协党的建设】 1月中旬，区政协召开党组和机关党组民主生活会。开展主题教育，构建“政协党组+机关党组+党支部+党员个人”的推进落实机制。制定出台《关于充分发挥中共党员委员先锋模范作用的意见》《关于进一步加强和改进区政协机关作风建设的意见》《中共党员常委履职建言点评实施办法》《常务委员履职报告制度》，推动党员委员担当履职。党组班子成员深入开展“四下基层”活动，指导基层协商，化解信访问题，推进民生项目。区政协党组全体班子成员为政协干部讲专题党课，带动全体政协干部“学思想、强党性、重实践、建新功”。在南京大学举办委员履职能力提升培训班，加强政治理论和政协业务学习。联合海安市政协开展2期主题党日活动。

【政协宣传】 2023年，区政协在《人民政协报》、人民政协网用稿45篇次。在省级以上媒体用稿119篇。4月，人民政协网、《中国日报》等16个央媒专题到泰州医药高新区

2023年8月11日，区政协开展“共护长江美 ‘协’手一起来”长江大保护协商议事活动　　沿江街道　供图

（高港区）集中采访界别协商工作，发表宣传稿件17篇。《丰富履职内涵　培育协商文化　打造富有地方特色和政协活力的协商工作机制》《基层政协视域中的协商文化培育工作》等理论调研文章被《江苏政协》《泰州政协》刊发。2个基层协商案例被省政协评定为全省典型案例。编发《高港协商好故事》《协商文化培育展示点案例汇编》《“与委员聊协商文化”工作情况汇编》等画册。《高新新闻》播报政协委员履职活动60余次。区政协“微高港政协”微信公众号发布信息500余条。

【“活力政协”建设】 2023年，区政协联合区党政办制定《关于进一步加强和改进提案工作的意见》，出台《关于发挥提案监督在政协民主监督中的重要作用实施意见》，开展提案工作向政协常委会“一报告一述职双评议”活动。创新“界别+”协商议事机制，打造“界别+企业”“界别+学校”“界别+商会”“界别+社区”等系列协商品牌。围绕“加强和改进人民信访工作”、民生项目建设、农民增收、教育“双减”、城管体制改革等主题，开展调研议政、协商式民主监督等活动。印发《关于开设“智汇政协·创新讲坛”实施“创新突破年”活动的工作方案》，举办讲坛9期。

【“书香政协”建设】 2023年，区政协联合《泰州晚报》“坡子街”栏目开展“书香政协·坡子街”进校园活动，举办全区小学生《满江红》诵读比赛。召开“借协商文化长江文化之力，助推高新高港高质量发展”协商议事会，开展“共护长江美，‘协’手一起来”长江大保护、“深入挖掘红色文化内涵，赋能文旅融合高质量发展”等协商议事活动，参与举办“春起大江潮”国风音乐现场秀。区政协机关被市委宣传部评为2022—2023年度“书香机关”。落实市政协协商文化“五进”要求，打造泰州市扬子江小学、凤凰街道“残疾人之家”等17个协商文化培育展示点。创新开展“与委员聊协商文化”活动近30次，70余名委员参与。新聘2名文化咨询专家，借助专家智慧和资源建设“坡子街老总编会客厅”，集讲好“两高”故事的实践点、社情民意信息的采集点、协商文化的研究点、推动文化产业发展的催化点、扬子江文萃编辑部、口述历史文化工作室等功能于一体。在东皋草堂遗址开展专题座谈，围绕共商共建高港文化品牌开展研讨。牵头建设“王干书屋”，合作打造“人间食单体验馆”。协商共建全国首个“盲人朗读基地”。围绕“泰州城市名片的高港元素”课题，完成“泰州早茶中的高港元素”调研。　　（虞　悦）

纪检监察

综　述

【概况】 2023年，泰州医药高新区（高港区）纪检监察组织共设区纪（工）委监委机关1个、镇（街道）纪（工）委12个、区党工委（区委）巡察办公室1个及巡察组3个、派驻纪检监察组12个。各级纪检监察组织共立案216件。

【六届区纪委第三次全体会议】 2月11日，中共泰州市高港区第六届纪律检查委员会第三次全体会议召开。出席会议的区纪委委员11人，列席会议79人。区纪委常委会主持会议。泰州市政府副市长、党组成员，泰州医药高新区党工委书记、高港区委书记叶冬华出席会议并讲话，要求全区广大党员干部深入学习贯彻中共二十大和二十届中央纪委二次全会精神，以彻底的自我革命精神推进全面从严治党，坚决打赢反腐败斗争攻坚战持久战，不断巩固发展风清气正的政治生态，为在新征程上全面推进中国式现代化高新高港新实践提供坚强政治保证。泰州医药高新区党工委委员、纪工委书记，高港区委常委、区纪委书记、区监委主任顾宝林代表区纪委常委会向大会作题为《深入贯彻党的二十大精神，坚定不移推进全面从严治党，为全面推进中国式现代化高新高港新实践提供坚强保障》的工作报告。会议审议通过全会工作报告和区第六届纪律检查委员会第三次全体会议决议。区四套班子相关负责人参会。

2023年2月11日，中共泰州市高港区第六届纪律检查委员会第三次全体会议召开　区纪（工）委监委　供图

【政治监督】 2023年，区纪（工）委监委紧盯地方政府隐性债务，深入整治投融资领域问题。围绕“四敢”强化监督保障，组织纪检监察干部参加“亲企清政”走访调研，推动营商环境领域基层执法突出问题专项治理，排查问题线索22条、立案18人、督促制定制度32个。深化粮食购销领域腐败问题专项整治，加强对落实政府储备粮专企管理、专库储存、专人保管、专账核算要求的监督检查，推动职能部门持续完善监管体制机制。

【纪检监督】 2023年，区纪（工）委监委深化纪检监察体制改革，完善定期调度、年度述职、考核评价等工作制度，推动派驻机构紧盯综合监督单位职责业务、权力运行关键环节，用好谈心谈话、述责述廉、列席民主生活会等方式，全面了解被监督单位落实政策、履行职责、服务群众等情况。健全“组组”协同监督、“室组”联动监督、“室组地”联合办案机制，实现信息、资源共通共享，增强监督办案合力。派驻机构共立案41件，比上年增长24.2%，办案质效提升明显。

【纪检监察建议整改】2023年，区纪（工）委监委协助做好省纪委监委、市纪委监委纪检监察建议整改工作，制定整改方案，分别明确3个方面25条和3个方面17条整改措施，开展违规收送烟酒等礼品礼金问题专项治理，以及规范工资津贴补贴专项监督，督促各地各部门整改销号，取得阶段性成效。

［区纪（工）委监委］

监督执纪

【概况】2023年，区纪（工）委监委查处群众身边腐败和不正之风问题26件28人，通报典型问题3期12起15人。查处违反中央八项规定精神问题79件83人，涉及科级干部37人，通报曝光典型问题8期27起。

【日常监督】2023年，全区纪检监察组织运用"四种形态"批评教育帮助和处理316人次，第一、二、三、四种形态分别占27.2%、61.7%、4.4%、6.7%。强化对"一把手"和领导班子监督，制发"三色清风卡"100张，涉及科级干部28人。

【专项治理】2023年，区纪（工）委监委重点围绕营商环境、政府工程、困难群体救助等5个领域开展专项治理。其中，深入整治国有企业实施政府工程领域突出问题，对2021—2023年辖区内17个国企实施的347个政府投资项目进行逐一过堂，累计向相关单位制发纪检监察建议4份、"三色清风卡"12张，推动国资系统出台完善制度7项、细化优化流程5项，经验材料被省纪委专刊推介。选取惠民资金管理"小切口"，深入推进乡村振兴领域突出问题专项整治，累计制发纪律检查建议3份，推动制度完善11个，经验材料被市纪委专刊推介。

【纪信联动专项监督】2023年，全区各纪检监察组织共收接各类信访举报207件次，信访总量和检举控告类信访举报实现"双下降"。会同信访部门开展纪信联动专项监督，推动化解信访矛盾103件，16件群众反映强烈问题得到妥善解决，办结率和满意率均为100%。

［区纪（工）委监委］

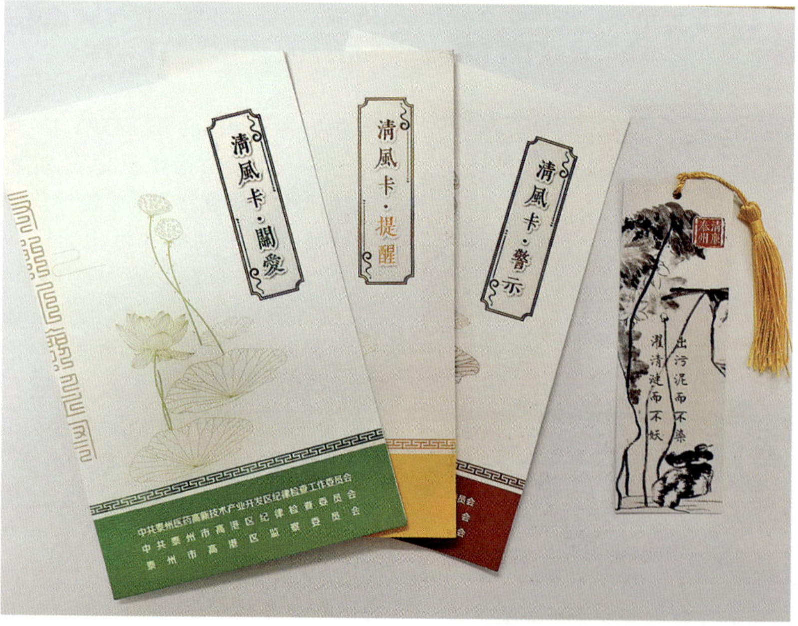

三色清风卡　　区纪（工）委监委　供图

审查调查

【概况】2023年，全区纪检监察组织共立案216件。其中，涉及乡科级干部42件，涉及县处级干部5件，给予党纪政务处分224人，采取留置措施9人，移送司法机关处理7人，挽回直接经济损失3042万元。

【重点领域反腐】2023年，区纪（工）委监委严肃查处泰州港经济开发区系列腐败案件，严惩华某某、戴某某、陈某等。紧盯国企领域，聚焦违规投融资、违规借款和违规提供担保等方面，严肃查处靠企吃企、关联交易、利益输送等问题，立案28件，采取留置措施1人。加大对行贿行为惩治力度，全区共立案审查调查行贿人员7人。

【以案促改】2023年，区纪（工）委监委深入推进重点行业领域突出问题系统治理，共制发纪检监察建议31份，推动健全制度72个，其中区纪（工）委监委本级向泰州港经济开发区、区农业农村局等11个单位发放纪检监察建议，督促落实责任、深化整改。开展重点典型案件"一案四检视"，推动2个案发单位查找并整改问题3个。

［区纪（工）委监委］

党风廉政建设

【"两个责任"落实】2023年，区纪（工）委监委督促各级党组织和纪检监察组织制定2023年履责"三张清单"，聚焦选人用人导向、干事创业氛围、"一岗双责"落实、执行财经纪律等方面，完善清单明责、制度传责、常态督责、从严问责工作机制。全年精准实施问责党员干部16人、问责党组织1个。落实领导干部

2023年3月30日，泰州市“板桥竹风”廉洁文化成果展示暨故事宣讲会在泰州医药高新区（高港区）举办 区纪（工）委监委 供图

“双考双反”制度，向1个全面从严治党测评情况一般的党组织、10名“一岗双责”和廉洁自律测评情况排名靠后的领导干部发放“提醒卡”。

【作风建设】 2023年，区纪（工）委监委深化“四风”源头治理，制发《关于进一步加强“四风”问题执纪问责的通知》，印发12类88条负面清单，让党员干部时刻照“镜子”、正“衣冠”。开展财经纪律专项整治，下发整改通知书21份，查处违反财经纪律问题55个。构建“日常监督+专项整治”“1+3”工作模式，以日常监督为基础，深入实施违规旅游、违规吃喝和违规租车3个专项治理。

【廉洁文化建设】 2023年，区纪（工）委监委协助区党工委（区委）召开党员干部警示教育大会，制作播放警示教育片《覆鉴警醒　重构生态》，分层分类开展警示教育，受众近1万人次。打造“清新高新”廉洁文化品牌，推出一批廉洁文化精品，3部作品在全国大赛中获奖，7篇稿件被中央纪委国家监委网站、《中国纪检监察报》刊载。开展“5·10我要廉”系列活动，举办泰州市“板桥竹风”廉洁文化成果展示暨故事宣讲会、全区处级以上干部“亲语连廉”清风讲堂、妙语“廉”珠清风脱口秀大赛。 ［区纪（工）委监委］

巡视巡察

【省委巡视】 4月17日—6月28日，省委第十一巡视组对泰州市高港区（泰州医药高新技术产业开发区）开展常规巡视，并于10月11日进行反馈。泰州医药高新区（高港区）针对巡视反馈的5个方面38项问题，研究制定整改措施170条。选调精干力量组建巡视整改工作专班，发挥综合协调和督促检查作用。组成整改日常监督小组，对整改牵头单位、责任单位整改落实情况逐一督查。

【巡察监督】 2023年，泰州医药高新区（高港区）组织开展六届区委第三轮、第四轮巡察，各派出3个巡察组，对11个单位（部门）及6个村（社区）党组织开展常规巡察，发现问题511个，移交涉及党员干部问题线索56件。六届区委第五轮巡察于12月初完成进驻，对4个镇及下辖32个村（社区）开展巡察。

【督促整改】 2023年，泰州医药高新区（高港区）深化“双交办双点评”工作机制，巡察反馈时同步开展“双交办”，实行“当面交办、签字交责”，领导小组、相关分管区领导、巡察组、被巡察党组织四方共同签订《巡察整改“双交办”签收单》，层层压实责任，传导压力。对五届区委第十二轮和六届区委第一轮被巡察党组织整改质效进行全面督查复核，形成督查报告及问题清单，推动区党工委（区委常委会）对巡察整改落实情况进行“双点评”。［区党工委（区委）巡察办］

民主党派　群众团体

民主党派

【概况】 2023年，全区有民主党派成员486人。其中，民革75人，民盟78人，民建97人，民进18人，农工党156人，致公党13人，九三学社49人。全区共有民主党派基层委员会4个，分别为民革泰州医药高新区（高港区）基层委员会、民盟泰州医药高新区（高港区）基层委员会、民建泰州医药高新区（高港区）基层委员会、农工党泰州医药高新区（高港区）基层委员会；有支部4个，分别为民进泰州医药高新区（高港区）支部、致公党泰州医药高新区（高港区）支部、九三学社高港支社、九三学社泰州医药高新区支社。

【民革泰州医药高新区（高港区）基层委员会】 2023年，民革泰州医药高新区（高港区）基层委员会下设民革泰州医药高新区（高港区）一、二、三、四、五支部，共有党员75人。其中，市政协委员2人；区政协委员10人，包括政协常委3人。新发展党员8人。全年撰写社情民意5篇、政协提案12篇，2名党员获评区优秀政协委员。《聚焦特色产业发展　谱写乡村振兴新篇章》被评为区政协优秀提案。3名党员获区政府嘉奖。

【民盟泰州医药高新区（高港区）基层委员会】 2023年，民盟泰州医药高新区（高港区）基层委员会成立，共有盟员78人。其中，市人大代表2人，市政协委员5人（含常委3人），区人大代表1人，区政协委员10人（含常委2人）。新发展盟员9人。开展“凝心铸魂强根基、团结奋进新征程”主题教育，组织盟员参观中国人民解放军海军诞生地纪念馆、泰州海军舰艇文化园等爱国主义教育基地。联合泰州医药城实验小学和南京中医药大学翰林学院开展“劳动实践植百草，中医文化‘种’心田”中草药种植“特色党务”活动和“上一堂行走的中医药课”暨“岐黄薪火校园行”活动。2名盟员获评高港区优秀政协委员，《推进医药园区生物医药产业创新发展》《完善公共体育设施　促进群众性体育运动蓬勃发展》被评为区政协优秀提案。

【民建泰州医药高新区（高港区）基层委员会】 2023年，民建泰州医药高新区（高港区）基层委员会共有会员97人。其中，市、区政协委员20人，区人大代表1人。新发展会员11人。开展“凝心铸魂强根基、团结奋进新征程”主题教育，基层委三支部到南昌市与民建江西省直工贸总支部、民建江西省女企业家支部开展共建活动；分别与民建晋城市委会市直三支部、民建兰州市城关区综合一支部、民建甘肃省委会直属科创支部签订结对共建友好支部合作协议。基层委二支部与民建泰兴基层委员会四支部结对合作共建。组织全国各地民建会员企业家40余人参加“寻商机谋合作促发展——各地民建企业家走进泰州互动交流会”活动。

【民进泰州医药高新区（高港区）支部】 2023年，民进泰州医药高新区（高港支部）共有会员18人，其中区政协委员2人。新发展会员2人。开展“不忘合作初心，继续携手前进”主题教育，开展民进读书心得交流会。开展政协界别活动1次、“有事好商量”社区活动3次，定期到挂靠村（社区）与群众座谈交流。撰写提案《关于我区老年教育的建议》《关于兴办市民夜校　增强就业技能　提高文化素质的建议》。

【农工党泰州医药高新区（高港区）基层委员会】 2023年，农工党泰州医药高新区（高港区）基层委员会有党员156人。其中，全国人大代表1人，市政协委员3人、区政协委员4人。组织党员参加农工党泰州市委组织的活动，到江阴农工党党史教育基地开展主题教育。参加市政协农工党界别“履职为民助发展——建言我市老年医疗和康复护理水平建设”协商议事活动。党员企业江苏康为世纪生物科技股份有限公司向贵州捐赠价值250万元的直肠癌免费早期筛查项目和30万元现金。

【致公党泰州医药高新区（高港区）支部】 2023年，致公党泰州医药高新区（高港区）支部共有党员13人，其中市、区政协委员共3人。组织开展“同心高新”暨学生主题科普研学活动、“同心高新”暨“担教育使命　育时代新人　绘强国蓝图”素质教育展演活动。

【九三学社高港支社】 2023年，九三学社高港支社共有社员26人。其中，市人大代表1人、区人大常委会委员1人，区政协委员5人。社员提出《规范农村土地经营权流转　扎实推进农业现代化》《凝聚多方合力　实质化开展“全链条”诉源治理“一站式”多元解纷工作》《有效遏制帮助信息网络犯罪行为》等提案。报送《建立大数据平台筑牢民生资金监管“防火墙”》《九三学社反映劳动仲裁程序运行不畅》《九三学社反映“隐性加班”现象频发侵犯劳动者合法权益》等提案。

【九三学社泰州医药高新区支社】 2023年，九三学社泰州医药高新区支社共有社员23人。其中，市人大代表1人、区人大代表1人，区政协委员2人。组织社员学习中共二十大精神和习近平总书记对江苏工作重要讲话重要指示精神，参加九三学社泰州市委调研和信息工作座谈会。

（徐永强　陈　群）

区总工会

【概况】 2023年，全区新增独立工会76个，入会职工2920人。至年末，累计建立工会组织862个。其中，独立企业工会606个，系统、直属单位工会41个，村（社区）联合工会92个，村（社区）独立工会104个，行业（产业）工会联合会4个，园区、镇（街道）总工会、工会工作委员会15个。创成省模范职工之家4个。打造非公企业党工活动阵地建设典型7个。“学习强国”学习平台、《新华日报》、《工人日报》、《江苏工人报》等媒体报道区工会工作信息100余篇。“泰高新职工之家”公众号发布信息525条。

【工会组织建设】 2023年，区总工会推进“县级工会加强年”专项工作，探索区域性工会组织建设，出台《关于试点建立“邻企共建　社企互融”基层工会组织建设工作机制的实施意见》，试点建立“邻企共建　社企互融”基层工会组织建设工作机制，推动工会组织建设和服务向小微企业、新业态、个体工商户、商圈等领域延伸，覆盖灵活就业劳动者、新就业形态劳动者等不同群体。依托“邻企共享职工之家”，设立职工书屋、康乃馨服务站等区域共享职工活动阵地。打造非公企业党工活动阵地建设典型7个。实施工会“领创项目”和“履职积分制”。

【先进推介】 2023年，区总工会开展劳模工匠、五一劳动奖、最美职工等先进典型选树活动。推荐评出全国五一劳动奖状1个；省五一劳动奖章2人、省五一劳动奖状1个，省工人先锋号3个；市五一劳动奖章10人、市五一劳动奖状3个，市工人先锋号9个。评出区五一劳动奖章30人、区五一劳动奖状10个，区工人先锋号30个，区“大江风华　最美职工”10人、区“大江风华　最美职工”提名奖10人。

【职工思想政治建设】 2023年，区总工会推动中共二十大精神进企业、进车间、进学校、进网络，共组织活动25场，覆盖职工近1万人次。开展“工学二十大　奋进新征程”宣讲活动6场。开展“职工阅·悦职工”读书品牌活动35场。

【职工技能培训】 2023年，区总工会举办药物制剂工、电工、焊工、网约车驾驶员等10余个工种技能比武活动，500余名职工参赛。3个“工匠学院”和教学点常态化运行，举办技能培训班30余场，累计培训1200余人次。落实产业工人赋能成长激励政策，兑付奖补资金80余万元。

【职工文化】 2023年，区总工会举办青年人才交友活动、亲子活动、企业职工趣味运动会等文体活动，全区150余个企业的500余名职工参加。各基层工会举办游泳比赛、篮球比赛、趣味运动会等文体活动20余场次。免费向基层工会赠送书籍4500余册，赠阅《工人日报》《江苏工人报》等报纸杂志1970余份。

【职工权益维护】 职工劳动保护　常态化推进“安康杯”竞赛。开展应急演练活动10余场，开展普法及工会劳动法律监督“四季行”活动20余场次，发放普法书籍2200余册、宣传资料1500余份，接待咨询近300人次。在全区创新实施劳动保护“三亮三必讲”民主管理工作，在全区评选劳动保护“三亮三必讲”民主管理示范企业6个、优秀案例10个。相关工作经验入选全国总工会《劳动保护工作经验汇编》。举办劳动争议调解实践操作技能比武大赛，模拟企业职工、工会主席角色，根据给定的劳动争议案例依次进行现场调解。

女职工权益保护　组织2000余名女职工免费体检或“两癌”筛查。新建和升级打造女职工康乃馨服务站3个。

“幸福企业”建设　在全区开展“幸福企业”建设试点，建成省级“幸福企业”示范单位1个、试点单位1个，市级“幸福企业”3个，区星级“幸福企业”16个。

“一点回忆”劳动者驿站　　区总工会　供图

“一点回忆”劳动者驿站　完成24个智能化“一点回忆”劳动者驿站运营升级。建设驿站“云平台”，实现对驿站湿度、温度、灯光、空调、人流量检测等智能化管理，相关工作被《工人日报》头版刊登。泰州市以泰州医药高新区（高港区）驿站建设为样板，在全国率先出台发布《“智能化户外劳动者驿站”建设规范》地方标准。拉萨市、苏州市、淮安市、扬州市等地总工会先后学习观摩区驿站建设。

【职工帮扶】 2023年，区总工会开展“春送岗位”活动，发布用工岗位600余个。开展夏季“三送”活动，筹集资金60余万元，送出“清凉大礼包”6000余份。开展“金秋助学”活动，向25名贫困学子发放助学金共计13万元。开展“送温暖”活动，对23户困难职工家庭实施精准帮扶，为困难群体、新就业群体赠送“冬日暖心礼包”300余份。“阳光互助互济”为职工报销医疗费用、大病救助及慰问共计11.9万元。推出“巾帼情·绘爱心·助成长”职工子女暑期公益课堂。

【工资集体协商】 2023年，区总工会首创“能级工资”表述被写入《江苏省集体协商条例》，以法规形式规范实施。至年末，全区在100余个企业建立“能级工资”集体协商机制，近2万名职工享受到“能级工资”集体协商红利。华威特（江苏）生物制药有限公司举办女职工专项“能级工资”集体协商观摩会，协商通过《华威特（江苏）生物制药有限公司女职工“能级工资”专项集体合同》。

【“揭榜挂帅”工作机制】 2023年，区总工会继续推进职工“揭榜挂帅”机制，帮助企业破解技术难题。自2021年推进该机制至2023年，发出榜单100余个，涵盖需要解决的各类技改难题170余项，有600余名职工或其领衔的团队揭榜，产生各类创新成果和发明创造140余项，产生经济效益近2亿元。“揭榜挂帅”工作经验被2023年第5期《新时代江苏产业工人队伍建设改革联席会专报》推介。“揭榜挂帅”工作经验视频获评全国“五小”课堂展播课程第1名。　（韩　菁）

团区委

【概况】 2023年，全区新发展团员920人，团员总数11425人。有基层团（工）委26个，团总支84个，团支部1590个，团干部2603人。有各级少先队组织621个，少先队员25612人。

【团队组织建设】 2023年，团区委落实“双积双评”积分入团规定，新发展团员920人。其中，学校领域900人，社会领域20人。推动毕业生团员学社衔接工作，完成转接团员1325人。举办全区基层团干部培训班，覆盖全区所有直属团组织负责人、村（社区）团干部、“两新”团组织书记。新增社会领域团组织77个。推进团（总）支部对标定级工作，通过支部自评、上级考评、团工委抽查，对全区1336个团（总）支部进行对标定级。新增“青年之家”1个，累计建成“青年之家”22个。全区各中小学校实现“分批入队”“红领巾争章”工作全覆盖。永安洲镇团委被评为江苏省五四红旗团委（团工委），寺巷街道社区卫生服务中心口腔执业助理医师叶惠璐被评为江苏省优秀共青团员，凤凰街道团工委书记汤宸被评为江苏省优秀共青团干部。1个集体被评为泰州市五四红旗团委，5个集体被评为泰州市五四红旗团支部（总支），11名团员被评为泰州市优秀共青团员，6名团干部被评为泰州市优秀共青团干部，5名团支部书记获评泰州市优秀团干部——团支部书记专项奖项。

【青少年思想教育】 2023年，团区委面向广大团员和青年开展学习贯彻习近平新时代中国特色社会主义思想主题教育，围绕团员和青年“铸牢对党忠诚、坚定理想信念、发扬斗争精神、勇于挺膺担当”主题教育目标任务，推进理论学习、交流研讨、实践体验、建功立业等各项工作落细落实。开展示范性学习交流活动7场，组织线上+线下专题组织生活会培训2次。开展专题团课1591次，示范性理论宣讲25场，永安洲镇“强国复兴有我”主题宣讲、野徐镇“动员青春力量赋能基层治理”宣讲等获江苏卫视、“交汇点”新闻等省级媒体报道，相关工作做法获《光明日报》和《江苏共青团》杂志重点推介。在中国人民解放军海军诞生地纪念馆、泰州海军舰艇文化园等红色教育基地和“长江之歌”青年学习社，采取实践体验、志愿讲解、展示交流等方式开展国情教育、形势政策教育20余场。3名中学生获评江苏省“最美中学生”，1名中职生获评江苏省“最美职校生”；11名中学生获评泰州市“最美中学生”，2名中职生获评泰州市“最美职校生”。

【服务青年人才】 2023年，团区委推动辖区1个养殖大户与“青禾”科技志愿服务队结对。新增“新农菁英”人才库36人。开展“青耘中国·春耕希望”直播助农活动。开展青年文明号、青年岗位能手、青年安全生产示范、青年突击队创建，1人获评2022年江苏省青年岗位能手。开展“青商·茶会”“青商·行业谈”活动，以互访促情谊、以交流促发展。摸排更新“青候鸟”人才库，在库学子2074人。实施“寒暑期社会实践”“社区有我　青春报到”等活动，开发就业见习和志愿服务岗位620个，300余名大学生参加社会实践。泰州医药高新区（高港区）街区商圈青工委联合五大街区商圈开展活动14场。

【青年志愿服务】 2023年，团区委牵头开展“濯清高新”活动，累计开展线下活动16次，2000人次参加。开展青仔公益暑托班，送课16场，覆盖青少年300余人。开展梦想小屋慰问活动，对116户困境儿童进行走访慰问。举办“学习青年榜样　道德常驻心田”青年志愿者骨干培训大会，累计覆盖志愿者200余人次。将“七彩志愿社区行”“社区青春行动”“河小青”等活动有机结合，覆盖75个社区，引导大学生在基层治理、生态环保等方面贡献青春力量。与泰州职业技术学院、南京中医药大学泰州校区、苏州大学结对成立“志青春”青年志愿服务校地合作联盟，推动驻区高校周边5千米范围内或公共交通车程30分钟范围内的5个镇街、48个社区，分别与高校学院团组织、班级团支部结对，推动高校辐射范围外的3个镇街、16个社区与班级团支部结对，覆盖率达100%。开展中医护理、宣教志愿服务活动，“应急救护，救在我身边”技能培训公益活动，青春助老志愿服务，“内在成长”童心坊志愿服务，红色青骑兵、诵读学传理论宣讲，暑托班，寒暑期社会实践，文明城市创建等，全年共有1600名大学生参与。

2023年4月8—9日，团区委联合生物医药产业园区举办“濯清高新”杯·青春正当“虹”3V3篮球赛　团区委　供图

【青少年权益维护】 2023年，团区委与高港区人民法院联合开展“七色花”护蕾专项行动，举办活动10余场。联合教育、公检法等部门开展青少年法治公开课进校园活动50余场，组织法治公开课进暑托班30余场，服务覆盖青少年近2000人次。联合永安洲镇制作防诈微视频，获得“学习强国”学习平台首页推荐。组织中小学生参加自我保护情景剧大赛，作品《奔向阳光》获江苏省二等奖，团区委获省优秀组织奖。江苏省高港中等专业学校在第六届泰州市中学中职模拟法庭大赛中获金奖。累计建成青年人才驿站4个，分别为华宿公寓、瑞贝庭酒店、丽枫酒店、海燕金陵国际大酒店，设床位数120个，为到泰州医药高新区（高港区）面试的高校毕业生提供入住服务，累计服务青年人才200余天。结合高校招聘季、泰州日等活动拓宽服务面，依托“泰州高新发布”“高新先锋”“团聚高港”“泰州高新新闻”微信平台广泛宣传。全区青年人才驿站获江苏卫视《新闻360》、“我的泰州”App等媒体专题报道，并被《中国共青团》杂志、《江苏共青团》杂志、新华网多次宣传。　（王小琦）

区妇联

【概况】 2023年，全区有园区、镇街妇联15个，村（社区）妇联145个，机关事业单位妇联23个，基层妇联干部183人，巾帼网格员462人。新兴领域妇联组织40个，妇女微家59个。

【泰州市高港区妇女第五次代表大会】 1月13日，泰州市高港区妇女第五次

代表大会在CMC国际会议中心召开，198名妇女代表参会。泰州市政府副市长、党组成员，泰州医药高新区党工委书记、高港区委书记叶冬华出席开幕式并讲话。他强调，全区各级妇联组织和广大妇女要深入学习贯彻中共二十大精神和习近平总书记关于妇女事业发展的重要指示批示，主动适应时代要求、自觉站在发展前沿，以不逊男儿、不让须眉的豪迈气概奋力书写新时代的巾帼风尚。泰州市妇联党组书记、主席黄海燕到会祝贺并讲话，区领导丁志强、葛立网、薛永忠、冯海镛、吴苏凌出席会议。会议听取和审议陈思代表高港区妇联第四届执行委员会所作的题为《砥砺深耕绽芳华，奋楫笃行向未来，为全面推进中国式现代化高新高港新实践贡献巾帼力量》的工作报告。区妇联第五届执行委员会第一次会议选举产生区妇联新一届领导班子，陈思当选为主席，5人当选为副主席，5人当选为常委。

【妇联组织建设】2023年，区妇联深化实施“领头雁”培训计划，举办基层妇联干部能力提升暨村（社区）女书记联盟赋能培训班，培训基层妇联干部100人。实施“‘执’她力量　巾帼建新功”行动，推动妇联执委落实执委履职清单，申领服务项目22个。新建区人力资源服务行业、韦思艺术等新兴领域妇联组织3个。组织“巾帼暖‘新’”关爱服务、新时代·新女性素质提升研修班等各类培训18场。野徐镇、永安洲镇、白马镇、大泗镇、刁铺街道、许庄街道、寺巷街道分别召开妇女代表大会。

【妇女思想引领】2023年，区妇联开展“巾帼心向党”系列主题活动，组织“跟党奋进新征程　巾帼建功新时代”中共二十大精神宣讲42场，覆盖群众4000人次。深化三八红旗手（集体）薪火传承行动，建成省级示范工作室2个，新获评省三八红旗手1人。开展“奋斗的你最美”“悦时光”等新时代女性风采展示专栏20期。开展“争做巾帼好网民”主题宣传活动，2个作品在第五届江苏女性融媒体创意大赛中获奖。围绕关爱“一老一小”推出特色服务项目16个，服务3000余人次。

【巾帼建功活动】2023年，区妇联联合区人才办推出《医药高新区（高港区）关于支持科技创新巾帼行动的若干措施》，启动科技女性和科研项目寻访活动，成立女性科技工作者科创孵化基地1个，打造巾帼科创工作联络站6个。实施“361‘新’芳菲媄才服务计划”，开展女性与知识产权、“芳菲媄才健康行”等特色暖心活动30场，惠及科技女性1900余人次。创成全国巾帼文明岗1个，省、市级巾帼示范基地3个，美丽家园省级示范点2个，市级泰美小园示范带2个。成立村（社区）女书记（主任）联盟，常态化开展“头雁领航”赋能活动。打造“壹城·壹心”等市级巾帼家政服务实训基地5个，累计开展家政技能提升培训5期，培育妇女335人次。联合泰州职业技术学院实施“共育她梦想　建功新时代”巾帼主播赋能培训项目，2个女大学生创业就业实践基地获得省级表彰。

【关爱妇女儿童】2023年，区妇联开展“学习新修法　共护‘她’权益”“幸福高新　典亮生活”“双护课堂”等各类普法维权活动112场，发放宣传资料1万余份。帮扶家庭14户，定期开展心理疏导、家教指导、暖心陪伴等服务598次。全年为579户困境妇女儿童、家庭送去慰问金和物资计35.54万元。

【家庭文明建设】2023年，区妇联选树最美家庭典型100余户，3户家庭被评为全国、省最美家庭。开展“最美家庭联盟”公益行活动，成立镇（街道）“最美家庭联盟志愿服务队”，打造“最美家庭”工作室11个。举办首届家庭文化节，开展“我们的节日”家庭文明建设活动，吸引1万余人参与。成立区级家教指导服务中心，组建区级专家智库，设立家庭教育联席会议制度。举办社区家庭教育优质课程评选大赛，开展“你点单·我送课”科学家教进社区活动16场，受益家长1200余人次。开展“好风传家”家庭助廉活动，启动“芳菲高新·家庭成

2023年5月15日，泰州医药高新区（高港区）举办“共育文明新家庭　共享健康新生活”首届家庭文化节活动

区妇联　供图

长计划”，举办“美好一家　共品书香”、“传承好家风　建设美家庭”、“510”廉洁家风风筝绘画展等主题活动近30场，招募聘任“文明礼仪小天使”。（陈　媛）

区科协

【概况】 2023年，全区有区级科技学会组织26个、园区科协5个、镇街科协11个、村（社区）科普协会145个、企业科协249个，中国科技志愿网注册志愿者2400人。区科协被中科协评为2023年全国科普日活动优秀组织单位，弘扬科学家精神科普体验行活动被评为2023年全国科普日优秀活动。泰州市太湖路小学曹伊宁发明的“‘米字’视力保护器”入选江苏省“培源奖”，并获全国青少年科技创新大赛二等奖，其个人获评第九届泰州市青少年科技创新市长奖。

【科协基层组织建设】 2023年，区科协在大泗镇打造全省科协系统“四长”科技服务示范工作室。组织开展基层科协“四长”能力提升专题培训，新增国有企业科协8个。组织动员科协系统“四长”围绕产业发展、民生事业开展调查研究、建言献策活动。与江苏省创新战略研究院等高端科技智库深化合作，围绕生物医药、高端装备制造、化学新材料、电子信息、智能物流等重点产业集聚创新发展实际，形成2篇调研报告，得到区领导批示。承办全区领导干部“格物讲堂”活动1次，特邀南通大学顾晓松院士作报告。

【科技服务】 2023年，区科协推动“科创江苏”试点建设，举办“科创江苏”试点建设创新发展大会，促成4个“会园”合作、8个“会企”合作，王广基、卢锡城、顾晓松等11名院士、专家到泰州医药高新区（高港区）开展调研指导、主题报告等活动7次。举办“凤鸣高新”科技沙龙活动，为扬子江药业集团、泰州蕾灵百奥生物科技有限公司等企业科技工作者85人次搭建学术交流平台。举办科技工作者创新方法专题培训班，组织参加省、市创新方法大赛，全年获批“凤城英才”青年科技人才托举工程资助项目4个。与日本华侨华人博士协会等海外科技社团联合开展海智专家园区企业行系列活动，被省科协列为2023年度全省海智活动重点资助项目，并被省科协评为2023年度优秀省级海智工作基地。

2023年11月10日，“科创江苏”泰州医药高新区（高港区）试点建设创新发展大会召开　（区科协　供图）

【科普惠民工程】 5月25日，中国流动科技馆泰州医药高新区（高港区）站开馆，在全市率先建成并投入使用，累计接待社会公众和青少年参观体验近1万人次。承办全市科普宣传周启动仪式暨主场活动，以及全市青少年科技模型大赛、青少年机器人大赛等，牵头组织开展“全国科普日”系列活动。在野徐镇仲联社区、口岸街道口岸社区建设“一南一北”科普驿站。新增市级科普教育基地2个、“科普惠农”工坊3个。组织开展科学家精神宣讲进校园、科普报告进校园等系列活动，举办青少年科技创新大赛、“金钥匙”科技竞赛，选拔优秀作品、优秀选手参加市赛、省赛。新增青少年科学教育特色学校3个、优秀科技社团2个。（居裕强）

区侨联

【概况】 2023年，全区有华侨、华人230余人（不含侨二代、侨三代），主要分布在北美、欧洲、东亚、南亚、大洋洲等地区，侨眷属700余人。侨资企业43个。年内，区侨联被评为全市侨联系统先进单位和信息宣传工作先进单位。

【泰州市高港区第三次归侨侨眷代表大会】 12月15日，泰州市高港区第三次归侨侨眷代表大会召开，全区60名归侨侨眷代表参会。泰州市政府副市长、党组成员，泰州医药高新区党工委书记、高港区委书记叶冬华出席会议并讲话。他强调，要凝聚侨心、维护侨益，在促进和谐上展示新作为；要汇集侨智、发挥侨力，在助推发展上作出新贡献；要创新侨务、夯实侨基，在自身建设上取得新进步。泰州市侨联党组书记、主席吉江平到会祝贺并讲话。大会审议并通过区侨联第二届委员会工作报告，选举产生区侨联第三届委员会委员，区总工会代表各群团组织向大会致贺词。会议还表彰侨务工作先进个人和侨界先进个人。区侨联三届一次全会选举产生区侨联第三届委员会主席1人、挂职副主席1人、兼职副主席2人、兼职秘书长1人，丁丽当选为主席。

【侨联基层组织建设】 2023年，区侨联联合区党工委（区委）统战工作领导小组，加强与公安、司法、外事等部门协同联系，建立完善海外侨务工作协调机制。建立区、园区（镇街）、村（社区）侨联工作三级网格，全区15个园区（镇街）、146个村（社区）实现基层侨务工作网络全覆盖。建立基层侨情信息直报、审核、确认、反馈制度体系，并列入镇街工作年度考核重要内容。在泰州市人力资源服务产业园重点打造集展示、会议、休闲、健身于一体的侨务综合阵地，建成全区第5个“侨胞之家”，打造“‘泰为侨’引才引智服务基地”。口岸街道新城社区“侨胞之家”被评为江苏省侨联支持侨心书苑建设单位。设立区涉侨纠纷调解室、为侨法律服务中心，围绕出入境办理、法律咨询、投融资政策等实际需求，组建13支志愿服务团队。

【侨界服务】 2023年，区侨联开展联络联谊活动，利用新媒体建立“侨胞之家”“海外留学生见闻”等微信群。举办“四季有约”人才汇、海外人才“两高”行、“圆梦高新”创咖会、人才之夜篝火晚会、海外青年人才“双创”沙龙、爱国侨领纪录片观影等活动。推进“侨爱有家”品牌建设，组织开展全省“苏侨同心·发展同行”侨商侨企大走访大调研活动和全区“亲企清政”走访调研，为侨界人士解决急难愁盼问题。发动社会各界爱心人士和侨资企业参与公益助学活动，组织开展慰问20余人次，累计捐赠物资50余万元。组织开展参观交流研讨活动，聘请4名嘉宾担任“华创苑”招商大使。承办“侨连五洲·相约江苏”2023海外江苏侨团联谊高新高港站活动，邀请38个国家和地区的海外侨领走进泰州医药高新区（高港区），拓展海外重点资源。打造“同心”侨务工作品牌，制作“侨小萌”系列视频，经验做法在全省侨联系统宣传推广。成立工作专班，收集评估、采访推介有影响力的侨界人士，泰州医药高新区（高港区）侨界人士被央媒专题推介2人次、省媒专题推介4人次。全年被“江苏省侨联”网站等省级平台宣传19次，被“泰州市侨联”微信公众号等市级平台宣传34次。 （张　文）

区工商联

【概况】 2023年，区工商联下辖商会20个。其中，镇商会6个，街道商会5个，园区商会2个，行业商会2个，异地商会5个。共有工商联会员1859人。其中，企业会员1820人，个人会员39人。区工商联被全国工商联评为民营企业劳动关系监测调查工作示范基层单位，连续6年获评全国“五好”工商联。被中华工商时报社评为全省构建民营经济舆论阵地先进单位，被省工商联评为江苏省民营企业调查点工作先进单位。获2023年度全市工商联综合考核一等奖。

【商会组织建设】 2023年，区工商联与安哥拉江苏商会、湖北省江苏商会、乌鲁木齐泰兴商会缔结为友好商会。许庄商会获评全国“四好”商会；口岸商会获评江苏省“四好”商会；许庄商会和泰州市绳网吊索具行业协会获评江苏省构建民营经济舆论阵地先进商会。3月29日，泰州市高港区工商业联合会（总商会）六届四次全体执行委员会会议召开，选举增（替）补8人为区工商联（总商会）第六届执行委员。年内，5个会员企业被认定为五星级幸福民企，12个会员企业被认定为四星级幸福民企。

【会员参政议政】 2023年，区工商联改进提案和社情民意信息工作，构建“界别+商会”协商议事工作体系，开展“政协委员工作日”活动。工商联界别政协委员撰写提案、社情民意24条，其中《构建区域微循环生态圈　促进民营经济融合发展》《完善公共体育设施　促进群众性体育运动蓬勃发展》《务实“双减”行动构建良好教育生态》被区政协评为优秀提案，9名工商联界别政协委员被评为区优秀政协委员。

【思想政治教育】 2023年，区工商联发挥扬子江学堂和泰州海军舰艇文化园2个泰州市民营经济人士理想信念教育基地作用，常态化开展政治理论和路线方针政策学习。组织20余名企业家代表参加南通张謇企业家学院培训班活动。到苏州开展“相约苏州　携手发展”苏泰两地企业家交流活动。聚焦大健康产业，与省、市有关部门党支部签订共建协议书，形成省、市、区联合党建格局。在学习贯彻习近平新时代中国特色社会主义思想主题教育、庆祝中华全国工商联成立70周年期间，开展理想信念报告团进商会、进企业活动。选送音诗画节目《白马庙与大海》参演“文化赋能　实干笃行”泰州市民营企业文艺节目展演。13名会员入选“高新好人”榜。

【服务企业】 2023年，区工商联建立常态化走访服务机制，在全区重点企业先后开展“亲企清政”“企业敢干”“基层突出问题大起底”专题走访，精准对接企业需求。全年累计走访企业127个，解决问题5个，反馈各类问题26个。举办“精益管理之数字化转型”“老板财税风险与利润管控”企业家沙龙活动。在许庄商会成立全市工商联商会系统首个仲裁服务中心。联合邮储银行高港支行打造“工商联云”平台。联合泰州医药高新区人民法院、市知识产权保护中心协同组建高港区总商会知识产权服务中心。联合泰州仲裁委在全市工商联系统率先开展“仲裁服务、与企同行，仲裁进商会”活动。联合高港区人民检察院、区应急管理局、区住房城乡建设局开展“安全生产月”检察开放日活动。联合区市场监管局举办企业家座谈会。

【光彩事业】 2023年，区工商联组织民营经济人士参与光彩事业，共投入50余万元。开展“迎新春、送温暖”困难家庭慰问、企业职工子女暑期关爱等各类公益活动。完成东西部扶贫协作对口帮扶计划，年内向陕西淳化县投入帮扶资金25万元。（严　菲）

区文联

【文联组织】 2023年，区文联有书法家协会、作家协会、摄影家协会、诗词楹联协会、音乐舞蹈家协会、老年书画协会、美术家协会、古琴文化协会8个协会，会员552人。其中，书法家协会58人，国家级会员2人，省级会员6人，市级会员20人；作家协会59人，省级会员3人，市级会员6人；诗词楹联协会60人，国家级会员23人，省级会员5人，市级会员16人；摄影家协会53人，国家级会员2人，省级会员8人，市级会员26人；音乐舞蹈家协会124人，国家级会员1人，省级会员3人，市级会员8人；老年书画协会58人，省级会员5人，市级会员10人；美术家协会75人，省级会员9人，市级会员31人；古琴文化协会65人，国家级会员2人，省级会员1人，市级会员6人。

【文艺作品】 2023年，祁秋实的作品《喜迎开海系列三》入选新疆美术家协会“伟大的征程”——宣传贯彻中共二十大精神美术作品主题展，作品《朝阳初升》入选江苏省文联、江苏省美术家协会第四届青年油画展，作品《梦想启程——雕花楼》入选首届共青团江苏省委新文艺青年骨干交流营暨第三届苏州青年艺术节。隋东的作品入选“抱石风骨”——中国美术家协会、江苏省文化和旅游厅、中国文联美术艺术中心第二届中国画双年展，另有作品入选中国国家画院第八届全国画院美术作品展。万周刚的作品《故园往事》《幕雨远来舟》分别入选“江山如此多娇”全国山水画作品展、第四届江苏省山水画作品展。李俊的作品《迷失的家园》入选中国美术家协会“雨花满天——2022工笔画作品展”。吴进贵的作品入选2023年全国青年书法家提名展。吴振中的作品《法魂筑忠诚》获江苏省法院建院70周年书画作品征集评选书法类二等奖。徐元祥、高小超的作品分别获得“墨韵绘新篇　光影展新貌”第四届江苏省老年书画摄影展三等奖。吴益公的作品获“墨韵绘新篇　光影展新貌”第四届江苏省老年书画摄影展优秀奖。周新的长篇小说《筑梦记》由江苏凤凰文艺出版社出版。顾天玺的作品《时光养老院》入围首届中国“昆仑英雄”征文作品，作品《尖锋》获“最江南”主题网络文学作品征文大赛优秀奖，入选“江苏网络文学十年，五十部最具影视改编价值榜单”，入藏上海浦东图书馆。杨明的作品《日晷》获泰州市第六届稻河文学奖小说奖。王双武获第三届“贾岛杯”全球华人诗词大赛优秀奖。宗文、李源的舞蹈《凤仪水城》获市新创文艺节目二等奖，吴怡、郁文韬的歌伴舞《寻梦水天堂》获市新创文艺节目二等奖，合唱《领航》《敕勒川》晋级江苏省五星工程奖。（杨　盟）

区残联

【概况】 2023年，全区有持证残疾人13369人。其中，视力残疾1546人，听力残疾1169人，言语残疾105人，肢体残疾7118人，智力残疾1365人，精神残疾1165人，多重残疾901人。有镇（街道）残联12个。

【助残活动】 2023年，区残联开展助残“三进三送”活动。机关党员入户走访帮扶困难残疾人家庭。走访未安置残疾人企业25个，收集残疾人就业岗位信息15条。引导扬子江药业集团到儿童康复中心送爱心捐款8万元、捐物5万元。

【残疾人就业】 2023年，全区净增残疾人就业146人，实名制培训157人。组织残疾人参加“创响江苏”春风行动、“把握当夏　职在高新”夏季综合招聘活动。落实自主创业和个体就业补贴等扶持政策，补贴金额20.16万元。

【残疾人托养】 2023年，全区新增托养84人，共覆盖161人。新运行明珠街道、寺巷街道“残疾人之家”，试运行沿江街道“残疾人之家”，镇街“残疾人之家”实现全覆盖。凤凰街道“残疾人之家”链接政协资源，探索协商文化助残惠残培育新路径。督促寄宿制和居家托养服务运营单位规范安全管理、拓展服务内容、提升服务质量。残疾人护理补贴实现城乡一体化目标。

【残疾人康复服务】 2023年，区残联对有康复需求的残疾人做到“发

2023年6月2日，区残联在口岸街道新城社区开展“全国助残日”政策宣传活动　（区残联　供图）

现一例、救助一例”，精准康复服务率100%。为257名残疾儿童办理康复训练审批及转介手续。发放残疾人辅助器具230余件。为23名符合条件的对象提供白内障免费复明手术。为60名困难精神残疾人提供免费送药服务。

【残疾人文体活动】 2023年，区残联选拔26人参加市残联组织的趣味运动会等体育竞技项目。选拔1名残疾人工作者参加全国残疾人社会体育指导员系列培训班，选拔4名优秀残疾人文艺人才向省残联报送。组织参加市残联举办的文学、书法书画培训班3场。组织120余名残疾人和残疾人工作者参加“全国残疾人文化周”系列活动。

【残疾人社会保障】 2023年，区残联实施“圆梦行动”项目，向残疾人发放太阳能热水器14台、32寸电视机47台、双缸洗衣机3台、全自动洗衣机29台、电风扇4台、电饭煲19台、微波炉33台、电冰箱58台。实施“助学行动”项目，为74名进入高中、大中专教育阶段的残疾学生和残疾人子女提供就学资助。实施99公益“助残帮困”项目，共募捐资金38万元。举办“微心愿”活动，为169名区内康复机构儿童购买学习用品、体育用品、玩具等；实施“阳光学子”项目，帮助9名残疾人家庭子女获评省“阳光学子”。实施“阳光书屋”项目，向12个助残机构捐赠各类书籍1800余本。实施“爱心捐赠”项目，累计接收床上四件套489套、衣物（含运动鞋）200件、年夜饭15份，共惠及600余名残疾人及2个助残机构。

（张慧文）

区红十字会

【概况】 2023年，泰州医药高新区（高港区）有红十字基层组织55个，红十字会会员10727人，其中青少年会员9059人，注册志愿者582人。区红十字会完成换届工作。区红十字会捐赠收入417.18万元、支出430.36万元。在《中国红十字报》用稿14篇，省红十字会网站用稿243篇，市级以上媒体用稿26篇。组织开展青少年红十字工作、公益性应急救护培训，健全红十字救援体系。组织开展助困、助医、助学活动。组织开展爱心献血、造血干细胞捐献和红十字志愿服务活动。胡庄镇、泰州市第三人民医院获评全省红十字会基层组织工作先进集体。全区共有红十字博爱家园12个。野徐镇康居社区红十字博爱家园获评2023年省优秀博爱家园、市五星级红十字博爱家园。1人获评江苏省优秀红十字志愿者。

【泰州市高港区红十字会第三次会员代表大会】 1月10日，泰州市高港区红十字会第三次会员代表大会召开，124名会员代表参会。泰州市政府副市长、党组成员，泰州医药高新区党工委书记、高港区委书记叶冬华出席会议并讲话。他强调，要深入学习宣传贯彻中共二十大精神，严格按照中央和省、市关于群团改革的总体部署要求，大力推进改革创新，为奋力推动大健康产业高质量发展，推进中国式现代化高新高港新实践汇聚人道力量、积攒博爱情怀、展现奉献风采。泰州市红十字会党组书记、常务副会长张纯到会祝贺并讲话。区领导丁志强、葛立网、薛永忠、卢洁、孙达妮出席会议。会议听取并审议区红十字会第二届理事会工作报告，选举产生区红十字会第三届理事会理事49人、第三届监事会监事3人。区红十字会第三届理事会第一次会议选举产生第三届理事会会长1人、常务副会长1人、副会长1人、兼职副会长7人和常务理事5人；选举产生第三届监事会监事长1人。孙达妮当选为会长，成旭当选为常务副会长，陈鸿斌当选为监事长。聘请叶冬华、丁志强担任名誉会长。

【区红十字会捐赠收支】 2023年，区红十字会捐赠款物收入417.18万元。其中，“博爱万人捐”捐款85.57万元，“高港区馨语爱心服务队”志愿者定向助学款6.12万元，广州润泽公司红十字助学金7.93万元，白血病人定向捐款1.49万元，定向捐赠医疗设备、家电、工作站48.02万元，“5·8”人道公益日网络筹资项目12.78万元，“99公益日”网络筹资项目8.28万元，省红十字会拨2022年“博爱光明行”项目二期经费0.9万元，市红十字会补助野徐镇康居社区五星级博爱家园经费5万元，其他项目捐物241.09万元。捐款支出430.36万元。其中，助困支出50.93万元，助学支出25.75万元，援疆项目“红十字应急救护培训”资金支出5万元，“红十字博爱心理健康服务项目”资金支出5万元，支援对口帮扶陕西省淳化县4所学校心语室项目支出15万元，定向捐赠医疗设备、家电、工作站支出48.02万元，救援队装备及物资支出3.89万元，“5·8”人道公益日AED项目支出12.83万元，“99公益日”“高港区博爱光明行”项目支出4.99万元，市红十字会支持五星级博爱家园野徐镇康居社区经费支出5万元，省红十字会拨2022年博爱光明行项目二期经费支出0.9万元，“99公益日”AED项目支出11.96万元，其他项目捐物支出241.09万元。

【红十字青少年工作】 2023年，泰州市许庄初级中学被评为省红十字示范学校，泰州市扬子江小学为第六批泰州市红十字示范学校复查认定学校。泰州市许庄初级中学教师李珺被评为省红十字示范学校创建先进个人。

【红十字应急救援】 2023年，区红十字会强化市、区联动，联合组织市、区红十字防灾减灾综合应急演练。组织骨干队员参加铁人三项亚洲杯赛、全国公开水域游泳系列赛等活动的水域救援保障。参加泰州市社会应急救援力量综合调研演练并接受省应急管理厅、省民政厅、省红十字会观摩。组队参加泰州市红十字系统水域应急救援培训。

2023年8月22日，区红十字会开展“救在身边　校园守护”高一新生应急救护专场培训活动
区红十字会　供图

【公益性应急救护培训】 2023年，区红十字会完成持证培训8895人，普及救护培训5515人。全年开展公益性应急救护培训172次。

【助困活动】 2023年，区红十字会定向救助特困群众6人，支出3.79万元；应急救助53人，支出10.6万元；少儿大病救助4人，支出2.4万元；一助一、“七一”慰问等惠及17人，支出8400元。开展“红十字博爱送万家”活动，救助664人，支出33.2万元。

【助学活动】 2023年，广州润泽公司资助121人次，发放助学款7.32万元。孤儿圆梦助学金救助孤儿20人，发放助学款6万元。“99公益日”馨语助学项目及“高港区馨语爱心服务队”志愿者定向助学款资助学生90人次，发放助学款11.21万元。定向资助大泗镇大学生3人，发放助学款6000元。

【造血干细胞捐献】 2023年，区红十字会完成造血干细胞捐献3例，完成再动员23例，完成高分辨3例，进入体检阶段3例。

【红十字志愿服务】 2023年，区红十字应急救援队结对合作全区12个博爱家园开展志愿服务活动。组织红十字冠名医院、眼科医院到社区开展“博爱送健康”义诊活动。重阳节期间，开展“福满在金秋　最暖是重阳”、“爱心义诊进小区·居民健康有‘医’靠”老年人义诊服务系列活动。完成区机关职工趣味运动会、区“晟纾传媒杯”足球赛等保障工作。组织志愿者开展送爱心年夜饭、“三下乡”志愿服务集市、节假日景区保障等活动。（区红十字会）

法治 军事

政法委与综治工作

【概况】 2023年，泰州医药高新区（高港区）实施治安防控“五联管”模式，建区26年命案全破，扫黑除恶满意率、治安问题解决率、反诈宣传知晓率及高质量考核指标严重精神障碍患者服务管理率均居全市第一。全年一审行政应诉案件未有败诉。公安营商服务创新品牌获评泰州市第16批“骏马奖”。高港区人民检察院在全省率先联合法院、工商联、司法等部门，成立企业合规第三方监督评估机制管理委员会，推动企业合规经营、健康发展。快速办理全市首例建筑企业“涉诉免保”案件，创新举措在中央政法委《长安》杂志刊载。持续建优基层治理“一张网”，网格满意率居全市第一。创新开展“‘枫’景这边独好”——诉源治理“全链条”、矛盾化解“一站式”活动，有效化解各类矛盾纠纷，获评全市政法工作创新一等奖。口岸街道引江社区人民调解委员会获评全国模范人民调解委员会。

（陆正源 贾玄菲）

【平安建设】 2023年，泰州医药高新区（高港区）开展社会治安重点地区和突出问题排查整治。开展文艺演出等集中宣传防范44次，上门宣传反诈3768户，发放宣传手册5000余份，每周五组织全区进行集中巡逻活动，共设定卡点36个，出动警力1000余人次。三季度全区电信网络诈骗比上年下降36.03%，案损下降12.49%。境外滞留人员劝返率达80%。

【扫黑除恶工作】 2023年，泰州医药高新区（高港区）制定《2023年全区扫黑除恶工作要点》，更新常态化扫黑除恶专家人才库，推进教育、金融放贷、市场流通三大行业领域整治工作。全年受理、办结线索4条，接受群众举报来访3批次、6人次，接受群众来电1人次。（唐 晏 秦 涛）

【重大风险防范】 2023年，泰州医药高新区（高港区）召开风险研判会145次，落实定期报告和交办反馈制度。编印简报12期、研判20期、每周研判情况108期。对突出矛盾风险逐一分析研判，确定风险等级，明确部门职责，全程跟踪督导风险隐患的稳控、化解和处置工作。做好农民资金互助社清理清退工作，全区已清退10个，剩余16个，对已“爆雷”并立案的6个合作社开展追赃挽损工作，引入司法程序，严厉打击涉嫌违法犯罪行为。对在业的10个合作社，建立合作社清理清退责任清单，严防区域性金融风险。

（陆正源 贾玄菲）

【区域社会治理现代化】 矛盾纠纷化解 2023年，全区各级各类调解员、司法所干警、律师、基层法律服

大泗镇法治文化园 大泗镇 供图

务工作者、网格员等累计开展矛盾纠纷排查化解900余批次，化解各类社会矛盾纠纷14921件，调处成功率达99.9%。

基层治理创新　打造“一镇一街一品”社会治理创新品牌，构建基层治理新模式。推进社会治理“数字化”建设，打通“泰治理”、“12345”便民热线、“智慧社区”等平台数据壁垒，推动治理平台报送事件集成化、协同化、闭环化处置，畅通居民诉求通道。

基层网格治理　调整网格大小、网格属性，将全区网格优化调整，并按照城乡综合网格“一格一长一员”的要求配备网格长，按照“一格多员”的要求配备微网格联络员。实施网格基础数据“清仓见底”行动，完善网格基础信息实时采集、动态更新、数据共享机制。

（易文君）

便民热线　区“12345”政务服务便民热线受理各类诉求63382件，比上年增长5.37%，办结率100%，其中省“12345”热线3298件。从诉求热点看，集中在城乡建设（14351件）、住房保障（11101件）、民生保障（10830件）、经济综合（8422件）、交通出行（4616件）、环境保护（3787件）、公共安全（3762件）、农林水土（2351件）、科教文旅（853件）等方面。从承办单位看，集中在凤凰街道（8236件）、区住房城乡建设局（6291件）、口岸街道（4885件）、区市场监管局（4438件）、明珠街道（4095件）等单位。全年编发月报11期、周报50期、专报2期。

（李海飞）

【法学会工作】 2023年，泰州医药高新区（高港区）法学会召开第二次会员代表大会，选举产生新一届理事会和领导机构。成立泰州医药高新区（高港区）法学会金融风险防控研究会，是区法学会首个专门研究会。推动涉法涉诉信访案件化解，完成司法救助45件，救助资金47.1万元。共收到法学研究课题34项，对25项课题予以结项。

（王小军）

公　安

【概况】 2023年，泰州市公安局医药高新区分局（高港分局）（简称区公安分局）完成泰州半程马拉松、第十四届中国（泰州）国际医药博览会等重大安保维稳任务52次。破获刑事案件1685件、经济犯罪案件20件，办理各类治安案件9892件。共有43个集体、324人次受到表彰奖励，永安洲派出所获评全省公安机关系列安保维稳工作成绩突出集体，大泗派出所调解室获评全省公调对接工作成绩突出单位，2人立个人二等功，1人获评全省公安机关执法监督管理十佳能手。公安营商服务创新品牌被《公安内参》等推介宣传，并获评泰州市第16批“骏马奖”；“警法融合·三所共治”工作被评为全区创新创优一等奖、省公安厅基层革新三等奖；3个社区警务团队创成全市警务样板团队；2个项目获评全市公安基层革新和科技强警三等奖，4个项目获全市公安党建“双十佳”表彰。

【刑事犯罪侦查】 2023年，区公安分局共立刑事案件3556件，破案1685件，破案率47.38%，抓获刑事作案成员1367人。破获“八类”案件53件，实现“八类”案件连续13年全破、命案保持26年全破。侦破涉网黑恶犯罪案件20件，抓获犯罪嫌疑人104人，扣押赃款100万元。查处各类毒品案件17件，其中涉毒刑事案件5件，抓获涉毒刑事作案成员10人，公诉8人，抓获吸毒人员12人，缴获冰毒、大麻等各类毒品。检查易制毒化学品企业344个次，下发整改通知书20余份，处罚违规危化品企业3个。破获通信网络诈骗案件1672件，抓获犯罪嫌疑人415人，止付134793次，冻结涉案银行卡4923张，冻结涉案资金11324万元，挽回群众经济损失500万元。

【经济犯罪侦查】 2023年，区公安分局破获职务侵占、非法经营、被抽逃出资等经侦犯罪案件20件，抓获犯罪嫌疑人46人，刑拘13人，逮捕8人，公诉43人，涉案金额8450余万元，挽回经济损失5500余万元。侦办非法吸收公众存款案件3件，抓获涉案犯罪嫌疑人12人，刑事拘留1人，公诉10人。

【食品药品环境知识产权犯罪侦查】 2023年，区公安分局抓获各类涉食品、药品、环境、知识产权违法犯罪嫌疑人78人，移诉91人，破获公安部、省厅挂牌督办案件各1件。其中，共查办食品药品类犯罪12件，移送起诉10人；侦办1起非法采矿案，移送起诉14人。破获侵犯知识产权类犯罪案件7件，采取强制措施35人，其中公安部督办的涉外侵犯著作权案1件。

【治安管理】 2023年，区公安分局办理各类治安案件9892件，治安处罚919人，查处刑事案件29件，抓获犯罪嫌疑人243人；查处黄娼赌行政案件54件，查处场所23个，行政处罚185人（单位）；成功侦办“10·20”开设赌场案、“9·1”组织卖淫案等大要案件。全年检查剧毒、易制爆单位700个次，整改隐患240处；开展消防检查6670个次，发现隐患536条，下发责令整改通知书57份；办理非法存储烟花爆竹行政案件1件，办理销售假冒伪劣产品案件1件（烟花爆竹），收缴烟花爆竹1000余件；成功处置战争遗留炮弹、废旧炮弹各1枚，收缴非法枪支3支。

【流动人口管理】 2023年，区公安分局累计采集流动人口18.25万人、出租房屋2.96万户，注销流动人口15.16万人、出租房屋1.78万户，变更流动人口7.28万人、出租房屋2.1万户。

【出入境管理】 2023年，区公安分局受理出国境申请8人次，其中电子护照1人次、港澳通行证申请7人次。共登记常住境外人员512人，其中外国人274人、中国港澳台居民238人。

【网络安全】 2023年，区公安分局破获网络刑事案件26件，抓获违法犯罪嫌疑人85人；办理网络行政案件165件，发送协查172份，勘验各类电子检材923件，出具勘验报告516份。组织对全区重点企事业单位进行网络安全检查，共检查数据中心3个、App运营单位2个、网站备案单位32个、微信小程序9个，有直播平台运营公司2个，排查电子显示屏近1000块，发现易受攻击网络工控系统12个，处罚备案单位8个，督促整改安全隐患42处。

【公安政务服务】 2023年，区公安分局办理大型群众性活动安全许可、金融机构营业场所安防设施方案审批验收、特种行业许可证、易制毒化学品购买等常办行政许可事项7192件，户政业务1445件，答复业务咨询2330件，总办件10967件。牵头制定"爱商护企·四大行动"，完善营商专员服务体系，经验做法获市领导批示肯定，被中国高新网、泰州市政府等主流门户网站和公安内参进行推介，获泰州市第十六批（营商环境专项）"骏马奖"。

【全市首个未成年人"一站式"办案中心】 2023年，区公安分局建成并使用全市公安机关首个未成年人"一站式"办案中心。中心内建有未成年违法犯罪嫌疑人、受害人、证人讯（询）问室、人身检查室等"一站式"取证区域，以及未成年人心理咨询室、法律援助室、关爱帮教室、沟通谈话室等功能室，集权利告知、讯（询）问取证、检查治疗、心理疏导、法律援助、综合帮教等功能于一体，一次性完成调查取证、心理抚慰、关爱帮扶等工作。全年共侦办涉未成年人刑事案件51件，挽回经济损失13万元。

【110接处警】 2023年，区公安分局共接报总警情数52382起。其中，刑事警情3563起，行政警情9716起，交通类警情29起，火灾类警情296起，求助类警情19189起，举报投诉类警情1737起，纠纷类警情13605起，其他非警务类警情4247起。　（刘　然）

区公安分局政务服务窗口　　区公安分局　供图

【道路交通安全管理】 2023年3月，泰州市公安局交通警察支队医药高新区大队与泰州市公安局交通警察支队高港大队合并成立泰州市公安局交通警察支队医药高新区大队（高港大队）。全年累计查处各类交通违法23万起。其中，酒驾醉驾违法行为660起（饮酒436起，醉酒224起），违法超员和违法载人163起，飙车炸街系列违法行为260起，工程运输车各类重点违法行为1228起，处罚多次超载运输企业35个。完成重大文艺赛事活动安全保卫工作5次，周期性安全保卫工作4次，其他各类小型安全保卫活动120余次。

道路交通安全隐患治理　与交通、城管、特警等部门联勤联动，关注"两客一危一货"、渣土车等车辆，以及"三超一疲劳"、酒驾醉驾等违法，分波次开展专项整治行动。共排查出道路交通安全风险隐患1595处，整改1119处，剩余列入整改计划。组织开展"百日整治"，联合市场监管部门检查电动车销售企业53个，查获违规企业50个，查获涉嫌违规车辆50辆。联合住建部门推动小区物业在小区出入口开展文明交通劝导，及时劝阻、纠正交通违法行为。

交通安全宣传　全年在事故发生地开展连续7天的交通安全宣传活动。利用摆放展板、发放宣传画册、宣讲事故案例等方式，向过往群众开展针对性宣传。持续开展"美丽乡村行"巡回宣讲活动。打造泰州市周山河小学"少年警校队"、泰州市口岸小学"少年警校队"，通过体验式宣传，提升老师、学生、家长的安全意识。在15个社区建立农村交通安全示范广播站点，开展"文明交通、你我同行"主题宣传示范活动。　（穆晓明）

交通安全宣传　　　　区交警大队　供图

检　察

·泰州医药高新区人民检察院·

【概况】2023年，泰州医药高新区人民检察院共审查逮捕30件48人，受理公诉114件404人。司法救助28件28人，救助金额38万元。1名干警以总分第三获评全国案件质量评查实训标兵型人才，1名干警获评全省检察机关检务督察业务标兵。微电影《回家》获平安中国“三微”十佳作品奖、全国检察机关微电影十佳作品奖、全省检察机关首届优秀“三微”作品大赛特别奖。

【刑事检察】2023年，泰州医药高新区人民检察院强化刑事诉讼监督，书面纠正侦查活动违法10件、审判活动违法4件，纠正漏捕漏诉7人，监督立案28人，监督撤案8人，抗诉4件。出台《关于诉讼监督线索“零报告”的实施意见》，提升抗诉工作质效。与公安机关会签《食药交易型电信网络诈骗案件提前介入实施办法》《关于健全侦查监督与协作配合机制的工作细则》，规范以销售食品、药品为名实施诈骗案件的提前介入工作。与市医保局会签《关于加强医疗保障领域行刑双向衔接的实施办法》，首次将接受行政处罚作为认罪认罚具结内容。

【民事行政检察】2023年，泰州医药高新区人民检察院开展“刑民交叉”案件虚假诉讼监督、涉农支持起诉、买卖合同纠纷管辖权等专项监督，提出再审检察建议、执行监督检察建议、审查程序违法检察建议19件，全部得到法院采纳。结合诉讼费收取相关规定，制作诉讼费交纳指引，帮助企业精准测算诉讼成本，依法适用减免政策。提出行政检察，发出行政审判活动、执行活动监督检察建议6件。依托行政争议化解护航企业发展，针对某企业受到环境污染行政处罚，主动搭建政企沟通平台，帮助企业减罚免罚以及信用修复。常态化开展反向行刑衔接工作，出台《关于加强行刑反向衔接工作内部协作的意见》，对符合行政处罚条件的不起诉案件，制发反向衔接检察意见40份。

【公益诉讼检察】2023年，泰州医药高新区人民检察院发挥公益诉讼检察职能，在医疗美容、食品安全、老年群体权益保护、地方美食等领域开展公益诉讼监督专项，发出行政诉前检察建议33件，诉前整改率100%。对部分药房通过促销赠送处方药和甲类非处方药的情况，向职能部门发出检察建议，下架宣传标语100余处。编制《药房合规经营提示》，联合职能部门发放，推动近300个药房自主排查整改。开展文物保护领域专项公益调查，走访全市300余处文物保护单位，对发现的保护力度不足、管理不到位等问题发出检察建议6份。

【大健康产业司法保护】9月14日，泰州医药高新区人民检察院与泰州医药高新区人民法院召开第一次大健康护航法检工作会商会。年内，泰州医药高新区人民检察院先后走访泰州市知识产权保护中心、省药监局泰州检查分局、市医保局等部门；9月22日，召开大健康产业法治保护第二次联席会议，与市公安局、市市场监管局、市农业农村局等部门联合出台规范性文件7个。出台《关于充分发挥检察职能护航大健康产业法治化营商环境10条措施》，开展“个十百千”专项活动，制发检察建议书13份，帮助企业防范和化解法律风险。探索涉案药企合规工作，出台《服务扬子江药业集团合规建设工作方案》，助力扬子江药业集团出台《医药企业反商业贿赂合规指引》。打造知识产权综合履职平台，发布知识产权保护白皮书，构建知识产权检察保护联盟。开展农产品地理标志保护专项行动，与职能部门会签文件，提交的报告获市政府主要领导批示肯定。完善医保基金保护大数据平台，依法办理1起持60人医保卡开具慢性病处方药出售牟利达150万元的案件。开展本地美食产业专项护航行动，对生产、销售麻油、黄桥烧饼、猪肉脯、肉渣等特色食品中未落实食品安全法，存在食品原料来源不明、使用过保质期食品原料生产食品、销售过保质期食品等违法行为加强监督，向职能部门制发检察建议。组织开展医疗美容行业整治专项监督，推动职能部门对230余个美容机构开展行业整治，对10个无证机构责令停业整顿、5个违规单位予以行政处罚，被评为全省妇女权益保障领域检察公益诉讼典型案例。

【检察监督】 2023年，泰州医药高新区人民检察院组织开展“影像，让人民与检察更近”“聚焦社会治理，守护人民健康”等检察开放日活动，邀请人大代表、政协委员、网格员等走进检察机关，了解大健康检察职能。探索人大代表、政协委员见证司法办案工作，人大代表、政协委员参加开放式检委会、评议案件、公开听证答复等18人次，6名行政执法机关人员被聘为检察官助理。 （王兆鑫）

·高港区人民检察院·

【概况】 2023年，高港区人民检察院共受理审查逮捕案件100件128人，审查起诉案件670件949人。办理刑事执行案件58件，提出监督意见16次。办理监委移送职务犯罪案件8件8人。办理群众来信来访131件。开展简易听证和上门听证等活动20次。办理虚假诉讼案件6件，办理行政诉讼监督案件61件，发出检察建议37份，实质性化解行政争议38件。办理公益诉讼案件44件，发出诉前检察建议22份。办理“六长出题”相关案件14件。年内，1人获评全国检察机关调研骨干人才，1人获评“江苏最美法治人物”，2人入选全省检察机关人才库，5人获评全市检察机关业务竞赛能手，1件案件入选最高人民检察院典型案例，6件案件获评省人民检察院典型案例，4项工作分别被最高人民检察院、省委办公厅转发。

【刑事检察】 2023年，高港区人民检察院共受理审查逮捕案件100件128人、审查起诉案件670件949人。会同公安机关深化侦查监督与协作配合，办结危险驾驶、交通肇事等简易速裁“小案”396件。检察长列席法院审委会8次，所提意见均被采纳。办理刑事执行案件58件，提出监督意见16次。对判处实刑被告人未及时收押的情况开展监督，与公安、法院、司法等部门召开联席会议，推动26人收押执行。依托社区矫正大数据法律监督模型，实现对社区矫正对象的24小时无缝监管。加强与监察机关办案衔接和配合制约，办理监委移送职务犯罪案件8件8人。从严从快办理上级指定管辖的非法制枪售枪案件17件17人，相关做法被省人民检察院转发。批捕、起诉涉黑涉恶及关联犯罪案件40件68人。稳妥审慎办理各类涉众型集资诈骗、非法吸收公众存款案件11件33人。

2023年12月12日，由省委宣传部组织的“江苏最美人物”发布会在泰州市举行。高港区人民检察院金秋桦（左）当选2023年度“江苏最美法治人物” 区党工委（区委）宣传和统战部 供图

【民事行政检察】 2023年，高港区人民检察院做强民事检察，检察建议采纳率100%。办理虚假诉讼案件6件，针对证人提供虚假证言、捏造证据等违法线索，对5名当事人移送法院分别予以司法处罚。办理行政诉讼监督案件61件，发出检察建议37份，实质性化解行政争议38件。在办理1起申请残疾人证受阻案件中，通过制发检察建议，帮助自闭症儿童成功申办残疾人证，推动明确案涉小区行政事务管辖权属，破解536户“外来户”的社会管理服务属地难题，获评省人民检察院典型案例，被《中国青年报》宣传报道。

【公益诉讼检察】 2023年，高港区人民检察院依法立案办理公益诉讼案件44件，发出诉前检察建议22份。开展“六长出题”专项工作，以“领导出题、检察答题、群众阅卷”为原则，办理相关案件14件。针对某公寓快递服务中心违规收取“服务费”等问题，向职能部门发出检察建议，督促其取消收费、规范经营，帮助3万余名务工青年解除“快递烦恼”，获评省人民检察院典型案例。办理省人民检察院、省生态环境厅联合挂牌督办的工业噪声污染案，制发检察建议、召开磋商会，督促相关职能部门落实噪声污染防治职责，助力涉案公司开展厂房标准化改造。借助“益心为公”志愿者、行政机关工作人员兼任检察官助理等方式，持续办好长江船舶污染治理系列案件，依法督促职能部门统一船舶生活污水检测标准方案、保障船舶污染物转运处置畅通，在全省检察机关长江船舶污染治理专案推进会上作交流发言，相关做法被最高人民检察院《长江船舶污染治理专刊》刊载。

【检察为企服务】 2023年，高港区人民检察院惩治扰乱市场秩序、妨害企业管理等破坏社会主义市场经济秩序犯罪31件51人，依法维护民营企业和民营企业家权益。推进涉案企业合规改革，在全省率先联合法院、工商联、司法等9个部门成立企业合规第三方监督评估机制管理委员会。对企业合规整改全面全程开展监督评估，审慎把握合规尺度。应邀参与涉企行政争议实质性化解。开展“亲企清政”走访服务活动，联动职能部门迅速解决规划建设、消防隐患等生产发展难题。

【检察为民服务】 2023年，高港区人民检察院建立健全未成年人检察综合履职、全面保护工作机制，办理涉未成年人案件56件70人。惩治并举抓好未成年人网络安全保护，高质效办理利用网络游戏“隔空猥亵”女童案。会同职能部门推动全区29所中小学校开展专项法治教育活动40余场次。联合职能部门健全居家养老服务机制、完善上门服务项目、拓宽照护服务范围，获评最高人民检察院“检察为民办实事”典型案例，被中央电视台《今日说法》专题报道。支持农民工、新入职大学生等群体起诉7件，追索劳动报酬7万余元，1件案件获评省人民检察院支持起诉典型案例。救助生活陷入困境的当事人39人，发放救助金67.9万元。开展打击治理电信网络诈骗犯罪“百日行动”，联合公安、法院在全市率先统一办理类案的执法司法标准，批捕、起诉涉缅北等各类电信网络诈骗犯罪案件104件292人，1件案件被省人民检察院评为参考性案例。联合职能部门加强重点行业、重点领域安全生产监管专项整治，被《法治日报》宣传报道。针对小区“群租房”存在不依法登记报备、私拉乱接、违规改造拆分等安全隐患，向职能部门制发检察建议，推动全区整改违规改造出租房屋200余间、完善“群租房”新增登记700余人。

【检察监督】 2023年，区人民检察院主动接受人大监督，履行向人大报告工作的宪法责任，向区人大常委会专题汇报公开听证工作情况，并按照审议意见优化听证机制，开展检察听证工作，提升公开听证成效。常态化向区政协通报检察工作，专题汇报助力营商环境建设情况，听取意见建议。邀请人大代表、政协委员、特约检察员、人民监督员等参与公开答复、案件评查、检察开放日等活动20余次，被《法治日报》《新华日报》宣传报道。主动接受纪委监委监督，支持派驻纪检监察组开展工作。召开检律工作座谈会2次，会同司法行政机关落实审查起诉阶段刑事案件律师辩护全覆盖要求，接待202名律师阅卷、听取意见27次。（孙伦步）

法　院

·泰州医药高新区人民法院·

【概况】 2023年，泰州医药高新区人民法院受理各类案件5908件，办结5402件。其中，受理刑事案件162件，审结156件；受理民商事案件3101件，审结2839件；受理行政案件1315件，审结1175件；受理执行案件1330件，执结1232件。6个集体和24名个人受到区级以上表彰，泰州医药高新区人民法院获评市“扫黄打非”先进集体，1名干警获评全省法院办案标兵。

【刑事审判】 2023年，泰州医药高新区人民法院审结涉食药类刑事案件28件73人，发放禁止令60份；审结知识产权类刑事案件31件49人。审结省扫黄打非办督办的销售侵权复制品案；审结11个诈骗集团或团伙犯罪案件57件185人，判处首要分子或主犯十年以上有期徒刑，判处罚金及追缴违法所得2.5亿元；审结非法行医案件4件4人。

【民商事审判】 2023年，泰州医药高新区人民法院继续推行医患纠纷“诉调对接+诉前鉴定”前端解决机制，医疗损害责任纠纷案件平均审理天数由集中管辖前的281天下降至68天。审结医疗事故案件、侵权类案件75件。审结各类房屋租赁案件18件，涉案金额1.15亿元。审结各类合同纠纷案件535件。审结重点医药企业案件71件，帮助企业挽回经济损失逾3亿元。审结破产案件45件，盘活资产2.1亿元，化解债务15.87亿元。审结企业劳动争议案件141件，审结劳务合同、追索劳动报酬纠纷案件28件，追索劳动报酬74.57万元。审结大健康产业建设工程案件、装饰装修合同纠纷案件38件。

【行政审判】 2023年，泰州医药高新区人民法院审结各类行政案件1156件。其中，行政诉讼961件，行政赔偿50件，非诉行审145件。审结安全生产领域行政处罚案16起。审结涉泰兴市、海陵区等行政协议案件60余件。推行行政诉讼立审衔接和繁简分流新举措，创新行政机关“预先概括同意”机制，简易程序适用率比上年提升130%，工作经验被省法院简报推广，入选全省司法改革典型案例。

【案件执行】 2023年，泰州医药高新区人民法院执结各类案件1961件，执行到位金额1.41亿元。开展涉民生专项执行行动，执结各类民生案件48件，执行到位436.11万元。为72名职工追回薪资290万元。开展现场调查、搜查1100余次，实施罚款、拘留等措施22次。移送办理拒执犯罪线索10条，判决有罪3人。采取向相关部门发送督促履行函、司法建议书等形式实质推进涉执党政机关债务清理工作。在全市率先推行“法院+公证+银行”执行案款公证提存机制，解决执行案款积存难题。与人社部门建立养老保险协作机制，规范养老金执行工作，被省高级人民法院向全省推广。

【诉讼服务】 2023年，泰州医药高新区人民法院新收各类案件5003件，诉前调解立案2282件，发出释明函72次、补正通知12件。接待诉讼当事人3028人次，回复各类诉服留言263条，诉讼服务满意度评价超90%。诉前调解成功1219件，诉前调解纠纷平均办理时长27.78天，诉前调解成功率54.3%，比上年上升5.66个百分点。

【大健康产业案件审判】 2023年，泰州医药高新区人民法院审结大健康产业领域案件1801件。从严制裁11个犯罪团伙冒用健康顾问虚假问诊在线推销减肥药、降压药、保健品的网络诈骗犯罪行为。打击医保诈骗犯罪，追回流失医保基金178万元。严惩危害食品药品安全犯罪和医疗美容行业犯罪，并处高额罚金、适用从业禁止令60次。审结重点医药企业医药销售代理合同、配送垫付责任纠纷19件，涉案金额6000万元。审结医疗损害责任纠纷、安全保障责任纠纷等涉医院各类纠纷，涉案金额1.13亿元。审结里下河地区蟹虾、粮油等涉水产品、农作物、农药农资的各类合同纠纷和侵权纠纷644件。举办食药领域行政执法与刑事司法业务磋商研讨会4次。

【知识产权案件审判】 2023年，泰州医药高新区人民法院审理知识产权刑事案件31件，判决罚金和追缴违法所得191万元，附带民事赔偿691万元。审结知识产权民事案件852件，准确适用民事惩罚性赔偿，共判决支持侵权赔偿4700余万元，作出停止侵权判项202件次。审结制造、销售假冒注册商标标识的跨省团伙系列案，阻断食品类制假售假犯罪的黑色产业链。严厉打击以灌装方式对“五粮液”等品牌酒造假行为。规范和培育“兴化大米”“溱湖簖蟹”等本地农产品地理标志，制约傍名牌的商标侵权和仿冒知名产品包装的不正当竞争行为。依法审结恶意设置搜索引擎关键词定向引流的案件，责令实施网上不正当竞争行为的企业承担赔偿和停止侵权的双重责任。研究制定《关于知识产权民事侵权案件适用小额诉讼程序试点工作意见》，在全省首推知识产权小额诉讼程序的适用机制，加快金额较小、责任明确的民事侵权案件的高效解决。设立知识产权巡回审判法庭，实现知识产权纠纷源头预防、及时化解。与高港区总商会、市知识产权保护中心共建知识产权服务平台，构建法院、工商联、知产保护中心、企业“四位一体”的知识产权多元纠纷化解方式。

【法院司法监管】 2023年，泰州医药高新区人民法院审结资源领域检察行政公益诉讼争议3起，指导、监督基层人民政府恢复耕地条件和耕地用途。审理涉占用长江岸线靖江段、高新高港段建设造船厂、装卸码头等行政强制案件，打击破坏长江生态的违法行为。深化实施派驻法官参与行政案件审理机制，派驻法官主审各类行政案件82件，参审140件，参与协调192件，相关做法被最高人民法院行政审判庭在全国范围推广。运行行政争议多元调处中心，诉前、诉中委托协调320件，成功化解71件，行政案件发案率下降约8.57%。强化府院联动机制，开展联合培训12次，发送司法建议10份，反馈率80%，督促行政机关自我纠错38例。发布《2022年度行政审判白皮书》及典型案例，向泰兴市、靖江市、兴化市、海陵区、姜堰区发送行政案件审判工作情况专报。

【法院服务】 服务企业 2023年，泰州医药高新区人民法院优化法治化营商环境，研究制定并持续执行

2023年3月17日，泰州医药高新区人民法院举办泰州市大健康产业企业家法商培训班
泰州医药高新区人民法院 供图

16项服务举措。“劳动者停工留薪期满后拒不返岗案”入选全省法院劳动人事争议年度十大典型案例。深入重点企业开展“院长走访”等活动，运用大健康产业企业家法商培训班、“泰有法”企业法治体检平台，为511个企业提供合规经营建议和风控方案。继续开展信用修复“暖企行动”，为失信企业发放信用恢复证明13份。集中力量化解某房地产企业破产清算案，推动“僵尸”企业依法退市。采用“重整式清算”，对某厂房设备整体溢价处置，保存企业产能和财产价值。运用破产分配理念，优先保障资不抵债的民办非企业单位职工债权，最高法院机关刊《中国审判》专题报道《“执破融合”泰州标本》。

司法为民　2023年，泰州医药高新区人民法院开展互联网庭审102次，线上调解350次，平均庭审时间缩短30%。向经济困难群众发出司法救助款7万元。接待群众来信来访226件，化解王某某等重点信访案。开展“八五”普法宣传，向群众发放普法读物1000余册，现场接受咨询500余人次。召开大健康产业案件审判工作新闻发布会。发布大健康审判白皮书及典型案例20篇。（时菁菁）

·高港区人民法院·

【概况】2023年，高港区人民法院受理各类案件10132件，审理、执结8848件，比上年分别增长34.59%和40.44%。其中，受理刑事案件576件，审结553件；受理民商事案件6674件，审结5607件；受理执行案件2639件，执结2454件，执行到位金额4.19亿元。高港区人民法院领导班子被评为全省法院首批“五好五强”领导班子。11个集体、19名个人获上级表彰。

【刑事审判】2023年，高港区人民法院常态化推进扫黑除恶斗争，对恶势力团伙成员刘某等9人，判处有期徒刑8年至1年不等。依法办结故意伤害、聚众斗殴等暴力犯罪案件128件，对26人判处5年以上有期徒刑。审结盗窃、诈骗等侵财犯罪案件88件156人。妥善处理非法集资类案件5件，涉及受害群众近2000人，挽回损失7亿余元。审结贪污、受贿、挪用公款等职务犯罪案件8件，组织旁听庭审6场，300余名党员干部接受廉政教育。开展“众智护网”专项行动，全链条打击电信网络诈骗犯罪，提前介入缅甸、菲律宾等境外电信诈骗案件，审结侵犯公民个人信息、帮助信息网络犯罪活动等上下游犯罪案件82件171人。

【民事审判】2023年，高港区人民法院审理就业、养老、教育等涉民生案件883件。落实“保交楼、稳民生”要求，合力调处该类纠纷40余起。成立全市首个县级未成年人司法保护中心。开展“七色花”护蕾行动，结对帮扶困境未成年人11人，回访帮教失足青少年13人，被《新华日报》专题报道。

【商事审判】2023年，高港区人民法院办结企业破产案件58件，清退“僵尸”企业56个，破产重整企业2个，盘活土地房产8.61万平方米，增加税收1500余万元。成立重点企业破产清算专项小组，召开联席会议11次，协调解决职工社保、权属登记等事项13项。

【案件执行】2023年，高港区人民法院构建以实体化运行执行指挥中心为中枢，以执行数字化、无纸化为依托，以执行服务中心、执行监管中心、执行事务中心为支撑的“一体两化三中心”执行工作模式。建立快速执行“三分流”机制，首执案件执结率提升20%以上，结案用时缩短20天。实施搜查35次，拘传、拘留46人次。发出预处罚文书56份，30名被执行人主动履行债务。执结涉民生案件1717件，执行到位金额2797.29万元。开辟涉农民工工资案件“绿色通道”，先予执行案款43.27万元，62名农民工受益。组织暖“薪”行动直播，在线观看超8万人次。在某企业系列欠薪执行案中，创新附条件拍卖方式，向292名职工集中发放工资495.18万元，该案例入选全省法院优秀执行案例。

【诉源治理】2023年，高港区人民法院与区党工委（区委）政法委、区司法局联合出台《关于开展“‘枫’景这边独好”实施意见》，推动形成诉源治理新格局。携手泰州学院签约共建诉源治理研究与实践教学基地，工作经验获省高级人民法院推广。相继成立金融风险防控研究基地、研究会，搭建金融法治工作智库、法银沟通对话平台，联动防范化解金融风险，被《人民法院报》专题报道。在永安洲镇永胜社区、许庄街道蔡庄村及扬子江药业集团设立诉源治理工作点、工作室。向党委、政府及相关部门呈报《诉情通报》12期，发出司法建议16条，为领导决策、基层治理提供参考。

【法院服务】司法便民　2023年，高港区人民法院坚持普惠性与个性化相结合，专职导诉员提供流程指导，值班律师提供法律咨询，在线平台即时登记反馈，提供各类服务1000余次，窗口满意度达99.68%。全年网上立案7513件，在线鉴定、保全1324次，电子送达5173件。探索建立公益基金诉讼绿色通道，依法减缓免诉讼费67.98万元，发放司法救助金11.12万元。

纠纷化解　依托江苏微解纷“总对总”在线调解平台，为当事人提供“云”上解纷服务。全年平台委托调处纠纷3343件，在线调解1692件。指导完善人民调解工作，制定管理考核办法，7名驻院调解员成功调解案件856件。健全专业化、类型化纠纷解决机制，劳动争

2023年12月23日，高港区人民法院举办“清风讲堂”活动

高港区人民法院 供图

议联合调处中心调解相关纠纷246起，商会商事调解中心化解涉企纠纷48起，“道交一体化”平台调处道路交通事故纠纷538起。引入第三方调解组织参与商事案件诉前调解，通过“第三方专业调解+法院司法确认”模式，为当事人提供“点单式”专业服务。指导刁铺街道大丰社区、明发社区等修订村规民约。推动国有企业制定行业规约，助力企业优化管理模式、防范涉诉风险。组织法院干警进企入户，就地调解拖欠农民工及职工工资纠纷149起。

优化营商环境 开辟涉企案件绿色通道，从快审结涉营商环境类案件3660件。帮助胜诉企业及时回笼资金，追回应收账款1.62亿元。到辖区38个民营企业开展“亲企清政”活动，详细了解企业生产经营状况，协调解决企业资金冻结等难题16项，被《新华日报》专题报道。与高港区人民检察院、区司法局等联合成立涉案企业合规评估管理委员会，开展“法治体检”48次，推动企业合规经营、健康发展。引导117个涉案企业以分期履行等方式达成执行和解，帮助企业赢得生存空间。适用“类个人破产”程序，让诚实而不幸的个体工商户重获新生，该案例入选江苏法院优化法治化营商环境典型案例。快速办理全市首例建筑企业“涉诉免保”案件，相关举措在中央政法委《长安》杂志刊载。

【审执效率】 2023年，高港区人民法院加大速裁、简易程序适用力度，民事速裁团队办结全院70%以上的民事案件，人均结案达786.41件。打造“金融智审”品牌，以要素式审判快速办结金融案件584件。探索“一站式”联合速裁办案模式，集中宣判轻微刑事案件37件，平均审理天数仅8.5天。压降办案周期，运用审判流程节点信息化管控平台，严格审限变更审批，审限内结案率等效率指标稳中向好。清理长期未结案件，做到分包到案、责任到人，如期实现清零目标。释放审管效能，健全“周、月、季”通报机制，定期研判分析庭室及法官办案情况，制发态势分析报告、工作提示函16份。“全链条赋能审判质效提升”举措获评全省法院优秀创新机制。

【法院工作监督】 2023年，高港区人民法院向区人大常委会专题报告优化法治营商环境工作，21名员额法官作年度履职汇报。接受纪委监委监督，支持配合派驻纪检监察组开展工作。接受检察监督，邀请检察长列席审委会8次。开展“清单式”代表委员联络活动，在全市法院率先启用“代表一点通”微信小程序，发布“点案旁听”开庭信息表12期，邀请代表委员旁听庭审、见证执行、调研视察39人次，相关做法得到区人大领导批示肯定。召开新闻发布会4场，发布典型案例12篇。73名人民陪审员参审案件1290件。 （王晓伟）

司法行政

【概况】 2023年，泰州医药高新区（高港区）强化依法治区统筹协调，开展专项法治督察，推进法治为民项目。深化依法行政提升行动，推进法治政府建设。构建现代化公共法律服务体系，培育优质法律服务资源，推进全民法治宣传教育。夯实基层法治基础，推进矛盾纠纷多元化解，提升社矫安帮管理质效。区司法行政系统共获得国家级集体荣誉1个、个人荣誉1个，省级集体荣誉10个、个人荣誉3个，市级集体荣誉6个、个人荣誉3个。

【依法治区工作】 2023年，泰州医药高新区（高港区）强化依法治区统筹协调，召开全面依法治区委员会第三次会议，制定年度工作要点、法治建设重点任务。在全市率先制定区级部门依法治区责任清单和镇街党政主要负责人履行推进法治建设第一责任人职责清单（范本）。区党工委（区委）、区管委会（区政府）主要领导对依法行政、行政复议应诉等重点工作专题批示15次。推进道路交通安全和运输执法领域突出问题专项整治行动，做好交办整改。创新开展“法治建设群众满意度”季度评估、“调研式督察”工作，制发法治提示单13份、法治专报2期，法治建设群众满意度测评位列全省第一方阵、全市第一。实施年度法治为民办实事项目12项，承办全面依法治市工作座谈会暨全市法治小区、援法议事述比活动。开展全区第八批“最美法治人物”和年度“十大法治事件”评选。推进法治示范创建，刁铺街道明发业勤园、寺巷街道康和花园、许庄街道三星嘉苑、凤凰街道景瑞荣御蓝湾、永安洲镇兴洲花苑获评第二批市级法治小区建设示范点。大泗镇的“共享小屋”、野徐镇的“老锁匠党群联调中心”建成运行。“警法融合　三所共治”获评全省法治建设创新项目。

【法治政府建设】 行政法规工作　2023年，区司法局开展合法性审查215件。其中，政府重大合同、协议、招标文件类66件，区级政策性文件116件，其他涉法事务类33件，共提供有效法律建议489条。1月，牵头成立泰州医药高新区管委会（高港区政府）法律顾问委员会，遴选委员15人。2月，组织开展全区依法行政专题培训活动。围绕重大行政决策、行政规范性文件制定管理、政府信息公开等内容作培训辅导，全区80余人参训。4月，牵头制定《泰州医药高新区（高港区）重大行政决策目录管理办法》，编制并公布区政府年度《行政规范性文件制定计划》和《重大行政决策事项目录》，完善区政府重大决策事前合法性审查机制，推动政府依法决策。8月，对现行有效的编“规”字号行政规范性文件进行清理，其中确认继续有效2件、宣布废止9件。清理结果通过政府门户网站及时向社会公开。

行政复议与行政诉讼案件办理　开展行政复议质效提升年活动，推进行政复议规范化建设，做好行政争议实质化解工作。全年受理审查行政复议案件57件，直接纠错案件1件，直接纠错率2.56%。各级法院共审理区管委会（区政府）的一审行政诉讼案件17件，以区管委会（区政府）工作部门、镇街为被告的一审行政诉讼案件共计52件。行政诉讼案件行政机关负责人出庭应诉率100%，全区执法投诉数和以区管委会（区政府）为被告的行政诉讼案件败诉数均为零。

公正文明执法　出台《泰州医药高新区（高港区）关于全面加强和改进行政执法监督工作的意见》《泰州医药高新区（高港区）关于推进基层“全链监督、全域共治”工作的实施方案》，在凤凰街道、明珠街道试点建设镇街行政执法监督中心。统筹推进行政裁量权基准制定和管理工作，推广行政合规指导，加强涉企行政执法监督，连续3年制发《关于做好行政执法检查登记备案的通知》，实行涉企行政检查计划报备制度。建立首批12个行政执法监督企业联系点，在全区聘请首批特邀行政执法监督员15人。

【法治宣传】 普法责任落实　2023年，区法宣办对全市法治宣传教育第八个五年计划实施评估细则进行细分，制定镇街考核评估细则。召开“八五”普法中期考核评估部署会，推进全区“八五”普法中期考核评估工作。对各镇街“八五”普法中期评估工作进行督查和考核。完善区管委会会议（区政府常务会议）会前学法制度，制定印发《全区公职人员法治轮训方案》，根据分层分批的原则，以集中培训为主、分散培训为辅的方式进行轮训。

重点普法活动　开展第三届“民法典宣传月”启动仪式暨“书”与“法”融合采风活动。市、区联动在大泗法治公园开展泰州市法治儿童节启动仪式暨法治嘉年华活动。在全区开展“法润童心·典亮生活”主题活动，采用法治第二课堂、主题班会、模拟法庭等方式。开展春节期间普法宣传系列活动、“农民工学法宣传周”活动、“法润高新　法护长江”集中宣传教育活动、“学习新修法　共护‘她’权益”维护妇女权益宣传月活动、“4·8”司法日等活动，在泰州市扬子江小学开展全区“开学法治第一课”活动。开展地方性法规学习宣传教育活动。在“学习强国”学习平台、《江苏法治报》头版头条、《泰州日报》等媒体刊登法治新闻宣传12篇。

法治文化建设　规划建成“长江保护法”主题法治文化公园。建成刁铺街道明发社区民法典法治游园，优化升级江苏平高泰事达电气有限公司学法用法基地和泰州市永安洲小学青少年法治宣传教育中

2023年5月26日，区司法局在区新时代文明实践中心开展第三届“民法典宣传月”启动仪式暨“书”与“法”融合采风活动　　区司法局　供图

心。寺巷街道龙凤社区、野徐镇康居社区法治文化宣传阵地建成，在寺巷街道青年公寓二期建成反诈法治宣传教育中心。持续放大“高小司”讲法品牌效应，形成以微信视频号、抖音号等为基础的新媒体普法阵地，开展宪法、民法典漫画、微视频创作工作。全年创作各类法治书法作品、法治漫画38幅，拍摄微视频2个、普法专题宣传片2个。开展“文艺走基层·普法进万家”活动，组织文艺工作者和普法志愿者在12个镇街开展法治文艺巡回演出。

基层依法治理　推进国家级和省级民主法治村（社区）复核工作，按照省定43%的比例控制线，对6个不符合条件的村（社区）进行撤销或注销。累计建成省级以上民主法治示范村（社区）65个，其中国家级2个（口岸街道蔡滩社区、引江社区）。至年末，全区共培育法律明白人2576人，鼓励其参与开展法治宣传教育，化解矛盾纠纷。

【公共法律服务】 公共法律服务体系　2023年，泰州医药高新区（高港区）对公共法律服务中心进行提档升级，整合法律援助、矛盾纠纷调处、非诉服务、公证业务办理等职能，提供“一站式”法律服务。新建明珠街道公共法律服务中心，其他镇街按照“一镇（街道）一策”推动全面升级。实现村居法律顾问全覆盖，开展“播撒法治的种子”村（居）法律顾问千场讲法活动重点场次12场，覆盖5000余人次。打造“泰公益·新服务”创新创优品牌，满足大健康产业多元化需求。深化“产业链+法律服务”工作，组建生物医药联盟、汽车产业链联盟、涉企刑事合规、知识产权合规四大法律服务团，为200余个企业提供法治体检并出具体检报告，梳理风险点50余个。安排资深律师到园区、商会举办“企业知识产权保护”“创新型企业股权激励”等法治讲堂100余场次。邀请辖区律师编写并分发《企业刑事合规》及《知识产权合规》手册500余本。

法律援助　建成“区中心—工作站—村（社区）联络点”三级法律援助网络。新增村（社区）法律援助工作联络点12个，初步构建以区法律援助中心和镇街公共法律服务中心为主体，基层法律援助工作站、村（社区）法律援助联络点为基础的“半小时服务圈”。开展“法援惠民生·双争建新功”专项行动，季度性开展“法援惠民生·薪暖农民工”法律援助志愿服务活动。全年办理法律援助案件687件，提供法律咨询2537人次，给予法律帮助390件。印发《关于开展审查起诉阶段刑事案件律师辩护全覆盖工作实施办法》。

【人民调解】 2023年，泰州医药高新区（高港区）开展“践行‘枫桥经验’，深化‘非诉服务’”专项行动。评选优秀人民调解组织10个、优秀人民调解员10人。新建12个企业、商会、新业态调解组织、调解工作室，开展矛盾排查900余批次，调处各类矛盾纠纷1.5万件，调处成功率达99.9%。制定《关于开展“‘枫’景这边独好”——诉源治理“全链条”、矛盾化解“一站式”活动的实施意见》，打造矛盾纠纷化解工作品牌，该项目获评泰州市2023年度“政法工作创新奖”一等奖。口岸街道引江社区人民调解委员会被评为全国模范人民调解委员会。

【基层司法所建设】 2023年，泰州医药高新区（高港区）继续推进司法所分类建设，完成明珠司法所新办公用房建设，强化寺巷司法所基层基础建设。推动“三所共治”向村（社区）延伸，建设“民、法、警”工作驿站，被《人民公安报》《江苏法治报》等媒体报道，“警法融合，三所共治”获全省法治建设创新项目称号。

【社区矫正与安置帮教】 2023年，泰州医药高新区（高港区）调整社区矫正中心部分功能室设置，增添装备设施。探索“以善助矫”社矫模式，系统化开展“周行一善”主题活动。常态化开展信息化核查、通信联络、实地查访等工作，做好风险隐患排查。在社区矫正对象中开展反电信网络诈骗专项治理。健全完善工作例会、学习培训、信息化核查、档案管理、督查考核等制度。开展报到核实、入矫首次谈话教育、心理状态测评等工作。全区接收社区矫正对象314人，解除社区矫正216人，无脱管、漏管和重新犯罪。衔接刑满释放人员123人，落实帮教123人，帮教率和安置率均达100%。至年末，在册社区矫正对象310人，安置帮教对象765人。

【公证事务】 2023年，泰州市祥泰公证处共办理各类公证案件4132件。现场办理北沿江高铁拆迁选房公证1000余套。全年未发生投诉和违规执业事件，在明珠街道、凤凰街道、大泗镇、胡庄镇、永安洲镇公共法律服务中心布置远程公证自助机。

【律师事务】 2023年，全区共有律师事务所18个。其中，个人所1个，合伙所17个。律师248人。其中，专职律师192人，兼职律师2人，公职律师53人，法援律师1人。全年新增公职律师7人。引导律师参加“产业链+法律服务”、公共法律服务进园区（进企业）、“三官一律”进村居入网格等活动。（蒋　浩）

人民武装

【概况】 2023年，泰州医药高新区（高港区）召开全区武装工作会议，总结2022年工作，并表彰先进、部署2023年任务。落实经费，保障民兵整组、抗洪演练、兵员征集等工作的开展，优化改造区人武部营院。区人武部第一书记现场办公，解决人武部职工养老保险遗留问题，推动民兵训练基地建设发展。组织军事日活动，邀请地方党政干部参观军营。

【理论武装】 2023年，区人武部将学习贯彻习近平新时代中国特色社会主义思想，尤其是习近平强军思想作为首要政治任务，全面贯彻习近平强军思想，贯彻军委主席负责制。开展“学习强军思想、建功强军事业”教育实践活动。开展新兵役前教育，在人民海军诞生地组织新兵入伍欢送仪式，相关做法被央视报道。

【军事训练】 2023年，区人武部配合做好省军区组织的全省国动委成员单位业务骨干培训现地观摩，协调区有关部门以及辖区多个企业参与演练。全年完成基干民兵队伍的基地化轮训任务，参加燃气领域等应急演练。

【民兵整组】 2023年，区人武部组织区民兵工作领导小组成员单位、各园区和各镇街武装部，开展摸底核查，遴选适编企业。按照“正规化建设、军事化管理、专业化训练、规范化使用”的思路，编实基干民兵分队，全区146个村、社区民兵营（连）部全部建成。

【征兵工作】 2023年，区人武部运用微信、微博、抖音等新媒体平台开展征兵宣传。及时更换和续聘廉洁征兵监督员并组织专题培训，联合区纪（工）委进行专项督导。完成全年新兵征集任务。

【双拥共建】 2023年，区人武部干部职工和广大民兵参与抢险救灾、应急救援、文明城市创建等任务。3月，联合区教育局在泰州市海军小学举行首批“国防教育示范学校”挂牌仪式。7—9月，完成辖区1所高校、4所高中和1所中专的学生军训任务，并派出民兵教官。协调解决军人子女入学入托等问题，及时送达现役军人立功受奖喜报，落实相应奖励政策。区党工委（区委）组织部和区社会事业和退役军人事务局解决军人退役安置、随军家属就业等问题，落实优抚安置各项规定。（区人武部）

【国防动员】 2023年，全区围绕体制改革关键环节，完成国防动员体制改革主体任务，在区发展改革委挂牌国防动员办公室。完善高港区国防动员委员会设置，调整区国动委组成人员和成员单位，整合国防动员工作的统筹指导协调职能，开展国防动员潜力调查，完成军地联合演练任务。12月13日，高港区国防动员委员会召开第一次全体会议，深入学习贯彻习近平总书记关于国防动员的重要论述，传达落实省、市国防动员委员会第一次全体会议精神，总结国防动员体制改革推进情况。（刘 喆）

人民防空

【概况】 2023年，泰州市民防局高港办事处（简称高港人防办）坚持“长期准备、重点建设、平战结合”方针，贯彻与经济社会相协调，与城市建设相结合，与防灾、救灾和处置突发事件相兼容原则，坚持防空防灾一体化。持续推进社区和学校人防工作，开展民防知识教育，加强民防基础设施建设。

【人防行政审批】 2023年，高港人防办主动服务企业，事前审批，事后监管，全程服务。简化办件材料及流程，探索与行政审批、自规部门材料的内部共享机制。将易地建设费下调20%，落实助企纾困政策。

【防空警报试鸣】 2023年，高港人防办组织开展“九一八”全省统一防空警报试鸣。防空警报鸣36秒，停24秒，连续3分钟；空袭警报鸣6秒，停6秒，连续3分钟。解除警报连续鸣3分钟。鸣响率100%，音响覆盖率95%以上。（陈 诚）

功能园区

生物医药产业园区

【概况】 生物医药产业园区管理机构为泰州医药高新区（高港区）医药产业园管理办公室。2023年，园区实现地区生产总值102.95亿元，比上年增长5.67%。一般公共预算收入12.41亿元，增长1.55%；规模以上工业总产值152.9亿元、利润5亿元，新增规模以上工业企业7个；规模以上服务业营业收入62亿元，增长4.1%；固定资产投资113.75亿元，增长10.12%，其中工业投资59.51亿元，增长15.33%；新增规模以上建筑业企业4个。至年末，园区共有高新技术企业89个，在库规模以上工业企业83个。

【项目建设】 2023年，生物医药产业园区先后到国内各重点城市拜访企业470批次，参会参展265批次，接待客商669批次，新增1亿元以上重大项目信息313条。经贸出访4批次，举办中国医药城专题推介会6场。举办项目集中签约活动4次，签约重点项目66个。举办集中开工活动2次，总投资66.8亿元的24个项目开工。举办2023第十二届中国创新创业大赛生物医药全国赛，接洽创新项目273个。举办第十四届中国（泰州）国际医药博览会。组织2023医疗器械国际法规高峰论坛、中国医药城项目集中签约仪式。11月5日，第六届中国国际进口博览会首日，泰州医药高新区（高港区）与阿斯利康举行安达释项目投资合作框架协议签约仪式。全年新签约1亿元以上项目81个，投资总额169亿元。其中，5亿元以上项目18个，计划总投资101亿元。江苏研诺医药科技有限公司高端制剂产业化项目、润方（北京）生物科技有限公司动物药产业化项目、江苏华诺泰生物医药科技有限公司带状疱疹疫苗产业化项目、卡文迪许（泰州）药业有限公司原料药制剂一体化生产基地项目、江苏羚诺制药（康舟）原料药制剂一体化生产基地项目等签约落户。新开工“三比一提升”内资项目6个，分别是总投资10.89亿元的省重大项目江苏瑞科生物技术股份有限公司HPV疫苗等扩产项目，江苏默乐生物科技股份有限公司医疗器械生产研发基地项目，江苏长泰药业有限公司生物医学高端制剂研发及产业化项目，卡文迪许（泰州）药业有限公司高端药品制剂生产项目，石药集团中诺药业（泰州）有限公司提取及口服制剂产业化项目，江苏中慧元通生物科技股份有限公司创新型疫苗产业化基地建设项目。新竣工“三比一提升”项目5个，分别是总投资15.96亿元的江苏泰康生物医药有限公司抗体药物中试产业化项目，江苏诺瓦立医疗用品有限公司高端创面治疗材料及敷料智能制造项目，上海复旦张江生物医药股份有限公司药品生产项目，江苏康为世纪生物科技股份有限公司医疗器械及生物检测试剂产业化项目，泰州海和药业有限公司药品生产基地项目。

【主导产业】 抗体药产业　2023年，江苏泰康生物医药有限公司9MW0311迈利舒®（地舒单抗注射液）上市，为全球第二款获批上市的地舒单抗生物类似药；泰州迈博太科药业有限公司CMAB007奥迈舒®（注射用奥马珠单抗α）获准上市，为中国首个获国家药监局批准的国产过敏性哮喘治疗性抗体新药。至年末，生物医药产业园区有抗体药研发生产企业3个，分别为泰州迈博太科药业有限公司、江苏泰康生物医药有限公司、江苏荃信生物医药股份有限公司。全年生物医药产业园区抗体药产业实现产值3.06亿元。

疫苗产业　9月，江苏中慧元通生物科技股份有限公司研发的国内首款四价亚单位流感疫苗“慧尔康欣”上市。生物医药产业园区人用疫苗企业取得生产许可证5个，占全省的5/9、全国的1/9。获得生产许可证企业数及产品数集聚度均居于全国园区最高。全年生物医药产业园区疫苗产业实现产值9.08亿元。

诊断试剂及高端医疗器械产业　2023年，江苏华亘泰来生物科技有限公司胶囊式内窥镜系统、江苏伟禾生物科技有限公司人类白细胞抗原B*5801、B*27核酸检测试剂盒（荧光PCR法）、江苏信立康医疗科技有限公司康聚羟基硅酸乙酯纤维敷料（Silica Gel Fiber Wound Dressing-SGF）获批第三类医疗器械产品注册证；泰州宸安生物科技有限公司Polaris Starion M1.0流式细胞质谱仪、江苏先思达生物科技有限公司寡糖链检测试剂盒、宝锐生物科技泰州有限公司全自动血栓弹力图仪、阿里生物技术泰州有限公司类风湿因子测定试剂盒等获批第二类医疗器械产品注册证。全年生物医药产业园区诊断试剂及高端医疗器械产业实现产值35.72亿元。

化学药新型制剂产业　7月，江苏长泰药业有限公司"奥氮平氟西汀胶囊"获得国家药监局批准上市，为国内首个治疗双相情感障碍的复方药品；10月，治疗注意缺陷多动障碍（ADHD）的创新剂型"盐酸托莫西汀口服溶液"获得国家药监局批准上市。全年生物医药产业园区化学药新型制剂产业实现产值61.77亿元。

特医配方食品及动物保健产业　生物医药产业园区是中国营养保健食品协会认定的特殊食品产业集群示范基地，集聚雀巢健康科学（中国）有限公司、鲲鱼健康药业江苏有限公司、石药集团中诺药业（泰州）有限公司等一批特医配方食品研发生产企业。2023年，生物医药产业园区取得特医食品注册证7张，占全省的1/3。鲲鱼健康药业江苏有限公司新增3款产品获批，分别为拜优能®特殊医学用途全营养配方食品、嘉膳能®特殊医学用途蛋白质组件配方食品和拜瑞恬®特殊医学用途电解质配方粉。8月，泰州博莱得利生物科技有限公司自主研制的猫泛白细胞减少症、鼻气管炎、杯状病毒病三联灭活疫苗（HBX05株+BJS01株+BJH13株）获批，为国内首批猫三联疫苗。全年生物医药产业园区特医配方食品及动物保健产业实现产值40.92亿元。

【新药产业化】　2023年，生物医药产业园区新获药品注册批件23张、特医食品注册证5张、三类医疗器械注册证17张。至年末，园区共有42个企业取得药品生产许可证，获药品注册批件202张，获得药物临床批件233张；184个医疗器械生产企业投产，获得医疗器械注册证（备案证）3340张（包括二类、三类产品1329张）。其中，体外诊断试剂注册证（含备案证）2022张，占园区产品获证数的60%，约占全省的1/5。包括生物医药产业园区企业在内的全区28个生产企业的315个药品品规、91个生产企业的1972个医用耗材品规在省级平台挂网，5个企业产品在国家医药集中采购中接续中选。

【平台建设】　2023年，兽用生物制品（泰州）国泰技术创新中心与江苏省农业科学院举办首批"揭榜挂帅"活动。推动ICGEB—中国区域研究中心与3个单位洽谈创新联合体合作项目。江苏省产业研究院与园区内3个企业建立企业联合创新中心。泰州海华医药科技有限公司与成都华西海圻医药科技有限公司在园区合作共建国内一流的药物非临

生物医药产业园区　　顾祥忠　摄

床研究评价中心（GLP）。园区内建成国家级孵化器1个，省级孵化器（众创空间）7个、省级工程技术研究中心24个、省级公共服务平台1个，市级众创空间2个、市级工程技术研究中心35个、市级企业重点实验室2个。

【科技创新】 2023年，生物医药产业园区研发投入超100万元的企业有71个。累计完成研发投入11.59亿元，占全区的28.3%，研发投入强度占10.3%，高于全区平均水平7.5个百分点。共有省潜在独角兽企业1个、省瞪羚企业8个。科技型中小企业备案数161个，比上年增长8.78%。至年末，完成本土科创项目申报36个，另提供备选企业名单27个。

【人才引进】 2023年，生物医药产业园区入选国家级人才项目4个。其中，QM人才2人、BSH人才1人，2023年政府特殊津贴人才1人。入选省级人才项目7个。其中，省双创团队1个、人才2个，省双创博士人才2个，省留学回国先进个人2人。入选省级平台项目1个，为留学回国人员创新创业园示范园。入选市级人才项目37个（人）。其中，2023年“113医药人才特别计划”评审类项目20个，2023年泰州市突出贡献专家3人，第六期“311”高层次人才工程14人（第一层次1人，第二层次2人，第三层次11人）。博士后科研工作站引进博士后2人。

（许文欣）

化学新材料产业园区

【概况】 化学新材料产业园区管理机构为泰州医药高新区（高港区）滨江工业园管理办公室。2023年，园区实现地区生产总值96.51亿元，比上年增长9.7%。规模以上工业总产值427.03亿元，增长2.1%。固定资产投资73.43亿元，增长25.7%。其中，工业固定资产投资70.5亿元，增长38.9%；高技术产业投资6.97亿元，占比9.5%；民间投资68.72亿元，增长35.1%；建筑安装工程投资66.89亿元，增长45.35%。限额以上批发业商品销售总额79.12亿元，增长22.8%。限额以上零售业商品销售总额6.93亿元，增长11.5%。税收收入51.89亿元，增长9.65%。一般公共预算税收收入7.13亿元，增长42.6%。实际利用外资和港澳台资4610万美元。

【项目建设】 2023年，化学新材料产业园区新签约1亿元以上项目23个，总投资177.68亿元。其中，内资项目20个，总投资170.48亿元；外资和港澳台资项目3个，总投资1亿美元。新签约1亿元以上项目中，5亿元或3000万美元以上项目13个，总投资167.56亿元。其中，内资项目11个，总投资161.08亿元；外资和港澳台资项目2个，总投资0.9亿美元。总投资100亿元的江苏常青树新材料科技股份有限公司生物基特种高分子材料及精细化学品项目签约。江苏江农新材料有限公司硫酸铵颗粒项目实现当年签约、当年开工建设、当年入规且开票破5亿元、当年3000万美元资金全额到账。新开工5亿元或3000万美元以上项目4个，计划总投资46.1亿元。包括投资30.4亿元的盛虹动能科技（泰州）有限公司年产5GWh储能锂电池及系统集成项目、投资6.4亿元的江苏海阳锦纶新材料有限公司年产10万吨改性高分子新材料项目、投资5.1亿元的开来湿克威防水科技江苏有限公司年产7000万平方米防水卷材项目、投资6000万美元的江苏江农新材料有限公司硫酸铵颗粒项目。竣工项目4个，实际完成投资45.7亿元。包括投资30.4亿元的盛虹动能科技（泰州）有限公司年产5GWh储能锂电池及系统集成项目、投资5.2亿元的中海泰州特种油科技有限公司高端白油提质增效项目、投资5.1亿元的江苏海阳锦纶新材料有限公司原位聚合切片及高性能锦纶帘子布项目、投资5亿元的泰州杨湾海螺水泥有限责任公司1号2号水泥磨技改项目。

【主导产业】 化学新材料产业园区主导产业为高端石化、新材料及新能源产业，重点企业包括中海油气（泰州）石化有限公司、盛虹动能科技（泰州）有限公司、江苏海阳锦纶新材料有限公司、中海泰州特种油

化学新材料产业园区　　化学新材料产业园区　供图

科技有限公司、扬子江药业集团江苏海慈生物药业有限公司、江苏江农新材料有限公司等。2023年，园区石化及新材料产业实现工业总产值381.44亿元，占园区规模以上工业总产值的89.32%。依托龙头企业中海油气（泰州）石化有限公司重点发展高端润滑油，初步夯实润滑油产业基础。中海油气（泰州）石化有限公司润滑油系列产品得到央企、国企及大型终端企业广泛采用，在电力用油、内燃机油/工业油、基础油、化工工艺用油4个方向实现快速突破。电力用油抢占高端变压器油市场，成为与“昆仑”牌变压器油齐名的品牌；内燃机油/工业油与全国众多知名企业达成商业战略合作协议；开发全系列基础油产品，成为可以稳定供应高品质基础油产品的企业；与知名企业和科研机构联合研究开发推广食品级白油（疫苗白油）、PS白油、SEBS白油等高端产品，并制定企业专属标准，是当前国内唯一有条件全面替代进口的生产企业，解决“卡脖子”难题的“靶向疫苗佐剂新材料与关键工艺技术创制项目”开工建设并投产。盛虹储能项目一期被列入省重大项目清单，实现“当年开工、当年竣工、当年投产、当年入规”，成为盛虹集团进军储能板块后第一个实现量产的基地。

【科技创新】 2023年，化学新材料产业园区获批高新技术企业4个，科技型中小企业34个；获认定离岸创新项目5个，本土科创项目25个。全年园区企业研发支出4.03亿元，其中重点企业研发支出2亿元。技术合同交易额8.33亿元，发明专利拥有量169件。入选区“113医药人才特别计划”1人，获市创新创业大赛二等奖1人，高技能人才（取证）50人。园区区域离岸创新中心与北京大学上海临港国际科技创新中心初步达成合作意向。江苏海阳锦纶新材料有限公司“短链型聚醚嵌段尼龙6弹性体研发”入围市级科技支撑重大项目；“锦纶弹性体及弹性纤维研发”入围江苏省关键核心技术（装备）工程化攻关项目，获近1000万元资助；“浸胶帘子布自动质控系统及燃气节能系统研发”入围泰州市产业前瞻技术“揭榜挂帅项目”，获悬赏榜额800万元。泰州铸鼎新材料制造有限公司“梯度高硅铝材料研发”入围市级科技支撑创新项目。园区和中海油气（泰州）石化有限公司分别入选江苏省“工业互联网+安全生产”试点园区、企业。中海油气（泰州）石化有限公司入围省级5G+智能工厂建设项目，获批“两化”融合管理体系升级版贯标AAA级。泰州皇牌医疗器械科技有限公司、扬子江药业集团江苏海慈生物药业有限公司、江苏海思丹德新材料科技有限公司和泰州市高新非织造布有限公司入选省星级上云企业名单。

【安全生产】 2023年，化学新材料产业园区开展重大安全风险防范年、基础建设强化推进年、安全生产风险专项整治巩固提升年等行动，排查并整改闭环重大事故隐患8条。落实党政领导班子成员安全生产责任制，党政主要负责人开展重要节假日、重点时段安全督查3次，挂钩化解重大风险隐患3项。推动信息化监测预警平台有效运转，发布数据监测报告12期；向企业发送重大危险源预警信息1次，企业报备重大危险源预警信息154次；通过信息监测处置危化品车辆入园违规行驶、停放466次。开展水上、交通等应急演练4次。

【生态建设】 2023年，化学新材料产业园区生态环境形势平稳，未发生环境污染事件。围绕生态环境质量改善目标，系统推进大气、水、土壤污染防治。开展挥发性有机物（VOCs）综合整治，推动中海油气（泰州）石化有限公司、扬子江药业集团江苏海慈生物药业有限公司、泰州金泰环保热电有限公司等实施废气治理设施改造提升工程，VOCs主要组分年均值比上年下降25.8%，日最大小时浓度年均值比上年下降31.3%。完成赵泰支港3个雨水排口闸控建设，启动专业污水处理厂提标改造项目。深化危险废物安全专项整治，启动“无废园区”建设，提升固体废物管理水平。推进清洁生产审核创新试点，提升园区整体清洁生产水平。 （孙海滨）

电子信息产业园区

【概况】 电子信息产业园区管理机构为泰州医药高新区（高港区）电子信息产业园管理办公室[挂泰州医药高新区（高港区）综合保税区管理办公室牌子]。2023年，电子信息产业园区实现地区生产总值133.5亿元，比上年增长3%；规模以上工业总产值270亿元，增长1%；一般公共预算收入7.51亿元；固定资产投资96亿元，其中工业投资52亿元、建筑安装工程投资37亿元；新增“四上”企业36个，其中工业企业6个；实际利用外资和港澳台资9475万美元；进出口总额10亿美元。拥有规模以上工业企业96个，规模以上服务业企业45个，工业企业战略性新兴产业企业36个。

【项目建设】 2023年，电子信息产业园区新签约5亿元以上项目4个，计划总投资37亿元。新开工5亿元以上项目1个，计划总投资5.28亿元，新开工3000万美元以上项目1个，计划总投资1.5亿美元；新竣工5亿元以上项目2个，完成投资25.5亿元，分别为总投资1.5亿美元蓝思精密（泰州）有限公司BGA智能化组装车间项目、总投资15亿元蓝思精密（泰州）有限公司二园电子产品零部件生产项目。

【主导产业】 电子信息产业 电子信息产业园区依托蓝思精密（泰州）有限公司、巨腾电子科技（泰州）有限公司等重点企业，延伸电子信息产业链。重点围绕电子产品防护零部件、高端显示、半导体制造装备、医疗电子等开展共性关键技术攻关。蓝思精密（泰州）有限公司实现开票销售137.52亿元，入库税收4.16亿元；巨腾电子科技（泰州）有限公司实现开票销售8.5亿元，入库税收6000万元。

高端装备制造产业 依托国家火炬泰州医药高新区智能电力装备制造特色产业基地，综合运用要素供应、政策引导、以才引资等方式，促进产业集聚，延长产业链条，推动高端装备制造产业的发展。重点发展新型电力装备中的储能设备、输变电成套设备，大健康领域的制药、医疗、康养装备，新能源汽车关键零部件。代表企业有江苏平高泰事达电气有限公司、泰州新源电工器材有限公司、泰州神舟传动科技有限公司、泰州市航宇电器有限公司等。

现代服务业 加快泰州综合保税区转型升级，提升外贸综合服务水平，重点推进现代物流、跨境电商、网购保税进口产业发展。优化泰州国际汽车城产业布局，发展汽车市场服务产业，建成全国二手车交易服务平台。2023年，园区实现汽车销售112亿元，人力资源服务21.5亿元。

【科技创新】 2023年，电子信息产业园区新增高新技术企业4个，累计有49个；新增入库科技型中小企业20个，累计有110个。拨付2022年度市、区科技创新积分奖补资金近1500万元，惠及园区企业74个。至年末，有效期内一类发明专利拥有量245件。规模以上企业研发总投入超7.2亿元。新获批省级智能工厂1个[纬创资通（泰州）有限公司]，省星级上云企业3个（江苏亦文农林机械科技有限公司、泰州国瑞汽车部件有限公司、江苏凯亚环保科技有限公司），市级企业技术中心2个[蓝思精密（泰州）有限公司、泰州信力机械制造有限公司]，市级工程技术研究中心1个（江苏康泰环保装备有限公司）。江苏环川环境工程有限公司、江苏慧峰仁和环保科技有限公司被认定为省瞪羚企业。

【资源盘活】 2023年，电子信息产业园区制定工业企业闲置用地盘活方案，分片分区，一企一策，重点突破。收回纬创厂区北侧及生活区内闲置土地20.53公顷，释放其生活区东侧工业用地26.67公顷。对创新创业产业园、留学生创业园和综合保税区3个板块的标房资源进行全面梳理，形成标准厂房管理办法、运营方案等制度成果4项，清理整合以后，共有增租和新租标准厂房项目22个，出租率由51.7%提升至66.3%，收缴厂房租金2978万元，比上年增长44.2%。

【营商环境优化】 2023年，电子信息产业园区坚持重点企业挂钩和分片包保“点+面”的服务制度，畅通企业与园区常态化沟通渠道，动态掌握企业生产经营状态，及时做好前瞻预警、前置协调，为企业发展排忧解难。收集解决企业各类问题64个。新引进人力资源公司8个，新进规企业3个，累计发放用工补贴5500万元，为重点企业招工约11万人。“泰州电子信息产业技术员”创成省级劳务品牌，全年帮助企业上争各类扶持资金超1亿元。为蓝思精密（泰州）有限公司、江苏籽硕科技有限公司等9个企业的33名职工子女办理入学手续。

【生态建设】 2023年，电子信息产业园区 $PM_{2.5}$ 平均浓度为31.4微克/立方米，环境空气优良天数比率为77.7%，南官河祥和大桥国考断面水质达标率为100%。完成蓝思精密（泰州）有限公司处理能力每日7000立方米中水回用项目建设、泰州英杰注塑有限公司搬迁工作等重

电子信息产业园区 顾祥忠 摄

点企业污染防治重点工程，启动江苏联美生物能源有限公司脱硝工艺改造工程。4件一般省级环保信访件均完成销号，1件重点环保信访件完成整改。做好留学生创业园大气国控站点迁移申报，确定济川路点位为调整点位，展开济川路点位比对。编制留学生创业园国控环境空气质量监测站点优化调整论证报告，通过专家评审，开展后续申报工作。

【安全生产】 2023年，电子信息产业园区推进重大事故隐患排查整改行动，突出对粉尘涉爆、危化品使用、外委外包、城镇燃气、冶金工贸等重点领域的专项整治，以及群租房、"三合一"、"厂中厂" 三类场所的消防安全专项整治。全年开展工贸行业领域检查178个次，建筑施工领域检查49个次，城镇燃气领域检查41个次，文体领域检查11个次，深度检查6个次，"四不两直" 夜查夜访18个次。对查出的问题隐患，现场能整改的，立即督促整改，未能及时整改的，督促企业制定切实可行整改方案，按期完成整改。采取约谈、警示谈话、提请执法检查等多种措施推进隐患整改闭环，适时开展整改 "回头看"，形成长效管理机制。共排查问题隐患5376条，已整改5322条，整改率99%。创新创业产业园三期创建成 "厂中厂" 规范化建设示范点，被区内各园区、镇街借鉴学习。（周剑锋）

高端装备制造产业园区

【概况】 高端装备制造产业园区依托江苏泰州港经济开发区发展相关产业，其管理机构为江苏泰州港经济开发区管理办公室。2023年，高端装备制造产业园区实现地区生产总值114.59亿元，比上年增长11.5%；工业开票销售378.9亿元，增长19.9%；规模以上工业产值342.25亿元，增长19.1%；规模以上工业增加值83.28亿元，增长17.8%；一般公共预算收入8.92亿元，增长11.08%。主要经济指标总量及增幅继续保持省级开发区前列。

（孙　益　王　勇　何璟婷）

【项目建设】 2023年，高端装备制造产业园区成立园区投资决策委员会，建立项目评价体系。全年新签约1亿元以上项目72个，其中5亿元以上18个、3000万美元以上6个，包括江苏飞泰电子有限公司新能源汽车用高性能电池集成母排模组项目、江苏金顺自动化科技有限公司智能物流系统设备项目、江苏米山复合材料有限公司汽车内饰材料项目等。新开工5亿元以上内资项目4个，总投资29.4亿元，包括总投资10亿元的江苏飞泰电子有限公司新能源汽车用高性能电池集成母排模组项目，总投资8亿元的泰州太洋高新材料科技有限公司年产20000吨铍铝合金型材、铍铜合金型材及连接件项目，总投资6.3亿元的江苏辰烜消防科技有限公司年产200万套高端消防装备及组件项目等。新竣工5亿元以上项目6个，总投资33.7亿元，包括总投资3000万美元的统之幸食品年产1800吨调味料项目、总投资6亿元的泰州优谷金靖实业发展有限公司联东U谷·泰州智造科技谷项目、总投资5亿元的精诚工科汽车底盘项目。泰州太洋高新材料科技有限公司合金新材料项目、深国际·泰州智慧供应链产业园项目2个省重大项目开工建设。实际利用外资和港澳台资2868.56万美元。（程　雯）

【主导产业】 2023年，高端装备制造产业园区围绕打造全市新能源汽车及零部件产业集聚区，持续做大产业、做强特色、做优服务。完成汽车及零部件产业产值267.7亿元，比上年增长25.2%，汽车整车产量突破20万辆，增长46.6%。核心零部件企业保持迅猛发展势头，诺博汽车零部件（泰州）有限公司年产值突破20亿元，精诚工科汽车零部件（泰州）有限公司、曼德汽车零部件（泰州）有限公司年产值均超13亿元。依托全区大健康产业优势，围绕健康食品饮品深耕细作，华润雪花啤酒（泰州）有限公司、泰州统实企业有限公司、统之幸食品（江苏）有限公司、江苏苏萨食品有限公司等9个规模以上企业全年完成开票销售25.8亿元，增长25.9%，净入库税收2.26亿元，增长27.2%。江苏百宁盈创医疗科技有限公司实现加速发展，全年完成开票销售9863万元。

（王　勇　何璟婷）

高端装备制造产业园区　　高端装备制造产业园区　供图

【科技创新与转型升级】 2023年，高端装备制造产业园区强化创新驱动发展战略引领作用，实施高企培育攻坚行动，高新技术企业总数突破50个。强化“准四上”企业服务指导，入库“四上”企业33个，31个产值超1亿元规模以上工业企业完成产值318.8亿元，比上年增长21.5%，纳税超千万的工业企业13个。全年规模以上企业研发投入达4.3亿元，新增授权发明专利102件，累计拥有发明专利达442件。与市质检院达成战略合作协议，加快推进全省唯一省级汽车机电零部件产品质量监督检验中心建设。扶持优势企业加快转型升级，全年创建国家级专精特新“小巨人”企业1个、省级专精特新企业17个、省级智能车间2个、省级企业技术中心3个、省级工程研究中心1个、省级工程技术研究中心3个，新增省星级上云企业14个。蜂巢蔚领燃料电池科创项目获中央财政经费支持3190万元，为园区首次承担国家重点研发计划项目。 （王 勇 唐 彪）

【生态建设】 2023年，高端装备制造产业园区组织实施片区绿化品质提升工程，推进水污染综合整治专项工作，对晴天排水的雨水排口进行溯源排查，对展帆河、围庄河、周梓中沟、官沟中沟等河道开展清淤疏浚。推进园区工业污水处理厂建设，提升园区污水收集处理及资源利用能力。 （陈 鹭）

【安全生产】 2023年，高端装备制造产业园区开展重大事故隐患、外委外包作业、建筑工地等专项整治行动8个，组织专家对重点行业企业开展检查54次，发现重大风险隐患15处，整改率100%。 （智立安）

【盘活土地与资产】 2023年，高端装备制造产业园区引导资源要素进一步向优势产业、优势企业集中，盘活扬泰电子闲置土地及厂房11.2公顷，全年共盘活土地22.51公顷。做好存量资产盘活，实施招租激励政策，提高标准厂房利用率，新增出租标房面积超1.5万平方米。 （王 勇）

【高性能电池集成母排模组研发及生产项目落户】 3月2日，高性能电池集成母排模组研发及生产项目签约落户园区。该项目由上市公司苏州瑞可达连接系统股份有限公司（股票代码：688800）投资建设，首期投资10亿元，主要实施电池集成母排CCS模组、柔性线路板（FPC）、新能源高压线缆研发及生产项目。 （郭 军）

【第十七届全国敏感元件与传感器学术会议暨招商推介活动】 6月10日，第十七届全国敏感元件与传感器学术会议（STC2023）暨招商推介活动在泰州医药高新区（高港区）召开。活动由中国航天科技集团有限公司704所、厦门大学和泰州医药高新区管委会（高港区政府）共同承办，来自全国高校、科研院所、企业的专家、学者500余人参加。活动现场，泰州医药高新区（高港区）进行人才政策推介。高端装备制造产业园区与中国航天科技集团有限公司704所就加快推进创新示范基地项目进行会商。 （徐 震）

【汽车产业联盟党委首期“联盟日”活动】 8月24日，泰州医药高新区（高港区）汽车产业联盟党委首期“联盟日”活动在长城汽车股份有限公司泰州分公司举行。市自然资源与规划局党组与泰州港经济开发区党工委共建“兴园促企 自然同行”党建联盟。开展“习语共鸣”现场活动，宣讲促进民营经济发展壮大等相关政策，围绕“如何推动产业强链补链延链，服务保障园区高质量发展”进行交流探讨。响应“园区吹哨，部门报到”工作机制，成立“泰美自然”服务专班，设立服务专员，开通服务专线，形成市、区、园区三级自然资源规划部门联动优势，就用地保障、供地服务、项目许可、登记办证建立绿色通道。召开“三比一提升”项目联席座谈会，倾听链上企业需求清单，市城建口6个单位“现场会诊”。 （孔 萍）

【深国际·泰州智慧供应链产业园项目开工】 10月17日，2023年江苏省重大项目深国际·泰州智慧供应链产业园项目在园区开工。该项目由深圳市深国际物流发展有限公司投资兴建，总投资1亿美元，占地

2023年6月10日，第十七届全国敏感元件与传感器学术会议暨招商推介活动在泰州医药高新区（高港区）召开 高端装备制造产业园区 供图

面积8.73万平方米，建筑面积8.06万平方米。（杨海滨）

【全市首个开发区（园区）议政代表会成立】 10月25日，泰州港经济开发区（许庄街道）召开议政代表会成立大会暨第一届议政代表会第一次会议，在全市率先成立开发区（园区）议政代表会。（乔向民）

【位列中国省级开发区高质量发展百强榜单第四】 10月28日，中国县域/市辖区高质量发展研讨会在中国社会科学院举行。会上，发布“2023中国省级开发区高质量发展百强榜单”，江苏泰州港经济开发区在全国2100余个省级开发区中位居第四。（杨 艳）

港口物流产业园区

【概况】 港口物流产业园区管理机构为泰州医药高新区（高港区）港口物流产业园管理办公室。2023年，港口物流产业园区实现地区生产总值164.38亿元，一般公共预算收入4.36亿元（还原留抵退税）。全社会固定资产投资110.51亿元，工业企业一般纳税人开票销售333.99亿元，服务业增加值83.17亿元。实际到账外资和港澳台资800万美元，自营进出口总额15.7亿美元，其中进口13.57亿美元、出口2.13亿美元。

【项目建设】 2023年，港口物流产业园区签约1亿元以上项目32个，其中5亿元及3000万美元以上项目10个。通过认定新开工1亿元以上项目12个。其中，5亿元以上项目4个，分别是总投资6.1亿元的国能泰州电厂1号、2号汽轮机组通流部分改造项目，总投资5.3亿元的港美置业青创智谷项目，总投资5.3亿元的利华生物中链甘油三酸酯MCT搅打奶油粉和粉末油脂项目，总投资10亿元的中外运苏中智慧物流园项目；3000万美元以上外资项目1个，为总投资3200万美元的益海天然精制蜡项目。竣工1亿元以上项目6个。其中，5亿元以上项目3个，分别是总投资14.7亿元的扬子江永安原料药项目、总投资5亿元的泰州港综合提升三期项目和总投资5亿元的国能泰州电厂50万吨碳捕集与资源化能源化利用技术研究及示范项目。

【主导产业】 临港产业 规划发展现代服务业、粮油食品产业和临港制造业。其中，现代服务业依托已开发的6.87千米岸线资源，重点打造千亿级的粮油、化工油品、区域大宗商品供应链三大交易中心，集聚江苏海企化工仓储股份有限公司、泰州国际集装箱码头有限公司、泰州永安港务有限公司、江苏港瑞供应链管理有限公司、泰州益嘉物流有限公司等企业，形成具有港口特色的总部经济格局。粮油食品产业片区依托“全国进境粮食指定口岸”泰州港，集聚益海（泰州）粮油工业有限公司、江苏汇福蛋白科技有限公司、泰州正大饲料有限公司等粮油深加工企业，拓展丸庄酱油、丰益VE等高附加值产品。临港制造业依托泰州众航船舶有限公司、泰州三福船舶工程有限公司等重工装备企业，形成集“造、修、拆、航运”一体化的产业链条，打造临江重装智造基地。

医药原料药产业 布局在疏港公路以东、古马干河以南、马甸界以西、同兴路以北，面积约4.64平方千米，规划打造扬子江药业集团中药、化学药、生物药、保健品生产基地及原料药集中生产基地。扬子江片区集聚扬子江药业集团江苏龙凤堂中药有限公司、圣森生物制药有限公司、扬子江药业集团江苏海济药业有限公司等，形成“中药及保健品+化学药+生物药”三药并举的格局。原高永工业园区从依托泰州永昌化工有限公司、富彤化学有限公司等为主的加工、贸易型企业26个，向原料药生产基地转型，打造覆盖化学药原料药、生物药原料药和中药原料药的全产业链发展格局。

智能制造产业 布局在高港大道以东、创园路以西、古马干河以北、马永路以南，面积约1.2平方千米，规划发展以新材料、汽车零部件为主的智能制造产业。重点推进新能源汽车产业强链补链延链，吸引汽车零部件优势企业落地布局，打造智能装备企业库。中小企业产业

中国医药城原料药集中生产基地　　港口物流产业园区 供图

园集聚以氟塑料制品、轻工制造业等产业为主的企业30个，标准厂房区集聚汽车零部件配套、5G天线罩等企业近30个。

【科技创新】 2023年，港口物流产业园区实现高新技术产业产值55.7亿元，占规模以上工业产值的14.65%。全年新增发明授权专利75件。完成中小型科技企业入库备案95个。江苏扬子催化剂有限公司、泰州淳蓝环保科技有限公司、江苏省瑞丰高分子材料有限公司、泰州禾智住宅系统设备有限公司、江苏维特思无纺布有限公司、江苏百择高分子有限公司、泰州市晨光塑业有限公司、泰州市三星铁氟隆有限公司、泰州九润环保科技有限公司、江苏泰氟隆科技有限公司、江苏东宇新材料科技有限公司11个企业被认定为省高新技术企业。江苏省瑞丰高分子材料有限公司、泰州市晨光塑业有限公司2个企业被认定为泰州市高新技术企业。新认定市级以上研发机构4个。其中，省级工程技术研究中心1个（富彤化学有限公司），市级工程技术研究中心3个（泰州润骐防务科技有限公司、泰州高意诚复合材料有限公司、江苏惠利生物科技有限公司）。新认证省级5G智慧工厂1个（国家能源集团泰州发电有限公司），省级互联网标杆工厂1个［益海（泰州）粮油工业有限公司］；新认定建设市级以上科技支撑计划1个（江苏金环试验设备有限公司）；新认定建设市级以上成果转化项目1个（泰州高意诚复合材料有限公司）。

【服务业】 2023年，港口物流产业园区实现服务业增加值83.17亿元，比上年增长20.01%，服务业增加值占地区生产总值的50.6%，增加3.24个百分点。服务业产业投资30.87亿元，增长132.86%；限额以上批零住餐销售总额416.69亿元，增长16.13%；限额以上消费品零售总额3.79亿元。全年新培育规模以上服务业企业4个、限额以上批零住餐企业9个。

【港口管理】 2023年，泰州国际集装箱码头完成集装箱吞吐量34.31万标准箱，比上年增长4.9%。其中，外贸箱16.14万标准箱，增长6.7%；内贸箱18.17万标准箱，增长3.4%。完成集装箱业务收入7457万元，实现利润547万元。国能泰州电厂综合码头改扩建工程可行性研究报告通过专家论证；泰州国际集装箱码头有限公司通用泊位改造工程通过竣工验收；泰州永安港务有限公司改造提升项目水工部分竣工，码头设备设施安装中。高港综合物流园获评国家级示范物流园区，获批国家级粮食物流核心枢纽承载片区，连续六年获评全国优秀物流园区。

【百亿级煤炭储运交易中心项目落户】 12月26日，总投资约100亿元的国能港口公司煤炭储运交易中心项目签约落户港口物流产业园区。该项目是国家能源集团港口公司在长江岸线布局的首个煤炭储运交易中心，总用地约40万平方米，分三期建设。项目建成后，可新增煤炭吞吐量1亿吨。

【苏中智慧物流园项目开工】 12月22日，苏中智慧物流园项目开工。项目总投资10亿元，位于永安洲镇沿江高等级公路西侧，占地面积13.29万平方米，总建筑面积12.16万平方米，配备物流信息平台、装卸机械等主要运输设备4092台（套），建设内容包括5栋配载仓库、3栋平底仓、2栋高站台仓、1栋保税仓、综合办公楼、司机之家、信息服务中心等设施。项目建成后，形成航运中心、智慧储运中心、贸易结算中心和智慧物流平台“三中心一平台”。

（蒋　颖）

港口物流产业园区　　顾祥忠　摄

主导产业

大健康产业

·综　述·

【概况】 泰州医药高新区（高港区）大健康产业主要包括医药产业和粮油食品产业。医药产业代表企业有扬子江药业集团、阿斯利康药业（中国）有限公司、江苏硕世生物科技股份有限公司、江苏瑞科生物技术股份有限公司、江苏康为世纪生物科技股份有限公司、江苏金迪克生物技术股份有限公司等，除扬子江药业集团等企业散布于口岸街道、沿江街道、刁铺街道、永安洲镇外，其他企业主要集聚于生物医药产业园区。粮油食品产业代表企业主要有益海（泰州）粮油工业有限公司、江苏汇福蛋白科技有限公司、泰州统实企业有限公司、华润雪花啤酒（泰州）有限公司、江苏苏萨食品有限公司、统之幸食品（江苏）有限公司等，主要集聚于港口物流产业园区、高端装备制造产业园区。2023年，全区大健康产业规模突破1200亿元，占全市比重40%以上。其中，大健康制造产业实现产值673.66亿元，利润69.89亿元。新增规模以上企业8个，共有规模以上企业112个。扬子江药业集团、江苏硕世生物科技股份有限公司入选中国医药工业百强榜。　（许金锋）

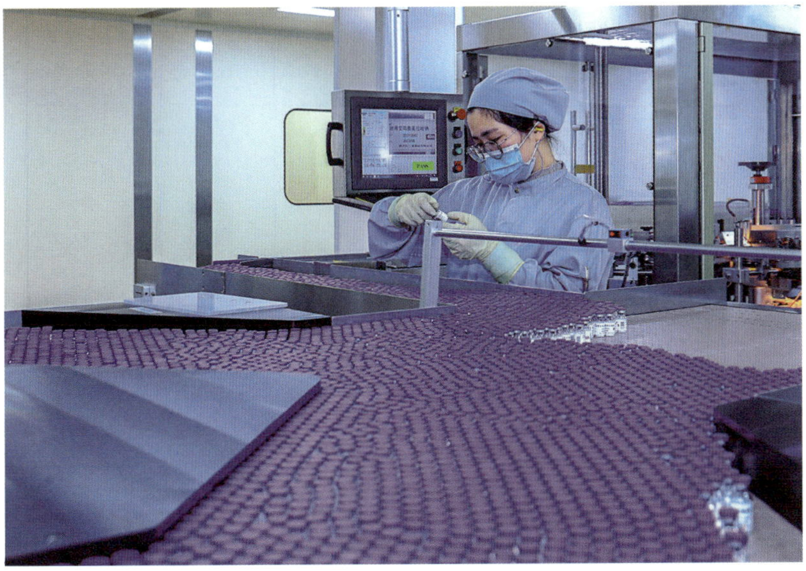

扬子江药业集团生产车间　　顾祥忠　摄

【审评核查服务中心】 2022年1月，泰州医药高新技术产业开发区新药申报中心获批增挂江苏省药品监督管理局审评核查泰州分中心牌子；6月，获首次赋权69项。2023年3月，获二类赋权44项；8月，更名为泰州医药高新技术产业开发区（泰州市高港区）审评核查服务中心，挂江苏省药品监督管理局审评核查泰州分中心牌子，实行一套班子管理。主要职责是根据省药品监督管理局授权，承担泰州市范围内药品、医疗器械和化妆品的技术审评（核）、便民事项受理办理工作，组织实施药品、医疗器械、化妆品检查等工作；负责泰州市范围内药品、医疗器械及化妆品企业相关申请事项的政策法规咨询服务和技术指导工作；12月，获增三类事项41项赋权，至此，审评核查泰州分中心累计获得一、二、三类赋权事项154项。至2023年年末，中心总办件量3969件。其中，便民服务受理事项、办理事项2416件、881件，平均办理时间缩短40%；医疗器械审评237件，平均办理时间缩短33%；药品审评5件、药品检查31件、医疗器械核查399件。派员参加国家药品监督管理局、省药品监督管理局组织的药品注册核查、GMP符合性检查、药品注册临床核查等各类药品检查50余次；派员参加省药品监督管理局组织的医疗器械临床核查、拟上市产品注册检查、生产现场检查、专项检查等各类医疗器械检查50余次。2023年，与江苏省药品监督管理局泰州检查分局联合出台16项优化营商环境服务措施、对23个重点药械项目的挂钩帮扶制度以及《泰州市生物医药重点项目遴选和服务管理办法》，形成常态化服务机制。与泰州检查分局共同举办全市药械生产企业监管服务“面对面”座谈会10次。针对性开展政策咨询、预查、预审等服务，落实“前端帮扶、全程提速”各项部署。（令狐昌黎）

【医药政策服务中心】 3月，泰州医药高新技术产业开发区（泰州市高港区）医药政策服务中心成立。主要职责是分析研究国家、省、市药品（医用耗材）医保目录、招标采购、医药企业信用评价、医疗服务价格、基本药物目录等医药市场准入领域相关政策；负责全区医药企业市场准入政策指导服务工作。年内，辅导区内企业产品挂网，争取省、市医保局支持，畅通挂网渠道。至年末，全区有26个生产企业315个药品品规、69个生产企业1754个医用耗材品规在省级平台挂网。助力雀巢健康科学（中国）有限公司特医食品申请医保编码，在江苏省平台挂网（为全国首例）。保障阿斯利康药业（中国）有限公司百亿品种安达唐转移落地泰州后的医保资格，为持续引入糖尿病药品全产品生产链供应链打下基础。助力医药企业产品集采中选，国家开展的2批集采中，扬子江药业集团中选8个药品，上海汇伦江苏药业有限公司、江苏盈科生物制药有限公司各中选1个药品。在已开展的9批国家集采中，全区共有4个企业58个产品中选，其中，扬子江药业集团有51个产品中选。跟进国采药品接续进展，对区内相关企业开展“一对一”指导，先后有5个企业产品在国采接续中选。大泗医疗器械物流有限公司、贝尔泰克医疗器械江苏有限公司、江苏邦士医疗科技有限公司、江苏纳海生物科技有限公司4个企业共4个产品中选第三批国家组织的医用耗材集采。辅导江苏硕世生物科技股份有限公司应标安徽牵头的25省诊断试剂集采，该公司的2款HPV诊断试剂中选。协助区内重点企业申报国家医保药品目录准入谈判，做好分析研判和联系对接。在2023年国家医保目录谈判中，扬子江药业集团的3款药品和阿斯利康药业（中国）有限公司安达释以适宜价格进入国家医保目录。（王丽霞）

【新药申报服务中心】 8月，泰州医药高新技术产业开发区（泰州市高港区）新药申报服务中心成立。主要职责是负责全区药品、医疗器械、保健食品、化妆品及动物保健企业产品注册备案的咨询服务、技术指导以及数据收集、统计、分析工作；承担全区药品、医疗器械企业注册专员的培训工作。2023年，中心共推进获批重点产品10个。其中，药品7个（14个规格），器械3个。重点推动阿斯利康药业（中国）有限公司年产达格列净片（安达唐）获批投产，并新增安达释项目落户。（李富强）

【第三届“健康中国”发展大会】 2月24日，第三届“健康中国”发展大会在泰州医药高新区（高港区）召开。大会以“产业协同健康中国”为主题，聚焦“健康中国”2030规划中的医药创新、健康产业集群发展、社会服务体系完善等重大议题，邀请政府官员、大健康相关产业权威专家、学者及品牌企业代表，共同探讨中国大健康产业创新、品牌化、集群化发展和后疫情时代健康管理等行业热点问题。（区党史方志办）

【首届“健康中国”建设研讨会】 10月20日，首届“健康中国”建设研讨会在中国医药城会展交易中心举行。全国政协副主席、农工党中央常务副主席杨震出席开幕式并讲话。全国爱卫办主任、国家卫生健康委副主任于学军，江苏省副省长赵岩，市委书记朱立凡分别致辞。全国政协常委、农工党中央副主席焦红主持开幕式。国务院参事、北京协和医学院卫生健康管理政策学院执行院长刘远立，清华大学万科公共卫生与健康学院常务副院长、清华大学健康中国研究院院长梁万年，两院院士陈凯先等作主旨演讲。（区党史方志办）

·医药产业·

【扬子江药业集团】 创建于1971年，是跨地区、产学研相结合、科工贸一体化的大型医药企业集团，是科技部命名的全国首批创新型企业。总部位于泰州医药高新区（高港区）口岸街道，有员工1.6万余人，旗下10余个生产型、研发型成员公司分布于泰州市、北京市、上海市、南京市、广州市、成都市、苏州市、常州市等地。2023年，扬子江药业集团居全国工商联发布的2022—2023年度中国医药制造业百强榜榜首；连续十四年居工信部发布的中国医药工业百强榜前十强；入围“2023中国民营企业500强”，居榜单第124位；实现全国医药行业QC成果评比一等奖总数“十九连冠”，获国际QC金奖2项。在第八批、第九批国家药品集中采购中，共有8个品种中选，另有3个品种国家医保谈判成功。获评全国药品不良反应监测评价优秀单位、中国医药行业质量匠星企业。新增国际注册批准18份，完成5个品种再注册资料提交。

子公司发展 上海海尼药业有限公司推进高端化、智能化、国际化生物医药产业园项目，加快转型发展步伐。南京海陵药业有限公司产量及人均产出同比均上升，唐林工艺提升攻关取得显著成效。四川海蓉药业有限公司补肾润肺口服液月产能提升，获中国红十字奉献奖章等3项国家级荣誉。广州海瑞药业有限公司冻干车间获得澳大利亚TGA GMP证书，开拓CMO业务补充产能。江苏制药股份有限公司完成6个新产品上市。江苏海岸药业有限公司获国家5G工厂等5项国家级荣誉称号。江苏紫龙药业有限公司完成PIC/S现场检查。江苏海博生物制药有限公司搭建生产质量合规管理体系，自主开发建立3个生物药技术平台，具备抗体项目中试放大和商业化生产能力。江苏海慈生物药业有限公司完成41个品种供货，并满足2个品种国际订单，16个新品原料药获批。江苏龙凤堂中药有限公司的“中药提取2号车间及相关辅助设施建设项目”通过国家发改委和省工信厅验收，2个中药材种植基地通过GACP符合性认证，扬子江龙凤堂工业旅游区被认定为江苏省工业旅游区。

药品研发　扬子江药业集团完成2个化学小分子创新药物品种申报生产；部分药物进入临床重要节点。27个品种获批生产并视同通过质量和疗效一致性评价，累计通过或视同通过一致性评价品种数159个。重点建设具备核心竞争力的ADC（抗体偶联药物）、PROTAC（蛋白降解靶向嵌合体）技术平台、分子胶及抗体偶联分子胶技术平台、iPSC（诱导性多能干细胞）细胞治疗平台、in vivo（体内细胞治疗平台）和肿瘤疫苗平台，以及有技术难度及壁垒的复杂制剂平台等。与复旦大学联合重组的克服递药屏障高端制剂全国重点实验室挂牌。集团旗下的上海海路生物技术有限公司与中美瑞康达成合作，加速小核酸药物研发和商业化。

标准化建设　扬子江药业集团参与或主持9项国标、团标、地标的研制与撰写。“中药流程智能制造国家高新技术产业标准化试点项目”以优秀等次通过国家标准化试点项目验收；《中药智能制造技术规程》在江苏“世界标准日”主题宣传活动中作为优秀案例公示；江苏龙凤阁道地药材种植公司制定的《江苏省中药材种植溯源技术规范》升级为省级地方标准。

供应链管理　扬子江药业集团落实供应商全生命周期管理，对247个合作供应商进行风险识别和排查；从源头管控物料质量，完成5个通用型外包材供货质量协议升级；引进74个原辅包材供应商。实施重点品种储备，完成78味药材品种策略，做到“一品一策”；运用富硒技术，建成数个药材实验基地。

全国医药行业QC成果一等奖总数“十九连冠”　9月7—12日，由中国医药质量管理协会主办的第44次全国医药行业质量管理（QC）小组成果发表交流会在甘肃省兰州市举办。扬子江药业集团106项课题成果均获得一等奖和最佳发表奖，实现全国医药行业QC小组成果一等奖总数“十九连冠”。扬子江药业集团有限公司获得第44次全国医药行业质量管理（QC）小组活动优秀企业称号。

国际QC金奖　10月30日—11月1日，国际质量管理小组会议（ICQCC）在北京国际会展中心举行，扬子江药业集团参赛的2个QC小组获两项金奖。至年末，扬子江药业集团累计获得国际QC金奖28个。

（扬子江药业集团）

【阿斯利康药业（中国）有限公司】　成立于2011年6月，注册资本8.8亿元，位于生物医药产业园区药城大道9号。总投资超3亿美元，2014年9月投产供货中国市场，2017年7月开始供货欧洲市场，2021年12月增资1.8亿元启动糖尿病药品安达唐项目，2022年增资2500万美元建设安达唐生产线，2023年追加投资2600余万美元建设安达释新生产线。2023年，公司实现产值32.17亿元、开票销售26.13亿元，入库税金1.52亿元。

（许文欣）

【扬子江药业集团江苏龙凤堂中药有限公司】　成立于2013年，位于永安洲镇龙凤堂西路9号，占地面积29.68万平方米，有员工1500余人，从事中药材种植、中成药生产、质检、研发、销售及物流等经营业务。主要产品有胃苏颗粒、荜铃胃痛颗粒、蓝芩口服液、黄芪精口服液、神曲消食口服液等。获批工业和信息化部中药流程制造智能工厂新模式应用项目、国家标准委中药流程智能制造国家高新技术产业标准化试点项目。2023年，公司实现开票销售25.06亿元，获评江苏省绿色工厂。

（许金锋）

【雀巢健康科学（中国）有限公司】　成立于2013年1月，位于生物医药产

扬子江药业集团江苏龙凤堂中药有限公司　　姚　强　摄

业园区药城大道359号，注册资本3264万美元，由瑞士雀巢健康科学有限公司投资成立，是雀巢集团在亚太地区设立的第一个液态特医食品生产基地、全国首个特医全营养配方食品液体制剂工厂。占地面积近15万平方米，投资超10亿元。2019年7月，公司研发的液体特殊医学用途全营养配方食品“佳膳佳立畅”取得产品注册证，成为首款取得注册证的国产特殊医学用途全营养配方食品。2019年11月，雀巢健康科学中国产品创新中心在生物医药产业园区建成。2022年7月，公司研发的液态产品“速熠素”获全国首张特殊医学用途肿瘤特定全营养配方食品注册证书。2023年8月，取得“小佳膳汇立能”注册许可证，10月完成“佰态能”现场注册核查审计工作，11月完成“小佳膳”首批商业化生产。2023年，公司实现开票销售21.4亿元、税收3.54亿元。（许文欣）

【扬子江药业集团江苏海慈生物药业有限公司】 成立于2004年，位于沿江街道泰镇路8号，系扬子江药业集团全资子公司，是集团化学原料药研发、中试和生产基地，产品主要服务集团制剂生产。占地面积30.67万平方米，总投资约13亿元。有35个品种通过新版GMP认证，40余个产品满足国外药典标准，28项产品获国家发明专利，30项产品获省级高新技术产品认定，获5项国际QC论文金奖、61项国内QC论文一等奖，多个产品在9个国家成功注册及销售，建有国家企业技术中心分中心。2023年，公司实现工业总产值19.58亿元、利润14.65亿元，上缴税金4.19亿元。（孙海滨）

【江苏勃林格殷格翰生物制品有限公司】 成立于2012年5月，位于生物医药产业园区祥泰路297号，注册资本5000万美元，占地面积12.07万平方米。主要从事动物疫苗生产，总投资8500万欧元。主要产品为兽用疫苗产品，有“蓝福莱”及“菌伪净”2个猪用疫苗取得生产批文，并于2019年投产。2023年，公司实现开票销售6.7亿元，入库税收9248万元。（许文欣）

【江苏默乐生物科技股份有限公司】 成立于2008年5月，位于生物医药产业园区健康大道805号，以浙江大学为依托，从事分子生物体外诊断试剂的研发与生产。建有通过医疗器械质量管理体系（YYT0287/ISO 13485）认证的诊断试剂生产体系。共有注册产品58个和非注册产品200余个。2022年，自主研发的幽门螺杆菌23S rRNA基因与gyrA基因突变检测试剂盒（荧光PCR法）获批三类医疗器械注册证。2023年，公司实现开票销售5.99亿元，入库税收2405万元。（许文欣）

【江苏邦士医疗科技有限公司】 成立于2013年，位于生物医药产业园区药城大道898号。公司拥有国家级高新技术企业、国家级专精特新“小巨人”企业、中国创新创业大赛优秀企业、江苏省瞪羚企业、江苏省民营科技企业、省重点研发项目单位、省及市两级等离子微创工程研究中心等资质和称号。取得96项专利证书，产品广泛应用于耳鼻咽喉头颈外科、骨科、泌尿外科、神经外科、口腔颌面外科等。其中，等离子射频手术系统是公司主营产品，2018年被科技部、工信部、国家卫生健康委、国家药监局遴选为创新医疗器械产品。2020年，获得省科学技术进步奖。2022年，国家组织骨科脊柱类医用耗材集中带量采购公布，公司的一次性双极射频等离子体手术电极部分型号入选。2023年，公司实现开票销售3.8亿元，入库税收6214万元。（许金锋）

【江苏硕世生物科技股份有限公司】 成立于2010年4月，位于生物医药产业园区药城大道837号。2019年12月在上海证券交易所科创板上市，股票代码“688399”。主要从事体外诊断试剂、配套检测仪器等体外诊断产品的研发、生产和销售，并延伸至关键原材料、体外检测服务、互联网医疗等领域。有分公司1个、子公司8个，主要集中在疾病预防控制、肿瘤诊断、优生优育、女性健康、女性生殖道微生态检测等领域。共有600余种产品，其中人乳头瘤病毒核酸分型检测试剂盒（荧光PCR法）、全自动核酸提取仪（SSNP-9600A）等为主导产品。2022年，猴痘病毒核酸检测试剂盒获得欧盟CE准入资质，出口全球50余个国家和地区。2023年，公司

江苏硕世生物科技股份有限公司产品展厅　　顾祥忠　摄

研发的疟原虫抗原检测试剂盒（胶体金法）获得国家药监局签发的医疗器械注册证。入选中国医药工业百强榜，列第74位。公司实现开票销售3.69亿元。（许文欣）

【泰州迈博太科药业有限公司】 成立于2015年2月，位于生物医药产业园区口泰路西侧、陆家路东侧G79幢。为香港联交所上市公司迈博药业有限公司（2181.HK）的全资附属公司，注册资本2.1亿美元，专注于治疗癌症和自身免疫性疾病的新药及生物类似药的研发和产业化。2021年7月，CMAB008 类停®（注射用英夫利西单抗）获准上市，填补国产空白，治疗领域覆盖消化科、风湿科及皮肤科多个适应证。2023年5月，CMAB007 奥迈舒®（注射用奥马珠单抗α）获准上市，用于治疗确诊为免疫球蛋白E（IgE）介导的哮喘患者。5月27日，CMAB806（托珠单抗，用于治疗类风湿关节炎、全身型幼年特发性关节炎、细胞因子释放综合征）通过GMP注册和现场核查。2023年，公司实现开票销售3.1亿元。（许文欣）

【艾兰得营养品泰州有限公司】 成立于2017年，位于生物医药产业园区健康大道805号G101幢。注册资本560万美元。主要生产功能性软糖、益生菌产品，产品销往美国、英国等国家。工厂有2个生产车间、1个仓库和1个化验室，生产车间全部按照GMP厂房设计要求设计建造，拥有先进的混合、粉剂灌装、定量装置系统、软糖浇注、纯化水制备系统、包装等设备。2023年，公司实现开票销售2.5亿元。（许文欣）

【江苏中慧元通生物科技股份有限公司】 成立于2015年10月，位于生物医药产业园区杏林路32号，注册资本3.6亿元。从事人用创新型疫苗的研发、生产和销售。取得儿童四价流感病毒亚单位疫苗、成人四价流感病毒亚单位疫苗、重组带状疱疹疫苗、二十三价肺炎球菌多糖疫苗等新药临床批件。上海/泰州研发中心及中试平台多项病毒性疫苗、细菌性疫苗、结合疫苗、重组亚单位疫苗及mRNA疫苗管线同步推进。2023年，成人四价流感病毒亚单位疫苗上市。公司实现销售收入1.71亿元。（许文欣）

【石药集团中诺药业（泰州）有限公司】 成立于2011年8月，位于生物医药产业园区药城大道816号，注册资本1.7亿元，为石药集团全资子公司。占地面积11.55万平方米。定位为石药集团营销中心和生产基地，获批特殊医学用途配方食品1个、保健食品78种、食品11类和食品添加剂生产许可1类。生产基地选用自动化设备，设有保健食品、食品固体制剂、软胶囊、口服液和特医食品等生产线。产品涵盖保健食品、功能性食品、特医食品、医疗器械、特色中药、创新药品等。年生产能力为片剂30亿片、软胶囊10亿粒、胶囊5亿粒、粉剂10亿袋、口服液1亿支。2023年，公司实现开票销售1.3亿元，入库税收926万元。（许文欣）

【江苏金迪克生物技术股份有限公司】 成立于2008年12月，位于生物医药产业园区郁金路12号，注册资本8800万元，从事人用疫苗研发、生产、经营和服务。首期项目投资3.5亿元，建成四价流感病毒裂解疫苗、冻干人用狂犬病疫苗车间。2020年，投资8.45亿元建设四价流感疫苗二期产业化项目。公司产品管线覆盖流感、狂犬病、水痘、带状疱疹和肺炎5种传染性疾病预防。2023年，公司实现开票销售1.28亿元。（许文欣）

【华威特（江苏）生物制药有限公司】 成立于2011年，位于生物医药产业园区姜高大道409号，从事动物生物制品的研发、生产、销售和技术服务，是江苏省兽用生物制品工程实验室及泰州市动物疫苗基因工程技术研究中心依托单位。开发动物疫苗和诊断试剂产品30余种，制出没有免疫抑制的蓝耳病活疫苗和猪瘟/蓝耳二联活疫苗。获新兽药注册证书12项、临床批件19项、发明专利16项。上市产品15种，主要服务于国内大型养殖集团。2023年，公司实现开票销售9820万元。（许文欣）

【江苏长泰药业有限公司】 成立于2010年10月，位于生物医药产业园区南坝塘路1号，注册资本1.33亿元，占地面积8.6万平方米，从事生物医学创新药及高端制剂的研发设计，打造独家连续化流技术平台。有产品系列30余种，其中微球、脂质体产品布局10余个。2022年，投入2亿元建立新的高端制剂车间，开展总投资近10亿元的生物医学高端制剂生产基地的建设工作。2023年，公司申报的奥氮平氟西汀胶囊获得国家药监局批准，成为全国首个治疗双相情感障碍的复方药品。公司实现开票收入8600万元，入库税收488万元。（许文欣）

【艾美行动生物制药有限公司】 成立于2011年，位于生物医药产业园区药城大道819号。注册资本3.6亿元，占地面积10.67万平方米，总建筑面积6万平方米。从事新型疫苗、基因工程药物及体外诊断试剂等生物制品的研制、规模化生产及销售。2016年1月，通过国家GMP认证。2017年8月，取得国家食品药品监督管理局颁发的甲型肝炎灭活疫苗（人二倍体细胞）批签发合格证，成为中国医药城上市销售的第一支人用疫苗。2023年，公司实现开票销售5700万元。（许文欣）

【泰州鑫联诚润生物技术有限公司】 成立于2016年，位于刁铺街道民

泰州鑫联诚润生物技术有限公司车间　　刁铺街道　供图

营工业园内。从事体外诊断（IVD）行业耗材的生产、制造。固定资产4000万元。占地面积1.5万平方米，其中车间面积5000平方米，拥有PCR实验室、化学实验室、微生物实验室。有职工100人，全自动化注塑机等设备20台（套）。主要产品包括深孔板、试剂瓶、保存管、PCR管、离心管、摇瓶、血清瓶、抽提管、细菌培养皿、滴瓶、移液器吸头、一次性使用取样器/采样器，兼营核酸提取仪、血液复苏仪、离心机、摇床、混匀仪、PCR工作站。产品出口美国、德国、英国、日本、韩国、澳大利亚、俄罗斯、比利时等国家。通过CE、GMP、FDA、ISO 13485等体系认证。2023年，公司实现产值3712.9万元、开票销售2851.5万元。（许金锋）

【泰州博莱得利生物科技有限公司】2018年从北京迁入生物医药产业园区，位于檀香路66号，注册资本5820万元。从事宠物创新药物等研发、生产、销售以及宠物第三方健康检测服务。取得新兽药注册证书5项，包括国家一类新兽药注册证书1项、三类新兽药注册证书2项。15项产品在新兽药注册过程中，拥有国家发明专利9项，在研新产品50余项。投资超2亿元，按照欧盟标准建设全球第一个宠物健康全功能研发与生产基地2.4万平方米。2023年8月，公司自主研制的猫三联疫苗获批上市，为国内首批。自主研发的全球首例、国家一类新兽药博生健®犬血白蛋白注射液取得国家批签发。全年公司实现利润2370万元。（许文欣）

【江苏赛孚士生物技术有限公司】成立于2018年，位于生物医药产业园区药城大道907号，注册资本1.76亿元，占地面积5.8万平方米，总投资逾15亿元。系提供抗体药物研发生产外包服务的高科技创新企业，由江苏荃信生物医药有限公司控股。2019年5月启动建设，2020年10月完成一期主体工程建设并开始设备调试。2021年初取得药品生产许可证。项目一期建成面积4.3万平方米，配备4条2000升商业化生产规模的原液生产线及多条200升中试放大生产线，另配有预充针制剂和西林瓶制剂生产线各1条。2023年，公司实现开票销售961万元。（许文欣）

【江苏瑞科生物技术股份有限公司】成立于2012年5月，位于生物医药产业园区中国医药城疫苗工程中心，注册资本4.48亿元。建设蛋白工程、新型佐剂、免疫评价等技术平台，布局重组九价宫颈癌疫苗、二价宫颈癌疫苗、重组带状疱疹疫苗等系列产品管线。核心产品重组HPV九价疫苗REC603处于三期临床试验阶段。2022年，公司在香港联交所主板上市，股票代码“02179.HK”，成为港股“HPV疫苗第一股”和“新型佐剂疫苗第一股”。2023年，公司与沙特阿拉伯制药公司SPIMACO就重组九价HPV疫苗REC 603签署框架协议，并达成授权与战略合作。公司入选江苏省高新区瞪羚企业。（许文欣）

【安若维他药业泰州有限公司】成立于2018年1月，位于生物医药产业园区祥泰路196号，注册资本3500万美元，总投资1亿美元，是印度阿拉宾度制药公司全资子公司。主要从事药品固体制剂的生产和研发。项目按中国GMP、欧盟GMP及美国cGMP标准建设，建有质检研发综合楼、固体制剂生产车间、高架仓库等生产及辅助设施，具备年产片剂100亿片、胶囊55亿粒的生产能力。2021年9月，取得中国药品生产许可证。2023年6月，通过欧盟GMP认证。（许文欣）

【鲲鱼健康药业江苏有限公司】成立于2017年6月，位于生物医药产业园区泰州大道363号，注册资本3.4亿元，是以特殊医学用途配方食品与功能性保健食品研发、生产为主的技术型服务公司，大健康产业运营“一站式”解决方案提供商。先期建设6000平方米的透明工厂式智慧生产平台，覆盖常用口服固体剂型的生产需求。旗下的B端技术资源合作平台以突出产品力为核心，向大健康产业相关的技术研究单位、中小企业提供实验技术支持、技术申报、全项检测、商品化开发等技术服务，同时对接下游C端市场资源，培育产品市场价值。2023年，公司完成糖尿病、肾病、肿瘤3款疾

病专用型特医产品临床试验，并注册申报。（许文欣）

【上海汇伦江苏药业有限公司】 成立于2010年，位于生物医药产业园区健康大道801号，为上海汇伦生物科技有限公司全资子公司，从事创新药和仿制药的研发及技术服务。获得产品批准证书10余个，并上市销售。2020年，公司研发的注射用西维来司他钠获批上市。2021年，研发的注射用左亚叶酸获批上市，用于肿瘤的临床治疗。2023年，公司的赛洛多辛胶囊中选第九批国家组织药品集中带量采购。（许文欣）

【江苏泰康生物医药有限公司】 成立于2008年7月，位于生物医药产业园区药城大道1号G03幢厂房。专业从事治疗性抗体药物和重组蛋白药物等大分子生物药的研发生产。2018年，抗体生产和重组蛋白生产基地建成并运行，生产基地总面积超1.85万平方米，总投资超过4亿元。2020年4月，完成A轮19.7亿元融资。2021年10月，江苏泰康生物抗体药物用地产业化项目启动，总投资15.96亿元。2022年1月，在科创板上市。2023年，迈利舒（地舒单抗注射液）上市。（许文欣）

【江苏百英生物科技有限公司】 成立于2021年8月，位于生物医药产业园区口泰路东侧、新阳路北侧5幢，从事抗体表达和抗体发现与优化业务。建有研发生产基地1万余平方米，实验室购置有高通量分子互作分析系统、流式细胞仪、基因测序仪等仪器设备。公司通过质量管理体系、知识产权管理体系、职业健康安全管理体系、环境管理体系、“两化”融合管理体系等认证，是江苏省三星级上云企业、AEO高级认证企业。共获得有效专利16件，其中发明专利2件、实用新型专利14件。（许文欣）

·粮油食品产业·

【江苏汇福蛋白科技有限公司】 成立于2014年3月，位于永安洲镇疏港北路西侧。系汇福粮油集团全资子公司，由饲料蛋白科技、油脂科技、粮食物流等公司组成，占地面积28.33万平方米，总投资30亿元。年加工大豆400万吨，年产饲料蛋白320万吨、食用植物油80万吨、膨化玉米100万吨、膨化大豆20万吨、生物肽30万吨。2023年，公司实现开票销售143.1亿元。（蒋　颖）

【益海（泰州）粮油工业有限公司】 成立于2006年12月，位于永安洲镇疏港北路1号，由新加坡丰益国际公司独资兴建。主要从事大豆、水稻等农产品的生产加工、仓储及销售，是中国食用油市场畅销品牌——“金龙鱼”系列食用油的主要生产基地之一。先后建有日处理大豆6000吨的榨油车间、日处理毛油1000吨的精炼车间、日罐装1250吨的小包装车间、日生产2600吨的大米车间，配套建设有内河及长江岸线码头，形成集生产加工、贸易、中转于一体的粮油集散中心。2023年，公司实现开票销售93.96亿元。（许金锋）

【泰州统实企业有限公司】 成立于2012年，位于许庄街道永平路301号，由台湾统一实业股份有限公司投资兴建，注册资金3000万美元，投资总额9000万美元。占地面积18.27万平方米，拥有员工390人。通过ISO 9001、ISO 22000体系认证和国家包材检测中心认证，通过“两化”融合管理体系评定。2023年，公司实现开票销售6.97亿元，入库税金5086万元。（许金锋）

【统之幸食品（江苏）有限公司】 成立于2016年，位于许庄街道永盛路29号。日商独资企业，注册资本8200万元。占地面积3.91万平方米。主要研发和生产食品调味料、

江苏汇福蛋白科技有限公司　　顾祥忠　摄

统之幸食品（江苏）有限公司　　高端装备制造产业园区　供图

食品用香精、方便菜肴等产品，是统一企业（中国）投资有限公司的战略合作伙伴及协同创新重要基地。食品香精的生产采用MES信息化管理系统，对投入原料的重量、批号、品名等信息自动识别、记录。方便菜肴生产系统采用日本东洋自动包装机、中国台湾水浴式高温高压杀菌釜、日本安立自动化重量选别机、金属探测机及X光机，实现产品全检。2023年，公司实现开票销售5.54亿元，入库税金9936万元。（许金锋）

【华润雪花啤酒（泰州）有限公司】 成立于2011年1月，位于许庄街道创新大道16号，由央企华润集团旗下华润啤酒有限公司投资兴建，系华润雪花啤酒在江苏境内的第5个生产工厂。项目总投资1亿美元，注册资本3000万美元，占地面积15.3万平方米，规划年产能40万吨啤酒。主要产品有雪花勇闯天涯、雪花干醇、雪花原汁麦、雪花纯鲜啤酒等，产品销售覆盖全国各地。2023年，公司实现开票销售5.1亿元，纳税4054万元。

（高端装备制造产业园区）

【丰益生物科技（江苏）有限公司】 成立于2013年，位于永安洲镇疏港北路6号，总投资5000万美元，占地面积6万平方米。主要利用油籽精炼后的副产物为原料，引进国外超临界工艺生产天然维生素E和植物甾醇。先后获得江苏省三星级上云企业、泰州市AA守合同重信用企业等荣誉。2023年，公司实现开票销售4.5亿元。（蒋　颖）

【江苏苏萨食品有限公司】 成立于2014年10月，位于许庄街道创新大道58号，注册资本1.5亿元。项目一期用地8万平方米，总投资6亿元，2016年10月建成投产，主要生产生榨椰子汁、果汁、果奶、汽水、运动饮料、椰子水等。2023年，公司实现开票销售3.9亿元，纳税1951万元。

（高端装备制造产业园区）

【丸庄金龙鱼（泰州）食品工业有限公司】 成立于2015年，位于永安洲镇疏港北路18号，由新加坡丰益国际、台湾丸庄酱油联合兴建，项目总投资6000万美元，占地面积11万平方米。工厂整合双方在原料、技术及销售渠道等方面的优势，采用高盐稀态生产工艺，是中高端黑豆酱油和豆麦酱油酿造基地。2023年，公司实现开票销售1.97亿元。

（蒋　颖）

高端装备制造产业

【概况】 泰州医药高新区（高港区）高端装备制造产业代表企业有长城汽车股份有限公司泰州分公司、泰州三福船舶工程有限公司、万向精工江苏有限公司、蜂巢智行传动系统（江苏）有限公司、精诚工科汽车零部件（泰州）有限公司等，主要集聚于高端装备制造产业园区和口岸街道等地。2023年，全区高端装备制造产业实现产值390.92亿元，比上年增长19.7%。

（孙　骁）

【长城汽车股份有限公司泰州分公司】 成立于2018年8月，位于高端装备制造产业园区通江东路666

长城汽车股份有限公司泰州分公司生产线　曹德锋　摄

号，由保定市长城控股集团有限公司投资兴建。项目总投资48.6亿元，占地面积48.47万平方米，建筑面积21.6万平方米，规划年产能为20万辆整车。引进德国、意大利、瑞典、日本等国家的先进生产设备2000余台（套），车间自动化率100%，具备多车型、多平台、柔性化共线生产能力。2023年，公司生产的哈弗商品车销向哈萨克斯坦。欧拉好猫汽车在中国澳门上市。公司实现销售202.8亿元。整车产量突破20万辆。 （孙　骁）

【泰州三福船舶工程有限公司】 成立于1999年，分为口岸厂区和永安厂区。主要从事高新技术船舶制造和销售，系国家一级1类钢质一般船舶生产企业。年造船能力100万载重吨，可承接散货船、多用途船、油轮/化学品船、集装箱船、拖船、海洋工程船、铺管船、驳船的生产制造。曾获国家“两化”融合管理体系贯标试点企业、江苏省高新技术企业、江苏省工业设计示范企业、江苏省五星级数字企业、江苏省知识产权管理示范先进单位称号。拥有江苏省企业技术中心、江苏省工程技术研究中心、江苏省企业院士工作站等研发平台。获批发明专利6项、实用新型专利16项、软件著作权7项，省级新产品11项。2023年，公司实现营业收入38.6亿元。

（孙　骁）

【诺博汽车零部件（泰州）有限公司】 成立于2019年9月，位于高端装备制造产业园区通江东路666-2号，由诺博汽车系统有限公司投资兴建。项目总投资19亿元，占地面积9.73万平方米，总建筑面积6.06万平方米，拥有意大利OMMA辊胶机、德国亨内基发泡设备、恩格尔注塑设备、克劳斯·玛菲发泡机等进口设备603台（套）。2023年，公司实现开票销售18.7亿元，纳税1.2亿元。

（高端装备制造产业园区）

诺博汽车零部件（泰州）有限公司车间　　陈金云　摄

【精诚工科汽车零部件（泰州）有限公司】 成立于2019年9月，位于高端装备制造产业园区通江东路666-3号，由长城集团旗下全资子公司精诚工科汽车系统有限公司投资兴建。项目一期总投资15亿元，占地面积8.33万平方米，建筑面积9.2万平方米，主要生产汽车底盘、车身冲焊件等核心零部件产品。客户群体有长城、捷豹、路虎、特斯拉等汽车品牌。2023年，公司实现开票销售16.8亿元，纳税8026万元。

（高端装备制造产业园区）

【曼德汽车零部件（泰州）有限公司】 成立于2020年6月，位于高端装备制造产业园区新乔路66号，由长城汽车股份有限公司全资子公司曼德电子电器有限公司投资兴建。项目总投资17.4亿元，占地面积11.2万平方米，主要产品是光电系统、热系统及电气系统。其中，曼德汽车零部件年产30万套汽车线束、30万套汽车空调项目，总投资12.2亿元，占地面积6.7万平方米，先期租用中小企业集约区标准厂房4号厂房及蜂巢蔚领动力科技（江苏）有限公司厂房面积2.2万平方米；曼德光电年产30万套汽车灯具项目，总投资5.2亿元，占地面积4.5万平方米，先期租用中小企业集约区标准厂房1号厂房面积1.05万平方米。2023年，公司实现开票销售13.2亿元，纳税2740万元。

（高端装备制造产业园区）

【万向精工江苏有限公司】 成立于2010年12月，位于许庄街道永进路19号，系浙江万向精工有限公司全资子公司。主要开发生产“WGC”“万向WANXIANG”牌汽车轮毂轴承单元（第一代、第二代、第三代带ABS电子速度传感器）、汽车轮毂轴承等汽车零部件产品。获授权实用新型专利19项、发明专利3项。曾获评国家级“两化”融合管理体系贯标示范企业、江苏省高新技术企业、江苏省民营科技企业、江苏省“两化”融合管理体系贯标试点企业。2023年，公司实现开票销售6.4亿元。 （孙　骁）

【泰州苏中天线集团有限公司】 成立于1986年，位于口岸街道江平东路1号，注册资金8880万元。主要从事汽车天线的研发、设计、生产、销售。曾获得江苏省高新技术企业、国家发改委汽车电子高技术产业化基地、国家级专精特新“小巨人”企业等称号，承担省、市科技成果转化资金资助项目。拥有江苏省车载信息天线放大器智能生产车间，是江苏省首批五星级上云企业。主要产品为汽车天线，年产量2000万支。2023年，公司实现主营业务收入5.8亿元。（孙　骁）

【“华夏金租神大01”下水】 4月19日，泰州口岸船舶有限公司建造的风电安装平台“华夏金租神大01”下水。该船桩腿长度110米，具有DP-1级动力定位能力，是国内作业水深最深、桩腿最长、吊机最高、功能最全、效率最快的圆柱腿桩风电安装平台。

（泰州海事局高港海巡执法大队）

【国内最大功率兆瓦级全电力甲板运输船出坞】 5月10日，泰州众航船舶有限公司建造的186米长全电力甲板运输船舶“赭山”轮出坞。该轮具有DP2定位能力，采用兆瓦级全电力推进系统，是国内同类型运输船舶中功率最大的船。

（泰州海事局高港海巡执法大队）

石化及新材料产业

【概况】 泰州医药高新区（高港区）石化及新材料产业代表企业有中海油气（泰州）石化有限公司、盛虹动能科技（泰州）有限公司、江苏海阳锦纶新材料有限公司等，主要集聚于化学新材料产业园区、永安洲镇。2023年，全区石化及新材料产业实现产值424.13亿元，比上年增长0.7%，利润4.78亿元，有规模以上企业54个。（李　阳）

【中海油气（泰州）石化有限公司】 成立于2007年，位于沿江街道海油路1号，占地面积163.33万平方米，注册资本35亿元，共有从业人员1400余人。曾获评国家危险化学品安全生产标准化一级企业、江苏省优秀劳动关系和谐企业、江苏省五一劳动奖状、江苏省智能制造示范工厂和“智改数转”成效突出企业、泰州市绿色等级企业。原油加工能力520万吨/年，拥有24套工艺装置、储运公用工程系统及2座油品码头（分别为1座5万吨级油品码头、1座3万吨级油品化工码头）。主要产品包括润滑油基础油、国六柴油、石脑油、MTBE、溶剂油料、苯、甲苯、混合二甲苯、重芳烃、石油焦等，年产量约442万吨。2023年，公司加工各种原料466.83万吨（其中原油463.4万吨），销售各类产品444.25万吨，实现营业收入268.65亿元，上缴税收45.01亿元，利润总额2.02亿元。（孙海滨）

【盛虹动能科技（泰州）有限公司】 成立于2022年12月，位于沿江街道东联路66号，注册资本4.2亿元，是盛虹控股集团基于新能源新材料“1+N”战略成立的储能板块。公司一期项目建设投资约30亿元，以锂电池及储能系统集成为核心，打造集储能电池、模组PACK、系统集成绿色储能解决方案于一体的完整产业链。2023年，公司完成工业总产值超6300万元、营业收入约5000万元、税收超1000万元；当年签署框架合同超10亿元，第四季度落地订单超2亿元；年底产品液冷储能预制舱系统、液冷储能一体柜系统首批批量订单完成交付安装并网使用，首批电芯产品出口海外。全系列电芯产品获得美国UL1973/UL9540A、欧洲IEC62619、中国国标GB/T 36276、联合国UN38.3等权威认证。与华能江苏能源开发有限公司、中国电信江苏分公司、华润电力控股有限公司、中国移动江苏分公司签署合作协议。

（孙海滨）

中海油气（泰州）石化有限公司　　化学新材料产业园区　供图

盛虹动能科技（泰州）有限公司车间　　　化学新材料产业园区　供图

【江苏海阳锦纶新材料有限公司】 成立于2013年3月，位于沿江街道创汇路2号，为海阳科技股份有限公司控股子公司，专业从事锦纶6切片、浸胶帘子布等锦纶系列产品生产和销售。占地面积21.67万平方米。总投资12亿元的40万吨/年锦纶切片项目分3期建设，一期于2015年竣工投产，二期于2019年竣工投产。建有院士工作站和工程技术研究中心，拥有国家实用新型专利10余项。2023年，公司“锦纶弹性体及弹性纤维研发”项目成功申报省工业和信息产业转型升级专项资金。公司实现工业总产值30.56亿元、利润6486万元，上缴税金2577万元。　（孙海滨）

【中海泰州特种油科技有限公司】 成立于2016年8月，位于沿江街道通扬路180号，系山东水发集团国有控股企业，占地面积6.67万平方米，总投资5.8亿元。公司采用中海油气泰州石化一体化项目的加裂煤油和工业白油作为生产原料进行深加工，年产轻质白油10万吨、重质白油5万吨、特种定制燃油0.5万吨，产品市场覆盖日用化学品产业。2023年，公司实现工业总产值10.35亿元、利润5901万元，上缴税金1.37亿元。　（孙海滨）

【江苏江农新材料有限公司】 成立于2022年11月，位于沿江街道通港南路9号，注册资本3084万美元，占地面积3.53万平方米，建有硫酸铵挤压车间、仓库、办公楼及配套设施，是专业生产、销售硫酸铵的新加坡投资企业。2023年，公司投资6000万美元建设年产100万吨循环利用新材料项目，实现当年签约、当年开工建设、当年入规且开票破5亿元、当年3000万美元资金全额到账。　（孙海滨）

【中油佳汇新材料科技泰州有限公司】 成立于2017年，位于沿江街道润河路16号，从事新型防水及先进高分子等材料的研发、生产、销售、咨询、设计。2022年，投资近1000万元建成RTO环保设备，自动化立体仓库系统投入使用。2023年，公司实现开票销售6939万元，上缴税金127万元。　（孙海滨）

【富彤化学有限公司】 成立于2004年10月，位于永安洲镇高永工业园区。系上市公司湖北兴发化工集团股份有限公司旗下的参股联营子公司。注册资本1亿元，占地面积12.4万平方米，建筑面积3.56万平方米。公司主营三氯化磷、三氯氧磷、有机磷阻燃剂TCPP、TEP等的生产及销售。设有有机磷系阻燃剂工程技术研究中心，有搪玻璃精馏釜、方形喷雾冷却塔、管套式换热器、福立9790型气相色谱仪等设备30台（套）。通过ISO 9001质量体系、ISO 14001质量体系、能源管理体系、“两化”融合管理体系和欧盟REACH认证。曾获得江苏省高新技术企业、江苏省企业技术中心、江苏省专精特新企业等称号。是磷酸三乙酯国家标准、三氯化磷和三氯氧磷行业标准参与制定单位，中国监控化学品协会理事单位。产品出口欧美等国际市场。2023

中油佳汇新材料科技泰州有限公司　　　化学新材料产业园区　供图

年，公司实现开票销售3.76亿元。（李　阳）

【泰州市天润合成化工有限公司】 成立于2002年，位于永安洲镇裕兴路1号。注册资本1亿元，占地面积5.33万平方米。有高分子材料工程师8人。主要从事树脂的研发与生产，有模压、拉挤、防腐、船用等系列树脂及胶衣。产品出口澳大利亚、新加坡、越南、埃及等国家。“永兴天润”商标为泰州市著名商标。2023年，公司实现开票销售3.36亿元，上缴税金600万元。（李　阳）

【泰州市永昌化工有限公司】 成立于2003年，位于永安洲镇马船路2号。注册资本525万元。占地面积1.02万平方米。专业生产三氯化磷、三氯氧磷、亚磷酸及盐酸等化工产品。建有年产2.1万吨三氯化磷、5000吨三氯氧磷、2.5万吨亚磷酸及副产9万吨盐酸的生产装置。2023年，公司实现开票销售1.78亿元、利润1513万元。（李　阳）

【江苏海邦新材料有限公司】 成立于2021年，位于沿江街道泰镇路10号，占地面积4.95万平方米，总投资10.96亿元，建设丙纶短纤维材料全自动化生产线10条。产品主要应用于汽车工业、土木工程、液体过滤、家居、卫生材料、纺织等行业。2023年，公司实现工业总产值4.44亿元，开票销售4.41亿元，上缴税金1785万元。（孙海滨）

巨腾电子科技（泰州）有限公司　　顾祥忠　摄

泰州市创新电子有限公司生产线　　顾祥忠　摄

电子信息产业

【概况】 泰州医药高新区（高港区）电子信息产业代表企业有蓝思精密（泰州）有限公司、巨腾电子科技（泰州）有限公司、泰州市创新电子有限公司、泰州汇锦电子有限公司等，主要集聚于电子信息产业园区、口岸街道和永安洲镇。2023年，全区电子信息产业实现产值221.14亿元，利润8.45亿元。新增规模以上企业2个，共有规模以上企业28个。（洪玉花）

【蓝思精密（泰州）有限公司】 位于电子信息产业园区祥泰路227号，从事高端视窗触控防护玻璃面板、触控模组及视窗触控防护新材料的研发、生产、销售。2020年，蓝思科技集团收购可成科技集团旗下的可胜科技（泰州）有限公司、可利科技（泰州）有限公司。2021年2月，收购后的可胜科技（泰州）有限公司更名为蓝思旺精密（泰州）有限公司，可利科技（泰州）有限公司更名为蓝思精密（泰州）有限公司。2021年4月，因公司发展和经营管理需要，蓝思精密（泰州）有限公司吸收合并蓝思旺精密（泰州）有限公司。总占地99.07万平方米，总建筑面积69.82万平方米，有职工3.5万人。2023年，公司实现开票销售137.52亿元，入库税收4.16亿元。（周剑锋）

【巨腾电子科技(泰州)有限公司】 位于电子信息产业园区祥龙路28号,成立于2016年4月,由台湾巨腾集团投资建立,总投资5.9亿美元,主要生产笔记本电脑、平板电脑和其他手持装置金属机壳。占地面积23万平方米,建筑面积20.6万平方米。有职工3000余人。2023年,公司实现开票销售8.5亿元,入库税收6000万元。 (周剑锋)

【泰州市创新电子有限公司】 成立于2001年,位于口岸街道友谊港路189号。注册资本3000万元,专业从事液晶显示器支架的研发与制造。曾获国家高新技术企业、国家专精特新"小巨人"企业、国家知识产权优势企业等称号。公司研发中心被认定为江苏省显示器支架系统工程技术中心、江苏省企业技术中心、江苏省重点研发机构。职工总数998人,其中各类技术人才233人。拥有授权专利291项,其中发明专利50项。2023年,公司投资1000万美元建越南创新科技有限公司。公司实现开票销售10.28亿元,入库税金2441万元,研发投入5946万元。 (洪玉花)

【泰州汇锦电子有限公司】 成立于2011年,位于口岸街道临港大道199号。注册资本6000万元,建有注塑车间、压铸车间、冲压车间、组装车间、办公楼、研发中心、检测中心等。专业从事液晶显示器底座、支架等产品生产,主要为海信、创维、三星、大宇、康冠、富士康、冠捷、仁宝、LG等知名厂商配套,国内市场占有率35%。有集中熔化炉、全自动配汤送料线、铝合金压铸机、注塑机、精密冲床、慢走丝切割机、加工中心、三坐标测量仪、高低温测试机、光谱仪等生产及检测设备。通过ISO 9001:2008质量管理体系、ISO 14001:2004环境管理体系、OHSAS 18001:2007职业健康安全管理体系、ISO/TS 16949:2009质量管理体系、"两化"融合管理体系认证,系江苏省高新技术企业。建有省、市级研发中心,研发团队80人,获得发明专利、实用新型专利、外观专利42项。与南京理工大学、南京航空航天大学等国内知名院校开展模具设计、开发、使用等专项合作。2023年,公司实现开票销售2.1亿元。

(洪玉花)

【泰州市旺灵绝缘材料厂】 成立于1984年,位于永安洲镇马船东路8号。总资产1.49亿元,有职工230人。主要产品为高性能毫米级覆铜箔板系列。曾获江苏省高新技术企业、江苏省专精特新中小企业、江苏省民营科技企业、江苏省科技型中小企业等称号。建有江苏省企业技术中心、江苏省高频微波复合材料工程技术研究中心、中科院泰州应用技术研究及产业化中心高频微波复合材料分中心、江苏省高频高速纳米陶瓷微波复合材料工程研究中心、江苏省聚合物功能复合材料工程研究中心。2023年,公司研发投入689万元,实现开票销售7521万元。 (洪玉花)

【泰州市博泰电子有限公司】 成立于2005年,位于永安洲镇马船路10号。总资产1.19亿元,有职工136人。主要产品为微波高频电路板系列,主要用于移动通信、汽车电子等领域。曾获评江苏省高新技术企业、江苏省民营科技企业、江苏省科技型中小企业、江苏省企业知识产权管理标准化示范单位、江苏省"两化"融合转型升级示范企业、江苏省管理创新示范企业、国家级专精特新"小巨人"企业。建有江苏省企业技术中心、江苏省微波高频多层电路板工程技术研究中心、江苏省博士后创新实践基地。2023年,公司实现开票销售7451万元。

(洪玉花)

开放型经济

港口·口岸

·泰州港高港港区·

【概况】 2023年，泰州港高港港区（高港、杨湾、永安3个作业区）有长江泊位13座。其中，万吨级泊位8座，集装箱、石油制品专用码头各1座。堆场面积64万平方米。其中，集装箱堆场14万平方米，各类仓库面积1.2万平方米。港口有各类装卸机械300余台（套），最大起吊能力40吨，具备集装箱、件杂、散货、液体各形态货物的装卸能力，接卸以钢铁、铁矿、煤炭、粮食等主要大宗外贸货种近20个，与40余个国家和地区的港口有运输往来。全年完成货物吞吐量4757万吨，完成外贸吞吐量632万吨。泰州港务集团有限公司完成总营收3.3亿元，永安公司智能扫码出入库管理系统投入使用。泰州国际集装箱码头完成集装箱吞吐量34.31万标准箱，增长4.9%。

【港口建设】 2023年，永安作业区一、二期改建工程水工部分通过质量核验并完成交工验收，工艺设备购置完成招标并进入制造阶段，部分设备完成安装调试。永安作业区开工建设自动化散料平房仓6000平方米。杨湾作业区改建工程除水工码头升级外，完成全部前期工作，进入施工前期准备阶段。

长江水岸　　宋乃进　摄

【港口营运】 2023年，泰州港高港港区完成货物吞吐量4757万吨，与上年持平；完成外贸吞吐量632万吨，增长23%。完成铁矿石中转量500万吨，增长4%。完成外贸煤炭进口78万吨，增长95%。永安作业区完成粮油中转量610万吨，增长12%。益海（泰州）粮油工业有限公司完成中转量378万吨，增长29%，泰州汇福粮油有限公司完成中转量232万吨，下降8%。

（季　玲）

【泰州港口岸获批国家药品进口口岸】 8月31日，经国务院批准，国家药监局、海关总署同意增设泰州市泰州港口岸为药品进口口岸。泰州港口岸辐射泰州及邻近城市的医药企业，增设后结束长三角地区长江以北没有药品进口口岸的历史，加速泰州医药产业融入全球医药研发制造业体系。

【永安作业区梅兰港务有限公司通用泊位改造工程通过竣工验收】 12月12日，泰州国际集装箱码头有限公司的永安作业区梅兰港务有限公司通用泊位改造工程通过竣工验收。改造工程于2019年5月开工建设，总投资7059万元，将原设计的3.5万吨级通用泊位改造成5万吨级通用泊位（水工结构按靠泊7万吨级设计），改造后码头年通过能力达184万吨。

（蒋　颖）

·泰州综合保税区·

【概况】 泰州综合保税区前身为泰州出口加工区，2010年4月28日经国务院批准设立，总规划面积1.76平方千米，2015年5月经国务院批准整合优化为综合保税区，是全市唯一的海关特殊监管区。2022年1月22日，经国务院批准，泰州市获批跨境电子商务综合试验区，泰州综合保税区是跨境电子商务综合试验区的主要载体。泰州综合保税区具有功能全、政策优、通关快等优势，可开展加工制造、保税研发、跨境贸易、仓储物流等多种业务，入驻企业享受保税、退税、免税等税收优惠政策。区内货物24小时通关，建有各类标准厂房23万平方米、保税仓库14万平方米、进口商品展示交易中心3万平方米。2023年，泰州综合保税区完成进出口贸易额10亿美元。

【中国（泰州）跨境电商综合试验区建设】 基础设施建设 在泰州综合保税区选址建成总面积3500平方米跨境电商监管中心，共建成3条X光检机及同屏比对系统，视频监控系统安装到位并接入海关管理网，监管所需的办公用房也配备齐全。2016年1月29日起，泰州综合保税区跨境电商监管中心开始批量发货，每天监管1500～2000件出口货物。在园区内规划建成3万平方米的保税展示交易中心大楼，其中地上2.1万平方米、地下0.9万平方米，总投资超1.3亿元。展示交易中心共5层，一层、二层为仓储式卖场，三层为O2O体验店，四层、五层为跨境电商及贸易公司办公用房。累计建成保税仓库6栋、9万平方米，有大宗商品库、高标准恒温恒湿库、低温冷库。

跨境电商平台建设 2015年，泰州综合保税区平台公司——泰州鑫泰集团有限公司投资建设承担泰州市单一窗口功能的跨境电商公共服务平台，总投资252万元，同年12月完成搭建工作，经南京海关认证同意后，实现与南京海关监管平台对接后上线运行。系全市唯一的跨境电商公共服务平台，为全市跨境电商产业提供载体支撑。2018年9月，泰州综合保税区完成该平台与海关总署统一版本系统的对接与升级，打通跨境电商物流、申报、支付、通关等各个环节，覆盖一般进出口、保税进出口、B2B出口等全部业务模块。2019年，成立阿里巴巴（泰州）LBS中心，打造泰州市统一的跨境贸易综合服务平台。该平台内的泰州综合保税区跨境电商保税展示交易中心为全市制造业企业和贸易企业在跨境电商业务上提供通关、物流、退税、外汇、金融、保险等“一站式”外包服务。全市与该平台合作的企业超1000个。2023年，平台完成进出口额2.12亿美元。

泰州综合保税区进口商品保税区展示交易中心　　时 永 摄

跨境电商业务 泰州综合保税区实现跨境电商业务模式全覆盖，打通“9610”“1239”“1210”“9710”“9810”等业务模式渠道。2016年，泰州海豚国际贸易有限公司启动“9610”出口业务。2018年，完成监管软件模块的开发并叠加到跨境电商公共服务平台；8月，走通省内网购保税进口（“1239”）业务非跨境电子商务综合试验区城市的“第一票”。2021年3月，扩大跨境电商零售进口试点范围至泰州综合保税区，引进日韩化妆品进口项目并完成海关系统对接，完成“1210”首单测试；同年，与泰州润元机电科技发展有限公司达成合作共识，利用泰州综合保税区跨境电商公共服务平台，开展“9710”“9810”B2B出口业务，完成测试单。2023年，发挥跨境电商公共服务平台功能，利用已落户的进出口贸易企业资源，拓展跨境电商业务，鼓励企业开展保税进口业务。区内艾兰得（泰州）生物科技有限公司等公司常态化开展跨境电商保健品跨境“1210”保税进口业务。吸引本地企业利用综合保税区平台转型升级，做大跨境电商业态中需要依托保税功能开展的业务。泰州润元户外用品股份有限公司利用综合保税区平台开展“1210”特殊区域出口海外仓业务。2023年，泰州综合保税区完成跨境电商进出口总额1200万元。（周剑锋）

·海 关·

【口岸开放】 5月，泰州市三泰船业有限公司舾装码头1号、2号泊位临时启用获得批准。至年末，泰州医药高新区（高港区）共有开放码头8座，临时启用码头1座。

【海关查验】 2023年，泰州海关驻泰兴办事处查验一科共查验进出境货物213票。其中，查验集装箱货物87票，查验大宗散货液体化工品126票。共查验异常17票，作简快案件处理1起。全年运用H986大型集装箱检查设备开展机检6158自然箱，日均机检约25自然箱。

【进出船舶监管】 2023年，泰州海关驻泰兴办事处监管一科监管进出口货运总量1502.5万吨，比上年增长10.8%。其中，进口货运量1179.3万吨，增长11%；出口货运量323.2万吨，增长9.9%。监管进出境集装箱12.8万标准箱，增长16.8%。其中，进境2万标准箱，增长23.5%；出境10.8万标准箱，增长15.7%。

【出入境特殊物品风险评估】 2023年，在南京海关的指导下，泰州海关会同生物医药产业园区、区商务局在泰州医药高新区（高港区）组织企业开展出入境高风险特殊物品风险评估工作。泰州成为江苏省内继南京江北新区、苏州工业园区后的第三个出入境特殊物品风险评估基地。特殊物品风险评估工作在泰州医药高新区（高港区）的开展，有力支持生物医药企事业单位开展研发创新和生产等方面的工作，推动生物医药集中监管与公共服务平台的建设发展。 （黄　俊）

·海　事·

【概况】 2023年，泰州海事局高港海巡执法大队保障高港港区进出船舶6万艘次，到港船舶装卸货量超7800万吨。维护808艘次受限船舶安全靠港，43艘新造船舶下水、出坞、试航等作业，包括国内最大功率瓦级全电力甲板运输船等船型。完成进博会、亚运会等重点时段水上安保任务。全年未发生一般及以上等级事故，组织协调救助险情31起，救助遇险船舶54艘次、人员246人次，水上人命救助成功率达99.6%，水上交通安全形势持续稳定。应对台风“杜苏芮”等极端天气影响39次。联合扬州海事局打造长江干线最大的扬泰临停区一体化管理示范区，累计服务应急、过境、到港、待闸船舶3.5万艘次，体量全省第一。推进高港、永安、杨湾等4座码头提升船舶吃水控制标准，支持中海油气（泰州）石化有限公司所属码头超码头负荷靠泊71艘次，3万～5万吨级原料运输船常态化进出。推行大型海船“直进直靠、直离直出”“优先进江、进出港、引航、靠离、装卸”等举措，保障吃水11米以上超大型船舶进出港499艘。成立高港港区船员行业党支部，建立船员困难帮扶直通车，推出船员服务驿站、船员子女进海事主题公益活动和“政务服务现场接待日”等活动。高港快反处置中心被江苏海事局评为一类优秀快反处置中心和优秀值班班组。

【海事安全监管】 2023年，泰州海事局高港海巡执法大队推进船港“全过程不违规不违法”，推行“码头长”包干责任制，码头常态化开展船舶进港“五核查”、船舶出港“三核查”共16.4万艘次，内河船舶配员不足、超载运输等显性违法行为保持“动态清零”。依托市长江水上交通安全专业委员会，推进重大隐患排查整治和重大风险防范化解，提请市党政领导、市安委会挂钩化解2项重大风险隐患，东夹江水域无序停泊问题总体可控，高港江河水域6艘水上非法交通船全部依法取缔。推动高港汽渡渡船全部安装AI智能监控，实现渡船监管实时可观可感。建立水上搜救见义勇为工作站，联合公安、环保、交通等部门开展水上安全与防污染应急演练近10次。

【水域生态保护】 2023年，泰州海事局高港海巡执法大队推动泰州医药高新区（高港区）落实专项资金，保障沿江公共水域免费交通和内河船舶生活垃圾、污水免费接收。查处泰州沿江首起生活污水储存柜未经船检认可、海轮生活污水直排等违法行为。推行水上流动供油作业“4×2”双融监管服务机制，开展水上流动供油专项检查37次。优化危化品高质量选船机制，对未经选船检查船舶到港作业实施闭环管理，推动AI视频监控100%覆盖沿江危化品码头。推动到港船舶岸电“应用尽用”，服务高港港区永安作业区岸电设施改造升级，获《中国水运报》宣传报道，杨湾码头到港海船岸电100%使用管理经验在江苏沿江推广。全年督促沿江区域接收船舶生活污水1.5万单、7660.8吨，生活垃圾1.6万单、161.4吨，残油废油99单、917.3立方米，含油污水243单、2695立方米，推动到港船舶使用岸电1.5万艘次、用电时长16.6万小时、用电量184万千瓦时，船舶污染物接收量和岸电使用量比上年均大幅增加。

【全国首例船舶建造现场VCA检查】 2月16日，泰州海事局联合船舶检验专家在泰州三福船舶工程有限公司对“兴航利”散货船开展全国首例船舶建造现场VCA（垂直合同审核）检查，上海海事局、浙江海事局派员观摩检查活动。

【新一代智能无人船试用】 7月15日，型号为“L30型”“M75B”的2艘智能无人船在泰州海事局高港塔台试用。该型无人船是国内最新一代智能无人船，机动性强，智能化程度高，应用于船舶高峰流时段交通组织、重点区域警戒及长时间驻守、显性违法行为查处、夜间突击巡查、水上应急救援等海事日常执法领域。

【海事智慧塔台】 2023年，泰州海事局在泰州医药高新区（高港区）建成投用全市首个集成多样化信息系统、全员整建制驻守的智慧塔台——高港引江塔台。该塔台位于泰州引江河与长江主航道交汇处，配置无人船、工业级无人机库以及13类海事单兵执法装备，实现10分钟应急反应、20分钟全域抵达，打造“执法前沿化、监管信息化、服务高效化、行政便民化”海事基层治理新模式。

（泰州海事局高港海巡执法大队）

·边防检查·

【概况】 泰州出入境边防检查站执勤一队主要承担长江沿线泰州医药高新区（高港区）段24千米岸线、10座对外开放码头、16个泊位的边防检查任务。2023年，监管船舶801艘次、船员15940人次，查验上下轮人员6040人次，核查搭靠船舶284艘次，为556名船员换班和3艘新船出口提供便捷服务，开通“绿色通道”救助受伤船员6次，依法查处违法违规案件4起、走私案件1起。

【执勤管理】 2023年，泰州出入境边防检查站执勤一队做深做实“国门先锋·泰港警盾”党建品牌，推动“党团+勤务”深度融合，实行党小组、团小组、三互小组、勤务小组“四组合一”运行模式。开展警务实战大练兵，提升查验查缉、检查核查的综合运用能力，强化在港船舶、上下船舶人员及口岸限定区域的精准管控。与驻港公安构建港区警盾联动组织，与海事、长航公安长效强化江上巡防，常态化开展区域联防，严查各类违法犯罪活动。开展“边检主题日”、普法宣讲、“人民至上　开门纳谏”服务行动、警地共建等活动16场次、受众210余人次，听取服务对象意见建议9条，疏通影响企业经营的堵点、痛点、难点12处。

（贲程祥）

经贸合作

·进出口贸易·

【概况】 2023年，泰州医药高新区（高港区）完成进出口总额40.68亿美元，比上年下降0.5%，进出口总额位居全市第三。其中，出口总额17.12亿美元，下降4.4%；进口总额23.55亿美元，增长2.6%。

【服务外包】 2023年，泰州医药高新区（高港区）完成服务外包执行额1.53亿美元，其中离岸服务外包执行额0.59亿美元。

【参展“广交会”】 4月15日—5月5日、10月15日—11月4日，第133届、第134届中国进出口商品交易会在广州举办。全区共有47个外贸企业参展，主要产品包含五金、大型机械及设备、墙纸、餐厨用具、汽车轮毂、冷柜、吊索具、羽毛工艺品、旅游休闲用品、绣花线、纺织面料等。

【美画艺术品入围国家文化出口重点企业】 10月，由商务部、中央宣传部、财政部、文化和旅游部、广电总局五部门联合评选认定的2023—2024年度国家文化出口重点企业名单公布，泰州市美画艺术品有限公司入围。位于电子信息产业园区的泰州市美画艺术品有限公司是集艺术装饰画原创设计、创意转化、服务贸易及工业化生产的文化出口企业。生产基地超过9万平方米，具备年产1000万幅艺术装饰画的能力，产品远销欧美近20个国家和地区。 （杨　斌）

·招商引资·

【概况】 2023年，泰州医药高新区（高港区）新签约1亿元或1000万美元以上项目253个，总投资638.51亿元。其中，内资项目234个，总投资589.73亿元；外资和港澳台资项目19个，总投资7.28亿美元；5亿元或3000万美元以上项目81个，总投资446.86亿元。

【招商活动】 2023年，泰州医药高新区（高港区）组织参加市级招商活动3次，举办区级大型招商活动10次。3月28日，化学新材料产业园区在上海举办润滑油产业专场推介会，收集有效项目信息13条。3月29日，生物医药产业园区举办一季度项目集中签约仪式，16个医药健康项目签约，总投资40亿元。4月12—14日，第88届中国医药原

2023年8月3日，中国医药城（上海）投资说明会在上海举行

区党工委（区委）宣传和统战部　供图

料药交易会在青岛举行。活动期间，港口物流产业园区联合中国化学制药工业协会召开原料药集中生产基地招商推介会。4月27日，中国医药城（北京）投资说明会在北京举行，10个项目集中签约。6月1日，高端装备制造产业园区在天德湖宾馆举行氢燃料电池行业研讨会暨泰州港经济开发区投资环境推介会，与会嘉宾就氢燃料电池发展现状、遇到的困难挑战及未来产业展望进行研讨交流；10日，第十七届全国敏感元件与传感器学术会议暨高端装备制造产业园区招商推介活动在泰州医药高新区（高港区）召开。8月3日，2023中国医药城（上海）投资推介会在上海举行，首批5个企业集中入驻泰州离岸创新中心，"G60云智天地"与中国医药城达成区域合作协议，总投资60亿元的20个项目集中签约。10月21日，生物医药产业园区举办第十四届中国（泰州）国际医药博览会中国医药城项目集中签约仪式，总投资51亿元的20个项目集中签约。11月14日，电子信息产业园区在深圳举办招商推介会，活动现场签约项目2个。12月11日，2023"泰有引力、两高智行"科创项目发布对接会在化学新材料产业园区举行。哈尔滨工业大学国家大学科技园发展有限公司与滨江工业园管理办公室就推进项目发布、落地等签订合作协议。"5G基站通信雷达一体化的无人机探测技术""智兀慧工　工业AI视觉3D智能传感器"等9个项目开展路演，涉及人工智能、先进材料、医疗健康、新能源等领域。

【利用外资和港澳台资】 2023年，泰州医药高新区（高港区）新批外商和港澳台商投资企业10个。其中，制造业项目2个，占比20%；总投资3000万美元以上新批项目1个。协议利用外资和港澳台资8618万美元，实际利用外资和港澳台资1.85亿美元。（刘　基）

2023年泰州医药高新区（高港区）新批外商和港澳台商投资企业一览表

表12　　单位：万美元

企业名称	企业性质	投资总额	注册资本	协议利用资金
泰州高港港电智慧能源有限公司	独资	1849	739.6	739.6
泰州市恩瓦诺能源环境有限公司	合资	14.55	14.55	3.64
江苏盈科生物制药有限公司	合资	1083.4	1083.4	21.52
世科端粒编程实验室科技（泰州）有限公司	独资	21172	3000	3000
来科（泰州）生物科技有限公司	独资	13.84	13.84	13.84
泰州金岱智能科技有限公司	合资	13.93	13.93	4.18
圆太国际贸易（江苏）有限公司	合资	100	100	51
泰州慧新企业管理咨询服务合伙企业（有限合伙）	合伙	122.77	122.77	7.4
泰州海西置业有限公司	合资	372.77	372.77	—
礼治制药（泰州）有限公司	独资	100	100	100

（肖　军）

·境外经济技术合作·

【概况】 2023年，泰州医药高新区（高港区）备案核准非金融类境外投资企业12个，协议投资额7722.22万美元。其中，新设企业9个，协议投资额5222.22万美元；增资企业3个，增资金额2500万美元。当年实际境外直接投资额5028.92万美元。

【境外投资】 2023年，全区共有实际境外投资项目10个，当年实际境外直接投资额5028.92万美元。泰州市创新电子有限公司在越南投资1000万美元；江苏苏萨食品有限公司在越南投资412万美元；泰州润杰物流安全装备科技有限公司在柬埔寨投资90万美元；江苏亚虹医药科技股份有限公司在美国投资635万美元；江苏高泓新材料有限公司在越南投资45万美元；唐泽器材（泰州）有限公司在日本投资22万美元；江苏硕世生物科技股份有限公司共有4笔境外投资，其中，对美国投资2笔（分别为1500万美元和1000万美元），对英国投资174.92万美元，对中国香港投资150万美元。（杨　斌）

农 业

综 述

【概况】 2023年，泰州医药高新区(高港区)实现农业总产值25.55亿元。其中，种植业产值19.35亿元，林业产值0.15亿元，畜牧业产值2.5亿元，渔业产值1.78亿元，农林牧渔专业及辅助性活动产值1.78亿元。粮食播种面积1.66万公顷，总产量11.32万吨。培育高素质农民700人。新增市级农业龙头企业8个。新增年投资额1000万元以上农业农村重大项目20个。（钟 辰）

【高标准农田建设】 2023年，全区实施高标准农田建设项目3个，治理面积946.67公顷，主要涉及明珠街道靳新社区，口岸街道徐桥村、郎庄村、雅儒村、吴楼村、集成村，胡庄镇田野村、周马村、丁庄村、宗林村，总投资2980万元，均为财政资金。项目区主要建设泵站13座、机耕桥5座、涵洞60座，衬砌明渠18323米、暗渠4012米、机耕路19397米，平整土地1.4公顷，治理生态排沟1436米。（徐秋月）

【农产品质量安全】 2023年，全区831个农产品经营主体纳入省农产品质量安全追溯平台监管，生产主体的上市农产品全部打印合格证或者追溯码。全年打印合格证67.93万张，打印标签主体占比100%，开展巡查检查4157个次，巡查主体占比100%，抽检果蔬等农产品样品速测5.7万批次，抽检覆盖率100%。新认证绿色食品25个，续展绿色食品8个，“高港河蟹”入选全国名特优新农产品，泰州市杏都葡萄专业合作社入选“大美盘城”2023江苏最美绿色优质农产品(葡萄)，并获江苏省绿色食品“五有”规范化企业称号。（王义超）

【农业保险】 2023年，全区农业保险(含涉农保险)保费总额1196.8万元，小麦、水稻和玉米种植保险覆盖面80%以上。政策性农业保险保费除农户承担的174.7万元外，其余全部由各级财政承担。全年赔付总额870.45万元。（桂 婷）

【农业安全生产】 2023年，泰州医药高新区(高港区)开展农水领域安全生产工作。组织开展重大事故隐患排查整治等专项行动，突出农机、烘干场所、沼气工程设施利用、秸秆收储制粒企业、畜禽养殖、农业水利在建工程及水利工程运行等重点行业领域，排查并整改农水领域安全隐患733条。修订完善区农业农村、水利工程和防汛防旱安全生产专业委员会各成员单位相关职责、工作机制，细化明确2023年安全生产工作要点。开展防汛应急实战化演练1次，消防实训演练1次，“百团进百万企业千万员工”专题宣讲2次，安全生产主题宣讲3次、现场宣传活动5次、专题安全培训3次。全年未发生农水领域安全生产事故。（陈 颖）

种植业

【概况】 2023年，泰州医药高新区(高港区)实现种植业产值19.35亿元。粮食作物面积1.66万公顷，比上年增长0.18%，总产量11.32万吨，增长0.61%；油料作物面积2095.8公顷，增长7.57%，总产量7076吨，增长8.83%；果蔬种植面积6044公顷，增长2.58%，总产量22.27万吨，增长3.92%。种植的粮食作物主要为水稻和小麦。水稻主推品种为南粳5055、南粳9108，占比96%，搭配泰香粳1402。小麦主推品种为苏隆128、宁麦13、镇麦10号，搭配农麦88，种植方式以机条播为主。经济作物主要有油菜籽、花生和果蔬(含菜用瓜和瓜果类)。油菜籽主推品种为德核杂8号、秦油10号，以十边隙地直播为主，占播种面积的60%。蔬菜主要有茄果类、叶菜类、葱蒜类、根茎类。果品类主要有桃、葡萄、梨、草莓、西瓜等。

【粮食作物】 2023年，全区夏粮生产形势偏好，仅有极少数雨后收割

大泗镇农田

大泗镇 供图

影响产品成色，销售价格高于常年，农户增产增收。夏粮生产面积8062.8公顷，比上年增长0.16%；每公顷产5695.32吨，增长0.14%；总产量4.59万吨，增长0.3%。小麦种植面积7664公顷，增长0.45%；每公顷产5779吨，增长0.06%；总产量4.43万吨，增长0.5%。秋粮生长期间，7月遭遇持续强降雨，由于突击排水，渍害影响不大，后期强化管理，促进苗情转化，成熟期有些微的低温影响，增产幅度不够明显。秋粮生产面积8545.87公顷，总产量6.73万吨。其中，水稻种植面积6053.27公顷，增长0.27%；总产量5.65万吨，增长0.93%；每公顷产9330.85吨，增长0.64%。优质食味性稻米占比96%，居全市前列。实施大豆扩种，面积增长1.07%，总产增长1.99%。实施玉米、大豆带状复合种植，全区推广面积62公顷。

【经济作物】 2023年，全区实施油料扩种，油菜籽种植面积1270.1公顷，比上年增长8.25%；总产量3791吨，增长8.69%。花生种植面积807公顷，增长6.55%；总产量3234吨，增长8.96%。蔬菜种植面积5737.2公顷，增长2.04%；总产量21.17万吨，增长3.42%。瓜果种植面积306.8公顷，增长13.7%；总产量1.1万吨，增长14.53%。

【种植业财政补贴】 2023年，全区按照120元/亩的补贴标准，发放2023年耕保补贴面积8386.65公顷，共计发放补贴金额1509.6万元；按照20元/亩的补贴标准，补贴在田小麦播种面积6454.22公顷，共计发放实际种粮农民一次性补贴金额193.63万元；按照直播稻和50亩以下的移栽水稻种植主体补贴50元/亩，50亩及以上以机插为主的移栽水稻种植主体补贴92元/亩的补贴标准，发放2023年稻谷补贴面积5430公顷，发放补贴金额660.99万元。（施菊琴）

【种业管理】 2023年，区农业农村局开展“双随机”检查2次，抽查种子经营门店8个，未发现生产经营问题。创建省级作物种子资源库1个（江苏农牧科技职业学院）。（朱 佳）

畜牧业

【概况】 2023年，泰州医药高新区（高港区）实现畜牧业总产值2.5亿元、增加值1.28亿元。全区生猪存栏4.5万头，出栏9.5万头；家禽存栏45.84万羽，出栏50.37万羽；羊存栏1.73万只，出栏2.14万只。全区共有畜禽备案规模场16个。其中，生猪规模场4个，羊规模场6个，蛋鸡规模场6个。泰州高港牧原农牧有限公司创成全区首个智慧牧场。

【动物疫病检测】 2023年，区农业农村局共检测牲畜口蹄疫免疫抗体703份、高致病性禽流感955份、高致病性猪蓝耳病259份、猪瘟259份、新城疫325份、小反刍兽疫222份，全区牲畜口蹄疫、高致病性禽流感等重大动物疫病抗体检测合格率均超过省、市规定的标准。检测口蹄疫、高致病性禽流感、猪瘟、高致病性猪蓝耳病、牛结节性皮肤病等病原学样品645份，检测结果均为阴性。在全省兽医实验室检测能力比对实验中，非洲猪瘟病毒核酸检测、布鲁氏菌病抗体检测、H_7亚型高致病性禽流感（Re-4株）抗体检测3个参比项目结果全部正确。

【非洲猪瘟监测】 2023年，区农业农村局针对生猪养殖、无害化处理收集及市场流通等重点环节开展非洲猪瘟专项监测工作，共检测非洲

猪瘟病原学样品765份，结果均为阴性。（王小斌）

【兽药管理】 2023年，泰州医药高新区（高港区）联动省、市主管部门推进1个兽药生产企业4条生产线完成新版兽药GMP实施，共获新兽药证书7个，其中二类新兽药证书1个、三类新兽药证书1个、四类新兽药证书1个、五类新兽药证书4个。完成兽用生物制品批签发269批次、4.94亿羽（头）份，以及31个兽药产品批准文号现场核查抽样。

【畜禽屠宰监管】 2023年，泰州医药高新区（高港区）在城郊接合部等重点区域，强化对畜禽生产经营主体的守法经营宣传教育和肉食品安全知识普及。在"瘦肉精"检测、外省动物经指定通道入苏、猪牛羊家禽产品查看"动物产品检疫合格证"和"肉品品质检验合格证"等方面展开常态化宣传监管工作。开展"瘦肉精"采样检测1500余次，未发现阳性样品。在动物检疫申报点等场所张贴关于《调入省外动物运输相关要求告知书》20余份，对畜禽生产经营主体上门入户宣传告知相关法律法规80余次。（朱方超）

渔　业

【概况】 2023年，泰州医药高新区（高港区）水产养殖面积886.67公顷，总产量6551吨，实现渔业总产值1.78亿元。区农技推广中心（水产站）在胡庄镇宗林村、许庄街道马厂社区、永安洲镇东江社区建立水生动物疫病测报点3个，全年未发生重大水生动物疫病。完成年度池塘标准化改造及尾水治理目标36.2公顷。建立用药减量示范基地4个，配合饲料替代幼杂鱼行动示范基地2个，尾水治理模式推广行动示范基地1个。

【渔业安全管理】 2023年，泰州医药高新区（高港区）印发《关于做好2023年水产绿色健康养殖技术推广"五大行动"工作的通知》《关于加强寒潮期间农业安全生产管理技术意见》《关于加强春季鱼类养殖生产管理的技术意见》等，指导养殖户规范生产、科学防治疫病。开展水产技术培训5次，培训500余人次，现场技术指导38次，发放宣传资料310份，全年无渔业安全生产事故。（张　政）

【"高港河蟹"入选全国名特优新农产品】 2023年，泰州医药高新区（高港区）河蟹养殖面积650公顷，年产量975吨，所产"高港河蟹"重约165～240克，青背白肚、壳硬油亮、金爪黄毛、步足坚挺、个大膘肥，产品畅销上海、无锡、扬州、南京、北京等地区。12月，泰州市高港河蟹养殖与文化系统入选江苏省第三批省级重要农业文化遗产名录；"高港河蟹"入选全国名特优新农产品名录。全年河蟹销售额1.05亿元，比上年增长20.56%。（屠赞梅）

农业产业化

【概况】 2023年，泰州医药高新区（高港区）上争省级以上农业产业化财政专项资金1533.28万元，实施项目40个。招引农业规模项目21个。完成省级农业农村重大项目建设23个。永安洲农产品加工集中区获批2023年度五星级农产品加工集中区。永安洲镇东江社区（河豚）入选全国"一村一品"示范村，全区共有全国"一村一品"示范村4个、市级"一村一品"示范村10个。新增市级农业龙头企业8个。（李　丹）

【农业项目建设】 2023年，全区新招引农业规模项目21个，其中总投资1亿元以上项目7个，农业实际利用外资和港澳台资2581.9万美元。共有23个年度投资额1000万元以上项目（含续建项目3个）被列入省农业农村重大项目，当年实际完成投资8.92亿元。年产3.6亿包高汤包、1600吨冻干产品项目（一期）和益丰泰饲料生产加工项目被认定为2023年江苏省农业农村重大项目建设示范项目。

年产3.6亿包高汤包、1600吨冻干产品项目（一期）　该项目位于许庄街道创新大道北侧、兴国路西侧，由统之幸食品（江苏）有限公司建设，新建厂房，引进各类自动化生产设备100余台（套），配套安全、环保、消防、通风等辅助设施设备，用于食品加工，生产各类料理包。2023年，项目完成投资1.2亿元。

益丰泰饲料生产加工项目　该项目位于泰州综合保税区标准厂房三期，由泰州益丰泰生物科技有限公司建设，改造建筑面积约1万平方米的标准厂房，开展浓缩玉米饲料加工生产线建设。新建浓缩玉米饲料生产线，配备湿热灭活塔、粉碎机、混合机、膨化机、除尘器等主要生产设备165台（套），以及环保、质检、安全等配套设施。年产120万吨单一饲料、浓缩饲料、全价配合饲料、反刍饲料。2023年，项目完成投资1亿元。（傅谕文）

【农业龙头企业培育】 2023年，全区新增市级农业龙头企业8个［益海嘉里（泰州）生物科技有限公司、泰州蕾灵百奥生物科技有限公司、中海生物制药（泰州）有限公司、泰州市静溪洋服饰有限公司、统之幸食品（江苏）有限公司、泰州市高港区鑫源畜农产品有限公司、泰州垄上行生态农业有限公司、江苏维清源农业科技发展有限公司］，共有市级及以上农业龙头企业47个，其中省级以上农业龙头企业5个。年内，泰州医药高新区（高港区）获批市级农业龙头企业双倍增计划奖补资金306.56万元。

【江苏省高港现代农业产业园区】 成立于2008年，位于胡庄镇，以瓜果蔬菜为主导产业。核心区面积913.33公顷，其中设施面积640公顷，辐射面积3286.67公顷。2011年6月，被江苏省人民政府认定为省级现代农业产业园区。2022年，获批创建省级现代农业产业高质量发展示范园。2023年，通过第一年评估，获得第一批奖补资金。

（余文娴）

【益海嘉里（泰州）生物科技有限公司】 成立于2020年10月，位于永安洲镇疏港北路1号，注册资本6400万元，由益海嘉里金龙鱼粮油食品股份有限公司与上海阔海投资有限公司共同出资2.18亿元，建成18万吨/年的发酵产线，主要从事高端生物饲料及饲料添加剂的研发、生产加工与销售。公司采用安全可控的微生物高效发酵工艺，年产发酵豆粕18万吨。2023年，公司实现开票销售6.91亿元。

【泰州蕾灵百奥生物科技有限公司】 成立于2019年7月，位于生物医药产业园区香水路22号，注册资本720万元，2023年3月完成兽药GMP认证。先后获第十一届“创业江苏”科技创业大赛暨第十二届中国创新创业大赛江苏赛区优秀企业奖、江苏省“双创人才企业”、江苏省民营科技企业称号，获得知识产权管理体系认证证书、质量管理体系认证证书，公司产品智能分析系统配套生物制剂酶及耗材被认定为高新技术产品。拥有“一体化分子诊断系统及其在追溯β冠状病毒动物来源的应用”等发明专利6件，“全封闭智能分子诊断系统”软件著作权1件，拥有“LeiLingBio”“蕾灵百奥”等商标18件。2023年，公司实现销售收入6632万元。

【中海生物制药（泰州）有限公司】 成立于2014年6月，位于生物医药产业园区陶弘景路5号，注册资本1亿元。公司由北京中海生物科技有限公司、韩国科微范株式会社、上海中崇资产管理有限公司联合成立，是专业从事兽用生物制品研发、生产、销售的中韩合资企业。与中国农业科学院、扬州大学、南京农业大学等科研院所建立产学研战略合作联盟，合作研发畜禽疫苗技术及产品，获得7项新兽药证书，另有疫苗产品在申报注册。2023年，公司获得新产品批准文号1个，获授权发明专利2个、实用新型专利3个，并通过知识产权管理体系认证，被评为江苏省正版正货承诺企业。

【泰州市静溪洋服饰有限公司】 成立于2018年8月，位于明珠街道，注册资本500万元，主要从事毛衫生产销售。2023年，公司有职工80余人，年产量60万件，年产值约2800万元。实现销售收入3273万元。

【泰州市高港区鑫源畜农产品有限公司】 成立于2004年9月，位于胡庄镇宗林村肖林10组，主要从事农副食品加工，生产猪肠衣及其副产品。2023年，公司实现销售收入4549.9万元。

【泰州垄上行生态农业有限公司】 成立于2018年1月，位于大泗镇二陈村14组，注册资本500万元，占地面积202公顷，主要从事粮食生产销售。公司连续获得水稻种植有机认证，大米、稻谷、白菜、菠菜等产品先后获得有机产品认证。注册“挺自然”商标。开展茬·稻·鸭生态循环种养。2023年，公司入选市级数字农业农村基地。

【江苏维清源农业科技发展有限公司】 成立于2020年12月，位于白马镇陈家村小庄组88号，注册资本1300万元，主要从事水果种植、销售。公司葡萄园总面积13.5公顷，建设葡萄钢构大棚12.33公顷，葡萄长廊2000余平方米，配套保鲜冷库、水肥房和果园机械等设施。公司以绿色生态、智能高效为建设方向，主要种植阳光玫瑰葡萄，同时套种部分蓝莓。2023年，公司入选市级数字农业农村基地。

（刘 姗）

农业机械化

【概况】 2023年，泰州医药高新区（高港区）推广各类新型农机具306台（套），报废更新农机具6台，使用农机购置补贴资金240.07万元。全区农机总动力14.5万千瓦。农作物耕、种、收综合机械化率达90.1%。建成省级农业生产全程机械化智能化示范基地1个、市级特色农业全程机械化示范基地1个、市级粮食生产“无人化”农场1个。

【水稻种植机械普及】 2023年，泰州医药高新区（高港区）新增高速插秧机11台（套），水稻机插率96%。0.2公顷以上育秧秧池有67.9公顷。

【农机监理】 2023年，泰州医药高新区（高港区）注册登记联合收割机12台、拖拉机9台，年检拖拉机223台、收割机109台，注销长期脱检收割机25台、拖拉机46台。投保各类农机政策性保险323份。

【特色农业生产全程机械化智能化示范基地】 2023年，泰州医药高新区（高港区）组织全省第三批农业生产全程机械化智能化示范基地申报工作，泰州市高港区宏达蜜梨专业合作社获批省级果桑茶生产全程机械化示范基地。泰州市苏翠果园家庭农场建成市级果桑茶生产机械化示范基地；高港区北全家庭农场建成市级粮食生产无人化农场。

（赵 荣）

白马镇秸秆打包现场　　白马镇 供图

农业科技

【农业人才培育】 2023年，泰州医药高新区（高港区）采取“区级指导+镇街自主”的工作模式，推进高素质农民培育工作，区级负责资金上争、工作指导，镇街结合自身实际制定培训计划，全年完成培育700人。组织30人次基层农技人员参加省级班、市县班等各级培训8期，涉及园艺业、畜牧业、渔业、种植业等产业。推进科技入户工程项目，公开招标购买下水裤、农药、技术手册等物资，惠及科技示范户超200户。

【农业科技示范基地】 2023年，江苏西来原生态农业有限公司创成市级现代农业科技综合示范基地。江苏现代农业（河蟹）产业技术体系高港推广示范基地项目通过市级验收。中崇信诺生物科技泰州有限公司入选农业农村部企业重点实验室。泰州市高港区王陈农场、江苏泰供海诞现代农业发展有限公司完成年度农业科技示范展示基地建设任务。 （余文娴）

【农业转基因生物安全】 2023年，泰州医药高新区（高港区）组织学习《农业转基因生物安全管理条例》《农业转基因安全评价管理办法》和《农业转基因生物标识管理办法》。全年开展农业转基因安全生产检查4次。 （朱　佳）

工业 建筑业

工 业

【概况】 2023年，泰州医药高新区（高港区）征收期工业一般纳税人开票销售、工业净入库税金分别完成1978.31亿元、112.7亿元，比上年分别下降5.1%、增长8.3%；规模以上工业产值1963.53亿元，增长3.5%；规模以上工业增加值480.52亿元，增长6.7%；战略性新兴产业产值占规模以上工业总产值的40%。大健康、高端装备制造、石化及新材料、电子信息四大主导产业共实现产值1709.85亿元，增长3.8%；利润74.97亿元，下降56.7%；有规模以上企业292个。新增规模以上工业企业56个。获批省工业设计中心2个（江苏东宇新材料科技有限公司、江苏神驰机电有限公司）、省服务型制造示范企业4个（江苏耀海生物制药有限公司、艾兰得营养品泰州有限公司、江苏神驰机电有限公司、泰州万诺纺织科技有限公司）。新增省级以上专精特新"小巨人"企业48个，其中国家级专精特新"小巨人"企业2个；国家级工业互联网试点示范项目1个，省级工业互联网标杆工厂1个；省级智能工厂1个；省级5G全连接工厂1个；省级绿色工厂3个；省级"工业互联网+安全生产"试点园区1个。

新增国家级专精特新"小巨人"企业名录

泰州友润电子科技股份有限公司
泰州市博泰电子有限公司

新增省级专精特新"小巨人"企业名录

江苏华亘泰来生物科技有限公司
泰州复旦张江药业有限公司
阿里生物技术泰州有限公司
泰州蕾灵百奥生物科技有限公司
臻悦生物科技江苏有限公司
江苏西典药用辅料有限公司
江苏慧峰仁和环保科技有限公司
泰州光丽光电科技有限公司
江苏中牧倍康药业有限公司
江苏圣琪双金属材料有限公司
万向精工江苏有限公司
江苏玖星精密科技集团有限公司
泰州万诺纺织科技有限公司
江苏百顺胶粘带有限公司
江苏张驰轮毂制造有限公司
江苏比傲汽车科技有限公司
江苏玖润包装有限公司
江苏维骏工业设备有限公司
泰州大自然家居有限公司
江苏康贝宠物食品有限公司
江苏金顺自动化科技有限公司
泰州市金海运船用设备有限责任公司
泰州莱迪弗彻照明科技有限公司
泰州麒润电子有限公司
江苏科瑞塑业有限公司
泰州海天电子科技股份有限公司
泰州市常泰电子有限公司
富彤化学有限公司
泰州市宏泰电力设备有限公司
泰州市天润合成化工有限公司
泰州市光明电子材料有限公司
泰州润骐防务科技有限公司
江苏惠利生物科技有限公司
江苏泰氟隆科技有限公司
江苏昆仑光源材料有限公司
泰州超人汽车电子有限公司
江苏乐仁电子科技有限公司
江苏永大化工设备有限公司
泰州三福船舶工程有限公司
江苏天华索具有限公司
江苏洁乐医用敷料有限公司
江苏保力装配式住宅工业有限公司
泰州市东方传动技术有限公司
泰州创达电子有限公司
泰州市宏达工矿安全部件有限公司
泰州市三江消防器材有限公司

【"智改数转"工作】 2023年，泰州医药高新区（高港区）将"智改数转"标杆创建纳入高质量考核和"三比一提升"考核体系中，强化目标推进，开展主题活动4场次。国家能源集团泰州发电有限公司获批国家级工业互联网试点示范项目和省级5G全连接工厂，益海（泰州）粮油工业有限公司获批省级工业互

长城汽车股份有限公司泰州分公司智能焊接生产线　　　顾祥忠　摄

联网标杆工厂；化学新材料产业园区入选省级"工业互联网+安全生产"试点园区；蜂巢智行传动系统（江苏）有限公司、蓝思精密（泰州）有限公司等4个企业创成省级智能制造示范车间；新增省星级上云企业99个；新增"两化"融合贯标企业25个，其中国家能源集团泰州发电有限公司、中海油气（泰州）石化有限公司、扬子江药业集团江苏龙凤堂中药有限公司获"两化"融合管理体系升级版贯标AAA级证书。开展"千企服务""百企画像"诊断服务活动，为247个企业指明"智改数转"发展路径。

【项目准入联审】　2023年，泰州医药高新区（高港区）持续推进项目准入联审机制，完成盛虹动能科技（江苏）股份有限公司年产5GWh储能锂电池及系统集成项目、江苏中慧元通生物科技股份有限公司创新型基因工程疫苗产业化基地等7个项目评价工作。

【工业企业"亩均论英雄"改革】　2023年，泰州医药高新区（高港区）升级工业和信息化大数据平台，打造"一屏观全区、一网管亩均"的数字"亩均"信息平台。在区电视节目中心推出《大力推进"亩均论英雄"改革，推动工业经济高质量发展》系列专题。对全区968个工业企业开展全面"体检"，形成评价结果。全年新增盘活改造提升低效闲置工业用地52公顷。

【服务工业企业】　2023年，区工业和科技创新局开展"三服务一优化""亲企清政"走访服务活动，对500个规模以上工业企业进行调查摸底，先后走访企业200余个，强化惠企政策宣传和服务，帮助企业及时解读、申报有关惠企政策，牵头协调解决江苏科瑞塑业有限公司、泰州市光华消防器材有限公司、江苏艾博得医疗器械有限公司等企业反馈问题；协助开展汽车产业联盟党委链上企业家座谈会活动，协调解决长城汽车股份有限公司泰州分公司及配套企业用工问题、曼德汽车零部件（泰州）有限公司水电气价格等问题；召开工业企业座谈会，听取12个企业在人才招聘、项目审批、政策兑现等方面的诉求和意见建议，针对企业提出的发展难题，联合区督查和效能监察中心交办给相关职能部门，用实际行动为企业纾困解难。

【化工企业整治】　2023年，区工业和科技创新局开展关闭退出化工企业"回头看"专项行动，协同属地对2017—2021年已关停的35个化工生产企业开展"回头看"。组织化学新材料产业园区参加省化工园区认定复核，并通过验收。

【船舶企业安全监管】　2023年，区工业和科技创新局召开区船舶专委季度联席会6场次，部署推进船舶修造企业实施现场作业安全标准化应用场景，明确部门、属地协同配合履行监管职责。编制修订《船舶修造企业安全生产作业规范管理手册》《船舶修造企业有限空间作业安全管理"八必须"》。举办船舶行业安全生产政策宣贯5场次，覆盖300余人次。结合重大事故隐患排查整治和基础提升年活动开展安全生产专项检查11个轮次，排查问题隐患760项（其中重大事故隐患5项），均完成整改销号。约谈企业负责人4批次21人次。协调培训机构帮助企业送培无动火作业证员工1278人，持证上岗率由年初的56.85%上升到95.26%，对考试未通过人员，督促企业将其调整到辅助岗，并组织继续参加培训考证。　（陶　金）

【国家能源集团泰州发电有限公司】　2023年，国家能源集团泰州发电有限公司共有员工356人。其中，经营管理人员70人，专业技术人员39人，技能操作人员247人。招聘应届大学毕业生2人。全年发电量完成222.39亿千瓦时（火电），实现营业收入96.5亿元，上缴税费7.15亿元，利润总额18.02亿元。公司获评工信部绿色发展领军企业，1人获评全国能源行业燃料化验员职业技能竞赛"金牌技工"。

能源保供　全年煤机发电量完成222.39亿千瓦时。4台机组延续"零非停"，3号机以综合评价系数100%的优异成绩获评可靠性标杆"金牌机组"。4台机组累计深度调峰312台次。全厂供电煤耗完成272.98克/千瓦时，比上年下降1.57

国家能源集团泰州发电有限公司夜景

国家能源集团泰州发电有限公司 供图

克/千瓦时，二期机组连续第7年获评中电联能效对标1000兆瓦组别AAAAA级。

经营优化 完成利润总额18.02亿元，增加4.03亿元，营业收入利润率提高3.28个百分点。煤机发电量增加2.76亿千瓦时，电价上涨4.94元/兆瓦时。拓展泰州联成化学工业有限公司、江苏常隆化工有限公司等新用户；向泰兴经济开发区的供热占比达22%，提升5个百分点。强化预算的科学编制和刚性执行，规范费用列支，深挖成本潜力，累计创效3.15亿元。全年累计综合资金成本率1.6%，下降0.79个基点。

科技创新 完成科技投入1.38亿元，科技研发投入强度完成1.43%。新增专利受理43项，其中发明专利18项；新增实用新型专利授权22项。50万吨CCUS项目高质量投运，能耗、品质等各项指标行业领先。成功申报江苏省大规模碳捕集利用与封存工程中心、泰州市火电行业绿色低碳工程研究中心，项目成果入选江苏省生态环境厅“绿色低碳环保产业十大典型案例”。2号机供电煤耗下降9.8克/千瓦时，获评“全国煤电‘三改联动’优秀典型案例”。2000吨螺旋卸船机项目完成性能测试和首次定检定修。智慧企业项目获全国电力行业设备管理创新特等成果，公司成为全国工业互联网试点示范、工信部和江苏省5G工厂、集团首批高级智能电站（五星级）。

安全环保 实现连续安全生产5699天。完善全员安全生产责任清单，优化制度和流程。深化重大事故隐患专项排查整治和季节性、阶段性安全大检查，以“清单制+责任制+时限制”做好治理与验收。发现并处理违章560余条。实现高风险作业视频监控全覆盖，无差错执行66项。完成公安部网络安全攻防实战演练。环保设施稳定运行，达到地区友好排放标准。雨水井水量比上年下降超80%。 （杨 彬）

【泰州杨湾海螺水泥有限责任公司】成立于2002年6月，位于沿江街道泰高路2号，系海螺集团安徽海螺水泥股份有限公司全资子公司。占地面积18.67万平方米，总投资约7亿元。拥有水泥粉磨生产线4条，年总产能600万吨。产品通过ISO 9001国际质量管理体系认证。拥有自用码头1座，设计年吞吐量1000万吨。公司生产的水泥主要销往泰州、扬州和福建、山东等沿海地区，应用于公路、桥梁、铁路、居民住宅等重点工程和民用建筑建设。2023年，实现工业总产值11.25亿元、利润671万元，上缴税金177万元。

【江苏明浩新能源发展有限公司】成立于2012年，位于永安洲镇高永工业集中区马船路南侧。注册资本1亿元，占地面积3.4万平方米，建筑面积3975平方米。主要从事废矿物油的处置、利用，燃料油、润滑油、公路沥青（不含危险化学品）等的销售。拥有高级工程师5人、固体废物处置工程师3人、企业技术人才25人。系安全生产三级标准化企业和江苏省质量、服务、诚信AA级企业，通过ISO 9001质量管理体系认证。2023年，实现开票销售7.56亿元。

【江苏平高泰事达电气有限公司】前身是泰州苏源泰事达电力科技有限公司，成立于2004年4月，位于寺巷街道泰事达路泰州实验中学东侧，注册资本1.1亿元，占地面积15万平方米，有员工406人，是江苏省电力公司下属的多种经营企业直属产业单位。2010年8月，加入国网电力科学研究院（现南京南瑞集团有限公司），成为其直属控股产业公司之一，为国家电网公司三级单位。公司主要从事高中低压成套电气设备的研发、设计、生产和销售。产品覆盖国内30个省（市、自治区），并依托南京南瑞集团有限公司远销菲律宾、刚果、加蓬等国家。拥有国家专利49项，其中发明专利9项，15项产品被认定为江苏省高新技术产品。企业获评全国守合同重信用企业、江苏省五一劳动奖状、江苏省高新技术企业、江苏省企业技术中心、江苏省管理创新优秀企业。2023年，实现开票销售5.72亿元，税收2571万元。

【泰州金泰环保热电有限公司】 成立于2002年，位于沿江街道港城西路2号，占地面积约20万平方米，有员工300余人。主营供热、发电

泰州金泰环保热电有限公司　　沿江街道　供图

业务，以及绿色建材产品的生产与销售。曾获评全国模范职工小家、江苏省工人先锋号。2023年，完成供汽量201.52万吨、售电量1.48亿千瓦时，实现工业总产值5.9亿元、利润9370万元，上缴税金1125万元。

【泰州新源电工器材有限公司】　成立于2007年7月，位于明珠街道永定西路419号。公司一期工程占地面积9万平方米，总投资2.9亿元；二期工程占地面积6.2万平方米，已建和在建厂房共6万平方米，有员工343人。具备年产3.2×6.3米超特高压绝缘纸板9500吨、成型件角环120万只、湿法成型高压出线装置800台（套）、机加工成型件1000吨的生产能力。产品经中国机械工业电工材料产品质量监督检测中心等抽样检测，指标均优于国际电工标准。2023年，实现开票销售4.1亿元、税收2650万元。

【泰州日顺电器发展有限公司】　成立于1994年，位于寺巷街道姜高大道880号。建有泰州市（日顺）电线电缆材料工程技术研究中心。主要产品为电线、电缆、绝缘套管、家电连接件、办公用品连接件、通信设备连接件、汽车部件连接件等，应用于航空、通信、仪器仪表、计算机、汽车、家电等行业。拥有员工148人。拥有专利40项，其中发明专利8项、实用新型专利28项、外观设计4项。通过ISO 9000、ISO 14001、TS 16949体系认证。2023年，实现营业收入1.69亿元、利润2440万元。

【泰州市三江消防器材有限公司】成立于2002年，位于寺巷街道人民路249号，有生产厂区4个，占地面积16万平方米。专业生产各类消防器材、消防装备，提供消防工程的设计和施工服务。“沱雨”商标为江苏省著名商标。建有省级工程技术研究中心和省级企业技术中心，是中国消防协会、江苏省消防协会会员单位。2023年，实现营业收入1.26亿元、利润849.9万元。

【江苏正申索具有限公司】　成立于2001年，位于口岸街道龙港路188号。注册资本1.08亿元，有职工326人。主要生产、设计、开发钢丝绳索具、吊装带、吊梁三大系列产品。建有江苏省企业技术中心、泰州市工程技术研究中心。2023年，实现开票销售1.19亿元。

【江苏康泰环保股份有限公司】　成立于2011年，位于寺巷街道无量寺路66号。提供新型环保装备及成套解决方案，集产品研发、生产、销售及客户服务于一体。拥有专利100余项。产品出口60余个国家和地区。2023年，实现开票销售1.1亿元、税收240万元。

【江苏安奇正特种车辆装备有限公司】　成立于2011年，位于口岸街道远东大道南侧、新乔路西侧。专业生产消防车、消防器材、消防装备、无人消防机，销售进口消防车、进口消防器材、特种消防车、特种消防器材、消防船舶等产品，为中国国电等大型企业的指定供应商。拥有实用新型、发明专利40余项。通过ISO 9001质量管理体系、ISO 14001环境管理体系和ISO 18001职业健康安全管理体系认证。2023年，实现营业收入7901万元。

【江苏中信吊索具有限公司】　成立于2009年，位于许庄街道创业大道299号。注册资本1.18亿元，占地面积1.53万平方米，拥有员工26人，年产吊索具类产品3600吨，集研制、开发、生产吊索具产品于一体。产品广泛运用于石化、电力、船舶、铁路等领域，远销马来西亚、新加坡、日本、美国、印度尼西亚等国家。2023年，实现开票销售4479万元、利润447万元。　（陶　全）

说明：此处企业为四大主导产业以外的企业。

建筑业

【概况】　2023年，泰州医药高新区（高港区）完成建筑业总产值673.92亿元，出省施工产值430.83亿元，境外营业额698万美元，完成工程结算收入607.04亿元，利润总额30.38亿元，本地区入库税收6.34亿元。新增资质以上建筑业企业29个。创成市级文明工地2个，全区纳入监管的75个工程项目实现安全平稳生产。

【建筑企业】2023年，全区新增二级资质以上建筑企业6个，其中一级资质企业1个、二级资质企业5个。全区共有二级资质以上建筑企业322个，其中一级资质企业42个。有年产值超1亿元的建筑企业49个。其中，年产值10亿～20亿元企业4个，年产值20亿～30亿元企业4个，年产值30亿～50亿元企业3个，年产值50亿元以上企业3个。江苏大江建设工程有限公司、江苏三泰建设工程有限公司、泰州宝厦建设工程有限公司入选泰州市建筑业综合实力三十强企业；江苏金领建设发展有限公司、泰州市宏泰市政工程有限公司入选泰州市建筑业企业基础设施类专业十强；江苏广源幕墙装饰工程有限公司、双建建设股份有限公司、江苏瑞兴建设有限公司、鹏浩建设工程有限公司入选泰州市建筑业企业基础设施类和装饰装修类专业十强。

2023年泰州医药高新区（高港区）新增建筑一、二级资质企业一览表

表13

资质	企业名称
一级资质	泰州新润辰建设工程有限公司
二级资质	泰州市天宇净化工程有限公司
	江苏砚珩项目管理有限公司
	江苏鹏沃建设工程有限公司
	泰州宝鼎建设工程有限公司
	江苏士净宸环境工程有限公司

2023年泰州医药高新区（高港区）产值10亿元以上建筑企业一览表

表14

企业名称	2023年产值（亿元）
江苏大江建设工程有限公司	85.66
江苏华泰建设工程有限公司	67.31
江苏临港建设有限公司	66.61
泰州市宏泰市政工程有限公司	49.68
江苏三泰建设工程有限公司	46.13
泰州市飞越建筑安装工程有限公司	30.72
江苏洲岸建设工程有限公司	28.95
泰州宝厦建设工程有限公司	26.01
泰州金土木建设工程有限公司	22.99
江苏沪泰建设工程有限公司	21.35
江苏环宇水利水电工程有限公司	19.35
江苏广源幕墙装饰工程有限公司	13.73
江苏鼎豪建设工程有限公司	11.36
江苏昀都建设工程有限公司	10.68

【建筑装饰企业】 2023年，全区有在当地注册建筑装饰企业143个，其中一级资质企业14个。全区建筑装饰企业产值26.39亿元，从业人员3425人。

【建筑队伍】 2023年，全区建筑业从业人员20.47万人，境外施工人数125人。通过建设工程高级职称评审65人、中级职称评审165人、初级职称评审7人。

【建筑市场开拓】 2023年，江苏大江建设工程有限公司继续拓展深圳市场和海外市场。江苏临港建设有限公司承接宿迁泗阳东方红郡地块项目三期和南京六合区宇业·天逸华府建筑安装工程。江苏广源幕墙装饰工程有限公司承建或参建陕西西安复星丝路中心项目商办地块2号、3号及5号幕墙工程，常州东方智慧科技园二期项目3号、4号楼局部装饰分包工程，苏州DK20220001地块（生物医药产业园三期C区）项目幕墙工程二标段项目等。

【建筑市场监管信息平台】 2023年，泰州医药高新区（高港区）推进“泰州市建筑市场监管与信用信息一体化工作平台”应用，完善、更新入库企业信息。全区入库建筑企业346个，信用平台信息达标率100%。

（程　刚）

【建筑工程创优】 2023年，全区建筑工程共获得市优质工程奖“梅兰杯”7个，分别为锦宸集团有限公司承建的泰州市体育公园——体育场项目，锦宸集团有限公司承建的泰州市体育公园——体育馆、健身馆、游泳馆、热源中心及地下室项目，江苏邗建集团有限公司承建的泰州学院二期建设施工项目（二标段）项目，江苏省建安建设集团有限公司承建的汇鸿国际集团泰州置业6号商住地块1号、2号、3号楼及地下车库工程项目，江苏泰建建设集团有限公司承建的江苏赛孚士生物技术有限公司厂房建设EPC总承包项目，江苏邗建集团有限公司承建的精准医疗孵化基地EPC工程总承包5号楼项目，双建建设股份有限公司承建的泰州学院二期内装工程一标段（学生食堂、人才服务中心）项目。南通五建跃进建筑安装工程有限公司承建的泰州高港泰地储告（2021）20-1号地块工程获评装配式建筑市级示范项目。

【建筑施工管理】 2023年，全区共有纳入监管的新建工程项目133个，总施工面积298.09万平方米，工程造价79.63亿元。全年召开安全例会16次，举办现场安全集中咨询活动3次、安全宣讲3次、安全培训3次，发放安全宣传手册1600余份，布置安全生产警示标语和举报奖励公告200余处。组织节后复工、扬尘整治、起重机械、深基坑及高支模、脚手架工程、施工消防等专项检查9次，下发隐患整改通知书355份、停工整改通知书41份。约谈参建单位项目负责人26人，集中约谈项目11次，查处案件5例，通报批评项目21个，21个企业被扣除信用分。全年开展质量监督抽查258次、专项检查2次，发现质量隐患972个，均整改完成。全年建成绿色建筑88.09万平方米。其中，居住建筑71.09万平方米，公共建筑17万平方米。完成太阳能光热应用面积36.8万平方米，浅层地能应用2万平方米投入使用，新增太阳能光伏发电装机容量2兆瓦。既有建筑绿色低碳改造8万平方米。新增公共建筑室内空气品质监测公告试点项目3个，新增能效测评标识项目10项。

【建筑行业农民工工资保障】 2023年，泰州医药高新区（高港区）推行应用农民工实名制系统，实现实名用工全覆盖。全年受理建筑行业农民工工资上访案件95件，涉及农民工430人，帮助追回拖欠农民工工资380万元。

（王　斐）

【江苏大江建设工程有限公司】 前身为1998年成立的泰州市高港建筑安装工程总公司。取得建筑工程总承包一级资质、对外承包工程经营资质。有广东、江苏、广西、内蒙古、海外安哥拉五大区域公司，遍布深圳、珠海、泰州、湖州、滁州、南宁、柳州、呼和浩特、包头、乌兰察布和安哥拉11个市场。注册资本2.5亿元。有职工332人，其中高级职称10人、中级职称43人。2023年，公司完成建筑业总产值85.66亿元，工程结算收入72.17亿元，入选泰州市建筑业综合实力三十强企业名单。

项目建设　深圳分公司承接满京华金硕臻府1栋项目、天安云谷产业园三期项目1-1地块、1-3地块。广西分公司入围中海宏洋地产2023年战略合作单位，中标广西地产皇庭君临天下项目，扩大北部湾市场。泰州分公司扩大扬州市场份额，以中国美业港项目为依托，承接富德人寿环球金融城等项目。内蒙古分公司优化项目布局，中标泰州中海江山望项目。成都分公司承接金牛区交子创新制造工业厂房一期E地块、中海信（德阳）创新产业城A地块、天府新区招商四号地块项目。苏南分公司保施工进度节点，配合深圳分公司跟踪落实天安云谷三期项目。

工程质量　深圳分公司参建的艺展天地中心获2022—2023年度国家优质工程奖，百果园科技大厦获2023年度深圳市优质结构工程奖。内蒙古分公司加大评优创优力度，中海河山郡项目6号楼首获内蒙古自治区“草原杯”工程质量奖，中海望京府项目获评内蒙古自治区建筑业新技术应用示范工程。广西分公司中海天钻二期和中海半山壹号项目获“真武阁杯”奖，皇庭君临天下项目获2023年第二批广西壮族自治区建设工程优质工程奖。成

大江公司承建的成都中海信（德阳）创新产业城A地块项目

大江公司　供图

都分公司华建锦院项目获成都市优质结构工程奖。泰州分公司扬州美业港科创中心项目获扬州市优质结构工程奖。苏南分公司德清珑园东项目获德清县“莫干山杯”奖。广西分公司绿城杨柳郡柳园项目获国家级项目管理成果二等奖，中海甲叁号院和绿城杨柳郡华园项目获广西壮族自治区绿色施工示范工程；泰州分公司扬州美业港科创中心项目获江苏省建筑绿色施工标准化星级工地称号；苏南分公司德清珑园东项目获2023年度湖州市绿色施工工地。

【江苏华泰建设工程有限公司】 成立于1996年12月，取得建筑工程施工总承包一级资质、对外承包工程经营资质，拥有8万平方米的后方基地和科技创业基地。连续被评为江苏省建筑行业竞争力百强企业。2023年，完成建筑业总产值67.31亿元，工程结算收入60.69亿元。

【江苏临港建设有限公司】 前身为泰州市口岸建筑安装工程有限公司，始创于1975年。取得房屋建筑施工总承包一级资质、建筑装修装饰专业承包一级资质、市政公用工程施工总承包二级资质、防水防腐保温工程专业承包二级资质、消防设施工程专业承包二级资质，以及机电、钢结构、起重设备安装专业承包资质。2023年，完成建筑业总产值66.61亿元，工程结算收入50.73亿元，入选泰州市建筑业最具成长型企业名单。

【泰州市宏泰市政工程有限公司】 前身为1993年成立的泰兴市煤气设备安装公司。取得市政公用工程施工总承包二级资质，桥梁工程专业承包二级资质，建筑工程施工总承包三级资质，GB1公用管道、GC2工业管道特种设备生产许可证。2023年，完成建筑业总产值49.68亿元，工程结算收入44.17亿元，入选泰州市建筑业企业（基础设施类）专业十强名单。

【江苏三泰建设工程有限公司】 前身为1983年成立的泰兴县刁铺建筑安装工程公司。取得建筑工程总承包一级资质、建筑装修装饰工程专业承包一级资质、市政公用工程施工总承包二级资质、钢结构工程专业承包二级资质。2023年，完成建筑业总产值46.13亿元，工程结算收入40.38亿元，入选泰州市建筑业综合实力三十强企业名单。

【泰州市飞越建筑安装工程有限公司】 成立于2013年11月，注册资本2000万元。取得建筑工程施工总承包二级资质、建筑装修装饰工程专业承包二级资质、防水防腐保温工程专业承包二级资质、消防设施工程专业承包二级资质、市政公用工程总承包三级资质、钢结构工程专业承包三级资质和施工劳务资质。2023年，完成建筑业总产值30.72亿元，工程结算收入27.65亿元。

【江苏洲岸建设工程有限公司】 前身为1997年成立的泰州市口岸市政工程有限公司。取得建筑工程总承包二级资质、建筑装修装饰工程专业承包二级资质、市政公用工程施工总承包二级资质、消防设施工程专业承包二级资质。2023年，完成建筑业总产值28.95亿元，工程结算收入26.17亿元，入选泰州市建筑业最具成长型企业名单。

【泰州宝厦建设工程有限公司】 系由泰州市交通产业集团下属子公司江苏中泰建发建设集团有限公司与江苏宸业建设工程有限公司共同出资成立的国有控股公司。成立于2016年12月，注册资本1亿元，取得建筑工程总承包一级资质。2023年，完成建筑业总产值26.01亿元，工程结算收入23.41亿元，入选泰州市建筑业综合实力三十强企业名单。

（程　刚）

服务业

金融业

【概况】 至2023年年末，全区共有各类金融机构98个。其中，银行机构21个，保险机构46个，证券机构4个，小额贷款公司12个，融资担保机构3个，融资租赁机构3个，商业保理机构4个，典当行5个。年内，上海银行泰州分行落户泰州金融广场并开业。至年末，银行机构本外币各项存款余额1784.1亿元、贷款余额1580亿元，比年初分别增加253亿元、304亿元。保费收入40.04亿元，比年初增加5.56亿元。

（张　驰）

【中国工商银行股份有限公司泰州高港支行】 至年末，支行各项存款余额109.55亿元，较年初增加34.24亿元。其中，对公存款余额75.73亿元，增加27.67亿元；储蓄存款余额33.82亿元，增加6.57亿元。支行各项贷款余额64.94亿元，增加6.84亿元。其中，公司贷款余额47.18亿元，增加10.56亿元；个人贷款余额9.91亿元，增加1.29亿元。

（吴　焱）

【中国农业银行股份有限公司泰州高新支行】 至年末，支行本外币各项贷款余额162.6亿元，比年初净增33.3亿元，其中制造业贷款净增11.1亿元。全年普惠贷款净增7.4亿元。其中，小微贷款净增3.3亿元，个体工商户及农村承包经营户贷款净增4.1亿元。全年未发生严重违规违纪事件和重大责任性事故案件。组织首季综合营销活动、“季季争先”、“比学赶超”等营销竞赛活动。至年末，支行本外币各项存款余额228亿元，比年初增加38亿元。本外币各项存款日均余额227亿元，比年初增加51亿元。实现营业收入5.88亿元，比同期增加0.95亿元；实现拨备后利润4.46亿元，增加0.72亿元；实现中间业务净收入1.14亿元，增加1483万元。

（赵　晨）

【中国银行股份有限公司泰州高港支行】 2023年，支行本外币存款（含表内）日均余额118.53亿元，较年初增加23.23亿元。其中，公司存款余额85.59亿元，储蓄存款余额32.94亿元。支行本外币贷款余额66.59亿元，较年初增加23.94亿元。其中，公司贷款余额55.86亿元，个人贷款余额10.73亿元。与扬子江药业集团有限公司、中海油气（泰州）石化有限公司、泰州永创船舶工程有限公司、长城汽车股份有限公司泰州分公司、国家能源集团泰州发电有限公司、江苏汇福蛋白科技有限公司、江苏苏萨食品有限公司、江苏中江装配式建筑科技股份有限公司、泰州江盛港口发展有限公司、江苏泰州大桥有限公司、江苏泰高高速公路有限公司、江苏永投新发展置业有限公司、泰州市创新电子有限公司、泰州超人汽车电子有限公司等保持业务合作。发挥外汇业务专长，向区域内的外汇外贸企业提供专业服务。

（田　军）

【中国建设银行股份有限公司泰州医药高新区支行】 至年末，支行一般性核心存款余额63.38亿元，新增13.27亿元；实现公司条线中间业务收入5556万元。

资产业务　新增大中型授信批复10笔，金额21.6亿元，投放大中型贷款16亿元。年末公司类贷款较年初增加14.88亿元，增长35.8%，其中普惠贷款增加4.76亿元，增长34.2%。

账户拓展　以客户服务为中心，增配资源拓宽渠道，强化账户拓展，全年新开对公账户1750户，较上年增长48.8%。

风险防控　建立负面风险客户名单，认识潜在风险，提前预判。至年末，不良贷款余额1171万元，不良率为0.16%。

（建行医药高新区支行）

【交通银行股份有限公司泰州高港支行】 至年末，支行各项存款余额54.22亿元，较上年增加6.72亿元。各项贷款余额33亿元，增加5.93亿元。普惠金融“两增”法人贷款余

额2.48亿元，个人经营贷余额7970万元。（李　华）

【中国邮政储蓄银行股份有限公司泰州市分行】 至年末，分行资产总额873.26亿元，比年初增加108.03亿元，增长14.12%；本外币各项存款余额811.14亿元，比年初增加96.5亿元，增长13.5%；本外币各项贷款余额414.28亿元，比年初增加58.72亿元，增长16.51%。全年未发生重大资金案件和风险事件。与高港区人民法院合作，在所辖高新区支行创建全市首个金融领域“风险防控研究基地”。

服务实体经济　实体贷款余额369.91亿元，比年初增加66.57亿元，增长21.95%，占新增贷款比重89.29%。制造业贷款余额47.37亿元，比年初增加1.95亿元，增长4.29%；民营企业贷款余额126.7亿元，比年初增加14.74亿元，增长13.17%，占公司类贷款比重47.01%，贷款户数新增1764户；专精特新及科创企业贷款余额19.11亿元，比年初增加5.29亿元，专精特新及科创企业服务覆盖率7.74%，科创e贷获评2023年度泰州市驻泰银行机构改革创新奖三等奖。绿色贷款余额14.79亿元。

服务乡村振兴　涉农贷款余额146.91亿元，比年初增加20.73亿元，增长16.43%，其中普惠型涉农贷款余额47.42亿元，比年初增加7.25亿元，增长18.06%。建成信用村1384个、信用户4.9万户。

助力小微企业发展　普惠型小微企业贷款余额89.27亿元，比年初增加18.25亿元，增长25.7%，高于各项贷款增幅9.19%；小微“首贷户”投放103户，较上年增加66户；普惠小微企业信用贷款、小微企业中长期贷款余额占比分别较年初提升19.16%、6.94%。（邮储银行泰州市分行）

【平安银行股份有限公司泰州分行】 至年末，分行各项贷款余额69.02亿元，较年初增加13.06亿元，增长23.35%。其中，公司贷款余额59.51亿元，较年初增加14.93亿元，增长33.48%；个人贷款余额9.51亿元，较年初减少1.87亿元，下降16.41%。至年末，各项存款余额53.75亿元，较年初增加16.19亿元，增长43.1%。其中，单位存款余额38.39亿元，较年初增加10.5亿元，增长37.66%；储蓄存款余额15.36亿元，较年初增加5.69亿元，增长58.77%。支持制造业发展，制造业贷款余额9.18亿元，较年初增加5.15亿元，增长127.79%。其中，制造业信用贷款4.58亿元，较年初增加1.77亿元。（唐　琴）

【上海银行股份有限公司泰州分行】 2023年1月4日，上海银行股份有限公司泰州分行成立，4月21日正式开业，位于永定东路288-5号。至2023年年末，分行本外币各项存款余额9.82亿元。其中，企业存款余额8.78亿元，储蓄存款余额1.04亿元。本外币各项贷款余额21.12亿元。其中，公司贷款余额20.76亿元，个人贷款余额0.36亿元，普惠贷款余额6.11亿元，制造业贷款余额2.95亿元，民营企业贷款余额2.8亿元，绿色贷款余额4.1亿元。（潘　伟）

【江苏苏州农村商业银行股份有限公司泰州分行】 至年末，分行共有信贷客户3633户，贷款余额53.2亿元。其中，公司客户487户，贷款余额41.06亿元；零售客户3146户，贷款余额12.14亿元。分行走访园区20个、乡镇民营小微企业1000余户，发放小微企业贷款1328户，发放贷款金额35.02亿元。利用线上信贷产品便捷、快速的特点，推广苏农E贷，全年拓展客户559户，授信9181万元，共发放贷款4599万元。（陈菲菲）

【渤海银行股份有限公司泰州分行】 至年末，分行本外币各项贷款余额38.46亿元，比上年末增长91.45%；本外币各项存款余额15.95亿元。年内，江苏创鸿资产管理有限公司的北沿江高铁白马段拆迁补偿等重点项目落地。发放泰州分行第一笔实体制造业贷款1000万元，利率低至3.3%，担保方式为信用。（严文渊）

【中信银行股份有限公司泰州高港支行】 至年末，支行各项存款余额39.45亿元，各项贷款余额28.57亿元；实现国际收付汇量5447.09万美元，结售汇业务6561.72万美元。全年资产业务不良率为零。支行加

上海银行股份有限公司泰州分行　　上海银行泰州分行　供图

大对小微企业、实体经济的支持力度，新增发放供应链普惠金融产品订单 e 贷0.65亿元、科创 e 贷0.3亿元。（中信银行泰州高港支行）

【上海浦东发展银行股份有限公司泰州高港支行】 至年末，支行各项存款余额6.4亿元。其中，对公存款余额4.7亿元，储蓄存款余额1.7亿元。各项贷款余额15.1亿元，比年初增加2.9亿元，其中零售贷款余额2.75亿元。个人金融资产2.91亿元。（浦发银行高港支行）

【招商银行股份有限公司泰州高港支行】 至年末，支行各项存款余额20.81亿元，贷款余额8.3亿元。年内，支行推出"招银理财焦点联动稳进中证1000触发2号"等特色产品，通过"闪电贷""小微贷""烟草贷""招企贷"等贷款产品，推进当地经济发展。（肖 辰）

【江苏银行股份有限公司泰州高港支行】 至年末，支行各项存款余额90.38亿元。其中，公司存款余额77.88亿元，较年初增加22.44亿元；个人存款余额12.5亿元，较年初增加2.75亿元。各项贷款余额84.6亿元。其中，公司贷款余额78.2亿元，较年初净增7.02亿元，公司贷款中普惠贷款余额6.81亿元，较年初净增1.55亿元；个人贷款余额6.4亿元。扬子江药业集团在支行开户，实现非保证金存款的突破。普惠金融营销进一步下沉，通过园区引荐等多种渠道，实现3个优质专精特新企业贷款投放。（汪 俊）

【南京银行股份有限公司泰州高港支行】 至年末，支行本外币各项存款余额81.07亿元。其中，企业存款余额66.03亿元，储蓄存款余额15.04亿元。贷款余额66.1亿元。其中，公司贷款余额62亿元，个人类贷款余额4.1亿元。年内，启动"积分政策铸桥梁 融资服务惠万家"政银保企专场对接活动，将创新积分政策应用产品"鑫 e 科企"带进园区。新增普惠贷款1.5亿元。（张 平）

【江苏泰州农村商业银行股份有限公司】 至年末，公司各项存款余额387.55亿元。其中，对公存款余额135.92亿元，储蓄存款余额251.63亿元。各项贷款余额338.3亿元。其中，1000万元（含）以下贷款余额净增9.72亿元，增长7.66%；1000万元以上贷款余额净增17.39亿元，增长12.96%。年内，开展"开门红红包墙""幸运大抽奖""喜庆元宵 送花灯啦""女神节献礼存款抽奖有礼""庆六一""金秋品蟹，邂逅绿洲""牛首山健康之行""达标赢好礼，幸运抽大奖"等专项营销活动。（泰州农商行）

【泰州高港兴福村镇银行有限责任公司】 至年末，全行各项存款余额8.69亿元，各项贷款余额11.85亿元，不良贷款率为0.99%，资产状况良好。净利润1935.6万元。全年无安全责任事故和案件发生。（高港兴福村镇银行）

【江苏江阴农村商业银行高港支行】 至年末，支行实现存款余额4.78亿元，其中对公存款余额3.7亿元、对私存款余额1.08亿元。加强对重点企业、成长型小微企业的信贷投放，推出"结算贷""生意贷""余抵贷""企 E 贷"等特色信贷产品。贷款余额8.31亿元。其中，短期贷款5.61亿元，中长期贷款2.7亿元。推出普惠贷款"无忧贷""快商贷""易享 E 贷"产品，"江小鱼"线上贷款产品，向合法生产经营的小微企业、个体工商户或个人发放信用贷款。（苏惠萍）

【中国人民财产保险股份有限公司泰州市分公司高港营业部】 至年末，高港营业部完成保费收入1.07亿元，比上年增长12.87%。其中，个人保险完成保费4945万元，法人客户业务完成保费1783万元，农险业务及大病保险业务完成保费3961万元。实现承保利润537万元。全险种市场份额占泰州市的5.07%，增长0.42%。（季 丹）

旅游业

【概况】 2023年，泰州医药高新区（高港区）共接待游客288.24万人次，实现旅游景区营业收入2315.45万元。新增国家级 AAA 级旅游景区1个（爱情海欢乐田园）、省工业旅游区1个（扬子江龙凤堂工业旅游区）。至年末，全区有国家 AAAA 级旅游景区2个、国家 AAA 级旅游景区7个、省工业旅游区5个、全国乡村旅游重点村1个，旅行社10个。全年旅游行业无安全生产事故。

2023年泰州医药高新区（高港区）省级以上旅游景区、工业旅游区、乡村旅游区一览表

表15

类　别	景区名称	级别	地　址
国家 A 级以上旅游景区	口岸雕花楼景区	AAAA	口岸街道金港南路五一桥南侧
	天德湖公园	AAAA	海军东路8号

续表15

类　别	景区名称	级别	地　址
国家A级以上旅游景区	中国人民解放军海军诞生地纪念馆	AAA	白马镇海军东路
	白马文化旅游区	AAA	白马镇野黄线白马庙
	泰州市本草养生景区（江苏中药科技园）	AAA	大泗镇泗白路8号
	泰州市凤栖湖景区	AAA	口岸街道张马社区
	引江河风景区	AAA	泰州引江河高港枢纽
	泰州海军舰艇文化园	AAA	永安洲镇疏港一路6号
	爱情海欢乐田园	AAA	刁铺街道环港大道南
省工业旅游区	世泽雕艺文化旅游区	—	野黄线东50米
	中国医药城工业旅游区	—	中国医药城
	蜂奥工业旅游区	—	健康大道803号G53幢3层西侧
	扬子江药业集团工业旅游区	—	扬子江中路
	扬子江龙凤堂工业旅游区	—	永安洲镇龙凤堂西路
全国乡村旅游重点村	白马镇陈家村	—	白马镇陈家村

2023年泰州医药高新区（高港区）旅行社一览表

表16

旅行社名称	地　址
泰州市蔡家大院研学旅行有限公司	许庄街道蔡庄村孝义路12号
江苏途乐国际旅行社有限公司	鼓楼南路293号
泰州鸿程文化旅游发展有限公司	健康大道803号
泰州芯超康旅旅游有限公司	中国医药城5期G103栋
泰州市飞鹿国际旅行社有限公司	青年南路2号
泰州走天下国际旅行社有限公司	口岸街道港都花园综合楼102室
泰州市高港区中山国际旅行社有限公司	口岸街道通扬路51号
泰州市永乐旅行社	刁铺街道扬子江北路28号
觅度国际旅行社（江苏）有限公司	泰州国际汽车城雪铁龙路1号北楼1013号
泰州市驿鹿国际旅行社有限公司	口岸街道庆元街60号
泰州市高港区曙光国际旅行社有限公司	口岸街道金港中路540号
泰州市正华文化传媒策划有限公司	泰州国际汽车城7幢102室
江苏景顺文化旅游产业发展有限公司	口岸街道扬子江北路3号
泰州融易旅行社有限公司	泰州国际汽车城雪铁龙路1号北楼G3027号
江苏好享游国际旅行社有限公司	明珠街道鲍徐社区一组鲍九路26号
泰州新世纪康辉国际旅行社有限公司	寺巷街道海伦路4-25号

【旅游品牌创建】 2023年，泰州医药高新区（高港区）创成江苏省全域旅游示范区。爱情海欢乐田园入选省重点文旅项目名录，并创成国家AAA级旅游景区。“海军诞生地 水兵母亲城”红色旅游项目入选江苏省第二批红色旅游融合发展培育项目。扬子江龙凤堂创成江苏省工业旅游区。泰州市凤栖生态开发有限公司（凤栖湖景区）创成第三批省级文明旅游示范单位。

【旅游项目建设】 2023年，全区共实施旅游项目4个。其中，2022年续建项目3个（文化创意设计项目1个、住宿餐饮项目1个、文旅综合体项目1个），改扩建项目1个（旅游小城镇与古街区项目）。4个文化旅游项目计划总投资20亿元，2022年完成投资5.17亿元，2023年完成投资1.36亿元。

2023年泰州医药高新区（高港区）旅游项目建设一览表

表17　　单位：万元

项目名称	建设性质	项目类别	建设规模和内容	计划投资总额	年内完成投资
天禄湖国际大酒店	续建	住宿餐饮	占地面积2.33万平方米，总建筑面积6.6万平方米（地上4.2万平方米，地下2.4万平方米）；分2期建设，一期建筑面积4.2万平方米，二期建筑面积2.4万平方米	80000	—
刁铺街道田园综合体项目	续建	文旅综合体	规划用地面积约180万平方米，建设玫瑰种植区、56万平方米核心旅游景区、康养社区和玫瑰深加工销售研发中心	100000	1600
东方小镇片区业态提升改造项目	改扩建	旅游小城镇和古街区	由2个子项工程组成，包括东方小镇商业街业态提升改造项目和东方小镇片区附属配套改造项目。西至口泰路、东至泰州大道、南至药城大道、北至鸭子河	19897	12000
梅郎故里天然富硒水项目	续建	文化创意设计	以梅兰芳故乡泰州地标景色结合梅兰芳舞台造型，创作出12幅作品；结合恩施大峡谷天然富硒自涌泉水，讲述梅兰芳与故乡泰州的故事	150	10
合计	—			200047	13610

【旅游线路开发】 2023年，中国人民解放军海军诞生地纪念馆入选长江主题国家级旅游线路——长江红色基因传承之旅。爱情海欢乐田园、白马镇陈家村入选“水韵江苏乡村四时好风光”长江文化旅游精品线路——泰州沿江生态乡村研学之旅及江苏“农情夏日·相约江淮”之旅。江苏中药科技园入选“水韵江苏”非遗旅游精品线路之“幸福滋味·非遗美食养生之旅”。中国人民解放军海军诞生地纪念馆和泰州海军舰艇文化园入选“水韵江苏·长江百景”。泰州引江河风景区（水利工程）、泰州海军舰艇文化园入选“水韵江苏”长江文化旅游精品线路。

【旅游公共服务设施】 2023年，泰州医药高新区（高港区）推进旅游标识牌规范管理和旅游厕所建设，建立旅游标识牌名录库和巡查台账。改建AA级标准旅游厕所2座（“一路高畅”旅游厕所、凤栖湖3号旅游厕所）。

口岸雕花楼　　顾祥忠　摄

【旅游推介】 2023年，泰州医药高新区（高港区）组织口岸雕花楼景区、泰州海军舰艇文化园、爱情海欢乐田园参加“5·19”中国旅游日、“5·18”国际博物馆日泰州分会场活动。组织泰州海军舰艇文化园、泰州城色文化传媒有限公司参加第五届大运河文化旅游博览会。组织泰州海军舰艇文化园参加2023长三角文旅惠民市集、第37届香港国际旅展、2023中国国际旅游交易会和丽水、鹰潭泰州文化旅游推介会。

【旅游节庆活动】 2023年，泰州医药高新区（高港区）举办旅游节庆活动10余次，包括在泰州海军舰艇文化园举办“5·19”中国旅游日暨泰州医药高新区（高港区）首届“人民海军诞生地”红色旅游节，在区新时代文明实践中心举办文化遗产日活动，在爱情海欢乐田园承办泰州市“缤纷夏日·幸福泰州”旅游消费季启动仪式。

【爱情海欢乐田园创成国家AAA级景区】 项目由江苏景顺文化旅游产业发展有限公司投资建设，总占地面积180公顷，是一、二、三产融合发展的特色田园综合体。其中，一产为玫瑰种植，二产为玫瑰加工、研发，三产为乡村旅游景区。一期项目56公顷的乡村旅游景区于2021年10月1日对外开放。景区主要分为欢乐田园、亲子乐园、动物王国三大板块，以及空港花田区、爱情海婚纱摄影区、亲子研学（活力拓展区）、动物自驾区、萌宠动物观赏区五大区域。景区有飞机VR体验、花海小火车、漂移卡丁车、越野沙滩车、高空自行车、马术俱乐部、七彩滑道、玻璃水滑、亲子乐园、萌宠动物观赏、动物王国自驾等项目。2023年，经泰州市旅游资源规划开发评定委员会评定，爱情海欢乐田园被确定为国家AAA级旅游景区。（蔡 荀）

房地产业

【概况】 2023年，泰州医药高新区（高港区）共有房地产开发企业41个。官河湾、金通桃李园、和风雅居、君启雅苑、金通桃花源、盛雅园、天禄湖花园、东方温莎小镇花园四期、金通海棠湾、天逸河畔、翰林赋花园等项目基本建成。万象天成花园、山河原著花园、大华锦绣四季、山望花园、华润国际花园四期等项目开工建设。

【房地产开发项目】 官河湾　位于江州南路东侧，南官河西侧，高港路南侧，由泰州华诚金晟置业有限公司投资建设。占地面积5.28万平方米，建筑面积11.62万平方米，总投资12亿元。年内，全部竣工交付。

金通桃李园　位于鼓楼南路东侧，惠山路西侧，淮河东路北侧，由泰州海通置业有限公司投资建设。占地面积14.08万平方米，建筑面积39.56万平方米，总投资51.01亿元。年内，b地块住宅竣工交付，其余住宅在建，商业项目暂未开工。

和风雅居　位于春风路北侧，丰岸路东侧，鼓楼南路西侧，由江苏赛福瑞企业管理有限公司投资建设。占地面积1.01万平方米，建筑面积1.09万平方米，总投资1.84亿元，年内在建。

金铭雅园、茂悦雅园、华樾花园、悦天地商业街区　位于海陵南路东侧，金山路西侧，周山河路北侧，洪泽湖路南侧，由泰州城茂房地产开发有限公司投资建设。占地面积30.78万平方米，建筑面积70.29万平方米，总投资80.59亿元，年内在建。

君启雅苑　位于栖霞山路西侧，钟山路北侧，由泰州市弘居房地产开发有限公司投资建设。占地面积8.11万平方米，建筑面积21.23万平方米，总投资24.13亿元。年内，竣工交付。

栖凤园　位于周山河路北侧，太湖路南侧，由泰州市弘居房地产开发有限公司投资建设。占地面积11.78万平方米，建筑面积21万平方米，总投资26.73亿元，年内在建。

金通桃花源　位于引凤路东侧，东风快速路西侧，永定快速路北侧，由泰州海湖置业有限公司投资建设。占地面积15.23万平方米，建筑面积37.07万平方米，总投资36.6亿元。年内，住宅竣工交付，商业项目在建。

盛雅园　位于华欣路东侧，海陵南路西侧，仲野路南侧，由泰州华盛投资开发有限公司投资建设。占地面积6.6万平方米，建筑面积17万平方米，总投资15亿元。年内，

栖凤园小区　　区住房城乡建设局　供图

住宅竣工交付，商业项目在建。

华润国际花园四期　位于鼓楼南路东侧，海陵路西侧，洪泽湖路北侧，由华润置地（泰州）有限公司投资建设。占地面积28.36万平方米，建筑面积124.38万平方米，总投资48.74亿元，年内在建。

大华锦绣四季　位于江州南路西侧，鲍中路北侧，由大华泰州投资发展有限公司投资建设。占地面积7.7万平方米，建筑面积16万平方米，总投资26亿元，年内在建。

山河原著花园　位于前进河东侧，永定快速路北侧，由泰州市领航房地产开发有限公司投资建设。占地面积6.66万平方米，建筑面积17.81万平方米，总投资21.23亿元，年内在建。

天禄湖花园　位于海陵南路东侧，仲联路西侧，药城大道北侧，由泰州华盛投资开发有限公司投资建设。占地面积12.2万平方米，建筑面积31万平方米，总投资25亿元。年内，竣工交付。

山望花园　位于天虹路东侧，江州南路西侧，高港路北侧，由泰州润通房地产开发有限公司投资建设。占地面积7.3万平方米，建筑面积22.5万平方米，总投资26.3亿元，年内在建。

东方温莎小镇花园四期　位于泰州大道西侧，药城大道北侧，口泰路东侧，由江苏华联东方置业有限公司投资建设。占地面积7.47万平方米，建筑面积18.87万平方米，总投资15.07亿元。年内，125～143号、147～151号主体工程全部完成，进行后期景观打造及竣工验收。

金通海棠湾　位于南官河东侧，青年南路西侧，永兴路北侧，由江苏金文置业有限公司投资建设。占地面积12.23万平方米，建筑面积30.49万平方米，总投资27.8亿元，年内竣工交付。

万象天成花园　位于扬子江路西侧，春港路南侧，由泰州爱港置业有限公司投资建设。占地面积8.44万平方米，建筑面积24.7万平方米，总投资18.6亿元，年内在建。

天逸河畔　位于天虹路东侧，鲍中路南侧，由泰州宇和置业有限公司投资建设。占地面积5.73万平方米，建筑面积11.42万平方米，总投资8.25亿元，年内竣工交付。

映月璟园　位于永定路南侧，春兰南路西侧，由江苏泰湖地产有限公司投资建设。占地面积9.61万平方米，建筑面积24.38万平方米，总投资27.16亿元，年内在建。

映月兰庭　位于春兰南路西侧，兴塘路北侧，由江苏泰湖地产有限公司投资建设。占地面积8.64万平方米，建筑面积20.65万平方米，总投资26.27亿元，年内在建。

翰林赋花园　位于海军大道南侧，海陵南路西侧，由泰州港新正置业有限公司投资建设。占地面积5.37万平方米，建筑面积18.94万平方米，总投资16亿元，年内竣工交付。

深业云栖苑　位于海陵南路西侧，云龙湖路南侧，天德湖公园西侧，由深业集团投资开发。占地面积1.94万平方米，建筑面积5.72万平方米，年内在建。

【房产管理】 2023年，全区批准预销售面积82.51万平方米、6212套，成交面积81.02万平方米、6139套。商品住宅成交均价10256元/平方米。做好既有房屋安全排查和白蚁防治等工作。

【物业管理】 2023年，全区共有物业企业68个。祥龙家园、西湖翠苑创成党建引领物业管理服务工作省级示范点，香榭湾、华润国际三期创成省级宜居示范居住区，世纪家园创成省级示范物业管理项目，御园、康祥颐园、世纪家园公园里、大华锦绣华城、玉城茗墅、祥龙家园创成市级示范物业管理项目，香榭湾、祥龙家园、御园、东谢欣园、世纪家园公园里、大华锦绣华城、华润国际花园三期创成市级宜居示范居住区。共成立业主委员会（物业管理委员会）123个。妥善处置物业服务、房地产开发、中介服务矛盾诉求和咨询求助1256件。

（魏国涛）

批发零售业

【概况】 2023年，泰州医药高新区（高港区）完成批发业销售额1370亿元，比上年增长8.7%；完成零售业销售额301.9亿元，增长7.8%。全区在库限额以上批发零售单位640个。东方小镇步行街、泰福里步行街、口岸雕花楼步行街获评首批泰州市示范步行街。全区有大型城市综合体3个，包括华润万象城、泰州天虹购物中心、教育教学区邻里中心。有各类商品交易市场28个。其中，农贸市场20个，小商品市场1个，专业市场7个。有38个加油站（点）通过成品油零售经营批准证书年检。其中，中石化21个（水上加油点1个）、中石油3个、中海油5个、社会加油站9个。全年完成汽车销售主体登记管理103个。明珠社区便民生活圈、东方小镇便民生活圈入选泰州市第一批一刻钟便民生活圈示范名单。

【泰福里步行街】 位于泰州金融广场，东临鼓楼路，西临海陵路，南至永定路，北至永兴路。以“遇见幸福”为主题，规划高端精品、文创育乐、休闲生活三大亮点。2022年8月开街。招引几何书店、Miu Club酒店、洛克公园、Party King社交运动馆、寇涉品牌集合店、即白婚纱、北体涵邦健身等品牌入驻。2023年，有签约商户45个，首店占比58%。

【口岸雕花楼步行街】 位于口岸街道金港南路两侧，以园林建筑风格为主，主要景点为口岸雕花楼。规划建成融休闲、娱乐、餐饮、购物等

东方小镇沿街商铺 钱小平 摄

功能于一体的历史文化街巷。2023年，一期在营店铺62个，总出租面积约2万平方米，出租率75.82%，包括必胜客、五粮液旗舰店、老街秤盘麻辣烫等。二期入驻商户8个，总出租面积9421平方米，包括肯德基、全季酒店、普安大药房等。（徐 颖）

【东方小镇步行街】 南起融创路，北至鸭子河，东至会展路，西至口泰路。2009年开街运营，集居住、商业、娱乐、休闲等功能于一体。2023年，在营店铺71个，年客流量超500万人次。

【泰州万象城】 位于永定东路南侧，鼓楼南路西侧，海陵南路东侧，于2021年6月开业。总建筑面积18.3万平方米，主体地上3层（局部4层）、地下2层，商业租赁面积6.4万平方米，拥有停车位近1400个。涵盖三大商业空间（A馆、B馆、C馆），四大特色主题区（儿童主题区、连廊主题区、牙蜜市集主题区、mama care母婴旗舰），10种业态分布（零售、餐饮、儿童、配饰、家用、个护、超市、生活精品、数码、娱乐）。集潮流运动、亲子家庭、运动风尚、饕餮美食于一体，超300个知名品牌入驻。2023年，完成零售总额15亿元，客流量约1500万人次。

【泰州天虹购物中心】 位于泰州大道与药城大道交会处，于2019年12月开业，共有4层，经营面积近6万平方米，地上停车场1.5万平方米、停车位500余个。商场项目定位“畅享欢聚时光的家庭生活中心”，打造泰州家庭欢聚首选地。餐饮品牌覆盖网红餐饮水吧、时尚简餐和地域特色餐厅。2023年，完成营业额2.1亿元。（徐 颖）

【泰州名流国际家居博览中心】 位于东风南路和永定东路交会处，于2011年12月建成开业，地下1层、地上5层，占地面积6万平方米，总建筑面积约16万平方米，投资总额6亿元。经改造，商场1～5层原有家居建材类门店调整至中心位置，外圈门店改造成临街店铺，用于引进餐饮、酒店、大型百货、购物超市、儿童娱乐、影院、休闲网咖、KTV等服务业项目。2023年，完成营业额1360万元。

【红星美凯龙国际家居生活广场】 位于创业大道与泰州大道交会处，于2013年7月开业，总建筑面积6.29万平方米，营业面积4.45万平方米，采用第八代水晶魔方Shopping Mall结构，全玻璃外观造型。入驻商户200余个，汇集家居、建材、装饰品牌近300个。2023年，完成营业额1.2亿元。

【泰州国际汽车城】 位于泰州大道309号，占地面积1.59平方千米，于2010年11月开业。以汽车贸易为主导产业，入驻商户200余个。其中，4S店31个，涵盖奔驰、宝马、奥迪、捷豹、路虎、林肯、沃尔沃、大众等品牌；配套建有4万平方米的汽车用品市场和4.2万平方米的室内二手车交易市场，从业人员8000余人。

【农贸市场建设】 2023年，泰州医药高新区（高港区）完成许庄农贸市场改造提升，新建大华农贸市场。至年末，全区共有农贸市场20个。在绿地智慧农贸市场、鑫福源农贸市场开展“平价菜摊”建设试点，落实“平价菜摊”6个。

【汽车消费促进】 6月22日—7月21日，泰州医药高新区（高港区）举办“泰享消费·新城‘价’期”汽车消费促进活动，采用“政府补贴、商户让利”的组合方式，带动汽车销售1300辆，完成销售额1.97亿元。

【“苏新消费”】 2023年，泰州医药高新区（高港区）组织零售和餐饮前20强参加省“苏新消费·销售竞赛季”活动，京东大药房泰州连锁有限公司、中海油销售泰州有限公司、泰州市港城酒店有限公司、泰州天德湖宾馆在活动中获商贸流通优胜企业称号。（秦 程）

住宿餐饮业

【概况】 2023年，泰州医药高新区（高港区）完成住宿业营业额6.17亿元，比上年增长27.4%；餐饮业营业额24.8亿元，增长18.2%。全区有

泰州维景国际大酒店　　区党史方志办　供图

限额以上住宿餐饮企业156个。

【泰州世茂茂御酒店】 位于泰州大道329号，拥有客房和套房262间、御咖啡西餐厅、御珍轩中餐厅、大宴会厅、大堂吧、健身房、游泳池等设施。2023年，完成营业额4760万元。

【泰州天德湖宾馆】 位于海陵南路268号，建筑面积8万平方米，按五星级标准设计建造，拥有客房288间、3000个餐位的多功能厅、宴会厅、自助餐厅、包厢等设施。温泉面积近2万平方米，拥有室外温泉、室内温泉及休闲区域，温泉泡池40余个。2023年，完成营业额1.78亿元。

【泰州万怡酒店】 位于三新路788号，有客房313间，其中双床房151间。设有宴会大厅2间，面积分别为1080平方米和430平方米；有多功能会议室7个，面积共1930平方米。万荟轩全日制餐厅有208个席位。行政酒廊位于酒店22层，可同时接待54名宾客。2023年，完成营业额3208万元。

【泰州中国医药城假日酒店】 位于健康大道805号，有客房192间。2023年，完成营业额1223万元。

【泰州维景国际大酒店】 位于港城路1-1号，由泰州市港城建设投资发展有限公司投资建设，并委托中国旅游集团酒店运营有限公司全权经营管理。系集客房、餐饮、康乐、会议、健身、娱乐于一体的五星级标准酒店。共有地上24层，地下2层。总建筑面积约4.5万平方米，包括五星级酒店客房338间（套）、餐厅5间、会务及康体水疗中心等设施。2023年，完成营业额8964万元。

【泰州海燕金陵国际大酒店】 位于扬子江南路5号，由扬子江药业集团有限公司投资兴建、南京金陵酒店管理有限公司经营管理。有面积46平方米以上的宽敞客房240余间，包括行政套房、行政客房及豪华房。有宴会包间40余间，可同时容纳3000人就餐。2023年，完成营业额5109万元。（秦　程）

粮食购销

【概况】 2023年，全区涉粮企业原粮收购2.77万吨，原粮贸易销售10.86万吨。4人获得江苏省粮油质量初级检验员证书和粮油仓储管理员初级证书。

【地方储备粮管理】 2023年，泰州医药高新区（高港区）加强区级政府储备粮轮换管理，出台《医药高新区（高港区）区级政府储备粮轮换管理办法》，保证区级储备粮数量充足、结构合理、质量良好、调用高效。成立泰州医药高新区（高港区）地方储备粮管理有限公司，明确区级储备粮的运作主体，推动区级储备粮公司实体化运作。

（戚湘群）

供销合作

【概况】 2023年，全区共有镇级供销社8个、村级供销社4个，农民专业合作社（联合社）26个，供销社全资企业3个，初步构建成覆盖区、镇（街道）、村（社区）的三级为农服务网络体系。

【基层供销组织建设】 2023年，全区供销系统新增为农服务综合体1个（白马镇岱白村为农服务体）、专业合作社1个（泰州市高港区峰云农业机械服务专业合作社）。提档升级胡庄供销合作社，为当地居民提供综合性为农服务。

【为农服务体系建设】 2023年，区供销社依托基层社、现代农业综合服务中心、庄稼医院等综合服务平台，建设以1个区级为农服务中心为核心，3个乡镇片区为农服务中心为基础，覆盖全区的为农服务体系，初步形成覆盖广泛、功能齐全的为农服务网络。全年区供销社集采统配农药80余万元，回收处理农业包装废弃物234万件，回收处置废旧农膜67.5吨，农业社会化服务面积6066.67公顷；盘活资产，利用供销社闲置土地，争取省供销社农村现代流通项目扶持资金、国家产业强镇扶持资金，投资680余万元建设区级冷链物流中心。

【农产品销售平台拓展】 2023年，区供销社与扬州宏信龙超市开展合作，打造直通市场、便捷、高效的农产品销售平台，在城区和重点镇街布点开设生活超市。生活超市特设本地农产品销售专柜，展示销售当地新鲜蔬菜、水果、粮食等农产品，居民在购买生活必需品的同时，也能方便地购买到新鲜、优质的农产品。年末，宏信龙高新（高港）首店在胡庄镇汪群社区开业。区供销社利用端午、春节传统节日，开展“欢乐端午节供销大集场”“高新高港年货大集场进镇街”等农产品展销活动，展示销售当地特色农产品。

【社有资产管理】 2023年，社有资产运营平台——泰州市源泰烟花爆竹有限公司成立。区供销社完善“三重一大”、薪酬方案、财务管理等制度，提升社有资产运营效率。
（陈　巍）

电子商务

【农村电子商务】 2023年，区供销社与各镇街合作开展电商人才培训，围绕直播设备、账号注册、软件操作等专业知识进行辅导，全年培训学员400余人次。与区工商联、中国邮政储蓄银行泰州市高港区支行联合开发“工商联云”小程序，整合农产品线上展示与销售功能，实现线上+线下互通转化，平台进驻企业1800余个。
（陈　巍）

【省级电商示范创建】 2023年，区商务局组织开展省级电商示范企业申报，江苏泰盈科技有限公司、泰州青之峰网络科技有限公司、泰州润元机电科技有限公司、泰州大自然德森堡木业有限公司获得2024—2025年度省级电商示范企业称号。

【电商促进活动】 4月14日，“健康名城”泰州首届电商直播大赛在中国医药城会展交易中心落幕。自2022年10月报名通道开放，有150组选手参赛，累计观看人数超5000万人次，直播时长1.8万小时，直播累计成交5万单，直播销售额3000万元。
（秦　程）

会展业

【概况】 2023年，泰州医药高新区（高港区）有会展中心1个，为中国医药城会展交易中心。

【中国医药城会展交易中心】 位于泰州大道388号。具有展览展示、专业交易、国际会议、综合配套等功能。会展中心室内展览面积4万平方米，主会议厅2990平方米，停车位1318个，会议室18间。2023年，中心共接待会议、展览活动49场。
（中国医药城会展交易中心）

物流业

【概况】 2023年，泰州医药高新区（高港区）有规模以上现代物流企业66个，实现营业收入72.6亿元。

2023年泰州医药高新区（高港区）规模以上现代物流企业名录

中国邮政集团有限公司泰州市分公司
江苏泰州大桥有限公司
泰州顺丰运输有限公司
泰州益嘉物流有限公司
享运科技物流（泰州）有限公司
江苏省粮食集团泰州粮食收储有限公司
泰州外轮代理有限公司
泰州港务集团有限公司
泰州永安港务有限公司
江苏海企化工仓储股份有限公司
江苏泰高高速公路有限公司
江苏鑫耀运输有限公司
泰州市华通船务有限公司
泰州杨湾益嘉港务有限公司
泰州华盛物流有限公司
泰州申燃航运有限公司
泰州韵泰速递有限公司
泰州嘉航海运有限公司
泰州诺卫物流有限公司
泰州国际集装箱码头有限公司
泰州统一超商有限公司
泰州高港港务有限公司
泰州市德成航运有限公司
江苏正德物流有限公司
泰州市飞鹿客运有限公司
泰州海泰油品装卸有限公司
泰州市通江油品装卸有限公司
泰州鸿宇国际货运代理有限公司

中国医药城会展交易中心夜景　　潘永富　摄

泰州市百川物流有限公司
泰州中瑞物流有限公司
泰州中外运物流有限公司
泰州中外运船务代理有限公司
江苏科畅供应链管理有限责任公司
江苏永信船务有限公司
泰州市峰润洗涤服务有限公司
泰州益海码头有限公司
江苏优力博国际物流有限公司
泰州港盛船务有限公司
泰州芬威克物流设备有限公司
泰州汇福长荣物流有限公司
泰州益友船务代理有限公司
泰州新顺船务有限公司
江苏盈源智能供应链管理有限公司
泰州圆通速递有限公司
泰州东田船舶代理有限公司
泰州东联油品装卸有限公司
江苏振新运输有限公司
泰州市瑞祥物流有限公司
泰州东港货运有限公司
泰州市长运汽车运输有限公司
泰州长丰海运有限公司
泰州远东国际船舶代理有限公司
泰州高远物流有限公司
泰州韵泰物流有限公司
泰州稳强船舶服务有限公司
江苏皇成供应链管理有限公司
江苏金扬子船务有限公司
泰州天恒物流有限公司
泰州韵达电子商务有限公司
大泗医疗器械物流有限公司
泰州徽商物流有限公司
江苏华特物流有限公司
泰州市锦泰货运代理有限公司
泰州科建航运有限公司
江苏优力博碳中和物流科技有限公司
泰州远邦船舶服务有限公司

【高港综合物流园获评国家级示范物流园区】 2023年，国家发改委、自然资源部联合印发《关于做好第四批示范物流园区工作的通知》，高港综合物流园获评国家级示范物流园区，系泰州首次获此殊荣。高港综合物流园组建于2007年，形成以港口物流、大宗商品加工贸易为主导，多式联运、保税物流、集装箱运输、供应链管理为特色的物流产业集群。园区创成省、市级重点物流企业6个，A级以上物流企业3个，并培育年开票销售超10亿元重点商贸企业8个、年收入超2亿元物流企业4个、年税收超千万元企业7个。园区连续六年获评全国优秀物流园区。 （鲍　勇）

邮政·通信

·邮　政·

【概况】 2023年，泰州医药高新区（高港区）有快递分拨中心5个，快递公司25个，网点200余个，从业人员1500余人。全年邮政行业业务总量97785.59万标准量，比上年增长53.79%，全市排名第一，邮政业保持平稳发展。3名快递员获评市级“最美快递员”，1名快递员获泰州市五一劳动奖章。

【邮政发展服务】 2023年，区邮政管理局开展区快递行业“暖蜂护巢”亲子夏令营活动、冬季送温暖等系列暖蜂活动。12月，京东医药仓项目获评全国第一批“快递业与制造业深度融合典型项目”。成立企业护企护薪工作站5个，建立党群服务中心邮政快递服务站20个。

【寄递安全保障】 2023年，区邮政管理局组织对普遍服务网点的检查工作，联合烟草公司成立烟草查报站4个，做好安全生产月、亚运会、“双11”等各类旺季安全保障工作，完成150人次的救护员培训工作，试行高温季节冰袋马甲工作，完成各中心企业食堂气改电工作，升级安检机智能化。全年共处理各类投诉24起，完成率100%。 （贾　丹）

·通　信·

【电信】 2023年，中国电信股份有限公司泰州分公司两高区局（简称区电信局）完成主营收入2.38亿元，新兴业务收入0.55亿元。

业务发展　向全区18.84万用户提供移动通信服务，电信天翼用户较上年末增加0.89万户，移动手机业务网间份额提升0.98%。向全区11.6万户家庭、企业提供宽带服务，宽带用户增加0.64万户。向全区7.72万户家庭、企业提供电视接入服务，电视用户与上年持平。

家庭数字信息化　电信宽带平均带宽达416M，较上年末提升49.5M，电信宽带中千兆宽带占比达27.9%（全区第一），增长5.1个百分点。5G用户占73.6%，增长6.7个百分点。通过推进FTTR/ACAP等智慧家庭全屋组网业务，电信宽带家庭Wi-Fi渗透率51.8%（全区第一）。

企业云改数转服务　对接工业企业、行业客户等打造行业标杆项目，签约实施5G项目5个、智慧景区1个、智慧社区40个、智慧校园14所。助力中海油气（泰州）石化有限公司获评省级5G全连接工厂，国家能源集团泰州发电有限公司获评国家级5G全连接工厂，均为全市唯一入选。签约实施投资300万元以上的企业整体智能化工程项目4个，包含总体弱电建设改造、智慧园区管理系统等。建设企业云监控、网络安全类智能化项目近40个。实施1000万元级智能化项目1个，将南京中医药大学泰州校区打造成为全市多媒体教学智能化改造的标杆。推动新增上云企业40余个，通过星级上云申报6个。 （夏　勤）

【移动通信】 2023年，中国移动通信集团江苏有限公司泰州分公司高港营销中心（简称高港移动）用户规模37.64万户，比上年增加0.98万户，增长2.7%。

网络建设　新建5G基站27个、700M站点39个，实现沿江及建制乡镇5G全覆盖。对泰州体育公园利用室外2.6G+4.9G宏站立体组网，实行新型室分皮基站、EM与传统室分相结合，打造立体全覆盖的4G/5G网络，满足大型活动需求。响应政府民生工程要求，完成14个地下室及38部电梯覆盖，解决网络弱覆盖49处，解决弱覆盖小区问题15个。

宽带业务发展　新增覆盖小区（行政村、沿街）14个，新增覆盖用户9509户，实现小区、沿街、行政村全覆盖，宽带总覆盖28.7万户，带宽1000M以上用户占比57%，互联网电视用户8.7万户。

企业事业单位和集团业务发展　强化政府机关、各大企业事业单位服务，整体集团客户服务满意度达99%。新增签订专网专线、一网通1900余条，范围覆盖全区12个镇街。参与惠民工程建设，拓展蓝天卫士、高港区人民检察院高仿真远程视频系统、园区限值限量安全运维服务建设等多个信息化建设项目。（王　艳）

居民服务业

【理发美容业】　2023年，泰州医药高新区（高港区）新注册理发及美容业公司10个，包括泰州市美薇尔美容有限公司、泰州佳姿颜悦医疗美容诊所有限公司、泰州镜面美容科技有限公司等。新注册理发及美容业个体户159户，包括医药高新区悦颜美容养生馆、医药高新区阿布造型彩妆店、医药高新区蜜糖美甲美睫工作室、医药高新区指艺美容美甲工作室、医药高新区米之琳理发店、医药高新区卡卡造型设计店等。累计有经注册的理发及美容业公司29个、个体户1089户。

【洗浴足浴业】　2023年，泰州医药高新区（高港区）新注册洗浴足浴业个体户147户，包括医药高新区在水一方休闲洗浴中心、医药高新区云顶水会浴室、医药高新区恒鑫洗浴休闲中心、医药高新区王会按摩服务店。累计有经注册的洗浴足浴业公司40个、个体户709户。

【中介业】　2023年，泰州医药高新区（高港区）新注册房地产中介服务公司13个，包括泰州宜康房产中介有限公司、泰州市庆居房产经纪有限公司、上海禄振房地产经纪有限公司泰州分公司、泰州市泰锦房产中介有限公司等。新注册房地产中介个体户8户，包括医药高新区申蓝房屋中介、医药高新区峰拓房地产咨询服务部、医药高新区爱娣房产中介服务部等。累计有经注册的房产中介公司144个、个体户74户。

【广告业】　2023年，泰州医药高新区（高港区）新注册广告业公司39个，包括泰州创域空间广告传媒有限公司、泰州市青年传媒有限公司、泰州市沁禾传媒广告有限公司、泰州铭华广告传媒有限公司、泰州途阅文化传媒有限公司等。新注册广告业个体户47户，包括医药高新区景尚广告工作室、医药高新区诚瑞广告设计工作室、医药高新区钰铭广告服务部、医药高新区小壹网络图文工作室、医药高新区好未来广告工作室等。累计有经注册的广告经营单位706户，其中内资公司430个、个体户276户。

【家政服务】　2023年，泰州医药高新区（高港区）新注册家政服务公司2个，分别为泰州市懒猫家政有限公司、泰州市彬彬保洁有限公司。新注册家政服务个体户26户，包括医药高新区芯芯家政经营部、医药高新区勤卫家政服务部、医药高新区妃妃家政保洁服务中心、医药高新区贝塔家政服务部等。累计有经注册的家政服务公司56个、个体户103户。

【信息咨询】　2023年，泰州医药高新区（高港区）新注册信息咨询公司39个，包括泰州市鼎盈信息咨询服务有限公司、泰州市新怡苏技术服务有限公司、泰州诺融商务咨询有限公司、江苏森瑶信息科技有限公司、泰州云通智慧城市电子信息科技有限公司等。新注册信息咨询个体户51户，包括高港区兴博管理服务经营部、医药高新区广祥信息咨询服务部、医药高新区以爱之名信息咨询工作室、医药高新区孙铭俊信息咨询经营部。累计有经注册的信息咨询公司79个、个体户142户。（孔　芳）

科 技

综 述

【概况】 2023年，泰州医药高新区（高港区）实现高新技术产业产值718.27亿元。新增省级高新技术企业119个、市级高新技术企业23个，省潜在独角兽企业1个、省瞪羚企业10个。全社会研发投入占地区生产总值的3.16%。新增省级工程技术研究中心5个、市级工程技术研究中心27个，各级各类平台载体获省级以上绩效考评优秀2个。获批科技计划48项。获泰州市科技创新奖7个。

【科技成果】 2023年，华威特（江苏）生物制药有限公司承担的新型牛重大传染病疫苗研发及产业化项目获批省重大科技成果转化项目，上争资金800万元。在2023年度泰州市科技创新奖评审中，全区共有7个项目获奖。其中，泰州蕾灵百奥生物科技有限公司承担的全自动一体化动物疫病分子诊断产品的研发及应用项目获一等奖；扬子江药业集团有限公司承担的盐酸莫西沙星原料及制剂的关键技术研发与产业化项目获二等奖；臻悦生物科技江苏有限公司承担的结直肠癌伴随诊断高通量测序检测技术项目、泰州医药城博奥邦科生物科技有限公司承担的乳腺癌 HER2 基因检测技术的研发项目、泰州泽成生物技术有限公司承担的基于磁微粒化学发光法的胃癌标志物检验试剂及设备的研发及应用项目、泰州市榕兴医疗用品股份有限公司承担的医用三溴酚铋敷料的研发及其产业化项目、江苏玖星精密科技集团有限公司承担的新型双向阻尼式精密铰链项目获三等奖。

（褚华岳　蔡俊杰）

【企业科技创新积分奖励】 2023年，泰州医药高新区（高港区）共兑付2022年市创新积分奖励资金14676.73万元（其中市补助金额7246.69万元、区配套7430.04万元），受奖励企业514个，企业数、资金总额均列全市第一；全市积分奖励资金兑付排名前100名企业中，泰州医药高新区（高港区）占30个，分别涉及生物医药、高端装备、电子信息等领域，其中扬子江药业集团有限公司、江苏硕世生物科技股份有限公司、扬子江药业集团江苏海慈生物药业有限公司等5个企业位列2023年科技创新积分榜前十。

（徐辉宇　杨　凌）

科技研发机构

【概况】 2023年，泰州医药高新区（高港区）新增江苏省高通量测序工程技术研究中心等省级工程技术研究中心5个，全区累计有省级工程技术研究中心65个。新增市级工程技术研究中心27个，全区累计有市级工程技术研究中心128个。泰州苏中天线集团有限公司承担的江苏省汽车天线系统工程技术研究中心、泰州市金海运船用设备有限责任公司承担的江苏省船用救援设备工程技术研究中心在2023年省级工程技术研究中心绩效考评中获优秀等次。全区与大院大所共建的研究院共有10个，其中已建成并正常运营的6个，为中科院大化所中国医药城生物医药创新研究院、复旦大学泰州健康科学研究院、国际遗传工程和生物技术中心（ICGEB）—中国区域研究中心、国科大医疗健康产业平台、东南大学泰州生物医药与医疗器械研究院、哈工大泰州创新科技研究院；在建2个，为北大医学部（泰州）医药健康产业创新中心、国家兽用生物制品技术创新中心；新签约2个，为讯飞医疗—泰州医学人工智能研究院、南京医科大学泰州医药产业研究院。与成都华西海圻共建的中国医药城药物非临床研究中心（GLP）合作协议签署，医药产业全生命周期科创平台体系构建取得突破性进展。扬子江药业集团“克服递药屏障高端制剂全国重点实验室”重组方案获科学技术部批准，进入新周期建设阶段。

2023年泰州医药高新区（高港区）新增省、市级工程技术研究中心一览表

表18

类别	机构名称	承担企业
省级工程技术研究中心	江苏省高通量测序工程技术研究中心	臻悦生物科技江苏有限公司
	江苏省微创外科医疗器械工程技术研究中心	江苏百宁盈创医疗科技有限公司
	江苏省高密度冲制型引线框架工程技术研究中心	泰州东田电子有限公司
	江苏省高性能纤维纺织材料工程技术研究中心	泰州万诺纺织科技有限公司
	江苏省新型环保有机磷阻燃剂工程技术研究中心	富彤化学有限公司
市级工程技术研究中心	泰州市金属/氟聚物含能材料工程技术研究中心	泰州润骐防务科技有限公司
	泰州市污泥处理工程技术研究中心	江苏康泰环保装备有限公司
	泰州市超细晶铜镁合金导线工程技术研究中心	泰州德诚精密线材科技有限公司
	泰州市家电用精密功能件工程技术研究中心	泰州星瑞精密工业有限公司
	泰州市高性能 SMC 复合材料工程技术研究中心	泰州高意诚复合材料有限公司
	泰州市特种工业胶粘带工程技术研究中心	江苏百顺胶粘带有限公司
	泰州市高精密异形铜带材料工程技术研究中心	泰州麒润电子有限公司
	泰州市宠物创新药物工程技术研究中心	泰州博莱得利生物科技有限公司
	泰州市人用疫苗工程技术研究中心	江苏金迪克生物技术股份有限公司
	泰州市免疫诊断工程技术研究中心	阿里生物技术泰州有限公司
	泰州市引流及创面修复工程技术研究中心	江苏昱邦医械科技有限公司
	泰州市（西典）高端药用辅料工程技术研究中心	江苏西典药用辅料有限公司
	泰州市体外诊断样本采集提取工程技术研究中心	江苏一米生物科技有限公司
	泰州市（艾博得）雾化工程技术研究中心	江苏艾博得医疗器械有限公司
	泰州市营养软糖工程技术研究中心	艾兰得营养品泰州有限公司
	泰州市医疗器械临床前评价工程技术研究中心	江苏美凤力医疗科技有限公司
	泰州市血液免疫工程技术研究中心	江苏伟禾生物科技有限公司
	泰州市创新疫苗工程技术研究中心	江苏瑞科生物技术股份有限公司
	泰州市伤口修复工程技术研究中心	江苏信立康医疗科技有限公司
	泰州市（荃信）抗体药物工程技术研究中心	江苏荃信生物医药股份有限公司
	泰州市重组人源化胶原蛋白工程技术研究中心	江苏亨瑞生物医药科技有限公司
	泰州市（亚虹）药物制剂工程技术研究中心	江苏亚虹医药科技股份有限公司
	泰州市多元化养老器具工程技术研究中心	江苏浙泰机电科技有限公司
	泰州市中医药工程技术研究中心	泰州市高港中药饮片有限公司
	泰州市新型医用检测器材工程技术研究中心	泰州鑫联诚润生物技术有限公司
	泰州市合成生物工程技术研究中心	江苏惠利生物科技有限公司
	泰州市肿瘤早筛工程技术研究中心	复旦大学泰州健康科学研究院

【中科院大化所中国医药城生物医药创新研究院】 成立于2016年9月，建有中药原创创新药物发现平台，获批建设国家中医药管理局中药精准检测质控技术重点实验室，为扬子江药业集团、苏中药业集团股份有限公司、中崇信诺生物科技泰州有限公司等50余个企业提供各类技术服务。有人员60人。其中，研发人员53人，高级职称8人，博士15人。研发场地面积3700平方米，研发设备130台（套）。2023年，新签订技术开发与服务合同总金额近1000万元；完成5个产品的上市，产品研发服务转化收入200万元；围绕先进技术和产品研发新申请发明专利7件。授权发明专利5件。获批省级新型研发机构奖补119万元，市级新型研发机构绩效奖补创新积分129分。

【复旦大学泰州健康科学研究院】 成立于2007年7月。有人员72人。其中，研发人员24人，高级职称9人，博士11人。研发场地面积1.14万平方米，研发设备近500台（套）。2023年，持续推动“泰州队列”建设，完成6222例泛癌早筛研究子队列建设、302例脑影像子队列拓展工作建设，“泰州队列”核心人群13758例。完成约73万份样本入库，获取2022年随访监测数据20余万条。启动国家级泰州队列研究中心创建，编制“重大慢病防控大型自然人群队列建设与随访”项目材料并递交国家卫生健康委科教司。举办第四届中国（泰州）精准医学高峰论坛。获批省级新型研发机构奖补206万元，市级新型研发机构绩效奖补创新积分200分，泰州市（复旦健康）肿瘤早筛工程技术研究中心申报获批。

【ICGEB—中国区域研究中心】 成立于2020年9月。运营研发团队有29人，建成分子水平、细胞水平及动物水平的功能实验室，与ICGEB总部进行双向技术转让合作，推动建成国际化生物医药研发中心，获批省“十四五”重大科技创新平台。2023年，承办2023疫苗前沿技术与应用国际论坛，参加2023中欧疫苗产业国际合作论坛，并获批举办2024年ICGEB国际精准医学诊断论坛；召开ICGEB中国区域研究中心2023年度科学委员会会议、管理委员会会议，代表ICGEB参加第二届江苏产学研合作对接大会，以及中国生物技术创新大会；肿瘤mRNA疫苗关键技术的研发和质量控制标准的建立获2023年省社发项目立项；到ICGEB总部（意大利）商谈ICGEB—中国区域研究中心建设国际化生物医药研发中心事宜。

【国科大医疗健康产业平台】 成立于2019年。至2023年，该平台成立平台公司2个，建成全国首个综合保税区保税研发实验室，安装2套全基因组芯片检测系统及1套蛋白质组芯片检测系统。完成近7万例的全基因组芯片检测服务，上线健康管理系统及微信公众号，初步建立全生命周期精准健康管理服务体系。有研发人员35人。2023年，与ICGEB—中国区域研究中心签订战略合作协议，合作研发一款近视易感基因芯片；中药敷贴治疗慢性疼痛系统进入临床试验阶段；参加第四届江苏企业（研发机构）创新大赛，并获得第一赛区三等奖。

【东南大学泰州生物医药与医疗器械研究院】 成立于2018年2月。有人员13人。其中，研发人员9人，高级职称1人。研发场地面积3700平方米，研发设备130台（套）。主要围绕高端植入器械、体外诊断试剂、生物材料、生物医药、机器人与康复器械等开展项目开发工作，建成高精密医疗器件制造平台、诊断试剂研发平台和医疗健康虚拟现实产品开发平台。2023年，全降解镁合金支架及其临床应用项目获资助金额200万元；与润迈森健康产业发展（泰州）有限公司、泰州准唯光电科技有限公司签署技术合作协议。

【哈工大泰州创新科技研究院】 成立于2018年10月。有人员17人。其中，研发人员4人，高级职称3人，博士1人。2023年，协助港口物流产业园区引进哈工大教授陈浮的模块化通用型微型涡轮动力装置项目；协助化学新材料产业园区完成梯度/高硅铝项目厂房的搬迁、装修、设备调试，并正常投产；协助化学新材料产业园区完成碳纤维氢气瓶项目厂房的搬迁；承办“泰有引力·两高智行”科创项目发布对接会，集中发布9个哈工大国家大学科技园发展有限公司科创项目。哈

2023年12月11日，哈工大泰州创新科技研究院承办2023“泰有引力·两高智行”科创项目发布对接会　　化学新材料产业园区　供图

工大泰州创新科技研究院首席科学家郝晓东当选中国工程院机械与运载工程学部院士。

【北大医学部（泰州）医药健康产业创新中心】 2021年，泰州市人民政府与北京大学医学部签订框架合作协议，合作共建该中心，合作期限5年，协议总投资5000万元。2021年10月，该中心完成法人机构注册和省级科研事业单位登记。2023年10月30日，北大医学部（泰州）医药健康产业创新中心举行启用仪式。该中心共有人员13人。其中，研发人员8人，博士8人。研发场地面积6500平方米，研发设备112台（套）。主要承担医药企业临床试验的服务、医药企业的引进孵化、医药领域人才的引育和培训、医学科研成果的概念验证等工作。

【国家兽用生物制品技术创新中心（筹）】 2022年，江苏省农科院与泰州医药高新区管委会签订合作协议，合作共建该中心，合作期限3年，合作期间每年安排200万元运行经费。创新中心实行事业法人和企业法人双主体运营模式。2023年3月，启动泰州市"揭榜挂帅"产学研协同创新项目"重要动物疫病疫苗新型白油佐剂研究及产业化"；4月，召开理事会第一次会议，举办首批"揭榜挂帅"征集项目路演，2个创新项目现场签约；7月，联合江苏省农业科学院发布2023年开放课题，10个优秀项目予以立项资助，每项10万元；10月20日，举办2023年兽用生物制品青年科学家论坛，国内20余个科研院校、企业的近百名代表参加活动。

【南京医科大学泰州医药产业研究院】 2023年7月12日，泰州医药高新区（高港区）与南京医科大学举办共建泰州医药产业研究院签约仪式，同步举行国家疫苗研发创新平台（南京医科大学）揭牌仪式。该研究院主要承接国家疫苗研发创新平台任务及相关科研成果转化工作，同时参与入驻企业各类技术创新和成果转化工作。年内，该研究院召开第一届理事会成立大会暨第一次会议，成立研究院领导机构（理事会）；召开对接会2次，与生物医药产业园区的5个疫苗企业签约开展合作。

【讯飞医疗—泰州医学人工智能研究院】 2023年8月15日，泰州医药高新区（高港区）与讯飞医疗科技股份有限公司签约，双方共建讯飞医疗—泰州医学人工智能研究院，探索人工智能在医疗、医保和大健康领域的创新性应用，推动人工智能产业应用落地。　（徐辉宇）

科技管理与服务

【科技计划】 2023年，泰州医药高新区（高港区）共获批各级各类科技计划项目48项。其中，省重点研发计划8项，省基础研究计划自然科学基金项目1项，省科技成果转化项目1项，省科技副总项目9项，省创新能力建设计划3项，省创新支撑计划1项；市级科技支撑项目19项，市级重大科技成果转化资金项目6项。共获得奖励资金5325万元。

2023年泰州医药高新区（高港区）部分科技计划项目一览表

表19

计划类别	项目名称	承担单位	奖励资金（万元）
省重点研发计划（社会发展）	化1类新药盐酸优克那非片的临床研究及开发	扬子江药业集团有限公司	200
	Ⅰ类靶向抗肿瘤新药恩替诺特的3期临床开发	泰州亿腾景昂药业股份有限公司	200
	治疗强直性脊柱炎的1类新药QX002N注射液的Ⅰ期临床研发	江苏荃信生物医药股份有限公司	200
	注射用重组（酵母分泌型）人血清白蛋白—人粒细胞集落刺激因子（Ⅰ）融合蛋白的Ⅱ期临床研究	江苏泰康生物医药有限公司	200
	基于自体荧光的无创高精度术中甲状旁腺实时探测系统的研发与产业化	江苏百宁盈创医疗科技有限公司	100
	肿瘤mRNA疫苗关键技术的研发和质量控制标准的建立	国际遗传工程和生物技术中心泰州区域研究中心	300

续表19

计划类别	项目名称	承担单位	奖励资金（万元）
省重点研发计划（社会发展）	粪便样本幽门螺杆菌及其耐药毒力分型检测试剂盒的研究与应用	江苏康为世纪生物科技股份有限公司	100
省基础研究计划自然科学基金	基于肠道菌群介导的大枣降低经方十枣汤组方有毒药味毒性并协同发挥攻逐水饮作用研究	南京中医药大学翰林学院	10
省科技成果转化	新型牛重大传染病疫苗研发及产业化	华威特（江苏）生物制药有限公司	800
省科技副总	刘静	江苏美凤力医疗科技有限公司	—
	王群	江苏大同盟制药有限公司	—
	王豪	泰州医药城国科化物生物医药科技有限公司	—
	张铭	奥酷尔紫外泰州科技有限公司	—
	李家春	江苏科来雅生物医药有限公司	—
	屠袁飞	江苏海企化工仓储股份有限公司	—
	张雯琦	泰州市宏泰电力设备有限公司	—
	宋玉鹤	泰州億达彩印包装有限公司	—
	姜宗庆	江苏泰供海诞现代农业发展有限公司	—
省创新能力建设计划	新型研发机构奖补	泰州医药城国科化物生物医药科技有限公司	119
		复旦大学泰州健康科学研究院	206
	国家项目配套经费	扬子江药业集团有限公司克服递药屏障高端制剂全国重点实验室	500
省创新支撑计划	科技型创业企业孵育	泰州港经济开发区通用动力众创社区	300
市级科技支撑计划（农业）	江苏省苹果属海棠种质资源收集、保存及良种选育	泰州美成园林发展有限公司	10
市级科技支撑计划（社会发展）	瑞贝生清除高危HPV持续性感染靶点的研究	江苏森瑞谱生物制药有限公司	10
	EV71-CA16二价手足口病灭活疫苗产业化关键工艺——CA16抗原纯化工艺探索及优化	艾美行动生物制药有限公司	10
	强效镇痛药物丁丙诺啡原料药关键技术的开发	扬子江药业集团江苏海慈生物药业有限公司	10
	出院准备服务在老年慢性病患者中的实践研究	泰州市中西医结合医院	—
	龙柴方联合恩替卡韦治疗肝胆湿热型慢性乙型肝炎临床研究		
市级科技支撑计划（大健康专项）	一种重组海洋生物蛋白及凝胶制剂的研发及产业化	江苏正大天创生物工程有限公司	50
	颅内血栓抽吸导管	江苏扬子江医疗科技股份有限公司	50

续表19

计划类别	项目名称	承担单位	奖励资金（万元）
市级科技支撑计划（大健康专项）	基于近红外光谱的血管影像设备的关键技术研发及产业化	泰州准唯光电科技有限公司	50
	常见病原体等家用检测系统	江苏硕世生物科技股份有限公司	50
	中药配方颗粒国家标准中新增化学对照品的研制	江苏永健医药科技有限公司	50
市级科技支撑计划（重大项目）	新能源商用车无油高压比涡旋制动空压机的关键技术研发	蜂巢蔚领动力科技（江苏）有限公司	50
	反应堆压力容器上盖贯穿件探测用高精度超轻内置刚性链的桅杆型执行装置	江苏英孚机器人有限公司	50
	短链型聚醚嵌段尼龙6弹性体的研发	江苏海阳锦纶新材料有限公司	50
市级科技支撑计划（创新项目）	船舶动力电池在线监测及预警关键技术研究	泰州市柯普尼通讯设备有限公司	30
	便携式熔体静电纺丝试验装置关键技术研究	江苏金环试验设备有限公司	30
	高耐腐蚀、低热膨胀高硅铝合金关键技术研究	泰州铸鼎新材料制造有限公司	30
	废弃废渣处理用负压真空式气力集成智能手机系统关键技术研发	江苏康乾环境安全技术有限公司	30
	智能型高效翅片管成套装备的研发	泰州驰骏智能设备有限公司	30
市级重大科技成果转化资金项目	国产1类新药重组人源化抗IL17A单克隆抗体注射液的研发及产业化	江苏荃信生物医药股份有限公司	200
	全自动一体化动物疫病分子诊断产品的研发及产业化	泰州蕾灵百奥生物科技有限公司	100
	猪伪狂犬病基因缺失疫苗的研发及产业化	华威特（江苏）生物制药有限公司	200
	大规模集成电路等离子刻蚀机核心反应腔的研发及产业化	江苏籽硕科技有限公司	200
	新能源汽车用高性能SMC材料研发及产业化	泰州高意诚复合材料有限公司	100
	高机动空投应急救援艇关键技术研发及产业化	泰州市金海运船用设备有限责任公司	200

【产学研合作】2023年，泰州医药高新区（高港区）共征集企业各类技术需求60项，组织签订产学研合作协议20余项。邀请专家到生物医药产业园区、化学新材料产业园区、电子信息产业园区、高端装备制造产业园区、港口物流产业园区开展“技术巡诊”活动，解决企业技术难题12项。开展线上线下产学研对接洽谈20余次。组织45个企业参加第二届江苏省产学研合作大会。

【科技金融】2023年，泰州医药高新区（高港区）累计发放“苏科贷”贷款2.56亿元。参与组建泰州市天使投资基金，4月正式运营，全年该基金投资区内企业6个，分别是泰州红云生物科技有限公司、凯瑞科医疗科技（泰州）有限公司、泰州益微生物科技有限公司、奥乘智能技术（泰州）有限公司、江苏觉华医疗科技有限公司，投资总额2800万元。

（陈　燕）

高新技术产业

【概况】2023年，泰州医药高新区（高港区）实现高新技术产业产值718.27亿元，占规模以上工业产值的36.58%。新增省级高新技术企业119个、市级高新技术企业23个，省级民营科技企业27个、省潜在独角兽企业1个、省瞪羚企业10个。

2023年泰州医药高新区（高港区）新增各类科技企业一览表

表20

类别	企业名称
省级高新技术企业	江苏圣洁达水处理工程有限公司
	泰州开图电气有限公司
	江苏美丰泵业有限公司
	江苏佳美演艺设备有限公司
	泰州威迈机电科技有限公司
	江苏维科特仪器仪表有限公司
	泰州信力机械制造有限公司
	江苏奥龙电气科技有限公司
	蓝思精密（泰州）有限公司
	泰州尚诚数控科技有限公司
	江苏中牧倍康药业有限公司
	泰州飞荣达新材料科技有限公司
	江苏慧峰仁和环保科技有限公司
	辛沃航空工程技术（江苏）有限公司
	泰州世纪天虹纺织有限公司
	江苏康泰环保装备有限公司
	泰州海本蓬网有限公司
	江苏兰贝石仪器有限公司
	江苏凯亚环保科技有限公司
	江苏日晨特种装备技术有限公司
	泰州巨纳新能源有限公司
	江苏山达智能科技有限公司
	泰州市全能农林机械科技有限公司
	江苏应材微机电科技有限公司
	泰州市清华明森机床有限公司
	泰州润元户外用品股份有限公司
	江苏洁乐医用敷料有限公司
	泰州亿丰达电器有限公司
	江苏泰华消防电气设备有限公司
	泰州飞帆船舶科技有限公司
	泰州华微信息技术有限公司
	江苏泰氟隆科技有限公司
	江苏百择高分子有限公司
	江苏维特思无纺布有限公司

续表20

类别	企业名称
省级高新技术企业	泰州九润环保科技有限公司
	江苏东宇新材科技有限公司
	泰州市晨光塑业有限公司
	江苏扬子催化剂有限公司
	泰州市三星铁氟隆有限公司
	泰州淳蓝环保科技有限公司
	泰州禾智住宅系统设备有限公司
	江苏省瑞丰高分子材料有限公司
	泰州莱迪弗彻照明科技有限公司
	泰州市政锋注塑有限公司
	泰州市华通消防装备厂有限公司
	江苏科瑞塑业有限公司
	泰州浙华机械精锻有限公司
	江苏欧莱特新能源科技有限公司
	江苏晶特晶体科技有限公司
	江苏维骏工业设备有限公司
	泰州市语奇机车有限公司
	泰州麒润电子有限公司
	江苏鑫达气弹簧有限公司
	江苏长海消防装备有限公司
	信华印刷科技（泰州）有限公司
	隆佳安全科技（泰州）有限公司
	泰州市万达轮业制造有限公司
	江苏百顺胶粘带有限公司
	泰州市柯普尼通讯设备有限公司
	泰州海天电子科技股份有限公司
	江苏亚太吊具有限公司
	万向精工江苏有限公司
	泰州百思特制冷设备制造有限公司
	泰州林峰户外用品有限公司
	江苏比傲汽车科技有限公司
	泰州市金海运船用设备有限责任公司
	泰州万诺纺织科技有限公司
	江苏绿盟科学仪器有限公司

续表20

类别	企业名称
省级高新技术企业	泰州中锴机械有限公司
	江苏九龙消防科技有限公司
	江苏科创医疗用品有限公司
	江苏博安信息技术有限公司
	博瑞（江苏）环保设备有限公司
	泰州金泰环保热电有限公司
	泰州市高新非织造布有限公司
	江苏展帆电力工具有限公司
	江苏普天网络科技有限公司
	江苏钜顺链业科技有限公司
	泰州市苏源汽车配件有限公司
	江苏天华索具有限公司
	泰州远鹏吊索具有限公司
	江苏乐仁电子科技有限公司
	江苏永大化工设备有限公司
	江苏省海通索具有限公司
	江苏正申索具有限公司
	泰州市康泰建材科技有限公司
	泰州金能制造有限公司
	江苏苏中印刷有限公司
	扬子江药业集团有限公司
	泰州市三江消防器材有限公司
	江苏苏安安防科技有限公司
	江苏恒达工程检测有限公司
	宝锐生物科技泰州有限公司
	阿里生物技术泰州有限公司
	江苏耀海生物制药有限公司
	江苏先思达生物科技有限公司
	泰州丹鼎生物科技有限公司
	江苏益仁堂生物科技有限公司
	江苏美凤力医疗科技有限公司
	江苏奥雅生物科技有限公司
	江苏益玛生物科技有限公司
	江苏亨瑞生物医药科技有限公司

续表20

类别	企业名称
省级高新技术企业	江苏鸿祺生物科技有限公司
	江苏美通制药有限公司
	江苏省北科生物科技有限公司
	江苏卫蓝医疗科技有限公司
	江苏华泰晨光药业有限公司
	江苏百英生物科技有限公司
	臻悦生物科技江苏有限公司
	江苏昱邦医械科技有限公司
	泰州蕾灵百奥生物科技有限公司
	江苏邦士医疗科技有限公司
	江苏承康医用设备有限公司
	泰州医药城国科化物生物医药科技有限公司
	石药集团中诺药业（泰州）有限公司
	江苏迪沃生物制品有限公司
	安畑生物科技江苏有限公司
	江苏雅凯医疗科技有限公司
	江苏中天药业有限公司
市级高新技术企业	泰州远鹏吊索具有限公司
	江苏日晨特种装备技术有限公司
	泰州市语奇机车有限公司
	江苏鑫达气弹簧有限公司
	泰州金能制造有限公司
	江苏通泰绳带有限公司
	江苏乐仁电子科技有限公司
	蓝思精密（泰州）有限公司
	信华印刷科技（泰州）有限公司
	江苏晶特晶体科技有限公司
	泰州市诺金特种导体有限公司
	泰州利广瑞新材料科技有限公司
	泰州海涂新材料有限公司
	江苏省瑞丰高分子材料有限公司
	泰州市晨光塑业有限公司
	泰州协力吊装设备有限公司
	江苏百英生物科技有限公司

续表20

类别	企业名称
市级高新技术企业	泰州蕾灵百奥生物科技有限公司
	江苏盛扬工程项目管理有限公司
	江苏科来雅生物医药有限公司
	江苏智慧智能软件科技有限公司
	江苏瀚江生物科技有限公司
	江苏普天网络科技有限公司
省级民营科技企业	泰州市苏北舞台设备有限公司
	江苏耐特尔绳带有限公司
	江苏金顺自动化科技有限公司
	华威特（江苏）生物制药有限公司
	江苏康林贝医疗器械有限公司
	盛世东唐江苏生物科技有限公司
	义翘神州（泰州）科技有限公司
	瑞莱生物科技江苏有限公司
	泰州蕾灵百奥生物科技有限公司
	江苏致昱医疗科技有限公司
	江苏大同盟制药有限公司
	江苏诺禼生物科技有限公司
	中生方政生物技术股份有限公司
	江苏风泽工程建设有限公司
	江苏先思达生物科技有限公司
	江苏科来雅生物医药有限公司
	江苏班廷医疗器械有限公司
	江苏扬子江医疗科技股份有限公司
	泰州九润环保科技有限公司
	泰州市柯普尼通讯设备有限公司
	泰州市亚源电子科技有限公司
	泰州特科塑料技术有限公司
	泰州市特锐数控机床有限公司
	泰州市华盛消防装备有限公司
	泰州市宇弘电子有限公司
	泰州准唯光电科技有限公司
	泰州中益海洋装备有限公司
省潜在独角兽企业	江苏荃信生物医药有限公司

续表20

类别	企业名称
省瞪羚企业	江苏康为世纪生物科技股份有限公司
	江苏邦士医疗科技有限公司
	江苏华亘泰来生物科技有限公司
	江苏耀海生物制药有限公司
	江苏盈科生物制药有限公司
	江苏环川环境工程有限公司
	华威特（江苏）生物制药有限公司
	江苏中慧元通生物科技有限公司
	江苏慧峰仁和环保科技有限公司
	江苏瑞科生物技术股份有限公司

（陈　燕）

【科技企业孵化器】 2023年，泰州医药高新区（高港区）建有科技企业孵化器11个，孵化面积53.79万平方米，在孵企业超400个。其中，专业孵化器4个，综合型孵化器7个；国家级孵化器3个，分别为泰州市高新技术创业服务中心、江苏华创医药研发平台管理有限公司、泰州市高港区高新技术企业服务中心；省级孵化器8个。在2023年公布的2022年度国家级科技企业孵化器评价结果中，江苏华创医药研发平台管理有限公司被评为良好等次。泰州市高新技术创业服务中心累计毕业企业271个，年末在孵企业104个。江苏华创医药研发平台管理有限公司属于生物医药与医疗器械类专业孵化器，累计毕业企业107个，当年毕业企业2个，其中高新技术企业3个，年末在孵企业42个。泰州市高港区高新技术企业服务中心累计毕业企业241个，年末在孵企业82个。（徐辉宇）

气　象

【公共气象服务】 2023年，区气象局启动内部应急响应13次，发布常规气象预报1812次，发布重要天气报告、各类专题服务材料36期。春节、清明、“五一”、端午、中考、高考等重要节点发布天气公报7期。发布重要天气公报、决策气象服务专报等材料24期，发送天气提醒、实况汇报短信631条。每周一发布一周天气公报，共51期，每周五发布未来5天天气趋势，共51期。开展各重要农事阶段的气象服务，全年发布小麦赤霉病防治、春耕春播、夏收夏种、秋收秋种等农事气象服务专报21份，发布农业气象提醒短信35次，出具气象服务证明28份。

【气象防灾减灾】 2023年，区气象局发布各类预警信号70次。其中，高温黄色预警信号2次、高温橙色预警信号2次，霾黄色预警信号2次，暴雪蓝色预警信号1次，道路结冰黄色预警信号5次，台风蓝色预警信号1次，寒潮蓝色预警信号7次、寒潮黄色预警信号2次、寒潮橙色预警信号2次，暴雨蓝色预警信号4次、暴雨黄色预警信号9次、暴雨橙色预警信号1次，大风蓝色预警信号8次、雷暴大风黄色预警信号16次，大雾黄色预警信号2次、大雾橙色预警信号6次。

【特大暴雨应急处置】 7月6日下午至7月7日下午，全区大部分地区出现特大暴雨，过程总降水量352.5毫米，最大24小时降水量349.5毫米，创有气象记录以来日降水量历史极值，最大小时雨强为69.4毫米，仅次于泰州地区极大小时雨强76毫米的历史极值，特大暴雨造成全区多地积水严重，给道路出行、工业生产等造成较大损失。为应对此次特大暴雨，区气象局适时启动应急预案，加强应急值守，加密监测，及时发布预报预警，开展跟踪式、递进式气象服务，发布重要天气报告、灾害性天气提醒函，降雨中及时发布、变更暴雨预警信号，开展叫应和跟踪滚动服务，每小时制作1次降水实况和天气预测，应急期间发布天气快报11次，发布相关微博14条。

【防雷安全监管】 2023年，区气象局开展中秋节、春节期间安全检查和安全生产专项整治行动等防雷安全监管工作，对全区38个重点监管企业开展全覆盖安全检查46次，共排查出安全隐患8处，全部整改到位。

（言文峰）

经济管理

宏观经济管理

【“十四五”规划纲要实施情况中期评估】2023年，泰州医药高新区（高港区）围绕“泰州特区”落实推进、主要目标指标实现情况、重大战略任务进展情况等六大方面，总结全区“十四五”规划上半程成绩，查找短板、分析原因，提出“十四五”规划下半程实施建议，形成《关于“十四五”规划纲要实施情况中期评估的报告》，提交区六届人大常委会第十四次会议审议通过，并答复区人大常委会《关于“十四五”规划纲要实施情况中期评估报告的审议意见》。结合经济社会发展新情况新问题，完善规划落实推进体系，巩固加强规划对“十四五”规划下半程经济社会发展的统领作用，逐一列出主要建设项目、重大载体平台和关键具体任务并分解落实到各部门，调整完善任务责任体系和规划联络网格。

【推动服务业发展】2023年，泰州医药高新区（高港区）实现服务业增加值530.39亿元，比上年增长7.6%，增速全市第一，服务业增加值占地区生产总值的44.5%。泰州金融广场获评省级现代服务业高质量发展集聚示范区，系全市唯一入选金融服务产业领域的集聚示范区；泰州医药城科技创业服务业集聚区、高港综合物流园通过省现代服务业高质量发展“331”工程综合评价；江苏泰州港经济开发区入选江苏省现代服务业高质量发展第三批两业融合试点。泰州凤城悦天地商业街区项目、泰州智慧供应链产业园纳入省服务业重点项目，泰州盛虹动能储能电池研发检测中心、享运物流KD工厂等7个项目纳入市服务业重点项目。

【推动大健康产业发展】2023年，泰州医药高新区（高港区）成立由区主要领导任组长、区级相关部门主要负责人为成员的大健康产业高质量发展领导小组，制定68条区级责任清单和全区大健康产业高质量发展工作要点、考核文件。建立完善大健康产业列统企业名录库和大健康产业统计监测体系，拟定2023—2025年产业规模、年均增速以及各板块大健康产业规模等指标情况。编制《泰州医药高新区（高港区）大健康产业高质量发展规划（2023—2030年）》，完成初稿编制及部门征求意见工作。实施大健康产业项目提升年专项行动，开展大健康产业集中开工等系列活动，组织申报第一批大健康产业项目考核认定工作，区级初审通过新开工大健康产业项目37个、新竣工项目20个。

【营商环境优化】2023年，泰州医药高新区（高港区）先后印发《泰州医药高新区（高港区）2023年优化营商环境工作要点》《2023年度区级机关单位优化营商环境考核办法》《泰州医药高新区（高港区）园区企业登记服务站试点工作方案》，实施一批补短板、强弱项的改革举措；首批聘任20名营商环境监督员，发挥社会监督和参谋作用。开展“亲企清政”走访服务活动，召开优化营商环境企业家座谈会2期。推广“超时默认制”改革，实现亿元以上产业项目审批“超时默认制”全覆盖，优化批前辅导、加强协调联动、压缩审批时限，助推重大项目早开工、早建设、早投产。推出大健康产业服务“一件事”、大健康产业综合监管“一件事”、青年创新创业“一件事”。深化营商环境领域基层行政执法突出问题专项治理。按照涉企轻微违法行为的减轻、从轻、免罚“三张清单”，办理从轻处罚45件、减轻处罚53件、免罚38件，合计减免金额859.13万元。

【能源电力保障】2023年，泰州医药高新区（高港区）重点加强国家能源集团泰州发电有限公司储煤情况监测，督促电力企业电煤储备量使用15天以上，确保电厂稳定运行。对油气输送管道和电力企业采取专委会联合督查、第三方专家检查、节日期间“四不两直”督查等方式，开展安全检查并督促完成隐患闭环整改。协调油气管道保护区内第三方施工安全保护工作，协调化解电力通道下高秆植物隐患等重大安全隐患。

【应急物资保障】 2023年，泰州医药高新区（高港区）构建集中管理、统一调拨、平时服务、灾时应急、采储结合、节约高效的应急物资保障体系。会同海陵区、姜堰区签订应急物资区域联动协议。

【项目建设】 2023年，泰州医药高新区（高港区）新开工“三比一提升”项目（投资5亿元和3000万美元以上）21个，在全市排名第三，计划总投资155.82亿元，排名第三，其中外资和港澳台资项目3个，排名第二；认定竣工项目20个，排名第二；实际完成投资173.3亿元，排名第二。新开工1亿～5亿元项目61个，总投资61.73亿元。1亿～5亿元项目中，工业项目59个，总投资59.03亿元；服务业项目2个，总投资2.7亿元。共有瑞科生物HPV疫苗扩产及新型佐剂产业化项目、泰州蓝思消费类电子精密部件项目等6个项目被列入2023年度省重大投资项目计划，至年末，累计完成投资8.02亿元。

项目建设推进与督查　健全项目推进机制，做好服务保障，推动项目投资量、实物量、工作量“三量齐增”。强化“一把手”招商、资本招商，推动强链补链延链项目建设。聚焦大健康产业集群发展，招引龙头项目和功能性平台，阿斯利康安达释项目在第六届进博会开幕首日签约。依托化工园区优质资源，整合有限空间，谋划百亿级产业链延伸项目，总投资超100亿元的生物基高分子材料项目、总投资100亿元的国能港口公司煤炭储运交易中心项目签约。调优项目建设组织化程度，持续完善“园区吹哨，部门报到”机制，实施“招商菁领”培养计划，组建重大项目服务专班。盛虹年产5GWh储能锂电池及系统集成项目实现当年开工、当年竣工、当年投产、当年进规。推出“超时默认制审批”“分阶段办理施工许可”等创新举措，推动重大项目建设。推动审批流程优化再造，从确定用地、取得用地、开工许可3个阶段划分审批服务周期，明确实施路径、具体要求、时间节点，形成工作清单，实行“挂图作战”，推动太洋合金新材料项目、国瑞汽车多型车辆天窗导轨智能制造项目“拿地即开工”。年内，对全区2018—2022年1亿元以上项目的开工、竣工、投产、达效、进规转化情况开展全面摸排，对开工未竣工、竣工未投产、投产未进规项目逐个分析，进行清单化管理、销号式推进、追溯式评估。

项目集中开工活动　2月6日，泰州市举行2023年落实“四敢”重大要求动员部署会暨全市大健康产业重大项目开工仪式在泰州医药高新区（高港区）举行。集中开工大健康产业项目79个，计划总投资277.9亿元。其中，泰州医药高新区（高港区）21个项目总投资76.7亿元，包括医药及医疗器械制造项目15个，大健康科研载体平台2个，食品制作项目3个，体育健康制造项目1个。（朱宇坤）

2023年泰州医药高新区（高港区）部分新开工1亿～5亿元项目一览表

表21

项目名称	建设规模及主要内容	计划总投资（万元）
生物医药产业园区		
江苏医大奥医生物医药有限公司特殊医学用途配方食品生产项目	租用秀水路20号23幢9979.93平方米，建设营养粉剂车间、营养乳剂车间以及与之配套的办公、研发、质检、仓储、环保等辅助设施。采购主要仪器设备49台（套）。形成年产特殊医学用途全营养/非全营养配方粉营养粉剂1100万盒、营养乳剂1800万瓶的生产能力	10000
江苏科来雅生物医药有限公司医疗器械生产项目	租用医药园区五期标准厂房G128幢9层3013.15平方米，建设鼻腔冲洗器、凝胶、水胶体车间以及与之配套的生产、仓储、环保等辅助设施。采购主要仪器设备31台（套）。形成年产鼻腔冲洗器300万瓶、二类凝胶类100万支、水胶体敷料产品100万片的生产能力	10000
江苏清澜生物科技有限公司植物胎盘素系列化妆品生产项目	租用口泰路东侧、新阳路北侧12幢G32栋一层厂区、二层厂区和办公区2890.16平方米，建设化妆品车间以及与之配套的办公、研发、质检、仓储、环保等辅助设施。采购主要仪器设备68台（套）。形成年产植物胎盘素系列爽肤水类产品500万瓶、膏霜类产品2000万瓶、面膜类产品3600万片的生产能力	10000

续表21

项目名称	建设规模及主要内容	计划总投资（万元）
江苏健为诊断科技有限公司生物检测试剂产业化项目	租用医药园区五期标准厂房G131幢2~3层4458.31平方米。建设科研试剂车间、胶体金车间、诊断试剂车间以及与之配套的办公、仓储、动力等辅助设施。采购主要仪器设备89台（套）。形成年产科研试剂1000万人份、核酸检测试剂500万份的生产能力	10000
佰孚生物科技（泰州）有限公司诊断试剂及配套仪器研发生产项目	租用口泰路西侧、陆家路东侧11幢G63号1~3层4519.13平方米，利用已建2990.96平方米的免疫层析车间、化学发光试剂车间、检验分析仪器车间，并新建1528.17平方米的分子产品车间，以及与之配套的办公、研发、质检、仓储等辅助设施。采购主要仪器设备290台（套）。形成年产层析检测试剂1000万人份、发光检测试剂1000万人份、分子诊断试剂600万人份、配套诊断仪器500台的生产能力	10000
江苏昕晨医疗科技有限公司医疗器械生产项目	租用口泰路西侧、陆家路东侧6幢G52号2层2590.13平方米，建设净化车间、生产装配车间以及与之配套的办公、研发、质检、仓储等辅助设施。采购主要仪器设备126台（套）。形成年产电外科手术器械50万套、营养科高分子材料20万套、泌尿外科产品10万套的生产能力	10000
阿里生物技术泰州有限公司体外诊断试剂及配套分析检测仪器生产项目	租用口泰路西侧、陆家路东侧7幢G61号1~4层东侧标准厂房6342.21平方米，建设试剂生产洁净车间、分析检测仪器装配车间以及与之配套的办公、研发、质检、仓储、动力、环保等辅助设施。采购主要仪器设备258台（套）。形成年产生化、免疫、血凝检测试剂盒35亿人份，细胞因子检测试剂盒2.5亿人份，微流控检测试剂盒2.5亿人份，配套分析检验仪器1000台的生产能力	10000
泰州越洋医药开发有限公司改良型药品研发产业化项目（泰州越洋医药开发有限公司药品制剂生产项目）	租用医药园区五期标准厂房G106幢1.09万平方米，建设中试、生产车间以及与之配套的办公、研发、仓储、质检、环保等辅助设施。采购主要仪器设备146台（套）。形成年产口服片剂维格列汀二甲双胍缓释片500万片、盐酸罗匹尼罗缓释片20万片、布瓦西坦缓释片265万片的生产能力	12000
博志研新泰州药物技术有限公司药品研发生产及CDMO项目	租用医药园区四期标准厂房G53幢1~4层东侧6661.6平方米、滨江原料药标准厂房3858平方米，利用原建设单位甘李药业转让的设备设施，改建口服固体制剂、口溶膜和鼻喷制剂车间；原料药和中间体车间以及与之配套的办公、研发、仓储、质检、环保等辅助设施。采购主要仪器设备152台（套）。形成年产治疗精神类疾病制剂2740万片、治疗前列腺癌制剂400万片及自用原料药500千克等产品的生产能力	10000
江苏美凤力医疗科技有限公司实验动物平台建设项目	租用医药园区六期标准厂房19幢1.29万平方米，建设医疗器械大动物实验中心以及与之配套的办公、研发、质检、仓储、动力、环保等辅助设施。采购主要仪器设备1332台（套）。每年可提供医疗仪器临床前评价60项	15000
质肽药业（泰州）有限公司质肽药业药品生产项目	租用医药园区六期标准厂房15-1幢1.07万平方米，建设生产车间以及与之配套的办公、研发、仓储、质检、环保等辅助设施。采购主要仪器设备45台（套）。形成年产司美格鲁肽注射液2000万剂，包括超长效GLP1、GLP1/FGF21双激动剂、GLP1/GDF15和口服GLP1在内的多个治疗糖尿病、肥胖（超重）和非酒精性脂肪性肝炎等代谢性疾病的生物药物5000万剂的生产能力	12500
江苏润恒制药有限公司药品产业化项目	租用医药园区六期标准厂房12幢约8000平方米，建设智能化生产中心、质量控制中心、办公等配套设施。年产注射剂370万瓶（支）、口服固体700万剂	12000
玛士撒拉特医（泰州）生物科技有限公司特医食品产业化项目	租用医药园区六期标准厂房10幢8000平方米，新建特医食品产业化基地，将愈素系列全营养、组件、特定全营养产品逐步申报转化批文。一期建设固体线，二期建设乳剂线	15000
江苏诺瓦立医疗用品有限公司高端功能性敷料智能制造项目	位于泽兰路22号，诺瓦立厂区综合楼北侧新建智造车间，建筑面积1.1万平方米。采购主要仪器设备27台（套）。形成年产水胶体敷料3600万片、软聚硅酮泡沫敷料5300万片、水凝胶敷料4200万片的生产能力	10000

续表21

项目名称	建设规模及主要内容	计划总投资（万元）
江苏长泰药业有限公司高端药品制剂研发和生产项目	位于南坝塘路1号现有一期厂房内，对其中的1843.94平方米进行改造，建设新的BFS车间、脂质体车间、微球车间以及与之配套的办公、研发、质检、仓储、动力、环保等辅助设施。新增采购微球配液系统、微球联动线、脂质体配液系统、脂质体联动线等主要仪器设备19台（套）。形成年产盐酸左沙丁胺醇雾化吸入溶液、酒石酸阿福特罗吸入溶液、异丙托溴铵吸入溶液、硫酸特布他林雾化吸入溶液、丙酮酸钠吸入溶液共计4000万支，PC-0070脂质体500万瓶、PC-0061微球800万瓶的生产能力	15448
电子信息产业园区		
建诺为生物技术（江苏）有限公司大健康产业项目	租用泰州综保区标准厂房3400平方米，投资建设大健康产业项目，建设生产车间以及与之配套的办公、研发、质检、仓储等设施。采购无菌分管机、无菌接管机等主要生产设备135台（套）。形成年产一次性细胞培养封闭器皿耗材1万套、一次性连接管路5000套的生产能力	10000
江苏石星科技有限公司电池系统及储能设备生产项目	租用园区标准厂房5100平方米，主要建设电芯筛选系统、电池PACK包生产、BMS嵌入的一体化生产车间产线，生产0.5~327千瓦时的储能产品	10000
泰州天恩精密塑胶有限公司汽车电子零配件项目	租用园区标准厂房4600平方米，主要生产汽车零配件	14000
江苏鋆来节能环保科技有限公司医用净水设备及组件项目	租用园区标准厂房7600平方米，主要从事RO反渗透膜的生产和销售	16000
泰州市航宇电器有限公司集成电路用封装外壳产业化项目	利用原有厂房技术改造，购置真空吸附台等设备26台（套），实现冲孔、填孔、印刷、层压、烧结、检验等，建成半导体用陶瓷封装外壳生产线1条，年产450万套陶瓷封装外壳产品	6000
国家能源集团泰州发电有限公司屋顶光伏发电项目	利用蓝思一、二、三园部分厂房屋顶，分别架设3.66054MWp、6.84684MWp、3.1863MWp、6.0762MWp、3.91248MWp不同规格的光伏发电设施	10000
泰州华茂光电科技有限公司光学玻璃盖板镀膜项目	租用园区标准厂房5800平方米，新增磁控光学镀膜机2套、连续式隧道线14套、自动印刷设备28台、纳米AG表面处理器1套等，主要从事触控屏、显示屏等玻璃盖板的丝印和镀膜工艺的研发、生产和销售	15000
泰州天恩精密塑胶有限公司汽车电子零配件项目	租用创新创业产业园一期6号厂房，购置中央供料系统、玻璃组装设备、压玻璃边条机等设备20台（套），主要从事汽车电子零配件的生产与销售	10800
江苏贤达展示设备有限公司高端金属展示道具项目	租用创新创业产业园二期5号厂房一层，购置激光切割机、激光焊接机、数控校平机等设备26台（套），主要从事高端金属展示道具的生产与销售	11600
化学新材料产业园区		
中海油气（泰州）石化有限公司靶向疫苗佐剂新材料与关键工艺技术创制项目	租用大健康新材料产业集聚区8号厂房（总建筑面积3654平方米），建设符合GMP标准的复合佐剂及白油佐剂生产线，配套建设存储、发货、质检及环保、安全、消防等辅助生产设施。配套购置ABB型全自动承重调和系统、高标准过滤器、自动灌装线、批次预混设备及相关食品级不锈钢机泵等国产设备35台（套）；采用调和—过滤—罐装技术生产工艺，均为温和物理过程，不涉及高温高压、危险工艺。形成年产复合佐剂（HN701）5000吨、白油佐剂（HTM70）2万吨的生产能力	12000
扬子江药业集团江苏海慈生物药业有限公司普药8号车间生产线改造项目	利用公司现有厂房建筑面积5830平方米，建设普药8号车间生产线改造项目，并对公用工程进行适应性改造。引进变螺距螺杆真空泵机组等进口设备10台（套），配套购置搪玻璃反应罐、搪玻璃滴加罐、搪玻璃接收罐、不锈钢反应罐、不锈钢滴加罐、不锈钢接收罐、双锥干燥机、水射真空泵机组、离心机、双锥回转真空干燥机、高低温一体机、粉碎整粒机、热水机组、热风循环烘箱等国产设备159台（套）。形成年产磷酸左奥硝唑酯二钠3000千克、氢溴酸伏硫西汀200千克、富马酸卢帕他定200千克、阿立哌唑300千克的生产能力	11500

续表21

项目名称	建设规模及主要内容	计划总投资（万元）
江苏纽氮泰生物医药有限公司核酸医药研究项目	租用大健康产业园11号厂房，购置核酸制备仪、核酸纯化仪、质谱分析仪、毛细管分析仪、荧光扫描仪等设备100余台（套），建立三大核酸研发CRO服务平台，为IVD、核酸疫苗以及核酸药物领域提供研发技术研发外包服务	12000
江苏雷特铂沃新能源有限公司年产100万件新能源储能模块材料、年产2000台新能源储能设备项目	租用大健康新材料产业集聚区11号厂房一层东侧、三层，约5500平方米，研发、生产和销售相变储能新能源材料及产品	7000
泰州铸鼎新材料制造有限公司高硅铝、梯度高硅铝合金电子封装新材料产业化建设项目	租用泰州市新滨江科技发展有限公司9号厂房3610平方米，购置三轴数控立式加工中心、数控精密电火花加工机床、快走丝线切割机床等设备59台（套）。形成年产高硅铝合金/梯度高硅铝合金材料以及铝合金壳体件、结构件、可伐合金壳体件9.5万件（套）的生产能力	10319
中海油气（泰州）石化有限公司挥发性有机物（VOCs）深度治理项目	引进LEL分析仪、压力变送器、PLC、焚烧炉专属燃烧头等进口设备135台（套），配套购置膜分离器、缓冲罐、吸收塔、引风机、焚烧炉等国产设备44台（套）；对厂区东、西区罐区储罐（储罐共计60座，总容积38.9万立方米）分3期实施VOCs气体收集与整治，同时对公用配套工程进行适应性改造	10128
高端装备制造产业园区		
江苏科瑞塑业有限公司塑料瓶、瓶坯及瓶盖生产项目	使用公司原有1栋面积约5000平方米厂房并空地新建2幢总占地1万平方米、总建筑1.26万平方米生产用房，新增注塑机等生产设备58台（套），主要从事塑料瓶、瓶坯及瓶盖生产	15000
万向精工江苏有限公司面向汽车轮毂轴承单元智能工厂（一期）项目	使用公司原有厂房（建筑面积1.66万平方米），对现有的装配产线和磨超产线进行智能化改造，同时部署5G网络、数据采集、SAP、SRM、IPMC（APS）、WMS、DPM、DPM、E-OEE、能源管理系统、三项管理系统，建立智能制造管控平台，实现客户、研发、生产、质量、供应链等全价值链上各环节的高效协同	13000
泰州领德特种纺织有限公司年产2000万米织带项目	租用泰州柔雅医药有限公司厂房6000平方米，配备整经机、无梭织带机等主要设备60台（套），主要从事汽车安全带等装备的生产	5000
蜂巢蔚领动力科技（江苏）有限公司新增增压器试验室技术改造项目	使用公司原租用泰州领巢智能科技有限公司厂房1204平方米，配备天然气压缩站、空气压缩站等主要设备10台（套），主要从事涡轮增压器、电子增压器、空压机、氢泵、空气轴承、高速电机等产品的热力学性能等测试	5000
江苏维骏工业设备有限公司新增5000台智能农机专用设备技术改造项目	租用标准厂房1.2万平方米，主要从事智能农机专用设备的研发、生产、销售	6400
屹马汽车零部件（江苏）有限公司汽车零部件项目	租用泰州市高港高新区开发建设有限责任公司厂房6240平方米，配备焊接工作站、打压机、激光打刻机等主要设备共28台（套），主要从事汽车排气系统及冲压件等汽车零部件生产	5000
星徽精密制造泰州有限公司新建污水处理站和综合楼项目	使用公司自有剩余闲置土地，新建占地面积964.65平方米、建筑面积1817.53平方米的污水处理站和3283.35平方米综合楼项目	5000
江苏晶特晶体科技有限公司年产12吨高温闪烁晶体项目	租用泰州市高港高新区开发建设有限责任公司厂房约3100平方米，配备单晶提拉炉、内圆切割机等主要设备84台（套），主要从事医学及安防射线探测材料硅酸钇镥晶体的生产	15000
江苏集久消防工程有限公司防火门、防火窗生产项目	租用江苏卓越机器人科技有限公司厂房1.15万平方米，配备门面开平机器、门面压机、激光割等主要生产设备65台（套），主要从事防火门、防火窗生产与销售	5500
江苏康旭医药供应链有限公司医疗供应链项目	租用园区标准厂房4968平方米，主要从事药品批发、第三类医疗器械经营、租赁	10000

续表21

项目名称	建设规模及主要内容	计划总投资（万元）
江苏兴科迪电力科技有限公司汽车零部件项目	包括汽车直流充电装置项目、数字科技汽车胎压监测器项目、智能科技汽车流媒体后视镜项目	10000
亚广索具股份有限公司高端智能装备生产项目	新建办公楼1座、机加工车间1座。购置焊机、机床、刨床、拉力机、切片机、缝纫机、着色机、喷漆房、喷砂设备等主要生产设备。形成年产PLC智能电动机械1.5万吨、柔性吊带/扁平吊带1万吨、钢丝绳压制插接1万吨、链条1万吨的生产能力	16000
江苏福马高新动力机械有限公司自走式红枣采收机产业化项目	使用公司原有空地，新建1幢厂房，总占地面积1.3万平方米，总建筑面积1.4万平方米，拟新增流水线、UT315A/TE1350A振动噪声测试设备、UTD1050DL电器试验设备等主要生产设备16台（套），主要从事自走式红枣采收机研发及产业化项目	11000
港口物流产业园区		
江苏和阳新材料有限公司新增年产金刚线切割1亿片太阳能级单晶/多晶硅片技术改造项目	盘活公司原有闲置1、2、4幢厂房1.2万平方米，新增全自动切片机，全自动超声波清洗机等主要生产设备43台（套），主要从事太阳能级单晶/多晶硅片的生产	18500
国家能源集团泰州发电有限公司新增适应全煤种的2000吨国产无人值守螺旋式卸船机研制及工程示范项目	研制1台适应全煤种的国产无人值守螺旋式卸船机，卸煤出力为2000吨/时，并安装于现有煤码头	5482
江苏寰晟新能源科技有限公司年产8万吨食品添加剂（固体二氧化碳）生产线项目	项目租用泰州鑫海科能新型材料有限公司厂房，面积约8300平方米，配备干冰颗粒机、干冰压块机等主要生产设备33台（套），主要用于食品添加剂（固体二氧化碳）的制造	5500
国家能源集团泰州发电有限公司1号、3号、4号机组脱硫废水零排放工程项目	改建1号、3号、4号脱硫废水零排放机组，设备包括浓缩系统	8000
中科欧克液压（泰州）有限公司年产10万件高能电子束焊接式隔膜蓄能器项目	租赁泰州鑫玛科技产业发展有限公司标准厂房8216平方米，购置电子束焊接设备、数控车床、空气压缩机、专用气体保护焊机、储能焊机、超声波清洗机、充氮车、转铣床等设备97台（套），主要从事高能电子束焊接式隔膜蓄能器生产	5000
歌娜思巧克力（泰州）有限公司年产150吨巧克力生产线项目	租用泰州鑫玛科技产业发展有限公司标准厂房，面积约7200平方米，配备巧克力保温缸、调温机等主要生产设备29台（套），主要从事巧克力的生产	5500
泰州永安港务有限公司泰州港高港港区永安作业区一、二期堆场新建平房仓项目	建设自动化散料平房仓1座，1层，仓容4万吨；卸粮棚1座，共2层；提升塔1座，共6层；打包房1座；袋包堆放仓库1座	8866
口岸街道		
泰州市南太电力科技有限公司扬子江药业集团有限公司屋顶分布式光伏发电项目	租用扬子江药业集团有限公司房屋屋顶共计38.74万平方米，安装光伏发电设备，装机规模19.87兆瓦	10300
凤凰街道		
泰州福泰大酒店管理有限公司福泰大酒店商务楼及辅助用房二期项目	新建福泰大酒店商务楼及辅助用房，总建筑面积2.4万平方米，建设大酒店、健身中心、商务会务接待中心、辅助用房	20000

续表21

项目名称	建设规模及主要内容	计划总投资（万元）
	刁铺街道	
江苏润驰防务装备有限公司年产500吨多功能复合材料项目	位于环溪社区，厂房面积2.2万平方米，购置自动粉末成型机、三维混合机、振动筛分机、摇摆式颗粒机、卧式高真空烧结炉等主要设备119台（套），主要从事多功能复合材料的生产（不涉及铸造）	6000
泰州创达电子有限公司年产6万套光伏组件生产项目	利用刁铺街道标准厂房面积6958平方米，购置压模机、激光雕刻机、注塑机等主要生产设备56台（套），主要从事光伏组件的生产	5850
泰州瑞晨酒店有限责任公司亦岚餐饮服务项目	新建酒店大楼1幢，建筑面积1.5万平方米，购置餐饮服务相关设备40件（套），主要从事酒店餐饮服务	6980
	胡庄镇	
泰州上膳源食品有限公司新增年1277.5万份豆制品项目	租用江苏茂林投资有限公司8号、9号厂房4935平方米，配备老豆腐生产线、豆腐干机、不锈钢千张机等主要设备24台（套），主要从事豆制品的生产。新增年产1277.5万份豆制品，分别是老豆腐547.5万份、嫩豆腐365万份、豆干182.5万份、百叶182.5万份	5100
	大泗镇	
江苏宇马铝业有限公司新增年产1000万套太阳能光伏边框组件技术改造项目	使用公司原有土地，拆除1幢仓库厂房（约960平方米，主要功能为存放成品），新建1幢标准厂房，占地面积约8000平方米，新增挤压机、时效炉、喷砂机、立式喷涂生产线等设备78台（套），主要从事研发、生产、销售太阳能光伏边框组件	5000
中纯氢能源科技（泰州）有限公司年产50套水纯净设备及20万套配件生产项目	租用神九新材料有限公司厂房面积3902平方米，辅助用房面积1500平方米，拟新增四柱模压机、旋转式烧结炉等主要生产设备62台（套），主要从事纯净设备及配件的生产	11000
	野徐镇	
江苏锦竹工业用布有限公司新型数字化设备升级改造项目	对现有车间进行改扩建，改扩建面积约3800平方米。淘汰络筒机、喷气式织机等设备20余台（套），购买清梳联系统、粗细联系统和新型超幅宽织布机、倍捻机等设备	5000

说明：5000万元以上技改项目被认定为亿元项目

2023年泰州医药高新区（高港区）新开工“三比一提升”项目一览表

表22

项目名称	建设规模及主要内容	计划总投资	
		内资（万元）	外资和港澳台资（万美元）
生物医药产业园区（6个）		369188	—
江苏默乐生物科技股份有限公司医疗器械生产研发基地建设项目	新增用地面积4.67万平方米，建设总建筑面积8万平方米的核酸处理试剂车间、检测类试剂生产车间。采购主要仪器设备1037台（套）	50000	—
江苏长泰药业有限公司生物医学高端制剂研发及产业化项目	原厂区西侧地块建设1幢3.1万平方米的厂房和345.6平方米的危化品库，采购主要仪器设备103台（套）	50300	—
卡文迪许（泰州）药业有限公司高端药品制剂生产项目	租用六期标准厂房16-1和16-2幢，总建筑面积2.1万平方米	50000	—

续表22

项目名称	建设规模及主要内容	计划总投资	
		内资（万元）	外资和港澳台资（万美元）
江苏瑞科生物技术股份有限公司HPV疫苗等扩产项目	在厂区北侧空地新建建筑面积6.08万平方米的疫苗生产楼、佐剂生产楼、佐剂研发楼、地下室、辅助生产楼以及与之配套的办公、研发、动力、环保等辅助设施	108888	—
石药集团中诺药业（泰州）有限公司提取及口服制剂产业化项目	位于厂区北侧预留空地，建设总建筑面积7.5万平方米的提取车间、口服制剂车间、综合立体仓库、质检楼，以及酒精罐区、环保处理及公用工程等附属设施。采购工艺设备和仪器320台（套）	50000	—
江苏中慧元通生物科技股份有限公司创新型疫苗产业化基地建设项目	占地面积2.15万平方米，建设总建筑面积2.8万平方米的生产厂房、仓库、污水处理、事故水池等功能设施。采购主要仪器设备432台（套）	60000	—
高端装备制造产业园区（4个）		281359	—
江苏辰烜消防科技有限公司年产200万套高端消防装备及组件项目	盘活原贺安特传动科技有限公司土地3.29万平方米，原有旧厂房1.3万平方米，新建厂房3.6万平方米，合计4.91万平方米。配备强力、拉伸、冲击、耐候测试试验设备组等主要生产设备295台（套），主要从事高端消防装备及组件的生产	50000	—
江苏锦竹新材料科技有限公司年产5000万米高性能传动带生产项目	新增用地面积3.23万平方米，总建筑面积5.84万平方米，主要从事橡胶板、管、带等高性能传动带的生产，配备整经机、细络联等主要生产设备325台（套）	51000	—
泰州太洋高新材料科技有限公司合金新材料项目	用地面积3.73万平方米，新建厂房4.8万平方米，主要建设军工、航天用高端特种合金新材料等产品	80000	—
江苏飞泰电子有限公司电池连接系统的研发及产业化项目	用地面积11万平方米，对厂区内现有厂房、办公楼、综合楼等建筑物适应性改造面积约3.28万平方米。主要建设内容包括生产车间、仓库及相关配套设施，并购置热压机、热铆机、冲压机、测试机等先进智能化生产设备约500台（套）	100359	—
电子信息产业园区（2个）		52800	15000
江苏国瑞汽车部件有限公司汽车多型车辆天窗导轨智能制造项目	用地面积2.47万平方米，总建筑面积3.3万平方米，新建1幢办公楼、2幢厂房及相关配套设施。购置双头四轴CNC加工中心、高精度双点气压冲床、全自动机器人U型铣削线、配套机器人等设备，主要生产多型车辆天窗导轨、工程机械侧窗、汽车天窗注塑配件等产品	52800	—
蓝思精密三园智能自动化提升改造技改项目	改造现有厂房总建筑面积约12万平方米，配套购置CNC、AIM、三次元、ORT、IPQC、组装、射包等制程设备1230台（套），改造现有AIM、三次元、ORT、IPQC、组装、射包等制程设备2156台（套），采用自动化控制技术，并对相关公共设施进行适应性改造，新增年产手机、笔记本电脑金属结构件600万件	—	15000
化学新材料产业园区（4个）		418442.5	6000
盛虹动能科技（泰州）有限公司年产5GWh储能锂电池及系统集成项目	用地面积21.5万平方米，其中新增用地9.23万平方米、盘活用地12.27万平方米。总建筑面积11.5万平方米，对原有厂房、研发楼、办公楼等建筑物进行改造升级。新建消防泵房、污水处理站、罐区等建（构）筑物，引进国内外先进的全自动生产线，购置正负极搅拌设备、极片烘烤设备、备料设备、装配设备等国内外先进设备584台（套）	303588	—

续表22

项目名称	建设规模及主要内容	计划总投资	
		内资（万元）	外资和港澳台资（万美元）
开来湿克威防水科技江苏有限公司年产7000万平方米防水卷材项目	利用原有用地面积3.53万平方米，总建筑面积3.92万平方米。新建生产车间及研发、质检、仓储等，购置主要生产设备119台（套）	51000	—
江苏海阳锦纶新材料有限公司年产10万吨改性高分子新材料项目	新建生产车间、生产辅房、数字智能化立体仓库等，总建筑面积4.99万平方米；引进进口设备80台（套），配套购置国产设备652台（套）；建设双螺杆挤出生产线35条、LFT生产线8条、CFRT生产线4条、研发试验线10条	63854.5	—
江苏江农新材料有限公司硫酸铵颗粒项目	用地面积3.6万平方米，总建筑面积4.7万平方米，配备设备250台（套），主要从事回收加工焦化及电力等行业废气处理废料，并作为新原料出售	—	6000
港口物流产业园区（5个）		267000	3200
国家能源集团泰州发电有限公司1号、2号汽轮机组通流部分改造项目	对一期工程的1号、2号汽轮机组进行技术改造，购置中压内缸、低压内缸、低压排气导流环、DEH系统、ETS系统等设备共计163台（套）	61000	—
泰州港美置业发展有限公司青创智谷商业综合体项目	建设商业中心、写字楼、酒店、住宅车库及公共配套设施等，总建筑面积6.05万平方米	53000	—
江苏利华生物科技有限公司年产1万吨中链甘油三酸酯MCT搅打奶油粉及2万吨粉末油脂产品生产项目	使用公司自有土地，总占地面积2.77万平方米，建筑面积3.64万平方米，配备均质机、离心机等主要生产设备179台（套），主要从事中链甘油三酸酯MCT搅打奶油粉及粉末油脂的生产	53000	—
益海（泰州）粮油工业有限公司新建天然精制蜡项目	总用地面积9360平方米，购置轴流风机、熔化锅、真空干燥罐等主要设备216台（套），主要从事天然精制蜡、蜡脂的生产和加工	—	3200
江苏中外运祥泰供应链管理有限公司苏中智慧物流园项目	占地面积13.33万平方米，配备物流信息平台、全自动无人装卸机械等主要运输设备4092台（套），建设内容包括3幢配载仓库、2幢智能平库仓（丙二）、1幢智能高站台仓（丙二）、1幢智能高站台仓（丙一）、1幢冷链仓库、综合服务楼、信息服务中心等设施	100000	—

2023年泰州医药高新区（高港区）新竣工“三比一提升”项目一览表

表23

项目名称	建设规模及主要内容	实际完成投资	
		内资（万元）	外资和港澳台资（万美元）
生物医药产业园区（5个）		386354	—
江苏诺瓦立医疗用品有限公司高端创面治疗材料及敷料智能制造项目	用地面积3.2万平方米，总建筑面积3.26万平方米。建设研发综合楼1座、丙类车间2座、丙类仓库2座、消防水池1座、配套环氧乙烷灭菌站1座、配套控制室1座，采购主要仪器设备212台（套）	51000	—
江苏泰康生物医药有限公司抗体药物中试产业化项目	占地面积5.33万平方米，总建筑面积10.21万平方米，采购主要仪器设备748台（套）	159624	—

续表23

项目名称	建设规模及主要内容	实际完成投资	
		内资（万元）	外资和港澳台资（万美元）
泰州复旦张江药业有限公司药品生产项目	用地面积2.93万平方米，总建筑面积4.23万平方米，采购主要仪器设备26台（套）	60000	—
江苏康为世纪生物科技股份有限公司医疗器械及生物检测试剂产业化项目	新增用地面积2.87万平方米。建设总建筑面积5.55万平方米的试剂生产车间、器械生产车间、原料酶生产车间，采购主要仪器设备559台（套）	50000	—
泰州海和药业有限公司药品生产基地项目	总占地面积6.56万平方米，总建筑面积7.53万平方米，建设固体制剂一车间、固体制剂二车间、口服液车间，采购主要仪器设备178台（套）	65730	—
高端装备制造产业园区（6个）		287200	3000
泰州创新电子科技有限公司年精加工2000万套多屏支架项目	收购原环球智能场地4.67万平方米、厂房6.84万平方米，并进行厂房改造。在原厂区新建1幢占地面积5290平方米、建筑面积2.12万平方米的厂房。新增CNC、风刀干燥机、焊接机等主要设备297台（套），主要从事液晶多屏支架的精加工	50200	—
泰州优谷金靖实业发展有限公司联东U谷·泰州智造科技谷项目	用地面积5.4万平方米，建筑面积6.5万平方米	60000	—
精诚工科汽车零部件（泰州）有限公司汽车底盘项目	用地面积2万平方米，建筑面积1.7万平方米，利用泰州领诚智能科技有限公司原有厂房面积约1万平方米，配备机器人工作站、冲压多工位压力机、机械手臂焊接线、底盘电泳线等主要生产设备350台（套），新增年产12万套汽车底盘产能	51000	—
泰州市港城建设投资发展有限公司雕花楼商业街项目	用地面积4.2万平方米，建筑面积7.3万平方米，宣堡港北侧地块主要建设柴墟故事馆、乐影空间、台湾文创空间、园区孵化展示、主题展览、教育训练基地、餐饮及商业综合体等；宣堡港南侧建设游园、亲水平台、休息亭和滨河景观带	76000	—
统之幸食品（江苏）有限公司年产1800吨调味料项目	建筑面积1.5万平方米，上新生产线，配备设备100余台（套）	—	3000
泰州市金海运船用设备有限责任公司海洋工程装备智能制造项目	占地面积2.67万平方米，建筑面积2.12万平方米，配套光纤维激光切割机等主要设备34台（套），主要从事钢或铝制船、化纤缆绳的生产，年产钢或铝制船10艘、化纤缆绳2000吨	50000	—
电子信息产业园区（2个）		150000	15000
蓝思精密（泰州）有限公司电子产品零部件生产项目（二园扩产）	原有厂区空地新建1幢厂房、1幢消防控制中心、1幢招募中心及相关环保、安全等配套设施，建筑面积5.84万平方米。改造A4、A6、A8、B3、B4、B6、B7、B9厂房，扩建阳极生产线4条，购置CNC、线割机等主要生产设备1128台（套）	150000	—
蓝思精密BGA智能化组装车间项目	改造现有标准厂房面积约3万平方米，新建BGA组装线12条，采购组装机等各类生产设备700台（套）	—	15000
化学新材料产业园区（4个）		456216	—
泰州杨湾海螺水泥有限责任公司1号、2号水泥磨技改项目	在原有厂区内扩建层高38米的辊压机房1幢，改造循环泵房、配电房等配套设施，购置设备25台（套）	50000	—

续表23

项目名称	建设规模及主要内容	实际完成投资	
		内资（万元）	外资和港澳台资（万美元）
江苏海阳锦纶新材料有限公司原位聚合切片及高性能锦纶帘子布项目	利用现有厂区空地，扩建总建筑面积6800平方米的浸胶车间，配套购置设备14台（套），新建帘子布浸胶生产线3条；利用现有聚合车间1个，新上聚合差异化切片生产线1条	51000	—
中海泰州特种油科技有限公司高端白油提质增效项目	对重质白油加氢装置进行加工轻质白油适应性技术改造（产能不增加）	51628	—
盛虹动能科技（泰州）有限公司年产5GWh储能锂电池及系统集成项目	用地面积21.5万平方米，总建筑面积11.5万平方米，购置国内外先进设备584台（套）	303588	—
港口物流产业园区（3个）		247000	—
泰州国际集装箱码头有限公司泰州港综合提升三期项目	用地面积7.44万平方米，主要建设集装箱堆场和相关配套设施	50000	—
扬子江药业集团江苏海济药业有限公司扬子江永安原料药项目	建设FDA多功能智能化厂房，购置不锈钢反应釜、搪玻璃反应釜、双椎干燥器、智能微粒检测仪等设备仪器1667台（套）	147000	—
国家能源集团泰州发电有限公司50万吨碳减排与资源化能源化利用技术研究及示范项目	原有厂区新建面积2万平方米，建设50万吨/年二氧化碳捕集系统，新增引风机、吸收塔、再生塔、二氧化碳压缩液化储存等设备91台（套）	50000	—

2023年泰州医药高新区（高港区）部分省重大项目一览表

表24　　　　单位：万元

项目名称	计划总投资	2023年计划投资	2023年完成投资	建设进度
泰州瑞科生物HPV疫苗扩产及新型佐剂产业化项目	118000	40000	50085	开工建设
泰州蓝思消费类电子精密部件项目	1000000	450000	409507	一园、二园、BGA设备安装调试，三园竣工
盛虹动能科技（泰州）有限公司年产5GWh储能锂电池及系统集成项目	300000	200000	266212	试生产
泰州港核心港区港口能级提升工程项目	300000	50000	68088	泰州港高港永安作业区一二期改造：建成投入使用；综合提升三期项目：竣工启用；古马干河码头群项目：陆域堆场基本完成建设
泰州深国际智慧物流港区项目	70000	35000	37000	厂房主体建设完成70%

（朱宇坤）

国有资产监督管理

【概况】 2023年，全区国有资产统计范围的企业共7个。其中，区直接管理企业2个，分别是泰州国控投资集团有限公司、江苏创鸿资产管理有限公司；委托园区管理企业5个，分别是泰州鑫泰集团有限公司、泰州港城投资集团有限公司、泰州医药城控股集团有限公司、泰州市高港高新区开发建设有限责任公司、江苏泰州港核心港区投资有限公司。至年末，全区国有企业资产总额4629.34亿元，比上年增长11.28%。

【国有企业改革与管理】 2023年，区财政局（区国资办）加快推动新一轮国企改革工作，建立2个区直接管理企业、5个委托园区管理企业“2+5”企业管控新模式，优化资源配置，理顺区本级与园区的管理职责，创成全市第一个双AAA主体信用评级企业（泰州国控投资集团有

限公司），新增2个AA+评级企业；完善企业目标考核制度，激发企业内生动力，推动运行质量和经济效益提高。（凌晓君）

【泰州国控投资集团有限公司】 泰州国控投资集团有限公司（简称国投集团）成立于2021年7月，注册资本60亿元，是泰州市国资委出资组建的国有企业。国投集团控股泰州华信药业投资有限公司、江苏泰州港核心港区投资有限公司、泰州市华钜人力资源有限公司三大核心子公司，拥有大健康产业、城市建设运营、港口物流服务、资产运营和人力资源五大核心业务板块。2023年，国投集团资产总额1254.66亿元。8月，先后被中证鹏元资信评估股份有限公司、大公国际资信评估有限公司评定为AAA主体信用等级，成为全市第一个双AAA主体信用评级国有企业。（国投集团）

【江苏创鸿资产管理有限公司】 江苏创鸿资产管理有限公司（简称创鸿公司）前身为泰州市高港区公有资产管理中心，成立于2010年8月。主要在原高港区范围内从事房屋建筑工程施工、房地产开发经营、土地管理，以及政府授权范围内的国有资产经营、资产运作等。下属实体经营子公司12个，主要从事资产管理、城市基础设施建设工程施工、征收实施、酒店经营、旅游景点经营管理、驾驶员培训、热力供应等。获得中诚信及东方金诚2个主流评级公司AA+外部评级。2023年，创鸿公司总资产超650亿元。

（创鸿公司）

财　政

【概况】 2023年，泰州医药高新区（高港区）完成一般公共预算收入103.18亿元，继续列全市首位，比上年增长2%。其中，税收完成75.95亿元，增长16.7%，税占比上升至73.6%。

【市场主体降本减负】 2023年，区财政局办理增值税留抵退税21.05亿元，拨付泰享消费券、汽车消费、促进商业消费加快恢复补贴等资金0.15亿元。“泰信保”业务年均担保费率降至0.4%，全年放款13.1亿元，服务中小微企业323户，比上年增长23%。落实“专精特新”财政奖补政策1.21亿元，组织申报工业转型升级、电子商务发展等专项资金1.76亿元，支持企业科技创新和产业转型升级。

【民生资金投入】 2023年，全区民生支出完成64.49亿元。争取债券资金6400万元，推进泰州市高港实验小学春港校区和泰州市口岸幼儿园建设。拨付学前教育发展资金4000万元，加快补齐学前教育短板。投入4800万元，促进义务教育薄弱环节改善与能力提升。拨付专项资金5400万元，用于尊老金、居家养老上门服务、社区养老服务中心建设运营补贴等方面。投入资金1.55亿元，用于保障基本公共卫生服务、城乡居民基本医疗保险财政补助等。落实资金5200万元，开展适龄妇女“两癌”筛查、流感疫苗接种、基层医疗救治能力提升等民生实事项目。发放各类惠农补贴3000万元，投入1.14亿元实施农田水利基础设施工程。投入市政维护、绿化养护、污水处理费等1.27亿元，安排大气污染防治等专项资金3500万元。

【政府采购管理】 2023年，全区政府采购预算32255.76万元，实际采购金额28893.5万元，节约财政资金3362.26万元。出台《区财政局关于规范政府采购内控制度的通知》《区财政局关于印发政府采购负面清单的通知》《区财政局关于进一步完善政府采购专管员制度的通知》，落实采购人主体责任。推进“互联网+政府采购”工程建设，全面上线“苏采云”政采平台，完善框架协议和网上商城采购模块，实现400万元以上采购项目全流程电子化。政府绿色采购考核指标连续六年高于省、市要求。全面清理政府采购备选库、名录库、资格库，规范政府采购保证金收取和退还，清退保证金354.39万元。完成政府购买服务项目47个，实际采购金额6663.74万元，节约财政资金492.68万元。

【预算绩效管理】 2023年，区财政局出台《区级财政专项资金管理办法》，规范专项资金管理，保障资金安全，提高资金使用效益。加强预算执行动态监控，加大对中央直达资金、重大项目、重点支出的跟踪落实，提高财政支出均衡性、及时性。对2022年区本级555个财政支出项目开展绩效自评价，对区级13个部门的20个项目和2个部门开展重点绩效评价，涉及资金8.77亿元，并首次将债券资金纳入重点绩效评价范畴。围绕财经纪律重点问题整治，聚焦减税降费、基层“三保”、暂付款管理等8个方面问题，组织开展财会监督专项行动。加强政府投资项目监管，审核概（预）算19.97亿元，审定金额19.04亿元，净核减0.93亿元。对29个政府投资项目涉及的资金2.24亿元进行跟踪审计，完成工程结算1.84亿元，审定金额1.6亿元，净核减0.24亿元，核减率13.04%。完成竣工财务决算审核22个，形成国有资产1.66亿元。

【政府债务管理】 2023年，泰州医药高新区（高港区）成立防范化解地方债务风险领导小组，建立“114”防范化解政府债务风险管理和工作调度机制。严格执行一般公共预算收入和土地出让金用于化债的比例要求，推进土地上市，土地出让金优先用于化债。争取建制县区隐性债务化解试点，获批再融资债券和新增专项债券，加快政府债务化解，政府债务率持续下降。组建债务风险防范大专班，制定债务管理操作指引，细化债务管控业务，明确专人负责。对到期融资实施“销号式”管理，发挥债务风险应急资金池效用，保障到期债务安全接续、不出风险。

【会计管理】 2023年，全区参加网络会计继续教育1556人次，办理会计人员继续教育减免106件。4月末前，完成全区40个代理记账机构的年度备案工作。6月，开展2022年度内控报告编报工作。7月，完成全区140个行政事业单位内控报告的汇总上报工作。10月，组织全区大中型企业财务负责人26人参加市财政局组织的职业素质提升培训。全年会计专业技术资格初级考试报名人数1056人，通过183人；会计专业技术资格中级会计考试报名人数785人，通过101人；发放会计专业技术资格证书284本；高级会计师评审材料初审通过15人，通过高级会计师评审9人。（曹舒扬）

税　务

【概况】 2023年，区税务局组织入库税收收入178.88亿元，比上年增加17.49亿元，增长10.84%。其中，一般公共预算税收收入78.13亿元，增加10.75亿元，增长15.96%。全年社保费收入40.12亿元。

【税收征管改革】 2023年，区税务局上争全省通办试点工作，成立工作专班，梳理整合全省通办事项清单手册。依托大数据持续开展欠税清理，共清理欠税2亿元。推广全面数字化电子发票。

【税费政策落实】 2023年，区税务局办理退税23.14亿元，其中出口退税9.76亿元，增值税留抵退税7.95亿元。推进土地增值税清算审核，完成土地增值税项目清算审核11户，累计补缴税款3.4亿元，审核退税0.25亿元。强化重点税种征管，提升企业所得税和个人所得税汇算清缴质量，企业所得税汇算清缴补税5.7亿元，个人所得税综合所得汇算清缴补税0.16亿元。

【税收风险管理】 2023年，区税务局共接受各类风险应对任务348户次，完成279户次，未完成85户次（含历史任务未完成16户次），风险应对任务完成率80.17%，风险应对成效4.22亿元，成效贡献率2.52%。

【税务执法】 2023年，区税务局组织开展税务执法规范化专题检查“回头看”，检查事项31项，共发现问题14项，发出工作事项提醒单20份。强化税务行政处罚裁量权管理，规范裁量标准，不予行政处罚1403户次，行政处罚5234户次，罚款56.36万元。主动与法院、破产管理人沟通协调，及时申报税收债权，入库税收债权704.81万元。

【税收营商环境】 2023年，区税务局主动融入政务服务“一件事”改革，集成办理相关涉税事项，实现一窗即可办成所有涉税业务。打造“有需求，码上说”服务平台，集收集需求、分析需求、预防矛盾、化解争议于一体。创成全省首批新时代“枫桥式”办税服务厅。利用大数据为辖区企业精准“画像”，按政策种类全面梳理应享未享企业，通过“点对点”精准推送，确保政策“零延误”“零折扣”，全年累计推送服务3万余户次。聚焦营商环境重点指标，加强统筹分析，发票供应满足度、税务好差评、新办套餐、退税办结时长等指标一直位列全市前茅。其中，退税时长平均1.16天，办税等候时长压缩在2分钟以内，业务平均办理时长2分钟，相关做法被央视《朝闻天下》专题报道。（王　盛）

金融监管与服务

【金融服务】 2023年，泰州医药高新区（高港区）联合泰州农村商业银行举办战略合作签约活动；联合江苏省投资基金业协会、泰州市地方金融监管局举办2023江苏私募股权创投基金园区行暨泰州医药高新区专场活动；联合国家金融监管总局泰州监管分局、泰州市地方金融监管局举办泰州市普惠金融党建联盟走进医药高新区（高港区）暨金融支持大健康产业高质量发展主题活动；组织五大园区会同金融机构、投资机构举办政银企对接活动10场次。

【企业上市】 4月14日，江苏长泰药业股份有限公司完成股份制改造。4月26日，邦士医疗科技股份有限公司完成股份制改造；11月6日，获江苏证监局辅导备案受理。6月25日，江苏中慧元通生物科技股份有限公司通过江苏证监局辅导期验收。7月19日，江苏荃信生物医药股份有限公司获证监会境外发行上市“全流通”备案通知书。至年末，全区共有境内外上市企业7个、交易所在审企业2个、过辅企业1个、在辅企业3个。

【产业基金投资】 2023年，泰州医药高新区（高港区）发挥大健康产业母基金引导放大功能，参与泰州市天使投资基金出资运营，与区内江苏硕世生物科技股份有限公司合作设立泰州景越玖远创业投资合伙企业（有限合伙）。至年末，全区共有政府控股的基金管理公司4个，国有控股或参股基金25支，注册规模124.69亿元。

【金融行业监管】 2023年，泰州医药高新区（高港区）对地方金融组织强化日常监管，完善监管档案，多部门常态化开展"双随机、一公开"现场检查。强化源头防控，严把地方金融组织注册设立入口关，核查股东资金合法合规性，促进机构设立依法合规。泰州金投融资租赁有限公司获批设立，实现对全区地方金融组织现场检查全覆盖。

【金融风险防范】 2023年，泰州医药高新区（高港区）持续开展农民资金互助社清理清退工作。新增1个农民资金互助社实现清退，1个农民资金互助社完成经营范围核减。常态化开展防范非法金融活动普法宣传和风险排查，对涉嫌非法金融活动线索开展走访调查、综合研判、打击处置，核查约谈金融中介公司15个。 （张　驰）

审　计

【概况】 2023年，区审计局组织实施审计项目23个，其中由省、市统一组织实施或委托项目2个。出具审计报告17个，审计查出主要问题149个，涉及金额30.37亿元，审计建议被采纳41条。审计事项移送处理书2个，向区主要领导报送审计要情2篇，就涉企奖补政策落实、水环境专项债券项目资金缺口等问题提出建议，获区主要领导批示。研究制定审计整改工作长效机制等4项，审计整改促进财政资金及时缴库3.74亿元、分配拨付2546.07万元、规范管理6823.29万元。促进完善制度办法9项，代表区管委会（区政府）向区人大常委会采取"报告+清单"模式汇报审计整改情况，测评满意和基本满意率达100%，持续将审计成果转化为治理效能。

【政策跟踪审计】 2023年，区审计局持续开展地方政府隐性债务化解及风险防范审计，重点关注防范化解政府隐性债务风险相关政策落实、存量债务化解、新增债务控制及风险防范等情况。持续跟进推动区内省级以上园区违规借款和出借资金情况整改，加强督查，定期跟踪整改情况，完善体制机制，规范决策管理，发挥审计质效。

【财政审计】 2023年，区审计局对区本级和区党史方志办（档案馆）、工商联、卫生健康委、住房城乡建设局、社会事业和退役军人事务局2022年度预算执行和其他财政收支情况以及口岸街道、大泗镇、胡庄镇、白马镇、野徐镇2022年度财政决算和其他财政收支等实施审计，打通项目、资金流转全过程监督链条，促进财政政策提质增效，规范部门预算管理、镇街财政行为。其中，区级部门预算执行情况审计延伸开展12个基层卫生院资产负债和运营情况调查，助推医疗卫生事业高质量发展。

【经济责任审计和自然资源资产审计】 2023年，区审计局对区市场监管局、党史方志办（档案馆）、工商联、泰州引江城市开发建设有限公司4个单位主要负责人以及口岸街道、大泗镇、胡庄镇、野徐镇、白马镇5个镇街领导干部实施经济责任审计，同时对大泗镇、胡庄镇、野徐镇、白马镇开展领导干部自然资源资产任中审计，拓展审计全覆盖的广度和深度，促进领导干部履职尽责、担当作为。

【国有企业审计】 2023年，区审计局对全区国有企业标准厂房建设、出租、租金收取等情况开展调查，及时对疫情防控、医博会、省运会等资金进行审计核查，确保资金规范管理、高效利用。聚焦国资国企投融资、大宗商品贸易、股权质押等风险领域，促进区政府出台制度3个，指导国有企业出台制度45个，完善机制3项，规范管理国有企业资金20.48亿元，追回国有资金4.12亿元。

【民生审计】 2023年，区审计局开展全区12个基层卫生院资产负债和运营情况调查，为医疗卫生事业高质量提出建议。推进"部门预算执行情况审计"，以专项资金审计为突破口，重点关注残疾人发展专项资金、职业技能提升专项资金、失业保险金、计划生育家庭奖励扶助金等领域，督促相关单位及时追回资金，并健全民生资金动态监管机制。

【固定资产投资审计】 2023年，区审计局开展泰州市环溪小学及泰州市环溪初级中学项目竣工决算审计，全面评价项目建设绩效，提高固定资产使用效益。组织实施村庄生活污水治理二期、永安洲镇疏港南路等跟踪审计项目9个，结合国有企业领导人员经济责任审计，对重大投资项目审计报告开展质量核查，涉及投资额14.7亿元，指出造价、质量、安全及管理问题262个，推动修订完善政府投资项目管理办法。完成泰州医药高新区体育文创中心—体育中心、泰州市第一外国语学校培训中心等29个结算项目，累计结算投资额18.14亿元，核减1.15亿元。

【内部审计】 2023年，区审计局指导督促全区12个镇街、5个园区党工委审计委员会实体化运转。根据《泰州医药高新区（高港区）内部审计工作指南》，对内部审计全过程进行"菜单化"、规范性指导，推动内部审计高质量发展。

（徐　辉　张艺慧）

统　计

【概况】 2023年，区统计局组织开展住户调查、人口抽样调查、劳动力调查、粮食测产等统计调查，做好经济形势预警预判、基层单位调研分析、经济发展监测，提升全区统计能力建设。开展第五次全国经济普查（简称“五经普”）工作。发布《2023年泰州医药高新区（高港区）国民经济和社会发展统计公报》，发行《泰州医药高新区（高港区）统计年鉴（2023）》。撰写统计专报13期，撰写各类统计分析23篇。

【第五次全国经济普查】 4—5月，区统计局在高端装备制造产业园区（许庄街道）开展“五经普”市级综合试点工作。印发《致经济普查对象的一封信》1万份，做好普查宣传工作。5月，泰州医药高新区（高港区）下发《医药高新区管委会 高港区政府关于做好我区第五次全国经济普查工作的通知》，明确普查目的、对象、组织措施和工作要求。抽调13人进入工作专班，并在区管委会设立专门办公地点；将“五经普”工作经费纳入区财政预算。7月，下发《关于成立泰州医药高新区（高港区）第五次全国经济普查领导小组的通知》和《关于组建泰州医药高新区（高港区）第五次全国经济普查领导小组办公室的通知》，成立由区主要领导任组长、29个相关部门主要负责人为成员的经济普查领导小组，相关部门处（科）室负责人为组成人员、业务骨干为联络员的领导小组办公室。区统计局选聘“两员”797人（普查指导员152人、普查员645人），经过前期准备、清查摸底、正式清查、数据汇审，完成清查工作。

【统计调查】 住户调查 2023年，全区新一轮住户调查样本正式启用，涉及住户收支与生活状况调查、农民工监测调查、农民工市民化监测调查等。其中，住户收支与生活状况调查设16个样本点，收集160户样本；农民工监测调查设2个样本点，收集20户样本；农民工市民化监测调查设2个样本点，收集20户样本。

人口抽样调查 9—11月，全国统一开展1‰人口抽样调查。泰州医药高新区（高港区）样本点涉及10个镇街、21个村（社区）、932户样本户。区统计局准确把握人口变动情况抽样调查制度和人口固定样本跟访调查制度新变化，组织现场调查，利用部门行政记录，开展现场登记质量核查和行政记录比对核查，完成调查任务。

劳动力调查 抽取7个镇街、11个社区进行劳动力调查，共调查2080户。

粮食测产 组织15个遥感测量面积点进行春夏播和秋冬播遥感测量工作。组织8个粮食测产点进行夏粮、秋粮测产工作，将测产数据汇总上报，由省调查队评估反馈全区的粮食播种面积及粮食产量。全区粮食播种面积约1.66万公顷，总产量11.32万吨。其中，夏粮播种面积0.81万公顷，秋粮播种面积0.85万公顷。

【统计服务】 经济形势预警预判 2023年，区统计局分析全区经济总量、结构和走势，围绕工业效益、房地产发展、固定资产投资、大健康产业等重要方向开展专题分析，剖析当前经济运行中存在的难点和问题，撰写统计分析23篇。开展统计进园区、进镇街服务，加强主要经济指标预警预测。全年共撰写统计分析材料36篇。

经济发展监测 区统计局制定《关于加强“四上”企业培育入库工作的指导意见》，形成“月度筛查、核实甄别、培育扶持、升规纳统、跟踪服务”的工作模式。补充区级监测企业243个。全年新增“四上”企业288个。牵头负责数字经济统计监测工作的开展、推进、协调，对全区数字经济核心产业重点单位和增加值变动较大单位开展现场走访、动态监测，深入研判全区数字经济核心产业形势。全区数字经济核心产业增加值占比全市第一。

统计能力建设 区统计局联合区党工委（区委）组织部举办核算专题培训班，对全区各板块、相关部门150余名党员干部集中培训。对基层统计人员和企业统计人员组织各专业业务培训3000人次。

【统计执法监督】 2023年，区统计局开展统计执法检查3批，检查企业70个，重点检查统计报表数据质量。成立统计造假屡禁难绝专项治理行动工作领导小组，制定工作实施方案，明确工作责任和时间节点，形成任务清单和责任清单。召开全区专项纠治工作动员部署会，围绕清理违规文件等开展自查自纠专项检查。

【统计法治教育】 2023年，区统计局结合统计开放日、“12·4”国家宪法日和“12·8”统计法宣传日等重要时间节点，开展普法宣传。组织领导干部和统计系统人员专题学习《关于深化统计管理体制改革提高统计数据真实性的意见》《统计违纪违法责任人处分处理建议办法》《防范和惩治统计造假、弄虚作假督察工作规定》《关于更加有效发挥统计监督职能作用的意见》和国家统计局查处典型案例通报情况。

【统计质量管理】 2023年，区统计局研究制定《泰州医药高新区（高港区）统计质量管理实施办法（2023）》。建立健全分级职责明晰、程序科学合理、操作严谨方便、上下协调顺畅的数据质量管理工作机制，加强数据采集、审核整理、资料发布等业务环节的管理。6—8月，组织各板块名录库工作人员对在库1733个一套表单位进行电话核实。9—10月，开展实地核实，共核查梳理257个法人单位指标错误，及时将法人单位增补更新到位。及时将数据审核维护工作清单从系统导出，全年共维护处理基本单位3200余个。 （郑汀斌）

市场监督管理

·综　述·

【概况】2023年，泰州医药高新区（高港区）新增企业4495个，其中有限责任公司4173个、个人独资企业322个；新注册农民专业合作社1个；新注册个体工商户6953户。至年末，全区登记企业33997个，个体工商户60134个，农民专业合作社175个。共有食品生产企业70个、食品小作坊58个、食品销售单位3347个，餐饮服务单位2946个，特殊食品经营单位527个，药品零售企业260个（连锁门店142个、单体药店118个），互联网药品信息服务单位81个；疾病预防控制中心1个，疫苗接种单位17个，医疗机构17个，社会办诊所、门诊部41个，卫生室（所）、医务室、护理站16个，村卫生室93个，第三方实验室9个，医疗器械网络销售单位158个，医疗器械经营企业2141个（医疗器械批发企业1879个、医疗器械零售企业262个）；化妆品经营企业264个，化妆品使用单位86个。全区现有特种设备使用单位2350个，在用特种设备23241台（套），其中，锅炉138台、压力容器9780台、电梯9050台、起重机械2078台、场内车辆2195辆；工业管道约1700千米、公用管道（燃气管道和蒸汽管道）574.7千米。广告经营单位706个，其中内资公司430个、个体工商户276户。

【行政执法规范化建设】2023年，区市场监管局严格落实行政执法规范化建设各项要求，印发《泰州医药高新区（高港区）市场监督管理局行政执法公示制度、行政执法全过程记录制度、重大执法决定法制审核制度》，发挥法制审核在重大执法决定中的作用，重大执法决定100%经过法制审核及部门负责人讨论双把关。全年组织召开案件审理会8次，法制审核案件230余件，经部门负责人集体讨论案件70余件。开展行政执法案卷评查活动，随机抽取稽查大队、各分局办理的14件案件卷宗，着重对案件的主体适格、证据确凿、程序合法、文书制作、立卷归档等内容进行检查。全年共办结行政复议33件、行政诉讼3件。应行政相对人申请举行行政处罚案件听证会3次，听取行政相对人听证意见。

2023年7月13日，全市首个市场监管稽查执法数字化工作站在区市场监管局寺巷分局揭牌成立　　区市场监管局　供图

【稽查执法】2023年，区市场监管局共查处各类违法案件489件，罚没入库315.25万元。其中，食品案件276件，药品、化妆品、医疗器械案件21件，市场主体准入案件60件，质量案件51件，价格案件6件，无证无照案件7件，计量案件6件，认证认可案件2件，消费者权益保护案件2件，商标案件31件，专利案件2件，特种设备案件9件，广告案件13件，合同案件3件。移送公安机关案件12件，其中办理非法添加亚硝酸盐案件10件，此系列案件被省市场监管局列为督办案件。继续发挥打假扶优政企联盟作用，联合高港区人民检察院分别到安徽滁州和浙江温州等地以检察院公益诉讼的形式，维护辖区企业的权益。持续开展柔性执法，规范自由裁量尺度，作出不予处罚案件71件，从轻处罚80件，减轻处罚95件，合计减免金额1577.99万元。推进数字化+执法工作，7月13日，泰州市首个市场监管稽查执法数字化工作站在区市场监管局寺巷分局揭牌成立。

【抽样检验】2023年，区市场监管局完成食品抽检3200批次，检出不合格食品122批次，对检出的不合格食品依法采取下架、封存、召回、立案查处等措施。全年开展食品安全快检7752批次，检出阳性122批次，合格率98.43%。做好不合格食品的后处理工作，依法定期将检测情况及分析进行公示。完成药品抽检120批次，其中西药80批次、中药饮片40批次，检验结果均合格。

【消费维权】2023年，区市场监管局共接到投诉举报、来信来函、信访8437件。其中，全国“12315”互联网平台3300件，占投诉举报总数的39.11%；“12345”政务服务便民热线5137件，占投诉举报总数的60.89%。涉及食品、药品、特种设备等领域，均在规定的时限内办结和回复，受理率、办结率达100%，

2023年3月15日，区市场监管局开展"3·15"消费者权益日活动
区市场监管局　供图

帮助挽回经济损失550余万元。在大型商场、超市、集贸市场等地开展"3·15"宣传活动。全年成功申报省级放心消费先进、示范单位2个，市级放心消费先进、示范单位18个，市级诚信品牌单位10个。

（丁　强）

·工商行政管理·

【市场主体信用监管】 2023年，泰州医药高新区（高港区）企业年报率98.2%、农民专业合作社年报率99.4%。完成全区150户市场主体年报公示信息的抽查工作，抽查结果依法在国家企业信用信息公示系统中公示。组织开展娱乐场所、美容美发行业、售卖野生动物、人力资源市场等75项跨部门"双随机"联合抽查，市场监管、商务、应急管理、人社等22个部门参加，累计检查574户。检查结果在国家企业信用信息公示系统中公示。全年办理合同案件3件，罚没款639元。帮助企业开展信用修复，全年实施暂缓列入经营异常名录3个、移出195个，帮助8个企业开展行政处罚信息信用修复。

【电商网络监管】 2023年，区市场监管局开展网络商品和服务集中促销监测行动。全年办理网络案件3件，罚没款2360元。

【广告监管】 2023年，区市场监管局组织开展医疗美容、教育培训、金融、房地产、保健食品等重点领域的广告专项整治行动，线下检查广告1326条次，线上监测互联网广告4185条次。全年办结广告案件15件，罚没款12.9万元。开展互联网广告领域的专项整治工作，组织开展《互联网广告管理办法》培训宣传4次，培训90余人次，发放宣传材料100余份。组织辖区广告企业参加江苏省"紫金奖"文化创意设计大赛、泰州市优秀公益广告比赛，共报送48个平面类和2个视频类参赛作品，2个视频类作品在市级比赛中获奖。完成2022年度全国广告业统计工作。

【农贸市场管理】 2023年，区农贸市场长效管理办公室对全区18个农贸市场的活禽、公厕等区域进行改造升级，完善市场各类硬件设施，提升市场管理水平。开展文明城市创建、卫生城市创建、长江禁渔等工作，从食品安全、计量监督、价格监管、消费维权等方面开展经营秩序专项整治行动，共检查市场内经营户164户，发现各类问题69个，全部整改到位。全区共有星级农贸市场19个。其中，三星级农贸市场11个，二星级农贸市场4个，一星级农贸市场4个。

【公平竞争审查】 2023年，区公平竞争审查联席会议办公室完善公平竞争审查工作的流程，利用第三方评估系统，对存量文件、增量文件进行智能化筛查，下发8个账号，覆盖全区33个部门（单位）。对区公平竞争审查联席会议8个成员单位进行专项督查，组织成员单位开展存量清理和增量审查工作。全年审查文件10件，均未违反公平竞争审查各项标准。

（孔　芳　季　盈）

·质量技术监督管理·

【质量强区工作】 2023年，泰州市航宇电器有限公司通过"江苏精品"认证评审，唐泽交通器材（泰州）有限公司、万向精工江苏有限公司、江苏平高泰事达电气有限公司获评省质量信用评价AAA级企业，江苏鸿祺生物科技有限公司、江苏硕世生物科技股份有限公司、泰州市旺灵绝缘材料厂获评省质量信用评价AA级企业。江苏硕世生物科技股份有限公司获得市长质量奖。泰州市金衡建筑材料检测有限公司、江苏公元物业管理有限公司、泰州巨纳新能源有限公司、江苏康为世纪生物科技股份有限公司、泰州市旺灵绝缘材料厂、江苏百宁盈创医疗科技有限公司获"泰州品质"认证。扬子江药业集团江苏海慈生物药业有限公司获泰州市2023年质量攻关项目成果一等奖，万向精工江苏有限公司获二等奖，中海油气（泰州）石化有限公司、江苏海博生物制药有限公司获三等奖。全区有工业产品生产许可证获证企业22个。其中，危险化学品获证企业3个，直接接触食品的材料等相关产品获证企业15个，危险化学品包装物及容器、化肥、电线电缆、水泥获证企业各1个。有各类检验检测机构49个。其中，国家级质检中心2个，分别为国家精细化学品质量检验检测中心、国家特种劳动防护用品质量检验检测中心（江苏）；省级质检中心7个，分别为江苏省特种安全防护产品质检中心、江苏省泵阀产品质检中心、江苏省墙体装饰装修材料质检中心、江苏省测绘仪器计量中心、江苏省特殊医学配方食品质量监督检验中心、江苏省汽车机电零部件及新材料产品质量监督检验中心（筹建中，由江苏省磨料磨具产品质检中心更名而来）、江苏省医药健康产业计量测试中心（筹建中）。

【质量安全监管】 2023年，区市场监管局组织开展燃气“灶管阀”产品质量安全专项整治行动，对全区家电卖场、灶具经营户等市场主体开展拉网式排查和专项检查，实现全覆盖检查4轮次，共排查出“灶管阀”销售单位219个，累计检查“灶管阀”销售单位876个次，责令下架问题“灶管阀”28个，查扣问题“灶管阀”12个，立案9起。组织开展燃气器具及配件产品质量监督抽查，共抽查12批次，合格9批次，不合格3批次。加快推进燃气安全专项检查App企业信息录入工作，共录入检查219个，排查率100%，落实主体责任完成率100%。开展电动车及配件抽检，抽检12批次，结果均合格。开展加油站油品质量监督抽查，对23个加油站抽检31批次，结果均合格。

【标准化工作】 2023年，寺巷街道办事处承担的市级标准《乡镇（街道）星级食安办评定规范》获批立项；江苏天仁人力资源管理有限公司承担的市级人事代理服务标准化试点获批立项；江苏上膳源生态农业发展有限公司承担的市级农业地方标准《食用羽衣甘蓝有机栽培技术规程》和《草头有机栽培技术规程》获批立项。泰州巨纳新能源有限公司获第三届泰州市标准创新奖三等奖。万向精工江苏有限公司、江苏东宇新材料科技有限公司、江苏康为世纪生物科技股份有限公司、邦士医疗科技股份有限公司被认定为泰州市专利标准融合创新型示范企业，江苏默乐生物科技股份有限公司、江苏鸿祺生物科技有限公司、江苏荣鑫通用设备有限公司、泰州苏中天线集团有限公司、泰州市航宇电器有限公司、华威特（江苏）生物制药有限公司被认定为泰州市专利标准融合创新型企业。区内企业主导或参与制定（修订）国家标准、行业标准、团体标准25项。4月，由江苏康为世纪生物科技股份有限公司与中国计量院共同制定的GB/T37875—2019《核酸提取纯化试剂盒质量评价技术规范》被国家市场监管总局、国家标准化管理委员会联合授予2022年中国标准创新贡献奖标准项目奖三等奖。

2023年泰州医药高新区（高港区）参与制定（修订）国家标准、行业标准、团体标准一览表

表25

标准号	标准名称	主导或参与起草单位	发布时间
GH/T 1396—2022	松花粉及其制品中松源成分检测　实时荧光PCR法	江苏蜂奥生物科技有限公司	2023-02-09
T/CETA 004—2023	舞台机械　薄型旋转台	江苏建声影视设备研制有限公司	2023-02-16
GB/T 42310—2023	纳米技术　石墨烯粉体比表面积的测定　氩气吸附静态容量法	泰州飞荣达新材料科技有限公司	2023-03-17
GB/T 19025—2023/ISO 10015:2019	质量管理　能力管理和人员发展指南	扬子江药业集团有限公司	2023-03-17
GB/T 19028—2023/ISO 10018:2020	质量管理　人员积极参与指南	扬子江药业集团有限公司	2023-03-17
GB/T 42509—2023	质量管理　顾客体验管理指南	扬子江药业集团有限公司	2023-03-17
GB/T 14191.3—2023/ISO 8549-3:2020	假肢学和矫形器学　术语　第3部分：矫形器术语	江苏尚美医疗器械有限公司	2023-05-23
GB/T 30544.7—2023/ISO/TS 80004-7:2011	纳米科技　术语　第7部分：纳米医学诊断和治疗	泰州飞荣达新材料科技有限公司	2023-05-23
GB/T 7251.1—2023/IEC 61439-1:2020	低压成套开关设备和控制设备　第1部分：总则	江苏南瑞泰事达电气有限公司	2023-08-06
GB/T 7251.2—2023/IEC 61439-2:2020	低压成套开关设备和控制设备　第2部分：成套电力开关和控制设备	江苏南瑞泰事达电气有限公司	2023-08-06

续表25

标准号	标准名称	主导或参与起草单位	发布时间
GB/T 28561—2023/ IEC 60092-504:2016	船舶电气设备　自动化、控制和测量仪表	泰州市柯普尼通讯设备有限公司	2023-08-06
GB/T 603—2023	化学试剂　试验方法中所用制剂及制品的制备	泰州市食品检验院	2023-08-06
T/CPQS XF006—2023	消防水带产品维护、更换及售后服务	泰州市神龙消防科技有限公司	2023-08-15
T/CSNAME 069—2023	船用聚氨酯漂浮型护舷	泰州市金海运船用设备有限责任公司	2023-08-22
GB/T 43053—2023	海上导航和无线电通信设备及系统　电子海图显示与信息系统(ECDIS)　操作和性能要求、测试方法及要求的测试结果	泰州市金海运船用设备有限责任公司	2023-09-07
GB/T 43286—2023	一次性采样管(灭活型)	江苏康为世纪生物科技股份有限公司	2023-11-27
GB/T 43251—2023	纳米技术　小尺寸纳米结构薄膜拉伸性能测定方法	泰州石墨烯研究检测平台有限公司、泰州飞荣达新材料科技有限公司、泰州巨纳新能源有限公司	2023-11-27
GB/T 25993—2023	透水路面砖和透水路面板	泰州市金衡建筑材料检测有限公司	2023-11-27
GB/T 43312—2023	医疗器械用钢丝绳	泰州弗瑞新材料科技有限公司	2023-11-27
GB/T 43341—2023	纳米技术　石墨烯的缺陷浓度测量　拉曼光谱法	泰州石墨烯研究检测平台有限公司	2023-11-27
GB/T 43357—2023	钢丝绳一般性能试验方法	江苏荣鑫通用设备有限公司	2023-11-27
T/JSAS 048—2023	城区道路绿色照明维护规范	江苏华照节能服务有限公司	2023-11-27
T/JSAS 050—2023	劳务派遣服务规范	泰州市超仁人力资源管理服务有限公司	2023-11-27
GB/T 43559—2023	蜂胶生产技术规范	江苏蜂奥生物科技有限公司	2023-12-28
GB/T 43598—2023	纳米技术　石墨烯粉体氧含量和碳氧比的测定　X射线光电子能谱法	泰州石墨烯研究检测平台有限公司	2023-12-28

【计量工作】 2023年,区市场监管局开展定量包装商品净含量和商品包装计量监督检查,检查大中型超市和食品生产企业23个次,抽查定量包装商品净含量140批次,商品包装40批次,预包装商品20批次。开展计量保春耕农资定量包装商品计量专项监督检查,抽查农资经营单位7个、农资商品30个批次,检查在用计量器具16件。开展眼镜配置场所、电子计价秤、燃油加油机、涉农领域等重点民生领域计量专项监督检查,检查眼镜制配场所28个,检查焦度计28台、验光仪28台、验光镜片组28台;检查商场超市27个、集贸市场18个、其他经营主体308个,检查电子秤1531台;检查加油站38个、加油机及油气回收装置673件;抽查农资销售单位5个、抽检农资商品30个批次,检查粮食收购点5个、在用计量器具24台。开展能效、水效标识计量专项监督检查,检查经营户36个、各类产品54件。

【特种设备安全监管】 安全专项整治　2023年,区市场监管局开展特种设备超期未检整治行动,对照被通报企业名单开展专项检查,出动检查人员超1200人次,检查企业578个,下达监察指令书370份。开展电梯质量安全提升行动,先后组织开展公共聚集场所电梯安全专项检查、小区电梯维保质量专项检查、杂物电梯专项排查,检查电梯使用单位82个,排查整改隐患123条。加强对电梯维保单位的监管和业务指导,全区9045台电梯无纸化维保基本上达到全覆盖。开展电梯隐患排查专项治理,要求维保单位对电梯9个关键部位进行检查,对1.6吨以下的客梯和3吨以下的货梯开展装载额定载荷和限速器、安全钳的联运试验,组织电梯使用单位开展隐患自查自纠,全区896个使用单位自查率达100%。对全区3个液化气充装单位、4个管道燃气单位开展全覆盖专项检查,累计出动45人次，检查19个次，发现隐患46条，下达指令书9份。要求3个液化气站停止充装不符合新标准瓶阀配置要求的50千克气液两相液化石油气瓶。推进3个液化气站对自有产权瓶逐一开展档案信息修正工作，回收不符合新标准的气瓶69只，将气瓶的二维码、出厂编码、制造日期、定期检验标识或监检报告4张照片上传至气瓶质量安全追溯系统，完成照片上传并审核通过气瓶38135只。其中1个液化气站未扫码充装被立案查处，依法罚款1万元。强化大型起重机械安全隐患治理，将全区5个造拆船企业列入重点监督检查对象，在夏季高温、大风暴雨、冰冻大雪天气等重点时段，提醒企业落实好防护措施，对辖区内船舶企业累计检查13次，下达安全指令书13份，检查隐患53个，全部闭环整改。开展“僵尸”设备专项清理，对特种设备智慧服务平台内长期停用的2421台设备及相关单位进行分类核查，对处于停用状态的设备，叮嘱使用单位不得非法使用，对单位已注销、倒闭、迁移或者失联，设备已拆除未办理变更的，按规定进行公告注销，全年共对62个单位、134台设备完成公告注销手续。推进特种设备智慧“安全芯”的绑定应用，督促企业落实“日管控、周排查、月调度”工作机制，明确安全负责人、安全总监及安全员，全区1979个企业落实，落实率99.25%，特种设备智慧“安全芯”领取数9778个，绑定特种设备9127台（套）。

重大活动特种设备安全保障 区市场监管局对活动所涉场所特种设备开展排查，出动执法人员125人次，保障重大活动4次。实现活动期间场地驻地特种设备运行零故障、区域内特种设备零事故。组织开展电梯无脚本综合实战演练，邀请所有涉及服务保障的宾馆、酒店、维保单位安全管理人员参加观摩，提高应急响应人员的业务水平和应急反应能力。

特种设备安全宣传及培训 组织开展特种设备安全宣传进社区、进学校、进企业等服务活动11次。针对电梯投诉问题、液化气瓶安全问题，对物业、电梯维保单位、液化气站开展约谈教育12次，督促其落实安全责任。组织人员参加特种设备业务培训，年内全系统40岁以下工作人员全部通过特种设备安全监察员（B类）取证考试。承办泰州市移动式压力容器泄漏事故应急救援演练，提高企业特种设备突发事故应急处置能力。

（陈 娟 李 勇）

·食品药品监督管理·

【食品安全监管】 食品生产流通环节监管 2023年，区市场监管局根据企业风险等级及实际生产情况，加强食品生产及流通环节日常监管。全年检查食品生产企业89个次，发现问题69个，检查食品销售单位3347个，检查覆盖率及问题整改率均达100%。结合日常监管重点及专项整治工作，开展食品生产企业、食品销售单位食品安全“双随机”检查，共抽查食品生产经营主体249个。实施食品生产企业“一企一档”“一域一档”“一品一策”建设，完善“一企（坊）一档”风险清单、措施清单和责任清单，食品生产主体检查覆盖率100%、发现问题整改率100%、对问题企业“回头看”率100%。创成泰州市食品规范化经营示范店16个，泰州市食品规范化经营示范网店4个。

食品小作坊及农村食品市场监管 区市场监管局持续开展“阳光食坊”培育工作，从场所改造、设备升级、台账制作等方面着手指导，帮助小作坊主完善信息公示、生产管理等制度，主动协调解决小作坊主遇到的困难和问题，指导3个食品小作坊创成2023年度泰州市“阳光食坊”。开展农村假冒伪劣食品整治行动，检查农村食品生产经营主体454个次，共组织抽检农村食品243批次，对10批次不合格食品按要求开展处置。

餐饮服务单位监管 全区共有餐饮服务单位2946个。其中，特大型餐饮单位13个，大型餐饮单位75个，中型餐饮单位345个，小微型餐饮单位2511个，集体用餐配送单位2个（泰州嘉诚餐饮配送服务有限责任公司、泰州鑫食泰餐饮有限公司）。有机关企事业单位（含建筑工地）食堂159个，学校食堂69个，养老机构食堂12个。开展餐饮服务环节非法采购、贮存、使用亚硝酸盐专项整治行动，检查餐饮单位477个，出动执法人员1431人次，开展食品快速检测132批次，立案10件。组织开展校园及校园周边餐饮单位食品安全专项检查和学校食堂承包经营企业食品安全专项整治行动，对全区69个学校食堂、2个集体用餐配送单位、120个校园周边餐饮单位进行深入检查，对各单位存在的安全隐患实行全程闭环处置。开展重大活动餐饮安全保障36次，出动保障人员240余人次，进行食品安全快速检测435批次。

制止餐饮浪费 区市场监管局开展制止餐饮浪费专项行动，对全区40余个重点餐饮服务单位开展行政约谈，组织各单位签订《制止餐饮浪费承诺书》，要求餐饮单位主动提供公勺公筷，提醒顾客适量点餐，提供剩菜打包服务。联合肯德基举办反对餐饮浪费暨肯德基食物驿站揭牌活动，面向全区发出反对餐饮浪费倡议。创新推行制止婚宴餐饮浪费“十全‘食’美”工作法，引导婚宴服务经营者和消费者共同树立“浪费可耻、节约为荣”的理念。开展制止餐饮浪费宣传进校园、进商圈、进店铺活动，组织外卖骑手参与反餐饮浪费宣传。开展制止餐饮浪费专项执法检查，依法查处经营者违法行为，适时曝光典型案例。

特殊食品安全监管　区市场监管局开展婴幼儿配方乳粉质量安全提升行动、缓解体力疲劳功能保健食品风险排查等专项检查，共检查特殊食品生产企业9个，特殊食品经营单位535个次，出动执法人员1142人次，检查覆盖率100%，对检查发现的特殊食品专柜（区）设立不规范等问题，均当场责令改正，累计发现问题36处，处置率100%。"双随机"检查特殊食品经营企业17个。

落实食品安全"两个责任"　建立包保主体台账和责任清单，将包保任务层层分解，责任落实到人。全年包保主体5877个，包保干部323人，签署承诺书323份，每季度包保督导完成率均达100%。督促食品企业配备食品安全总监和食品安全员并明确岗位职责，推动企业建立食品安全风险防控动态管理机制，落实"日管控、周排查、月调度"工作机制。全年11个食品销售企业配备食品安全总监，596个食品销售企业配备食品安全员。44个在产食品生产企业完成企业负责人、食品安全总监、食品安全员"三类人"配备，并按时完成"日管理、周排查、月调度"工作。制定出台地市级地方标准《乡镇（街道）星级食安办评价规范》。

【食品安全风险排查】 2023年，区市场监管局全面加强重点企业、重点品种和重点区域食品安全风险防控，强化对预制菜、乳制品、肉制品、白酒、食用植物油、食品添加剂等重点领域风险隐患排查，加强"两超一非"治理，督促企业严格按照标准规范使用食品添加剂，严禁食品非法添加违法行为。全年开展重大节日、农村假冒伪劣食品、乳制品专项检查、地产食品提升行动、食用植物油风险排查、食品添加剂、生鲜灯使用等食品类专项整治10余次。

【食品安全宣传与培训】 2023年，区市场监管局开展食品安全宣传周活动，组织食品安全宣传进校园、进社区、进市场、进商超，开展"你点我检"现场快检活动。悬挂横幅100余条，制作宣传展板72块，发放宣传资料和礼品1万余份，参与宣传活动的各类企业80余个，接受群众咨询900余人次。组织开展食品安全"两个责任"、食品生产企业、食品经营单位、民间厨师等各类食品安全专题培训。

【药品安全监管】 药品安全专项整治　2023年，区市场监管局组织开展涉疫药品和医疗用品稳价保质专项行动、网络销售药品专项检查等各类专项检查行动8次，重点检查零售药店销售药品的来源渠道、储存条件、销售记录等，严格规范零售药店拆零销售、处方药销售等行为。全年共检查零售药店212个、医疗机构27个。落实对重点单位、重点品种、重点季节的药品抽检，累计抽检药品120批次。全年上报药品不良反应报告1118份，完成率129%。

疫苗使用环节监管　区市场监管局开展疫苗接种、储运单位疫苗质量安全专项检查，对区疾控中心及15个疫苗接种单位完成全覆盖检查，重点检查各单位疫苗的冷藏设施、设备和冷藏运输工具是否保持良好的运行状态，疫苗出入库台账是否能做到账物相符等。开展过期疫苗处置工作，经与区卫生健康委及区疾控中心三方签字确认，向医疗废物集中处置单位移交过期失效疫苗100.6千克。

药品安全培训　区市场监管局组织监管人员参加全省化妆品经营监管培训、江苏省市场监管局特殊食品安全检查员培训、《药品经营和使用质量监督管理办法》贯宣培训班等培训6次。

【化妆品安全监管】 2023年，区市场监管局组织开展化妆品"一号多用"违法行为专项检查工作，以化妆品零售企业为重点对象，重点关注染发类产品"一号多色，一号多香型"、"伪进口"化妆品、"一号多名称"等问题，共检查化妆品零售企业46个次，出动执法人员92人次，暂未发现化妆品"一号多用"等违法违规经营行为。与市市场监管局联合开展化妆品科普知识进校园宣传活动，共发放化妆品宣传资料200余份，接受现场咨询100余人次，该活动被省药监局评为2023年江苏省化妆品安全科普宣传周优秀项目并给予通报表扬。全年上报化妆品不良反应报告81份，完成率119%。

【医疗器械安全监管】 医疗器械安全专项整治　2023年，区市场监管局开展医疗器械清网行动、医疗器械稳价保质专项检查、医疗器械质量安全专项整治、医疗美容药品医疗器械专项检查、集中带量采购中选医疗器械质量监管、IVD（体外诊断）医疗器械批发企业专项检查、医疗器械质量安全风险隐患排查治理工作、装饰性彩色隐形眼镜经营专项整治等活动，共出动执法人员2720人次，检查医疗器械生产经营使用单位1365个次、网络销售单位165个次，对检查发现的问题，责令企业限期整改到位。全年上报医疗器械不良事件报告352份，完成率100%。

医疗器械安全培训及宣传　区市场监管局开展医疗器械内审员换版培训、医疗机构医疗器械质量管理及不良事件监测培训、无源医疗器械专题培训等10项培训，参培人员超1000人次。开展全国医疗器械安全宣传周系列宣贯活动，联合江苏省药监局泰州检查分局、泰州市不良反应监测中心开展医疗器械法规专题讲座，联合区行业协会开展"爱眼护耳"广场宣传活动。

一类医疗器械备案后现场检查　区市场监管局完成8个一类医疗器械生产企业备案后现场检查工作。

企业体系考核　区市场监管局外派检查员参加省、市市场监管局组织的2023年医疗器械生产企业体系考核40个次。（丁　强）

·知识产权管理·

【概况】2023年，全区专利授权量2974件，其中发明专利授权量764件。有效发明专利量3685件，居泰州各市（区）首位，比上年增长28%。每10亿元地区生产总值发明专利拥有量30.92件，增长23.88%。有效商标注册数为14521件。有驰名商标3件，分别为“扬子江”“护佑”和“唐泽”。在第十三届中国国际商标品牌节活动中，扬子江药业集团“扬子江”“护佑”商标获首批AAA级（全国级）知名商标品牌荣誉，为全省首个获奖的医药单位。江苏耐特尔绳带有限公司等10个企业获批省地方标准《企业知识产权管理规范》贯标备案企业。江苏亨瑞生物医药科技有限公司等19个企业获批省知识产权贯标管理绩效评价合格单位。江苏锦竹工业用布有限公司等8个企业承担泰州市知识产权战略推进计划项目。邦士医疗科技股份有限公司等4个企业获批市知识产权密集型企业。江苏诺瓦立医疗用品有限公司等8个企业被认定为省“正版正货”承诺企业，阿里生物技术泰州有限公司等12个企业被认定为市“正版正货”承诺企业。江苏硕世生物科技股份有限公司、江苏命码生物科技有限公司获国家专利优秀奖。扬子江药业集团获江苏省专利优秀奖。江苏海王健康生物科技有限公司等6个企业和个人分别获泰州市专利金奖、优秀奖、发明人奖。泰州市榕兴医疗用品股份有限公司承担市高价值专利培育计划项目。江苏禾祁知产信息科技有限公司等4个公司获泰州市知识产权软科学研究项目立项。组织区级银企对接会，新增知识产权质押贷款40笔，融资金额3.2亿元。

2023年泰州医药高新区（高港区）知识产权计划立项情况一览表

表26

项目名称	承担单位
国家专利优秀奖	江苏硕世生物科技股份有限公司
	江苏命码生物科技有限公司
省知识产权贯标管理备案企业	江苏耐特尔绳带有限公司
	泰州市昊鑫电力机具有限公司
	江苏弘门智能技术有限公司
	江苏蕾灵百奥生物科技有限公司
	中海生物制药（泰州）有限公司
	江苏辛巴生物医药有限公司
	江苏班廷医疗器械有限公司
	江苏爱华泰克医疗器械有限公司
	泰州市同升索具设备有限公司
	石药集团中诺药业（泰州）有限公司
省企业知识产权管理贯标绩效评价合格单位	江苏迈威康新药研发有限公司
	江苏惠利生物科技有限公司
	江苏维骏工业设备有限公司
	江苏长海消防装备有限公司
	江苏华冠生物技术股份有限公司
	泰瑞医用品（泰州）有限公司
	泰州市百英生物科技有限公司
	江苏翊博雷明医疗科技有限公司

续表26

项目名称	承担单位
省企业知识产权管理贯标绩效评价合格单位	泰州市科健电炉电器有限公司
	江苏百世诺医疗科技有限公司
	江苏立峰生物科技有限公司
	江苏籽硕科技有限公司
	江苏比傲汽车科技有限公司
	江苏润驰防务装备有限公司
	江苏百顺胶粘带有限公司
	泰州市常泰电子有限公司
	江苏洁诚智慧能源科技有限公司
	泰州市宏达工矿安全部件有限公司
	江苏亨瑞生物制药科技有限公司
省“正版正货”承诺企业	江苏诺瓦立医疗用品有限公司
	江苏莱尔生物医药科技有限公司
	江苏耀海生物制药有限公司
	江苏纳海生物科技有限公司
	江苏康林贝医疗器械有限公司
	中海生物制药（泰州）有限公司
	阿里生物技术泰州有限公司
	江苏百宁盈创医疗科技有限公司
省专利优秀奖	扬子江药业集团有限公司
市企业知识产权战略推进计划	江苏锦竹工业用布有限公司
	江苏泰德医药有限公司
	江苏平高泰事达电气有限公司
	泰州鑫联诚润生物技术有限公司
	泰州润骐防务科技有限公司
	江苏惠利生物科技有限公司
	臻悦生物科技江苏有限公司
	江苏昆仑光源材料有限公司
市知识产权密集型企业	邦士医疗科技股份有限公司
	华威特（江苏）生物制药有限公司
	江苏蜂奥生物科技有限公司
	江苏锦竹工业用布有限公司
市“正版正货”承诺企业	江苏永大化工设备有限公司
	中崇信诺生物科技泰州有限公司

续表26

项目名称	承担单位
市“正版正货”承诺企业	阿里生物技术泰州有限公司
	江苏硕世生物科技股份有限公司
	江苏西典药用辅料有限公司
	江苏华越医疗器械投资有限公司
	泰州朵儿智能科技有限公司
	扬子江药业集团江苏制药股份有限公司
	江苏蕾灵百奥生物科技有限公司
	泰州龙旭机电科技有限公司
	江苏康乾环境安全技术有限公司
	江苏世纪畅想文化传播有限公司
泰州市专利金奖	扬子江药业集团有限公司
	江苏海王健康生物科技有限公司
泰州市专利优秀奖	江苏蜂奥生物科技有限公司
	江苏伟禾生物科技有限公司
	唐泽交通器材（泰州）有限公司
泰州市发明人奖	陈炤源（江苏伟禾生物科技有限公司）
市高价值专利培育计划	泰州市榕兴医疗用品股份有限公司
泰州市知识产权软科学项目	江苏禾祁知产信息科技有限公司
	中知高德知识产权运营管理（苏州）有限公司泰州分公司
	泰州正联知识产权代理有限公司
	泰州医药高新区（高港区）大健康产业知识产权联盟

【知识产权宣传与培训】“3·15”消费者权益保护日、“4·26”世界知识产权日及全国知识产权宣传周期间，区市场监管局开展以“加强知识产权法治保障，有力支持全面创新”为主题的宣传活动，发放知识产权宣传资料200余份。开展知识产权进企业、进园区、进院校、进服务机构活动，宣传知识产权法律法规和政府奖励政策。全年举办各类知识产权培训5次。

【大健康产业知识产权联盟】2023年，泰州医药高新区（高港区）大健康产业知识产权联盟获批成为全省首批专利导航服务基地，该事件入选泰州医药高新区（高港区）2023年度“十大法治事件”。联盟征集、整理并优化大健康领域专利信息，建立专利标引规则，完成专利信息加工标引3812件；构建大健康重点产业专利池，建立健全专利池利益分配机制与专利共享机制，为联盟内企业专利转化、运用等方面提供指导、协调服务；举办校企对接活动与知识产权培训，促成高校、科研机构与区内大健康企业合作，并在知识产权管理、专利商标运营、信息检索分析、专利快速预审、知识产权运营与质押融资等方面给予会员单位技术指导与支持。

【市知识产权运用促进中心揭牌】泰州市知识产权运用促进中心是泰州医药高新区管委会与泰州市市场监管局合作共建的知识产权“一站式”服务综合体，于2023年12月27日揭牌运行。该中心坚持产业导向，聚焦主导产业、战略性新兴产业和未来发展需求，以“知识产权+金融+创新+产业”模式，推动实体产业创新发展。（戴新琴）

价格监督检查

【市场价格监管】2023年，区市场监管局围绕雨雪冰冻天气及节假日期间生活必需品、交通旅游、商贸服务等领域民生价格监管，加大市场巡查和价格监管力度，强化价格法律法规宣传，促进经营者价格行为自律，确保民生价格基本稳定。联合相关部门开展汽车销售行业、律师事务所、金融机构、物业服务企业、校外托管机构等领域“双随机、一公开”检查，共检查各类经营主体62个，对其中7个单位的收费公示行为提出整改要求，全部整改到位。

【价格专项行动】 2023年，区市场监管局先后组织开展涉疫药品和医疗用品稳价保质专项行动、宠物诊疗秩序专项整治、涉企违规收费专项整治、夏秋粮收购及储粮安全联合检查、教育收费专项检查、中介机构专项整治等行动。全年查处价格违法行为2起，退还多收价款27.83万元。

【价格投诉举报】 2023年，区市场监管局共受理价格投诉举报158件，办结158件，办结率和回复率达100%。

（季　盈）

【价格认定】 2023年，区价格认定中心做好涉纪检监察、涉案、涉税价格评估认定和价格争议调解工作，为定罪量刑、定性量纪、依法行政提供价格认定依据。完成涉案财物价格认定191件，涉案财产认定总额376.9万元。完成存量房交易计税价格认定190件，认定金额3.58亿元。

（常勇军）

【非居民用天然气价格】 4月1日—10月31日，泰州科思燃气有限公司非居民用管道天然气销售基准价格为3.55元/立方米，最高浮动幅度5.3%，最高销售价格不得超过3.74元/立方米，下浮不限；泰州永安港华燃气有限公司非居民用管道天然气销售基准价格为3.64元/立方米，最高浮动幅度12%，最高销售价格不得超过4.07元/立方米，下浮不限。11月1日—12月31日，泰州科思燃气有限公司非居民用管道天然气最高销售价格4.09元/立方米，下浮不限；泰州永安港华燃气非居民用管道天然气最高销售价格4.53元/立方米，下浮不限。

（王　晗）

自然资源管理

【泰州市自然资源和规划局医药高新区（高港区）分局组建大会】 10月14日，泰州市自然资源和规划局医药高新区（高港区）分局（简称区自然资源和规划分局）组建大会召开，泰州市政府副市长、党组成员，泰州医药高新区党工委书记、高港区委书记叶冬华出席会议并讲话，市自然资源和规划局党组书记、局长兼林业局局长方捷等参会。会上，方捷宣读市委编委和省自然资源厅党组有关任职文件，宣布正式组建泰州市自然资源和规划局医药高新区（高港区）分局。叶冬华对新组建的区自然资源和规划分局提出要求：勾好蓝图，更好地为“两高”融合发展谋篇布局；优化空间，更好地为“两高”融合发展要素保障；建好队伍，更好地为“两高”融合发展做好指点。至此，原泰州医药高新区、原高港区自然资源和规划分局正式完成合并。

【自然资源确权与不动产登记】 2023年，区自然资源和规划分局开展农村集体土地所有权更新汇交工作。采取“内业为主，外业为辅”的作业方式，完成10665宗的数据建库工作，形成汇交数据库，利用不动产统一登记发证系统开展登记发证工作。对区域范围内的宣堡港、南官河等水流自然资源所有权开展首次登记。农村“房地一体”不动产登记转入日常登记阶段，全年受理登记申请42628宗，登簿32783宗。所有宗地完成“房地一体”权籍调查。发放国有建设用地不动产权证书64256本，发放不动产登记证明29154本，出具各类不动产查询证明11797份。办理各类不动产登记62335件，其中办理转移登记15383件，办理抵押权登记11794件，办理查封业务2871件。完成“互联网+不动产登记”品牌、“线上苏小登”等信息平台建设，完成不动产智慧登记云平台测试和升级。全面实施“一窗受理”，实现全业务网上申请。完成全区12个安置小区共9308套安置房首次登记。落实“同市同标”工作，同一不动产登记事项在全市范围内无差别受理、同标准办理。

【用地服务】 2023年，全区共挂牌出让10宗工业用地，用地面积41.73公顷，出让收益2.01亿元，实现“交地即发证”，帮助企业缩短审批时间，保障重大产业项目的用地需求。办理土地划拨供应手续16宗，保障泰州市高港实验小学综合体、凤栖湖整治工程、临港大道、江州路南延等基础设施项目的实施。办理建设用地规划许可证12个；完成经营性用地挂牌上市19宗，用地面积114.47公顷，出让收益92.58亿元。

【产业园用地整治提升试点】 2023年，泰州医药高新区（高港区）推进省级产业园用地整治提升试点地区工作。对于符合规划且属于鼓励类的产业通过招引复苏等8种方式予以提升，对于不符合规划或属于淘汰、限制类产业通过“村改”连片整治等5种方式予以腾退，对重点资源通过产业平台共享等4种方式实行共享，该做法被《中国自然资源报》头版头条报道。全区累计实施整治提升项目16个，盘活低效闲置用地110.67公顷，清退标准厂房区内无产出效益企业10个，腾挪标准厂房约8万平方米。

（余　涛　殷剑华）

城市建设

城市规划

【土地征收成片开发方案编制】 2023年，泰州医药高新区（高港区）组织编制《泰州市高港区2023-01号土地征收成片开发方案》，涉及泰州医药高新区（高港区）3个片区，总面积92.15公顷。其中，滨江工业园1号片区面积47.76公顷，功能定位为工业主导型，东至润江路，南至送水河，西至长江大道，北至创汇路；滨江工业园2号片区面积14.61公顷，功能定位为产城融合型，东至南官河西70米，南至创业支路，西至泰镇路，北至虹桥港；滨江工业园3号片区面积29.78公顷，功能定位为工业主导型，东至润江路，南至常圩中沟，西至长江大道，北至港城西路。参与编制《泰州市海陵区2023-01号土地征收成片开发方案》，涉及泰州医药高新区（高港区）代管范围内1个片区，为明珠街道1号片区，面积14.32公顷，功能定位为产城融合型，东至五圩河桥，南至春风路，西至吴陵南路，北至济川西路。方案以符合公共利益需要为前提，对成片开发范围内基础设施、公共服务设施等公益性用地进行合理安排，明确开发建设内容、实施期限和年度实施计划。

【国土空间分区规划编制】 2023年，泰州医药高新区（高港区）落实泰州市国土空间总体规划管控要求，推进《泰州市国土空间总体规划泰州医药高新区（高港区）分区规划（2021—2035年）》编制工作。2月5日，通过区自然资源和规划委员会审议；2月20日，通过区党工委（区委常委会）会议审议；3月16日，完成规划草案的公示流程；5月30日，通过区人大常委会会议审议。分区规划以统一的国土空间规划实现泰州医药高新区（高港区）全域覆盖与全要素管制，坚持“绿水青山就是金山银山”，保障各类生态本底要素空间和生态安全；落实最严格的耕地保护制度，保障粮食安全；统筹城乡防灾、生产安全、卫生安全等内容，保障人民生活生产安全。落实长江三角洲区域一体化发展等国家战略，加强与周边城市联动发展与跨界协调，促进区域融合；立足开放发展、创新发展，优化城港关系，促进城港融合；实施更具特色的全域城镇化策略，促进城乡融合；探索产业创新机制，强化医药产业发展。

【控制性详细规划】 2023年，泰州医药高新区（高港区）做好泰州市

魅力港城　　　　潘锦钰　摄

城市新中心和高铁枢纽片区详细规划编制工作，深入研究“一轴一核三极三城”布局对城市新中心和高铁枢纽片区的具体要求，将宏观布局转化为详细布点。结合地块上市和泰州实验中学、永安洲镇食品加工植脂末加工、标准厂房配套道路等重点项目落地需求，开展核心港区控规图则调整，以及寺巷街区、明珠街区、野徐镇、口岸街区、刁铺街区、滨江新城等街区的控制性详细规划调整，释放产业用地空间。做好泰州市中心城区刁铺片区、口岸片区、口岸东片区、塘湾片区、白马片区单元详细规划编制工作。对每个片区进行深入调研和分析，结合其历史文化、自然环境、产业基础等方面的特点，确定各片区的发展定位。加强片区的基础设施建设和公共服务配套，提升片区的环境品质和生活质量。注重生态环境保护和绿色发展，打造宜居宜业的城市环境。

【实用性村庄规划编制】 2023年，泰州医药高新区（高港区）立足各村（社区）资源禀赋和区位条件，梳理城镇开发边界外集聚提升类、特色保护类、城郊融合类村庄，开展许庄街道乔杨社区等22个实用性村庄规划编制。其中，刁铺街道大丰社区，口岸街道徐桥社区，许庄街道乔杨社区、管营村、蔡庄村、钱赵村、明河村、赵王社区、孔桥社区，大泗镇马龙村、霍堡村、大马村、康乐村、杨营村，胡庄镇宗林村、史庄村、庵桥村、赵市村，寺巷街道居桥社区共19个实用性村庄规划编制成果通过专家论证并经区自然资源和规划委员会审查同意，其余3个村庄形成规划成果。

【规划审批】 2023年，区自然资源和规划分局履行项目规划审查集体决策机制，上报泰州市自然资源和规划局规划技术审查例会讨论项目10个，提请泰州医药高新区（高港区）自然资源和规划委员会会议及办公室会议审议项目27个，其中规划编制、设计方案类19个，通过集体审议、讨论，就项目在控规调整、平面设计、立面风格等城市设计方面进行充分研究，推动城市建设品质不断提升。办理规划方案审查43宗，发放建设工程规划许可证46本，保障益海粮油、中慧元通等项目建设需求。

（张小平　余　涛）

城市更新

【城建重点项目】 2023年，泰州医药高新区（高港区）实施城建重点项目39个，计划总投资36.89亿元，当年实际完成投资13.27亿元。其中，完成交通和城市基础设施项目5个，分别是刁铺桥与长江大道交通安全隐患整治工程、道路脱空检测及路网修复工程、扬子江路安全隐患整治、市政箱体维护改造工程、蔡圩河南侧地块（泰州市高港实验小学春港校区周边道路）配套项目；完成水污染治理项目4个，分别是许陈河—王营河水系沟通工程、迁善小区和繁荣小区雨污分流配套工程、高港区老旧小区雨污分流二期、泰州医药高新区（高港区）村庄生活污水治理二期；完成公共安全和应急管理项目1个，为高港消防大队改扩建工程；完成社会事业和人居环境项目10个，分别为鑫泰花园综合整治改造工程、怡和花园综合整治改造工程、船厂家属区综合整治改造工程、中南新村综合整治改造工程、祥龙家园综合整治改造工程、主次干道及背街小巷人居环境整治、住宅小区停车位及电动车充电桩建设、康泽东苑（康居社区南侧地块保障性安置房二期）、东方小镇片区业态提升改造、永兴花园人居环境提升改造。年内，推进江苏港城污水处理厂三期扩建工程（完成机电设备调试）建设；推进医药高新区东部消防站（完成主体工程）、明珠街道橇装式微型消防站（完成工程量90%）建设；推进泰州市高港实验小学食堂综合体（主体封顶）、育才花苑一期房屋维修工程（完成工程量89%）建设。

扬子江路安全隐患整治项目　优化沿线交叉口渠化方式，合并调整部分出入口。取消部分停车泊位，增加非机动车行驶空间。规范化提升沿线交通标志、标线，局部新增安全设施等。项目总投资500万元。2023年3月，开工建设；7月，竣工。

东风快速路夜景　　顾祥忠　摄

高港消防大队改扩建项目　项目建筑总面积约2700平方米，建成3层备勤楼和1层篮球馆，增设车库、备勤室等设施。项目总投资1445万元。2022年5月，开工建设；2023年4月，竣工。

主次干道及背街小巷人居环境整治项目　对口岸农贸市场周边、港盛农贸市场周边、府后人家周边、刁铺街道镇溪南村、起风新村等道路破损、空中缆线等进行整治。项目总投资700万元。2023年4月，开工建设；11月，竣工。

住宅小区停车位及电动车充电桩建设项目　对百年豪景、龙锦华庭、水岸帝景、格林美郡、天逸华府、盛唐花苑、香榭湾等小区进行停车秩序整治，改造停车位约1000个，增设电动车充电点位约2000个。项目总投资1200万元。2023年4月，开工建设；11月，竣工。

东方小镇片区业态提升改造项目　实施停车位改造、商户管线私拉乱接整治、碎石路面改造、内部环境修缮、外立面提升改造和导视系统提升等。实施东方小镇片区附属配套道路拓宽改造，范围北起鸭子河路、南至郁金路，改造后道路红线宽35米，附属工程包括照明工程、景观绿化工程、交通安全设施、标志标线工程等。项目总投资1.99亿元。2023年9月，开工建设；年内，在建。

泰州市高港实验小学食堂综合体项目　占地面积5600平方米，建筑面积4200平方米。新建食堂1幢、风雨操场综合体1个和艺体教室8间。项目总投资1840万元。2023年4月，开工建设；12月，主体封顶。

医药高新区东部消防站项目　总用地面积7687.7平方米，总占地面积2365.21平方米，总建筑面积5574.59平方米，容积率0.73，建筑密度30.77%，绿地率18.6%。建设内容包括中队执勤楼、室内训练馆、训练塔、门卫及其室外配套等。项目总投资3780万元。2023年，完成营房等主体工程。　（朱海明）

【市政公用设施建设与维护】　2023年，泰州医药高新区（高港区）投入2亿元用于全区市政公用设施建设及维护。修复路面约1.6万平方米、道板约9200平方米，清掏雨水箅子约3600只，疏通雨污水管网20千米，维修隐患消防栓180处，补缺井盖158只，维修损坏护栏约1200米，市政设施完好率95%以上。对完成整治的14条黑臭水体进行长效管护。日常维护城区路灯6379杆（12235盏）、景观灯1025盏、高杆灯247盏、配电箱133组、专用变压器62组。全年维修路灯116盏、灯具248盏，更换100 A 开关1处、景观灯 PC 罩1个、驱动光源17个、电箱门1个、电井17套、熔断器8个、井盖10个、护套线179米、波纹管85米、PE 管144米、镀锌钢管及塑料管16米，紧急处理敷设电缆1677米，维修控制箱（交流接触器、时控、保险丝、单匹开关、基础笼、铜鼻、门盖）46个，发现并处理私接路灯电源3处，现场处理路灯设施被撞被盗事件14起，全年无安全事故。路灯设施完好率95%以上，主要干道亮化良好率99%以上。定期对燃气企业开展安全检查，实现全区燃气安全生产零事故。新增燃气主管网15.45千米、次管网38.57千米，新增管道燃气用户7192户，其中城中村、农村区域改造用户1700户。　（张　庆）

【城市绿化】　2023年，全区新增绿地面积22.07万平方米，绿化覆盖率40.4%。完成中草药植物园提升改造、鲍中路、西泠路等绿化项目，做好国家生态园林城市创建工作。　（徐　咏）

【老旧小区改造】　2023年，泰州医药高新区（高港区）投入2800余万元，对鑫泰花园、祥龙家园、怡和花园、船厂家属区、中南新村等老旧小区实施整治改造。对小区内机动车停车位及电动车充电设施、垃圾房、路灯、道路、绿化、管网、建筑立面、围墙、健身广场、飞线等设施进行新建、改造、维修和提升。共计敷设排水管网约6.5千米，补植绿化约8200平方米，路面恢复和维修约2.3万平方米，墙面出新约8.6万平方米，增加路灯64盏，增设机动车停车位1762个、电动汽车充电桩25个、电瓶车充电点位2490个。　（魏国涛）

城市管理

【市容秩序专项治理】　2023年，泰州医药高新区（高港区）开展市容秩序专项整治，重点对占道经营、乱设摊点、露天烧烤等行为进行集中治理，取缔露天烧烤20余处，劝离疏导流动餐饮摊点2130余处，整治占道经营790余次，清理物料乱堆乱放740余处，制止车辆乱停乱放460余起，检查摊点燃气钢瓶700余个，处理市、区交办单40余份，下发督查整改通知单30余份。新建、升级便民疏导点3个、划线疏导区3处，规范经营文旅 FUN 市集、泰州大剧院北侧市集、天一楼市集以及泰福里等夏季新增夜市经济疏导点4个。完成第十四届中国（泰州）国际医药博览会、泰州半程马拉松赛事等各类活动的市容保障任务。开展建筑标牌广告设施消防整治，组织集中检查9次，检查大型商场及商业综合体10个、民用高层住宅小区23个，拆除随意悬挂条幅、站牌、广告等270余处，处置高炮广告5处，清理占道可移动广告牌、立式灯箱30余块，更新吊旗、围挡广告230余处。

【停车便利化】　2023年，泰州医药高新区（高港区）开放共享机关企事业单位内部停车位300个，备案停车场5个，增补人行道停车标线2600余米、停车方向箭头810余个、自行车标识750余个、文明停车告示牌60余个、阻停桩110余根。先后在城区、城乡接合部等区域建成共享单车站点1020个，投放运营单车6150辆，清拖违规停放单车360余辆。（姚　翔）

【城乡卫生管理】2023年，泰州医药高新区（高港区）对城区主次干道实行深度保洁，常态化开展机械清扫、人工保洁、高压冲洗联合作业，主次干道基本实现全天候保洁、无缝隙覆盖，建成区机扫率95%以上。及时收集生活垃圾，统一密闭运输至泰州垃圾焚烧发电厂进行无害化处理，投入处置费1153万元、运输费1002万元，无害化处理率100%。

【垃圾分类专项治理】2023年，泰州医药高新区（高港区）在20个小区开展“两定一撤”试点工作，将小区原有布置的垃圾桶点位撤销，设置密闭的生活垃圾定时定点分类投放亭（房），每天早晚定时开放，居民每天可以在两个时间段（6:00—8:30和18:00—20:00）将家中的垃圾投放到小区分类投放亭中。全年建成省级垃圾分类达标小区20个、垃圾“四分类”小区98个、垃圾分类公共机构132个、公共场所垃圾分类设施3968组。清运处置城乡生活垃圾16.18万吨。其中，城市餐厨废弃物处置量2.3万吨，处理率100%；城市建筑垃圾资源化处置量8804.87吨，资源化利用率100%。（赵杏春）

【违法建设治理】2023年，区住房城乡建设局共受理涉及违法建设的交办（举报）136件。其中，上级交办62件，群众举报74件，办复率100%。拆除违法建设124处、面积10641.1平方米。其中，新生违法建设91处、面积5382.5平方米，历史违法建设33处、面积5258.6平方米。

【城市管理行政执法】2023年，区住房城乡建设局城市管理行政执法大队立案查处各类案件39件，罚款213万元。其中，城乡规划类11件，罚款140.36万元；市容环卫类5件，罚款1100元；住房和城乡建设类23件，罚款72.53万元。移送公安机关查处1件，不予处罚1件。全年未发生经复议撤销、变更、确认违法和行政诉讼败诉案件。（孙　伟）

【数字城管】2023年，泰州医药高新区（高港区）开展环境整治和文明城市创建督查38次，数字城管平台上报、受理、派遣各类城市管理问题信息7.33万件，立案7.31万件，各专业部门应处理案件7.28万件，其中部门反馈办结6.78万件，月度平均结案率93.12%。（申宝忠）

交　通

【概况】2023年，泰州医药高新区（高港区）公路总里程949.12千米（沥青路面里程419.52千米，占总

周山河景观桥　吉志强　摄

里程的44.2%）。其中，按行政等级，县道192.8千米、乡道375.3千米、村道381.02千米；按技术等级，一级公路200.9千米、二级公路134千米、三级公路101.78千米、四级公路512.44千米。路网面积密度为2.35千米/平方千米，高于全市1.54千米/平方千米和全省1.39千米/平方千米。有公路桥梁334座。有过江通道1个（泰州长江公路大桥）、汽渡1个（高港汽渡），通航船闸2座。客运总量445.5万人次。共有公交线路29条，营运车辆281辆，线路总长647千米，日运营970趟次。在原有机构、编制不变的情况下，泰州市交通运输局高港分局、泰州市交通运输局医药高新区分局采取机构融合运行、人员融合办公的模式，明确召集人1人和副召集人2人。5月18日，中关村中科公路养护产业技术创新联盟发布《公路桥梁抗冲击减噪伸缩装置》（T/GLYH 004—2023）团体标准，泰州市交通运输局高港分局为起草单位之一。

【交通项目建设】 2023年，区交通分局实施长江大道刁铺桥安全隐患整治工程、高港大道改扩建工程、医药高新区（高港区）桥区水域标志标识工程等交通工程。协调做好市属重点交通工程的服务工作。

长江大道刁铺桥安全隐患整治工程 该项目为2023年区民生实事项目，全长106米，总投资660万元。2023年8月10日开工，11月8日完工。

高港大道改扩建工程 该项目包含道路城市化改造17.1千米和地下综合管廊建设2.46千米，区交通分局完成主体工程代建后，经区政府同意，2023年7月移交区住房城乡建设局完成工程扫尾工作。

医药高新区（高港区）桥区水域标志标识工程 涉及全区55座桥梁，共设置标志标牌110处，总投资275万元。2023年11月17日开工，12月27日完工。（魏 晶）

水 利

·综 述·

【概况】 2023年，泰州医药高新区（高港区）投资8600余万元，实施城乡水利基础设施建设项目。实施高标准农田建设、农村生态河道建设、城区河道水系连通等项目，强化河湖管护、水利设施维修养护、农业水价改革、水资源管理和节水型社会建设等。

【城市水利项目】 2023年，泰州医药高新区（高港区）投资240万元，完成许陈河—王营河水系连通工程，工程拆坝建涵78.1米，许陈河东段新建17米接线挡墙，许陈河东侧平台拆除约360平方米，铺设草皮护坡约460平方米。投资31万元，完成城区河道汛期水毁应急修复工程，修复新区南北河、二井河、王营河、蔡圩河汛期倒坍河坡、护岸和栏杆等设施。启动泰州医药高新区（高港区）防洪排涝完善工程，纳入国家灾后重建国债项目补助，估算投资7010万元，修建南官河东岸（宣堡港至许庄河段）约4千米防洪墙，沿线入河排水口采取节制措施，建设4座地埋式排涝泵站，改造沿河西路泵站和时仙泵站，新建府前河穿金港北路、丰岸路箱涵，新建府前河闸站。配合市级水利项目实施，做好宣堡港治理工程、生产河治理工程前期工作、动迁和地方矛盾协调。完成凤栖湖整治工程用地报批工作。（杨 帆）

·泰州引江河建设与管理·

【概况】 2023年，江苏省泰州引江河管理处完成工程管理、防汛防旱、河湖管理等工作。获评全国科普日活动优秀组织单位、江苏省厂务公开民主管理先进单位，创成江苏省示范档案室。泰州引江河工程水情教育基地以优秀等次通过水利部复核，引江河风景区入选“同饮长江水·共筑中国梦”长江研学亲子游线路，被省文旅厅推介为“水韵江苏”长江文化旅游精品线路。1人获“江苏工匠”称号。

【工程管理】 2023年，高港泵站工程、高港节制闸工程高分通过水利部标准化管理评价验收。全年江苏省泰州引江河管理处共执行调度指令66次，高港枢纽向苏北及里下河地区、通南地区调水45亿立方米，高港泵站开机抽排里下河地区及通南地区涝水7.21亿立方米，创建站以来最高纪录，泰州市政府向省水利厅致感谢信。高港船闸克服船舶大型化和通航水位偏低的影响，依托科技创新和精准调度促进运力提升，全年通航量1.69亿吨。

【防汛防旱】 2023年，江苏省泰州引江河管理处发挥里下河地区联防办跨区协调作用，开展里下河地区汛前检查、重要堤防险工险段、病险闸站工程、城市防洪、在建工程、滞涝圩及防汛物资仓库等关键环节、关键部位现场核查，共核查现场110个。开展里下河“五纵六横”骨干河道通畅性现场调查，督促形成省级重要风险点与应急力量相匹配的里下河地区重要风险点巡查及抢险力量配置图和重要风险点巡查及抢救力量配置表。集中审查联防片区城市极端暴雨防范、重大风险点度汛及滞涝圩运用预案等5类预案41项，开展推演培训。修改完善《江苏水利抢险引江河机动队建设方案》《苏中省级防汛应急抢险队伍建设方案》，开展巡堤查险及处置实务课程培训，组织参加“天职2023”江苏省防汛抢险综合演练。7月7日、7月17日，省水利抢险引江河机动队分别到泰州、扬州城区抢排特大暴雨导致的城区积水，共排水14万立方米。

【河湖管理】 2023年，江苏省泰州引江河管理处会同里下河湖区各市、县湖泊管理单位及湖泊巡查人员，开展湖泊巡查2326次，巡查里程14727千米，覆盖管理范围内全部39个湖泊湖荡，涉及9个县（区）46个乡镇，巡查发现并处置重大问题14起。组织实施2023年度“一湖三河”水域及滩地遥感监测，完成全部1136个变化点的现场核查及分级审核任务。组织实施泰州引江河、通榆河水生态监测项目和“一湖六河”水域状况调查评价项目，以科学监测管控河湖空间。复核南通、泰州两市境内河湖水域面积变化点923个，审核水利部“清四乱”遥感图斑7633个，发现问题15个，督促完成处理12个。推进里下河腹地河湖管理中心建设，获批划拨用地总面积1.06公顷。协助省河长办组织打捞里下河地区漂浮物195.3万吨，清除阻水设施42处，推进通榆河及沿线河道水面漂浮物视频监控系统恢复。

【水政执法】 2023年，江苏省泰州引江河管理处强化专业训练，提升水政行政执法能力。全年开展学习培训39次、法律知识测试16次、模拟案件查处3次。组织5名水政人员参加全省水行政执法技能竞赛，获三等奖。加强智能监控系统建设，安装智能语音报警监控摄像头，并运用智能监控、无人机进行立体式巡查，做好高港枢纽重点水域、关键时段执法巡查，并与地方渔政、公安部门开展联合执法专项行动，打击夜间高港枢纽安全警戒区违章捕鱼行为，收缴非法渔具7件，由渔政部门行政处罚2人，制作首违不罚清单10个。

泰州引江河高港枢纽　　沿江街道　供图

【智慧管理】 2023年，江苏省泰州引江河管理处的省水利科技项目智能泵站关键技术研究和应用示范实践通过验收，“一种基于深度学习的吃水检测方法”获国家发明专利授权，多篇论文在中国航海学会船闸专业委员会征文评比中获一等奖、二等奖。实施高港闸站工程全要素精密监测，掌握工程变化规律及趋势，及时发现工程安全隐患。建设引江河口门区水工模型（二期），开展不同工况、不同潮位条件下的下游引河物理试验研究，探求下游口门区域淤积机理，寻求有效、合理的拦沙排沙工程及调度措施。开展过闸船舶吃水深度自动检测系统研究，保障船舶大型化和低水位状态下通航安全高效。组织编制里下河湖泊电子书，开发电子书App，实现湖泊管护信息化、智慧化。

【安全生产】 2023年，江苏省泰州引江河管理处研究部署安全生产工作，定期开展安全生产形势分析、安全教育培训和安全监督检查。完善《安全生产责任制》等8项安全生产管理制度，修订2项综合预案、20项专项预案、8项现场处置方案，建立10项管理安全规范。管理处领导带队检查9次，管理处安委会组织检查16次，各工程管理单位开展自查32次，排查出一般安全隐患104个，全部整治完成。开展“生命至上　隐患必除”消防专项整治等6项专项整治。组织职工参加“水安将军”、网络知识竞赛、应急演练成果展评等活动，被省安委会评为2023年安全生产月活动先进单位。

（王昕炜　万　静）

乡村振兴

综　述

【概况】 2023年，泰州医药高新区（高港区）出台《农民收入十年倍增计划行动方案》，推进就业富民、创业富民、产业富民、发展富民，持续加大政策支持力度，构建农民收入持续较快增长长效机制。全区农村居民人均可支配收入3.32万元，比上年增长8.2%。完成2022年市级乡村振兴重点帮促村集体经济发展3个项目的建设任务及资金拨付；上争2023年度市级乡村振兴重点帮促村集体经济发展项目4个，上争2023年省级发展新型农村集体经济项目3个，上争2023年市级扶持新型农村集体经济发展项目3个。规范适度规模经营，全区示范家庭农场占比40%、农民合作社示范社占比32%。口岸街道徐庄村、野徐镇仲联社区被认定为省级乡村振兴示范村。（桂　婷）

【数字农业农村建设】 2023年，全区新增省级数字农业农村基地1个，为泰州高港牧原农牧有限公司；市级数字农业农村基地4个，分别为泰州正大饲料有限公司、泰州市荣泰水产有限公司、江苏维清源农业科技有限公司、泰州垄上行生态农业有限公司。上争省级财政资金27万元，建设区级农业物联网平台，选取具备物联网应用基础的主体13个，配套安装数据采集设备61套及土壤墒情设备16套，并全部接入省物联网平台。（李　丹）

【乡村公益医疗试点】 2023年，区乡村振兴局印发《泰州医药高新区（高港区）深化乡村医疗互助试点工作实施方案》，新增明珠街道、野徐镇开展乡村医疗互助项目试点。试点镇街所辖行政村参与试点占比100%，试点村农户参与率达71.4%，共筹资840.4万元。至年末，全区累计补助1803人次，补助金额237.8万元。（曹丹丹）

【乡村治理模式创新】 2023年，泰州医药高新区（高港区）深化农村基层组织建设，全面强化清单制、积分制运用力度。开展积分制志愿服务活动，实施志愿积分兑换与人居环境整治、文明创建、社区治理事务等有效衔接。全区使用清单制、积分制村（社区）覆盖率达100%。口岸街道《党建引领做实网格治理　法治护航打造善治乡村》入选第三批全省乡村治理典型案例。（桂　婷）

【金融服务乡村振兴】 2023年，泰州医药高新区（高港区）印发《深化“泰惠农·金融服务乡村振兴”专项行动工作方案》，加快推进政策入村、实惠到户。动态更新金融支持新型农业经营主体名录库，纳入名录库主体320个，对11个符合条件的农业设施主体颁发农业设施证书并授予授信证书。与辖区内农业银行、邮储银行、人保公司等金融机构签约合作协议。举办“金融助村惠民　‘贷动’乡村振兴”高新高港金融服务乡村振兴暨授信签约仪式，签约授信总额45.7亿元，其中整村授信30亿元。全区开展各类金融惠农服务活动28场，发放涉农贷款34.3亿元。（桂　婷）

【返贫致贫风险防控】 2023年，泰州医药高新区（高港区）强化防贫预警动态监测，做好相关部门数据比对与信息共享，组织镇街、村（社区）每月开展排查，全区无人员被列为防贫预警对象。全面实施防贫综合保障保险，财政投入99.03万元，将集中认定的农村低收入人口家庭及动态监测新增对象3001人纳入保障，实施人身（健康）、财产保险和基金救助等。全区防贫综合险理赔3828人次、115.57万元。（曹丹丹）

农村经济

【农村集体经济发展】 2023年，泰州医药高新区（高港区）印发《新型农村集体经济发展典型案例汇编》,召开全区党建引领新型农村集体经济发展推进会,出台《泰州医药高新区(高港区)发展新型农村集体经济的若干措施》,激励村集体经济发展壮大。口岸街道徐庄村被列为2023年全市村级集体经济发展十佳典型案例。全区农村集体经济总收入3.65亿元,村平均289.88万元。其中,集体经济总收入50万元~200万元的村(社区)54个,200万元~500万元的村(社区)56个,500万元~1000万元的村(社区)15个,1000万元以上的村(社区)1个。全区村集体经营性收入1.84亿元,比上年增长17.2%。

【农村"一事一议"财政奖补项目】 2023年,泰州医药高新区(高港区)落实村级公益事业"一事一议"财政奖补政策,立项实施"一事一议"财政奖补项目35个。项目主要用于道路建设、路灯亮化工程,提升通组路硬质化水平和农村人居环境水平,向重点帮促村基础设施建设倾斜,总投资1076.34万元。其中,省、市奖补资金746万元,区级补助61万元,"一事一议"筹集资金47.63万元,村集体配套资金221.71万元。(于 辉)

【农村集体"三资"管理】 2023年,区农业农村局推广使用省"苏智农经"平台,提升农村集体"三资"管理数字化监管与服务水平。启用江苏省农村集体经济组织内部结算凭证电子票据,全面清理纸质结算票据。组织开展全区农村集体资产监管提质增效行动。全区农村集体资产总额44.66亿元。其中,流动资产26.61亿元,农业资产1395.06万元,长期资产6.12亿元,固定资产11.79亿元,其他资产22.41万元。

【农村集体资产资源交易】 2023年,区农业农村局推进区农村产权交易市场建设,出台《泰州医药高新区(高港区)农村集体资产资源交易暨合同管理指导性意见》,规范流转交易。全区产权交易项目1132个,其中线上交易245个,产权交易成交总金额1.25亿元,完成土地类交易645.4公顷,其他交易面积12.3公顷。(白红果)

2023年10月8日,中国农民丰收节泰州医药高新区(高港区)主场活动暨首届刁铺(万庄)羊肉节启动仪式在刁铺街道万庄社区举行

区党工委(区委)宣传和统战部 供图

【休闲农业】 2023年,全区休闲农业综合收入2.92亿元,游客接待量127.55万人次。以"春观花""夏纳凉""秋采摘""冬农趣"为主题推荐休闲农业和乡村旅游精品景点7个,先后举办2023"苏韵乡情"乡村休闲旅游农业(高新高港)推介之维清源葡萄品鉴活动、2023中国农民丰收节泰州医药高新区(高港区)主场活动暨首届刁铺(万庄)羊肉节、"回馈母亲河长江放流"、"大马荷花节"等乡村休闲旅游活动。(刘 姗)

【新型农业经营主体培育】 2023年,全区录入家庭农场名录系统273个(含大户)。培育各级示范家庭农场109个。其中,省级示范家庭农场23个,市级示范家庭农场48个,区级示范家庭农场38个。全区经工商注册的农民专业合作社150个(不含资金互助合作社),农民专业合作社示范社49个。其中,省级示范社6个,市级示范社15个,区级示范社28个。

【家庭农场建设】 2023年,泰州医药高新区(高港区)推行家庭农场"三簿"制度及"家庭农场随手记"App。新增省级"百佳家庭农场"3个(泰州市高港区润翔家庭农场、泰州市高港区富民家庭农场、泰州市高港区北全家庭农场),入选省、市级家庭农场典型案例各1例(均为泰州凤栖湖农场)。(桂 婷)

【富民强村帮促行动】 2023年,全区清减乡村振兴重点帮促村集体经营性收入50万元以下村13个。新增入选市级消费帮促产品名录60个。白马镇成功申报2023年度革命老区相对薄弱乡镇振兴发展补助资金项目,共获补助资金200万元。寺巷街道新港社区、口岸街道雅儒村、口岸街道东南社区、胡庄镇戴陈村成功申报2023年度市级财政资金扶持重点帮促村集体经济发展项目,共获240万元财政奖补。认定高港区秀云家庭农场等16个经营主体为就业帮促基地、帮促车间。(曹丹丹)

农村改革

【第二轮土地承包到期后再延长三十年试点】 2023年，泰州医药高新区（高港区）完成第二轮土地承包到期后再延长三十年试点，3个试点村73个组2588户延包土地398.2公顷。总结先行先试试点经验，形成“一二三四”试点推广模式，被省农业农村厅以简报形式刊发。申报扩大延包试点范围，获批全国整区延包试点后，组织召开整区试点工作动员、业务培训、专题推进等会议，建立周报工作制度，指导镇（街道）、村（社区）按延包程序推进试点。及时跟进延包工作进度，指导使用农村土地承包合同电子网签平台，调处承包经营权矛盾纠纷，维护农民承包合法权益。

延伸阅读：“一二三四”试点推介模式

一、开展“一对一”模式，形成分析闭环

区农业农村局联合专家团队及时研讨分析，在调查摸底后形成风险评估方案，在户代表讨论会议后形成案例分析。对全程工作监督把控，找出试点痛点、难点，为后期签订延包合同做足论证，已完成口岸街道张马社区12组、大泗镇杨营村1组、胡庄镇史庄村9组各项风险评估、案例分析等报告。在每个村组二轮延包试点方案制定前，联合南京农业大学专家团队进行详细的摸底调查情况。具体包括：1.以第二轮承包地基本情况为基础，对1994年的底册数据进行详细整理，并以尊重历史、兼顾现实、群众认可为原则，整理公示。2.核对农村土地确权登记颁证数据信息，与当前二轮承包现状进行对比，反向倒查现状客观实际，做到承包数据知底数、明细数、懂变数。3.对家庭成员现状变化、农户消亡以及有关矛盾情况等进行摸排和数据整理。4.在户代表会议召开之前，区农业农村局分管负责人和第三方专家团队为村组提供政策咨询服务，村组干部对关于土地延包的有关政策进行深入学习和了解，准确把握土地延包长久不变的政策内涵。村组工作人员针对村组的实际情况进行详细的研究，对于时间久远、发生变化较大的农户，通过请教村组老干部等形式，摸清现实状况，对特殊情况实现“一户一策”。

二、灵活“二次分配”，探索处置经验

在没有无田户、人均面积较集中或无要田情况下，村集体收回的消亡户土地以“动态确利、有偿使用”或“取消延包保留权益”等方式再分配，既解决分配消亡户土地带来的潜在矛盾，又能够根据集体经济组织成员数照顾到家庭中人口较多的农户。为照顾少地无地农户、“外嫁女”等需重点关注的农户，创新“动态确利、有偿使用”机制，具体的工作方案为：收回的消亡户土地归集体统一管理，不再进行土地重新分包到户。根据集体经济组织成员情况动态确利后分红。对收回土地中已流转的部分，计算出土地流转部分的实际收益总金额，再根据村组实际集体经济组织成员数，向村组每户分红。对于收回土地未流转的部分，收回已播种作物，成熟期收获后不再进行种植。本组成员若想要进行耕种，每年最低缴纳租金100元/亩，村集体收取租金后，按已流转部分的分配标准再次进行人员分红。为保证进城落户农户的权益，试点村组创新提出“取消延包保留权益”机制，即村集体保护进城落户农户的权益，村集体将土地（先前其父母承包）的经营权无偿流转给进城落户农户，但不予签订延包合同。进城落户农户可以选择是否获得经营权，并且村组保留。农户一旦再次选择返乡时，重新获得承包权，续签延包合同。即对其父母户的土地收回后，不予重新分配，不予延包，只给予土地经营权的免费流转。

三、运用“三步四法”，建立工作机制

结合试点村试点组实施情况，初步总结出“三步走”工作程序，即调查摸底、民主讨论、签订合同。“四个一”工作方法，即一村一专班，每村要建立工作队伍；一组一方案，每组要有具体延包方案；一户一档案，每户要有一户一档资料；一地一张图，每块地要有对应承包户、面积。利用“三步走”和“四个一”的工作机制，确保延包试点工作程序规范透明。具体可提供借鉴的工作步骤为：第一，选举产生延包工作领导小组，组织开展情况摸底调查。第二，公布调查资料，收集农户的意见建议。由组长对土地延包试点工作的有关政策进行解读，尤其是针对与村组农户实际情况有关的政策，向农户进行解读。第三，召开户代表会议，讨论修订并通过延包试点实施方案和分配方案。严格遵守会议议程规范，确保农户应到尽到，对不能出席的农户需由其他农户持有委托书出席，并参与表决。第四，依据方案实施延包工作，张榜公布实施结果。会议结束后签订土地承包合同，完善确权证书，整理“一户一档”等档案资料并存档。

【宅基地管理】 2023年，泰州医药高新区（高港区）加强农村宅基地管理，合理利用农村集体土地，对2023年土地利用计划需求开展摸底，及时向区自然资源和规划分局反馈宅基地用地需求。印发宅基地政策知识，宣传宅基地申请审批流程，做好宅基地法规政策宣传月活动。由点及面推广改革经验，结合乡村特色，拓展闲置农房和宅基地盘活利用新路径。口岸街道引江社区投入2200余万元，对房屋进行集中改造、装修，打造集餐饮、娱乐、休闲于一体的民俗特色产业商业街。胡庄镇史庄村盘活利用村部周边农房建设“红色展馆”及“祥泰书吧”，传承并发扬红色文化。

【农村土地“三权分置”改革】 2023年，泰州医药高新区（高港区）落实农村土地所有权、承包权、经营权“三权分置”要求，宣传《江苏省农村土地经营权流转管理办法》，规范农村土地流转程序，加强工商资本流转前审查。指导各镇街正常运转农村土地流转交易服务中心，加强业务指导和协调，落实土地流转合同登记、备案、鉴证等制度。要求村级配备农村土地流转信息员，为流转双方提供规范流转合同文本和业务咨询。土地流转经营面积9266.67公顷，适度规模经营比重为90%。 （桂　婷）

镇村建设

【概况】 至2023年年末，泰州医药高新区（高港区）有建制镇5个、行政村53个、自然村145个。镇村常住人口11.31万人。建制镇建成区面积183.1平方千米。

【农村危房改造】 2023年，全区完成农村危房改造5户。其中，修缮加固3户，翻建新建2户。拨付危房改造资金9.85万元。

【农村生活污水治理】 2023年，泰州医药高新区（高港区）完成村庄生活污水治理工程项目一、二期工程建设。运维情况：一期项目处于运营期，整体运维情况平稳，设施正常运行率保持在95%以上，出水水质达标率100%；二期覆盖8个镇街、34个行政村、43个自然村，建成污水管网338千米、提升泵站177座、就地处理站26座，接户9948户。

【特色田园乡村建设】 2023年，全区特色田园乡村建设工作聚焦基础设施完善和环境面貌提升，将乡村特色资源与村民实际需求相结合。许庄街道乔杨社区乔杨和胡庄镇宗林村肖林创成省级特色田园乡村，获得省级特色田园乡村创建奖补资金共450万元；胡庄镇史庄村和凤凰街道梅兴社区创成市级特色田园乡村，共获得市级特色田园乡村创建奖补资金205万元。

乔杨社区乔杨创成省级特色田园乡村　许庄街道乔杨社区打造绳索主题景观，通过多媒体对乔杨绳编产品进行宣传。挖掘本村的特色种植产业，运用生态环保技术培育绿色有机草莓、油桃、水蜜桃、葡萄等。盘活闲置农房，打造民宿、绳编展览馆，发展农家乐。7月，乔杨社区乔杨创成省级特色田园乡村（第十一批次）。

宗林村肖林创成省级特色田园乡村　胡庄镇宗林村依托特色产业、农耕文化、自然资源，发展休闲农业，实现农业与旅游、文化、教育、康养等产业融合发展。出台发展农业农村电商的政策措施，部分品牌入选省级以上农产品品牌目录，创成市级电商平台1个。以河蟹养殖、花卉苗木种植等产业为主导，以乡村工业、乡村旅游等产业为特色，构建“龙头企业+农民合作社+家庭农场+农户”的产业化体系，打造集餐饮、旅游、垂钓于一体的生态农业观光线路。12月，宗林村肖林创成省级特色田园乡村（第十二批次）。

（朱海明）

【农村人居环境整治】 2023年，泰州医药高新区（高港区）实施村庄的生活污水治理项目16个，改造农村户厕251座，打造精致高新示范村居10个。

村庄清洁行动　新购置生活垃圾收集设施6045个，清理农村生活垃圾4.81万吨、建筑垃圾0.51万吨、农业生产废弃物0.57万吨，排查河道问题清单300余件，清理水面堤岸垃圾1400余吨、阻水障碍物60余处，清理河坡杂物520千米，村庄环境长效管护率达100%。

（吉跃辉）

农村“厕所革命”　完成年度农村户厕改造任务251座。其中，新建改造233座，改造达标18座。

（高　鹏）

精致高新示范村居建设　持续推进农村人居环境整治提升暨精致高新示范村居创建三年行动，打造精致高新示范村居10个（野徐镇唐家社区、口岸街道徐庄村、刁铺街道万庄社区、大泗镇二陈村、大泗镇

许庄街道乔杨社区　　区住房城乡建设局　供图

胡庄镇宗林村福云广场　　　　区住房城乡建设局　供图

佴庄村、胡庄镇戴陈村、口岸街道雅儒村、许庄街道管营村、明珠街道城南社区、永安洲镇上桥社区）。

（于　辉）

【农村生态河道建设】 2023年，泰州医药高新区（高港区）完成农村生态河道建设22.83千米；投资1240万元，开展高港灌区增做工程建设，整治河道2.99千米，拆建方涵、圆涵各1座；投资399万元，开展中央财政重点县工程建设，整治河道1.17千米，新建引水涵洞140米；投资195万元，实施电灌站维修改造8座，拆迁渠道2020米。

（钱伟明）

【农村公路建设】 2023年，全区完成农村公路建设，共投资3500万元。完成农村公路建设道路项目12个，完工里程8.9千米。泰州医药高新区（高港区）农村公路县道总体优良率达99.15%，高于省、市要求14.15个百分点；乡村道总体优良率达91.5%，高于省、市要求11.5个百分点。

【农村交通安全】 2023年，全区完成农村公路道路（特别是校车通行路段）维修约8000平方米，维修桥梁64座、排水设施73套，更新轮廓标21根、信号灯4套、标线3000平方米，增补、修复防撞护栏6千米。总投资约2000万元，其中争取属地配套资金1600余万元。

（魏　晶）

老区建设与帮扶开发

【概况】 2023年，高港区扶贫基金会、扶贫开发协会分别更名为区乡村发展基金会和乡村发展协会，与区老区经济建设会合称区“三会”。区“三会”新增扶贫基金270万元，各镇街分会新增慈善互助会资金396万元。获批省公募项目16个，完成慈善公募捐款45.67万元。发放“双百工程”助学助困资金38.35万元，全区115名困难学生和211户困难家庭接受资助。形成各类调研宣传文章26篇，其中获各级领导批示8篇。实施各类产业帮扶项目8个，带动110名低收入农户就近就业。

【扶贫资金募集与发放】 2023年，区“三会”共征集申报公募项目16个，在省乡村发展基金会募捐系统线上运行。完成慈善公募捐款45.67万元。持续实施“双百工程”，帮扶困难学生115人，发放帮扶资金17.25万元；帮扶困难户211人，发放帮扶资金21.1万元。实施项目开发8个，安排低收入劳动力就业110人。

【乡村振兴调研】 2023年，区“三会”系统共有乡村振兴联系点12个，其中区本级2个，合理划拨帮扶资金给予支持。区“三会”系统形成《发展集体经济　推进乡村振兴》《胡庄镇刘元村集体经济的调查和研究》《切实帮扶济困　助力乡村振兴》《人才振兴是产业振兴的关键》《革命老区展新颜　踔厉奋发新时代》等调研、宣传文章26篇，其中，18篇在中国老区网等媒体上发表，8篇得到上级领导批示。

【红色资源挖掘】 2023年，区“三会”出版发行《红色印记：泰州医药高新区（高港区）红色资源史料集》，文字35万字，图片160余幅。组织开展老区精神时代价值专题调研，形成《滨江港城　砥砺前行》调研报告，获省“三会”优胜奖。

（区老建会）

生态环境

环境质量

【空气环境质量】 2023年，泰州医药高新区（高港区）空气环境质量优106天，良好183天，轻度污染63天，中度污染11天，重度污染2天。空气质量优良率为79.2%。污染天气中，细颗粒物（$PM_{2.5}$）有21天超标，可吸入颗粒物（PM_{10}）有7天超标，臭氧（O_3）有47天超标。

二氧化硫（SO_2） 全区平均浓度为9微克/立方米，较2022年上升12.5%，达到国家二级标准。

二氧化氮（NO_2） 全区平均浓度为26微克/立方米，较2022年上升13%，达到国家二级标准。

可吸入颗粒物（PM_{10}） 全区平均浓度为55微克/立方米，较2022年上升1.9%，达到国家二级标准。

细颗粒物（$PM_{2.5}$） 全区平均浓度为33.1微克/立方米，比2022年上升4.7%，达到国家二级标准。

一氧化碳（CO） 全区平均浓度为1毫克/立方米，与2022年持平，达到国家二级标准。

臭氧（O_3） 全区平均浓度为171微克/立方米，较2022年下降1.2%，达到国家二级标准。

【水环境质量】 饮用水源地 2023年，泰州市长江永安洲永正水源地、泰州市引江河杜庄应急水源地水质达标率、覆盖率均为100%。

地表水 全区4个地表水监测断面（南官河祥和大桥、泰州引江河高港大桥、南官河口岸闸、古马干河马甸闸西）水质保持优于Ⅲ类，达到100%的高质量发展考核要求。

【生态环境质量】 依据《生态环境状况评价技术规范》（HJ 192—2015），2023年全区生态环境质量指数为62.19，处于良好状态。

（季 勇 胡志全）

天德湖春色 时 永 摄

生态资源保护

·综　述·

【生态文明建设示范创建】 2023年，泰州医药高新区（高港区）创成第七批国家级生态文明建设示范区。入选国家环境健康管理试点。启动全省首个规范性沿江生物多样性观测站——春江湿地—凤栖湖观测站。泰州市第三高级中学入选首批江苏省国际生态学校示范校，许庄街道蔡庄村生态文明教育实践基地入选全市首批生态文明教育实践基地。扬子江药业集团有限公司、扬子江药业集团江苏龙凤堂中药有限公司、国家能源集团泰州发电有限公司、江苏金迪克生物技术股份有限公司入选2023年江苏省“绿色发展领军企业”。（高竞明　胡志全）

【生态环境保护项目申报】 2023年，原高港区上争各类生态环境保护资金784万元。其中，省生态环境保护专项资金704万元（国家能源集团泰州发电有限公司的1号～4号锅炉深度调峰灵活性改造项目），市生态环境保护专项资金80万元（泰州市亚星塑业有限公司环保设施升级改造项目23万元，泰州众航船舶有限公司涂装房喷漆间有机废气治理改造项目37万元，泰州市金驰电力设备有限公司环保设施升级改造项目20万元）。原泰州医药高新区上争各类生态环境保护资金458万元。其中，中央大气污染防治资金392万元（江苏海阳锦纶新材料有限公司浸胶烟气处理装置环保升级节能改造项目），市生态环境保护专项资金66万元（江苏海阳锦纶新材料有限公司浸胶烟气处理装置环保升级节能改造项目51万元，泰州润江建设发展有限公司污水站废气处理改造项目15万元）。（高竞明　曹金丽）

·水资源保护·

【节水型社会建设】 2023年，泰州医药高新区（高港区）创成节水型企业5个［巨腾电子科技（泰州）有限公司、纬立资讯配件（泰州）有限公司、蓝思精密（泰州）有限公司（一园）、蓝思精密（泰州）有限公司（二园）、泰州新源电工器材有限公司（南厂）］、节水型学校1个（泰州市环溪小学）、节水型单位3个［泰州市人民医院（总院）、泰州国际大酒店有限公司、泰州市港城酒店有限公司］、节水型社区1个（华润社区华润国际花园一期）。完成扬子江药业集团江苏制药股份有限公司节水典型示范样板与水效领跑单位申报。创成省级节水型高校1个（南京中医药大学翰林学院）。华润雪花啤酒（泰州）有限公司获评江苏省第四批水效领跑者入围单位。完成13个企业用水审计，完成4个企业单位水平衡测试，计划用水户与重点监控用水户水平衡测试与用水审计基本覆盖。

【取水项目管理】 2023年，全区未新增取水项目，完成延续取水项目5个。其中，地下水用户4个，为泰州虹纬纺织有限公司、泰州市第一铝材厂有限公司、泰州市巾被厂有限公司、华润雪花啤酒（泰州）有限公司；地表水用户1个，为江苏联美生物能源有限公司。非农自备水源企业均按月抄表计量，定期检查水表运行情况。对自备水源企业建立一证、一表、一卡、一牌管理的“四个一”管理制度，按月抄表存档。水资源费做到应收尽收。（刘　虎）

【水土保持监管】 2023年，泰州医药高新区（高港区）对照水利部、省水利厅下发的图斑信息，组织开展现场核查、认定和查处工作。通过发放宣传手册、限期整改通知书和提醒函等方式，要求生产建设单位编制水土保持方案报告，落实水土保持措施，依法办理水土保持行政许可手续，按时缴纳水土保持补偿费，开展水土保持监测、监理、设施自主验收等工作。全年共完成水土保持行政许可项目39个，缴纳水土保持补偿费89.35万元。组织开展水土保持日常监督检查10次，检查生产建设项目39个、水土保持设施自主验收报备项目30个。开展水土保持普法宣传20余次，发放《生产建设项目水土保持义务告知书》200余份。（蔡修青）

天禄湖晨色　　朱素平　摄

【河长制工作】2023年，全区314名河长累计巡河8400余次，解决相关突出问题300余件。梳理河湖存在问题，编制骨干河道的问题清单、项目清单、责任清单。根据《泰州医药高新区（高港区）幸福河湖建设实施方案（2021—2035年）》，各镇街按照河道自然禀赋及基础条件，共建成33条幸福河湖。严格执行《泰州医药高新区（高港区）河道长效管理实施意见》，增加河坡绿化养护补助资金，投入河道长效管护和绿化养护经费900余万元。制定《泰州医药高新区（高港区）2023年度河湖长制工作考核细则（镇街）》，不定期对全区各类河道专项整治和长效管理等情况进行明察暗访，对涉河问题整改不彻底、管护不到位的镇街下发督办单29份、交办单12份。采取交叉互查的方式，季度开展河长制工作和河道长效管理专项督查。

【幸福河湖建设】2023年，区农业农村局制定《泰州医药高新区（高港区）2023年幸福河湖建设任务》。投入约1亿元，完成长江、天德湖、宣堡港等33条幸福河湖建设任务。其中，农村河道25条，城市建成区河道5条，骨干河道2条，湖泊1个。长江高港段、天德湖获评市级“十佳”幸福河湖，宣堡港、马厂中沟获评市级“五星”幸福河湖，共获市级奖补资金50万元。

（滕智超）

【水政执法】2023年，区水政监察大队开展执法巡查194次。其中，专项执法检查3次，江上联合巡查86次，跨部门、跨区域联合执法巡查11次。发现问题线索4条，推动整改4条；接受平台、其他部门、业务处室转办问题线索3条，推动整改3条；下发案件线索移送函3份、责令停止违法行为通知书2份、限期改正违法行为通知书1份、防汛清障通知书2份。（潘峰）

·土地资源保护·

【耕地保护】2023年，区自然资源和规划分局严格执行耕地保护政策，将坚决守住耕地保护红线、严格执行耕地保护政策规定和全面落实耕地保护任务纳入区委、区政府与各镇街签订的2023年耕地保护和粮食安全责任书中。将耕地保护任务、永久基本农田保护任务、严控耕地“非粮化”“非农化”、落实耕地“进出平衡”和补充耕地后期监管等工作作为对镇街的考核内容，并开展年度耕地保护激励镇、村的评价。在保障地区经济社会发展、落实乡村振兴要求的基础上，编制《泰州医药高新区（高港区）2023年耕地“进出平衡”总体方案》，保障农村基础设施和农业项目用地共34个，项目用地面积9.17公顷，其中耕地“转出”面积6.33公顷，耕地“转进”面积13.15公顷。

【土地资源执法监管】2023年，区自然资源和规划分局高效开展卫片执法核查，全年完成自然资源部下发的卫片图斑393个（面积343.32公顷，耕地179.58公顷，永久基本农田4.89公顷）和省级“日监测”图斑117个（面积49.45公顷，耕地25.47公顷，永久基本农田5.05公顷）的核查工作。全年自然资源督察发现问题共10宗，面积3.25公顷，耕地2.97公顷。全年查处土地案件2宗，面积3.22公顷（耕地0.47公顷）。

（常栋 姜峰）

·森林与湿地资源保护·

【概况】2023年，泰州医药高新区（高港区）新增造林面积16.47公顷，完成森林抚育面积133.33公顷，新建及完善农田林网面积998.6公顷。全区林木覆盖率26.95%。凤凰街道秦蒋社区、白马镇陈家村、大泗镇大马村、胡庄镇史庄村、野徐镇永新社区实施省级绿美村庄211提升工程。

【森林督察】2023年，区自然资源和规划分局对国家林草局下发的53个图斑进行核准，提出处置建议，提交自查报告。加强中幼林抚育和退化林修复，开展割灌、除草、修枝、施肥、涂白等森林抚育经营工作。

【林业安全】2023年，区自然资源和规划分局落实第三方对美国白蛾进行监测防控，根据监测情况划定美国白蛾治理范围，确定治理面积，防治面积179.87公顷。会同区应急管理局、高港区消防救援大队开展隐患检查。加强森林防火宣传教育和野外火源管控宣讲，配合区森林防灭火指挥部开展森林防火主题活动。

【林地和林木采伐管理】2023年，区自然资源和规划分局严格执行限额采伐、凭证采伐制度，批准林木采伐6.87公顷，其中建设项目使用林地6.12公顷。

【湿地保护修复】2023年，泰州医药高新区（高港区）对胡庄镇海潮中沟进行湿地修复，完成修复面积7公顷。研究制定长江湿地滨江段湿地保护小区建设方案，通过专家评审，湿地建设总面积496.83公顷。

（毛春帮）

·渔业资源保护·

【长江禁捕】2023年，泰州医药高新区（高港区）开展长江禁捕宣传，在长江沿线、各镇街重点场所（地点）设置长江禁捕宣传横幅100余条、警示标牌10个，开展现场宣传活动3次。印发《关于贯彻落实〈江苏省长江禁捕网格化管理体系运行管理办法〉的通知》。口岸街道、永安洲镇、沿江街道及下辖沿江村

药城秋韵　　李明翰　摄

（社区）安排专人组成基础网格员队伍，开展长江禁捕巡查。区级开展联合执法行动4次，镇街开展禁捕巡查120余次，基础网格员开展禁捕巡查1000余次。落实退捕渔民生计保障，参保率、就业率实现100%。3月15日，泰州医药高新区（高港区）开展春季长江禁渔暨打击以长江刀鲚为重点的非法捕捞专项督查工作。（张　政）

【增殖放流】 5月20日，泰州医药高新区（高港区）在永安渔政海事码头开展2023年保护长江母亲河“健康江来”志愿放流活动，共放流暗纹东方鲀鱼苗约7万尾。（马荣刚）

节能减排

【污染物减排】 2023年，泰州医药高新区（高港区）持续加大污水管网敷设力度。全年化学需氧量减排544.22吨、氨氮减排50.02吨，全面完成市交主要污染物减排任务。

（季　勇　胡志全）

【工业企业节能减排】 2023年，泰州医药高新区（高港区）推动扬子江药业集团江苏海慈生物药业有限公司拆除淘汰生产线3条、设备293套；对泰州口岸船舶有限公司、泰州三福船舶工程有限公司等6个船舶修造（拆）企业开展环保排查整治。对33个企业开展散乱污整治检查工作，列入市级任务的2个企业完成整治、销号验收工作。实施节能和绿色改造项目21个，扬子江药业集团、扬子江药业集团江苏龙凤堂中药有限公司、江苏平高泰事达电气有限公司创成省级绿色工厂；针对铸造、船舶和建材等重点行业年用电超过500万千瓦时的企业开展节能管理专项行动。全年完成节能监测3个，能源审计2个，能源管理体系认可、认证2个。（李　阳）

【公共机构节能】 2023年，区机关事务服务中心开展节约型公共机构示范单位创建、全国节能宣传周系列宣传活动、合同能源管理摸底调研，加强对生活垃圾分类、机关食堂制止餐饮浪费等工作的指导监督。全国节能宣传周期间，利用区政府网络平台、各公共机构电子显示屏、大厅和电梯口多媒体宣传平台等播放节能宣传视频、动画和标语，共张贴节能宣传画250张、标识牌100张，发放宣传画册200张、环保宣传购物袋100只，完善垃圾分类设施50余套。组织各单位开展节能低碳示范单位创建，区农业农村局创成江苏省公共机构节能低碳示范单位。组织开展线上培训，完善公共机构基础信息，确保上报能耗数据真实准确。推进党政机关垃圾分类工作，对区属办公楼垃圾分类情况进行检查监督，按要求落实垃圾分类。全区公共机构单位建筑面积能耗和人均综合能耗逐年下降。（朱　慧）

环境污染防治

【水污染防治】 2023年，泰州医药高新区（高港区）全面核算污水处理厂、工业企业、畜禽养殖户排放废水中主要污染物收集量，评估区域主要水污染物收集处理能力及处理量缺口。实施祥龙家园等2个小区综合整治改造工程。开展涉氟企业排查，完成全区工业废水接入城镇污水处理厂评估报告，编制实施全区工业废水与生活污水分类收集分质处理实施方案。深入推进淮河流域入河（湖）排污口排查整治，全面完成排查工作，共确认排口403个，已完成129个排口整治。全年完成9条农村黑臭水体排查整治；完成农村生活污水治理行政村50个，农村生活污水治理率达45.9%。

【大气污染防治】 2023年，泰州医药高新区（高港区）实施并完成大气污染防治工程44项。其中，产业结构调整项目5项，挥发性有机物源头替代项目1项，挥发性有机物综合治理项目11项，挥发性有机物无组织废气治理项目4项，生物质锅炉综合治理项目18项，煤电机组深度脱硝改造项目4项，重点行业绿色改造项目1项。每日对王营国控站点、泰州市留学生创业园国控站点、周山河街区国控站点3千米范围内各类大气污染源进行动态巡查管理，发现问题及时交办并督促整改。“五一”、国庆期间，对国控站点周边大气扬尘源交办件整改情况逐个核查，并督促整改。制定《泰州医药高新区（高港区）国控站点周边各类污染源管控责任清单》《泰州医药高新区（高港区）空气质量异常预警和应急管控方案》。至年末，泰州医药高新区（高港区）$PM_{2.5}$平均浓度为33.1微克/立方米，绝对值和改善幅度在泰州市排名均为第二。

（季　勇　胡志全）

【土壤污染防治】 2023年，泰州医药高新区（高港区）完成5个土壤污染重点监管单位土壤及地下水周边监督性监测，6个在产涉重企业季度排查，2个单位重金属减排计划，15个高风险遗留地块现状排查及风险管控情况报告。组织“两公一住”用地土壤污染状况调查评审18次。加强地下水污染防治，落实泰州市地下水试验区建设涉及泰州医药高新区（高港区）的各项工作任务。

（宋秉法　林媛媛）

【危险废物污染防治】 2023年，泰州医药高新区（高港区）新增危险废物跨省转移审批4项，全部报市生态环境局审批通过。完成5个危废经营单位、23个重点产废单位危险废物环境管理培训，开展危废集中收集宣传培训5场次。完成30个企业危险废物规范化管理评估现场检查。组织500余个企业开展统计调查，涉及新化学物质调查清单企业70个。组织涉辐射企业完成国家核技术利用辐射安全监管系统信息补充完善工作。完成区级“无废城市”实施方案并通过评审。完成滨江工业园区“无废园区”实施方案并通过评审。建成小微企业危险废物集中收集贮存中心1个。

（宋秉法　戴　婕）

【农业面源污染防治】 秸秆综合利用 2023年，全区产生秸秆总量13.5万吨。其中，小麦5.2万吨，水稻5.6万吨，其他农作物（油菜、大麦、花生、玉米、豆类等）2.7万吨。小麦、水稻秸秆基本实现全量化还田，其他农作物收集利用量2.22万吨，全区秸秆机械化还田率98.14%。全年秸秆综合利用奖补资金180.4万元。

（朱　佳）

化肥农药减量增效 全区药肥施用量较上年分别减少0.7%和0.72%。在全区12个镇街设置农药使用监测点27个、肥料使用监测点75个。组织监测点、调查员业务培训会议，开展药肥监测记录互查。在胡庄镇、许庄街道、野徐镇共建立水稻绿色高质高效示范片4个，在永安洲镇建立水稻绿色防控基地1个，在胡庄镇建立化肥减量增效示范区2个。

（施菊琴）

畜禽养殖污染整治 深入推进畜禽粪污资源化利用巩固提升行动，开展调查摸底，建立畜禽粪污资源化利用整治提升清单，加强现场技术指导。开展台账记录规范化示范场创建，指导养殖场制定粪污处理计划，建立粪污处理台账，确保粪污去向可追溯。开展畜禽粪污资源化利用问题排查整治攻坚行动，对辖区内养殖场粪污资源化利用情况进行摸排，建立问题清单，并落实整改措施。开展常态化巡查指导，指导养殖场因地制宜推广种养结合就地利用、集中处理协作消纳等粪污资源化利用模式，规范粪污处理，加强粪污综合利用。全区畜禽粪污综合利用率100%。

（曹德桂）

渔业绿色生态发展 开展池塘养殖尾水排放标准宣传教育活动，完成池塘标准化改造及尾水治理36.2公顷。建立用药减量示范基地4个，配合饲料替代幼杂鱼行动示范基地2个，尾水治理模式推广行动示范基地1个。

（张　政）

【向环境污染宣战专项行动】 2023年，泰州医药高新区（高港区）向环境污染宣战指挥部召开打好污染防治攻坚战推进会议，统筹推进全区污染防治工作，执行“党政同责、一岗双责”。定期组织召开向环境污染宣战指挥部会议，下发《关于印发泰州医药高新区（高港区）2023年度深入打好污染防治攻坚战目标任务书的通知》，制定2023年向环境污染宣战目标任务分解表。继续执行深入打好污染防治攻坚战考核考评办法，细化分解工作任务至每个季度，对八大类54项考核指标，及时组织各园区、镇街及生态环境、住建等相关部门进行督查和“回头看”。全年下发督办函18件，曝光环境问题2个。

【排污许可证核发与登记】 2023年，泰州医药高新区（高港区）落实排污许可制，常态化开展排污许可技术帮扶。强化排污许可证执行报告及质量核查，提升环境管理水平。

针对企业排污许可证执行报告填报率低的问题，组织排污许可专项培训，解决企业对法律法规和相关政策不知、不清等问题。全年核发排污许可证227个，其中重点管理90个、简化管理137个，共登记管理2398个。完成121个减排项目申报。（郭建飞　聂　莉）

环境监督管理

【环境执法检查】 2023年，泰州医药高新区生态环境分局出动执法人员986人次，检查企业493个次，形成标准执法记录493条，快捷留痕107条。立案查处环境违法案件94件，下发行政处罚决定书34件，共处罚款368.1万元，运用环境保护法配套办法查处移送行政拘留环境违法案件10件。对辖区内48个企业开展“双随机”执法检查。其中，重点排污单位24个，一般排污单位24个。（尤俊杰）

高港生态环境局出动执法人员757人次，检查企业375个次，形成标准执法记录359条，快捷留痕16条。立案查处环境违法案件40件，下发行政处罚决定书15件，共处罚款167.59万元，运用环境保护法配套办法查处移送行政拘留环境违法案件1件。对辖区内87个企业开展“双随机”执法检查。其中，重点排污单位59个，一般排污单位28个。（朱子锦）

【环境应急管理】 2023年，泰州医药高新区生态环境分局完成突发环境事件应急预案备案企业58个。其中，重大风险级别4个，较大风险级别8个，一般风险级别46个。完成蓝思精密（泰州）有限公司、巨腾电子科技（泰州）有限公司三级防控现状评估和6个重大环境风险企业环境应急预案“一张图”上墙工作。联合交通运输、海事及消防等部门在化学新材料产业园区海泰码头联合开展应急演练。（尤俊杰）

高港生态环境局完成突发环境事件应急预案备案企业85个。其中，重大风险级别3个，较大风险级别20个，一般风险级别62个。完成江苏海企化工仓储股份有限公司三级防控现状评估和10个重大环境风险企业环境应急预案“一张图”上墙工作。参与在泰州永安港华燃气有限公司开展的2023年“祥泰行动”燃气领域应急救援演练和在江苏海企化工仓储股份有限公司开展的2023年泰州市特种设备事故应急演练。（朱子锦）

【生态环境问题专项督查】 2023年，第二轮省生态环境保护例行督察期间，共交办泰州医药高新区生态环境分局环境信访件24件。其中，重点信访件2件，一般信访件22件。针对交办信访件中涉嫌环境违法行为，立案查处相关企业4个，办结20件。建立24小时执法应急响应值班制度，持续开展夜间执法检查活动。对检查发现和上级交办的企业大气管理中存在问题，确保半小时响应到位。完成50个企业用电监控和42个污染源在线监控的安装联网工作。开展泰州医药高新区（高港区）“散乱污”企业整治工作。会同工科、行政审批、应急管理、市场监管等部门对铸造企业开展现场核查，督促环境污染企业停产整治。（尤俊杰）

2023年，第二轮省生态环境保护例行督察期间，共交办高港生态环境局环境信访件25件。其中，重点信访件2件，一般信访件23件，全部办结。建立预警分级响应机制，有效应对大气污染。建立24小时执法应急响应值班制度，持续开展夜间执法检查活动。对检查发现和上级交办的企业大气管理中存在问题，确保半小时响应到位。运用“大数据+铁脚板”精准执法，继续推动用电监控和污染源在线监控安装联网工作，实现应装尽装、应联尽联，共完成140个企业用电监控和41个污染源在线监控的安装联网工作。围绕全区铸造行业“散乱污”企业开展排查整治提升，会同工科、行政审批、应急管理、市场监管等部门对铸造企业开展现场核查，对列入“污”类的1个污染防治设施不到位企业依法查处，企业自行拆除中频炉，不再从事铸造生产。（朱子锦）

【生态环保宣传】 2023年，泰州医药高新区（高港区）举办“5·22”国际生物多样性日主题活动，邀请长江守护者、生态调查员等代表参加。举办2023年泰州市“六五环境日”主题活动。全年在《中国环境报》、《新华日报》、“交汇点”新闻等省级以上平台刊发报道15篇，在“泰州生态环境”“深入治污攻坚泰州在行动”等微信公众号刊发报道宣传，微电影《拨云见日》、专题片《瞧这一群人》分别获得全省2023年度治污攻坚宣传作品攻坚微电影类一等奖、攻坚人物专题片类二等奖。（曹金丽　袁维维）

【环保信访】 2023年，泰州医药高新区生态环境分局共收到各类信访件156件，比上年下降2%。其中，“12345”民生服务热线信访件118件，江苏省生态环境信访举报平台信访件6件，网络及微信来件31件，来信及来访件1件，全部办结。（尤俊杰）

高港生态环境局共收到各类信访件700件，比上年上升22.4%。其中，“12345”民生服务热线信访件650件，网络及微信来件32件，来信及来访件18件，全部办结。（朱子锦）

文化 体育

综 述

【概况】 2023年，泰州医药高新区（高港区）围绕社会主义新农村建设、法治、廉政等主题，开展群众文艺创作，共完成歌曲《潺潺盐运》《常到基层走一走》等30余个舞台艺术作品及50余幅书法美术作品，启动实施海军题材广播剧等精品文艺创作项目。组织文艺演出、艺术普及、戏曲进乡村、知识讲座等活动，服务群众440余万人次。发放“文化惠民券”资助演出金额220万元。组织“大江文化惠万家”等品牌文化活动。其中，“大江放歌”广场文艺演出12场，“苏演院线”大江剧院演出15场，大江艺术团基层巡演12场。

【文化产业】 2023年，泰州医药高新区（高港区）组织申报省、市现代服务业（文化）发展专项资金，“行吟泰州”文化助力乡村振兴、泰宝凤娃考考你——中华优秀传统文化传播及闯关答题平台、镜面高光艺术品开发等6个文旅项目，以及江苏乐彩印刷有限公司、江苏阳康医药科技服务推广有限公司、泰州市浩雅装饰材料有限公司获市级文化产业发展专项资金共84.5万元。江苏苏中印刷有限公司传统印刷全流程智能化改造项目获江苏省新闻出版扶持项目专项资金90万元。“梅郎故里戏剧娃娃”获评江苏省文创优秀案例。 （孙国星）

文化设施

【区美术馆（书画院）】 2023年，泰州医药高新区（高港区）美术馆（书画院）举办线下展览9场、线上展览10场、线上名师讲堂2场、巡展12次及公共文化公益培训讲座3次；新增馆藏作品14幅。《粉刷届的娘子军》入选“抱石风骨”——第二届中国画双年展，《我们永远是第一》入选第八届全国画院美术作品展，《老人像》参加“翰墨同呈”——泰州美术馆特聘馆员作品展，《旺旺》参加“丹青溢彩，翰墨飘香”——泰州市小幅美术作品展，《喜迎开海系列三》入选“伟大的征程”——宣传贯彻中共二十大精神美术作品主题展，《春到婺源》入选泰州市小幅美术作品展，《朝阳初升》入选江苏省第四届青年油画展，《梦想启程——雕花楼》入选首届江苏省新文艺青年骨干交流营暨第三届苏州青年艺术节，《逐梦青春》《春到婺源之一》《春到婺源之二》入选首届泰州青年文艺新星美术书法作品汇报展，《苏中小镇》入选全球华人“祥泰之州”丹青大赛暨首届“健康名城·幸福泰州”风情写生作品展（优秀奖），《记录美好生活》入选江苏文艺大奖第四届美术奖，获提名

区图书馆阅览室 顾祥忠 摄

奖。论文《对大众审美与现实主义油画关系的探讨》入选《新玉文艺》。（隋 东）

【区图书馆】 2023年，泰州医药高新区（高港区）图书馆新增图书4331册，征订报纸杂志212种。全年接待读者34.15万人次。组织全区中小学生参加全省红领巾读书征文活动，2篇获省级二等奖，1篇获省级三等奖，3篇获市级一等奖，2篇获市级二等奖，9篇获市级三等奖，区图书馆获市级组织奖。持续打造“大国重器”少儿科普、“少儿绘本之旅”、“绘本漂进幼儿园”、“图书漂流包”等优秀活动品牌，全年举办线下活动29场、线上活动50场。区图书馆参加全国公共图书馆评估定级，获评国家一级馆。（姚家艳）

【区文化馆】 泰州医药高新区（高港区）文化馆位于扬子江南路（泰州市扬子江初级中学东侧），建筑面积2420平方米，共3层，总投资300余万元。一楼大厅配备数字化设备、文化长廊、文化一体机，唱吧亭存有曲目8万首，支持无线点歌，可录音、直播并分享。二楼、三楼设有功能室8间，有舞蹈、器乐、曲艺排练室各1间，书法、美术等群众活动室4间，多功能厅1个，厅内灯光、音响等舞台设备齐全，可同时容纳观众126人，所有功能室提供场地预约服务。年内，区文化馆举办“致闪闪发光的自己”“我们都在阳光下”“向上吧 扬子江少年”等小剧场活动10场。（张 莹）

【城市书房】 2023年，泰州市高港实验小学春港校区城市书房建成，书房面积约216平方米，有藏书近8000册，读者可自助完成借阅证办理和图书借阅。至年末，全区共建成城市书房4个（蔡滩社区城市书房、全民健身中心城市书房、新时代文明实践中心城市书房、泰州市高港实验小学春港校区城市书房）。

【农家书屋】 2023年，全区共有农家书屋153个，合计藏书31.91万册。所有农家书屋均纳入总分馆制建设，与区图书馆实现通借通还。（姚家艳）

【镇街宣传文化中心】 全区12个镇街宣传文化中心全部免费对外开放。2023年，共组织文化活动2500余次、各类惠民演出220余场，累计服务群众300万人次。

【村（社区）综合文化服务中心】 全区126个村（社区）综合文化服务中心免费对外开放。2023年，开展送戏、“文化惠民券”点单演出、体育健身等群众性文化活动。（孙国星）

公共文化

【文艺创作】 2023年，泰州医药高新区（高港区）组织精品文艺创作活动，编排打磨歌舞《潺潺盐运》《常到基层走一走》《寻梦水天堂》等节目，参加泰州市新创文艺节目调演并获奖，舞蹈《丰年颂党恩》《江边渔歌幸福多》等作品获泰州市群众文艺团队优秀节目调演一、二等奖。启动实施海军题材广播剧创作，为2024年国家、省“五个一工程”奖评选活动储备节目。

【“苏演院线”大江剧院演出】 2023年，泰州医药高新区（高港区）共举办“苏演院线”大江剧院演出15场。其中，举办锡剧《春江月》、锡剧《中秋月》、黄梅戏《天仙配》、黄梅戏《罗帕记》、滑稽戏《匆来也得来》、滑稽戏《唐伯虎点秋香》、扬剧《贡茶奇案》、庐剧《玉兰花开》、淮剧《精品折子戏》、儿童剧《沉香救母》等曲目演出12场，组织儿童剧、庐剧等精品剧目下基层演出3场。观众近1万人次。

【大江艺术团“文化港城行”基层巡演】 10月11—26日，大江艺术团在全区12个镇街开展“文化港城行”基层巡演活动12场，观众近1万人次。代表节目有舞蹈《有种幸福叫泰州》、法治小品《小萝莉直播间》、走秀《花开中国》、小品《让爱回家》等。

【“文化惠民券”资助演出】 2023年，全区“文化惠民券”资助演出金额共219.8万元，重新审定文化惠民券点单演出团队15个，累计点单演出284场次，观众近12万人次。指导

2023年2月6日，苏演院线黄梅戏《天仙配》专场演出在高港大江剧院上演 区党工委（区委）宣传和统战部 供图

2023年10月27日，泰州医药高新区（高港区）举办基层文艺团队优秀文艺节目调演活动 区党工委（区委）宣传和统战部 供图

镇街统筹点单大型儿童剧《田梦儿》和综艺演出，开展“开学第一课”和精品文艺进企业、进社区等精品文艺下基层演出32场，购买泰州大剧院精品文艺演出38场，镇街点单演出61场，基层文艺团队演出168场，小剧场演出17场。

【基层文艺团队优秀文艺节目调演】 10月27日，泰州医药高新区（高港区）基层文艺团队优秀文艺节目调演在大江剧院举行。共21支基层优秀文艺团队、21个节目参加调演。区文化馆小组唱《潺潺盐运》、明珠街道歌伴舞《寻梦水天堂》、刁铺街道歌曲《常到基层走一走》获一等奖，许庄街道音诗画《乡村振兴图》、凤凰街道歌曲《凤凰姑娘传说》等4个节目获二等奖，口岸街道舞蹈《庆丰收》、区老年艺术团音乐快板《网络诈骗别上当》等5个节目获三等奖，刁铺街道舞蹈《让梦起飞》、寺巷街道小品《寻开心》等7个节目获优秀表演奖。 （孙国星）

电视节目

【概况】 2023年，区全媒体中心有记者、编辑、广播电视技术人员等各类专业技术人员31人。自办栏目《高新新闻》在泰州高清三套播出，每期时长15分钟。在泰州广播电视传媒集团（台）年度新闻评奖中获二等奖1次、三等奖6次。12月25日，区全媒体中心入驻区体育文创中心三楼集中办公，各类技术系统全面启用，承担《高新新闻》等栏目和新媒体内容生产，整体运行稳定，实现“一次采集、多元生成、全媒传播”。

【电视演播】 2023年，区全媒体中心围绕学习贯彻中共二十大精神，在《高新新闻》中先后推出《村书记话二十大》《新时代 新征程 新伟业》《亲企清政进行时》《挑大梁 作贡献 争第一》《与文明同行》《在希望的田野上》《寻找身边的感动》等20余个专题专栏，累计推出160余篇报道。围绕“两高融合”主题，每月在《泰州新闻》《看泰州》《新闻夜班车》等发稿均在20条以上。组合报道《全国各地高质量做好新兵入营工作》被央视国防军事频道采用，《习近平主席新年贺词在江苏持续引发热烈反响》《沪上金融菁英江苏行——走进中国医药城》等被江苏卫视采用。

【新媒体推发】 3月7日，区全媒体中心“高新新闻”公众号注册成功；4月15日，公众号正式发布推文，每天4～7条，相关原创推文实现全网首发，并被多个公众号转发、转载。11月，“泰州高新”视频号常态化推发当天单条电视新闻。向“我的泰州”App供稿，月均首页推发约10条。6月和11月，“高新新闻”公众号入驻“人民号”及“央视频”，实现泰州医药高新区（高港区）相关信息及时推送。全年“人民号”推发泰州医药高新区（高港区）原创新闻5篇，“央视频”推发原创视频2条。

（区全媒体中心）

文化遗产保护

【物质文化遗产保护】 3月，泰州医药高新区（高港区）配合省文物局对全区开展红色标语类革命文物专项检查，重点对泰昌生木号、李永生过载行、蔡氏庄园等进行红色革命标语的实地调查与走访，收集整理泰州医药高新区（高港区）革命文物红色标语20条并上报。对全区不可移动文物进行实地调研与考证，重点对口岸柴墟西路地段开展文物走访调研工作，确定赵友琴故居、季正昌过载行、恒大布庄等16处不可移动文物作为第二批市级文物保护单位推荐名单。7月，区党工委（区委）宣传和统战部获评市文物保护工作先进单位；8月，区文物安全综合管理实验区项目通过省专家组验收；10月下旬，“海军诞生地 水兵母亲城”项目入选省第二批红色旅游融合发展培育项目。组织开展文化体育旅游行业安全警示教育、口岸雕花楼景区消防安全演练暨消防安全知识培训等活动。联合市文物局、市公安局对口岸雕花楼景区文物场所进行安全生产专项检查。传统节假日期间，对口岸雕花楼、李信昌过载行、解放街戚宅、解放街孙宅、口岸城隍庙、泰昌生木号、龙泉池、刁铺龙王庙等省、市级文物保护单位开展安全生产专项检查。

【非物质文化遗产保护】 2023年，泰州医药高新区（高港区）组织非遗项目参加各类活动展览展示。先后组织泰州木雕等10余个非遗项目参加2023泰州市首届旅游商品展销会。组织高港宫灯、高港根雕参加在连云港举办的第十二届园艺博览会非遗展暨“水韵江苏·山海云天”非遗购物节。组织高港根雕参加在扬州举办的非遗与旅游融合发展工作现场交流活动。组织泰州木雕、高港宫灯等非遗项目参加在南京举办的走进中国药科大学暨“泰有力　凤栖高新”活动。组织泰州木雕、高港根雕参加省“2023水韵江苏　非遗购物节”活动。组织泰州木雕参加由省文明办、省文化和旅游厅在泰兴举办的“月圆中秋　梦圆中国”特色非遗市集展销活动。组织部分县区级以上非遗传承人参加2023年度省级、市级非物质文化遗产代表性传承人培训班学习。组织非遗传承人参加2023年度省级、市级非物质文化遗产代表性传承人培训班学习。省级非遗传承人孙学仁获“江苏省高级乡村振兴技艺师”称号。泰州木雕工坊入选江苏省省级首批“非遗工坊”，江苏世泽艺术品有限公司、泰州华艺宫灯厂、泰州市利达绳业有限公司被评为全区首批“非遗工坊”；泰州木雕“银杏多福台屏”获泰州市2023年旅游文创商品（非遗商品）大赛金奖。泰州木雕“银杏多福台屏”获2023年市文创商品（非遗商品）大赛金奖。

【文化遗产日活动】 6月9日，泰州医药高新区（高港区）举办文化和自然遗产日宣传展示志愿服务活动。活动汇集全区部分省、市级非遗项目及文创特色产品。现场以非遗讲座，集报、火花、文物图片展及古琴艺术演出等形式，向市民、学生普及非遗知识和“见人见物见生活”的非遗保护理念。各镇街文化志愿者、泰州市口岸小学师生100余人参加活动。泰州电视台等媒体进行报道。（严惠仲）

2023年6月9日，泰州医药高新区（高港区）在区新时代文明实践中心举办文化遗产日活动　　区党工委（区委）宣传和统战部　供图

文化市场管理

【文化场所安全生产】 2023年，泰州医药高新区（高港区）加强文化场所安全生产隐患日常检查工作，制定安全生产日检查、周上报、月汇总、季联查安全隐患排查整改制度。共出动检查668人次，排查文化场所1120余个次，其中122个单位存在一般安全隐患918条，全部完成整改。组织开展安全知识培训活动3次，共300余人参加；组织开展应急演练活动2次，共200余人参加。对在泰州市体育公园举办的4场大型演唱会开展安全监管。（孔小军）

【文化执法行动】 2023年，泰州医药高新区（高港区）开展“扫黄打非”“净网”“清源”“秋风”“护苗”等专项行动，累计出动检查160余人次。协助有关部门查处并行政立案涉嫌售卖非法出版物案件8起，发布有关信息17条。开展知识讲座、法规宣传、知识竞赛等活动50余场。全区出版物印刷经营市场平稳有序。指导艺术团编排“扫黄打非”文艺节目3个，开展送戏下乡活动，现场发放“扫黄打非”宣传手册500本和环保布袋1500个。

【电影事业管理】 2023年，泰州医药高新区（高港区）做好电影放映监管和平台数据报送工作。开展送电影下乡480场次，获得中央补助地方国家电影事业发展专项资金34.83万元。（孙国星）

体　育

【概况】 2023年，泰州医药高新区（高港区）推进全民健身设施建设，新配建乒乓球桌41张、篮球架3副。新增体育场地面积63.97万平方米，人均达5.85平方米，位列全市第一。高港全民健身中心被认定为江苏省体育服务综合体。泰州润元户外用品股份有限公司被认定为省级体育产业基地。

【体育设施】 泰州体育公园　位于泰州城市中轴线、天德湖公园以南地块，占地面积46.93公顷，总投资约24亿元，主体工程于2021年竣工。主要包括1座3万人综合体育场、1座6000人体育馆、1座1500人游泳馆和1座全民健身馆。

泰州医药高新区体育文创中心　位于学院路与泰州大道交会处，紧邻泰州职业技术学院及南京中医药大学翰林学院，总建筑面积8.08万平方米，拥有停车位1538个。由体育运动中心、商业文化中心2个部分组成。体育运动主馆建筑面积3.12万平方米，涵盖篮球馆、足球场、网球场、羽毛球馆、壁球馆、乒乓球室、台球室等。南广场约6500平方米，拥有室外免费游乐区域。整体建筑外围环绕一圈总长约560米的健身步道。

高港全民健身中心　位于高港生态公园北部，占地面积约12万平方米，建筑面积约1万平方米，总投资约7亿元，集健身、文娱、休闲活动于一体。象棋广场建筑面积4000平方米。综合运动馆建筑面积5800平方米，内设乒乓球场、羽毛球场、瑜伽房、健身房等运动健身场所。恒温游泳馆建筑面积3500平方米，馆内设有25米×21米恒温游泳池、400平方米少儿训练池和幼儿戏水池。足球场占地面积2926平方米，免费向市民开放。足球场西侧建有二代智能健身器材1套。户外设有篮球场场地4个、网球场场地2个。

凤栖湖公园健身步道上榜全省最美跑步线路　3月23日，“魅力江苏最美体育”2022年度颁奖仪式暨江苏省第三届网络全民健身运动会闭幕式在南京举行。活动现场公布2022年度江苏省最美跑步线路、最美乡村健身公园（广场）和优秀民间健身团队榜单，凤栖湖公园健身步道上榜全省最美跑步线路。

【群众体育】 2023年，泰州医药高新区（高港区）组织开展群众赛事活动100余场。落实20万元资金奖补区内体育社团开展活动，组织专业协会参加第三届江苏省健身气功·八段锦网络公开赛，并获优秀组织奖。推动体育社团与镇街、村（社区）新时代文明实践所站结对共建，送培训送讲座送服务进基层进机关进学校，在机关部门开展“八法五步”太极拳培训活动。

【青少年竞技体育】 2023年，泰州医药高新区（高港区）将柔道、田径、篮球、足球、游泳5个项目在全区青少年体育“5621”工程中进行优化布局，将趣味田径、击剑等项目作为全区特色体育项目进行推广普及。

（唐一枝）

【学校体育】 2023年，区教育局联合区党工委（区委）宣传和统战部组织区第二届中小学生乒乓球比赛、中小学生篮球比赛、幼儿园及小学趣味田径比赛、中小学生足球比赛和第三届中小学生田径运动会。组队参加省武术比赛，省首届幼儿嘉年华趣味田径比赛，泰州市篮球、足球、乒乓球、田径、趣味田径等比赛。泰州市口岸幼儿园获省首届幼儿嘉年华趣味田径比赛一等奖；泰州市第一外国语学校获省中小学生武术锦标赛省初中集体拳术一等奖，该校足球队获“市长杯”小学女子乙组第1名、小学男子乙组第2名、小学男子甲组第3名、初中男子组第3名；泰州市塘湾小学趣味田径队获市团体总分第1名，泰州市永安洲小学获团体总分第2名；泰州市永安洲初级中学田径队获市田径运动会比赛团体总分第2名；泰州市野徐小学足球队获“市长杯”足球比赛小学男子甲组第1名、小学女子甲组第2名、小学女子乙组第3名，篮球队获泰州市中小学生篮球比赛女子甲组第3名；泰州市高港实验小学乒乓球队获泰州市乒乓球比赛女子甲组第1名；泰州市扬子江小学篮球队获泰州市中小学篮球比赛男子甲组第1名，泰州市大课间比赛一等奖；泰州市口岸小学篮球队获泰州市中小学篮球比赛男子乙组第3名，泰州市大课间比赛二等奖；泰州市鲍徐初级中学篮球队获泰州市中小学生篮球比赛初中女子组第3名；泰州市田河初级中学获泰州市大课间比赛一等奖；泰州市许庄初级中学获泰州市大课间比赛二等奖；江苏省高港中等专业学校足球队获泰州市足球比赛职高组男子第3名；在泰州市田径比赛中，23人次被认定为国家三级运动员，其中2人次达国家二级运动员水平。

（李蓉　乔磊）

【体育产业发展专项资金】 2023年，泰州润元户外用品有限公司、泰州市鸿运体育器材有限公司、泰州市广瀚文化传媒有限公司等共获得省、市奖补资金138万元。

【“高新高港”杯第八届全国象棋青年大师赛】 5月9—11日，“高新高港杯”第八届全国象棋青年大师赛在泰州医药高新区（高港区）举办，全国28名青年象棋大师参加，共产生男子组、女子组冠、亚、季军各1名。赛事网络直播观看突破40万人次。

【2023泰州半程马拉松】 10月15日，扬子江药业2023泰州半程马拉松在泰州体育公园鸣枪开跑。赛事系中国田径协会技术认证的A1级赛事，由泰州市政府主办，市体育局承办，海陵区政府、泰州医药高新区管委会（高港区政府）、市文旅集团协办。设半程马拉松和欢乐跑2个项目，参赛人员15000人，其中半程马拉松10000人、欢乐跑5000人。起点和终点都位于泰州体育公园。埃塞俄比亚选手尼加斯·莱萨·富法以1小时5分8秒的成绩夺得男子半程马拉松冠军，埃塞俄比亚选手德梅·索利亚纳·埃谢图以1小时14分8秒的成绩获得女子半程马拉松冠军。

（唐一枝）

教　育

综　述

【概况】2023年，泰州医药高新区（高港区）有区管各级各类学校75所。其中，幼儿园43所，小学17所，九年一贯制学校2所，初中12所，中等专业学校1所。有在校生45337人。其中，幼儿12476人，小学生23726人，初中生6937人，中职生2198人。有专任教师3400人。其中，幼儿园教师927人，小学教师1436人，初中教师821人，中等专业学校教师216人。全区教育经费总投入10.85亿元，其中国家财政性教育投入8.94亿元。境内有市直小学1所、市直初中3所、市直普通高中4所、高等学校3所。

泰州医药高新区（高港区）学校名录

1.高等学校

南京中医药大学泰州校区

南京中医药大学翰林学院

泰州职业技术学院

2.市直学校

江苏省泰州中学

江苏省口岸中学

泰州市第三高级中学

泰州实验中学

江苏省泰州中学附属初级中学

泰州市凤凰初级中学

泰州市周山河初级中学

泰州市凤凰小学

3.中等专业学校

江苏省高港中等专业学校

4.九年一贯制学校

泰州市大泗学校

泰州市第一外国语学校（民办）

5.初级中学

泰州市鲍徐初级中学

泰州市野徐初级中学

泰州市扬子江初级中学

泰州市高港实验初级中学

泰州市环溪初级中学

泰州市孔桥初级中学

泰州市田河初级中学

泰州市许庄初级中学

泰州市永安洲初级中学

泰州市白马初级中学

泰州市胡庄初级中学

泰州市汪群初级中学

6.小学

泰州市周山河小学（泰州市寺巷小学）

泰州医药城实验小学

泰州市太湖路小学

泰州市野徐小学

泰州市塘湾小学

泰州市鲍徐小学

泰州市高港实验小学（金港校区、春港校区）

泰州市环溪小学

泰州市扬子江小学

泰州市口岸小学

泰州市田河小学

泰州市许庄小学

泰州市永安洲小学

泰州市海军小学

泰州市孔桥小学

泰州市胡庄小学

泰州市汪群小学

7.公办幼儿园

泰州市太湖路幼儿园

泰州市绿地幼儿园

泰州市康居新城幼儿园

泰州市祥龙幼儿园

泰州市龙凤幼儿园

泰州市御园路幼儿园

泰州市寺巷幼儿园

泰州市塘湾幼儿园

泰州市东方明珠幼儿园

泰州市高港实验幼儿园

泰州市口岸幼儿园

泰州市田河幼儿园

泰州市环溪幼儿园

泰州市许庄幼儿园

泰州市永安洲幼儿园

泰州市白马幼儿园

泰州市胡庄幼儿园

泰州市汪群幼儿园

泰州市大泗幼儿园

泰州市柴墟幼儿园

8.民办幼儿园

泰州市鲍徐中心幼儿园

泰州医药高新区（高港区）盛唐幼儿园

泰州医药高新区（高港区）永兴幼儿园

泰州市盛和幼儿园

泰州医药高新区（高港区）凤

凰幼儿园

泰州市恒景大地幼儿园

泰州医药高新区（高港区）希润幼儿园

泰州市寺巷镇新华幼儿园

泰州医药高新区（高港区）红五星幼儿园

泰州市明珠幼儿园

泰州医药高新区东方幼儿园

泰州医药高新区泰外幼儿园

泰州医药高新区乐童幼儿园

泰州市蓝天实验幼儿园

泰州市世茂蓝天幼儿园

泰州市高港区尚德智幼儿园

泰州市高港区小福龙幼儿园

泰州市高港区机关幼儿园

泰州市高港区水岸幼儿园

泰州市高港区格林幼儿园

泰州市高港区明发幼儿园

泰州市全泰堡幼儿园

泰州市高港区枫雅幼儿园

【教育经费】 2023年，泰州医药高新区（高港区）生均公用经费标准按公办幼儿园（含普惠性幼儿园）每生每年840元、小学每生每年770元、初中每生每年1100元、职中每生每年1500元安排。另义务教育在省定标准上再上浮10%部分列入区教育局部门预算，统筹使用。特殊教育生均公用经费标准按普通同级学校生均公用经费标准的8倍安排，公办幼儿园（含普惠性幼儿园）每生每年6720元、小学每生每年6720元、初中每生每年9600元、职中每生每年12000元。

【学校项目建设】 2023年，泰州医药高新区（高港区）共实施泰州市高港实验小学（金港校区）食堂综合体、泰州市口岸幼儿园、大华锦绣幼儿园3个学校建设项目。总投资5040万元，总建筑面积9552平方米，新增学位630个。

【素质教育】 2023年，泰州市海军小学获评全国国防教育示范学校，泰州市永安洲小学获评全国营养与健康示范学校，泰州市高港实验小学向日葵中队获评全国红领巾中队。泰州市东方明珠幼儿园“回归幼儿生活和游戏，让幼儿园课程走向高质量”、泰州市太湖路小学“指向创新人才培塑的科创教育课程基地建设”入选省基础教育内涵建设项目。泰州市高港实验小学获评省课后服务学生活动优秀案例，泰州市永安洲小学获评江苏省优秀少先队集体，泰州市海军小学张爱萍中队获评江苏省英雄中队，泰州市鲍徐小学获省“我是强国小主人”主题征稿最佳组织奖，泰州市扬子江初级中学获评省青少年科技教育先进学校，泰州市塘湾小学获得硬软笔书法展示赛省一等奖，泰州市鲍徐小学多人次获省中小学生信息素养提升实践活动一、二等奖，泰州市永安洲小学获评省中小学艺术教育特色学校。泰州市扬子江初级中学、泰州市胡庄初级中学等学校获评市青少年近视防控先进学校，泰州市高港实验小学获市中小学生舞蹈比赛一等奖，泰州市永安洲小学获市中小学生自我保护情景剧大赛一等奖。

【教育督导】 2023年，泰州医药高新区（高港区）开展综合督导15次，中小学体育工作、劳动教育专项督导4次，保育教育质量督导评估4次。针对热点问题，创新开展专项督导，开展青少年生命健康工作督导评估4次。启动美育教育专项督导2次。坚持“月主题”责任督导，强化“双减”及中小学生作业、睡眠、手机、读物、体质“五项管理”工作。优化培训机制，设计中小幼责任督学实务培训项目，安排督学素养提升系列培训。做好2023年义务教育优质均衡和幼儿园普及普惠监测，对9所幼儿园开展办园行为督导。

【校园安全】 2023年，泰州医药高新区（高港区）创成江苏省高质量平安校园建设县（市、区），江苏电视台教育频道2次报道全区学校安全工作。开展安全生产宣讲活动7次，教育、交警、市场监管、红十字会等部门召开月度安全工作例会6次。印发《关于加强智慧技防校园运行管理的通知》《全员应急急救能力提升工程实施方案》《关于在全区教育领域深化推进“两个专项”扎实开展“六个一”行动的通知》等。全年发现安全隐患1256条，整改1256条，整改率100%。市领导挂钩的“高港中专校危化品储藏室和危险废弃物储藏点”改造项目、区领导挂钩的“原高新区18辆校车车载监控系统老化严重”2个重大隐患项目全部整改销号。使用管道天然气的学校全部安装防泄漏报警和自动切断装置，食堂食品安全保险购买率100%。完成泰州安全教育平台专题教育和演练，开展平安寒假、安全教育日等11项专题教育，定期发送周末安全提醒、节假日提醒，所有安全教育内容完成率100%。举办火灾逃生疏散演练、地震避险演练、避险+疏散演练3场大型演练观摩活动。为21所建有消防控制室的学校配备消防安全员。组织5批次508名教师参加泰州市教师安全素养线下实训，年度完成率达113%。开展关爱青少年生命健康“润心”行动，制定完善《校园突发伤害事故应急处置程序》和《“祥泰·安全‘童’行”》校园应急处置能力工作方案。开展应急急救培训5次，发放心肺复苏除颤仪AED 53台，并安装培训到位。依托各类媒体和短信平台开展“防溺水”宣传教育。表彰区级平安校园建设（安全生产）先进学校10所、先进个人15人。

（王 昊 李 蓉 李松涛 徐筱艳 王网生 王文兵 杨 刚）

学前教育

【概况】 2023年，全区有幼儿园43所。其中，公办幼儿园19所，民办幼儿园24所（普惠性民办幼儿园18所）。在园幼儿12476人，教职工1742人，专任教师927人，教师持证上岗率100%。学前教育资源配置率88.75%，公办园和普惠性民办园在园幼儿占比77.49%。公办园在园幼儿占比47.66%。

【幼小衔接】 2023年，全区定期组织幼小衔接试点工作经验交流，打造精选课程和游戏化学习实践案例，加强幼儿园大班与小学一年级教师间的互动，共享有效衔接策略。泰州市东方明珠幼儿园案例参加江苏省幼小科学衔接实验区现场展示。

【优质幼儿园创建】 2023年，全区有省优质幼儿园39所、市优质幼儿园43所。泰州市绿地幼儿园等14所幼儿园通过江苏省优质幼儿园复审，泰州市胡庄幼儿园、泰州市高港区尚德智幼儿园通过江苏省优质幼儿园评审，泰州市高港实验幼儿园通过泰州市优质幼儿园评审。

【泰州市胡庄幼儿园】 位于胡庄镇兴达路110号，创办于1978年，公办幼儿园。2020年11月，在原址启动幼儿园新建工程，总投资约2090万元，设4轨12班，占地面积5669平方米，建筑面积4670平方米，绿化面积1990平方米，户外活动场所面积3807平方米。新园于2022年9月投入使用。2023年，有大、中、小班7个，在园幼儿167人，专任教师18人，其中在编教师11人。获评江苏省优质幼儿园。

【泰州市高港区尚德智幼儿园】 位于口岸街道高港大道西侧、扬子江路南侧、宣堡港北侧，筹建于2018年11月，于2019年8月投入使用。占地面积1.46万平方米，建筑面积8450平方米，绿化面积3691平方米，幼儿户外活动场地面积6165平方米。2023年，有大、中、小班16个班，在园幼儿390人，专任教师40人。获评江苏省优质幼儿园。

泰州市高港实验幼儿园　　区教育局　供图

【泰州市高港实验幼儿园】 位于口岸街道春城路与春城支路交界处，创办于2022年9月，2023年春学期投入使用。占地面积8198.24平方米，建筑面积6850.57平方米，户外活动场地5786.21平方米，绿化面积1538平方米。曾获泰州市儿童少年近视防控先进校等称号。2023年，有大、中、小班11个，在园幼儿351人，专任教师27人，其中在编教师13人、备案制教师14人。获评泰州市优质幼儿园。

【泰州医药高新区乐童幼儿园】 位于凤凰街道鼓楼南路99号D-3地块华润社区旁，创办于2017年9月。占地面积5500平方米，建筑面积5970平方米，幼儿户外场地面积2556平方米。2023年，有大、中、小、托班14个，在园幼儿327人，专任教师31人。 （李　蓉　田　倩）

义务教育

【概况】 2023年，全区有义务教育阶段学校31所（不含市直学校）。其中，小学17所，初中12所，九年一贯制学校2所。有教学班765个，学生30662人。其中，小学生23725人，初中生6937人。有专任教师2257人。其中，小学教师1436人，初中教师821人。保障适龄少年儿童接受义务教育的合法权益，做好进城务工人员子女、留守儿童和残疾儿童入学工作，义务教育入学率、巩固率均为100%。

【课后延时服务】 2023年，全区有小学生20838人、初中生6746人参加课后服务，覆盖率分别达93%、97.25%，做到3个100%，即学校100%开展课后服务、参与的学生100%自愿、各项保障措施100%到位。课后服务实行“5+2”模式，即学校每周5天、每天至少2小时课后延时服务。各学校开发课后服务拓展课程，利用校内外课后服务资源，组织开展兴趣小组或社团活动，满足学生多样化和个性化需求，全区学生和学生家长对学校开展的课后服务满意度均超90%。在江苏省中小学课后服务学生活动优秀方案评选中，全区7个方案获奖。其中，2个方案获省一等奖，5个方案获省二等奖。

【“双减”政策落实】 2023年，泰州医药高新区（高港区）深化“双减”工作。泰州市高港实验小学的《“三关”管理机制：引活水 提质量 促发展》入选省“双减”工作2周年工作成效显著典型案例，并在全省推广。泰州市太湖路小学的《构建五位一体育人体系 推动科学教育高质发展》《汇聚教育合力 让每一个生命蓬勃生长》分别入选市“双减”背景下科学教育典型案例、校家社共育典型案例，并均被“泰州教育发布”平台专题推介。

【集团化办学】 2023年，市、区教育局共同拟定《跨区域城乡义务教育一体化发展改革实验区建设方案》，推动区域教育优质资源共建共享，促进义务教育优质均衡发展；制定《泰州市太湖路小学管理体制调整方案》，将泰州市太湖路小学调整为泰州市凤凰小学教育集团太湖路校区。8月，跨区域城乡义务教育一体化发展改革实验区建设成功申报省基础教育内涵建设项目。新成立1个紧密型教育集团，即泰州市扬子江教育集团，下设扬子江初级中学、扬子江小学。全区包括区域内和跨区域教育集团共25个。其中，紧密型教育集团9个、教育联盟（教育共同体）16个。全区城乡30所中小学100%纳入集团化办学管理，其中紧密型教育集团超35%。各集团校或联盟校结合实际，制定和完善集团的具体实施方案，实行“一集团一联盟一方案”，制定可实践可操作的措施，推进管理机制、师资队伍、教育教学、评价考核一体化，带动集团内学校常态化开展各项教育教学活动。

【泰州市鲍徐小学】 位于明珠街道吴州南路86号，占地面积2.67万平方米，建筑面积1.51万平方米。学校先后创成全国青少年足球特色学校、江苏省文明学校、江苏省科技教育特色学校、江苏省智慧校园，获江苏省中小学校创先争优先进集体、江苏省教育系统关心下一代先进集体等称号。2023年，有教学班39个，学生1878人，在编教职工103人，市、区级骨干教师15人，省、市、区级名师工作室成员17人。

【泰州医药城实验小学】 位于野徐镇仲野路88号，创办于2020年7月。占地面积约4万平方米，建筑面积约4万平方米。学校曾获江苏省智慧校园示范校、江苏省“双减”示范创建校、江苏省教育系统优秀家长学校、江苏省“三全”社区家庭教育实践基地等称号。2023年，有教学班29个，学生1241人，教职工63人。其中，高级职称7人，区学科带头人以上骨干教师8人。

【泰州市高港实验小学】 有2个校区，金港校区位于刁铺街道金港中路279号，建于2007年，占地面积4.66万平方米，建筑面积1.9万平方米；春港校区位于口岸街道春港东路和高港大道交会口西北侧，建于2022年，占地面积4.19万平方米，建筑面积1.9万平方米。曾获全国足球特色校、江苏省文明校园、江苏省教科研先进集体、江苏省基础教育课程改革先进集体、江苏省艺术特色校等称号。2023年，有教学班72个，学生3544人，教师181人。其中，省特级教师1人，市、区级骨干教师58人。

【泰州市海军小学】 位于白马镇迎宾路与白野路交叉口东北方向约500米，创办于1937年，2004年4月人民海军成立55周年之际，经报请海军政治部同意，学校被泰州市人民政府命名为“泰州市海军小学”。占地面积2.69万平方米，建筑面积1.64万平方米，绿化面积9423平方米。曾获全国国防教育示范学校、江苏省首批党建文化一校一品项目、江苏省文明校园、江苏省科学教育特色学校、江苏省艺术教育特色学校、江苏省优秀少年科学院、江苏省健康促进金牌学校、江苏省绿色学校、江苏省体育特色学校等称号。2023年，有教学班14个，学生586人，教师49人，其中市、区级骨干教师23人。

【泰州市高港实验初级中学】 位于刁铺街道通港路2号，创办于2000年7月，占地面积6.4万平方米，建筑面积1.98万平方米。学校先后获江苏省示范初中、江苏省平安校园、江苏省和谐校园、江苏省绿色学校、江苏省智慧校园、江苏省青少年科技教育先进学校、江苏省精神文明建设工作先进单位、江苏省现代教育技术工作先进集体、江苏省教科研先进集体、江苏省物理教学研究基地学校、江苏省体育教育工作先进学校等称号。2023年，有教学班44个，学生

泰州医药城实验小学　　区教育局　供图

2209人，教师199人。其中，江苏省“333高层次人才培养工程”培养对象1人，江苏省教学名师1人，泰州市特级教师1人，市“春蚕奖”获得者1人，市、区级骨干教师59人。

【泰州市许庄初级中学】 位于许庄街道创业大道233号，2020年9月搬入新校区与泰州市许庄小学合署办学，占地面积1.26万平方米，建筑面积6835平方米。学校曾获全国五四红旗团支部、江苏省初中课堂教学改革优秀成果、江苏省智慧校园、江苏省体育特色学校、江苏省红十字示范学校等称号。2023年，有教学班9个，学生363人，教师57人，市、区级骨干教师18人。

【泰州市野徐初级中学】 位于野徐镇勤学路1号，创办于1958年。占地面积3.1万平方米，建筑面积2万平方米，绿化面积1.82万平方米，教学及教辅用房4484平方米。学校曾获全国校园影视教育实验学校、江苏省智慧校园、江苏省示范家长学校、江苏省科学教育特色学校、江苏省科普教育基地、江苏省节水型校园、江苏省教科研先进集体等称号。2023年，有教学班10个，学生415人，教师60人。

【泰州市永安洲初级中学】 位于永安洲镇国学路1号。与泰州市永安洲小学合署办学，占地面积2.79万平方米，建筑面积1.88万平方米，有教学楼、实验楼、报告厅、图书馆、艺体中心、游泳馆、400米运动场、植物园等场馆设施。2023年，有教学班12个，学生586人，教职工66人。

（李　蓉　薛文斌）

普通高中教育

【概况】 2023年，境内有市直普通高中4所。其中，江苏省泰州中学、江苏省口岸中学、泰州市第三高级中学为四星级高中，泰州实验中学为三星级高中。

【江苏省泰州中学】 位于凤凰街道海军东路669号。创办于1902年，原址位于迎春西路，1999年8月，迁至迎春东路。2014年3月，江苏省泰州中学新校区开工建设，2016年秋学期，整体搬迁至新校区。占地面积20.2万平方米，建筑面积15.1万平方米。曾获国家级示范高中、全国文明单位、全国教育系统先进集体、全国文明校园等称号。2023年，有教学班55个（含国际部），在校学生2769人。在编在岗教职工289人。其中，正高级教师14人，特级教师11人，市级及以上骨干教师77人，硕士学位以上教师125人。

【江苏省口岸中学】 位于口岸街道港口路26号，创办于1926年。占地面积11.67万平方米，建筑面积6.09万平方米。1996年，被确认为江苏省重点高级中学。1997年8月，成为泰州市教育局直管学校。2001年，通过国家级示范高中评估验收。2003年，成为江苏省首批四星级高中。校内有清源亭、岳飞像等历史文化景点36处。曾获全国教育网络系统示范单位、全国民族团结进步模范集体、江苏省文明校园等称号。2023年，有教学班52个，在校学生2530人，在编教职工242人，其中教师235人。

【泰州市第三高级中学】 位于刁铺街道校园路1号，创办于1942年。2002年，被确认为江苏省重点高级中学。2005年，被确认为江苏省三星级高级中学。2018年，被确认为江苏省四星级高级中学。占地面积6.8万平方米，建筑面积2.1万平方米。教室、实验室、电教馆、图书馆、阅览室均参照江苏省教育现代化标准配置。曾获中国教育改革创新示范校、全国教育科研先进单位、全国特色语文示范校、全国青少年校园足球特色学校、全国青少年校园篮球特色学校、全国生态文明教育特色学校等称号及全国五一劳动奖状等奖项。2023年，有教学班33个，学生1623人，教师149人。

【泰州实验中学】 位于寺巷街道泰事达路3号，创办于1950年，原名泰县寺巷中学。2003年，更名为泰州实验中学，同年被确定为泰州市重点高中。2005年，被评为江苏省三星级高中。2006年，上划为泰州市教育局直接管理，同年被确定为江苏省重点高级中学。2021年，完

江苏省口岸中学　　区教育局　供图

成高中、初中分设，成为举办高中教育的独立法人单位。占地面积13.33万平方米，建筑面积3.75万平方米。教室、实验室、电教馆、图书馆、阅览室、体育馆均参照江苏省教育现代化标准配置。曾获江苏省文明校园、江苏省科学教育特色学校等称号。2023年，有教学班30个，学生1276人，教师140人。

（李松涛）

职业教育

【概况】 2023年，全区有中等职业学校1所。有教学班52个，学生2944人。其中，全日制在校生2198人，非全日制在籍成人中专生440人，非全日制成人大专本科生306人。有教职工227人。其中，专任教师215人，教辅人员5人，工勤人员7人。有正高级讲师2人，省特级教师1人，市特级教师1人。有“双师型”教师121人，其中高级“双师型”教师12人。区级以上骨干教师76人。

【江苏省高港中等专业学校】 创办于1983年，有许庄、孔桥2个校区。其中，许庄校区位于许庄街道三星南路1号，孔桥校区位于孔桥集镇。系首批国家级重点中等职业学校、江苏省四星级中等职业学校、江苏省高水平现代化职业学校、江苏省智慧校园、江苏省现代化示范性职业学校。占地面积11.53万平方米，建筑面积5.9万平方米。设基础教学部、机电技术工程系、商贸信息工程系、医药化工工程系，分八大专业、14个专业方向，拥有省级品牌专业3个、省高水平实训基地2个、省级现代化专业群和现代化实训基地各1个、省优质专业1个。（陆　河）

高等教育

【概况】 2023年，境内有高等学校3所。其中，公办本科1所，民办本科1所，全日制高等职业技术院校1所。

【南京中医药大学泰州校区】 位于寺巷街道匡时路6号，2020年秋季开始招生，办学类型为公办“双一流”本科院校。共有6个本科专业和方向，涵盖2个学科门类。教学任务主要由南京本部教师承担。常驻校区管理团队19人。2023年，全日制普通本科在籍且在校学生2567人。

【南京中医药大学翰林学院】 位于寺巷街道匡时路6号，前身是2002年3月由江苏省教育厅批准成立的南京中医药大学公有民办二级学院。2005年5月，被教育部批准为独立学院。2010年9月，移址泰州市办学，为首个进驻中国医药城的全日制本科院校，也是全省高等教育综合改革试点独立学院之一。共有20个本科专业和方向，涵盖医、管、理、工、经5个学科门类，具有相关专业独立的学士学位授予权、高校教师资格认定权和高校教师高级职称评审权。2023年，有教职工170人。其中，院聘教职工132人，母体大学派驻教职工15人，劳务派遣21人，退休返聘2人，院聘专任教师80人。全日制普通本科在校生1571人。

【泰州职业技术学院】 位于寺巷街道天星路8号，创办于1998年3月，是全国第一批全日制高等职业技术院校，江苏省第一所冠以“职业技术学院”名称的院校，地级泰州市

泰州职业技术学院　　区教育局　供图

第一所普通高校。占地面积72.11万平方米。设有医学院、智能制造学院、经济与管理学院、人工智能和大数据学院、智能制药与化工新材料学院、建筑工程学院、艺术学院、马克思主义学院、终身教育学院和基础科学部九院一部，8个专业群、48个专业。2023年，有全日制在校生10443人，教职工587人。其中，专任教师501人，高级职称教师192人，硕士及以上学位教师388人，“双师型”教师426人。（杨　刚）

社会教育

【概况】2023年，全区经常性参与社区教育活动老年人3.22万人，参与率28.44%。江苏省终身教育学分银行存入数1.41万人，存入率48%。明珠街道的“西湖银发老年学堂”品牌项目、野徐镇社区教育学校“野徐镇家长素质提升工程”品牌项目获评省级特色品牌项目。许庄街道社区教育中心戚连广获评2023年省级社区教育先进工作者。凤凰街道东谢社区居委会王爱珍、泰州市第二建设局蒋继龙、明珠街道祥龙社区陶成宇获评2023年省级“百姓学习之星”。江苏省高港中等专业学校钱丽丽的《舌尖上的茶香》获2023年泰州市社区教育“能者为师”教学技能展示二等奖。泰州市龙凤幼儿园吉艳获评2023年省级社区教育优秀志愿者。

【老年大学】2023年，泰州医药高新区（高港区）拥有区老年大学和12所镇街老年学校。各老年学校共开设培训499场次，培训3.54万人次。（高　俊　秦　晖）

教师队伍

【概况】2023年，全区有专任教师3400人。其中，幼儿园927人，小学1436人，初中821人，中等专业学校216人。有江苏省特级教师9人，正高级教师9人，江苏省教学名师1人。

【教师交流】2023年，全区221名义务教育阶段专任教师参加交流，占符合交流条件专任教师的28.93%；69名骨干教师参加交流，占符合交流条件骨干教师的31.22%，均高于省定15%要求。

【教师培训】2023年，区教育局启动“雁阵领航”创名工程，举办正高、特级教师后备人才高级研修班。借助国家中小学智慧教育平台，组织全区中小学、幼儿园教师参加“暑期教师研修”专项培训项目活动。组织读课标、学课标、理课标活动，中小学教师5000余人次参加。组织全区中小学教师参加“泰州师说”全员网络培训活动。23个名师工作室、13个读书班全面开展研修活动。在国家、省、市各级各类培训活动中，全区教师参培率、合格率均达100%，学时达标率100%。

【教学科研】2023年，区教育局获批江苏省教育科学规划课题5项，其中重点课题3项；获批江苏省教研课题6项，推荐送省立项率约86%，其中重点课题立项数占泰州市重点课题立项数的40%。获批第十三期省课题研究成果一等奖2项，包揽泰州市该级别奖项；获评泰州市教学成果奖特等奖2项，占泰州市特等奖获奖总数的40%。21篇文章在第35届江苏省“教海探航”征文竞赛中获奖，9篇论文在省“师陶杯”论文评选中获奖，2篇文章在长三角“黄埔杯”征文评选中获奖。获首届地方教育改革创新成果奖二等奖。

【教学比赛】2023年，全区教育系统有17人次在省级各类竞赛中获奖，34人次在泰州市各类竞赛中获一等奖；开设省级公开课3节，市级公开课58节。其中，泰州市田河初级中学张媛媛获初中体育教学基本功比赛省一等奖第一名，泰州市海军小学李笑天获小学数学优质课比赛省一等奖，泰州市高港实验小学叶霈霖获小学综合实践学科省一等奖，泰州市野徐初级中学祁娟获信息化教学大赛初中物理学科省一等奖，泰州市高港实验小学吴柳菁获小学书法课比赛省特等奖。有11节课被泰州市向省推荐，其中5节被评为部优、4节被评为省优。

（王　昊　王　琳）

卫生健康

医疗卫生机构

【概况】 2023年，泰州医药高新区（高港区）有各级各类医疗机构207个。其中，二级以上医院4个（含民营医院1个），街道社区卫生服务中心及镇卫生院13个，村卫生室93个，个体诊所等其他医疗机构97个。有市级重点专科19个，省、市级特色科室（建设单位）23个。全区医疗机构核定床位2471张。其中，泰州市中西医结合医院618张（实际开放417张），泰州市第三人民医院600张（实际开放430张），泰州市高港中医院310张（实际开放200张），乡镇卫生院（社区卫生服务中心）802张，民营医院141张。大型医疗设备中，有核磁共振仪5台、CT机8台，DSA（数字减影血管造影）机2台。有卫生专业技术人员1846人，乡村医生193人。执业（助理）医师1084人，注册护士1139人。公立医疗机构在职职工中，高级职称人员占24%，中级职称人员占27%；本科学历人员1188人，占64%，研究生及以上学历人员57人，约占3%。56周岁以上、41～55周岁、40周岁及以下分别占6%、39%、58%。

【泰州市第三人民医院】 始建于1958年，全民二级甲等综合性医院，是全区卫生行业医教研中心、泰州职业技术学院教学医院、甘肃医学院教学医院、芜湖医药卫生学校教学医院、江苏省助理全科医师培训基地，全国基层胸痛中心、国家标准化心脏康复中心。设有床位600张，病区13个，一、二级临床医疗、医技科室43个，市级重点专科8个（心血管内科、消化内科、康复医学科、麻醉科、中医肛肠科、影像科、内分泌科、骨科）。2023年，有在职职工644人。其中，临床医技人员232人，药剂人员41人，护理人员258人；正高级职称46人，副高级职称102人，中级职称178人。门急诊23.17万人次，住院1.63万人次。新开展限制性技术4个，新技术立项共17项。平均住院日、耗材比、药占比、抗菌药物使用率等质控指标逐渐下降并渐趋合理，全年完成手术2624例（含DSA手术393例），体外冲击波碎石600例，完成特殊手术备案600余例。门急诊大楼、手术室完成改造并投入使用。HIS、LIS、PACS、体检、院感、合理用药、掌上医院、血透及各系统之间互联互通的接口均实现平稳运行。HIS、EMR、PACS和集成平台系统为等保三级标准，医院网站为等保二级标准。正式接入新的省药品和医用耗材管理系统，并进行数据上报。12月，开通“医保刷脸支付”就医服务。

【泰州市中西医结合医院】 前身为中外合资泰州普济医院，建成于2006

泰州市中西医结合医院　　区卫生健康委　供图

年1月，为综合民营医院。2008年，由中国医药城收购，成立公办的中国医药城普济医院。2014年3月，更名为泰州市中西医结合医院，增挂“泰州医药高新区人民医院”牌子。2017年6月，经国家中医药局批准，成为三级乙等中西医结合医院。医院是泰州职业技术学院附属医院、南京中医药大学翰林学院教学医院、东南大学中大医院集团医院。占地面积10万平方米，一期建筑面积8万平方米，一期核定床位618张。2023年，有员工584人。其中，临床医技人员186人，药剂人员31人，护理人员209人；正高级职称22人，副高级职称95人，中级职称170人。门急诊17.02万人次，住院1.24万人次。

【泰州市高港中医院】 始建于1968年，系集医疗、预防、保健、康复于一体的二级甲等中医医院。为江苏省中医院协作单位、泰州市中医医联体副理事长单位，新型农村合作医疗保险、市直及乡镇两级基本医疗保险定点医院。建筑面积1.5万平方米，设置床位310张。设有急诊科、内科、儿科、外科、妇产科、骨伤科、针灸科、眼科、耳鼻咽喉科、治未病科等临床科室，以及检验、放射、B超、心电图、肺功能、内窥镜等医技科室。拥有磁共振、CT、DR、彩超、彩色经颅多普勒、五分类血球计数仪、全自动生化分析仪、电子胃镜、结肠镜、腹腔镜、阴道镜、利普刀、心电监护仪、移动式C形臂X射线机、关节镜、多功能麻醉机、自动熏蒸仪等医疗设备。儿科、针灸科、妇科为市中医重点专科。开展中医特色服务项目80余种，具有中医特色的医疗技术40余项。2023年，有职工231人。其中，临床医技人员94人，药剂人员17人，护理人员87人；正高级职称13人，副高级职称22人，中级职称57人。门急诊17万人次，住院5099人次。开展新技术16项，全面推进内科介入化、外科微创化，发展甲乳疾病、腰腿痛疾病、胃肠肿瘤、妇幼“专科链”，推动甲乳疾病一体化诊疗中心、颈腰椎疾病诊疗中心、胃肠肿瘤联合诊疗中心、妇幼保健中心建设。成功开展甲乳超声智能诊断、穿刺和射频消融技术。获得国家实用新型专利2项，其中完成成果转化1项。为辖区内中小学生适龄儿童免费接种水痘、流感疫苗及2价HPV疫苗。

【泰州张勤眼科医院】 系泰州市第一个眼科专科品牌医院，创办于2006年。开办海陵、高港、泰兴3个院区。医院拥有白内障、玻切手术设备，OCT眼部超声检查设备，德国蔡司手术专用显微镜，综合验光设备和验光室，视功能检查设备，儿童多功能低频电子治疗仪等。依托复旦大学附属眼耳鼻喉科医院、上海交通大学附属新华医院组建眼科专家团队，成立泰州市第一个儿童眼病科专科、近视激光治疗中心、早产儿视网膜病变筛查中心。2016年，成为上海交通大学附属新华医院泰州眼科基地。2023年，有职工63人。其中，临床医技人员7人，药剂人员3人，护理人员9人。门急诊2.07万人次，住院1162人次。

泰州市高港中医院　　区党工委（区委）宣传和统战部　供图

【口岸街道田河社区卫生服务中心（高港中医喉科医院）】 始建于1958年。设有中医喉科、内科、口腔科、外科、五官科、妇产科、中医科等临床科室。开设病床33张，拥有奥林巴斯V170电子鼻咽喉镜、奥林巴斯CV-V1和富士胃肠镜、DR数字化摄影、口腔全景、五分类血球仪、全自动生化分析仪等诊疗设备。2023年，有职工53人（在编31人，聘用制合同工19人，退休返聘3人），专业技术人员43人（高级职称6人，中级职称7人）。门急诊4.26万人次，住院990人次。中心特色戴氏中医喉科门诊1.49万人次。消化内科作为市级基层特色科室，完成胃镜检查236例、肠镜检查105例。

【泰州市泽泰体检中心】 成立于2017年，位于鑫泰写字楼4楼。为集健康体检、职业健康体检、功能医学检测、健康咨询与管理、名医门诊于一体的医疗健康管理机构。中心拥有德国西门子16排双螺旋CT、德国西门子X线数字摄影、德国西门子X线乳腺钼靶等设备。2023年，有职工68人。其中，临床医技人员16人，护理人员22人。完成健康体检3.17万人次。（杨少春）

妇幼保健

【妇幼重大公共卫生服务项目】“两癌”筛查　2023年，泰州医药高新区（高港区）共完成“两癌”筛查1.67万人。其中，宫颈癌筛查人数1.67万人，结案人数1.67万人、HPV检测人数1.67万人、阳性人数2209人、TCT检查人数1843人；乳腺癌筛查人数1.67万人，结案人数1.67万人。确诊宫颈癌13人、乳腺癌13人。

母婴阻断　完成孕产妇艾滋病、乙肝、梅毒检测2594例，其中住院分娩产妇检测219例。孕期梅毒感染孕产妇为零，乙肝表面抗原阳性孕妇11例，所生婴儿均注射免费的乙肝免疫球蛋白。

叶酸增补　增补叶酸妇女907人，服用依从率100%，增补叶酸知识知晓率100%。

【儿童健康管理】2023年，泰州医药高新区（高港区）加强3岁以下儿童特别是体弱儿的筛选、随访，实行婴儿出生后产房建卡，对高危新生儿增加访视次数。加强5岁以下儿童死亡监测及自动出院危重儿、严重缺陷儿的追踪、随访等工作。全区新生儿疾病筛查率99.17%、访视率97.04%，婴儿出生缺陷率为零，新生儿死亡率1.74‰，婴儿死亡率2.61‰，5岁以下儿童死亡率3.04‰，无活产漏报。0～6岁儿童健康管理率94.7%，0～3岁儿童系统管理率92.81%，5岁以下儿童肥胖率7.81%。完成在园儿童的“六一”体检工作，共体检儿童1.12万人，入园新生健康档案建档率100%。

【孕产妇健康管理】2023年，全区产妇总数为2261人，早孕建册2009人，早孕建册率88.85%；对孕产妇全程跟踪管理，保健覆盖率100%；孕产妇系统管理率94.7%；住院分娩2261人，住院分娩率100%，新法接生率100%；产后访视2244人，访视率99.25%；孕产妇死亡率为零。

【孕前优生健康检查】2023年，全区完成免费婚前医学检查393对；免费孕前优生健康检查739对，筛查出高风险1032人。

【出生缺陷筛查】2023年，全区完成产前筛查2212人，新生儿疾病筛查2277人、听力筛查2254人。

（田　荣）

疾病预防与控制

【传染病防治】传染病疫情报告管理　2023年，全区16个医疗机构无迟报漏报，区、镇街医疗卫生单位网上报卡完整率、准确率100%，及时率99.96%。网络直报传染病乙类9种1845例，发病率3.78‰；丙类5种2677例，发病率5.48‰。比2022年报告数分别上升291.72%、上升748.79%。

结核病防治　发现并登记活动性肺结核114例，网络报告率、转诊率、病人家属筛查率、追踪到位率、系统管理率均为100%。

艾滋病及性病防治　报告HIV抗体阳性21例，新增管理艾滋病、HIV抗体阳性31例，干预各类高危行为人群6315人次，开展检测1438人，艾滋病、HIV抗体阳性221例，随访干预率100%，$CD4^{+}T$淋巴细胞免费检测率100%。新增抗病毒治疗31例，累计221例。

【禽流感疫情控制】2023年，全区在10个镇街共采集禽流感外环境监测样本139份，阳性36份。其中，H_9 9份，H_9N_2 20份，N_2 6份，H_5 1份。阴性103份。

【血吸虫病防治】2023年，全区查螺面积437.81万平方米，其中江滩167.01万平方米，未发现螺情。春秋两季灭螺总面积65.76万平方米，使用50%氯硝柳胺1.44吨，未出现中毒事件。血清学查病1762人（血检1762人、粪检50人），流动人口查病500人，均未查出病人，血检均阴性。救助晚期血吸虫病人6人，救助金额2.35万元。永安洲镇国家级血吸虫病监测点完成流动人群查病200人，间接血凝试验检测均为阴性。永安洲镇福沙社区、凤凰街道塘湾社区调查辖区所有环境11.78万平方米，未查出活螺。

【地方病防治】2023年，全区监测居民户碘盐300份，检出不合格碘盐7份、非碘盐9份，碘盐合格率97.59%，覆盖率97%，合格碘盐食用率94.67%。碘营养监测学生200人、孕妇100人，8～10周岁儿童发现甲状腺结节者19人，甲状腺肿大者4人，儿童尿碘中位数为189.2微克/升，孕妇尿碘中位数为138.33微克/升。

【寄生虫病防治】2023年，全区完成疟疾血检674人，规范处置国外输入性疟疾病例2例。

【慢性非传染疾病防治】2023年，全区居民电子健康档案建档45.55万份，建档率94.01%。建档高血压5.95万例、糖尿病1.83万例，高血压、糖尿病规范管理率分别为75.68%、75.04%。报告死亡病例3942例，死亡报告率8.14‰，粗死亡率7.87‰；网络直报肿瘤1146例、心脑血管病3443例。登记严重精神障碍患者2237人，报告患病率4.82‰，规范管理率95.81%。

【预防接种和免疫规划】2023年，全区安全接种免疫规划疫苗12种1.27万剂次，适龄儿童接种免规疫苗1.18万人次，接种率98.64%，新生儿乙肝疫苗接种及时率100%。常规免疫接种率卡介苗99.91%，脊灰第三剂99.83%，百白破第三剂

99.8%，含麻疹成分第一剂99.47%，乙肝第三剂99.54%，A群流脑第二剂99.67%，乙脑第一剂99.24%，甲肝第二剂99.08%。报告疑似预防接种反应80起。其中，一般反应79起，异常反应1起。对93所托幼机构、幼儿园、学校开展预防接种证查验，补证率100%，补种率98.02%。报告急性弛缓性麻痹（AFP）排除病例2例、麻疹排除病例9例。

【食源性疾病风险监测】 2023年，全区报告食源性疾病355例。其中，泰州市中西医结合医院报告152例，泰州市第三人民医院报告151例，其他医疗卫生单位报告52例。

（郗建雄）

卫生监督

【概况】 2023年，泰州医药高新区（高港区）发放各类公共场所卫生许可证383张，组织开展各类卫生监督执法检查32次，检查相关单位1163个次。区卫生监督所共受理投诉举报56件，实行行政处罚17例，处罚金额23.7万元。国家"双随机"抽查总数311个，省"双随机"抽查总数61个，共372个。完成全部抽查工作和抽检工作，将抽查结果和检测数据录入信息系统。开展食品安全标准进企业、进学校、进社区宣传活动2次。

【医疗机构监管】 1月，区卫生健康委联合区市场监管局对医疗美容行业重点违法线索检查清单内的所有单位开展检查，包括5个有证有照单位、12个有照无证单位和5个美容美发备案单位，现场均未查见存在医疗美容违法行为。3月，开展"蓝盾卫健九号"行动，监督检查1个疾病预防控制机构和13个开展预防接种的医疗机构，执法人员针对发现的问题向接种单位现场下达卫生监督意见书，督促立即整改落实到位。7月，对辖区内1个三级医疗机构、2个二级医疗机构、8个独立设置的医学检验机构、2个设有检验科的一级医疗机构进行专项监督检查，检查总体情况良好，针对现场查见的问题，卫生监督员责令限期整改。年内，区卫生监督所组织全区医疗机构签订依法执业承诺书145份、乡村医生签订依法执业承诺书200余份，在各村张贴"打击非法行医告市民书"140余份。多部门联合开展打击非法应用人类辅助生殖技术等违法犯罪行为专项整治工作，未发现违法行为。

【公共场所监管】 3月，区卫生监督所对10个使用集中空调通风系统单位进行专项监督检查，填写集中空调通风系统卫生评查表10份，向4个有问题的单位发放卫生监督意见书，现场指导并限期整改。6月，组织辖区内9个游泳场所的负责人及卫生管理员参加游泳场所卫生管理培训会。7—8月，对辖区内9个游泳场所进行专项监督检查，对6个不合格单位进行行政处罚。年内，对全区公共场所经营单位开展全面的卫生监督检查，对问题单位发放卫生监督意见书162份，现场指导整改。

【职业与放射卫生监管】 2023年，区卫生监督所对全区36个放射诊疗机构进行日常监督检查。其中，医院18个，口腔诊所14个，体检机构4个，下发监督意见书36份。配合市卫生监督所、市生态环境局等部门开展4次专项检查并组织回头看，其中对4个单位进行放射卫生检查，对8个用人单位进行职业卫生检查，巡查职业病危害重点企业150个。

【消毒产品监管】 2023年，全区共有消毒产品生产企业37个，完成综合评价21个，均为合格单位，评价结果通过江苏省卫生健康监督综合管理平台进行上报。出动监督人员66人次，共检查大型超市、母婴用品店、药店等19个，发放卫生监督意见书19份，检查中对不符合要求的相关产品均要求经营者立即下架。开展抗（抑）菌制剂专项整治工作，检查医疗机构15个、个人诊所20个、药店115个、母婴用品及婴幼儿洗浴店22个，对检查发现的进货验收不完善、索证材料不全等问题，发

2023年6月23日，区卫生健康委在寺巷街道组织开展糖尿病知识讲座

区卫生健康委　供图

放卫生监督意见书并督促整改。

【学校饮水卫生专项行动】 2023年，区卫生监督所联合区疾控中心抽取辖区内10所使用净水器的中小学校开展水质检测工作，出水水质检测结果显示均符合一般水质处理器的评价标准要求。 （孙 宏）

健康促进

【控烟工作】 2023年，泰州医药高新区（高港区）推进无烟环境建设，在公共场所设置张贴禁止吸烟标识，规定公共场所不得摆放烟具。发挥控烟监督员作用，做好劝阻吸烟工作。5月，组织开展“世界无烟日”宣传活动，对全区公共场所开展控烟督查。

【健康教育】 2023年，泰州医药高新区（高港区）组织开展健康促进医院创建工作，泰州市高港中医院获评省健康促进医院。泰州市第三人民医院、泰州市中西医结合医院通过市级评估。推广运用居民健康素养网上学习测评系统。开展2023年城乡居民健康素养综合水平监测工作。开展卫生宣传日咨询义诊及健康素养巡讲活动，宣传疾病防控知识。

【病媒生物防治】 2023年，泰州医药高新区（高港区）做好居民楼院、农贸市场、餐饮行业等场所的病媒生物防治工作，发放鼠药450千克、灭蟑毒饵1.5万袋。

【卫生创建】 2023年，泰州医药高新区（高港区）做好国家卫生城市复审迎检工作。白马镇、胡庄镇国家卫生镇创建通过省级暗访，大泗镇霍堡村、大泗社区，口岸街道戴集社区、张马社区、新明社区，刁铺街道圩岸社区通过省级健康村（社区）评估。

【学生健康监测】 2023年，泰州医药高新区（高港区）做好学生缺课监测工作。春学期上报率、非零报告率分别为99.32%、84.73%，秋学期上报率、非零报告率分别为100%、82.58%。春学期导致学生缺课的疾病前5位为感冒、胃肠道疾病、气管炎和肺炎、意外伤害、水痘，秋学期导致学生缺课的疾病前5位为感冒、胃肠道疾病、气管炎和肺炎、手足口病、水痘。做好学生常见病监测工作，33所学校报送26810名学生的常见病监测数据（全部录入江苏省学生健康监测平台），监测覆盖率100%。全区学生视力不良率62.58%，恒牙龋齿率1.38%，生长迟缓率0.25%，轻度消瘦率2.65%，中重度消瘦率2.83%，超重率16.69%，肥胖率19.34%，血压偏高率17.01%。开展教学环境综合监测，完成泰州市鲍徐小学、泰州市海军小学等7所学校的环境卫生监测任务，覆盖率21.21%，按时录入江苏省学生健康监测平台。

【职业病防治】 2023年，区卫生健康委依托江苏省职业病防治信息管理平台收集辖区用人单位职业健康检查个案，处理个案数据1.7万条。其中，审核通过1.65万条、退回500条，审核及时率98.5%。对扬子江药业集团有限公司、泰州市正宇医用敷料有限公司的一线劳动者开展职业健康素养监测与干预工作，采用面对面、网络问卷方式组织调查。首次以“县区采样，市级检测”的方式，从方案规定的重点行业和江苏省自选行业中抽取27个用人单位开展监测工作，监测岗位数192个，不合格率18.23%。 （姚 瑶）

医政管理

【医联体建设】 2023年，泰州医药高新区（高港区）继续深入推进府院合作，完成泰州市人民医院第三批人员轮换，组织3个二级以上医院参加国家、省级公立医院绩效考核培训，要求各医院对考核数据进行前置分析，提高数据上报准确率，泰州市第三人民医院全省排名第37名。组织医联体牵头单位定期下基层巡诊服务36次。1月，组织全区各医疗机构1600余名医护人员，开展3轮线上培训工作。4月，选派基层26名骨干医护人员至泰州市第三人民医院参加救治务实进修，考核通过率96.15%。10月，组织全区500名医护人员开展适宜技术培训。

【医疗质量管理】 2023年，泰州医药高新区（高港区）召开全区医政医管工作会议，组织开展医疗核心制度、病历书写、护理质量等专项督查，发现问题现场反馈，督促各单位落实整改。组织开展“改善就医感受 提升患者体验主题活动”“全面提升医疗质量行动”“进一步改善护理服务行动”等专项行动。组织护理核心制度和重点岗位、科室感控培训班，提高护理质量，落实感控措施。泰州市第三人民医院选送的速效救心圈作品在全省品管圈大赛中获得三等奖，并首次登上国家级品管圈赛场，获急诊专场优胜奖。组织区级护理技能能手参加市级护理技能大赛，获得二等奖1个、三等奖2个。

【药事管理】 2023年，区卫生健康委开展药品及医用耗材分级管理目录备案工作，组织开展基本药物配备使用评价、短缺药品监测，实行基本药物配备品种和金额每月通报制度，基层医疗机构基本药品采购品种和使用金额占比全市第一。组织精麻、抗菌、抗肿瘤等重点药品专项督查，发现的问题均整改到位。利用“禁毒宣传月”等强化政策宣贯。

【特色科室建设】 2023年，泰州医药高新区（高港区）新建史氏中医

许庄街道社区卫生服务中心　　许庄街道　供图

儿科名医工作室、金晖名医工作室、王少华名医工作室等特色科室。许庄街道社区卫生服务中心康复科、大泗镇卫生院消化科等22个科室创建成市级基层特色科室建设单位。

【生物安全管理】 2023年，区卫生健康委制定《泰州医药高新区（高港区）加强病原微生物实验室生物安全管理专项行动工作方案》，开展法律法规宣贯培训119人次，抽调检验、院感专家87人次，对38个备案实验室进行生物安全专项检查，对发现的17个问题进行现场反馈，并指导各实验室落实整改措施。全区共备案江苏金迪克生物技术股份有限公司生物安全实验室、泰州健为医学检验实验室（生物安全实验室、临床基因扩增检验实验室）等二级生物安全实验室38个。印发《病原微生物实验室生物安全文件汇编》40本，组织各实验室人员参加市级生物安全培训，62人经培训获得生物安全培训证书。开展医疗机构临床基因扩增检验管理，对11个生物安全备案实验室进行公示。

【中医药服务】 2023年，泰州市高港中医院通过二级甲等中医院整改评审，泰州市中西医结合医院接受三级乙等中西医结合医院评审。组织开展基层医疗机构中医馆服务能力等级建设，口岸街道田河社区卫生服务中心、许庄街道社区卫生服务中心、白马人民医院创建成四级中医馆，刁铺街道社区卫生服务中心、永安洲镇卫生院创建成五级中医馆建设单位。扬子江龙凤堂创成省级中医药旅游示范建设单位。年内，区卫生健康委先后开展“中医药文化宣传月”“夏季中医药特色便民惠民服务”“冬病夏治”“膏方节”等活动。举办中医药健康素养科普讲座25场次，1528人次参加，线上宣讲1期，点击（赞）量16万人次。组织健康咨询义诊19场次，2810人次参与。中医药宣传教育基地开放32日，接待参观1122人次。开展中医药特色体验活动14场次、20项，906人次参与。建设中医药健康文化知识角4个。组织《中华人民共和国中医药条例》宣传150余场次，制作宣传条幅600余张，医务人员800余人次参与，居民群众2000人次参与。泰州市中西医结合医院、泰州市高港中医院组织中医师、中药师走进学校，开展“巧手做香囊　体验中医药文化魅力”等活动。确定泰州市中西医结合医院为全区中药饮片集中采购牵头单位。向市科技局申报市级科技发展计划项目（社会发展）6项，其中2项获得立项。向市中医药管理局申报中医药科技项目4项，其中1项获得立项。全区在研中医药科研项目6个，总参与人数45人，投入115.3万元。申报2024年国家级中医药继续医学教育项目2项、省中医药继续医学教育项目3项、市中医药继续医学教育项目10项。　（赵亚萍）

收入与分配

就业创业

【概况】 2023年，泰州医药高新区（高港区）通过“线上+线下”相结合的方式，举办各类招聘活动59场次，提供就业岗位6.35万个，达成就业意向3000余人次。全年城镇新增就业1.41万人，城镇失业人员再就业0.9万人。支持成功自主创业2894人。其中，支持离校5年内高校毕业生创业463人，扶持农民自主创业1879人。

【援企稳岗行动】 2023年，泰州医药高新区（高港区）落实失业保险支持企业稳定就业岗位政策，帮助企业减轻负担、稳定就业岗位。全年向1844个企业发放稳岗返还补贴1014.32万元。

【“春风行动”线上线下招聘】 2023年，泰州医药高新区（高港区）组织开展“春风行动”线上线下招聘系列活动，累计发布招聘信息5.35万条，参加网上招聘企业1504个次，提供就业岗位5.35万个，达成就业意向3000余人次。

【未就业高校毕业生就业服务】 2023年，泰州医药高新区（高港区）对辖区内未就业高校毕业生开展走访摸排，摸清毕业生基本信息、就业意愿、服务需求，建立信息数据库，及时更新毕业生就业去向、享受帮扶政策等信息要素。对未就业的毕业生，提供职业规划、求职技巧等指导；对有培训需求的毕业生，针对性开展职业培训；对有创业意愿的毕业生，推荐适合的创业项目，提供咨询辅导、跟踪扶持、成果转化等服务；对建档立卡贫困家庭、零就业家庭、残疾和就业困难的少数民族毕业生，实施“一对一”重点帮扶，开展“送岗位”上门活动，做到就业服务率100%。及时兑现小微企业吸纳就业补贴政策，激励企业吸纳更多毕业生；鼓励高校毕业生围绕社区服务需求就业创业；发挥灵活就业人员社保补贴政策作用，支持高校毕业生依托各类平台在技术开发、内容付费、直播销售、网约配送等生产性、生活性服务业中实现灵活就业。

【“家门口”就业服务站】 2023年，全区先后在口岸街道王营社区、寺巷街道龙凤社区、胡庄镇胡庄社区建成标准化“家门口”就业服务站，摸排走访、精准施策、跟进服务，助力困难群体尽快实现就业。全年帮助310名困难人员实现就业。

【职业培训】 2023年，泰州医药高新区（高港区）完成补贴性职业技能培训5255人次。通过培训取得初级工证书1726人，高级工以上证

2023年1月29日，泰州医药高新区（高港区）组织开展“创响江苏”春风行动企业专场招聘会　区社会事业和退役军人事务局　供图

书1550人，合格证书71人。

【职业技能比赛】 11月25日，泰州医药高新区（高港区）举办职业技能大赛。大赛共设电工、药物制剂工、焊工、茶艺等10个职业（工种）比赛项目，1300余人报名参赛，699人获得高级工证书。

【创新创业大赛】 2023年，泰州医药高新区（高港区）举办第七届创新创业大赛暨“创响江苏”选拔赛。大赛主题为“创新引领未来、创业成就梦想”，时间为8—9月，共有近800个单位意向报名参赛。大赛分为大学生赛、社会赛2项赛事，大学生赛设置创业标兵组、创业项目组，社会赛设置乡村振兴组、直播电商组、产业强市组。经集中评审后，有近60个参赛项目进入复赛路演评选，22个项目进入决赛。参赛项目涉及生活服务、文化旅游、高效农业等传统行业，以及人工智能、电子信息、医疗卫生等高新产业。大赛决出大学生创业项目组、乡村振兴组、直播电商组、产业强市组4个组别一等奖各1人。

2023年9月16日，区劳动就业指导中心举办“促进青年创业，助力乡村振兴”“创富泰州”创业指导专家基层行活动

区社会事业和退役军人事务局 供图

2023年泰州医药高新区（高港区）第七届创新创业大赛评选结果一览表

表27

赛事	组别	奖项	公司名称	项目名称	负责人
大学生赛	创业标兵	创业标兵	江苏天铭精密科技有限公司	—	由珊珊
			泰州市义兴堂红木家具有限公司	—	徐　爽
		创业标兵提名奖	泰州市智禾农业机械装备有限公司	—	吴　健
			高港区亚芳家庭农场	—	叶　梅
			泰州市融宇传媒服务有限公司	—	仲浩宇
	创业项目	优秀青年人才创新创业项目一等奖	泰州习墨趣文化传播有限公司	养育星球·阅读养育	陈晶晶
		优秀青年人才创新创业项目二等奖	泰州市中铭汽车配件有限公司	悬挂配件，转向中铭	蒋雪梅
			泰州量至设计装饰有限公司	单一麦芽威士忌青梅酒项目	李双双
		优秀青年人才创新创业项目提名奖	泰州风之帆体育文化发展有限公司	扬帆泰州·驶向未来	宗建材
			泰州会学网络科技有限公司	草莓医生——助力乡村振兴	徐　飞
社会赛	乡村振兴	优秀创新创业项目一等奖	泰州医药高新区凤凰街道农民艺术团	文艺之光，点亮乡村	马恒章
		优秀创新创业项目二等奖	泰州市光普现代农业科技有限公司	药食同源，盆栽蔬菜	曹光甫
			泰州市志高新材料科技有限公司	高分子材料的研发及应用	蒋　伟
			江苏沃田生态农业科技有限公司	农牧种养结合	王　杰

续表27

赛事	组别	奖项	公司名称	项目名称	负责人
社会赛	乡村振兴	优秀创新创业项目提名奖	高港区富民农场	高港区富民农场	孔继美
	直播电商	优秀创新创业项目一等奖	江苏小咖文化传媒有限公司	小咖文化	田晨晨
		优秀创新创业项目二等奖	泰州鑫企航资讯有限公司	如何让企业增长100%电商赋能	陶　金
			江苏轩云网络科技有限公司	轩云文化	徐　晶
		优秀创新创业项目提名奖	泰州安逸商务秘书有限公司	抖音本地生活	朱义鹏
	产业强市	优秀创新创业项目一等奖	江苏美凤力医疗科技有限公司	医疗器械临床前大动物实验研究	魏旭峰
		优秀创新创业项目二等奖	江苏百宁盈创医疗科技有限公司	高频超声外科集成系统	徐国安
			江苏百择高分子有限公司	氟塑料制品研发生产项目	赵文六

（廖　斌）

【劳动权益保护】 农民工工资保障　2023年，泰州医药高新区（高港区）落实保障农民工工资支付制度，执行实名制管理和工资专用账户制度，推进欠薪治理。全年处理各类矛盾6938件。其中，“12333”劳动保障热线、“12345”民生服务热线等平台流转信访件5422件，国务院欠薪平台反馈案件1512件，“泰无聊”、微博、行风“7号键”投诉举报等网络媒体欠薪线索4件。排查重大问题隐患16起，为1218名农民工追讨工资1801万元。

劳动保障监察　区劳动监察大队共受理投诉举报案件280件。其中，工资及执行最低工资标准案件257件，未缴纳社会保险案件17件，其他案件6件。查处案件208件，按期结案率100%，无行政复议和行政诉讼。主动监察用人单位1274户。劳动监察联动平台举报投诉动态录入率100%，联动平台案件按期运行率100%，咨询信息录入数1.2万条，一级网格运行率100%。调解简易劳资矛盾纠纷723件，指导服务用人单位7981个次，采集新增用人单位信息3700条。劳动保障监察专职监察人员持证在岗率100%。规模以上企业劳动合同签订率100%，已建工会企业集体合同签订率100%。（王　浩）

劳动争议仲裁　区劳动人事争议仲裁委员会共处理各类劳动人事争议案件1859件，比上年下降24.48%。其中，不予受理87件，增长24.14%；立案处理468件，下降2.56%，涉及471人，涉案标的1918.33万元；案外调解案件844件，下降73.93%。已立案案件中，审结466件，其中裁决170件。接处人力资源和社会保障部调解平台案件152件、苏解纷非诉服务平台案件20件。全年劳动人事争议案件结案率99.57%，案件调解率81.67%。（吴莉萍）

和谐劳动关系创建　组织开展和谐劳动关系企业、劳动保障诚信企业等评选活动，扬子江药业集团有限公司、华润雪花啤酒（泰州）有限公司、江苏赛孚士生物技术有限公司获评江苏省和谐劳动关系企业，扬子江药业集团有限公司等10个企业获评泰州市劳动保障诚信示范企业。（王　荔）

收入与消费

【全体居民人均收入和消费支出】2023年，泰州医药高新区（高港区）全体居民人均可支配收入50975元，比上年增长6.2%。其中，工资性收入30087元，增长5.6%；经营净收入8949元，增长8.4%；财产净收入5396元，增长5%；转移净收入6543元，增长7.4%。人均消费支出34519元，比上年增长8%。其中，食品烟酒支出9547元，增长6.8%；衣着支出2290元，增长3.7%；居住支出5946元，增长2.9%；生活用品及服务支出1835元，增长1.8%；交通通信支出5183元，增长6.7%；教育文化娱乐支出6299元，增长19.1%；医疗保健支出2567元，增长10.3%；其他用品和服务支出852元，增长12.8%。

【城镇常住居民人均收入和消费支出】 2023年，泰州医药高新区（高港区）城镇常住居民人均可支配收入61043元，比上年增长5.3%。

其中，工资性收入36320元，增长4.5%；经营净收入9937元，增长8.5%；财产净收入7053元，增长4.2%；转移净收入7733元，增长6.1%。人均消费支出38310元，比上年增长6.6%。其中，食品烟酒支出10029元，增长4.9%；衣着支出2611元，增长2.9%；居住支出6792元，增长1.2%；生活用品及服务支出2174元，减少0.2%；交通通信支出5137元，增长5.5%；教育文化娱乐支出7387元，增长18.8%；医疗保健支出3222元，增长7.9%；其他用品和服务支出958元，增长9%。

【农村常住居民人均收入和消费支出】 2023年，泰州医药高新区（高港区）农村常住居民人均可支配收入33193元，比上年增长8.2%。其中，工资性收入19076元，增长8%；经营净收入7205元，增长7.5%；财产净收入2470元，增长6.6%；转移净收入4442元，增长10.7%。人均消费支出27823元，比上年增长11%。其中，食品烟酒支出8696元，增长10.5%；衣着支出1723元，增长5.3%；居住支出4451元，增长6.8%；生活用品及服务支出1237元，增长7.3%；交通通信支出5264元，增长8.9%；教育文化娱乐支出4378元，增长19.2%；医疗保健支出1409元，增长18.6%；其他用品和服务支出665元，增长22.9%。

（区统计局）

社会保险

【养老保险】 城镇职工基本养老保险　至2023年年末，全区城镇职工基本养老保险参保人数26.22万人。其中，原高港区12.57万人，原泰州医药高新区13.65万人。原高港区参保职工10.48万人（含参保农民工8358人），参保离退休人员2.09万人（以下均为原高港区数据）。缴费人数10.31万人。全年办理养老保险关系转移1100人次，办理到龄退休人员1928人，非因工丧失劳动能力提前退休22人，特殊工种提前退休56人。享受企业养老保险待遇2.09万人，人均养老金每月2261.89元。企业退休人员全部纳入社区管理，基本养老金按时足额发放率100%。全年城镇职工基本养老保险基金总收入18.41亿元，其中征缴收入12.14亿元；基金总支出18.41亿元，其中基本养老金支出5.65亿元；当期无结余，累计结余11.35亿元。

城乡居民基本养老保险　至2023年年末，泰州医药高新区（高港区）城乡居民基本养老保险参保人数7.84万人。全区城乡居民基本养老保险基础养老金标准每人每月251元，领取待遇人数8.19万人。基础养老金发放率100%。

机关事业单位养老保险　至2023年年末，泰州医药高新区（高港区）机关事业单位养老保险参保单位250个，在职参保人数5501人，正常缴费人数5318人，退休人数2730人。归集机关事业单位职业年金7575.3万元。其中，存量缴费7571.57万元，归集利息3.73万元。调整机关事业单位退休人员基本养老金，人均增加基本养老金198.77元，比上年增长2.95%。全年机关事业单位养老保险基金总收入2.11亿元，其中征缴收入1.5亿元；基金总支出2.03亿元；当期结余873万元，累计结余3876万元。

原高港区被征地农民社会保障　至2023年年末，按《江苏省征地补偿和被征地农民生活保障办法》（省政府26号令）共办理基本生活保障3.32万人。其中，第二年龄段1.56万人（生活补助费标准为每月300元，领取3年），第三年龄段93人（生活补助费标准为每月350元，领取至第四年龄段），第四年龄段1.74万人（养老金标准为每月740元）。按《江苏省征地补偿与被征地农民社会保障办法》（省政府93号令）共办理社会保障人数1.69万人。其中，劳动年龄段1.08万人，养老年龄段6143人（养老金标准为每月814元）。按《江苏省征地补偿和被征地农民生活保障办法》（省政府87号文）共办理社会保障668人。共有退捕渔民388人，除去死亡人员6人，382人全部按照征地保障政策落实社会保障补贴。

原泰州医药高新区被征地农民社会保障　至2023年年末，按《江苏省征地补偿和被征地农民生活保障办法》（省政府26号令）共发放基本生活保障58615人。其中，第二年龄段2万人（生活补助费标准为每月160元），第三年龄段1.42万人（生活补助费标准为每月200元），第四年龄段2.44万人（养老金标准为每月814元）。按《江苏省征地补偿与被征地农民社会保障办法》（省政府93号令）共办理社会保障人数8518人。其中，劳动年龄段6315人，养老年龄段2203人（养老金标准为每月814元）。按《江苏省征地补偿和被征地农民生活保障办法》（省政府87号文）共办理社会保障1151人。共有退捕渔民3人，均按照征地保障政策落实社会保障补贴。

【工伤保险】 2023年，泰州医药高新区（高港区）推进超过法定退休年龄人员和实习生参保工伤保险，2787名超龄就业人员和实习生被纳入工伤保障范围。至年末，全区工伤保险参保人数28.37万人。开展工伤预防宣传培训和康复工作，共组织工伤预防培训13场，覆盖人数1277人次。其中，危化品企业专场2场，培训从业人员259人次；工伤康复培训23人次。完成工伤认定案件558件，劳动能力鉴定案件437件，其中达到伤残等级417件。职业伤害确认18件。审核工伤一次性待遇744人次，定期待遇164人。全年工伤保险基金总收入4412万元，基金总支出4271万元，当期结余141万元，累计结余负1615万元。

【失业保险】 至2023年年末，泰州医药高新区（高港区）失业保险参保人数12.41万人。全年失业保险基金总收入4727万元，基金总支出2622万元，当期结余2105万元，累计结余2323万元。

【城乡居民基本养老保险扶贫】 2023年，泰州医药高新区（高港区）按照每人每年100元的标准，为符合条件的低保对象、特困人员、重残人员等1870名贫困人员代缴城乡居民养老保险，投入财政资金18.7万元。

【社会保险费减免】 2023年，泰州医药高新区（高港区）继续执行社保降费政策，失业保险按1%费率征收（单位0.5%，个人0.5%）。全年减免区内（原高港区）4252个企业失业保险费2330.31万元。

【社保基金管理】 2023年，泰州医药高新区（高港区）组织开展社会保险基金安全警示教育月活动，防止欺诈骗保、套保或挪用贪占社会保险基金等违法行为的发生。至年末，各项社会保险基金累计结余28.77亿元。 （顾 妲）

【社会保障信息化】 2023年，泰州医药高新区（高港区）按照"整体推进、自然过渡、发用并重"的原则，全面启动第三代社会保障卡及电子社保卡申领工作。全区设立即时发卡网点63个，至年末，累计制发第三代社会保障卡3.18万张，电子社保卡签发39.3万人，覆盖率达81.1%。 （朱 峰）

【医疗和生育保险】 2023年，泰州市医疗保障局医药高新区（高港区）分局持续推进"网上办"、"掌上办"、承诺制等便民服务模式。推进门诊共济保障、DRG 支付方式改革，配合做好国家医保平台征缴系统上线测试、培训等工作。建成口岸街道便民服务中心、大泗镇便民服务中心2个"15分钟医保服务圈"省级示范点，全区147个村（社区）医保公共服务站点全部建成并通过验收。

城镇职工基本医疗保险 至2023年年末，原高港区城镇职工基本医疗保险参保11.9万人，比上年增加9113人。其中，参保职工8.98万人，参保退休人员2.93万人。职工基本医保政策范围内住院报销比例为87.62%。

城乡居民基本医疗保险 2023年，城乡居民基本医疗保险个人缴费标准为一般居民每人每年460元，特困人员每人每年190元，学生儿童每人每年220元。财政补助标准提高到每人每年750元。至2023年年末，原高港区城乡居民基本医疗保险参保12.77万人。门诊待遇享受52.13万人次，住院待遇享受2.26万人次，大病保险待遇享受3.15万人次。居民基本医保政策范围内住院报销比例为72.44%。

生育保险 至2023年年末，原高港区生育保险参保6.57万人，其中女职工2.73万人。全年享受生育保险待遇7909人次，支付各项生育保险待遇2935万元。

医疗救助 2023年，资助困难群体参加城乡居民基本医疗保险6998人，落实资助参保资金232.16万元。医疗救助待遇享受3.19万人次，医疗救助基金支付827.81万元。低收入人口医疗救助资金托底35人次、托底金额1.35万元。中华人民共和国成立前入党的老党员享受医疗救助123人次，医疗救助金额3.3万元。 （陆俊华）

社会救助

【最低生活保障】 7月，泰州医药高新区（高港区）城乡低保标准由每人每月770元提高至800元，按时足额补差发放。全年向低保家庭2.12万户次、2.62万人次发放生活保障金1663万元。

【特困人员供养】 7月，原泰州医药高新区特困人员供养标准由每人每月1001元提高至1040元；原高港区特困人员分散供养标准由每人每月1001元提高至1040元，集中供养标准由每人每月1101元提高至1144元。全年发放特困人员保障金4004人次计422.28万元。

（李洋洋）

【临时救助】 2023年，泰州医药高新区（高港区）向符合临时救助条件的对象92人次发放临时救助金23.04万元。 （李 燕）

【慈善救助】 2023年，高港区慈善协会共募捐各类善款404万元。开展"情暖江苏·爱在泰州"春节慰问活动，慰问家庭70户，发放慰问金7万元。开展基层村（社区）困难帮扶慰问项目，资助10个村（社区）共30万元。开展贫困家庭儿童重大疾病慈善救助项目，救助1名患儿，支付救助款6.6万元。帮扶陕西省咸阳市长武县社会组织孵化基地建设，资助2万元。 （陈庆琳）

社会福利

【养老服务】 尊老金发放 2023年，泰州医药高新区（高港区）规范尊老金发放工作，加强信息化管理，发放尊老金2520.55万元，惠及老人1.78万人。 （张 越）

社区居家养老项目建设 通过新建、改扩建方式，建设口岸街道田河社区、刁铺街道明发社区、许庄街道蔡庄村、白马镇陈家村、大泗镇二陈村、胡庄镇田野村、凤凰街道华润社区、寺巷街道龙凤社区、明珠街道

在口岸雕花楼景区廊道打牌娱乐的老人　　张国威　摄

祥龙社区、野徐镇康居社区10个示范性乡村互助养老睦邻点；改造提升白马镇陈家村、胡庄镇田野村、凤凰街道药城护理院、寺巷街道龙凤家园、野徐镇康居社区5个老年助餐点，累计建成145个社区居家养老服务设施。

政府购买居家养老上门服务　开展政府购买居家养老上门服务，服务对象包括政府补贴对象和政府普惠对象两类，累计服务政府补贴对象1401人、普惠对象19605人，居家养老上门服务占全区老年人比例为19.3%，政府购买居家养老上门服务结算资金672.99万元。（王竹芳）

特殊困难老年人家庭适老化改造　开展老年人家庭适老化改造，结合老年人身体状况及改造意愿实施具体项目，提升老年人居家养老环境的便利性和安全性。完成275户特殊困难老年人家庭适老化改造任务。

机构养老项目建设　累计建成农村区域性养老服务中心3个，7个街道依托敬老院或老年人日间照料中心建成街道综合性养老服务中心。完成3个100张床位以上养老机构消防安全管理标准化达标创建。（赵　颖）

【孤儿及困境儿童基本生活费发放】7月，泰州医药高新区（高港区）散居孤儿基本生活费标准由每人每月1848元提高至1920元。全年发放孤儿基本生活费174人次、34.1万元，发放困境儿童基本生活费6477人次、419.8万元。（陈美慧）

【残疾人“两项补贴”】7月，泰州医药高新区（高港区）残疾人生活补贴标准由每人每月770元提高至800元。2023年上半年，原泰州医药高新区城乡重度残疾人护理补贴标准为每人每月130元；原高港区城镇重度残疾人护理补贴标准为每人每月130元，农村重度残疾人护理补贴标准为每人每月100元。2023年下半年，统一全区城乡重度残疾人护理补贴标准为每人每月130元。全年发放“两项补贴”9.77万人次、3919.15万元。（李　燕）

【福利彩票销售】2023年，泰州医药高新区（高港区）各类福利彩票销售3401.63万元，比上年增长21.09%。其中，电脑票销售2451.9万元，即开票销售949.73万元。（马　娟）

住房保障

【保障性住房建设】2023年，泰州医药高新区（高港区）新筹集保障性租赁住房3167套，城镇棚户区改造基本建成2870套。新增配租公租房26套、保租房141套、人才公寓22套。发放城镇中低收入家庭住房租赁补贴5户共2.57万元。

【快递小哥之家】1月13日，泰州医药高新区（高港区）举行“快递小哥之家”入住仪式，来自顺丰、京东、中通的20名快递员入住华润国际社区、祥龙家园和东方明珠保障性租赁住房。（魏国涛）

【住房公积金管理】2023年，泰州市住房公积金管理中心高港分中心累计归集住房公积金5.94亿元，比上年增长4.58%。新开户单位71个，新增开户职工5650人，至年末开户人数54742人，年利息转本金2216万元。全年发放个人住房贷款710户共3.05亿元，回收贷款1.48亿元，年末贷款余额11.07亿元，个人贷款逾期率0.06%，贷款抵押到位率96.94%。（刘　芹）

社会事务管理

人口服务

【婚姻登记】 2023年，泰州医药高新区（高港区）办理结婚登记2902对，比上年增加341对；办理离婚登记607对，增加38对；补发结婚证460对，增加115对；补发离婚证23对，减少12对。（张丽莹）

【殡葬管理】 2023年，泰州医药高新区（高港区）落实惠民殡葬政策和生态葬要求，为4147名死亡人员免除基本丧葬服务费469.48万元。（曹　雪）

【计划生育扶助资金发放】 2023年，泰州医药高新区（高港区）发放计划生育奖励扶助资金2607.46万元，惠及27919人；发放持独生子女父母光荣证退休职工一次性奖励482.4万元，惠及1608人；发放持独生子女父母光荣证城镇非从业居民一次奖励23.1万元，惠及77人；发放独生子女父母奖励金7.71万元，惠及3856人。

【托育机构】 2023年，泰州医药高新区（高港区）有普惠托育机构34个。泰州市艾思语儿童托育服务有限公司创成省级普惠托幼机构，凤凰街道泰州市蒙特梭利教育信息培训有限公司、口岸街道泰州市唯斯顿保育服务有限公司创成市级普惠托幼机构。规划建设区级托育综合服务中心，新增托位190个。

【老龄健康服务】 2023年，泰州医药高新区（高港区）组织全区65岁及以上老年人健康体检6.47万人次，健康管理率达75%以上。组织实施老年人运用智能技术专项普及培训工程，提供免费培训服务3200人次。泰州市高港中医院被评为江苏省老年友善机构优秀单位，泰州药城护理院建成江苏省老年友善医疗机构。许庄街道乔杨社区和凤凰街道凤凰园社区被评为省级老年友好型社区。（田　荣）

基层自治组织建设

【社区队伍建设】 2023年，泰州医药高新区（高港区）推进“全科社工”队伍建设，提升社区工作者能力和水平，16名社区工作者获评泰州市第二届“全科社工”，其中4人获评泰州市“金牌社工”。野徐镇仲联社区乔亚军“名师工作室”获评泰州市示范社区名师工作室，明珠街道丹凤社区吴镕“名师工作室”获评泰州市优秀社区名师工作室。开展“大江风华·最美社区工作者”评选活动，表彰20名在城乡社区治理服务中表现突出的社区工作者。

【基层民主管理】 2023年，泰州医药高新区（高港区）打造“邻里中心·五美驿站”3个，分别为野徐镇仲联社区、寺巷街道康和社区、刁铺街道刁铺社区。组织参加泰州市“一地一品”区域社区治理品牌创建活动，1个社区服务品牌（“五社联动”让幸福“抱团”——“521”社区治理服务工作法）获铜奖。野徐镇褚雅社区的《“一碗茶”品出基层治理“浓香”》获评市级基层治理十佳案例，明珠街道靳新社区居民公约获评市级十佳村规民约（居民公约）。

靳新社区居民公约

靳新人	爱靳新	订村规	守民约
爱祖国	爱社区	拥护党	心坚定
崇道德	守法纪	树新风	扬正气
遵古训	尚节俭	信政府	禁谣言
讲诚实	重信用	爱岗位	勤奉献
邻里间	和睦处	有矛盾	互谅解
顾大局	要团结	讲文明	懂礼貌
管好嘴	稳住腿	社区事	社区毕
尊师长	扶老幼	夫妻间	敬如宾
老弱困	众人济	助人乐	赛亲戚
遵法纪	敲警钟	除黑恶	当先锋
崇科学	破迷信	止邪风	除陋习
法条理	在心里	违法事	绝不沾
黄毒赌	三只虎	莫染指	惹祸端
红白事	莫攀比	倡节俭	简办之

服兵役 皆有责 吃苦前 享乐后
勤学习 求上进 严律己 宽待人
学习日 莫忘记 社区事 多参与
有垃圾 不乱扔 分类投 好处理
爱集体 惜公物 有装修 多注意
犬出门 要系绳 污秽物 常清理
驾车行 规范停 不占道 不添堵
靳新约 人人守 共协力 创佳绩
三字经 记在心 常对照 要执行

【社区治理服务】 2023年，泰州医药高新区（高港区）新增城市社区居民委员会3个，分别为刁铺街道刁铺社区居民委员会、明珠街道天虹社区居民委员会、野徐镇雅茶社区居民委员会；调整7个社区居民委员会的管辖范围，分别为刁铺街道通太社区居民委员会、关桥社区居民委员会，明珠街道殷庄社区居民委员会，野徐镇康居社区居民委员会、仲联社区居民委员会、香榭社区居民委员会、仲润社区居民委员会。寺巷街道康和社区、白马镇陈家村获评泰州市新型农村社区治理“五星级”示范点。野徐镇康居社区获评泰州市“五会”组织建设示范点。

（陈春龙）

社会组织管理

【概况】 2023年，泰州医药高新区（高港区）新登记社会组织13个。其中，社会团体7个，民办非企业单位6个。至年末，全区登记社会组织总数863个。其中，社会团体469个，民办非企业单位391个，基金会3个。

2023年泰州医药高新区（高港区）新登记社会团体一览表

表28

单位名称	地址	主管单位	登记时间
泰州医药高新区（高港区）古琴文化协会	口岸街道柴墟西路183号、185号（口岸雕花楼景区内）	区文联	2023-03-21
泰州医药高新区（高港区）刁铺街道老龄协会	刁铺街道繁荣路46号	区卫生健康委	2023-03-24
泰州医药高新区（高港区）寺巷街道商会	寺巷街道泰高路155号	区工商联	2023-06-07
泰州医药高新区（高港区）作家协会	寺巷街道药城大道777号商务1号楼8楼	区文联	2023-06-07
泰州医药高新区（高港区）润泽爱心协会	大泗镇大马村三组98号	区民政局	2023-08-23
泰州医药高新区（高港区）围棋协会	口岸街道春城路293号	区党工委（区委）宣传和统战部	2023-09-28
泰州医药高新区（高港区）音乐舞蹈协会	凤凰街道永定东路500号皇家花园19幢103室和107室	区文联	2023-10-19

2023年泰州医药高新区（高港区）新登记民办非企业单位一览表

表29

单位名称	地址	主管单位	登记时间
泰州医药高新区（高港区）凤凰街道残疾人之家	凤凰街道鼓楼路99号置地星座301	区残联	2023-01-09
泰州医药高新区（高港区）灵之悦艺术团	口岸街道腾龙御园一期物业中心6楼	区文化体育和旅游局	2023-03-24
泰州医药高新区（高港区）雲旗文化艺术团	口岸街道扬子江南路55-5室	区文化体育和旅游局	2023-05-31
泰州医药高新区（高港区）五老艺术团	区文化馆201室	区文化体育和旅游局	2023-09-01
泰州医药高新区（高港区）淮河路幼儿园	凤凰街道钟山路66-1号	区教育局	2023-10-08
泰州医药高新区（高港区）战旗红志愿者服务队	寺巷街道长泰路健康桥北侧	区社会事业和退役军人事务局	2023-11-14

【社会组织监管】2023年，全区组织开展社会组织网上年检工作，符合年检条件的社会组织共有921个，参加年检共693个，年检率75.24%。年检合格的社会组织407个，基本合格的社会组织119个。指导“僵尸型”社会组织注销64个。开展非法社会组织打击整治专项行动，区管委会（区政府）成立专项整治领导小组，常态化开展非法社会组织线索摸排，在全区范围内未发现非法社会组织。

【社会组织作用发挥】2023年，泰州医药高新区（高港区）加大政府购买社会组织服务力度。开展第二届“美好社区·幸福港城”公益创投活动，面向全区社会组织征集扶老助老、关爱儿童、救助帮困等5个类型的服务项目15个，投入资金104万元。共有201个社会组织获得评估等级。其中，AAA等级社会组织2个，AA等级196个，A等级3个。（陈春龙）

地名管理

【概况】2023年，泰州医药高新区（高港区）新命名道路15条（和丰路、金丰路、智民路、悦民路、康民路、润民巷、曹庄路、徐桥路、金陈路、前进河路、直港河路、刁东路、观五路、吉庆路、许河路），更改道路起始点3条（康西路、泰胡路、兴胡路）。新安装街道路名牌34块，完成18条道路命名、更名的申报工作。口岸街道庆元街入选省级地名文化遗产名单。

【省级地名服务试点工作】2023年，泰州医药高新区（高港区）被确定为江苏省“深化乡村地名服务 点亮美好家园”试点地区。试点开展后，核实道路数2381条；通过百度地图采集乡村地名点数6675条；开展乡村地名文化宣传活动8场，累计服务2500余人次；设置乡村地名标识368块（路牌198块、巷道牌20块、村牌150块），累计投入资金70万元。

【平安边界创建】2023年，泰州医药高新区（高港区）将平安边界创建活动与贯彻落实国务院《行政区域界线管理条例》结合，加强边界管理工作。分层次签订平安边界管理责任书，落实行政区域界线日常管理责任，加强界桩及其他标识物的管理。（蒋月兵）

退役军人事务

【退役军人思想政治工作】2023年，泰州医药高新区（高港区）组织开展理论润心、典型引领、致敬英烈、情暖老兵、志愿提升、戎耀提档行动，打造“兵至如归 荣溢港城”退役军人思想政治品牌。徐浩宇获评江苏最美拥军人物，张诚、徐竞峰获评市最美拥军人物，朱爱华获评市最美退役军人。评出区最美退役军人10人。区税务局、泰州平安保安服务有限公司被评为江苏省优秀“戎耀之家”。

【退役军人安置】2023年，泰州医药高新区（高港区）完成转业士官和计划分配军转干部移交安置工作。严格执行积分选岗制度，军转干部全部安置党政机关公务员岗位。符合政府安排工作条件的退役士兵事业单位安置比例达53.33%。妥善安置接收退役义务兵、退役士官，发放自主就业一次性补助金。

【拥军工作】2023年，区双拥办联合区人武部、区文联、区摄影家协会等开展“致敬‘最可爱的人’，为老兵拍摄‘全家福’”活动。为全区19名抗美援朝老兵采集红色手印，录制口述视频。7月31日，泰州医药高新区（高港区）举办“军民同庆颂党恩 携手奋进新征程”庆祝中国人民解放军建军96周年暨2023年度“大江风华·最美退役军人”表彰大会。年内，区领导先后走访慰问泰州舰全体官兵；到江苏省军区综合训练队，召开泰州医药高新区（高港区）军地联席会，支持江苏省军区综合训练队后勤保障工作，并协调训练队与明珠派出所建立军警共建基地。11月4日，区社会事业和退役军人事务局组织人员参加市爱国拥军促进会“进军营、暖兵心、激动力”活动，走访武警浙江金华训练基地。打造凤凰街道刘庄社区双拥示范点，运用辖区内的电子屏、户外LED移动电视平台等，播放双拥宣传片、视频、图片、宣传标语等。

【烈士纪念】2023年，区社会事业和退役军人事务局倡导社会各界人士通过中华英烈网发布的“2023·崇尚·清明祭英烈”平台在线祭扫烈士，通过点击相关链接参加活动，利用网络向英烈“鞠躬献花”。清明节期间，高港区烈士陵园共接待机关、团体、学校、社会各界人士30余批次4100余人祭扫。其中，学生3200余人次，机关、团体、社会各界人士800余人次，烈士家属100余人次。3月31日，区社会事业和退役军人事务局组织系统内工作人员在高港区烈士陵园开展“缅怀革命先烈，传承红色基因”清明祭扫活动。组织2名烈士家属到广西祭扫革命烈士。开展烈士寻亲活动，帮助寻找到1名烈士的家人。（纪友林）

【退役军人创业就业】2023年，泰州医药高新区（高港区）开展退役军人培训就业服务。宣传各类培训政策，组织自主就业退役士兵参加学历教育、技能培训和适应性培训。拓宽就业创业渠道，建立常态化联系制度，借助退役士兵微信交流群收集发布各类符合退役士兵特点的就业岗位信息。全年举办退役士兵

2023年3月13日，泰州医药高新区（高港区）举行自主就业退役军人返乡欢迎仪式暨适应性培训开班仪式　区社会事业和退役军人事务局　供图

专场招聘会4场，参加单位230余个，提供就业岗位2500余个，涉及机械制造、电子装配、商贸餐饮等行业。全区2023年退役士兵全部实现稳定就业。（肖　军）

【抚恤优待】 2023年，全区向优抚对象发放水电气补助209.65万元和物价补贴31.26万元。对立功受奖现役军人家属发放优待金19万元。发放义务兵家属优待金和大学生入伍奖励金1000余万元。各镇街发放抚恤补助2700余万元。春节和"八一"建军节，全区发放慰问金300余万元。组织重点优抚对象参加短期疗养。优抚对象按每人300元标准进行免费体检。做好重点优抚对象免费参加下年度城乡居民医疗保险工作。为自主择业军转干部和伤残军人缴纳医疗保险共20余万元。为下岗、失业的转业及自谋职业志愿兵发放生活困难补助40余万元。（陈建安）

民族宗教事务

【概况】 2023年，泰州医药高新区（高港区）共有少数民族34个，人口1806人，以土家族、苗族、满族、回族和壮族居多。江苏省口岸中学新疆部有班级9个，学生375人。全区经批准设立的宗教活动场（处）所16处。其中，佛教场（处）所7处，道教场（处）所2处，基督教场（处）所7处。有宗教教职人员48人。其中，佛教8人，道教16人，基督教24人。

【民族宗教政策法规宣传】 2023年，泰州医药高新区（高港区）邀请专家授课，宣传中共二十大精神和习近平关于民族宗教工作的重要论述。运用现场普法、新媒体普法、"以案释法"等形式，组织开展国家安全法律法规、《中华人民共和国民法典》、反对宗教极端思想等宣传教育。建成市级民族宗教政策法规宣传教育基地2处，为泰州市高港区口岸古寿佛寺、泰州市高港区城隍庙。

【民族团结进步】 2023年，泰州医药高新区（高港区）依托区新时代文明实践中心，打造"红石榴文化园"，布展少数民族传统服饰和文创产品，设立少数民族活动阵地；依托泰州市人力资源服务产业园资源，建成全市首个区级"红石榴就业促进服务中心"，为少数民族群众提供就业生活指导。泰州职业技术学院、白马镇新时代文明实践所创成市级"石榴籽家园"。为1名少数民族群众更改民族身份；协调解决13名少数民族儿童入学问题。在江苏省口岸中学举办"石榴花开正青春　糕粽助力梦起航"主题活动，组织少数民族代表参加"健康江来"志愿放流活动，在全区教育系统开展"民族团结，字成一家"民族团结进步进校园书法比赛、"普通话诵石榴红"故事演讲等主题活动。

【宗教活动场所安全管理】 2023年，泰州医药高新区（高港区）开展宗教活动场所消防演练和安全培训。开展宗教活动场所消防安全标准化建设，通过市级验收1个。开展宗教活动场所标准化建设，形成宗教活动场所规范管理的问题清单、任务清单、责任清单。深入排查宗教活动场所安全隐患，指导做好大型活动的安全工作。（唐中琴　耿红喜）

关心下一代工作

【概况】 2023年，全区有基层关工委组织568个。其中，区级关工委1个，镇街关工委12个，村（社区）关工委145个，教育系统关工委75个，政法系统关工委15个，农业系统关工委13个，企业关工委307个。有村民小组（楼道）关工委联络员263人。从事关心下一代工作的"五老"志愿者6639人。区关工委微信公众号"高新高港关工人"全年发布图文信息100余篇。在"学习强国"学习平台发稿48篇。区关工委获评全市关工宣传工作一等奖。

【青少年主题教育】 2023年，区关工委联合区文明办、区教育局协同推进"老少心向党，奋斗新征程"主题教育。区关工委修订区本教材《党的光辉照我心》《踔厉奋发向未来》，新编2册《社会主义核心价值

观精品课教案》近15万字，2篇立德树人调查报告分获省二等奖、市一等奖。区教育系统关工委组建宣讲团，遴选出“五老”和在职骨干教师140余人作为宣讲员，开展线上线下宣讲510余场，受众20余万人。6月2日，举行全区老少同台演讲比赛，14支代表队获奖。各镇街和系统关工委利用学雷锋日、人民海军诞生纪念日、“五一”劳动节、“五四”青年节等重大节日，开展学雷锋树新风、祭扫英烈、“走向深蓝，逐浪海天”和“向最美奋斗者致敬”等活动。组织青少年参加“我是强国小主人”省级系列竞赛活动，区关工委、区教育系统关工委等5个单位获最佳组织奖，16个单位获优秀组织奖，700余名学生获优秀作品奖。

【关爱青少年弱势群体】 2023年，区关工委开展“春风行动”“点亮微心愿·助力微梦想”“六一关爱周”“关工有爱六月行”等活动，为1600余名困难学生筹资捐物。“金秋助学”行动筹资30余万元，助力80余名困境学子圆大学梦。做好“双特双助，关爱成长”工作，形成“区关工委干部+镇街关工委干部+村居‘五老’志愿者”三对一结对关爱工作模式，建立专项档案和电子信息库，跟踪管理受助学生及“五老”关爱情况，61名学生受益。各级关工委开展“99公益日”网络募捐活动，全区募捐总额44万元，名列泰州各区市第一，获市关工委“99公益募捐”活动特等奖。

【青少年法治教育】 2023年，区关工委联合区法宣办、区司法局、大泗镇等开展法治儿童节启动仪式暨法治嘉年华活动，展示“明法崇理，法润成长”青少年法治宣传教育服务项目成效。与高港区人民法院、区教育局等单位协同举行“七色花”护蕾行动启动仪式和区未成年人司法保护中心揭牌仪式。联合区社会事业和退役军人事务局组织开展“牵手护幼，守望未来”未成年人保护宣传教育活动。联合区党工委（区委）政法委、区公安分局召开全区公安派出所关爱工作站建设现场推进会，周山河街区派出所成为全省公安派出所关爱工作站建设现场推进会示范观摩点。联合高港区人民检察院、区教育局、区司法局在泰州市扬子江小学举行“法治教育开学第一课”活动。省刊《薪火》杂志以《“法雨润苗”助成长》为题，推介区关工委助推法治教育特色经验。

2023年7月26日，全区公安派出所关爱工作站建设现场推进会召开

区关工委　供图

【校外辅导站建设】 2023年，全区共有多元联建辅导站点122个。整合资源，持续推进“多元建站”，形成关工委主导，学校主体，党政部门、村（社区）、企业、社会团体、“五老”工作室主体助建的“三主”办站模式。区关工委先后到刁铺街道、凤凰街道、胡庄镇等调研，总结推广“五老工作室助力”“校站和谐结合”“多元课程与特色活动”等辅导站建设经验。打造许庄街道蔡庄村“杏雨培实”辅导站和大泗镇中心站。与团区委等部门协同开办公益暑托班，惠及2300余名儿童。2个优秀活动视频获评省关工委一、二等奖。全年区青少年社会教育实践基地（蔡庄村）共接待研学实践活动学生2.4万人。

【“双五好”创建】 2023年，区关工委制定并落实“五有五好”基层关工委建设三年巩固深化年活动方案，细化“五好关工委”和“五好五老”创建标准，修订《“五老”工作室建设方案》，强化关工网格建设、“五老工作室”建优、关工站提升行动。区关工委4名驻会人员与50余名“五老”志愿者组成区老年合唱团参加区级展演。110余名“五老”参加名镇名村志编纂工作，出版书稿字数达270余万字。口岸街道魏清荣工作室坚持义务为社区少儿辅导书画。刁铺街道章庆生“五老工作室”创造进史、进群、进站、进心“四进工作法”。许庄街道商会与关工委助力216个企业抱团发展，江苏省《薪火》杂志以《商会+关工，实现双赢》为题进行报道。区教育系统43所中小学（幼儿园）创成关工委均衡发展合格校（园）。11个基层关工委和19名“五老”受到市级表彰。张振余、章庆生、王社戈3名“五老”先进事迹被市关工委专题片及专刊推介。

（陈连龙　张振余）

应急管理

综　述

【概况】 2023年，泰州医药高新区（高港区）应急管理系统健全完善应急体系，印发《关于加强镇（街道）安全生产和消防监管能力建设的实施意见》，12个镇街按要求完善机构、配置人员。建立专业应急救援队伍20支。建立应急救援物资储备制度，各类应急物资储备到位。科学编制应急救援预案，定期组织演练。开展各类专项治理和宣传教育活动。

【应急指挥】 2023年，区应急管理局做好全区安全防范工作，及时接收、转发上级发布的气象预警、安全提示，加强国家应急指挥综合业务系统信息日常维护、更新。全年共接受江苏省应急管理厅、泰州市应急管理局调度和测试170余次，保障重要节日和重大活动期间应急通信畅通。印发《关于进一步规范突发事件信息报送工作的通知》，共牵头向市应急管理局、区党政办等报送突发事件信息12起，对1起突发事件信息迟报问题进行全区通报。组织开展突发事件应急处置，特别是“7·7”暴雨灾害期间，协调相关部门（单位）做好应急物资储备和调用，按照职责及时上报积水点情况。

【应急救援队伍】 2023年，泰州医药高新区（高港区）新增应急救援队伍1支，共有20支。在港口物流产业园区和化学新材料产业园开展突发事件先期性救援队伍建设试点工作。组织开展全区应急救援资源调查、全区专业应急救援队伍调查等活动，择优向社会发布10支专业救援队伍地域分布和力量配置情况。在化学新材料产业园进行试点，组织化工（危化品）企业、重点工贸企业开展精准救援手册编制工作。

【应急救灾物资储备】 2023年，泰州医药高新区（高港区）应急救灾物资采用分布式存储，主要由区内各园区、镇街及相关部门按照各自职能，储备相应的应急物资，日常应急物资储备基本完善。

防灾减灾应急救援物资储备　建立区级救灾应急物资库。储备有棉被200床、床垫200床、床单200套、毛毯300床、单帐篷150顶、棉帐篷20顶、指挥帐篷5顶、折叠床200张、折叠桌凳100套、防潮垫300张、睡袋100个、场地照明灯8台、帐篷应急灯60只、发电机2台。

防汛抗旱应急救援物资储备　汛前足额储备防汛“三袋”8.69万只、木桩1340根、土工布1.19万平方米、块石2.5万吨、钢管9000米、应急排水泵29台（套）、打桩机2台、应急灯13台（套）、多功能移动

2023年6月20日，化学新材料产业园区举办安全生产“公众开放日”活动
化学新材料产业园区　供图

照明工作灯2台、应急帐篷20顶。

消防设备设施　消防综合应急资源由泰州医药高新区和高港区消防救援大队统一管理，有执勤车辆15辆。其中，水罐消防车3辆，泡沫消防车1辆，18吨重型泡沫消防车3辆，城市主战水罐消防车3辆，登高平台消防车3辆，抢险救援消防车2辆。共有个人防护装备1882件（套），抢险救援器材992件（套），抗溶性泡沫灭火药剂31吨，A类泡沫灭火药剂1.7吨。

【应急演练】2023年，泰州医药高新区（高港区）开展区级专项应急预案演练4次，组织219个企业开展“无脚本”双盲拉练242次。5月，在泰州港华燃气有限公司开展燃气领域突发事件应急演练。7月，在中海油气（泰州）石化有限公司开展应急通信设备实战化演练。9月，以“四不两直”方式在富彤化学有限公司开展液氯泄漏应急处置实战化演练；在江苏海企化工仓储股份有限公司开展移动式特种设备突发事件应急演练；联合泰州市应急管理局在区重点危化品生产企业开展突发事件应急处置实战化演练。

（朱　蓉）

安全生产管理

【安全生产责任制落实】2023年，泰州医药高新区（高港区）制定区党工委（区委）、区管委会（区政府）领导班子成员2023年安全生产重点工作清单，深化党政领导挂钩化解重大（较大）安全风险隐患机制，推动4个市领导挂钩重大风险隐患和76个区、镇两级党政领导挂钩重大（较大）风险隐患摘牌销号。调整区安全生产委员会与16个安全生产专业委员会，健全完善专委会工作机制，将“专委会第一主任（区分管领导）定期述职”与“专委会开展月度工作例会”纳入《专委会工作规范》。落实《压紧压实企业安全生产主体责任若干措施》12条具体举措，实施“一案双罚”6起，督促企业主要负责人全面落实“六个带头”法定职责，推动9个重点企业通过二级标准化评审，2个企业通过三级标准化评审。

【安全生产专项整治】2023年，泰州医药高新区（高港区）巩固拓展“专项整治三年行动”成果，聚焦建筑施工、船舶修造、危险化学品、冶金工贸、城镇燃气、消防等重点行业领域，兼顾密室逃脱、玻璃栈道类项目等新业态领域，开展各类专项整治行动。全年检查单位（场所）2.1万个次，发现安全问题隐患4.03万处，整改率99.67%。

【安全风险研判】2023年，泰州医药高新区（高港区）党政领导对工作落实不力、事故多发频发的行业主管部门与属地约谈共计15个次，推动相关单位落实工作责任，汲取事故教训并有效研判风险。区安委办每季度组织开展区级安全风险分析研判共4次，并针对性落实管控措施。

【重大事故隐患专项排查整治行动】2023年，泰州医药高新区（高港区）摸排重大事故隐患210个，完成整改202个。其中，企业自查发现重大事故隐患24个，全部完成整改；部门检查发现重大事故隐患186个，完成整改178个。行政处罚154次，罚款190.9万元，曝光、约谈、联合惩戒企业90个次，责令停产整顿25个，公布典型执法案例12个。

【安全生产“三个年”“六个一”行动】2023年，泰州医药高新区（高港区）推进“巩固提升年”行动中危险化学品等15个重点行业领域专项整治，实施“强化推进年”行动中强化基层监管机构队伍建设等10项基础建设任务，开展“风险防范年”行动中4大方面、10个子项重大安全工作，完成“六个一”行动中6项重点工作任务，开展调度18次，编发行动工作专报4期，全区通报4次，上报行动落实情况9次。

【“9+N”小场所安全百日攻坚专项行动】2023年，泰州医药高新区（高港区）对“9+N”小场所开展“拉网式、全覆盖”摸排，发现“9+N”小场所10036个，整治安全隐患8536条，其中重大消防安全隐患5条，指导开展专兼职消防安全员培训8500余人次，推广明珠街道“九小物联”信息化监管平台。

【安全发展城市创建】2023年，泰州医药高新区（高港区）开展安全发展城市创建工作，设置覆盖300余个人员密集场所的800余个安全发展城市宣传点位，组织开展安全发展城市进社区宣传活动16次、进校园宣传活动1次。

【老旧装置更新改造三年专项行动】2023年，泰州医药高新区（高港区）对企业的在役装置进行全面梳理排查，摸清底数并建立本企业老旧装置安全风险评估台账。督促企业对照整改方案及时更新改造装置，及时动态清零风险。全年完成3个企业的3台装置的更新改造。配合泰州市应急管理局组织专家开展危险化学品企业老旧装置安全风险管控工作“回头看”，对需更新改造的企业采取听取汇报、查阅台账、现场检查等方式进行复核，督促企业落实风险管控措施，确保安全风险可管可控。

【高危细分领域安全风险专项治理】2023年，泰州医药高新区（高港区）督促企业开展双重预防机制数字化建设运行成效自评，形成问题清单，配合泰州市应急管理局对7个企业双重预防机制信息化建设开展评估，确保重大危险源企业双重预防机制有效运行。组织专家对涉及重大危险源、重点监管危险化工工艺的8个企业开展安全仪表系统专项治理，针对检查中发现的问题，督促企业整改闭环。动态开展装置设备安全专项整治工作，聘请专家对11个企业开展危险化学品企业装置设备安全专项检查，共发现隐患5条，落实专人跟踪督办，全部整改闭环。

【危化品企业冬季安全生产专项检查】 2023年，泰州医药高新区（高港区）督促危化品（化工）、原料药企业对照企业冬季安全生产检查重点，开展管道阀门专项排查。专项行动期间共排查管道、阀门、法兰、连接件、机泵、开口线、泄压装置等38.51万处，整改问题169个。逐一对照检查重点内容清单，到现场开展安全专项检查，为企业提供防冻防凝技术指导和现场服务，共检查危化品（化工）、原料药企业23个，发现隐患73条，全部整改到位。

【烟花爆竹安全监管】 2023年，泰州医药高新区（高港区）共检查烟花爆竹零售网点100个次，排查各类安全隐患80余条，均整改到位。执法检查烟花爆竹批发公司1次，排查各类安全隐患6条，均整改到位。烟花爆竹销售旺季期间，对许庄街道、刁铺街道、大泗镇、永安洲镇进行抽查，抽查零售网点50个次，及时消除安全隐患。

【安全生产执法】 2023年，泰州医药高新区（高港区）组织开展安全生产执法检查469次。其中，计划内检查177次，专项检查256次，“四不两直”抽查14次，举报核查9次，联合检查3次，其他检查10次，涉及企业345个；出具文书3545件；排查隐患1247条，其中重大隐患59条。事前立案64起，移交公安部门1起，罚没金额166.34万元。其中，5万元～10万元案件9起，10万元以上案件3起，“一案双罚” 18起。

【工贸重点领域专项整治】 2023年，泰州医药高新区（高港区）对劳动密集型企业开展执法检查，共执法检查企业31个，排查隐患160条，约谈2个火灾风险较大、问题隐患突出的劳动密集型企业。完成18个中频炉企业专项整治验收工作，持续开展涉炉企业积分动态管理。开展粉尘涉爆清扫打卡工作，粉尘清扫每日打卡指定专人负责，每天网上巡查清扫打卡情况，67个企业按要求完成每日清扫打卡，完成率100%。

【中小企业安全管理提升专项整治】 2023年，全区中小企业共1383个均开展自查，完成安全知识考试1349个，完成安全生产教育1349个，完成应急演练1351个。对158个中小企业开展抽查，发现相关问题185项，完成闭环。转发《中小型企业现场定置化管理提升指导手册》，督促企业强化现场定置化管理，完成32个中小企业示范创建资料上报。

【“厂中厂”专项整治】 2023年，全区共摸排出租企业（民营企业）216个，承租企业653个，经营人员约6000人。组织应急管理、消防救援、市场监管等部门开展“厂中厂”安全生产联合检查，发现问题隐患100余条，下发问题交办单2件。编制“厂中厂”泰州地标，拟定“厂中厂”安全生产协议，为企业提供安全管理规范样本。将电子信息产业园创新创业园（三期）打造“厂中厂（园中园）”安全生产示范园区，在第三季度联席会议期间向全区推广。

【安全生产专项巡查督导】 2023年，泰州医药高新区（高港区）成立安全生产专项整治巡查督导组5个，累计督导86天。召开调研座谈会58次，实地检查单位、企业和现场157个次，发现并移交问题隐患202条。对于国务院、省督导交办的涉及泰州医药高新区（高港区）的20个企业86条问题、市督导交办的32条问题，均制定整改方案，明确整改措施、整改时限、责任人，所有问题隐患均按期整改闭环。涉及市级党政领导挂钩化解重大风险隐患4条，区党政领导挂钩化解重大风险隐患19条，园区（镇街）党政领导挂钩重大风险隐患56条，均按时闭环销号。

【安全生产宣传和培训】 2023年，区应急管理局举办全区安全生产与应急管理综合能力提升培训班，邀请国家、省专家与泰州市应急管理局领导专题授课，全区重点行业领域分管负责人、处室负责人以及各园区（镇街）应急管理分管负责人和执法局局长共108人参加培训。开展“‘泰’有安全我来看”安全警示教育活动，组织全区2112个企业观看警示教育片，受教育员工5万余人。安全生产工作被《中国应急管理报》报道1篇，被《江苏应急管理》杂志等省级媒体报道4篇，被泰州市政府网站、“泰州应急管理”微信公众号等市级媒体报道132篇。开展“5·12”全国防灾减灾日、“10·13”国际减灾日宣传活动，在人员流动量大的广场、市民服务中心开展专题宣传咨询活动，累计发放各类宣传手册2000余份。

【安全生产中介服务机构监管】 2023年，全区有法定、非法定、咨询类项目中介机构33个，累计摸排安全评价法定报告54份、非法定报告49份、安全咨询服务项目85份。加大对安全培训机构检查频次，每月对2个培训机构现场教学情况、参培学员到课率等内容进行检查。对存在违法行为的1个安全评价机构实施行政处罚，处罚金额6250元。

（朱　蓉）

消防救援

【概况】 2023年，泰州医药高新区消防救援大队有国家队消防队员27人。其中，干部11人，消防员16人。有政府专职消防队员55人。下设1个国家队（祥泰路消防救援站）、1个政府专职消防队（滨江工业园区专职消防救援队）和1个企业专职消防队（中海油企业专职消防队）。全年共接警出动286起。完成火灾扑救134起，抢险救援31起，社会救助125起，公务执勤10起，其他救援任务10起。出动车辆486辆次，出动警力2186人次。火灾共造成直接经济损失142.7万元，无人员伤亡。泰州医药高新区消防救援大队被评为全省基层建设先进大队、全省消防执法先进单位、全市执勤训练先进单位；滨江工业园区专职消防救援队被评为全省标兵专职消防队、全市先进专职消防救援队、全市执勤训练先进专职队；1人被评为全省执勤训练先进个人，1人被评为全省消防安全专项行动先进个人。

高港区消防救援大队有国家队消防队员27人。其中，干部10人，消防员17人。有政府专职消防队员15人。下设1个国家队（通港路消防救援站）、1个政府专职消防队（永安洲镇政府专职消防队）和2个企业专职消防队（益海粮油企业专职消防队、海企仓储企业专职消防队）。全年共接警出动435起，抢救疏散被困人员92人，抢救财产价值1.63亿元。辖区共发生火灾151起，比上年下降25.6%；财产损失1680.6万元，下降5.8%。未发生人员伤亡事故及重特大火灾事故。1人被江苏省消防救援总队评为模范共产党员，1人被评为泰州市“最美青年人物”，高港区消防救援大队在泰州市消防救援支队防火岗位大练兵比武竞赛中获团体一等奖，通港路消防救援站在泰州市消防救援支队差异化练兵比武竞赛中获第1名。

【消防救援能力建设】 2023年，泰州医药高新区消防救援大队开展“863”熟悉演练96次，修订预案120份，联合多部门开展应急综合演练4次。完成化工实操演示、超高层建筑灭火救援实战拉动、“祥泰行动4号”应急演练及消防救援局“一短三快”初战机制改革拉动考核。挂牌成立全区首个“119+120”联动急救站。邀请区红十字会开展医疗救护理论授课8次，夏训期间每周三、五分批次到辖区游泳馆开展水域救援训练。与公安、交通、环保、供电所等部门组成应急联动力量。深化执勤岗位大练兵活动，落实业务训练要求，完成单兵训练280课时、班组训练160课时、整建制训练90课时。

高港区消防救援大队与辖区7个企业单位签订共建共训协议并挂牌成立社会化实训基地，聘请12名相关领域人才为大队灭火救援专家组成员，同步参与处置各类灾害事故。组织开展典型灾害战例复盘120个、理论知识测试11次，邀请专家到队授课11次。开展合成操法、口令化、整建制训练，拓展指战员灭火救援知识面，累计组织开展单兵项目87项、班组项目65项、消防救援站合成项目46项，对辖区“高低大化”等重点单位、不放心区域及重大火灾隐患单位开展调研演练176次。对营区训练设施和车辆器材进行全面检测和升级，安装安全行车语音播报系统，更换损坏设施12件（套），加固训练设施焊接22处。成立车辆器材巡检分队，开展车辆器材安全自查自纠，梳理汇总问题15条，整改问题15条。开展“典型案例周复盘”“站长说安全”等活动，定期组织学习作战训练安全知识，制作火场紧急避险示范片2个，配发各类作战训练安全口袋书200余册。

【火灾防控】 2023年，泰州医药高新区（高港区）出台《区管委会（区政府）2023年度消防工作任务清单和领导班子成员重点工作任务清单》，落实区领导挂钩化解重大火灾隐患机制。印发《2023年各园区、镇（街道）和区消防安全委员会成员单位消防工作任务清单》，明确区党政领导干部以及20余个行业部门的消防工作职责。

原泰州医药高新区共有消防安全重点单位259个。其中，二级重点单位219个、三级重点单位40个，大型商业综合体4个（5万平方米以上大型商业综合体3个），高层建筑852栋（住宅建筑812栋、公共建筑40栋）。泰州医药高新区消防救援大队检查社会单位1291个次，发现火灾隐患或违法行为2027处，督促整改2016处，下发责令改正通知书958份，临时查封6处，责令“三停”单位4个，下发行政处罚决定书73份，罚款79.75万元。做好第三届“健康中国”发展大会等重大活动消防安保工作。

高港区消防救援大队全面部署“生命至上，隐患必除”消防安全专项行动工作，实体化运行消防安全指导服务中心，定期召开基层消防工作会议、开展半年消防工作考核，开展形势分析4次，会商5次，向属地和行业监管部门发送提示函110余份、移交函6份、督办函8份、交办函4份、会办函1份等。组织开展消防安全重大风险隐患专项排查整治行动，制定印发《23类重点场所消防安全风险自查检查指南》，共排查场所5398个，发现问题隐患7208处，复查整改6725处，挂牌重大火灾隐患数5个，整改销案重大火灾隐患单位4个。组织辖区重点单位、社区与专职队同台开展微型消防站比武竞赛，完善突发事故的预警、预防和应急救援工作。

【消防设施建设】 2023年，泰州医药高新区（高港区）加快落实东部消防站（城市一级站）、城南消防站（城市一级站）、生物医药产业园区消防站（小型撬装式）、高端装备制造产业园区消防站（城市小型站）、明珠街道消防站（小型站）以及白马镇、胡庄镇、大泗镇二级专职消防队共8个消防队站建设经费保障和人员配备。东部消防站按照“队站一年建成，装备三年配齐”的总体原则与目标，分三年落实消防车辆及相关装备、人员，逐步达到《城市消防站建设标准》（建标152—2017）要求。其他消防站按《乡镇消防队》（GB/T 35547—2017）要求建设，确保2024年投入执勤。

【消防宣传】 2023年，泰州医药高新区消防救援大队对园区（镇街）、行业、部门开展培训20余次，对社会单位开展培训100余次、对“九小场所”培训实现全覆盖。结合防灾减灾日、119消防宣传月，持续开展培训工作，定期开放消防队站50次，接待参观4000人次。张贴海报5000余张，发放宣传资料2.4万份，利用微信、短信发送消防安全提示8万余次。开展“冬春火灾风险隐患专项整治行动”直播式培训检查，在线观看达1.5万人次。

高港区消防救援大队每月走进辖区企业、学校、医院、社会福利机构、商场等开展消防安全知识讲座、灭火操作演练、火灾应急逃生宣传等活动。与《江苏经济报》、泰州电视台等媒体合作，定期开展座谈策划、新闻报道、隐患曝光。开展“消防安全码”扫码推广工作，累计张贴2万余个，覆盖14万人。

（泰州医药高新区消防救援大队 高港区消防救援大队）

防汛抗旱

【汛前检查及准备】 2023年，泰州医药高新区（高港区）开展水利工程安全大检查和长江水下地形测量，对发现的问题及时交办，列出防汛隐患整改责任清单，明确责任单位、责任人和整改完成时间。推动口岸街道、永安洲镇分别落实专业维修队伍、人员，对沿江闸站机械设备进行维修养护。及时修订防汛抗旱、防御台风、特大暴雨城市防洪避险、险工险段重点防御等应急预案。成立各类防汛抢险突击队68支，有队员1922人。11月3日，在沿江街道举行2023年防汛应急演练，模拟永长圩易坍段块石抢险、片区排涝、闸门卡阻险情排除3个科目。

【安全度汛】 2023年，泰州医药高新区（高港区）落实汛期24小时防汛值班制。值班人员按时到岗，负责值班信息上传下达，做好每天雨水情记录。根据水情、雨情科学调度水利工程。梅雨期内，共有5次范围降雨过程。其中，7月6日午后至7日下午出现罕见特大暴雨，创有气象记录以来日降水量历史极值。7月7日10时，启动防汛 Ⅲ 级应急响应；9日下午，南官河上游水位3.63米，低于3.8米警戒水位；9日17时，结束防汛 Ⅲ 级应急响应。口岸闸自7月6日21时40分起开闸排涝，至10日8时，共排涝约7300万立方米。沿江圩区一级入江排涝站16座全力抽排沿江圩区涝水入江，排涝流量73立方米/秒。高港枢纽7日5时5分开机排涝至8日14时，共抽排通南地区涝水1251万立方米。“7·7”特大暴雨期间，加强沿江堤防巡查及闸站排涝，调动1台大功率泵车、11台大功率排水泵、2万只编织袋、1000只吸水膨胀袋及其他防汛物资应对处置。应对“7·7”特大暴雨和5号台风“杜苏芮”，启动防汛防台 Ⅳ 级响应4次、Ⅲ 级响应1次。 （陈江华）

防震减灾

【概况】 2023年，泰州医药高新区（高港区）共有地震科普场馆1个、固定应急避难场所5个。有国家综合减灾示范社区12个。

【群防群测和防震减灾知识宣传】 2023年，泰州医药高新区（高港区）在科普宣传周等时间节点，发放宣传资料，开展防震减灾科普咨询活动。5月11日，在野徐镇康居社区举行泰州医药高新区（高港区）“5·12”全国防灾减灾宣传活动启动仪式，开展防灾减灾宣传、知识有奖竞答、综合演练等活动。

（丁　毅）

街道 镇

口岸街道

【概况】 2023年，口岸街道总面积50.71平方千米，耕地面积1605.67公顷。辖行政村6个、社区17个、村（居）民小组335个。户籍户数23676户，户籍人口70802人，常住人口92080人。全年实现地区生产总值176.43亿元，比上年增长2.6%。其中，第一产业增加值3亿元，第二产业增加值55.81亿元，第三产业增加值117.62亿元。固定资产投资29.69亿元。（陈道中）

【经济建设】 项目建设 新增入库投资项目30个，完成5亿元以上新竣工项目2个（创新电子年精加工2000万套多屏支架项目、雕花楼商业街项目），1亿元以上新竣工项目1个（苏骏纺织年产1亿平方米基布/5千万平方米衬布项目）。

农业 2023年，口岸街道高标准农田建设总面积466.67公顷，总投资1420万元。粮食播种面积2034.87公顷，产量15075吨，绿色优质农产品基地面积1829.42公顷。蔬菜播种面积846.67公顷，产量32470吨。完成高效农业保险任务121.98万元，小麦承保面积763.66公顷，水稻承保面积675.57公顷。拥有市级以上农业龙头企业4个（泰州市福兔面粉有限责任公司、泰州市祥瑞食品有限公司、江苏海泰药业有限公司、泰州市高港中药饮片有限公司），市级农业龙头企业销售收入（交易额）比上年增长8%。举办农村电商培训2次，农村电子商务交易额9450万元，农产品电子商务交易额8310万元。

工业 规模以上工业总产值176.43亿元，增长2.6%。创成三星级上云企业4个（泰州超人汽车电子有限公司、江苏永大化工设备有限公司、泰州市大川机械有限公司、泰州市苏源汽车配件有限公司），省级专精特新中小企业6个（泰州超人汽车电子有限公司、江苏乐仁电子科技有限公司、江苏永大化工设备有限公司、泰州三福船舶工程有限公司、江苏天华索具有限公司、江苏昆仑光源材料有限公司）。全年盘活低效用地15.72公顷。

建筑业 建筑业总产值239.65亿元。新增规模以上建筑企业2个（泰州永润机电设备安装有限公司、江苏赋港建设有限公司），共有规模以上建筑企业43个。

服务业 限额以上社会消费品零售总额19.27亿元，增长21.2%。批发业销售额311.73亿元，零售业销售额16.41亿元，餐饮业营业额3.22亿元。新增限额以上贸易企业22个。

科技创新 规模以上企业研发费用2.89亿元，技术合同成交额4.18亿元；拥有发明专利444件，新增69件；科技中小型企业完成备案60个，获批高新技术企业12个，完成离岸创新项目1个、本土科创项目15个。

（李美娟 李继新 徐 健 王益平 汪 敏）

【人居环境】 城乡建设 2023年，口岸街道推进老旧小区“绿改停”及充电桩建设工程，龙锦华庭小区增加机动车停车位422个、非机动车停车位837个，百年豪景小区增加机动车停车位107个，天逸华府小区增加非机动车停车位1010个，并设置充电桩雨棚。对口岸农贸市场、港盛农贸市场、府后人家等周边道路及小巷开展提质改造工程，对各小区缺失的标线进行补划和修改，共计维修路面2150平方米，施划交通标线2.25万米。按照农村公路的标准建成3.2千米徐桥中沟西侧道路，完成徐廊线1.5千米“白改黑”提档升级。累计办理低收入家庭租金补贴申请2户，公租房申请16户。

生态环境 完成对银杏苑、春江花园、港盛农贸市周边等老旧小区的雨污水改造工程。严格落实河湖长制，推进农村生态河道建设，对引江社区、大石村、龙窝口社区等11个村（社区）进行农村生活污水治理建设，铺设管网7.14千米，接管2828户。（李继新 徐 健）

【社会建设】 教育 2023年，口岸街道区域有学校13所。其中，高中

1所，为江苏省口岸中学；初中2所，为泰州市扬子江初级中学、泰州市田河初级中学；小学3所，为泰州市口岸小学、泰州市扬子江小学、泰州市田河小学；公办幼儿园4所，为泰州市东方明珠幼儿园、泰州市口岸幼儿园、泰州市田河幼儿园、泰州市高港实验幼儿园；民办幼儿园3所，为泰州市高港区科艺幼儿园、泰州市高港区小福龙幼儿园、泰州市高港区尚德智幼儿园。

文化体育　开展文化惠民演出36场，举办首届登科文化艺术节、全民健身志愿服务活动暨广场舞比赛、"我们的节日——中秋"暨农民丰收节等活动，开展大江放歌文艺演出1场、送戏下乡8场。举办"摄影展""图书巡展""非遗展""书画展"等主题展览近百场，惠及76万人次。选送精品剧目3个，其中《丰年颂党恩》获市级二等奖。利用江苏省公共文化云平台，发布各类活动资讯、资源鉴赏等信息近1000条，浏览量达40余万人次，直播浏览量近1万人次。联合凤栖湖景区打造20万平方米的桨板训练基地，重新打造城市书房，新增阅览室、展览室、文体活动室等，增加图书2000余册。共有全民健身设施77处、63.11万平方米，人均体育场地面积6.85平方米。

卫生健康　有公办医疗机构2个，分别是高港中医院和田河社区卫生服务中心。有村卫生室10个、社区卫生服务中心2个。组织辖区内65岁以上老年人免费体检，惠及8746人。提升医保服务保障水平，创建省级"15分钟医保服务圈"。

（毛　燕　陈　菲）

社会生活　安置残疾人就业20人，完成残疾人创业就业培训21人。城镇新增就业1002人，开发公益性岗位94个。其中，一般性公益性岗位安置就业困难人员23人，临时性公益性岗位安置就业困难人员50人。新增高层次人才68人，新增留学回国人员6人。组织参加2023年度泰州医药高新区（高港区）职业技能大赛，138人获证。城乡居民养老保险续费率92.02%。关爱困境儿童及孤儿74人，累计发放保障金63.08万元。为高龄、经济困难失能老年人提供上门服务2634人，全面完成适老化改造项目32户。改善口岸敬老院条件，现有床位数71张，供养人员40人。特殊困难群体救助帮扶覆盖率达100%。

（许世忠）

平安与法治建设　开展民法典、社区矫正法等进村居、进校园活动。建好用好智慧技防小区、智慧技防校园。将23个村（社区）划分为网格、微网格，所有网格各培育"法律明白人"3人，实现法律顾问全覆盖。妥善处理来信来访89件，结案率100%。打造"一站式"矛盾调处中心，全年矛盾调处成功率100%。聘请专家对辖区内40个重点涉危单位进行现场检查和整改指导，开展危险废物领域安全专项检查，共检查问题21个，整改率100%。完成船厂家属区危房解危46户。在建工程项目质量安全监督覆盖率100%，未发生重大安全质量事故。

（栾凌峰）

【政治建设】基层党组织建设　2023年，口岸街道共有基层党组织201个，党员3300人。开展"双报到、双服务"活动，巩固"村村到、户户进、人人访"集中走访成果，解决"基层突出问题大起底"问题35个，整顿软弱涣散基层党组织1个。举办新任党支部书记任职培训班1次、基层党建工作推进会8次、党务知识业务培训4次，组织党员510余人参加"我是党员、奋斗有我"党员主题轮训培训班。梳理流动党员93人，组建"流动先锋队"。在泰州市金衡检测有限公司党支部举办"'金'英铸队　'衡'定战略"主题党日活动。发展党员22人，新增持证上岗社区工作者16人、泰州市金牌社工1人。发放"光荣在党50年"纪念章48个，定期慰问困难党员55人、老党员2人，成功申报市党内关爱资金对象5人。

（严　娟）

宣传统战工作　依托街道党校，开展集中宣讲23场、微宣讲15场、习语共鸣沙龙2期，受众2000余人次。开展"五微五进"宣讲活动、"你惑我解"理论宣讲，举办中共二十大知识竞赛。完成口岸街道新时代文明实践所新址建设，全年实践所开展活动60场。开展志愿服务大集市2场。组织党工委理论学习中心组学习12场次，集体研讨6次。《给理论插上文艺翅膀，掀起

2023年3月3日，口岸街道开展志愿服务大集市活动　口岸街道　供图

新思想学习热潮》作为全区唯一项目参加泰州市“守正创新”项目展示。说唱《擘画两高新蓝图》获评泰州市2022—2023年度冬训“理论+文艺”优秀微宣讲作品，泰州市扬子江小学长江文化展厅成功申报省级社科普及基地。获评区文明家庭132户、文明村（社区）10个、高新好人3人。被“学习强国”学习平台采用文稿42篇，其中全国平台3篇；被新华报业网、“交汇点”新闻、央广网、中国网等网站采用67篇；被《泰州日报》采用12篇。

（贾爱兰）

纪检监察　约谈问责3人，运用“第一种形态”11人。党纪、政务立案13件，给予党内警告处分9人、严重警告3人、政务警告1人。查处违反“四风”的典型问题2.5个，处分3人。查处群众身边腐败和作风问题2.5个，处分3人。在重要时间节点集中开展警示教育活动2次。（姚　浚）

人大工作　有全国人大代表1人、市人大代表3人、区人大代表43人。召开年初、年中街道议政代表会2次，组织视察、评议等活动2次，对3个老旧小区改造、雨污分流、人居环境改善等民生实事项目开展“回头看”。开展“人大代表工作日”活动，推动6项街道民生实事和20余件百姓“小”事落实落地。推动徐庄村成为全区首个全面接通管道燃气的村，惠及家庭680余户。帮助江苏凯威药用包装有限公司落实用电增容工程。《关于深化社区选民代表议政制度建设的实践与思考》理论研究获全市人大优秀调研成果三等奖。（孙　杰）

街道办事处自身建设　执行民主集中制，落实《口岸街道议事规则》和主任办公会议事制度，坚持重大问题集体讨论、集体决定。组织学习法律法规，提升干部依法执政的能力和水平。推行政务公开，对重大事件做到“墙上（公示栏）、网上、会上”公开“三同步”。为民服务中心办理事项1.37万件，满意度99.99%。接到区网管中心派发“12345”民生服务热线工单4885件，按时办结率100%。（张元浩）

政协工作　口岸街道政协委员活动小组共有委员36人。全年开展“政协委员工作日”活动4次。街道围绕“破解小区停车难”“长廊里的议事会”“推动信访积案化解　惠及民生福祉”主题开展“有事好商量”协商议事活动3次。村（社区）开展协商议事活动69次。其中“长廊里的议事会”、引江社区“有事好商量　乡村振兴好‘丰’景”协商议事会被人民政协网、新华报业网、“交汇点”新闻等媒体宣传报道。提交提案30余篇，办结满意率100%。上报社情民意信息23篇，其中《高校科技成果转化率偏低问题亟待引起重视》《兜售“三寸金莲”、缠足袜等封建糟粕“文化逆流”现象亟待整治》等社情民意信息受到市、区政协的肯定。（贾爱兰）

【村（社区）简介】引江社区　区域面积4.5平方千米，耕地面积84.53公顷。有居民小组21个，户籍户数678户，户籍人口2516人。2023年，社区农旅融合项目建设有序推进，集体经营性收入574.04万元。被评为全国模范人民调解委员会、江苏省美丽家园省级示范点。

（张竹山）

新明社区　区域面积3.5平方千米，耕地面积和水域面积共127.6公顷。有居民小组21个，户籍户数728户，户籍人口2800人。2023年，社区集体经营性收入200.97万元。投入14万元改善基础设施，共铺设村级道路4条，建设地下污水网管4处，更换路灯16盏，修整河道2条，新增健身设施1处，新增公共厕所1座。疏导点商户续签15个、新签2个，增加集体经济收入31万元。

（李　忠）

东南社区　区域面积1.5平方千米，耕地面积41公顷。有居民小组22个，户籍户数657户，户籍人口2578人。2023年，社区集体经营性收入99.25万元。完成十一组通组道路亮化工程及护栏安装。完成四组、五组通组道路建设。春节慰问90周岁及以上老人16人。（陈开伦）

城南社区　区域面积2.5平方千米，耕地面积40.03公顷。有涉农小组17个、小区2个。户籍户数1259户，户籍人口4552人。2023年，社区集体经营性收入118.44万元。

（李留华）

龙窝口社区　区域面积2.6平方千米，耕地面积46.67公顷，全部流转实施虾蟹养殖和高效农业种

口岸街道引江社区俯瞰图　顾祥忠　摄

植。有居民小组30个，户籍户数1415户，户籍人口4813人，常住人口5449人。2023年，社区集体经营性收入84.92万元。对接上级部门对一组原有泵房进行全面升级改造和排水管网的重新预埋，增加排水流量，有效解决汛期雨季居民和农田积水受淹问题。对接泰州港华燃气有限公司，先后对辖区5个小组安装管道燃气。（顾益民）

城东社区　区域面积2平方千米，耕地面积3.93公顷。有居民小组21个，居民小区2个，集中居民点1个，户籍户数1118户，户籍人口5123人。2023年，社区集体经营性收入123.18万元。完成春江路老旧小区的全面改造项目；对小沈新村周边脏乱差环境进行集中整治，新建生态停车场1处；完成沈西组、沈中组交界处近300米的破损路道的全面修缮及下水道改造"一事一议"实事项目；更新破损路灯12盏；为60周岁以上老年人赠送意外保险；开展健康讲座、免费体检、送电影送文艺演出等为民办实事项目。

（许迎春）

王营社区　区域面积4.6平方千米。有宏达花苑、天逸华府、海裕山庄、蓝波湾、龙锦华庭、锦绣珑湾、东方明珠、鹏欣瑞都、南韵家园、天逸名邸、金港装饰城、珑悦花园12个居民小区。户籍户数618户，户籍人口2436人，常住人口1.64万人。2023年，社区集体经营性收入205.86万元。（孙永平）

蔡滩社区　区域面积1.47平方千米。有银杏苑、港城花苑、百年豪景、金港别墅等16个居民小区，户籍户数4303户，户籍人口1.52万人。2023年，社区固定资产总值2487万元，社区集体经营性收入113.88万元。（刘　俊）

口岸社区　区域面积4平方千米。有居民小组16个，户籍户数1410户，户籍人口4516人。2023年，社区集体经营性收入429.09万元。开展文化惠民演出2场。完成丰乐北村管道燃气安装工作。

（赵庆晨）

田河社区　区域面积5平方千米，耕地面积92公顷。有居民小组22个，户籍户数832户，户籍人口2886人。辖区企业以生产绳网带和吊索具为主。2023年，社区集体经营性收入168.1万元。投资59.4万元实施公益事业，对社区卫生环境进行集中整治，对社区通组路灯进行维修，对一组、二组、七组、八组进行下水道维修，对一组至十一组进行污水管网改造。（戚　群）

集成社区　区域面积4平方千米，耕地面积77.73公顷。有居民小组18个，户籍户数714户，户籍人口2653人。2023年，社区集体经济收入381.47万元，集体经营性收入224.96万元。（孙丽俊）

戴集社区　区域面积2.32平方千米，耕地面积116.2公顷，河沟面积33.47公顷，建设用地面积82.27公顷。有居民小组18个，户籍户数663户，户籍人口2190人。主要产业为传统农业、绳网加工、水产养殖等。2023年，社区集体经济收入268万元，集体经营性收入219.59万元。全年投入约30万元用于基础设施建设，对2万平方米的北沟进行整治，拓宽沟边道路，对部分组别下水管道维修约150米，安装护栏2处，维修村庄破损道路、渠道，更换垃圾桶40只，修整戴集中沟河道景观，打造"幸福河湖"，建设"15分钟医保服务圈"。（戴　勇）

张马社区　区域面积2.1平方千米，耕地面积124.6公顷。有居民小组23个,户籍户数958户，户籍人口3449人。2023年，社区集体经营性收入31.59万元。建设标准厂房，带动居民致富和集体经济增收。打造以"人水和谐、水韵张马"为主题的水文化。（周爱琴）

朱营社区　区域面积0.72平方千米，耕地面积55.33公顷。有村民小组12个，户籍户数432户，户籍人口1483人。重点企业有江苏凯威药用包装有限公司。2023年，社区集体经营性收入45.74万元。完成泰州市高港实验学校春港校区的征地进保人员确定工作。

（张　勇）

柴墟社区　区域面积0.66平方千米。有居民小组18个，户籍户数712户，户籍人口3966人，常住人口2315人，流动人口1032人。驻社区单位12个。2023年，社区集体经济收入110.51万元。实施"红色领航工程"，组织"红色讲师团"，发动身边典型、老党员为群众讲好"红色故事"；在职党员齐报到，成立"空巢老人服务队""老黄牛搬运队"等3支社区服务队。（王　毅）

新城社区　区域面积0.98平方千米，有居民小区12个，户籍户数2731户，户籍人口1.12万人。有"红色管家""余庆工作室"等党建服务品牌。2023年，社区集体经济收入115.11万元。开展庆"七一"文化惠民演出、掼蛋比赛、元宵猜灯谜等活动。（薛余俊）

育才社区　区域面积0.9平方千米。常住户数1396户，常住人口3760人，户籍人口2601人。辖区内有国家AAAA级旅游景区口岸雕花楼景区、江苏省口岸中学。2023年，社区集体经济收入90.02万元。开展文化惠民演出2场。

（徐少华）

大石村　区域面积2.6平方千米，耕地面积76.62公顷。有村民小组18个，户籍户数555户，户籍人口2142人。主要产业为传统农业和绳网带产业。2023年，村集体经济收入99.79万元。实施"放亮"项目，打好规范"治租"组合拳。

（张桂荣）

徐桥村　区域面积3平方千米，耕地面积199.87公顷。有村民小组20个，户籍户数951户，户籍人口3568人。主要产业为传统农业、特色农业和三产服务业。2023年，村集体经营性收入141.68万元。

（周红生）

2023年11月25日，口岸街道吴楼村组织开展“舞动青春光彩 畅想精彩人生”广场舞演出　　口岸街道　供图

郎庄村　区域面积2.28平方千米，耕地面积117.07公顷。有村民小组20个，户籍户数533户，户籍人口2283人。主要产业为传统农业、花卉苗木。2023年，村集体经济收入104.98万元。获评口岸街道综合考评一档村。（陈　明）

雅儒村　区域面积3平方千米，耕地面积156.93公顷。有村民小组14个，户籍户数680户，户籍人口2240人。2023年，村集体经营性收入65.61万元。被评为2020—2022年度区文明村、口岸街道乡村振兴先进集体。（陈叶林）

吴楼村　区域面积2.8平方千米，耕地面积139.93公顷。有村民小组19个，户籍户数729户，户籍人口2471人。2023年，村集体经营性收入54.34万元。（叶建峰）

徐庄村　区域面积6.4平方千米，耕地面积142.67公顷。有村民小组25个，户籍户数842户，户籍人口3119人。2023年，村集体经营性收入119.5万元。举办第四届“徐庄杯”中国象棋赛、“徐庄杯”第四届老年掼蛋赛。为全村680余户村民安装开通天然气。推动污水治理工程，为村民进行污水处理改造。打造区“精致高新”示范村，建设村史馆，打造庄台节点。（宗礼胜）

刁铺街道

【概况】 2023年，刁铺街道总面积17.58平方千米，耕地面积431.91公顷。辖社区9个（新增刁铺社区），居民小组103个。户籍户数8322户，户籍人口25692人，常住人口36962人。全年实现地区生产总值42.95亿元，比上年增长15.56%。其中，第一产业增加值1.02亿元，增长3.46%；第二产业增加值9.7亿元，增长5.83%；第三产业增加值32.23亿元，增长19.24%。一般公共财政预算收入1.06亿元。全社会固定资产投资14.8亿元，下降52.92%。新开工建设1亿元以上项目3个。（孙子茜）

【经济建设】 农业　2023年，刁铺街道利用农业“三资”800万元。新增造林面积0.33公顷。集中育秧面积1.75公顷，机插秧面积181公顷，机插率98%，夏秋两季秸秆还田402.97公顷，全年收集秸秆1623吨。（黄海萍　吉　翔）

工业　有规模以上工业企业15个，规模以上工业产值14.66亿元、增加值3.1亿元、销售收入12.89亿元、利润0.93亿元、利税1.18亿元。工业企业用电量1130万千瓦时。（栾菊芳　许　源）

建筑业　有建筑企业15个。建筑业总产值4.07亿元。（栾　裕）

服务业　有规模以上服务业企业61个。服务业增加值占地区生产总值比重为75.04%。限额以上贸易额48.72亿元，增长11.9%；限额以上批发业、零售业、住宿业、餐饮业零售额分别增长11.7%、4.7%、62.6%和40.3%。（栾菊芳　许源）

科技创新　有效发明专利拥有量169件。江苏洁乐医用敷料有限公司、江苏泰华消防电气设备有限公司、泰州亿丰达电器有限公司、泰州飞帆船舶科技有限公司通过高新技术企业认定。至年末，共有高新技术企业11个。14个中小企业获批泰州市科技型中小企业项目。省技术交易市场登记交易额3.95亿元。（陈子源　许　源）

【人居环境】 城乡建设　2023年，刁铺街道推动育才花苑一期拆迁安置房办证，完成安置房办证400余户。对平交路口进行巡查，完成12处路口安全隐患整治。维修农村路道约5500平方米。新建沥青路面约2400平方米。新安装防护栏1处、长210米。完成维修更换路灯424只、电线3100米，新装路灯45盏。完成辖区内2.91万平方米的绿化养护工作。实施关桥社区、通太社区农村生活污水治理二期和老旧小区雨污分流二期等项目。排查自建房1.02万栋及经营性自建房218栋，对500户疑似危房进行安全鉴定，建立一户一档。发放农村“房地一体”不动产权证562份。完成危房改造和公租房申报工作。开展耕地和永久基本农田处置工作，完成复耕任务8.19公顷，完成率90%。（孙　松）

生态环境　开展使用锅炉行业专项治理，完成6个浴室锅炉取缔替换。推进危险废物专项治理，先

刁铺街道城区　　　　刁铺街道　供图

后协助14个小微企业通过危废“绿岛”规范转移危废。强化扬尘管控工作，开展定期巡查，落实降尘、抑尘措施。持续开展全域入河排污口排查整治，排查南官河及其支流沿线排口7处，封堵或治理排口7个。开展河湖清洁专项整治突击月行动、河道环境整治提升集中攻坚月行动等专项治理，清理河坡乱垦乱种8000平方米、乱堆乱放26处、渔网渔簖12处，新增绿化6000平方米。投入30余万元打造环溪河、联丰河、府前河、大北河、中学河等9条幸福河道。　（时红俊　许江泰）

【社会建设】 教育　2023年，刁铺街道区域有学校8所。高中1所，为泰州市第三高级中学，有教学班33个，学生1639人，教师149人。初中1所，为泰州市高港实验学校，有教学班44个，学生2213人，教师199人。小学2所，分别为泰州市高港实验小学（金港校区），有教学班49个，学生2388人，教师181人；泰州市环溪小学，有教学班31个，学生1544人，教师77人。幼儿园4所，分别为泰州市环溪幼儿园，有班级14个，在园幼儿517人，专任教师32人；泰州市高港区明发幼儿园，有班级19个，在园幼儿631人，专任教师38人；泰州市高港区水岸幼儿园，有班级10个，在园幼儿345人，专任教师21人；泰州市高港区格林幼儿园，有班级3个，在园幼儿75人，专任教师7人。　（张　静）

文化体育　完成新增体育场地面积测量，并录入江苏省高质量场地调查系统。举办广场舞、太极拳培训进社区活动，培训约8000人次。组织开展京剧培训、老年歌曲培训、舞蹈培训约8000人次。开展文艺演出9场、文化惠民演出16场。举办报纸、非遗、书画作品等各类巡览25场，开展特色文化（非遗、传统京剧）进校园、进社区等活动。歌伴舞《常到基层走一走》获泰州市新创节目调演二等奖、泰州市群众文艺团队优秀节目调演三等奖，京剧《为亲人熬鸡汤》获区级新创文艺节目调演二等奖，舞蹈《庆丰收》获区级新创文艺节目调演三等奖。　（朱　颖）

卫生健康　刁铺街道社区卫生服务中心辖社区卫生服务站7个，有工作人员66人。其中，卫生技术人员61人，正高级职称1人，副高级职称21人，中级职称13人。（吴　剧）

社会生活　城镇新增就业800人，城镇失业人员就业400人，就业困难人员就业100人。新创设城乡公益性岗位安置困难人员61人、高技能人才50人。企业职工基本养老保险在职新增参保人数400人，工伤保险人数净增200人，城乡居民基本养老保险参保人数2650人，城乡居民基本养老保险参保缴费率90%，城镇职工医疗保险净增参保人数140人，城乡居民基本医疗保险参保人数14071人。引进高层次人才30人，集聚高校毕业生250人。完成辖区内用人单位用工书面审查180户。　（霍　惠）

平安与法治建设　将9个社区、113个居民小组划分为网格（特殊网格）。开展农民工学法活动周、“4·15”全民国家安全教育日、反有组织犯罪法宣传、民法典宣传、宪法宣传周等主题宣传活动20场次。调解各类矛盾纠纷1185件，调处成功率100%。开展“援法议事”、法治小区、民主法治示范社区创建等活动，建成明发社区民法典法治文化游园，建立圩岸社区、明发社区法律援助点。推动明发社区业勤园法治小区示范建设，获泰州市法治小区示范建设述比二等奖。（薛　婵　张纪萍）

【政治建设】 基层党组织建设　2023年，刁铺街道共有基层党组织46个，有党员1252人，新发展党员13人。实施社区“放亮”项目，其中，“规范停车、文明‘归位’”获评2023年市“十佳”称号，“‘红色管家’助力老旧小区焕新颜”获评2023年区级优秀项目。成立刁铺社区党总支，并完成选举工作。实施“街道社区双向挂职见习交流”，推动年轻干部下沉一线。刁铺街道在区级“村干部能力大比武”竞赛中获一等奖。实施《机关干部积分管理办法》，修订《社区干部报酬发放方案》，持续激励担当作为。　（朱　晨）

宣传统战工作　将习近平新时代中国特色社会主义思想、《开辟马克思主义中国化时代化新境界》专题报告、全面解读中共二十大精神等作为街道党工委中心组学习的重要内容。组织党员冬训工作，开展

“冬训+”系列活动，录制《让传统文化薪火相传》微视频，圩岸社区获评全市基层党员冬训实践基地。深化“理‘响’环溪”品牌建设，用好“银发讲师团”“环溪新干将”“文艺宣讲团”等志愿力量，全年开展理论宣讲20余次；推荐理论骨干参加比赛，获区理论宣讲红色青骑兵主题宣讲比赛一等奖。在主流媒体发表稿件120余篇。组织慰问困难少数民族家庭，并为困难少数民族家庭提供公益性岗位。（薛倩云）

纪检监察 刁铺街道纪工委立案审查调查案件10件，给予党纪政务处分10人次，运用“第一种形态”5人次，办结信访件2件，发放“清风卡”6张，制发纪律检查建议书2份。做好六届区委第二轮巡察整改工作，给予党纪政务处分2人次，运用“第一种形态”2人次，建立健全街道相关制度7项。微视频《我是天才》获全国“玉琮杯”清廉微电影微视频大赛微视频单元优秀奖。（徐晓莉）

人大工作 刁铺街道人大工委开展“优化营商环境、助力企业敢干”专题活动，缓解企业用工难题。组建民生实事项目监督小组，动态监督水岸帝景、格林美郡等小区“绿改停”项目实施情况，推动刁薛路“白改黑”工程、农贸市场疏导点出新等民生实事项目落地落实、办实办好。开展食品安全、企业安全生产、河道管护等视察工作。用好“云端高港”等信息化平台，做到“云”上履职。在泰州市环溪小学创新打造“倾心护苗工作室”，护航辖区未成年人健康成长。（钟鸣宇）

街道办事处自身建设 持续改善政务服务环境，梳理公共服务事项清单，凡符合法定受理条件、申报材料齐全的政务服务事项实现一次办结、当场办结、立等可取。全年办理议案、提案24件，办理政府信息公开答复1件，办结政务服务13576件，答复“12345”民生服务热线2526件。严格落实中央八项规定精神，落实巡察和审计反馈问题的整改，“三公”经费持续压降。（戴 毅）

政协工作 刁铺街道政协委员活动小组共有政协委员13人。在各类媒体发表宣传稿件14篇。撰写提案5篇、社情民意36篇、文史稿件8篇。刁铺街道文史工作室成立，对刁铺古镇的历史文化进行抢救性挖掘、系统性整编。（吴镒江）

【村(社区)简介】关桥社区 区域面积3.2平方千米。有居民小组18个，住宅小区2个，户籍户数1050户，户籍人口4292人，常住人口3147人。2023年，社区集体经济收入117.4万元。排查化解因赡养老人、邻里界址等矛盾纠纷56条；帮助29名老人办理80周岁尊老金补贴，帮助3名居民申请残疾证，帮助1名居民办理残疾人“两项补贴”。社区1名青年干部获泰州市“金牌社工”称号。（黄 璐）

通太社区 区域面积3.6平方千米，耕地面积14.87公顷。有居民小组18个，户籍户数1473户，户籍人口4620人。有民营企业11个。2023年，社区集体经济收入190.63万元。推进育才花苑一期、二期综合整治项目。开展建设街老厂房翻修重建工作。社区党总支在基层党组织规范化建设中获评四星级，社区团支部被评为泰州医药高新区(高港区)五四红旗团支部。（杨福琴）

环溪社区 区域面积3.5平方千米，耕地面积74.33公顷。有居民小组21个，户籍户数1825户，户籍人口5334人，常住人口7439人。2023年，社区集体经营性收入168.04万元。先后实施镇溪南路小区改造工程、镇溪南路雨污水工程、生产街道路改造工程，在镇溪南路区域累计刷新墙面近5000平方米，新建停车场2个，在生产街安装路灯15盏，安装防撞护栏200米。总投资25.21万元，对社区一楼便民服务大厅进行改造，完善居家养老服务站基础设施；投入24.88万元，对赵庄中沟南侧进行环境提升。（孙 佳）

万庄社区 区域面积4.7平方千米，耕地面积113.33公顷。有居民小组18个，户籍户数938户，户籍人口3541人。2023年，社区集体经营性收入152.36万元。围绕教学仪器、汽车配件等特色产业，安排专人负责与税务、银行等相关部门联系，对企业实施“一条龙”跟踪服务。成功举办“万庄羊肉节”，形

刁铺街道环溪社区儿童乐园 刁铺街道 供图

刁铺街道界牌社区薛氏宗祠　　刁铺街道　供图

成大马羊肉店、勇儿羊肉店、万家乐羊肉店、三巴子羊肉店等一批特色品牌羊肉餐饮店，安置群众就业30余人。10余户居民家庭组成支撑杆“线上营销队”。重建陈吉中沟桥，建设祥南便民服务点、百米文化长廊、百姓大舞台，实施河道环水工程、木桩护坡工程、污水管网工程。开展“提责任、促脱贫”“爱公益、做奉献”活动，成立万庄慈善互助会和万庄残疾人之家。（孙亚玲）

大丰社区　区域面积3.1平方千米，耕地面积59公顷。有居民小组16个，户籍户数844户，户籍人口3072人。有工业企业30个，其中规模企业6个，主要产品为汽车配件、教学教具、水泥制品和智能水表等。2023年，社区集体经营性收入93.7万元。完成长江大道排水系统的疏浚，维修污水管网30米，铺设下水管道2处，维修村组道路30米。（薛亚秋）

界牌社区　区域面积1.88平方千米，耕地面积83.3公顷。有居民小组12个，户籍户数568户，户籍人口2063人。2023年，社区集体经济收入131万元。盘活社区闲置资产，翻建界牌支部老厂房，增加集体经营性收入。（赵元元）

圩岸社区　区域面积1.5平方千米。有水岸帝景、格林美郡及吉祥园3个住宅小区。规划建设总户数5796户，常住人口1.15万人。户籍户数1262户，户籍人口2948人。辖区有机关事业单位10个、共建单位8个，有高港生态公园、高港全民健身中心、泰州市高港实验学校、泰州市高港实验小学等公共设施。2023年，被评为江苏省工会“职工书屋示范点”、江苏省健康社区。（吉　潇）

明发社区　区域面积1.05平方千米。辖区内建有秋红园、明贵园、业勤园、千顺园和百和园5个居民小区，商业广场有明发商业综合体和明发铂金商业中心，学校有泰州市高港区明发幼儿园、泰州市环溪小学和泰州市环溪初级中学。户籍户数7243户。常住人口7449人，户籍人口796人。2023年，社区集体经济收入43.76万元。常态化开展困难群体走访帮扶活动，帮扶救助困难人员30余人，修建明贵园、百和园河坡塌方78立方米，修补硬化秋红园小区路面250平方米。（霍　丹）

刁铺社区　为新建社区。区域面积0.5平方千米。东至刁铺街道与许庄街道交界处，南至许庄河，西至扬子江北路，北至环溪东路。辖区内有环溪花园1号区、2号区和3号区3个居民小区，规划用地面积17.79公顷，总建筑面积约57万平方米，共建设保障性安置房41幢、3106套。5月，刁铺社区正式成立。（陈　婷）

许庄街道

【概况】 2023年，许庄街道总面积42.46平方千米，耕地面积1527.8公顷。辖村（社区）14个，其中，行政村4个、涉农社区9个、城市社区1个，村（居）民小组254个，户籍户数11575户，户籍人口37500人。全年实现地区生产总值114.59亿元，比上年增长11.54%。其中，第一产业增加值1.46亿元，增长3.54%；第二产业增加值73.35亿元，增长18.36%；第三产业增加值39.77亿元，增长1.11%。全社会固定资产投资92.06亿元，增长16.6%；农村居民人均可支配收入27823元，增长11%。许庄片区成立金马资产管理有限公司，管理数字科技创业园，落户企业50余个；孔桥片区成立润民物业有限公司，接管富民嘉苑小区。（孙佳玲）

【经济建设】 农业　2023年，许庄街道统之幸“美食梦工厂项目”被认定为农业重大项目“省级示范项目”。全年粮食播种面积1466.67公顷，其中大豆播种面积100公顷，粮食总产稳定在0.95万吨以上。全年推广特色农机装备28台（套）、智能农机装备25台（套）、绿色农机装备4台（套）。村级集体经营性收入总计1609.33万元，比上年增长32.5%，集体经济收入50万元以下的社区（村）全部清零。（杨小奇）

工业　规模以上工业企业实现利润总额950万元、利税总额3373万元，工业企业一般纳税人开票销售13.5亿元，工业净入库税收0.52亿元。完成三星级上云企业申报4

个（泰州市政锋注塑有限公司、江苏比傲汽车科技有限公司、江苏鑫鑫动力系统有限公司、泰州彼尔汽车部件有限公司）。完成工业企业小进规入库4个（泰州市科飞橡塑机械有限公司、泰州名诚缝纫机有限公司、泰州市美派墙纸有限公司、江苏鑫鑫动力系统有限公司）。获批市级专精特新新品1个（江苏比傲汽车科技有限公司）；泰州万诺纺织科技有限公司获批省级工程技术研究中心和服务型制造示范企业；泰州市万达轮业制造有限公司获批省级企业技术中心，泰州市昊鑫电力机具有限公司获批市级企业技术中心；获批省级推广应用新产品、新技术2个（江苏安凯隆消防装备实业有限公司、江苏维骏工业设备有限公司）。（唐为兵）

建筑业　新增建筑业企业4个，分别是鹏浩建设工程有限公司、江苏扬创建设工程有限公司、江苏杰泰建设工程有限公司、江苏省一建建筑装修装饰有限公司。共有规模以上建筑企业28个，规模以上建筑业入库总产值150.05亿元。（杨　刚）

服务业　新增规模以上服务业企业4个，限额以上批零住餐企业15个；共有在库规模以上服务业、贸易业企业106个。（刘朋生）

科技创新　泰州市政锋注塑有限公司、江苏亚太吊具有限公司、泰州市万达轮业制造有限公司、泰州万诺纺织科技有限公司、江苏维骏工业设备有限公司、泰州市柯普尼通讯设备有限公司6个企业获评省高新技术企业。完成研发投入2519万元。（杨新锋）

【人居环境】 城乡建设　2023年，许庄街道新投放分类垃圾桶500余个。做好5个自然村的污水治理工程，铺设污水管网3.66万米，受益群众1500余户。对辖区内近135千米农村道路开展巡查、养护工作，新建、维修道路约5000平方米。投入近20万元用于防护栏、减速带、警示牌等交安设施的建设。持续推进蔡庄村省级特色田园乡村建设，打造研学、教育实践基地，全年接待师生近3000人次。乔杨社区创成省级特色田园乡村。（杨　刚）

生态环境　许庄街道$PM_{2.5}$年均浓度为30微克/立方米，超额完成区交目标32微克/立方米。完成地表水达到或好于Ⅲ类水体比例100%的区交目标。在省环保督察期间无交办件，完成2件信访件处理销号，通过省环保督察。江苏飞龙彩印包装有限公司完成锅炉提标改造工程，泰州市柯普尼通讯设备有限公司、江苏沃克机械有限公司完成雨污分流管网改造，泰州领德特种纺织有限公司完成废气、废水处理设施安装。泰州量能车辆配件有限公司改进生产工艺，减少危废产生。泰州市美派墙纸有限公司建成0.4兆瓦光伏项目。（王茂东）

【社会建设】 教育　2023年，许庄街道区域共有学校7所，占地面积28.91平方米，建筑面积13.18万平方米。分别为江苏省高港中等专业学校、泰州市许庄初级中学、泰州市许庄小学、泰州市许庄幼儿园、泰州市孔桥初级中学、泰州市孔桥小学、泰州市金泰堡幼儿园。共有教师456人，在校学生4404人。（朱小敏）

文化体育　许庄街道开展惠民演出活动82场、公益电影放映48场。在14个村（社区）举行“喜迎二十大，启航新征程”主题文艺演出、“强国复兴有我”惠民文艺演出等活动。在各村（社区）开展非遗、书法等展览79场。定期开展“我们的节日”、全民阅读和非遗文化等主题讲座活动214场。对乔杨、孔桥等10个村（社区）的室外健身点进行提档升级。共有体育健身点105个、全民健身路径97条、篮球场27片。（房　静）

卫生健康　许庄街道设有社区卫生服务中心2个，为许庄街道社区卫生服务中心和许庄街道孔桥社区卫生服务中心，下辖村（社区）卫生室12个。共有医护职工110人，核定病床129张。2023年4月，许庄街道社区卫生服务中心迁至三星南路66号新址。新建胃肠镜中心、CT室。乔杨社区被确定为江苏省2023年度老年友好型社区建设单位。（张　静）

社会生活　新增就业2006人，城镇失业人员就业1005人，就业困难人员就业206人，开发公益性岗位安置就业困难人员54人。城乡居民基本养老保险续缴费人数7109人，城乡居民基本医疗保险参保

泰州市许庄小学、泰州市许庄初级中学　　许庄街道　供图

19277人。许庄街道为民服务中心被江苏省人社厅认定为全区唯一的省“暖心居保”服务品牌试点单位。完成177户219人低保、45户84人低保边缘户的动态管理工作。将48名困境儿童纳入保障范围。实施困难群众临时救助，区级平台救助3人，街道层面救助112人次，发放救助资金9.5万元。为24户特殊困难老人家庭完成适老化改造，为5户失能老人家庭定制家庭照护养老床位。完成敬老院消防安全标准化管理达标建设试点验收工作。为7名低保户白内障患者免费实施复明手术。（王晓娟）

平安与法治建设　设综合网格、专属网格，配备总网格长、网格长、网格员、微网格员。14个村（社区）都配备法律顾问。处理来信来访33件、网上信访26件。排查化解各类矛盾纠纷1150件。办理行政诉讼案件1件、民事诉讼案件1件。聘请专家对辖区内118个企业进行现场安全检查，开展中小型工业企业安全管理规范化建设，达标率100%。（彭永国）

【政治建设】基层党组织建设　2023年，许庄街道党工委下辖党组织71个，党员1696人。开展“双服务、双报到”活动，19个党组织、217名党员到社区报到，划分党员责任区58个、党员示范岗63个，成立党员突击队47个。成立街道大工委、社区大党委，与市统计局、区党工委（区委）政法委等10个单位开展共建联建，召开首次联席会议，实施共建项目5个。党群联动破解“放亮”项目28个。在江苏康贝宠物食品有限公司党支部开展以“助建文化”为主题的“党建共享日”活动。打造韵达“司机之家”，开展“新心向党·赋能助新”新业态电商直播专题培训，组织普法教育、安全宣传、心理咨询、暖心慰问等活动30余次。举办第十三届村干部“培训周”，开展党建业务、党风廉政、乡村振兴、安全生产等培训10场次，分享沙龙6场，覆盖400余人次。全年共储备入党积极分子40人，发展党员15人，转正党员19人。组织召开2023年度“我是党员、奋斗有我”党员轮训。发放“光荣在党50年”纪念章50枚，慰问困难党员46人，发放慰问金4.14万元。（谭丽娟）

宣传统战工作　开展“习语共鸣”理论宣讲、习近平新时代中国特色社会主义思想和中共二十大精神宣讲活动7场次。开展党工委理论学习中心组学习12次，交流研讨6次。在“学习强国”学习平台、《新华日报》、《泰州日报》、泰州电视台等主流媒体及平台上发稿200余篇。开展“我们的节日”“学雷锋”“小手拉大手”“阅读点亮人生　书香浸润心田”等群众性精神文明建设实践活动300余场。许庄街道新联会获评全市十佳“五强”新联会，许庄商会被评为2023年全国“四好”商会、全省“四好”商会。（常玉婷）

纪检监察　全年共发放“清风微报”12期，重点节假日发送廉洁短信提醒。开展警示教育活动5次、纪律讲堂活动5次、知识测试3次。运用“第一种形态”处置12人，立案查处11人，处理各类信访15件，下发典型案例通报3期、纪律检查建议书2份。新增廉洁书屋4个。脱口秀节目《知足常乐》获区纪（工）委廉洁脱口秀一等奖。（周　乐）

人大工作　许庄街道有市级人大代表3人、区级人大代表23人，聘请议政代表45人。开展人大代表工作日活动4次，接待、走访选民1400人次，收集居民诉求30余条。开展“百姓‘小’事，你点我督”活动，实施尊老护幼工程、改善农村人居环境、方便群众交通出行、加强居住保障服务、推进示范村居建设、丰富群众文化生活、促进高质量就业7大类民生实事共15件。建成蔡庄村“全过程人民民主实践基地”、泰州港经济开发区（许庄街道）议政代表之家。组织代表围绕营商环境、人居环境、文明城市创建等主题，开展调研、视察活动。（李　佳）

街道办事处自身建设　坚持“三重一大”事项集体议事制度，提高政府民主、依法、科学决策水平。建强综合治理平台，建立健全党政负责人接访制度。加大监管工作力度，压实安全生产、生态环保、河道管护等工作责任。（陆　彦）

政协工作　组织政协委员开展“协手一起议　共创文明城”“壮大村集体经济　助力特色田园乡村发展”等“有事好商量”协商议事活动4场，指导村居开展“有事好商量”协商议事活动50余场。建设蔡庄村协商文化培育展示点，打造“协众共商，文化蔡庄”工作品牌。报送社情民意15篇、工作信息30余篇，在人民政协网、《新华日报》、“学习强国”学习平台、“微高港政协”微信公众号等媒体及平台发稿18篇。（常玉婷）

【村（社区）简介】马厂社区　区域面积3.6平方千米。有居民小组18个，安置小区2个和商业小区2个。户籍人口4106人，常住人口9100人。2023年，社区集体经济收入440万元，集体经营性收入274.58万元。对东一组至东六组拆坝建涵改造3座。对围庄河和展帆河进行深度清淤，新建污水管网。对西七组、西八组、西九组雨水管网进行修缮，拓宽水泥道路，安装路灯约80盏。（朱海军）

三星社区　区域面积1.5平方千米。共有房屋698栋，户籍人口268人，常住人口3000余人，流动人口近1000人。辖区有三星街区、三星嘉苑安置小区、许庄农贸市场、泰州市许庄初级中学、泰州市许庄中心小学和江苏省高港中等专业学校，有各类商铺412个。2023年，社区疏通下水管道9处，共1900米；修复硬质路面5处，约40平方米；

对安置小区的摄像头智能监控、400个照明灯、全套消防设施和绿化进行专业维保；新增3英寸水泵2只、8英寸水泵2只。社区第二、第三网格获评泰州市“祥泰网格”。（李茂永）

许庄社区　区域面积3.78平方千米，耕地面积64.1公顷。有居民小组26个，户籍户数1029户，户籍人口3307人。有私营企业111个，个体工商户419户，主要经营绳网带、吊索具、羽毛工艺品、服装加工、五金加工等。2023年，社区集体经济收入252万元。（唐　勇）

三旗营社区　区域面积1.5平方千米，耕地面积63.53公顷。有居民小组13个，户籍户数594户，户籍人口1988人。特色经济为花卉苗木产业。新增村级下属企业1个，共有4个，主要从事羽毛工艺品制作和后勤物业管理。2023年，社区集体经济收入146.38万元，集体经营性收入101.64万元。铺设普丰组、同丰组下水管道2处，维修换新社区路灯40盏，对三一组进行雨污分流，修缮路面空洞面积45平方米，修复管道50米，永胜组、新生组、三一组、三二组、三三组、永宏组等居民小组全面覆盖建设污水管网。（蔡　剑）

官沟社区　区域面积4.8平方千米，耕地面积约100公顷。有居民小组28个，户籍户数1141户，户籍人口4126人。2023年，社区集体经济收入322.38万元，集体经营性收入276.62万元。完成庄佴自然村路灯改造，新装路灯80盏；完成官沟中沟清淤100余米；在兴国路科技孵化器东侧停车场建便民疏导点，有固定摊点46个。（周宜江）

曹官营社区　区域面积3.1平方千米，耕地面积63.8公顷。有居民小组21个，户籍户数965户，户籍人口3276人。有私营企业15个。有规模以上企业1个，为泰州市柯普尼通讯设备有限公司。2023年，社区集体经济收入201.12万元。打造群众健身休闲广场1个，拆除二营组的危桥1座，对马鞍桥进行维修加固，小前、龙头、三友、李垛、曹东、曹西、二营、东升等居民小组400余户实现污水管网建设全覆盖。（顾宏兵）

周梓社区　区域面积3.6平方千米，耕地面积101.31公顷。有居民小组17个，户籍户数935户，户籍人口3363人。产业以个体工商户、绿化培植和家庭农场为主。2023年，社区集体经营性收入107.31万元。推进约4000米的污水管网铺设工程；对三组、十五组的200米村庄道路实施修建；拓宽三组至四组之间路面，并将塌陷河坡进行加固；新建狄家十六组水码头工程，打通一组、五组与周梓中沟的排水系统；维修更换辖区内所有破损线路、路灯，实现辖区亮灯率100%。（于红霞）

乔杨社区　区域面积3.78平方千米，耕地面积242.07公顷。有居民小组23个，户籍户数869户，户籍人口2864人。2023年，社区集体经济收入102.86万元。获评江苏省特色田园乡村、江苏省老年友好型社区。（李惠民）

赵王社区　区域面积3.97平方千米，耕地面积262公顷。有居民小组24个，户籍户数964户，户籍人口3336人。主要产业有荞麦酒、三汇水蟹、珍珠米、花卉苗木等。2023年，社区集体经济收入137万元。配合完成董庄中沟清淤固岸工程，完成农户改厕项目。成立赵王商务发展公司，下设泰州市锦泰春酒业有限公司和泰州市紫阳工程有限公司。（王　勇）

孔桥社区　区域面积2.01平方千米，耕地面积63.47公顷。有居民小组11个，户籍户数565户，户籍人口1945人。特色经济为果树种植产业。辖区内共有企业8个。2023年，社区集体经济收入116.75万元，集体经营性收入55.65万元。维修换新社区路灯50余盏，改造路灯电缆2处。（孙学军）

管营村　区域面积2.13平方千米，耕地面积136.51公顷。有村民小组12个，户籍户数559户，户籍人口1872人。2023年，村集体经济收入107万元，集体经营性收入51.4万元。解决富民桥桥梁路面拱胀安全隐患，建设“乐善、益善、敬善”游园、村史馆；对富民桥进行换新升级，重换桥栏，实施大桥周边亮化，加装投射灯60盏；对跃进中沟进行提档升级，清淤1千米；改造农村户厕40户。（李　勇）

钱赵村　区域面积4.11平方千米，耕地面积260.47公顷。有村民小组22个，户籍户数1225户，户籍

许庄街道蔡庄村首届田头文化节　　蔡庄村　供图

人口3796人。2023年，村集体经济收入168.8万元。对晓潮中心港河坡进行清理、清淤、刷坡，整理600余米。推进晓潮片区的污水管网工程，安排专人在施工现场协调矛盾纠纷。完成晓潮片区500余户的管道铺设，建立污水处理泵站9座。完成硬质路面铺设1500余平方米，下水管道铺设250余米。完成"一事一议"南北路的铺设。更换电缆线2000余米，更换太阳能灯130盏、普通灯20余盏，亮灯率100%。（王子豪）

蔡庄村　区域面积3.33平方千米，耕地面积202.6公顷。有村民小组23个，户籍户数931户，户籍人口3010人。2023年，村集体经济收入196万元。完成宣堡港两侧码头改造、绿化升级工程，更换孔蔡路路灯60盏，维修二青自然村大口线路东侧排水沟108米，完成二青大坝口下水涵洞改造工程。蔡庄村生态文明教育实践基地被命名为第一批泰州市生态文明教育实践基地，蔡庄村关工委获评泰州市"五好"关工委。（蔡　春）

明河村　区域面积2.36平方千米，耕地面积121.67公顷。流转土地113.33公顷，其中花卉苗木种植49.33公顷、水产养殖44公顷。有村民小组15个，户籍户数571户，户籍人口1900人。2023年，村集体经济收入71.73万元，改建扩建下水设施5处；换新路灯250余盏；修缮东明四组路面60平方米。（栾根峰）

寺巷街道

【概况】 2023年，寺巷街道总面积38.62平方千米，陆地面积32.98平方千米，农业用地面积17.38平方千米，工业用地面积10.93平方千米，商业用地面积1.74平方千米，水域面积5.64平方千米。辖社区14个，居民小组121个。户籍户数12440户。其中，14个社区7401户，其他各生活小区5039户。常住人口56505人，户籍人口43314人，其中乡村人口26406人、非农村人口16908人。全年实现地区生产总值9.41亿元。其中，第一产业增加值0.21亿元，第二产业增加值6.5亿元，第三产业增加值2.7亿元。一般公共预算收入1.42亿元，增长3.2%，固定资产投资7.71亿元。其中，工业投资3.86亿元，服务业投资3.85亿元。完成1亿元以上项目开工1个。完成新增规模以上企业入库13个。（焦宏斌）

【经济建设】 农业　2023年，寺巷街道完成粮食播种面积413公顷，粮食总产量2610吨。村级集体经济总收入4367万元，经营性收入1241万元。开办高素质农民培训班，累计培训农民50人。完成寺巷社区、新华社区、小王社区、大王社区、三野社区、龙凤社区农村集体经济组织成员变更，新增成员443人、减少成员406人。完成寺巷社区、新华社区、大王社区、小王社区、石桥社区共6895人的集体经济组织成员台账备案工作。（朱庆林）

工业　实现规模以上工业总产值16.24亿元。新增规模以上工业企业4个，共有23个。新增星级上云企业7个，共有13个。泰州市三江消防器材有限公司获批省级专精特新中小企业。泰州日顺电器发展有限公司获批区专精特新十佳示范企业。

建筑业　完成建筑业产值4.98亿元，建筑业入库税收800万元。共有规模以上建筑企业2个，建筑业从业人员2053人。

服务业　完成限额以上消费品零售总额1.11亿元、批发业销售额3.88亿元、零售业销售额0.93亿元、餐饮业营业额4368万元。新增限额以上贸易企业8个，共有31个。

科技创新　完成研发投入0.4亿元，完成科技型中小企业备案20个。获批国家级高新技术企业2个。申请发明专利20件，获授权发明专利9件，完成知识产权质押融资500万元。（马恒燕）

【人居环境】 城乡建设　2023年，寺巷街道完成龙凤家园综合整治改造工程、康和花园综合整治改造工程、口泰路（泰事达—姜高路）污水管道接通工程、祥和二期小区停车位改造工程。配合区交通分局启动健康大道连接线工程。实现垃圾分类涉农社区及小区全覆盖，新增小区收集容器145个。全年共拆除新增违建、整改违法用地7368平方

东方温莎小镇　葛　峻　摄

米。开展集中整治活动20余次,联合交警、市场监管等部门开展执法整治5次,现场取缔露天排档6处、露天烧烤12处,劝导流动摊贩1000余起。完成北沿江高铁项目(寺巷段)约488户被搬迁户的房屋搬迁工作。完成北沿江高铁(寺巷段)寺巷社区、新华社区、小王社区、大王社区、石桥社区18米红线内各类征地协议签订,安置进保人员276人。

(王根林　李晶晶　钱　亚)

生态环境　开展生物质锅炉专项整治工作,完成泰州市太平洋水带衬胶有限公司、泰州市龙威消防器材有限公司、泰州市盛祥纸制品有限公司锅炉清洁能源替代工作,完成泰州市光华消防器材有限公司、泰州市荣诚纸制品有限公司锅炉低氮燃烧改造。开展区域水环境综合整治工作,加强南官河祥和大桥国控站点周边环境维护,持续排查和整治河道排污口,完成龚庄河、蚂蚁坝河、龙庄河排口封堵工作。配合区生态环境局取缔寺巷社区内有废水直排河道的散乱污企业1个。完成省信访交办龙庄河黑臭问题整改工作。开展河湖清洁整治专项攻坚月行动,共清理岸坡扒翻种植3处约2500平方米,修剪岸坡枯树杂草约1.1万平方米,打捞清理水面漂浮物26处、河坡垃圾58处。

(王根林　朱庆林)

【社会建设】 教育　因北沿江高铁(寺巷段)拆迁项目启动,2023年寺巷街道区域原有的寺巷中心小学搬迁至泰州市周山河小学,寺巷初级中学搬迁至泰州市周山河初级中学。辖区内有大学2所、高中1所、公办幼儿园2所、民办幼儿园1所、成人教育中心学校1所。3所幼儿园共有班级34个,学生1041人。寺巷成教中心技能培训企业职工300余人,辅导学生100余人。

文化体育　在社区文化服务中心和百姓大舞台开展文艺演出活动110场次,举办文化展板巡回展览活动157场次,开展文化培训活动111场次。新安装健身器材2套。8月,举办寺巷街道第二届"村BA"篮球比赛。

卫生健康　有公办卫生机构1个(寺巷人民医院),辖社区卫生服务中心(站)9个。为493人办理农村奖励扶助申请手续,为185人办理一次性奖励扶助申请手续,办理一孩、二孩、三孩生育登记284例,为65对新婚夫妇、符合生育条件夫妇实施免费婚前医学和孕前优生健康检查。免费"两癌"筛查200人次。走访辖区涉及职业病较重和严重企业70个,完成职业病危害网上申报65个。

社会生活　新增就业827人,创业带动就业198人。做好被征地农民社会保障工作,所有涉及补缴的征地进保项目全部办结。共有农村低保户53户66人,城市低保户2户2人。享受困难残疾人生活补贴449人、残疾人护理补贴331人,共发放补助383.46万元。有80周岁以上老人1857人,发放尊老金283.3万元。向48名困境儿童发放补贴43.46万元。发放抚恤金200余万元,发放义务兵优待金200余万元。有AAA居家养老12个、日间照料中心1个、综合性养老服务中心1个。有养老睦邻点1个、老年人助餐点1个。为20户特殊困难老年人家庭申报适老化改造。1人获评第三届泰州市社会工作十佳社工。康和社区获评全市新型农村社区治理服务五星级示范点。　(周文慧)

平安与法治建设　开展国家安全教育日、禁毒、防范电信网络诈骗、烟花爆竹禁放等宣传活动。党政领导接访50余次,来访接待中心共接待群众信访1301次,阳光信访平台受理信访件108件,办结107件。开展冶金等工贸行业、住宅小区消防安全、(群)租房消防安全、小旅馆消防安全、城镇燃气、"9+N"小场所等专项整治,共排查问题隐患6735条,整改率达100%,14条重大隐患全部实现闭环。

(袁小琴　陈秋芹)

【政治建设】 基层党组织建设　2023年,寺巷街道共有基层党组织65个,党员1447人。打造泰州市首家"红旗手食堂"。举办村干部能力培训、年轻干部培训、党员轮训等专题培训;参加泰州市"书记项目"述比,获评全市十佳;创建"书记项目"社会治理现代化治理平台,实现居民端、网格员端、社区平台、街道平台多端联动。

宣传统战工作　在区全媒体中心发布信息30篇,《泰州日报》用稿26篇,"交汇点"新闻用稿45篇,《新华日报》用稿6篇,"学习强国"学习平台用稿29篇。江苏卫视、《新华日报》、央广网、紫牛新闻、《现代快报》、《泰州新闻》等媒体持续报道《泰州首家骑手食堂》《议事会开到夜市现场,泰州高港政协委员建言献策解决幸福的烦恼》。蒋维获评2023年度二季度"江苏好人"。

(李　亭)

纪检监察　寺巷街道纪工委召开警示教育大会2次,分析研判身边案例,观看警示教育片《覆鉴警醒　重构生态》;举办"青廉说"主题演讲比赛,开展警示教育、廉政专题党课、党规党纪知识测试、家风助廉等"510我要廉"系列活动,参加区纪(工)委妙语"廉"珠清风脱口秀比赛;围绕以北沿江高铁(寺巷段)为主的重点项目和安全生产、消防安全、食品安全等,多次开展监督检查,督促相关职能部门履职履责到位。对6名党员干部进行党纪或政务立案,提醒谈话2人,批评教育2人,诫勉谈话2人。

(徐之旋)

人大工作　有区人大代表13人。议政代表会有正式代表65人。召开寺巷街道第一届议政代表大会第二次会议。走访企业21个次,收集意见和建议6条,均办理完成。制定《寺巷街道"百姓'小'事"实施细则》，建立“群众点、代表提、政府办、人大督、社会评”工作机制，实施“百姓‘小’事”5件。安排组织人大代表、议政代表进行巡河、人居环境督查2次，接待群众56人次，走访困难群众、党员5次。人大代表、议政代表参与“信访问题化解”行动，化解历史遗留问题1件。8月，召开《泰州市优化营商环境条例（草案）》征求意见座谈会。（傅朝阳）

街道办事处自身建设 推进北沿江高铁（寺巷段）、泰州实验中学改扩建动迁项目建设，服务园区发展。仅用13天完成北沿江高铁（寺巷段）红线内搬迁工作，实现协议签订率100%，获泰州市第十六批“骏马奖”。强化社会综合治理，完善街道基础设施建设，做好环境生态保护，加大对民营企业的扶持力度，加强对工商业的管理，关注低保人群的生活健康，筑牢安全生产防线。（焦宏斌）

政协工作 寺巷街道政协委员活动小组有成员21人，其中区政协常委1人。打造“党建+政协”“书香政协”“活力政协”工作品牌。开展“笔墨凝书香——新春送福”和“春风十里 阅巷未来”阅读活动。提交社情民意信息10余篇。聚焦经济发展、民生实事等，开展“移动委员工作室——走进寺巷街道”“访界别群众，聚发展合力”“与委员聊协商文化”等委员活动10次。《泰州首家骑手食堂》入选江苏省协商议事创新案例。（孙济云）

【村（社区）简介】 屠桥社区 区域面积3.3平方千米，耕地面积82公顷。有居民小组19个，户籍户数987户，户籍人口3678人。社区大学生返乡创业48人，农民返乡创业241人，有各类私营企业143个，有1962人从事电子商务及其相关行业。2023年，社区集体经营性收入58万元。实现网上销售2.8亿元。完成光伏发电项目，为集体经济增收2万余元。完成蒋庄自然村自来水管网改造。成立新景物业综合服务有限公司。（李 坤）

新港社区 区域面积1.27平方千米，建设面积30.79公顷。有居民小组10个，户籍户数526户，户籍人口1992人。2023年，社区集体经营性收入50.7万元。完成公共设施建设10余处。（朱 俊）

新华社区 区域面积1.13平方千米。有居民小组8个，户籍户数529户，户籍人口2034人。社区内有私营企业19个、个体饭店5个，其他个体私营服务业单位35个、农贸市场1个。2023年，社区集体经济收入394.85万元，集体经营性收入75.08万元。社区做好辖区内北沿江高铁项目的征地保障工作，共完成60户居民的房屋搬迁交付，办理土地征用保障，安置28人。召开议事协商会，妥善处理无量寺的搬迁工作。（曹 娜）

康和社区 区域面积0.2平方千米。为安置小区，总建筑面积20.01万平方米，共有安置房1676套，常住人口5608人（多个社区拆迁安置户及大量务工租户），其中外来人口1713人。户籍户数863户，户籍人口3227人。社区配有1500平方米活动用房，社区党组织建制为党总支委员会，有党员49人。2023年，社区集体经济收入167。获泰州市优秀文明实践“站长项目”铜奖、泰州市法治小区称号、全市新型农村社区治理服务五星级示范点称号。（邱 乐）

祥和社区 区域面积1.8平方千米。为拆迁安置区，祥和花园共分为3期，其中二期和三期归祥和社区管辖，二期和三期共建30幢多层、高层，81个单元，有安置房1304套，常住人口2600人，其中外来人口816人。户籍户数586户，户籍人口2086人。2023年，社区集体经济收入158.83万元。对祥和花园小区的进出口道闸、电动自行车充电棚等安全基础设施进行改造，督促指导物业对楼道口、夹巷、车库内乱堆乱放等安全隐患进行集中清理整改。（邱 丹）

小王社区 区域面积2.23平方千米，耕地面积10.88公顷。有居民小组11个，户籍户数816户，户籍人口3270人，外来人口1374人，出租房276户。有规模企业3个，个体私营企业66个。2023年，社区集体经济收入208.6万元。完成北沿江高铁项目158户居民拆迁安置工作及40名被征地农民生活保障申报工作。（毛慧云）

军甫社区 区域面积1.8平方千米，耕地面积5.2公顷。户籍户数

寺巷街道小王社区毛家巷 毛国权 摄

596户，户籍人口2055人。2023年，社区集体经济收入135万元。搭建"万年青幸福之家"志愿服务平台，开展特色文娱、知识讲堂、结对帮扶等助老服务；开展流动人口"寻房安家"管理服务。（戚秋月）

医药城社区　区域面积2平方千米。户籍户数528，户籍人口1879人。2023年，社区集体经济收入85.5万元。组织开展创意乐高、咖啡师培训、收纳整理、彩泥塑和家政服务等创业就业活动。（李卫生）

龙凤社区　区域面积5平方千米。有村民小组28个，户籍户数1576户，户籍人口4901人。2023年，社区集体经济收入245.34万元。建立旅馆总台、幸福饭堂、"候鸟"服务驿站等，获泰州市十佳村（居）老年协会称号。（栾兰平）

寺巷社区　区域面积2.5平方千米，耕地面积37.96公顷。有居民小组23个，户籍户数1301户，户籍人口5066人。社区内有规模企业6个、个体私营企业82个。社区内长泰路、海仑路、口泰路主干道上有门面房130个，盘活闲置企业厂房12个。2023年，社区集体经济收入1683.98万元，集体经营性收入174万元。完成北沿江高铁（寺巷段）、泰州实验中学改扩建两个项目的拆迁和失地保障办理工作。

（杨华飞）

大王社区　区域面积1.5平方千米，耕地面积45公顷。有居民小组11个，户籍户数773户，户籍人口3068人。2023年，社区集体经济收入458万元。有出租户202户、出租房间2186间，外来租住人员最高峰时达3500人。社区参与出租房安全检查20余次，发现问题96个，均完成整改。（曹　琴）

二桥社区　区域面积5.1平方千米，耕地面积216.67公顷。原有居民小组30个（拆迁后剩下10个），户籍户数1413户，户籍人口5465人。社区内企业以绳网带、绝缘纸生产加工为主。2023年，社区集体经营性收入356.91万元。完成群众危房维修、下水道疏通、化粪池盖板更新，整改老垃圾池妨碍交通和入村路口窄等交通安全隐患。

（蒋文素）

三野社区　区域面积1.82平方千米，耕地面积12.44公顷。有居民小组9个，户籍户数635户，户籍人口2530人。社区内有规模以上企业2个，办理营业执照的个体私营企业约200个。有集体厂房8个，土地全部出租。2023年，社区集体经济收入198.67万元，集体经营性收入105.46万元。组织辖区企业家和电商业主参加广交会等专业交易会。组织成立企业服务公司，为会员企业提供技术服务，打造"三野甄选"红色直播平台。维修改造三野路、四组道路等主干道，修建停车场约130平方米。

（吉秋红）

石桥社区　区域面积0.68平方千米，耕地面积23.39公顷。有居民小组8个，户籍户数552户，户籍人口2138人。辖区居民出租门面房134个，出租房屋182个。2023年，社区集体经济收入95.78万元。协助有关部门做好北沿江高铁征地拆迁、区人大代表补选等工作。针对年内频发大暴雨，辖区内多处下水管道老化排水不畅、路面积水严重的问题，及时安排人员疏通下水管道，并对辖区内所有下水管道进行逐一排查检修。（尤劲秋）

明珠街道

【概况】 2023年，明珠街道总面积19.88平方千米，耕地面积90.44公顷。下辖社区12个，居民小组98个。户籍户数12110户，户籍人口36654人，常住人口5.72万人。全年实现地区生产总值8.36亿元，比上年增长2.84%。其中，第一产业增加值735万元，增长3.36%；第二产业增加值4.42亿元，增长6.91%；第三产业增加值3.86亿元，下降1.16%。完成一般公共预算收入1.54亿元，增长8.4%。全社会固定资产投资2.86亿元。新增规模以上企业16个。（费晶晶）

【经济建设】 农业　2023年，明珠街道实现农业总产值1223万元、增加值735万元。小麦亩产约402千克，水稻亩产约615千克。发放农业支持保护补贴16.28万元、稻谷补贴1.77万元、种粮一次性补贴2.71万元、秸秆还田补贴5.12万元，秸秆还田率100%。

工业　共有规模以上工业企业16个。全年实现规模以上工业产值8.82亿元、增加值2.06亿元。规模以上工业实现销售8.38亿元、利税0.36亿元。

建筑业　有资质以上建筑企业14个。实现建筑业总产值4.74亿元，比上年增长18.7%。

服务业　共有规模以上服务业企业48个。实现服务业增加值3.86亿元，比上年下降1.16%。服务业固定资产投资2.03亿元。限额以上批发业商品销售额14.61亿元，下降2.5%；限额以上零售业商品销售额3.12亿元，下降4.1%；限额以上餐饮业营业额8046万元，增长45.2%。

科技创新　新增发明专利授权10件，有效发明专利拥有量34件。新增省高新技术企业1个（江苏苏中印刷有限公司），共有5个。获批科技型中小企业15个。

（费晶晶　吉　鹏　龙　莹）

【人居环境】 城乡建设　2023年，明珠街道投资9500万元，实施世茂河滨、杰盛俊园、左岸名都及鲍徐集镇鲍九路南北主干道4个项目的雨污分流改造及周边环境整治工程，全部通过竣工验收。投资175万元，实施明珠街道司法所社区矫正分中心、苏源二期入河排口控源截污提升泵站、明珠小区入河排口控源截污提升泵站、太湖路污水井脱

明珠街道城区　　顾祥忠　摄

空维修4个项目。完成西湖翠苑、凤凰21、明珠花园3个小区老楼加装电梯3台并交付使用。辖区内符合条件的小区业委会（物管会）组建率达100%。

生态环境　定期检查辖区内各企业，督促企业规范化运行、达标排放，多次组织专家上门服务。指导江苏江泰食品有限公司完成环评验收工作，泰州市巾被厂有限公司完成天然气锅炉低氮改造，泰州市开发区三农植物油厂完成生物质锅炉淘汰，江苏海宁船用器材厂有限公司、泰州市第一铝材厂有限公司完成车间密闭改造；推进泰州丹凤农贸市场有限责任公司、泰州市泰好鲜生超市有限公司、泰州市明珠幼儿园、泰州市柔道学校、泰州市扬子绳网有限公司完成雨污分流改造；协调泰州市第一铝材厂有限公司含铝污泥退出危废监管范畴；完成2022年中央环保督察及2023年省环保督察销号工作。（谢长江）

【社会建设】 教育　2023年，明珠街道区域有学校7所，分别是泰州市鲍徐初级中学、泰州市鲍徐小学、泰州市祥龙幼儿园、泰州市鲍徐中心幼儿园、泰州市红五星幼儿园、泰州市明珠幼儿园、泰州市世茂蓝天幼儿园。有在职教师281人，学生3761人。年内，开展校园安全隐患检查巡查15次，排查问题35处。

（陈　霞）

文化体育　组织开展大江放歌、文化惠民券点单、送戏下乡、街道文化惠民演出活动进社区等文艺演出活动72场次。开展非遗、八礼四仪、泰州早茶等主题文化展览进社区活动78场次。开展各类文化主题培训讲座、传统文化体验活动91场次。举办古琴公益培训、暑期街舞培训等公益课讲堂13期，惠及22.8万人次。歌伴舞《寻梦水天堂》获得泰州市新创文艺节目调演二等奖、泰州医药高新区（高港区）新创文艺节目调演一等奖。组织全民健身志愿服务活动5次，举办各类体育活动11场。新增健身路径5套。

（田雪晴）

卫生健康　为中小学生及65岁以上老年人免费接种流感疫苗2720人，享受免费水痘疫苗人员1927人，完成遗传基因携带疾病风险检测207人。免费为91对夫妻进行婚前及孕前优生体检。为240余名育龄妇女开展“两癌”筛查工作。免费提供老年人健康体检4460人。全街道享受奖励扶助1847人，伤残特别扶助40人，死亡特别扶助72人，共发放扶助资金274.77万元。为241名退休持证职工办理一次性奖励计72.3万元。（鲍玉龙）

社会生活　组织辖区内的高校毕业生、退役军人、就业困难人员等参加各类专场招聘会。办理就业困难人员认定95人，开发一般性公益性岗位安置就业困难人员10人，申请灵活就业人员社保补贴44人，累计新增就业816人。组织辖区171人参加全区职业技能竞赛，114人取得高级职业资格证书。居民养老保险参保缴费3669人（其中新增参保缴费114人），续缴费3629人，续缴费率98.91%。明珠街道为民服务中心获评泰州市人力资源社会保障系统2023年度重点工作成效明显先进集体。持续强化“15分钟医保服务圈”省级示范点功能建设，推动更多医保服务事项下沉至社区办理或受理，实现社区医保服务全覆盖。全年新增低保6户7人，退出低保1户3人，有低保33户52人，累计发放金额34.42万元。成立儿童关爱之家，有困境儿童41人，累计发放各类补贴21.31万元。为1400余名老人提供居家养老上门服务，完成20户困难老年人家庭适老化改造；为1406名老人发放尊老金214.25万元。发放残疾人“两项补贴”238.44万元。发放各类优抚对象及遗孀补助100余万元，为退役军人及其他优抚对象申领优待证。明珠街道退役军人服务站获评2023年度全市退役军人权益维护工作先进集体。（韩永莉）

平安与法治建设　全年上报各类事件1.8万条，实现联动办结率100%，完成出租房走访等服务记录1万余次。在网格群内发布民生服务事项、重大天气预警等信息。通过省级区域社会治理现代化、“一站式矛盾调解中心”验收。每月对矛盾纠纷进行梳理汇总并分析研判，调处各类矛盾纠纷276起，化解率100%。完善公共法律服务体系建设，落实“一社区一法律顾问”制度。开展普法进社区、送法进企业、“4·8”司法日、“4·15”全民国家

安全教育日等法治宣传活动。（周景阳）

【政治建设】基层党组织建设 2023年，明珠街道共有基层党组织46个，新发展党员12人，转正18人，共有党员1563人。深入开展学习贯彻习近平新时代中国特色社会主义思想主题教育，期间组织集中学习11次、研讨6次。组织342名党员及干部参加村干部培训周、村干部能力大比武、党员集中轮训等活动。开设新进工作人员培训班、中层干部管理能力提升培训班，累计培训95人次。《“点滴小事”书写明珠“干部敢为”示范答卷》微党课视频获“泰州红课”大赛市级三等奖。指导社区制定并完成2023年度“放亮”项目22个，其中2个项目成效在区级平台刊登。城南社区党建引领村集体经济发展案例先后被“先锋泰州”及“泰州高新先锋”微信公众号采用。西湖翠苑、祥龙家园小区物业获评党建引领物业管理服务省级示范点。提档升级春风社区、天虹社区党群服务中心，建成鲍徐社区示范支部书记工作室、靳新社区党员教育实境课堂。街道党政领导牵头领办基层党建“攻坚项目”11个。（沈 磊）

宣传统战工作 组织开展中心组学习15次、研讨交流6次。组织开展“习语共鸣”“理入人心”等宣讲活动40余场次，受益群众3000余人次。录制理论宣讲微视频2部，报送冬训“乡村大喇叭”音频2条。获评区级文明家庭63户、区级文明社区5个。开展“浸润书香，传承文明”全民阅读暨家庭家教家风宣传教育活动、“强国复兴 奋斗有我”暨“我们的节日——中秋”道德讲堂活动、“爱在金秋 情系重阳”志愿服务大集市等活动100余次。全年累计在中国网、“交汇点”新闻及新华报业网发稿57篇，泰州电视台发稿32条，“学习强国”学习平台发稿35篇，区全媒体中心、“泰州新高发布”微信公众号发稿47篇。“泰州印象明珠”微信公众号发布动态600余条。发放少数民族居民清真食品补贴。（朱 瑾）

纪检监察 全年运用“第一种形态”处理5人，其中批评教育4人、诫勉谈话1人；运用“第二种形态”立案11人，其中开除党籍1人、开除公职1人、给予党内警告处分2人、给予政务警告1人、给予政务记过1人，5人审查调查中。制发纪律检查建议2份，发放清风关爱卡2张。利用重要时间节点开展明察暗访10次，发送廉洁提醒短信5次。对人居环境、“三资”管理、安全生产、工程建设等重点领域开展监督检查8次，发现违反工作纪律问题6个，提出整改意见6条。办理信访举报5件。运用基层小微权力“监督一点通”平台，畅通群众举报渠道。（常玉娟）

人大工作 举办街道“人大代表讲坛”5期，组织开展大调研、大走访活动，搜集各类意见建议23条，形成重点调研报告2篇。打造民嘱“码上提”特色品牌。召开议政代表会2次，围绕街道安全生产、人居环境整治、生态环保等重点领域开展执法检查6次，对街道农业农村、综合执法、为民服务中心等部门开展专题评议4次。持续跟进推动15件民生实事项目，重点跟踪督办鑫泰花园、怡和花园、祥龙家园综合整治工程，推动办结明珠小区小杜巷围墙修复、春风社区健身广场改造、城南社区垃圾池改造停车位等13件“百姓‘小’事”。（王倩玉）

街道办事处自身建设 制定完善议事决策规则。细化党政联席会、主任办公会流程制度，把好议题前置审核关。建立健全领导班子挂钩联系社区（企业）制度、重点工程项目领导包保责任制，对重点工作实行一周一督查、一月一通报。落实应急管理值班值守制度，处理“12345”市长热线电话及群众诉求电话3721件。开展文明城市创建专项督察9次，常态化开展烟花禁放、秸秆禁烧、人居环境整治等专项督查工作，编发《督查通报》27期。建成集信访接待、法律服务、矫正安帮、效能投诉、人口计生、民政事务、志愿服务七大功能于一体的基层政务服务平台。统筹建立街道、社区两级“1+11”服务站点，探索“线上+线下”服务模式，完善“江苏省政务服务网”政务服务事项。梳理梳细部门、社区权力清单，推动建

2023年6月1日，明珠街道举办祥泰书吧“一老一小”读书交流分享会

明珠街道 供图

立权责统一的基层政务公开网络。（高　飞）

政协工作　明珠街道政协委员活动小组围绕群众关心的急难愁盼问题开展"有事好商量"协商议事活动。人民政协网报道城南社区泰南小区"'有事好商量'点亮居民回家路"协商议事案例。在春风社区打造全国首个盲人朗读者集结地——明珠朗读。在丹凤社区打造集"有事好商量"协商议事室、委员工作室、社情民意信息联系点、祥泰书吧于一体的"明"事民议协商文化培育展示点。（朱　瑾）

【村（社区）简介】鲍徐社区　区域面积2.3平方千米，辖区范围包括凤城丽都、西花园、泰和福苑3个住宅小区。有居民小组10个，集体经济组织成员2371人。户籍户数1063户，户籍人口3138人，常住人口4765人。2023年，社区集体经营性收入140.75万元。完成村庄部分污水管网改造、村庄老旧路灯换新等为民办实事项目。社区补贴4.35万元，村组补贴8.69万元，动员2195名群众参加乡村公益医疗互助（福村宝）。规范辖区"9+N"类小场所消防安全管理工作，联合消防大队对鲍九路300余个沿街商铺开展拉网式消防安全检查。（吉进章）

殷庄社区　管辖范围调整为东至南官河，南至凤凰西路（南官河起）向西折天虹路向南折扬子港向西至吴陵南路，西至吴陵南路，北至海蜇沟。区域面积1.22平方千米。有嘉和幸福里、左岸名都、凤桥豪庭、文旅和苑4个住宅小区。有居民小组12个，户籍户数568户，户籍人口2340人，常住人口3154人。2023年，社区集体经济收入94.75万元。建设殷庄广场文化长廊，将健身广场地面硬质化并铺设塑胶地面。定期巡查清理河道垃圾，开展左岸名都"九小场所"排查工作，处理废品回收站违规住人现象2起。（田红根）

祥龙社区　区域面积3.8平方千米。有居民小组34个，户籍户数1963户，户籍人口7258人。2023年，社区集体经济收入236万元。（田　伟）

北徐社区　区域面积1.5平方千米，有御园1个住宅小区。有居民小组22个，户籍户数2400户，户籍人口6500人。2023年，社区集体经济收入120万元。社区开源节流、盘活资产，集体资产增收近40万元。完成老村部大楼修缮项目。（陈亚军）

城南社区　区域面积1.6平方千米。有居民小组10个，户籍户数1772户，户籍人口5243人，常住人口5985人，农村集体经济成员2542人。2023年，社区集体经营性收入366.41万元。实施小区环境综合提升改造、路灯亮化、小区车库改造、文体广场建设、功能室打造等项目。（徐　演）

靳新社区　区域面积4.06平方千米，耕地面积69.79公顷。有居民小组23个，户籍户数969户，户籍人口3671人，常住人口3741人。2023年，社区集体经营性收入166万元。完成14个居民小组的污水管网改造项目，开展文化惠民演出4场。获评省级宜居宜业和美乡村示范村、泰州市乡村振兴示范村、五星级离退休干部党组织。（王桂华）

东明社区　区域面积0.37平方千米，辖区范围包括梅兰花园、杰盛俊园等6个住宅小区。有居民小组12个，户籍人口2470人，常住人口5500人。2023年，社区集体经营性收入249.98万元。打造"健康小屋"书记项目。开展"能量传递站"未成年人暑期成长营活动。实施杰盛俊园对讲门铃及门禁系统维护升级、梅兰花园小公园广场主干道增设照明设备等民生项目。（张才喜）

春风社区　区域面积2平方千米，下辖鑫泰花园、鑫泰苑、玉城茗墅、鑫福源、和风雅居5个住宅小区。户籍户数1587户，户籍人口2550人，常住人口5000余人。驻有泰州市社会福利中心、泰州市中西医结合医院、泰州市港华燃气有限公司等便民服务机构。2023年，社区集体经营性收入199.68万元。（张桂祥）

西湖翠苑社区　区域面积0.5平方千米，有西湖翠苑、世茂河滨2个住宅小区。户籍户数751户，户籍人口1842人，常住人口6300人。2023年，社区申报的"西湖银发老年学堂教育项目"获评江苏省社区教育特色品牌建设项目。（陈　鹏）

明珠社区　区域面积0.32平

2023年10月28日，明珠街道在明珠社区开展"同呼吸　共健康"科普宣讲及义诊活动
明珠街道　供图

方千米，辖区内有住宅小区1个（明珠花园），规划建筑面积35万平方米，建成面积28万平方米。常住人口7000余人。2023年，获评泰州市“一刻钟”便民生活圈示范社区。（秦爱华）

丹凤社区　区域面积0.5平方千米，下辖凤凰21、泰墅园、泰河名府、聚丰园4个商业住宅小区。常住人口3675人，户籍人口1013人。2023年，增设党建文化宣传栏，开展“人气集聚”活动，打造妇女活动中心。获评泰州市优秀社区名师工作室、泰州市最美妇女微家。（吴　镕）

天虹社区　为新成立社区，东至南官河，南至永定西路，西至天虹路，北至凤凰西路。区域面积0.7平方千米，有住宅小区6个，分别为左岸名都、熙郡汇水花园、天逸河畔、山望花园、锦绣四季和官河湾。户籍户数780户，户籍人口2100人。产业以服务业为主。1月7日，经区管委会、区政府同意，天虹社区居民委员会成立。3月31日，天虹社区党总支成立。社区党群服务中心设在天逸河畔西门。（顾浪屿）

凤凰街道

【概况】 2023年，凤凰街道总面积32平方千米，耕地面积639.35公顷。辖社区21个，其中涉农社区13个、城市社区8个。户籍户数21821户，户籍人口65549人。全年实现地区生产总值52.32亿元，比上年增长9.3%。其中，第一产业增加值0.42亿元，第二产业增加值5.72亿元，第三产业增加值46.18亿元。完成固定资产投资项目45个，总投资118.01亿元。全年完成1亿元开工项目1个（福泰酒店二期）、1亿元竣工项目2个（瑞慈体检中心、华润双子楼），其中“三比一提升”竣工项目1个（华润双子楼）。（李　华）

【经济建设】 农业　2023年，凤凰街道实现农业总产值6426万元。重点推广优质高产水稻“泰香粳1402”“南粳9108”良种23.85吨，推广优质小麦“苏隆128”“镇麦12”良种93.05吨，秸秆还田和综合利用率100%。新增各类农业机械15台。开展生产经营主体安全监管巡查共40余批次、农产品抽检22批次，完成农产品速测2829条，覆盖率达100%。完成高素质农民培训61人。

工业　有规模以上工业企业7个，包括泰州市红五星食品有限公司、泰州市泰帆工业用布有限公司、江苏亚飞机械制造有限公司、泰州市科健电炉电器有限公司、泰州市春城建材机械厂、泰州市易达非机电制造有限公司、江苏佳美演艺设备有限公司。完成规模以上工业产值2.2亿元、增加值0.54亿元。

建筑业　有规模以上建筑企业29个。完成建筑业总产值11.56亿元，比上年增长14.68%。

服务业　新增限额以上服务业企业6个，有规模以上服务业企业23个。完成服务业投资117.8亿元。实现限额以上贸易额49.19亿元，比上年增长19.26%。其中，批发业贸易额33.86亿元，零售业贸易额10.38亿元，住宿业贸易额2.16亿元，餐饮业贸易额2.79亿元。

科技创新　完成研发投入600万元；新增高新技术企业2个，共有高新技术企业10个。申请发明专利20件，获授权发明专利15件。新增企业注册商标2个，完成知识产权质押融资87万元。

（张　静　陈　盛　许春龙）

【人居环境】 城乡建设　2023年，凤凰街道完成双河地块及中南君启300套定销房回迁房安置工作。开展省、市示范项目的创建工作，华润三期通过省宜居示范居住区验收，皇家花园、东谢欣园通过祥泰小区验收。完成街道及社区招投标工程16个。永兴花园、凤凰曦城东苑提升改造、凤凰三居苑改造项目竣工待验收，盛唐花苑停车位改造工程接近尾声。实施梅兴特色田园乡村项目。整顿乱贴乱画、乱堆乱放、乱

周山河景观带　　吉志强　摄

搭乱建等问题3000余条，完成户厕改造117户。

生态环境　全年中央、省级交办件共21件，完成整改销号18件。重点对水污染防治、扬尘、餐饮油烟、烟花燃放、露天秸秆焚烧等领域开展深度治理，恒大一期、二期及东润首府雨污分流项目完成竣工验收。对辖区内220个餐饮单位安装油烟净化器，完成油烟检测73次，均达标排放。开展重点河道水环境治理，完成省水利厅115个河湖遥感图斑核查。开展内河岸线利用与保护整治、河道环境整治提升"集中攻坚月"、河湖清洁整治等专项整治行动，累计出动人员近1000人次、船只100余次，打捞清洁水草、绿萍等200余吨，清除杂草、杂树等300余车。（陈　盛　张　静）

凤凰河　　　　凤凰街道　供图

【社会建设】教育　2023年，凤凰街道区域有学校（幼儿园）20所。其中，高中1所，为江苏省泰州中学；初中3所，为江苏省泰州中学附属初级中学、泰州市凤凰初级中学、泰州市周山河初级中学；小学5所，为泰州市凤凰小学教育集团引凤路校区、泰州市凤凰小学教育集团太湖路校区、泰州市凤凰小学教育集团洪泽湖路校区、泰州市塘湾小学、泰州市周山河小学；幼儿园11所，为泰州市绿地幼儿园、泰州市太湖路幼儿园、泰州市塘湾幼儿园、泰州市御园路幼儿园、泰州市盛唐幼儿园、泰州市永兴幼儿园、泰州市盛和幼儿园、泰州医药高新区凤凰幼儿园、泰州医药高新区希润幼儿园、泰州医药高新区乐童幼儿园、泰州市寺巷镇新华幼儿园。

文化体育　组织开展文化活动202次、展览活动197次、培训讲座275次，服务59.54万人次。江苏公共文化云平台服务53.41万人次。共有5个艺术团队参加泰州市文化惠民券演出团队申报，最终评定三星级1个、二星级2个、一星级1个。凤凰街道联合社区开展文化惠民演出活动108场。报送省优秀文艺团队节目8个、精品文艺创作节目9个、新创文艺节目3个。举办第九届"凤凰杯"篮球联谊赛，全市共35支队伍参加比赛。在刘庄社区、振兴社区、西谢社区新增一代健身路径共3套，在刘庄社区、西谢社区、天德湖社区新增乒乓球桌共4台。

卫生健康　有公办医疗机构1个，为凤凰街道社区卫生服务中心，有医务工作人员58人，社区卫生室9个。完成免费孕前优生健康检查130对。做好妇幼保健和计划生育服务咨询，免费发放避孕药具。完成"两癌"筛查6087人。

社会生活　向城乡低保家庭93户、118人发放低保金约108万元，向1576名80周岁以上老人发放尊老金246.24万元，向14户特殊困难家庭发放生活救助金17.47万元。城乡新增就业1280人，开发公益性岗位19个，入职17人。新增灵活就业人员参加医保487人、参加养老保险96人，居民医疗保险参保1.48万人。打造刘庄社区双拥示范点。

平安与法治建设　接待处理信访及各类矛盾纠纷227件。开展国家安全、扫黑除恶、禁毒等宣传活动80余次，发放各类宣传资料、宣传品6万余件。在企业、学校、社区宣传栏、农贸市场等人员相对集中地点悬挂宣传横幅1500余条，印发宣传资料8万余份。在《江苏法治报》、《泰州日报》、《泰州晚报》、"泰州政法"公众号、"我的泰州"App等媒体发稿20余篇。制作的宣传片《守护千万家》获泰州市"新时代·新国安"短视频大赛一等奖。

（陈扣宝　殷春华）

【政治建设】基层党组织建设　2023年，凤凰街道共有基层党组织65个，党员2271人。联合22个驻区共建单位，依托街道"大工委"、社区"大党委"平台，以"党建引领城市基层治理"为主题实施重点服务项目。创新开展"干部能力大提升"、"凤领讲坛"、"村集体经济实干案例"评选、"村干部能力大比武"等特色活动。全年完成党员轮训400余人，发放"光荣在党50年"纪念章25枚，发展党员24人。实施城市社区"人气集聚计划"，开展人气集聚活动300余场，辐射周边群众2万余人。实施村干部学历"双百"计划，动员6名村干部提升学历。投入500余万元，完成3个社区党群服务中心提档升级。打造万象城商圈和宝恒网约车暖"新"驿站。

（雷婷婷　汤　宸）

宣传统战工作　开展文艺活动202次、展览活动197次、培训讲座275次，服务59.54万人次。报送省优秀文艺团队节目8个、精品文艺创作节目9个。被"学习强国"学习平台采用信息94篇，其中全国平台3篇、省级平台6篇，获评全市"学习强国"学习平台学习使用先进单位。组织"和'凤'习语"宣讲团开展"践行党的二十大 砥砺奋进新征程"主题示范宣讲活动，戴娥获全区"贯彻二十大 奋进新征程""百姓名嘴"风采展示大赛一等奖、泰州市"百姓名嘴"风采展示大赛二等奖。被省委宣传部、省委组织部评为全省基层党员冬训工作示范街道。开通"和'凤'习语"微信视频号，发布微视频20余条。打造长500余米，东起盛唐路、西至东风路的凤凰街道民族团结示范街，融合民族娃娃、团结亭、雕塑堡垒及小品等元素。（吴熊娟）

纪检监察 成立3个工作专班。运用"第一种形态"问责6人，制发"三色清风卡"1张，对14名违纪违法人员进行立案审查，其中党纪处分13人、政务处分1人。针对街道宣传物料采购管理混乱的问题，对相关部门下发纪律检查建议书，推动出台《凤凰街道宣传物料采购管理制度（试行）》。（钱季峰）

人大工作 有市人大代表2人、区人大代表27人。组织人大代表、议政代表就全过程人民民主理念、中共二十大精神等开展集中学习3次，举办"人大代表讲坛"1次。收集居民建议11条，涉及小区环境、道路维修、健身广场建设等，至年末全部解决。打造"凤暖融融"人大代表产业护航工作室，围绕营商环境、反诈宣传、大健康产业高质量发展等重点课题开展活动10余次。（王 群）

街道办事处自身建设 坚持依法行政，推进政务公开，主动接受人大、社会和舆论监督。开展中心重点工作督查80余次，接待群众来访20余次。办好"12345"政务服务便民热线，解决群众诉求7300余件。做好基层政务服务体系建设，开设"帮办代办"窗口。（李 华）

政协工作 开展"政协委员工作日"活动4次、"书香政协"读书活动4次。做好四个季度的专题协商。持续推进凤凰街道"政协在身边，花润向阳开"品牌建设。完成残疾人之家协商文化培育点建设。（赵 娟）

【村（社区）简介】 梅兴社区 区域面积2.3平方千米，耕地面积106.53公顷。有居民小组16个，户籍户数699户，户籍人口2505人。2023年，社区集体经济收入148万元。完成陆河片区污水管网改造工程，污水管网总长约10千米，完成270户农户生活污水接管。利用社区闲置用房打造乡愁馆，将1处闲置用地打造成共享菜园项目。（徐文亮）

秦蒋社区 区域面积1.55平方千米，耕地面积119.1公顷。有居民小组9个，户籍户数550户，户籍人口1962人。2023年，社区集体经济收入145万元。对社区内420户居民家前屋后的垃圾废弃物和村容村貌进行整治，并对社区160处化粪池进行集中污水管网改造。新增4个垃圾分类亭，停止使用原垃圾池，新增28个垃圾分类专用垃圾桶。（孙守斌）

塘湾社区 区域面积2.06平方千米，耕地面积125.6公顷。有居民小组14个，户籍户数961户，户籍人口3068人。2023年，社区集体经济收入168.19万元。组建党员矛盾调解队，共接受居民纠纷21起，其中邻里纠纷15起、家庭纠纷1起、其他纠纷5起。成功调解21起，调解排查率100%，调成率100%。（张天平）

朱穆社区 区域面积2.72平方千米，耕地面积87.2公顷。有居民小组7个，户籍户数517户，户籍人口1771人。2023年，社区集体经营性收入57.22万元。对200余处"脏乱差"角落和10余个存在整治难度的环境问题进行集中整治，疏通增流2个排水系统。（孙启斌）

殷蒋社区 区域面积1.76平方千米，耕地面积1.01公顷。有居民小组9个，户籍户数426户，户籍人口2334人，办理征地保障30人。2023年，社区集体经济收入52万元。解决群众急难愁盼问题15件。对村庄小巷破损路面进行修缮，疏通下水管道20余处，更换路灯40盏。（蒋乃圣）

陈庄社区 区域面积2.47平方千米，耕地面积97.33公顷，林地覆盖率29.16%。有居民小组17个，户籍户数710户，户籍人口3010人。2023年，社区集体经济收入372万元，集体经营性收入230万元。为居民办理城乡居民养老保险、独生子女奖励、残疾人补助等，累计服务638人次。开展文艺演出、公益活动等30余次。（陈 超）

杨庄社区 区域面积1.5平方千米。有居民小组12个，户籍户数872户，户籍人口3677人。2023年，社区集体经营性收入158.85万元。开展人居环境整治，对周围建筑环境进行定期检查监督，放置防尘网。完成中南君启300套回迁房安置工作。社区藏书量增加100余册。（赵兴罗）

向阳社区 区域面积0.48平方千米。有居民小组10个，户籍户数508户，户籍人口2563人。2023年，社区集体经济收入201.76万元。与泰州市人民医院（新院区）第十党支部结对共建，开展知识讲座、义诊活动5次。开展应急演练活动5次。更换凤凰曦城西苑1号楼1、2单元，6号楼3单元，23号楼1、2单元的单元门，并安装单元门对讲门铃。（陈亚伟）

西谢社区 区域面积0.4平方千米。户籍人口2246人，户籍人口5643人。办理老年人意外保险250份，完成妇女"两癌"筛查270人。新增道路硬质化200米。开展居民

住宅区消防安全隐患专项整治10次。新建电动车停车棚32处，共有充电桩180个。（刘建罗）

双河社区　区域面积2.2平方千米。户籍户数570户，户籍人口2098人。2023年，新建社区党群服务中心，建有便民服务区、党群活动区、休闲娱乐区、居家养老区四大服务板块。打造“河家亲”党建品牌，构建政治、自治、德治、法治、智治“五治融合”社区治理体系。（穆殿成）

刘庄社区　区域面积0.28平方千米。户籍户数1980户，户籍人口3800人，常住人口5452人。2023年，社区集体经济收入824万元。开展永兴花园人居环境改造提升项目，完成新增机动车车位及配套电动汽车充电设施、新增电动自行车车棚及充电设施、增设导视牌、增设晾衣架、小区中心广场景观改造、绿化提升等项目。（穆俊杰）

东谢社区　区域面积2.47平方千米。户籍户数2742户，户籍人口8055人，常住人口1万余人。2023年，社区集体经济收入667.4万元。组织实施为民办实事项目8件，包括盛唐花苑绿改停项目，新增机动车停车位210个、非机动车停车位580个、公共电动车充电桩近20个。完成洪泽湖路及盛唐路开工准备和矛盾调解工作、土地二轮延包、东风快速路北延相关事项。完成450名65周岁以上老年人体检、29名优抚对象体检、316名妇女体检、803名妇女“两癌”筛查等工作。（王爱珍）

振兴社区　区域面积1.9平方千米，耕地面积54公顷。有居民小组17个，户籍户数972户，户籍人口3493人。辖区内有泰州市泰帆工业用布有限公司、泰州市红五星食品有限公司等重点企业，有液压工具、机械加工、塑料制品等小微企业30余个，带动500余人就业。2023年，社区集体经济收入217万元。（孔德明）

集镇社区　区域面积0.04平方千米。户籍户数472户，户籍人口801人。2023年，构建“网格党支部”服务体系，通过“大走访”“敲门行动”等形式，收集整理居民意见建议15条，已解决问题14个。开展安全检查14次，发现并整改安全隐患20余条。（马罗根）

盛和社区　区域面积0.95平方千米。户籍户数3212户，户籍人口8823人。2023年，举办消防安全演练、健康知识讲座等活动36场，开办书法硬笔、老年声乐班等公益课堂21班次。招募社区居民志愿者担任微网格员，参与基层治理。完成新时代文明实践站升级改造项目。推动恒景国际花园北大门麻石路翻新、御园路管网改造、皇家花园楼顶砖块维修等项目。（吴金鑫）

塘湾古镇盐文化游园　　凤凰街道　供图

永定社区　辖区面积0.96平方千米。户籍户数5812户，户籍人口10839人。2023年，开展幼儿早教、书法、小主持人、中老年声乐、重阳节运动会等活动200余场次，服务居民4000余人次。在职党员“双报到”400余人，“双服务”活动12场次，解决民生难题22件。摸排登记“九小场所”94个，发现并整改消防隐患120余处，整改率100%。完成适龄妇女免费“两癌”筛查862人。完成上海大花园、景瑞·荣御蓝湾、润和·滟澜湾3个小区高层电梯加装电动车AI阻车系统。（胡　峰）

华润社区　区域面积0.62平方千米。户籍户数873户，户籍人口2022人。2023年，完成居家养老服务中心功能提升、全民阅读区建设、青少年培训基地美化、残疾人之家户外连廊花园、金山路及紫金路辅道更新美化等项目。华润双子塔东塔交付。（陈庆喜）

凤凰园社区　区域面积1.2平方千米。户籍户数462户，户籍人口743人。开展“党建引领我们的节日”、“睦邻节”系列活动、“凤鸣雅乐”等系列公益课堂活动200余场次。与青禾公益、邦乐琴行、康居养老、零距艺术等社会组织合作，开办特色“凤”字班10个。完成楼道出新、公共厕所出新、健身场地改造等民生工程。（王　赟）

钟山社区　区域面积1.7平方千米。户籍户数5684户，户籍人口1.28万人。2023年，新建电动车集中智能充电棚5处。改造居民集中活动广场1处。解决群众急难愁盼问题18件。（赵兴罗）

天德湖社区　区域面积1.5平方千米。户籍户数208户，户籍人口498人。2023年，联合区党史方志办、泰州市科技馆、大江公司、天德湖宾馆、金碧物业泰州分公司等单位成立社区大党委，开展“立足岗位作贡献”“科普小讲堂进社区”“重阳节高龄老人慰问”等志愿服务10余次。配合完成泰州半程马拉松、泰州“苏酒之夜”大型演唱会的安保服务工作。（石　磊）

周山河社区　区域面积0.7平方千米。户籍户数382户，户籍人口845人。3月19日，小区业委会成立，社区党总支每周三牵头召开居委会、业委会、物业公司联席会议，会商解决物业管理难题。（陈剑锋）

沿江街道

【概况】 2023年，沿江街道总面积13.08平方千米，耕地面积37.79公顷，拥有长江岸线4.99千米。辖涉农社区1个。户籍户数4617户，户籍人口14321人。全年实现地区生产总值96.51亿元，比上年增长9.7%。实际利用外资和港澳台资4610万美元。（孙海滨）

【经济建设】 2023年，沿江街道实现农业增加值368.8万元。全年发生农村产权交易57笔，金额354万元。向266户农户发放农业支持保护补贴6.8万元。完成规模以上工业总产值427.03亿元，工业固定资产投资70.5亿元。完成限额以上批发业商品销售总额79.12亿元、限额以上零售业商品销售总额6.93亿元。新增高新技术企业4个，共有12个；共有科技型中小企业34个。引进离岸创新项目5个、本土科创项目25个。申报国家、省工业互联网试点示范项目3个，国家智能工厂、省5G+智能工厂、省级智能车间和市级工业互联网平台各1个，星级上云企业4个。

（王　琦　戴　伟　曹华锋）

【人居环境】 2023年，沿江街道加强基础设施和民生工程建设，投资120万元完成腾龙御园安置小区二期地下车库地面固化工程，投资10万元完成腾龙御园安置小区“绿改停”工程，投资15.51万元完成永长圩泵站外江出水闸口抢险工程、故土中沟中段护砌工程和虹桥港东段疏浚及绿化工程。投资40万元完成4条河道垃圾清理和河岸线绿化清障，河道总长度约1220米，水面面积1.12万平方米。建成全省首个“长江保护法”主题公园。设置秸秆集中堆放点1个，组织集中清运，未发生着火点，未发生乱抛现象。

（张　勇　姜　曲　王　琦）

【社会建设】 文化体育　2023年，沿江街道开展文艺演出活动15场，服务小区居民1.11万人次。创作、演出情景诗画节目《大江作证》，举办各类文化活动15场和展览28场。开展青少年创意绘画培训等活动5场次。开展全民阅读活动20次。祥泰书房新增图书600余册。举办全民健身运动会、综合性群众体育活动。人均体育场地面积位居全区第一。（李　敏）

卫生健康　完成老年人健康体检1563人，孕前优生检查5对。开展职业病卫生防治工作，完成28个

沿江街道全景　　沿江街道　供图

2023年10月25日，情景诗画《大江作证》在全区展演

沿江街道　供图

企业的健康检查，开展职业病健康宣传6次。（杨年华）

社会生活　城镇新增就业2015人，失业人员再就业400人，城乡就业困难人员再就业40人。高技能人才取证50人。城乡居民养老保险新增参保84人，城乡居民医疗保险累计参保3780人。完成养老保险资格认证1.05万人。向城乡低保家庭8户10人发放低保金8.17万元；向625名80周岁以上老人发放尊老金93.5万元。（殷　丹　王启年）

平安与法治建设　全年接待处理信访及各类矛盾纠纷207件，建成"一站式"矛盾纠纷调解平台和滨江商会调解工作室，创成市级信访示范乡镇。全年审核各类会议议题109件、执法监督3件、合同242件。常态化开展法律咨询、宪法宣传、法律援助等工作。

（吴　俊　丁俊生）

【政治建设】基层党组织建设　2023年，沿江街道党工委下辖基层党组织42个，党员766人。举办化学新材料产业联盟党委"联盟日"活动2次，组织党员干部开展"基层突出问题大起底"活动，搜集问题8个，并全部解决。指导机关、社区、企业党组织按要求开展"主题党日"活动。在园区（街道）开展学习贯彻习近平新时代中国特色社会主义思想主题教育。（于琦琪）

宣传统战工作　沿江街道党工委理论学习中心组集中学习21次、交流研讨9次。开展"强国复兴有我"群众性主题宣传教育系列活动10场、"习语共鸣"沙龙活动3次、中共二十大精神集中宣讲12场、中共二十大知识竞赛4次，制作微视频2个。在市级以上主流媒体发稿153篇，其中央视国防军事频道1篇、省级以上媒体51篇。开展道德讲堂活动4场、"我们的节日"主题活动6场。开展"贯彻二十大　共护母亲河"等志愿服务活动12次。开展第二届"祥泰暖心　圆梦滨江"金秋助学活动，为37名新考入本科院校的沿江籍学生发放助学金4.7万元。（戚益民）

纪检监察　开展常态化监督检查10余次。开展节假日"四风"问题专项监督，并结合"清风行动"，对参加省外培训、涉农领域中不正之风开展专项监督5次。分类分层开展廉政教育，发放中央八项规定精神负面清单工作提示30余份。深入开展"5·10"我要廉系列活动。对新发展的党员对象开展廉政教育培训。举办"亲语连廉"清风讲堂活动，完成《难忘的接待》廉政微视频制作。全年运用"第一种形态"6人次，发放"三色清风卡"4人次，运用"第二种形态"立案6起；制发纪律检查建议2份。（孙　圆）

人大工作　全年组织集中学习5次、调研活动4次，召开人大讲堂3次。提交的"关于增加交通智能设施的建议"被区人大评为优秀代表建议。推动代表走进8个基层网格参与社会治理，解决10余个企业的发展难题，落实群众诉求20余件。开展"百姓'小'事·你点我督"活动。（栾美凤）

街道办事处自身建设　发布采购信息12条、项目环境影响评价公示信息4条。街道依申请公开事项1例，并在规定时间内答复，无因政府信息公开申请行政复议、提起行政诉讼情况。及时公布最新民生政策、办事流程等信息，接待群众政策咨询3600余人次。"创在滨江"微信公众号发布工作动态268条，各类政策、通告、公告、时政报道、权威信息、服务咨询145条，按时回复网民留言、咨询互动100余次。围绕民生服务、社会保障及高质量发展考核等年度重点工作，开展督查检查30余次，下发通报3份。办结"12345"政务服务便民热线435件，其中满意和基本满意417件。

（戚益民　吴　俊　汪小冬）

政协工作　全年开展委员工作日活动4次、读书活动6次、协商议事活动6次。"共护长江美　'协'手一起来"协商议事活动被新华网、央广网、人民政协网等媒体宣传报道。组织撰写社情民意和提案，其中2篇提案被区政协评为优秀提案。

（王　斐）

【滨江社区】区域面积与沿江街道面积一致。户籍户数4617户，户籍人口14321人。2023年，社区集体经济收入386.81万元。成立"五嘉辉"绿化养护公司，解决辖区45名居民就业问题。办理退休职工一次性奖励扶助102人，生育登记59人，独生子女证52人，60周岁以上农村奖扶210人。完成适老化家庭改造5户。（黄良发）

永安洲镇

【概况】2023年，永安洲镇总面积55.9平方千米，耕地面积937.67公顷。辖社区11个，居民小组189个。户籍户数8182户，户籍人口28922人。全年实现地区生产总值164.38亿元，比上年增长16.16%。其中，第一产业增加值1.58亿元，增长3.5%；第二产业增加值79.63亿元，增长12.68%；第三产业增加值83.17亿元，增长20.01%。全社会固定资产投资110.51亿元，增长30.7%。（朱　璟）

【经济建设】农业　2023年，永安洲镇招引农业规模项目5个。新建高标准农田63.4公顷。农业综合机械化率100%，种管收机械化实现全覆盖。推广南粳9108、南粳5055等优质稻米，优质稻米率占比95%以上。新增绿色食品3个。农产品加工集中区共入驻企业18个，实现农产品加工营业收入302.28亿元，占全区的76.3%。新建水产种业振兴试验基地1个（泰州丰汇农业科技有限公司河豚养殖基地）和配合饲料替代幼杂鱼技术示范推广基地

1个（泰州市东捕水产养殖有限公司河蟹养殖基地）。新增市级数字农业农村基地2个（泰州正大饲料有限公司、泰州市荣泰水产有限公司）。泰州市建美农机专业合作社创成市级合作社。（叶　伟）

工业　规模以上工业企业一般纳税人开票销售333.99亿元。扬子江永安原料项目等重大项目建成投产。国家能源集团泰州发电有限公司获评国家级工业互联网试点示范项目，益海（泰州）粮油工业有限公司创成省级工业互联网标杆工厂，国家能源集团泰州发电有限公司创成省级5G全连接工厂项目。（徐建峰　刘　彬）

建筑业　有建筑企业16个，建筑业总产值75.89亿元。加强建筑业安全监管，按季度召开各企业单位负责人会议，每月对在建项目进行检查。（陶秋蓉）

服务业　完成服务业产业投资30.87亿元。限额以上批零住餐销售总额417亿元、社会消费品零售总额3.79亿元。新培育规模以上服务业企业4个、限额以上批零住餐企业9个。（杨　峰）

科技创新　新增发明授权专利77件。完成科技型中小企业备案92个。获批省高新技术企业11个、省工程技术研究中心1个、市高新技术企业3个，获批市级以上科技支撑项目1个、市级以上成果转化项目1个、市工程技术研究中心3个。（陆　军）

【人居环境】城乡建设　2023年，永安洲镇完成东江社区农村公路提档升级工程、农村道路交通安全综合治理项目、卫生院雨污管网改造项目、古马干河闸外段古马干河特大桥段河道整治工程、泰州市永安洲初级中学安全隐患改造工程、泰州市永安洲幼儿园食堂改造工程，并全部通过竣工验收。（曹留军）

生态环境　打造10条幸福河湖，马甸闸西国考断面水质优Ⅲ比率稳定达100%。推动4个单位完成清洁能源改造，国家能源集团泰州发电有限公司完成1号机组宽负荷脱硝改造。开展高永工业集中区VOCs攻坚专项治理，排查整治环境隐患45个。4个企业通过强制性清洁生产审查审核。完成1处高风险遗留地块土壤污染状况调查。排查整治环境安全隐患213个。新增四分类垃圾桶200个，东江社区、永胜社区创成泰州市农村生活垃圾治理示范村。（刘东阁）

【社会建设】教育　2023年，永安洲镇有小学、初中各1所，为泰州市永安洲初级中学、泰州市永安洲小学，共有教学班40个，学生1742人，教师149人；幼儿园2所，为泰州市永安洲幼儿园、泰州市高港区枫雅幼儿园，共有教学班18个，在园幼儿536人，教师54人。泰州市永安洲小学获评全国2023年营养与健康示范学校。（刘丽萍）

文化体育　推进图书“通借通还”全覆盖，全年图书流通量3.73万册。开展“喜迎二十大·书香漂万里”图书漂流活动。打造“一起读课文”“红色故事会”线上读书品牌，累计上线作品24件，总播放量超过4.64万次。举办农民书法巡回展、摄影展、图片展等展览86场次。自编自导自演的情景剧《跑赢未来》获评全区优秀作品奖。举办戏曲进校园等传统文化活动8场次、送戏下乡演出2场次、文化惠民演出13场次。（张　明）

卫生健康　卫生院门诊服务10.44万人次，住院1175人，手术120台次。完成居民电子健康档案建档2.79万人，建档率93.3%。国家免费孕前优生健康检查覆盖率100%，利益导向政策兑现率100%，生育登记服务规范率100%。卫生院经省基本公共卫生服务技术指导中心验收，被确认为第八批江苏省基层糖尿病并发症筛查工作站建设合格单位。中医馆经省中医药管理局组织的专家综合评估，被确认为第三批江苏省基层医疗卫生机构五级中医馆建设单位，骨科、消化内科入选泰州市基层特色科室建设单

永安洲镇风貌　　永安洲镇　供图

2023年6月，泰州市永安洲小学的学生们进行绘画创作展示

永安洲镇 供图

位，申报的基层糖尿病规范化管理中心“糖尿病三星门诊”通过省级验收。（祝 婵）

社会生活 新增就业2000人，城镇失业人员再就业920人，开发公益性岗位，安置就业困难人员55人。4个项目在区第七届创新创业大赛中获奖，永安洲镇获优秀组织奖。155人在区职业技能大赛暨卓越工程师选拔赛中获得相应技能登记证书，获证率全区最高。引进高层次人才85人，新增海外留学回国人才12人。城乡居民基本养老保险参保5550人，续缴5334人，续缴率96%。调处拖欠农民工工资事件13起，涉及工人289人，金额268.6万元。全年发放城乡低保金和困境儿童补助金138万元、特困人员生活费11万元。镇未成年人保护工作站为全镇近3800名未成年人提供保障服务，1219人次受益。发放优抚金100余万元、“八一”荣誉金1万余元、重点优抚对象春节慰问金1万余元，发放义务兵家属优待金、大学生入伍奖励金90余万元，发放现役军人立功奖励金1万余元。

（侯志霞 庞 瑶 陶安荣）

平安与法治建设 全年各级人民调解委员会调处非正常死亡案件14起、各类矛盾纠纷1127件，制作书面调解卷宗18卷。开展法治讲座10场、“法律明白人”法治集训8场，向全镇群众发放各类宣传手册2万余份。兴洲花苑建成泰州市“法治小区”示范点，“以双网之‘智’助力基层共治”获市级“一镇一街一品”创新项目二等奖。（唐 君）

【政治建设】基层党组织建设 2023年，港口物流产业园党工委（永安洲镇党委）有直属党组织84个。其中，党委6个，党总支8个，党支部70个。有党员1489人，发展新党员20人。组织开展学习贯彻习近平新时代中国特色社会主义思想主题教育。润洲社区“‘暖’心网支，浸‘润’生活”获评2023年度泰州市优秀“放亮”项目，中心社区“暖‘新’驿站 如‘家’港湾”获评2023年度区级优秀“放亮”项目。开展非公有制企业“四同八助”党组织创建。调整社区“两委”7人，为建安社区、永胜社区各选派“第一书记”1人。成功申报省党内关爱资金1人、市党内关爱资金3人，颁发“光荣在党50年”纪念章23枚。

（陈 科）

宣传统战工作 全年开展集中学习12次，交流研讨6次。开展中共二十大知识快问快答活动1次，“新思想·我来讲”“习语共鸣·青年主讲人”等微宣讲活动10余场。制作专题宣讲视频2个，均被“学习强国”学习平台采用。被中央电视台用稿4篇，《新华日报》用稿7篇（其中头版头条1篇），《泰州新闻》用稿17篇，《泰州日报》头版用稿4篇。被“学习强国”学习平台用稿118篇。组织镇侨联、非公经济代表人士走访慰问困难群众、在外知名人士家庭、少数民族家庭等100余人次。（李 誉）

纪检监察 开展专项督查12次，下发《工作提醒函》8份，制发督查通报4份。针对信访举报和监督检查中发现党员干部存在的轻微违纪违规问题，及时运用监督执纪“第一种形态”对14名责任人进行教育。深入开展民生和国企相关领域专项治理，给予党纪处分12人、政务处分1人，为国家和集体挽回经济损失27万元。运用“容错纠错”机制，给予党员干部减轻处理1人。

（陆荣喜）

人大工作 有省人大代表1人、市人大代表3人、区人大代表17人、镇人大代表58人。召开人民代表大会2次、园区议政代表会1次、主席团会议4次，开展“人大代表工作日”活动4次，听取和审议专项工作报告16项。评议部门工作2次，组织代表视察、专项检查和调研活动9次。有20余篇稿件被《人民与权力》和上级人大网站采用。（施广东）

政府自身建设 优化调整内设机构和岗位人员职责。健全督查考核体系，加强对项目推进、城镇建设、安全生产等重点任务的跟踪问效。办理人大代表建议和政协委员提案33件，答复率和满意率达100%。畅通“12345”政务服务便民热线，解决群众诉求近2000件。推进法治政府建设，落实“三重一大”决策机制，强化财政资金全领域全过程无缝隙监管，加强政府投资项目管理，规范政府投资行为。

（展 霖）

政协工作 永安洲镇政协委员活动小组开展集中学习4次。围绕群众关心关注的永安洲幼儿园食堂改造、上桥社区25组团结中沟南侧路段重建等议题开展协商，镇、社区层面共开展“有事好商量”活动4次，政协委员及各方利益代表参加协商活动50余人次，解决和有效协调民生问题近10个。（朱　璟）

【村（社区）简介】福沙社区　区域面积5.6平方千米，耕地面积101公顷。有居民小组21个，户籍户数927户，户籍人口2863人。2023年，社区集体经济收入512万元，年终居民股份分红230万元。出资60万元，为全社区居民购买新型农村合作医疗保险。向80周岁以上老人发放尊老金8万元，发放特困、特病、伤残人员补助20万元。（苏　阳）

新街社区　区域面积8.56平方千米，耕地面积126.2公顷。有居民小组24个，户籍户数220户，户籍人口2207人。2023年，社区集体经济收入226.49万元。投入4.68万元，为70周岁以上的老年人购买老年人意外保险。投入17.3万元，补贴社区居民购买合作医疗保险。投入7.29万元，向509名老年人发放尊老金。投入5.19万元，慰问大病、残疾、生活困难人员159人。重阳节、中秋节、春节等节日，发放各项慰问金1.69万元。（蔡周莹）

永兴社区　区域面积4.81平方千米，耕地面积139.78公顷。有村民小组26个，户籍户数995户，户籍人口2139人。2023年，社区集体经济收入321万元。投入9.36万元，为60周岁以上老人购买意外伤害保险。投入20.18万元，为70周岁以上老年人缴纳新型农村合作医疗保险。向60周岁以上党员、80周岁以上老年人发放慰问金9.51万元。开展“送戏下乡”活动1场。向7名在中、高考中取得优异成绩的学生发放奖学金1.9万元。（曹　飞）

兴洲社区　区域面积1平方千米，耕地面积0.68公顷。有别墅37幢、安置房57幢和涉农居民小组7个。户籍户数1440户，户籍人口5219人，常住人口1万余人。基本实现由涉农社区向城市社区的转型。拥有各类企业492个、个体工商户1569户。2023年，社区集体经济收入257.75万元。帮扶贫困家庭18户34人，投入帮扶资金17.8万元，开展困难救助活动496人次。投入4.95万元，为老人和计生家庭购买意外伤害保险、家庭保险。投入10.69万元，补贴居民购买农村合作医疗保险。（徐　寅）

润洲社区　区域面积0.3平方千米。有多层安置楼74幢、高层安置楼17幢，安置拆迁户2247户，常住人口9000余人，外来人口约1000人。2023年，社区集体经济收入189.15万元。支持创业36人，个体户企业年报率100%。社区投入60余万元，用于居民房屋及基础设施维修。获评泰州市巾帼文明岗、泰州市文明实践巾帼志愿阳光站。（高　艳）

中心社区　区域面积9平方千米，耕地面积90.6公顷。有居民小组36个，户籍户数1147户，户籍人口2549人。2023年，社区集体经济收入298.38万元。投入251万元，用于永安花苑管道改造、消防设备维修、电梯维保等基础设施维修。投入40万余元，为社区老年人购买意外保险、发放尊老金，慰问困难家庭、困难人群等。（高　星）

兴隆社区　区域面积3.38平方千米，耕地面积143.27公顷。有居民小组22个，户籍户数609户，户籍人口2133人。建有健身广场7处、家庭农场5个、垂钓中心3个，落户小型企业15个。2023年，社区集体经济收入130万元。新增个体工商户35户。各项惠民资金支出6.9万元。结对帮扶低收入农户11户。（邵一荃）

建安社区　区域面积2.71平方千米，耕地面积172.41公顷。有居民小组21个，户籍户数580户，户籍人口2024人。有小规模企业6个、高效设施农业基地2个、绿化苗木基地3个，共流转土地93.97公顷。2023年，社区集体经济收入233.2万元。社区通过“一事一议”项目实施六组、七组、十组路灯亮化工程。（朱　玲）

东江社区　区域面积2.75平方千米，耕地面积77.93公顷。有居民小组14个，户籍户数724户，户籍人口2312人。2023年，社区集体经济收入768.2万元，集体经营性收入601.34万元。投入100万元，完成社区新渔路段“白改黑”工程。投入48.5万元，修补破损道路及桥梁。投入43.8万元，开展村庄整治美化环境工程。获评“美丽家园”省级示范点、市级乡村振兴示范村居。（王　怡）

上桥社区　区域面积4.91平方千米，耕地面积106.53公顷。有居民小组28个，户籍户数804户，户籍人口2833人。2023年，社区集体经济收入446万元。投入58万元，为70周岁以上的老年人购买意外保险、补贴社区居民购买农村合作医疗保险，为80周岁以上老年人发放尊老金，慰问大病、残疾、生活困难人员等。投入200万元，开展24组、25组村庄河道坡岸工程，进行河道清理、护坡绿化和河道两侧道路硬质化、亮化。新建党建宣传长廊、文化墙等其他基础设施。（周巧红）

永胜社区　区域面积3.9平方千米，耕地面积16.75公顷。有居民小组17个，户籍户数655户，户籍人口2507人。2023年，社区集体经济收入527.89万元，集体经营性收入288.6万元。投入200余万元，开展为民办实事活动13次，整改民生问题20余条，惠及居民2000余人。（陶逸群）

白马镇

【概况】2023年，白马镇总面积23.22平方千米，耕地面积908.54公顷。

辖行政村5个、社区2个，村（居）民小组127个。户籍总数6438户，户籍人口21859人。全年实现地区生产总值15.13亿元，比上年增长0.4%。其中，第一产业增加值1.52亿元，增长3.7%；第二产业增加值5.65亿元，增长16.14%；第三产业增加值7.96亿元，下降8.5%。一般公共预算收入2422万元。固定资产投资8.46亿元。（陈　懿）

【经济建设】 农业　2023年，白马镇完成农业总产值2.39亿元。承办2023“苏韵乡情”乡村休闲旅游农业（高新高港）推介之维清源葡萄品鉴暨数字农业项目建设工作推进会。白马镇农产品质量安全监管站创成泰州市四星级农产品质量安全监管站。高港区南河家庭农场入选泰州市示范家庭农场。江苏维清源农业科技发展有限公司通过市农业产业化龙头企业认定，并创成市级数字农业农村基地；维清源阳光玫瑰葡萄通过中国绿色食品 A 级认证。建成富民强村项目保鲜冷库项目1个、大米加工项目1个，投资额1000万元以上的维清源葡萄种植保鲜基地建设项目被认定为2023年度省重大农业项目。建成革命老区相对薄弱乡镇振兴发展项目白马镇农产品交易中心。

工业　完成工业销售收入2.53亿元、利税总额0.4亿元。规模以上工业产值3.72亿元、增加值0.79亿元。完成工业投资3.78亿元。新增规模以上工业企业2个。

建筑业　有建筑企业7个，完成建筑业总产值30.63亿元。建筑安装工程投资6.66亿元。新增规模以上建筑企业1个。

服务业　完成限额以上批零住餐业销售额9.35亿元，规模以上服务业营业收入1.31亿元。新增规模以上服务业企业1个、限额以上批零住餐企业3个。

科技创新　高新技术产业投资占固定资产投资比重为26.3%。新认定高新技术企业3个，申报科创项目1个（江苏洁港环保科技有限公司），10个企业通过省科技型中小企业备案。（窦　平　朱　峰）

【人居环境】 城乡建设　2023年，白马镇完成北沿江高铁项目（白马段）动迁149户，盐泰锡常宜铁路项目（泰镇高速西）动迁35户。北沿江高铁的68根桥墩浇筑完成，占全部墩身的30%。姜高路改扩建工程建成通车。推进白马镇消防站建设，完成新时代文明实践所建设，组织实施黄河村兴黄路“白改黑”工程，推进白马社区、黄河村野黄路改造等市级人居环境整治提升工程，以及金马社区路灯、北野组道路和白马社区巷口桥至“一路高畅”道路等“一事一议”工程项目建设，新建改造、整改提升户厕166座。

生态环境　加强扬尘污染整治，督促施工单位做好工地周边围挡、物料堆放覆盖等防尘措施，严格落实重污染天气应急管控措施，$PM_{2.5}$年均浓度41微克/立方米。落实“一河一档”“一河一策”，开展河道疏浚、河岸绿化等整治，打造幸福河湖12条。（袁　磊）

维清源葡萄种植基地　　白马镇　供图

【社会建设】 教育　2023年，白马镇有学校4所，分别为泰州市白马幼儿园、泰州市海军小学、泰州市白马初级中学、白马镇社区教育中心。泰州市海军小学获评全国国防教育示范学校，海军文化特色课程入选泰州市首批内涵发展培育项目。

文化体育　全年开展惠民演出30余场。海韵艺术团创作的小鼓说唱参加区新创文艺节目调演，获优秀作品奖。世泽木雕非遗工坊获评省级非遗工坊。新建健身点3个，新增体育场所面积1.46万平方米。白马老年门球队获市老年门球锦标赛第3名。举办“大手拉小手”活力海娃体育培训、广场舞活动20场次。

卫生健康　有医疗卫生机构1个（泰州市白马人民医院），村卫生室6个。泰州市白马人民医院有职工55人，主任医师2人，副主任医师6人，主治医师3人。完成65岁以上老年人健康体检3317人，完成育龄妇女“两癌”筛查2998人。泰州市白马人民医院的“优质服务基层行”达国家服务能力基本标准，中医馆服务能力达省四级标准。

社会生活　城乡居民养老保险续缴率达100%。发放低保2016人次、保障金137.86万元，特困564人次、保障金61.37万元。组织老兵参加健康体检，发放退役军人抚恤和生活补助金160余万元。组织创业培训200人次，新增就业370人。开展居家养老上门服务9800人次，完成20户特殊困难老年人家庭适老化改造，完成陈家村示范性乡村互助养老睦邻点建设和老年人助餐点提档升级。 （陈 蓉）

平安与法治建设 实施矛盾纠纷“红黄蓝”三色备案管理，全年排查矛盾纠纷639件，调处成功率100%。落实严重精神障碍患者救治救助措施和奖补政策。开展“无诈社区”创建，组织“反诈进工地”“反诈进乡村大舞台”等活动。优化设置农村综合网格、微网格，上报事件工单4087条，走访重点场所等1892次。深化警网融合，实现警务前移，打造“警民共建一条街”。深入开展“八五”普法，实施“法律明白人”培养工程，探索司法所、派出所、法律服务所“三所共治”，实现矛盾纠纷联合调解、法律服务联合办理、信息资源联通共享。开展“9+N”小场所安全百日攻坚专项行动，排查整改隐患354条。发现整改重大事故隐患5条。 （熊利民）

【政治建设】 基层党组织建设 2023年，白马镇党委下辖基层党组织41个。其中，村（社区）党委4个，党总支3个，党支部34个。新发展党员10人，共有党员919人。1月6日，中共泰州市白马镇第十八届委员会召开第二次全体会议，选举党委委员1人。发放“光荣在党50年”纪念章20枚。组织23个参学单位深入开展学习贯彻习近平新时代中国特色社会主义思想主题教育。组织党员干部开展“基层突出问题大起底”专题走访，收集突出问题29条。推动村（社区）实施“放亮”书记项目14个，完成率100%。举办第十三届村干部“培训周”，培训村干部61人，组织开展“集体闯创”大辩论特色活动。打造“青蓝”老党员工作室，由白马镇老干部党支部发起，邀请辖区内有影响力、热心地方发展的老党员、老教师组建服务队伍，有成员14人。 （李 梅）

宣传统战工作 持续擦亮“海韵新声”品牌，以学习宣传贯彻中共二十大精神为主线，创作理论作品8个。开展“道理说进你心里”“新思想我来讲”“习语共鸣”等中共二十大精神宣讲活动50余场。协助承办人民海军成立74周年主题宣教活动，开展“弘扬海诞红色文化 展现新时代奋进风采”活动、“白马情 海军缘”作品征集和展示活动。开设富民强村“我行动”红色直播间，推介农产品20余场。成立白马镇新联会、侨界联合会。白马镇新时代文明实践所石榴籽家园创成泰州市石榴籽家园。 （李艳芬）

纪检监察 在各村（社区）建立廉政书角8处，利用“海诞廉韵微课堂”和“固定学习日”等活动，组织开展专题廉政党课6次，观看警示教育片4次。开展农村集体“三资”管理、营商环境、安全生产等重点领域监督专项行动12次，“四风”问题明察暗访11次。严格落实中央八项规定精神，以“零容忍”态度惩治腐败，全年立案13件，给予党纪处理8人、政务处分2人，运用“第一种形态”4人。 （翟羽俊）

人大工作 1月6日，召开镇第十八届人民代表大会第三次会议，票决产生民生实事项目6项。7月20—21日，召开镇第十八届人民代表大会第四次会议，选举产生副镇长1人。提档升级镇“人大代表之家”、“陈人之美 服务大家”人大代表工作室，新建阳光清源人大代表工作室、3个片区人大代表工作室、7个代表联络点。开展“百姓‘小’事·你点我督”活动，办成百姓“小”事65件，涉及交通安全、施工扰民等方面。 （王 嵩）

政府自身建设 按照法定权限和程序履职尽责，完善政府议事决策规则，规范政府决策行为。落实“一件事一次办”服务机制，做好便民服务中心标准化建设工作，全面落实政务服务“好差评”制度，提升服务质效，市场准入类审批受理办结600余件。办理人大代表建议6件、政协委员提案16件。加强政务公开，及时办理市、区长信箱交办件及“12345”民生服务热线。 （陈 懿）

政协工作 成立“委员志愿服务工作室”，实行委员小组+实践志愿融合模式，收集社情民意信息39条，其中被市政协采用1篇、区政协采用2.5篇。启动“海韵新声·委员宣讲”活动，开展理论创新、惠民政策、传统文化、模范典型、团结奋进“五讲”活动14场。围绕擦亮水兵母亲城名片、助力乡村振兴等主题，开展协商活动23场。 （陈 平）

【村（社区）简介】 金马社区 区域面积4.14平方千米，耕地面积150.72公顷。有居民小组22个，户籍户数1442户，户籍人口4801人。2023年，社区集体经营性收入81.15万元。实施路灯改造项目、北野组道路项目2个为民办实事项目，整治家前屋后乱堆乱放等50余处，开展法治文化宣传、文化惠民演出等活动10余次。 （李 敏）

白马社区 区域面积2.71平方千米，耕地面积92.58公顷。有居民小组15个，户籍户数701户，户籍人口2373人。2023年，社区集体经营性收入71.87万元。完成野黄线和巷口路约2千米道路修建，打造东秧组、北桥组幸福河道。 （徐晨成）

前进村 区域面积3.28平方千米，耕地面积132.41公顷。有村民小组16个，户籍户数921户，户籍人口3357人。2023年，村集体经营性收入82.53万元。完成北沿江高铁先行用地项目征地工作，共征地8.38公顷，办理失地保障116人。 （马梅兰）

陈家村 区域面积3.45平方

白马镇岱白村安置小区　　白马镇　供图

千米，耕地面积76.52公顷。有村民小组20个，户籍户数997户，户籍人口3364人。2023年，村集体经营性收入107.19万元。完成富民强村项目建设，建立助农电商平台“创富驿站”。通过江苏省绿美村庄验收，获评“泰美小园”示范带。（李海星）

陆家村　区域面积2.41平方千米，耕地面积89.88公顷。有村民小组17个，户籍户数606户，户籍人口2082人。2023年，村集体经营性收入62.28万元。开展道德讲堂活动12场。（李　杨）

岱白村　区域面积3.89平方千米，耕地面积164.46公顷。有村民小组21个，户籍户数969户，户籍人口3270人。2023年，村集体经营性收入101.85万元。协助完成北沿江高铁、盐泰锡常宜铁路建设项目征地拆迁工作。安置小区“小菜园”项目被评为2023年度泰州市优秀“放亮”项目。（袁黎明）

黄河村　区域面积3.34平方千米，耕地面积201.96公顷。有村民小组16个，户籍户数802户，户籍人口2612人。2023年，村集体经营性收入52.57万元。打造农村电商与新农人培训中心和白马镇农产品交易中心。升级改造闲置的老南河小学，建成1130平方米的农产品仓库和150平方米的电商交易区。打造幸福河湖，对湾淌组、北桥组3条相连河道进行改造、清杂、整坡、修复、绿化等工程。实施“一事一议”财政奖补项目，对开裂、坑洼的南北主干道兴黄路实施“白改黑”工程，铺设长1100米、宽7米沥青混凝土路面。对长1600米的野黄路实施改扩建工程，拓宽至5米，建设垃圾分类亭12座，新增道路两侧绿化800米。（马小玉）

大泗镇

【概况】大泗镇总面积36.7平方千米，耕地面积2180公顷。辖行政村12个、社区1个，村（居）民小组232个。户籍户数9743户，户籍人口31455人。2023年，实现地区生产总值13.42亿元，比上年增长2.2%。其中，第一产业增加值2.44亿元，增长4.37%；第二产业增加值3.49亿元，增长1.34%；第三产业增加值7.49亿元，增长1.87 %。一般公共预算收入5334万元。全社会固定资产投资6.51亿元。进出口总额380万美元。（肖高兰）

【经济建设】农业　2023年，大泗镇实现农业总产值3.06亿元、增加值2.44亿元。粮食种植面积2333.3公顷，粮食总产量1.7万吨。新增农业重大项目3个，包括投资1020万元标准化蛋鸡养殖设施改造建设项目、投资1500万元羊驼科研基地建设项目、投资1010万元湖羊养殖基地粪污处理提升项目。农产品质量追溯平台累计入网追溯生产经营主体134个，完成4个村级监管站建设。完成时代米厂绿色食品申报，申报面积274.33公顷。泰州垄上行生态农业有限公司获评市级数字农业农村基地。完成58.73公顷高标农田补建项目，推进前进、曹于片区100公顷高标准农田建设，推广智能农机35台、特色农机36台。泰州市大江禽业有限公司和泰州市科牧畜禽养殖有限公司创成省级畜牧生态健康养殖示范场，膳泰游家庭农场创成省级示范家庭农场。（王志伟）

工业　完成规模以上工业产值7.25亿元，比上年增长4.44%。工业投资2.31亿元。江苏光耀演艺装饰工程有限公司的成套舞台设备产品项目如期完工并投产，泰州深泰综合物流港有限公司的深国际泰州智慧供应链产业园项目、江苏华启医疗器械有限公司的华启医疗器械供应链项目“飞地落户”。泰州杰通环保科技有限公司的整车拆除项目投产运营，年拆解量约1万辆，派沃电源科技（南京）有限公司的泛半导体及光伏高端装备电源项目完成产品测试。

建筑业　共有建筑企业5个（江苏龙群建设工程有限公司、江苏圆融建筑工程有限公司、江苏金云建设工程有限公司、江苏成春建设工程有限公司、江苏金艺鸿装饰工程有限公司）。建筑业总产值14.48亿，比上年增长5%。

服务业　有规模以上服务业和限额以上批零住餐企业45个。实现服务业增加值7.49亿元，比上年增长1.87%。服务业增加值占地区生产总值的55.81%。服务业产业投资8972万元。

科技创新　新授权国内发明专利7件。江苏佳美演艺设备有限公司首次获批省高新技术企业，江苏三木页岩气高压软管有限公司被认定为省三星级上云企业。泰州威迈机电科技有限公司、江苏三木页岩气高压软管有限公司的主营产品进入省重点推广应用的新技术新产品目录。（韩　艳）

【人居环境】城乡建设　2023年，大泗镇完成马大路金龙桥改建工程，维修养护集镇、农村道路约6500平方米，修复破损桥梁4座、泵房及管道4处。实施卫生院防水改造工程，新增电瓶车集中充电棚1处，完成安置小区楼道立面翻新1.28万平方米。完成5个村的实用性村庄规划编制。北沿江高铁项目大泗段拆迁25户实现"扫尾清零"。开展违法用地专项整改行动，共完成2宗1.46万平方米用地整改。

生态环境　完成张旺河水利工程及河坡绿化覆盖，完成大泗社区约300户农村生活污水改造工程，集镇区域污水收集处理率达100%。完成大马村建筑垃圾和秸秆填埋地块的清理恢复工作。优化生态绿色空间，推动林长制落地见效，修复退化林112.67公顷，增绿补绿1.29公顷，大马村获评省级绿美村庄。总投资约280万元，实施大泗社区、佴庄村、二陈村、北港村第一批市级农村人居环境整治提升项目。总投资约50万元，实施大寨河整治工程项目，清淤疏浚河道、围栏，同步实施绿化水土保持项目。总投资约100万元，实施草庙沟河道整治项目，清淤疏浚河道、生态砖护岸，同步实施绿化水土保持项目。全年建设8条幸福河湖，即双马河、新跃河、扬子港、佴陈四组河、兆银河、前进四组河道、张家汪河、草庙沟。（季　力　王志伟）

【社会建设】教育　2023年，泰州市大泗学校有教学班27个，学生1168人，教师104人。其中，小学部教学班18个，学生784人，教师56人；初中部教学班9个，学生367人，教师44人。泰州市大泗学校获评泰州市青少年近视防控先进校、免检校。泰州市大泗幼儿园有教学班9个，幼儿283人，专任教师26人。

文化体育　举办大江放歌、文化惠民等各类演出近40场，送电影下乡144场；承办2023年区文化科技卫生"三下乡"集中服务活动。开展"4·23"世界读书日、"旧书换绿植　阅读伴成长"等阅读活动10余次。新增羽毛球馆、台球室、骑行道、健身路径、篮球场等场地共1.6万平方米。

卫生健康　大泗镇有医疗卫生机构13个。其中，医院1个（泰州市大泗镇卫生院），村卫生服务站12个。泰州市大泗镇卫生院消化内科、肛肠科被评定为泰州市基层特色科室建设单位，护理部获泰州市卫生健康系统护理专业"巾帼文明岗"称号。大泗社区、霍堡村创成省级健康村。

社会生活　大泗镇有低保对象344户386人，累计发放低保金90.5万元；五保对象52人，累计补助金额19万元；低保边缘户34户58人，累计补助金额1.16万元。发放尊老金46.38万元。完成涉及北沿江高铁征地项目的19名被征地农民社会保障办理工作。全镇13个村（社区）全部建成居家养老服务中心

江苏中药科技园　　大泗镇　供图

（站），其中AAA级居家养老服务站9个；建成老年人助餐点6个。创建全国标杆式退役军人服务站，发放抚恤金277万元，组织免费体检337人次。（程　锦）

平安与法治建设　发挥“智安大泗”平台功能，闭环处置各类事件52件，获“泰治理”优秀创新应用案例市级二等奖。组织开展普法宣传、养老服务、关爱妇女儿童等系列活动30余次。化解信访积案2件、重点矛盾11件。打造大泗镇马龙村“民法警”工作站，典型做法被《人民公安报》、《江苏法治报》、《泰州日报》、“交汇点”新闻、“泰州政法”公众号等媒体报道。开展各类普法专题讲座40余场次。大泗镇人民调解委员会被评为全市和全区调解先进集体，大泗镇人民政府被评为全市“八五”普法中期工作先进集体。建成二级消防站。开展安全生产重大事故隐患专项整治行动，突出危险化学品、交通运输、建筑施工、消防、燃气、工贸等重点行业领域。排查“9+N”小场所31个次，排查整改隐患34条；排查“三合一”场所5个，发现隐患问题6条，全部完成整改。

（谢佳佳　赵　悦）

【政治建设】基层党组织建设　2023年，大泗镇党委下辖基层党组织37个。其中，党总支14个，党支部23个。有党员1250人。擦亮“银发生辉”志愿服务品牌，老干部支部获评泰州市“五星级”离退休干部党组织。依托组织生活馆、大马“莲”廉文化园等，开展重温入党誓词、廉政教育等活动10余次，完成300余名党员轮训工作。选优配强村（社区）“两委”班子，交流重用16人次，选派“第一书记”1人。实施“放亮”项目26个。组织“山清水秀　‘荷’你相遇”、“泗”青年联谊会等活动5次，选聘“泗”青年代言人3人。选设物流综合服务站2个，打造霍堡村“创富驿站”1个。打造诚泰测绘非公党建样板区，建好用好大泗、佴陈等村居“暖新驿站”，承办全区“两新”组织“党建共享日”活动。

（孙梦圆）

宣传统战工作　持续开展“习语共鸣”“强国复兴有我”等主题活动。依托“泗说新语”抖音平台拍摄发布特色产业、乡风民俗、伟大建党精神等主题短视频71期，浏览量近80万人次。打造“一镇一屏·智慧大泗”广电平台。依托“泗好办”网格共享小屋创建“双网融合”示范村。新联会成员组建“泗说新语”志愿服务队，开展志愿服务活动26场。发动商会会员企业参与“万企兴万村”行动，签订村企共建协议。

（黄黎颖）

纪检监察　全年开展营商环境、信访、环境整治等重点领域专项督查24次，累计下发督查通报5期。开展重点节假日等关键节点前短信提醒，共查处“四风”突出问题4人。运用“第一种形态”4人，其中诫勉谈话2人、提醒教育2人；运用“第二种形态”7人，其中党内警告5人、党内严重警告2人。（陈昊宇）

人大工作　全年召开人大主席团会议4次、人民代表大会2次，票决产生年度民生实事项目5项。常态化开展“百姓‘小’事·你点我督”、“牢记嘱托，感恩奋进”学习实践等活动，提炼人大“泗勤”工作法，联系选民群众450余人次，收集汇总百姓“小”事17条。打造“莲联有于”人大代表联系点。（张淑涵）

政府自身建设　推进依法行政，自觉接受人大和政协的监督。加强重点领域、关键环节的审计监督。制止餐饮浪费，压紧财政支出，压缩“三公”经费。健全重大行政决策制度，严格执行“三重一大”决策议事规则，进一步规范招投标、工程建设、资产处置等事项。及时办理“12345”民生服务热线、市长信箱交办件等各类投诉咨询，办结率100%。

（肖高兰）

政协工作　大泗镇有政协委员21人。其中，市政协委员3人，区政协委员18人。开展“政协委员工作日”4次、“书香政协”读书活动4次。镇、村两级累计协商议事43次。提交提案16件，反映社情民意信息33篇。获全区2023年度政协工作优秀单位一等奖。（马　灵）

【村（社区）简介】大泗社区　区域面积3.4平方千米。有居民小组23个，户籍户数1183户，户籍人口3801人。2023年，社区集体经营性收入103.07万元。对已流转但仍未使用的闲置土地进行农业种植，创集体收益28.77万元。红色展览馆正常开放。常态化开展宣传教育活动，累计组织观影12次、理论宣讲24次。（于　洁）

时庄村　区域面积3.59平方千米，耕地面积214.33公顷。有村民小组21个，户籍户数964户，户籍人口3165人。2023年，村集体经营性收入81.99万元，比上年增长4.7%。新建健身广场1处、室外篮球场地2处、室外乒乓球场地1处，硬质化健身广场5处。完成16处破损道路维修保养，对7户家庭实施农村户厕规范升级改造。接续断头路2条，总长350米；拓宽十组道路120米。开展“电影下乡”放映15场、文化演出1场。开展移风易俗宣传、老年人防诈骗知识宣传、全民阅读展览等活动10余场。开展“道德讲堂”活动4期。开展“美德善行榜”评比活动2场，评选美德善行人物4人。（曹宝磊）

马龙村　区域面积2.2平方千米，耕地面积124.6公顷。有村民小组13个，户籍户数503户，户籍人口1616人。2023年，村集体经营性收入78.1万元。在金龙片草庙沟河道整治驳岸400米，新增绿化面积1400余平方米；完成排灌设施硬质化438米；新增排灌暗渠280米。

（陈华琴）

康乐村　区域面积1.8平方千米，耕地面积130.8公顷。有村民小

大泗镇康乐村蔬菜大棚　　大泗镇　供图

组13个，户籍户数535户，户籍人口1748人。2023年，村集体经营性收入56.07万元。完成蔬菜大棚二期项目，有各类设施蔬菜大棚200余栋，占地约20公顷，每年可种植5茬，年产量约400万吨，带动30余名村民就近务工。（孔德付）

霍堡村　区域面积2.92平方千米，耕地面积173.97公顷。有村民小组18个，户籍户数773户，户籍人口2650人。2023年，村集体经营性收入60.07万元。新增河坡绿化面积2200余平方米，替换损坏路灯168盏。做好特色田园乡村和人居环境提升点的长效管护。创成江苏省"扫黄打非"进基层示范点。（张　晶）

大马村　区域面积4.2平方千米，耕地面积164公顷。有村民小组17个，户籍户数737户，户籍人口2389人。2023年，村集体经营性收入63.84万元。完成十二组西侧河道生态护坡，长约340米，重建水码头3个。6月，"荷塘悦收·携手共富"暨大马水生植物园第二届荷花节在大马村水生植物园举办。（于　铠）

佴陈村　区域面积1.99平方千米，耕地面积106.67公顷。有村民小组15个，户籍户数518户，户籍人口1874人。2023年，村集体经营性收入87.4万元。与江苏宇马铝业有限公司进行村企联建，为村集体增收36.4万元。完成驳岸"生态砖"新砌和15座水码头配套升级；新建三组、四组长90米、宽4米的硬质道路，拓宽四组出行道路120米；推进长330米河护栏安装作业；修缮十五组排灌暗渠；完成三组、六组、九组主干道翻修6处；升级改造农村户厕6户；完成大寨河河坡绿化管护。获评江苏省宜居宜业和美乡村。（周　誉）

佴庄村　区域面积2.5平方千米，耕地面积267.4公顷。有村民小组19个，户籍户数725户，户籍人口2324人。2023年，村集体经营性收入62.6万元。增设健身路径1处、亮化设施5套、休闲长椅4套。完成18户村民的户厕改造。新建扩宽硬质化水泥道路3500平方米，维修道路20余处共600平方米，维修渠道600余米。完成"精致高新"项目建设申报和验收。投资60余万元用于提升村庄环境，获评江苏省宜居宜业和美乡村。（李　姚）

二陈村　区域面积3.13平方千米，耕地面积212.6公顷。有村民小组19个，户籍户数769户，户籍人口2487人。全村流转土地111.81公顷，其中种植大户25.81公顷、谢小斌农场23.22公顷、维政家庭农场49.28公顷、泰州垄上行生态农业有限公司13.5公顷。2023年，村集体经营性收入58.69万元。与泰州市垄上行生态农场村企联建，实施绿色有机稻米产业融合项目和大泗乡情智慧无人农场建设项目。新建十组生产路207米，打通2条断头路，维修道路1350米，维修路灯78盏，更换路灯电线约2800米，维修渠道258米。新建公厕1

大泗镇二陈村娱乐场　　大泗镇　供图

座，打造旱厕样板间6座。

（刘金妹）

北港村　区域面积2.12平方千米，耕地面积155.26公顷。有村民小组18个，户籍户数737户，户籍人口2394人。2023年，村集体经营性收入57.07万元。出租翻建的标准厂房，增加村集体经营性收入11万元；采购抓草机，创收1.2万元。完成840米红线范围内的征拆工作。建设高标准农田，拓宽硬质化道路7条，新建涵洞10个、明渠3100米、暗渠360米，维修十一组暗渠76米、东西明渠300米及十三组明渠180米。

（谢家高）

曹于村　区域面积2.48平方千米，耕地面积131公顷。有村民小组15个，户籍户数700户，户籍人口2202人。2023年，村集体经营性收入41.81万元。维修道路500米，建健身广场2处，维修渠道200米。推进污水管网工程和农村无害化卫生户厕改造升级工作。与高港区贡享食品厂合作，销售产品2000余份，价值16万元，为村集体增收3万元。完成大曹线、曹北路等道路路灯维修。全面完成15个小组人居环境整治。

（万　礼）

前进村　区域面积2.7平方千米，耕地面积158.29公顷。有村民小组9个，户籍户数573户，户籍人口1900人。2023年，村集体经营性收入55.96万元。将闲置的1250平方米为农综合服务体打造成阳光宴会厅、平价生鲜超市，将闲置的办公室租赁给企业办公。完成渠道压顶维修163米、渠道墙板维修316.4米，替换损坏路灯50盏。

（张煜鑫）

杨营村　区域面积4.5平方千米，耕地面积155.27公顷。有村民小组32个，户籍户数1133户，户籍人口3444人。2023年，村集体经营性收入53.9万元。新增路灯63盏。帮助6户村民完成旱厕改造工作。常态化开展村庄人居环境整治和河道管护。

（徐　伟）

胡庄镇

【概况】2023年，胡庄镇总面积53.82平方千米，耕地面积3082公顷。辖行政村13个、社区2个，村（居）民小组305个。户籍户数12862户，户籍人口38158人。全年实现地区生产总值18.49亿元。其中，第一产业增加值4.08亿元，第二产业增加值4.51亿元，第三产业增加值9.9亿元。一般公共预算收入5733万元。固定资产投资4.06亿元。（陈秀萍）

【经济建设】农业　2023年，胡庄镇小麦及其他秋粮作物种植面积2595公顷，水稻种植面积1672.6公顷，果蔬种植面积1559公顷。全年粮食总产量超3.36万吨。推广智能农机50台、特色农机20台，烘干机绿色能源改造占比率80%。生猪出栏7.8万头，能繁母猪保有量355头。全面完成国家农业产业强镇一期项目。新认证有机农产品55个、绿色食品7个。“高港河蟹”获评全国名特优新农产品。泰州市高港区鑫源畜农产品有限公司创成市级农业龙头企业，泰州高港牧原农牧有限公司创成省级数字农业农村基地、省级智慧牧场，泰州市杏都葡萄专业合作社获评省最美绿色优质农产品企业。江苏上膳源生态农业发展有限公司获评国家级生态农场，泰州海丰生态农业有限公司、高港区北全家庭农场获评市级生态农场，高港区北全家庭农场、高港区富民家庭农场、高港区润翔家庭农场获评江苏省百佳家庭农场。

工业　完成规模以上工业产值8.23亿元、开票销售7.1亿元。工业企业一般纳税人开票销售10.04亿元。泰州市宏达工矿安全部件有限公司获批省、市两级专精特新中小企业。新增规模以上工业企业1个。泰州上膳源食品有限公司、泰州市泓易机械科技有限公司等项目落户，泰州中锴机械有限公司的年产14万件车载导航技术改造项目、江苏九龙消防科技有限公司的新增年产15000只光纤敏感环组件技术改造项目、泰州市乐太食品有限公司的新增年产15万袋速冻蛋包肉技术改造项目投产。

建筑业　有建筑企业8个，完成建筑业总产值19.2亿元。

服务业　新增规模以上服务业企业2个、限额以上批发业企业2个、限额以上零售业企业1个、限额以上餐饮业企业2个。限额以上批发业销售额4.67亿元、零售业销售额0.59亿元、餐饮业营业额2345万元。完成服务业营业收入3.11亿元。

科技创新　获批高新技术企业

胡庄镇镇区　　胡庄镇　供图

3个。新增授权发明专利15件。规模以上工业企业研发支出0.25亿元。申报本土科创项目4个、离岸创新项目1个。

（薛鹏飞 陆新华 梅 景 唐 颖）

【人居环境】 城乡建设 2023年，胡庄镇修复农村公路桥梁破损地段，消除道路安全隐患。查处违法建设22起，拆除面积2501.76平方米。打造幸福河湖13条、生态河道2条（宗黄河2.8千米、戴王河1.5千米）。完成宣堡港治理工程，并通过验收。

生态建设 空气优良天数比率为74.5%；$PM_{2.5}$年均浓度稳定下降。3个企业完成污水处理设施建设改造升级。地表水质监测点位考核达标率100%，无劣V类水体。完成省环保督察交办信访件3件。胡庄镇创成省级生态宜居示范镇，史庄村创成省级生态宜居示范村，宗林村创成省级特色田园乡村，戴陈村获评“精致高新”示范村。

（梅 景 马 霞 刘建明 刘 波）

【社会建设】 教育 2023年，胡庄镇学校有胡庄初中教育集团（泰州市胡庄初级中学、泰州市汪群初级中学）、泰州市胡庄中心小学、泰州市汪群小学、泰州市胡庄幼儿园、泰州市汪群幼儿园。义务教育4所学校总占地面积8.07万平方米，建筑面积2.17万平方米。胡庄初中教育集团四星级高中达线40人，普通高中达线89人。（史丽红）

文化体育 新增健身路径4套，更换5套。送电影156场、送书5000余册。举办文化惠民演出18场、大江放歌文艺演出1场、公益性演出4场。承办“精品剧目下基层——现代音乐儿童剧《田梦儿》进校园”2场。举办“泰州市美术家协会走进胡庄”公益活动1场。组织群众参与读书漂流、艺术团队调演等。承办文化体育旅游活动30场次。

（卞凡旺）

卫生健康 胡庄卫生院和汪群卫生院共有职工78人。实施“先住院后付费”134人次，签约服务1106人，免费体检974人。为7006名65岁以上老年人开展健康体检。建立以村卫生室为基本单元的家庭医生工作室8个，家庭医生签约2.88万人。举办卫生健康知识讲座72次、健康咨询活动25次。（封年华）

社会生活 新增就业396人，帮助200名城镇下岗失业人员、100名就业困难人员再就业，开发一般公益性岗位8个、临时性公益性岗位24个。城乡居民养老保险参保9859人，城乡居民医疗保险参保1.98万人。做好全镇564户701人低保户、43户133人低保边缘户的动态管理工作。为11户困难家庭申请区临时救助金近3.9万元。救助困难对象332人次，发放救助金23.68万元。组织优抚对象参加区免费体检，完成2022年度自主就业退役军人适应性培训、个性化培训、就业指导、医疗养老保险参保等工作。（宣春美）

平安与法治建设 开展防范电信诈骗暨打击整治养老诈骗专项行动。开展村（居）法律顾问万场讲法、百万党员学法活动。全年未发生行政复议和行政诉讼案件。1人获评泰州市优秀调解员。开展“法律明白人”培训36次、行政执法人员培训4次，走访企业31次，审查合同23份，提供法律咨询61次，开展法律知识讲座4次，化解企业纠纷5起，提供意见建议7次。开展安全生产大排查，党政领导干部挂钩化解重大（较大）安全风险隐患4条，整改率100%。开展危险化学品、粉尘涉爆、有限空间、烟花爆竹、特种设备、建筑施工等行业领域专项整治，检查企业425个次，发现隐患1900余条，限期整改闭环率100%。开展“9+N”小场所安全百日攻坚专项行动，摸排场所254个，发现问题隐患215条，全部完成整改。

（马爱堂 李国燕）

【政治建设】 基层党组织建设 2023年，胡庄镇共有基层党组织65个，党员1856人。深入实施党建引领新型农村集体经济发展、促进共同富裕行动，推动村集体经营性收入增长36.2%。推动村（社区）党组织“放亮”项目30个。开展“胡庄青优+”干部能力提升行动，开设业务大讲堂6期，培训340余人次。选派2名优秀机关干部到村（社区）担任党组织书记。新发展党员17人。组织新业态新就业群体“新心向党”品牌提升行动，提档升级暖“新”驿站1处。开展“基层突出问题大起底”专题走访活动，解决群众急难愁盼问题37件。

（薄兆山）

宣传统战工作 打造“同人于野”冬训品牌，获全市冬训工作示范乡镇称号。冬训微视频《用好红色资源 赓续红色血脉》被省“理论之光”网站采用，并获评市“我是冬训主讲人”优秀视频。新增“江苏好人”1人、“泰州好人”2人、“高新好人”6人。史庄村新时代文明实践站“五老宣讲让党的创新理论根植于心”获评市优秀“站长项目”。

（李 梅）

纪检监察 胡庄镇纪委开展监督检查20余次，查处“四风”问题4件，群众身边不正之风和腐败问题2件，其中乡村振兴领域不正之风和腐败问题1件。查办纪检监察业务范围内信访8件，立案9人。运用“第一种形态”帮助和教育党员干部20人次，发放“三色清风卡”5人次。通报查处典型案例3次，召开警示教育大会1次。（王 伟）

人大工作 共有市级人大代表1人、区级人大代表19人、镇级人大代表69人。开展人大代表讲坛，组织代表视察和美乡村、农业园区项目、高标准农田项目建设情况。专题听取镇政府关于优化营商环境工作情况的报告、关于拓宽村集体经济收入途径的报告。视察镇消防站建设运营情况、宣堡港治理情况，督

查民生实事、代表建议办理情况。（戴 维）

政府自身建设 严格执行“三重一大”议事规则，制定出台《泰州市胡庄镇招投标管理办法》《胡庄镇村（社区）资金管理实施细则》《胡庄镇政府采购与管理制度》等制度。妥善处理各类来信来访、“12345”民生服务热线，办理各级人大代表建议11件、政协委员提案16件，答复满意率100%。严格执行“过紧日子”要求，强化审计监督和结果运用，“三公”经费在低基数上继续下降。（孙 鹏）

政协工作 镇、村（社区）共开展协商议事活动47场次。通过协商文化助力宗林村创成省级特色田园乡村，入选区政协协商文化典型示范案例。胡庄镇政协委员活动小组获全区政协工作优秀单位一等奖。（李 梅）

【村（社区）简介】 胡庄社区 区域面积4.7平方千米。有居民小组24个，户籍户数1123户，户籍人口3673人，党员150人。2023年，社区集体经济收入170万元。维修涵洞3处、水泥道路约300米。（史夆生）

汪群社区 区域面积5.87平方千米，耕地面积229公顷。有居民小组20个，户籍户数1068户，户籍人口3042人。2023年，社区集体经济收入183万元。改厕103户。安装太阳能路灯70盏。（张银龙）

赵市村 区域面积5.08平方千米，耕地面积219.2公顷。有村民小组21个，户籍户数901户，户籍人口2648人。经济以种植蔬菜、水稻、小麦为主，有小农场11个，上膳源泰州农场地处赵市村腹地。2023年，村集体经济收入120.26万元。新建硬质道路780米、硬质渠道340米。（刘建忠）

薛垛村 区域面积2.58平方千米，耕地面积154.13公顷，鱼塘面积5公顷。有村民小组14个，户籍户数550户，户籍人口1683人。全村流转土地113.53公顷，主要用于种植大棚蔬菜、苗木、葡萄、稻麦等。2023年，村集体经济收入138.7万元。打造友谊中沟生态护坡。安装太阳能路灯200盏。开办老年人助餐点，提供就餐8000人次。（刘建华）

戴陈村 区域面积3.7平方千米，耕地面积223.3公顷。有村民小组22个，户籍户数917户，户籍人口2751人。兴办家庭农场5个。2023年，村集体经营性收入72万元，固定资产突破300万元。拓宽硬质道路300米，新增健身活动场所1处。（刘 勇）

刘荡村 区域面积3.56平方千米，耕地面积221公顷。有村民小组19个，户籍户数845户，户籍人口2536人。有小农场5个、合作社1个，发展花卉林木、水产养殖等，建有“江水清沙”螃蟹养殖基地。2023年，村集体经济收入134万元。新建刘中桥、宣堡港大桥、刘西二组桥，新修海潮中沟石坝1650米，新增公厕2处，完成健身广场改造升级1处。（季宝宏）

单王村 区域面积5.1平方千米，耕地面积275公顷。有村民小组27个，户籍户数1036户，户籍人口3176人。花卉苗木基地46.2公顷，蔬菜大棚基地5.33公顷，提水养殖基地33.33公顷，稻麦种植基地106.67公顷，其中水稻绿色种植基地32公顷。建有生态观光农业和蔬菜专业合作社。2023年，村集体经济收入约110万元。新建400平方米标准厂房1座。（杨梅生）

刘元村 区域面积2.8平方千米，耕地面积145.9公顷。有村民小组18个，户籍户数595户，户籍人口1961人。2023年，村集体经营性收入52.14万元。新建稻米加工生产线1条。拓宽双刘路。承办泰州市秋播秋种现场会。获评泰州市“小田变大田”试点村。（史一峰）

史庄村 区域面积2.95平方千米，耕地面积131.6公顷。有村民小组18个，户籍户数740户，户籍人口2555人。2023年，村集体经营性收入60.5万元。打造史庄村农耕文化园、农耕文化馆、孝文化馆各1座，新建清廉广场1个、墙体彩绘3处。（史建伟）

庵桥村 区域面积2.8平方千米，耕地面积163公顷。有村民小组17个，户籍户数664户，户籍人口2246人。主要产业为设施农业、提水养殖。2023年，村集体经营性收入60.5万元。打造美丽乡村入口标牌1座，升级改造路灯36盏。（栾春勇）

胡庄镇史庄村红色展览馆　　胡庄镇 供图

胡庄镇宗林村垂钓园　　胡庄镇　供图

周马村　区域面积3.58平方千米，耕地面积204公顷。有村民小组22个，户籍户数912户，户籍人口2963人。花卉苗木生产基地6.6公顷，草莓种植基地2公顷，银杏成片林16.2公顷，百年以上银杏树近百株，螃蟹养殖面积5.67公顷。2023年，村集体经济收入170.09万元。新增水泥路面200米，新建厂房1600平方米，新建桥梁1座、涵闸9座。获评2023年市级耕地保护激励单位。（李声岳）

宗林村　区域面积5.87平方千米，耕地面积292公顷。有村民小组27个，户籍户数1152户，户籍人口3716人。主要产业为提水养殖、苗木种植等。2023年，村集体经济收入236万元。完成道路“白改黑”1.2千米。获评江苏省特色田园乡村。（宗德楼）

丁庄村　区域面积3.8平方千米，耕地面积211公顷。有村民小组21个，户籍户数971户，户籍人口3008人。2023年，村集体经济收入158万元。新建水泥道路约900米、涵洞3个、电灌站1处、暗渠约200米。（孔维亮）

田野村　区域面积2.63平方千米，耕地面积147.87公顷。有村民小组16个，户籍户数724户，户籍人口2056人。种植业以稻麦两熟为主。2023年，村集体经济收入160万元。新建硬质道路1050米、硬质水渠1600米、涵闸5座，完成高标准农田项目建设。（凡庆峰）

陈隆村　区域面积2.6平方千米，耕地面积176.07公顷。有村民小组16个，户籍人口643户，户籍人口1925人。规模农业面积153.33公顷，家庭农场6个。设施大棚面积6公顷，露天规模蔬菜种植面积8公顷。2023年，村集体经济收入122.06万元。拓宽汪宣公路755米。整治废沟塘1处。（谢春华）

野徐镇

【概况】2023年，野徐镇总面积22.67平方千米，耕地面积633.4公顷。下辖涉农社区6个、城市社区4个（新增城市社区1个）。有居民小组133个，住宅小区18个。户籍户数7151户，户籍人口25403人。全年实现地区生产总值15.85亿元，比上年增长0.3%。其中，第一产业增加值0.36亿元，下降2.7%；第二产业增加值1.74亿元，增长20.83%；第三产业增加值13.75亿元，下降1.15%。一般公共预算收入1.66亿元。固定资产投资4.6亿元。进出口总额675.9万美元。野徐镇获评泰州市文明城市创建“骏马奖”、泰州市退役军人就业创业工作先进集体，仲联社区被纳入江苏省乡村振兴示范社区创建名单，康居社区获评江苏省“扫黄打非”进基层示范点、江苏省优秀博爱家园。（于　卉）

【经济建设】农业　2023年，野徐镇实现农业总产值5046万元、增加值3637万元。水稻播种面积384.13公顷，水稻产量3541吨。有家庭农场2个，泰州嘉盛家庭农场流转土地面积48.67公顷，泰州奕墨家庭农场流转土地面积35.7公顷。（乔荣康）

工业　实现规模以上工业总产值3.26亿元、主营业务收入2.69亿元、开票销售2.65亿元、利润总额1214万元。完成工业投资2.48亿元，盘活闲置土地1.32公顷。新增规模以上工业企业1个（泰州苏泰防护装备厂）。（孙桂明　陈　琨）

建筑业　实现资质以上建筑业总产值2.03亿元，新增入库建筑和房地产业企业3个。对东部消防站、盛雅园、天禄湖酒店等在建工地开展建筑施工安全检查23个次，发现一般隐患问题26条，均督促进行整改。（张　峰）

服务业　实现限额以上批零住餐业销售额2.42亿元。新增规模以上服务业企业2个、餐饮企业3个，共有规模以上服务业企业4个，限额以上批零住餐企业9个。（孙桂明）

科技创新　江苏恒达工程检测有限公司通过省高新技术企业认定，江苏禾祁知产信息科技有限公司等4个公司获评三星上云企业，江苏锦竹工业用布有限公司等12个企业获评科技型中小企业。完成技术合同成交额2.5亿元。（陈　琨）

【人居环境】城乡建设　2023年，野徐镇完成雨水、污水管网检测及疏浚工作，涉及污水管道2832.76米、雨水管道7826.59米，修复地下

野徐镇人民公园　　野徐镇　供图

管道375米。更换野徐中路等主干道破损护栏36米、消防栓4个，修补破损路面260平方米，更换路灯40盏，完成窨井盖安全隐患排查整治11处。香榭湾获评省级示范物业管理项目和省级宜居示范居住区，大华锦绣华城、世纪家园公园里、康祥颐园获评市级示范物业管理项目，大华锦绣华城、世纪家园公园里、香榭湾获评市级宜居示范居住区。

生态环境　完成区交2023年大气污染防治重点工程项目——江苏锦竹工业用布有限公司废气处理设施升级改造。整治涉气工业企业问题16条、扬尘问题25处、餐饮油烟单位油烟管道泄漏问题12个，推动2个餐饮单位加装油烟净化装置。办理污染防治综合监管平台交办件46件，整改各类网格化监管发现环境问题550个、危废固废一般问题隐患26个，均完成整改。完成雅茶河突出环境问题整改销号，完成永新社区十七组、十八组庄河黑臭水体整治销号及野徐社区长宁沟、唐家社区巷西河等黑臭水体整改后“回头看”。永新社区通过2023年绿美乡村提升项目验收。（张　峰）

【社会建设】 教育　2023年，野徐镇区域范围内有学校6所，分别为泰州市野徐初级中学、泰州市野徐小学、泰州医药城实验小学、泰州市第一外国语学校、泰州市第一外国语学校附属幼儿园、泰州市康居新城幼儿园。在校学生4536人，教师470人。泰州市野徐小学获泰州市“蒲公英”科普工程优秀科技志愿服务队称号。泰州市野徐中学获泰州市家校共育先进学校称号。

文化体育　举办各类文艺演出30余场次，演出节目190余个，观众8万余人次，其中文化惠民演出16场。9月8日，举办大型音乐儿童节《田梦儿》进泰州市野徐小学和泰州医药城实验小学活动。9月24日，承办2023紫金文化艺术节泰州市群众文艺演出活动。更新维护健身路径5处。

卫生健康　有医疗卫生机构7个。其中，医院1个（野徐卫生院），社区卫生服务站6个。野徐卫生院有职工60人。其中，主任医师4人，副主任医师6人，主治医师11人。完成妇女“两癌”筛查227人。督促5人以上工业企业全部完成职业病危害网上申报。

社会生活　城乡居民养老保险参保8423人，续缴率96%，享受城乡居保养老待遇5184人，城乡居民基本医疗保险参保8891人。新增就业370人，退役士兵培训就业率100%。发放各类社会救助资金521万元。503名被征地农民纳入社会保障体系。（朱　鹏）

平安与法治建设　各级调解组织排查化解矛盾纠纷隐患911件，矛盾纠纷有效化解和钝化率99%以上。开展国家宪法日、宪法宣传周、民法典集中宣传等活动，新建普法阵地1个、法治宣传园地3个。完成法律援助指引30余人次。全年

2023年9月24日，“健康名城·幸福泰州”2023紫金文化艺术节泰州市群众文艺展演在野徐镇康居社区新时代文明实践站举行　　野徐镇　供图

在册管理矫正对象32人，无脱管、漏管和重新犯罪现象发生。开展既有建筑暨自建房安全隐患排查整治"回头看"、燃气安全专项整治等安全生产专项行动。 （卫明众）

【政治建设】 基层党组织建设 2023年，野徐镇党委下辖基层党组织56个。其中，党委3个，党总支7个，党支部46个。共有党员1130人，新发展党员15人。成立新仲联投资发展有限公司、康居物业公司，发展壮大集体经济，获评全区基层党建"书记项目"银质奖。9个社区申报落实18个"放亮"书记项目，康居社区"用心助'残' 以爱化'碍'"获评市十佳项目，褚雅社区"红色睦邻点，新风满凉亭"获评区优秀项目。选派5名机关优秀年轻干部到社区担任"第一书记"。开展"菁野徐坛"干部培训21场次。

宣传统战工作 组织开展中共二十大宣讲12次，其他理论宣讲40余次。举办"贯彻二十大 奋进新征程"征文、宣讲比赛、知识测试等主题宣教活动15场。全年在《新华日报》《江苏新时空》《泰州日报》等省、市级以上媒体发表信息161篇，"学习强国"江苏学习平台用稿6篇、泰州平台用稿52篇。

（栾玉婷）

纪检监察 发现违反中央八项规定精神问题线索3个，立案处理3人。开展新进员工岗前廉政谈话2次，集体廉政谈话3次，召开党员干部警示教育大会1次，播放警示教育片3次，开办"亲语连廉"清风大讲堂1期。深化运用监督执纪"四种形态"处理22人次。办结信访件2件。自办立案9件，配套立案3件，通报"四风"问题1起。 （秦辰昕）

人大工作 1月、9月，分别召开镇第十九届人民代表大会第三次和第四次会议。组织人大代表集中学习6场，组织企业家、教育界人大代表讲坛2场，组织代表向选民述职6次。完善《野徐镇民生实事项目监督实施方案》，6项民生实事项目均按照年度目标如期完成。确定10件"百姓'小'事"，3月、7月、11月，分别组织开展专项督查"回头看"。 （周 鹏）

政府自身建设 全年自查发现影响营商环境典型问题7条，完成整改6条。通过泰州市网格化社会治理智能应用平台共收集各类问题8997件，均按期办结。全年开展文明城市创建、秸秆双禁、生态环保、安全生产等专项督查20余次，现场交办问题50余条。做好巡察、审计等反馈问题的整改落实。

（于 卉）

政协工作 完善镇、社区政协协商议事平台建设，组织政协委员围绕教育、乡村振兴等课题开展建言献策，政协委员提交提案2件、社情民意信息18篇。 （栾玉婷）

【村（社区）简介】 唐家社区 区域面积3.98平方千米，耕地面积133公顷。有居民小组23个，户籍户数1045户（含拆迁），户籍人口3736人（含拆迁）。2023年，社区集体经济收入128万元。投入100余万元，打造精致高新示范点，完成始祖碑亭、村史馆、沿河两岸绿化和小品打造等项目。对穿庄河东西的3个大坝进行改造，清理巷前河、大西河淤泥。投入32万元，完成路灯亮化改造升级工程。 （唐人峰）

老庄社区 区域面积2.7平方千米，耕地面积141公顷。有居民小组19个，户籍户数687户，户籍人口2542人。2023年，社区集体经济收入50万元。完成太平中沟河坡驳岸绿化、数字乡村建设，维修辖区路灯、道路、水渠、排水等公益设施30余处。新增土地流转面积32.4公顷。 （赵振斌）

永新社区 区域面积4.17平方千米，耕地面积206.47公顷。有居民小组22个，户籍户数1101户，户籍人口4071人。2023年，社区集体经济收入164万元。整治疏浚河道600米，新增绿化4000平方米，清理违法用地1.67公顷。 （陈世荣）

褚雅社区 区域面积2.1平方千米，耕地面积102公顷。有居民小组19个，户籍户数780户，户籍人口3073人。2023年，社区集体经济收入308万元。投资20余万元，打造野徐便民服务街项目。修补村庄小围栏近60米，更换220升垃圾桶59个。完成泗野路六组弯口低洼处改造及南北路面平整与修复工作。新建居民议事亭2个，增设长廊10余米。上争五组、六组"一事一议"路灯亮化工程改造项目，新增路灯30盏。 （陈九贵）

野徐社区 区域面积6.1平方千米。有居民小组36个，居民小区1个，常住户数2349户，常住人口8012人。2023年，社区集体经济收入212.06万元。新建居民健身场1处。组织60周岁以上老年人健康体检2000余人次。邀请市、区艺术团队演出4场。清理河坡扒翻种植1200余平方米，新增河坡绿化2000余平方米。 （张兆乾）

仲联社区 管辖范围调整为东至鼓楼南路，南至健康大道，西至海陵南路（健康大道起）向北折姜高大道向西折泰州大道向南折鸭子河向西至与寺巷街道寺巷社区交界处，北至小港河。区域面积5.2平方千米。有村民小组14个，户籍户数671户，户籍人口2683人，98%以上人口完成拆迁安置。社区新接管天禄湖花园、天禧玫瑰园和香樟湾3个小区。2023年，社区集体经营性收入300余万元。参加泰州市第九届蜂鸟青年创客大赛创业组，并获一等奖。社区老龄协会"红黄蓝"三色服务工作被市老龄协会向全市推广。"斑马线"驿站获泰州市优秀文明实践"站长项目"铜奖。成立泰州众益农贸市场管理有限公司，投资运营大华智慧农贸市场。获评泰州市"青年文明号"。

（乔亚军）

康居社区 管辖范围调整为东

2023年6月1日，野徐镇仲联社区开展“众联一家　益童成长”首届亲子露营节活动
野徐镇　供图

至前进河，南至雅茶河，西至东风快速路，北至姜高大道。区域面积0.41平方千米。有居住小区2个，住宅楼79幢，总建筑面积67万平方米，入住居民3331户，常住人口9182人。2023年，社区集体经济收入60万元。建成博爱大食堂。开通“康居乐业”抖音直播账号。建成地下新能源集中充电站4个。获评江苏省“扫黄打非”进基层示范点、江苏省优秀博爱家园、泰州市十佳文明实践巾帼志愿服务社区。
（杨　进）

香榭社区　管辖范围调整为东至海陵南路，南至仲野路（海陵南路起）向西折会展路向南折健康大道向西至泰州路，西至泰州大道，北至姜高路。区域面积1平方千米。有居民小区2个（香榭湾、桃源里），户籍户数216户，户籍人口459人，常住户数1560户，常住人口2930人。有学校1所（泰州医药城实验小学），商业综合体1座（天虹购物中心），大型酒店1个（日航酒店）。体育健身场地3个、儿童游乐场1个。2023年，社区获市级妇女儿童之家示范点。
（耿娅娜）

仲润社区　管辖范围调整为东至海陵南路，南至健康大道，西至会展路，北至仲野路。区域面积0.3平方千米。规划总户数6500户，交付总户数4848户，常住户数2209户，常住人口4653人。有大华锦绣华城、世纪家园公园里、大华国际公寓、大华锦绣时代、盛雅园、莫玛宅6个物业小区。2023年，社区集体经济收入52万元。大华锦绣华城、世纪家园公园里通过祥泰高层建筑验收。
（侯容兴）

雅茶社区　为新建社区。东至前进河，南至药城大道，西至东风快速路，北至雅茶河。区域面积0.8平方千米。有居民小区4个（康泽东苑、康泽西苑、康祥颐园、康雅新园东苑），学校2所（泰州市野徐小学、泰州市野徐初级中学），商业综合体1个（华信广场）。社区总建筑户数4392户，常住居民1207户，常住人口3351人。1月7日，区管委会（区政府）同意雅茶社区居民委员会成立。年内，康雅新园东苑安装电梯阻拦电动车上楼系统，新增路面电动车充电点位10个。康泽西苑新增路面电动车充电点位72个。雅茶社区获评泰州市青年文明号，康雅新园东苑获评泰州市无违建小区。
（张宁杰）

人物 荣誉

道德模范与先进人物

·全国最美家庭·

吴和兰，女，1973年10月出生，中共党员，泰州客运集团公交三公司501路班长。在吴和兰的带领下，501路创成巾帼示范线。在做好本职工作的同时，她利用休息时间加入社区防疫志愿者队伍，当好政策的“宣传员”、小区的“守门员”和居民的“服务员”。作为“高港区馨语爱心服务队”的骨干成员，经常组织参加爱心志愿服务活动，将近2万元的驾驶员星级考核奖金用于资助贫困学生。2023年，吴和兰家庭被评为全国最美家庭。（口岸街道）

·江苏好人·

蒋维，男，1957年8月出生，退休前是寺巷街道社区教育学校副校长。他14年如一日，独自一人背负生活重担，精心照顾着妻子和双亲，演绎着人间真爱。为了从死神手里争夺妻子的生命，他钻研了一套“心理疗法”“饮食疗法”，将妻子预估6个月的生存期延长了14年，并一直健康幸福地生活着，完全实现生活自理。2023年9月，入选“江苏好人榜”。

薛粉明，女，1970年7月出生，胡庄镇刘元村村民。她30余年如一日，悉心照料患精神分裂症哥哥；后来母亲瘫痪在床，她又独自承担起照顾母亲的责任。2023年11月，入选“江苏好人榜”。（党红交）

·新时代江苏好少年·

栾鑫宇，男，2014年2月出生，泰州市野徐小学三（2）班学生。小学一年级，他入校足球队。2021年，被选定为江苏省第二十届运动会青少年部体适能（趣味田径）泰州市代表队运动员。2022年，在江苏省第二十届运动会青少年部体适能（趣味田径）比赛中，获8岁组个人全能金牌、一级方程式接力金牌、男子全能赛团体赛铜牌。2023年6月，当选为“新时代江苏好少年”。（党红交）

·江苏最美人物·

金秋桦，女，1983年7月出生，中共党员，高港区人民检察院派驻核心港区检察室主任、第三检察部主任。从事检察工作17年来，先后在公诉、批捕、控申和民事行政检察岗位工作，办理各类案件1000余件，无一差错。先后被评为全国检察机关刑事申诉业务标兵、江苏省检察机关刑事申诉业务标兵、全省检察机关守正有为检察人、“江苏好青年”，并被江苏省人民检察院记二等功1次。她的先进事迹被《检察日报》《江苏法制报》《新华日报》等媒体广泛报道。2023年12月，当选为江苏“最美法治人物”。（卞小士）

·“感动泰州”十大人物·

徐永千，男，1975年11月出生，泰州医药高新区管委会副主任。在新药申报和人才等多个条线上为企业服务。在他的努力下，先后上争获批国家级海外高层次创新创业人才基地、国内唯一的中国国际医药人才市场，并创新推出全国首个医药产业人才专项“113医药人才特别计划”，领衔打造全国第一个以服务医药产业为特色的人大代表工作室——千成工作室。2023年9月，当选为第九届“感动泰州”十大人物。（党红交）

·“大江风华·最美人物”·

4月“最美青年人物”：

仇　晖　江苏省泰州市祥泰公证处公证员

孔　永　江苏荃信生物医药股份有限公司总监

左秀超　高港区消防救援大队通港路站副班长

申　丽　高港区人民法院少年及家事审判庭法官助理

杨　峰　港口物流产业园管理办公室企业服务中心工作人员、永

安洲镇总工会副主席

吴　帆　长江航运公安局镇江分局泰州派出所四级警长

张　荔　大泗镇佴陈村党总支书记、村民委员会主任

陈　蕾　泰州蕾灵百奥生物科技有限公司董事长

赵　剑　滨江工业园管理办公室投资促进中心招商一部主管

韩　颖　泰州市环溪幼儿园园长

5月“最美职工”：

王薇薇　江苏美通制药有限公司主任助理

范　静　泰州市扬子江初级中学副校长

李　凯　益海（泰州）粮油工业有限公司行政文员

张　玲　刁铺街道社区卫生服务中心病区主任

张正林　区人武部保障科职工

张振兴　区电子服务中心电子政务科副科长

唐华龙　区社会事业和退役军人事务局办公室工作人员

陈　静　区党工委（区委）宣传和统战部体育处处长

张红光　泰州市创新电子有限公司总经理助理、工会主席

陈　茜　高港区人民法院民庭法官助理

5月“最美科技工作者”：

丁满生　江苏泰康生物医药有限公司常务副总经理

韦　波　泰州市中西医结合医院骨伤科副主任、关节外科主任（副主任医师）

李凤银　大泗镇经发局局长、科协秘书长

刘晓棠　泰州市太湖路小学办公室主任、科技辅导员

朱美云　泰州市永安洲镇卫生院院长（副主任医师）

陈　群　泰州驰骏智能设备有限公司总经理

胡　涛　江苏玖星精密科技集团有限公司执行董事

施菊琴　区农业农村局科长（高级农艺师）

蔡　璐　中海油气（泰州）石化有限公司研发工程师

魏旭峰　江苏美凤力医疗科技有限公司董事长兼总经理

6月“最美社区工作者”：

王　勇　许庄街道赵王社区党总支书记、居委会主任

陈　乐　口岸街道大石村村委会委员

张　芳　野徐镇康居社区居委会委员

邵小丽　刁铺街道明发社区党总支委员、居委会委员

杨义琴　永安洲镇润洲社区党总支书记

赵　佩　凤凰街道周山河社区党总支副书记

凌　华　白马镇岱白村党委书记

栾立华　寺巷街道军甫社区党总支书记、居委会主任

秦爱华　明珠街道明珠社区党委书记、居委会主任

谢春华　胡庄镇陈隆村党总支书记、村委会主任

8月“最美医师”：

戴昌华　泰州市中西医结合医院

韩　明　泰州市第三人民医院

陈　威　泰州市高港中医院

韩　炜　刁铺街道社区卫生服务中心

苏亚兵　许庄街道社区卫生服务中心

葛晓英　寺巷街道社区卫生服务中心

史继平　大泗镇卫生院

孔冬云　永安洲镇卫生院

杨茂丹　区疾病预防控制中心

8月“最美护士”：

许美蓉　泰州市中西医结合医院

高　萍　泰州市第三人民医院

吴　茜　泰州市高港中医院

丁红霞　许庄街道孔桥社区卫生服务中心

张逸香　口岸街道田河社区卫生服务中心

杨永琴　大泗镇卫生院

李　芳　白马人民医院

王凤华　胡庄镇卫生院

何燕峰　胡庄镇汪群卫生院

高飞燕　高港张勤眼科医院

8月“最美退役军人”：

于小敏　泰州市中西医结合医院医患沟通办公室副主任

毛庆朋　寺巷街道小王社区党总支书记、居委会主任

申小军　区交警大队指导员

朱玉波　区司法局口岸司法所所长

许德俊　凤凰街道秦蒋社区居委会副主任

李　振　白马镇农业农村局办事员

杨正伟　泰州港经济开发区经济发展中心企业服务部主管

陈　栋　江苏康乾环境安全技术有限公司销售部大区经理

唐　勇　许庄街道许庄社区党总支书记、居委会主任

蒋军林　区统计局科员

9月“最美教师”：

徐志平　泰州市田河初级中学

高　娜　泰州市太湖路小学

韩雅兰　泰州市高港实验幼儿园

蒋小明　泰州市扬子江小学

钱文娟　泰州市扬子江初级中学

秦　霞　泰州市东方明珠幼儿园

张亚萍　泰州市永安洲小学

戴　颖　江苏省高港中等专业学校

崔彩红　泰州市永安洲幼儿园

陈巧琴　泰州市太湖路幼儿园

12月“最美法治人物”：

王凯明　区交警大队法宣中队中队长

史胜涛 区纪(工)委监委第十二派驻纪检监察组工作人员

李 璟 区工业和科技创新局安全监督管理处股级干部

李笑天 泰州市海军小学教师、大队辅导员

杨 鼎 区政协社会法制委副主任

杨鑫森 泰州医药高新区人民法院行政庭副庭长

栾菊芳 区统计局刁铺统计站站长

夏恋秋 区生态环境局一级行政执法员

陶亮亮 区交警大队凤凰中队中队长

戚慧玲 泰州高港实验小学教师

(卞小士)

荣誉栏

·先进集体·

2023年泰州医药高新区(高港区)获国家级(含条线)表彰的先进集体一览表

表30

荣誉称号	获奖单位	授予时间	授予单位
全国国防教育示范学校	泰州市海军小学	2023-02	教育部、中央军委政治工作部
全国巾帼文明岗	泰州市第三人民医院急诊科	2023-02	全国妇联
消防安全专项整治三年行动工作先进单位	泰州医药高新区消防救援大队	2023-03	国家消防救援局
全国电力行业设备管理创新成果特等项目奖	国家能源集团泰州发电有限公司	2023-03	中国电力设备管理协会
全国五一劳动奖状	江苏汇福油脂科技有限公司	2023-04	全国总工会
全国营养与健康示范学校	泰州市永安洲小学	2023-05	中国学生营养与健康促进会
国家级示范物流园区	江苏泰州高港综合物流园	2023-07	国家发展改革委、自然资源部
全国红领巾中队	泰州市高港实验小学四(3)中队(向日葵中队)	2023-07	全国少工委
全国红领巾中队	泰州市第一外国语学校五(2)中队(青苗中队)	2023-07	全国少工委
标杆机组	国家能源集团泰州发电有限公司3号机组	2023-08	中国电力企业联合会
全国模范人民调解委员会	口岸街道引江社区	2023-09	司法部
第七批国家级生态文明建设示范区	泰州医药高新区(高港区)	2023-10	生态环境部
国家环境健康管理试点	泰州医药高新区(高港区)	2023-10	生态环境部
2022—2023年度全国“五好”县级工商联	区工商联	2023-12	中华全国工商联
全国科普日活动优秀组织单位	区科协	2023-12	中国科协

2023年泰州医药高新区（高港区）获省级（含条线）表彰的先进集体一览表

表31

荣誉称号	获奖单位	授予时间	授予单位
全省法院“优化法治化营商环境执行年”1+4专项行动先进集体	泰州医药高新区人民法院执行局	2023-01	省高级人民法院
“法律明白人”培育工作成绩突出集体	明珠司法所	2023-01	省司法厅
全省司法所分类建设突出单位	大泗司法所	2023-01	省司法厅
推进行政复议体制改革表现突出单位	区司法局	2023-02	省司法厅
全省公调对接工作成绩突出单位	大泗派出所调解室	2023-02	省司法厅、省公安厅
江苏省物流行业先进集体	港口物流产业园区	2023-02	省发展改革委
江苏省卫生村	口岸街道郎庄村	2023-02	省爱国卫生运动委员会
江苏省模范职工之家	泰州医药园区总工会	2023-03	省总工会
江苏省模范职工之家	泰州汇锦电子有限公司工会委员会	2023-03	省总工会
江苏省模范职工之家	江苏康贝宠物食品有限公司工会委员会	2023-03	省总工会
江苏省模范职工之家	江苏扬子江医疗科技股份有限公司工会委员会	2023-03	省总工会
江苏省模范职工小家	扬子江药业集团港内分公司工会	2023-03	省总工会
江苏省模范职工小家	中海油气（泰州）石化有限公司运行一部工会	2023-03	省总工会
江苏省模范职工小家	区税务局纳税服务科工会小组	2023-03	省总工会
江苏省五一劳动奖状	江苏康贝宠物食品有限公司	2023-04	省总工会
江苏省工人先锋号	泰州复旦张江药业有限公司QA分会	2023-04	省总工会
江苏省工人先锋号	泰州市金衡建筑材料检测有限公司房建检测科	2023-04	省总工会
江苏省工人先锋号	区卫生健康委医政医管处（中医处）	2023-04	省总工会
江苏省生态宜居美丽乡村	口岸街道集成社区	2023-04	省委农村工作领导小组
全省“法援惠民生”成绩突出单位	区法律援助中心	2023-04	省司法厅
江苏省五四红旗团委	永安洲镇团委	2023-04	团省委
第七届江苏省中小学生自我保护情景剧大赛优秀组织奖	团区委	2023-04	团省委
江苏省红十字会基层组织工作先进集体	泰州市第三人民医院	2023-04	省红十字会
江苏省红十字会基层组织工作先进集体	胡庄镇	2023-04	省红十字会
全省公安机关系列安保维稳工作成绩突出集体	永安洲派出所	2023-05	省公安厅
全省行政执法监督成绩突出集体	区司法局	2023-06	省司法厅
全省扫黑除恶斗争先进地区	泰州医药高新区（高港区）	2023-06	省扫黑除恶斗争领导小组
全省先进党组织	泰州医药高新区消防救援大队	2023-06	省消防救援总队党委

续表 31

荣誉称号	获奖单位	授予时间	授予单位
江苏省红十字会“5·8”人道公益日活动优秀组织奖	区红十字会	2023-06	省红十字会
农村河道长效管护第一等次	泰州医药高新区（高港区）	2023-07	省水利厅、省财政厅
江苏省少先队英雄中队	泰州市海军小学	2023-07	团省委
江苏省美丽家园省级示范点	口岸街道引江社区	2023-10	省妇联、省妇女“双学双比”竞赛活动领导小组
全省法院首批“五好五强”领导班子	高港区人民法院	2023-12	省高级人民法院
江苏省工会职工书屋示范点	刁铺街道圩岸社区工会联合会委员会	2023-12	省总工会
江苏省工会“书香企业”	扬子江药业集团有限公司	2023-12	省总工会
江苏省优秀“戎耀之家”	区税务局	2023-12	省退役军人事务局、省总工会
江苏省优秀“戎耀之家”	泰州平安保安服务有限公司	2023-12	省退役军人事务局、省总工会
全省民营企业调查点工作先进单位	区工商联	2023-12	省工商联
江苏省“构建民营经济舆论阵地”先进单位	区工商联	2023-12	中华工商时报社
江苏省乡村振兴示范村	口岸街道徐庄村	2023-12	省农业农村厅、省乡村振兴局
社会慈善募捐活动业绩一等奖	区老建会	2023-12	省老区建设促进会、省乡村发展基金会、省乡村发展协会
江苏省优秀少先队集体	泰州市永安洲小学少先队大队	2023-12	省少工委
江苏省英雄中队	泰州市海军小学张爱萍中队	2023-12	省少工委
江苏省省级“青年学习社”	永安洲镇“长江之歌”青年学习社	2023-12	团省委
江苏省红十字示范学校	泰州市许庄初级中学	2023-12	省红十字会
江苏省优秀博爱家园	野徐镇康居社区博爱家园	2023-12	省红十字会

2023年泰州医药高新区（高港区）获市级（不含条线）表彰的先进集体一览表

表 32

荣誉称号	获奖单位	授予时间	授予单位
市（区）“三比一提升”专项考核第一等次	泰州医药高新区（高港区）	2023-04	市委、市政府
泰州市高质量项目建设“三比一提升”行动先进集体	区发展改革委	2023-04	市委、市政府
泰州市高质量项目建设“三比一提升”行动先进集体	区工业和科技创新局运行监测处	2023-04	市委、市政府
泰州市高质量项目建设“三比一提升”行动先进集体	区商务局外国投资管理处	2023-04	市委、市政府

续表32

荣誉称号	获奖单位	授予时间	授予单位
泰州市高质量项目建设“三比一提升”行动先进集体	滨江工业园管理办公室投资促进中心	2023–04	市委、市政府
泰州市高质量项目建设“三比一提升”行动先进集体	电子信息产业园管理办公室企业服务中心	2023–04	市委、市政府
泰州市高质量项目建设“三比一提升”行动先进集体	泰州港经济开发区管理办公室投资促进中心	2023–04	市委、市政府
泰州市高质量项目建设“三比一提升”行动先进集体	港口物流产业园管理办公室投资促进中心	2023–04	市委、市政府
泰州市高质量项目建设“三比一提升”行动先进集体	医药产业园管理办公室企业服务中心	2023–04	市委、市政府
“三比一提升”专项重大项目建设类公务员集体记三等功	滨江工业园管理办公室企业服务中心	2023–05	市委
“三比一提升”专项重大项目大健康产业高质量发展类公务员集体记三等功	医药产业园管理办公室投资促进中心	2023–05	市委
泰州市“五好关工委”	区教育系统关工委	2023–10	市委、市政府
见义勇为工作先进单位	刁铺派出所	2023–12	市政府

·先进个人·

2023年泰州医药高新区（高港区）获国家级（含条线）表彰的先进个人一览表

表33

姓　名	荣誉称号	工作单位	授予时间	授予单位
杨　益	全国五一劳动奖章	扬子江药业集团有限公司	2023–04	全国总工会
吴和兰家庭	全国最美家庭	泰州客运集团公交三公司	2023–05	全国妇联
胡　娟	全国能源行业燃料化验员职业技能竞赛“金牌技工”	国家能源集团泰州发电有限公司	2023–09	中国职工技术协会
丁建玮	全国检察机关调研骨干人才	高港区人民检察院	2023–09	最高人民检察院
秦勇华	全国维护妇女儿童权益先进个人	区司法局	2023–10	全国妇联

2023年泰州医药高新区（高港区）获省级（含条线）表彰的先进个人一览表

表34

姓　名	荣誉称号	工作单位	授予时间	授予单位
薛　林	信息工作先进个人	区党政办	2023–01	省委办公厅
王　鹭	“法律明白人”培育工作成绩突出个人	区司法局	2023–01	省司法厅
王雪莲	全省法院立案信访工作先进个人	泰州医药高新区人民法院	2023–01	省高级人民法院
孙文佳	全省法院“优化法治化营商环境执行年”1+4专项行动先进个人	高港区人民法院	2023–01	省高级人民法院

续表 34

姓　名	荣誉称号	工作单位	授予时间	授予单位
赵　蕾	全省公安机关执法监督管理十佳能手	区公安分局	2023-02	省公安厅
陈　亮	全省公调对接成绩突出个人	区公安分局	2023-02	省司法厅、省公安厅
何　芬	第三届“江苏最美法官”提名奖	高港区人民法院	2023-02	省高级人民法院、省委宣传部
时菁菁	全省法院办公室工作先进个人	泰州医药高新区人民法院	2023-03	省高级人民法院
徐志俊	全省公安机关考试安保维稳工作成绩突出个人	区公安分局	2023-03	省公安厅
李亚东	全省公安机关打击长江非法采砂犯罪专项行动成绩突出个人	区公安分局	2023-03	省公安厅
刘凯璇	江苏省五一劳动奖章	江苏汇福蛋白科技有限公司	2023-04	省总工会
虞　敏	江苏省五一劳动奖章	泰州市第三人民医院	2023-04	省总工会
王　伟	江苏省优秀工会工作者	区职工科技交流服务中心	2023-04	省总工会
薛　敏	江苏省优秀工会工作者	区职工服务中心	2023-04	省总工会
常爱娣	江苏省优秀工会工作者	泰州市航宇电器有限公司	2023-04	省总工会
居　斌	江苏省优秀工会工作者	泰州医药园区总工会	2023-04	省总工会
叶惠璐	江苏省优秀共青团员	寺巷街道社区卫生服务中心	2023-04	团省委
汤　宸	江苏省优秀共青团干部	凤凰街道	2023-04	团省委
王　芸	江苏省青年岗位能手	泰州医药高新区人民法院	2023-04	团省委
冉初萌	江苏省文明职工	国家能源集团泰州发电有限公司	2023-04	省委宣传部、省总工会
栾卫祥	江苏省优秀红十字志愿者	许庄街道马厂社区	2023-04	省红十字会
聂　芹	江苏省红十字基层组织工作先进个人	泰州市高港实验小学	2023-04	省红十字会
于　鹏	全省法院司法警察工作先进个人	高港区人民法院	2023-05	省高级人民法院
穆洪南	二等功	区公安分局	2023-05	省公安厅
石亚平	二等功	区公安分局	2023-05	省公安厅
蒋　杰	三等功	区公安分局	2023-05	省公安厅
张乐群	三等功	区公安分局	2023-05	省公安厅
王　瑜	全省公安机关系列安保维稳工作成绩突出个人	区公安分局	2023-05	省公安厅
左亚玲家庭	江苏省最美家庭	泰州市人民医院	2023-05	省妇联
孙　浩家庭	江苏省最美家庭	泰州市野徐小学	2023-05	省妇联
孙　勇	全省先进党务工作者	泰州医药高新区消防救援大队	2023-06	省消防救援总队党委
栾鑫宇	新时代江苏好少年	泰州市野徐小学三（2）班	2023-06	省文明办
孔祥泰	模范共产党员	高港区消防救援大队	2023-07	省消防救援总队党委
夏　涵	江苏省志愿服务纪念章	口岸街道	2023-07	省青年志愿者协会

续表34

姓　名	荣誉称号	工作单位	授予时间	授予单位
叶　林	江苏省志愿服务纪念章	刁铺街道	2023-07	省青年志愿者协会
施琬琦	江苏省志愿服务纪念章	许庄街道	2023-07	省青年志愿者协会
刘　童	江苏省志愿服务纪念章	大泗镇	2023-07	省青年志愿者协会
姜乐平	江苏省志愿服务纪念章	白马镇	2023-07	省青年志愿者协会
苏玮玮	江苏省三八红旗手	华威特（江苏）生物制药有限公司	2023-07	省妇联
蒋　维	江苏好人	寺巷街道社区教育学校	2023-09	省文明办
吴俊东	江苏省五一创新能手	国家能源集团泰州发电有限公司	2023-10	省总工会
曹冬敏	江苏省五一创新能手	国家能源集团泰州发电有限公司	2023-10	省总工会
薛粉明	江苏好人	胡庄镇刘元村	2023-11	省文明办
杨鑫森	全省法院办案标兵	泰州医药高新区人民法院	2023-11	省高级人民法院、省人力资源和社会保障厅
吴　翔	全省法院金融审判工作先进个人	泰州医药高新区人民法院	2023-12	省高级人民法院
沈楚凡	江苏省微团课大赛一等奖	泰州市第三高级中学	2023-12	团省委
羊鸿泽	江苏省优秀少先队员	泰州医药城实验小学	2023-12	省少工委
丁江立	江苏省优秀少先队辅导员	泰州市环溪小学	2023-12	省少工委
金秋桦	江苏“最美法治人物”	高港区人民检察院	2023-12	省委宣传部
李　珺	江苏省红十字会示范学校创建先进个人	泰州市许庄初级中学	2023-12	省红十字会
严　菲	江苏省“构建民营经济舆论阵地”先进个人	区工商联	2023-12	中华工商时报社

2023年泰州医药高新区（高港区）获市级（不含条线）表彰的先进个人一览表

表35

姓　名	荣誉称号	工作单位	授予时间	授予单位
蒋　鹏	泰州市“争当表率、争做示范、走在前列”好干部	医药产业园管理办公室	2023-04	市委、市政府
何　强	泰州市“争当表率、争做示范、走在前列”好干部	胡庄镇	2023-04	市委、市政府
李　伟	泰州市“争当表率、争做示范、走在前列”好干部	医药产业园管理办公室	2023-04	市委、市政府
孙小文	泰州市“争当表率、争做示范、走在前列”好干部	滨江工业园管理办公室	2023-04	市委、市政府
郭　军	泰州市“争当表率、争做示范、走在前列”好干部	泰州港经济开发区管理办公室	2023-04	市委、市政府
蔡　煜	泰州市“争当表率、争做示范、走在前列”好干部	区发展改革委	2023-04	市委、市政府
金　勇	泰州市“争当表率、争做示范、走在前列”好干部	区商务局	2023-04	市委、市政府
戴　波	泰州市“争当表率、争做示范、走在前列”好干部	区人大	2023-04	市委、市政府

续表35

姓 名	荣誉称号	工作单位	授予时间	授予单位
李 亚	泰州市“争当表率、争做示范、走在前列”好干部	区财政局	2023-04	市委、市政府
王 玮	泰州市“争当表率、争做示范、走在前列”好干部	区农业农村局	2023-04	市委、市政府
全冬明	泰州市高质量项目建设“三比一提升”行动先进个人	泰州医药高新区党工委、管委会，高港区委、区政府	2023-04	市委、市政府
邵剑峰	泰州市高质量项目建设“三比一提升”行动先进个人	滨江工业园管理办公室	2023-04	市委、市政府
邱小平	泰州市高质量项目建设“三比一提升”行动先进个人	区发展改革委	2023-04	市委、市政府
罗家宁	泰州市高质量项目建设“三比一提升”行动先进个人	区党工委（区委）组织部	2023-04	市委、市政府
陶 金	泰州市高质量项目建设“三比一提升”行动先进个人	区工业和科技创新局	2023-04	市委、市政府
陈 鑫	泰州市高质量项目建设“三比一提升”行动先进个人	口岸街道	2023-04	市委、市政府
常建峰	泰州市高质量项目建设“三比一提升”行动先进个人	区住房城乡建设局	2023-04	市委、市政府
黄 海	泰州市高质量项目建设“三比一提升”行动先进个人	区税务局	2023-04	市委、市政府
张 洋	泰州市高质量项目建设“三比一提升”行动先进个人	区行政审批局	2023-04	市委、市政府
朱来冬	泰州市高质量项目建设“三比一提升”行动先进个人	医药产业园管理办公室	2023-04	市委、市政府
杨小润	泰州市高质量项目建设“三比一提升”行动先进个人	医药产业园管理办公室	2023-04	市委、市政府
王冰冰	泰州市高质量项目建设“三比一提升”行动先进个人	电子信息产业园管理办公室	2023-04	市委、市政府
顾 芸	泰州市高质量项目建设“三比一提升”行动先进个人	电子信息产业园管理办公室	2023-04	市委、市政府
郭 军	泰州市高质量项目建设“三比一提升”行动先进个人	泰州港经济开发区管理办公室	2023-04	市委、市政府
陈 敏	泰州市高质量项目建设“三比一提升”行动先进个人	泰州港经济开发区管理办公室	2023-04	市委、市政府
柳 劼	泰州市高质量项目建设“三比一提升”行动先进个人	沿江街道	2023-04	市委、市政府
唐永兴	泰州市高质量项目建设“三比一提升”行动先进个人	港口物流产业园管理办公室	2023-04	市委、市政府
唐亚圣	泰州市高质量项目建设“三比一提升”行动先进个人	港口物流产业园管理办公室	2023-04	市委、市政府
邵剑峰	“三比一提升”专项重大项目建设类公务员记二等功	滨江工业园管理办公室	2023-05	市委
陈 敏	“三比一提升”专项重大项目建设类公务员记三等功	泰州港经济开发区管理办公室	2023-05	市委

续表35

姓 名	荣誉称号	工作单位	授予时间	授予单位
唐圣亚	“三比一提升”专项重大项目建设类公务员记三等功	区建筑业发展中心	2023–05	市委
梅久琴	“三比一提升”专项重大项目建设类公务员嘉奖	区统计局	2023–05	市委
倪 焱	“三比一提升”专项重大项目建设类公务员嘉奖	区发展改革委	2023–05	市委
梅 嘉	“三比一提升”专项重大项目建设类公务员嘉奖	区自然资源和规划分局	2023–05	市委
余 涛	“三比一提升”专项重大项目建设类公务员嘉奖	许庄自然资源和规划中心所	2023–05	市委
王 平	“三比一提升”专项重大项目“亩均论英雄”改革类公务员记二等功	滨江工业园管理办公室	2023–05	市委
张国欣	“三比一提升”专项重大项目“亩均论英雄”改革类公务员记三等功	泰州港经济开发区管理办公室	2023–05	市委
李美娟	“三比一提升”专项重大项目“亩均论英雄”改革类公务员记嘉奖	口岸街道	2023–05	市委
曹海龙	“三比一提升”专项重大项目“智改数转网联”类公务员记三等功	医药产业园管理办公室	2023–05	市委
毛文婕	“三比一提升”专项重大项目“智改数转网联”类公务员嘉奖	口岸街道	2023–05	市委
王丽平	“三比一提升”专项重大项目科技创新类公务员记三等功	医药产业园管理办公室	2023–05	市委
徐 昊	“三比一提升”专项重大项目大健康产业高质量发展类公务员记二等功	港口物流产业园管理办公室	2023–05	市委
王 伟	“三比一提升”专项重大项目大健康产业高质量发展类公务员记三等功	区发展改革委	2023–05	市委
张 彤	“三比一提升”专项重大项目大健康产业高质量发展类公务员记三等功	区商务局	2023–05	市委
顾秋锋	“三比一提升”专项重大项目大健康产业高质量发展类公务员嘉奖	医药产业园管理办公室	2023–05	市委
耿 丹	“三比一提升”专项重大项目大健康产业高质量发展类公务员嘉奖	泰州港经济开发区管理办公室	2023–05	市委
张振余	关心下一代工作先进个人	区关工委	2023–11	市委、市政府
严美华	关心下一代工作先进个人	许庄街道	2023–11	市委、市政府
毛庄军	泰州市见义勇为先进个人	凤凰曦城小区（居民）	2023–12	市政府
史松林	泰州市见义勇为先进个人	泰州客运集团公交分公司	2023–12	市政府
于广润、叶义勇群体	泰州市见义勇为先进群体	大泗镇大泗社区	2023–12	市政府

附　录

组织机构及负责人

中共泰州医药高新技术产业开发区工作委员会 中共泰州市高港区委员会

书　记　叶冬华
副书记　丁志强
　　　　陶　旭
常委、委员　陈　磊
　　　　吴　斌（至3月14日）
　　　　卢　洁（女，至9月14日）
　　　　王英俊
　　　　顾宝林
　　　　全冬明（至9月14日）
　　　　冯海镛
　　　　夏爱东（3月14日任）
　　　　邵剑峰（9月14日任）
　　　　张　洁（女，9月14日任）
常　委　李春荣（至4月20日）
　　　　李　丹（至9月14日）
　　　　朱平平（9月14日任）

泰州医药高新技术产业开发区管理委员会

主　任　丁志强
副主任　王英俊（9月25日任）
　　　　全冬明（至9月25日）
　　　　邵剑峰（至9月25日）
　　　　顾为进（至6月14日）
　　　　刁德林
　　　　匡章斌
　　　　丁永巍
　　　　徐永千（7月31日任）
　　　　杭绘东（9月25日任）

泰州市高港区人大常委会

主　任　任志强（至1月4日）
　　　　葛立网（1月4日任）
副主任　葛立网（至1月4日）
　　　　杨春宣
　　　　李　强
　　　　王飞平

泰州市高港区人民政府

区　长　丁志强（1月4日任）
副区长　全冬明（至9月28日）
　　　　王英俊（至3月30日，9月28日任）
　　　　冯海镛（3月30日任）
　　　　朱海涛
　　　　陈新兵（至12月19日）
　　　　施康振（至12月19日）
　　　　孙达妮（女）
　　　　孙晓军（7月28日任）
　　　　于勇军（12月19日任）
　　　　严华云（挂职，至12月19日）
　　　　吴苏凌（挂职）

政协泰州市高港区委员会

主　席　薛永忠
副主席　陈志斌
　　　　徐桂明
　　　　周正青
　　　　陈文兰（女）
　　　　袁　斌（1月3日任）

中共泰州医药高新技术产业开发区纪律检查工作委员会 中共泰州市高港区纪律检查委员会、区监察委员会

书　记　顾宝林
主　任　顾宝林（1月4日任）

人民法院、人民检察院、人武部

泰州医药高新区人民法院
院　长　刘　瑛（女）
泰州医药高新区人民检察院
检察长　王　玮
高港区人民法院
院　长　许　飞（至5月30日）
代院长　朱广洲（5月30日任）
高港区人民检察院
检察长　吴文彬
高港区人武部
部　长　朱平平

区党工委（区委）职能机构

党政办
主　任　孙晓军（至7月14日）
　　　　陈志俊（7月14日任）

组织部
部　长　冯海镛
宣传和统战部
部　长　卢　洁（女，至9月14日）
　　　　张　洁（女，9月14日任）
政法委
书　记　陈　磊
巡察办
主　任　焦尤香（4月26日任）

区人大常委会工作机构

办公室
主　任　戴　波
人事代表联络工作委员会
主　任　赵　琴（女，至12月19日）
　　　　陈鸿斌（12月19日任）
财经（预算、农业农村）工作委员会
主　任　何长鑫
监察和司法（法制）工作委员会
主　任　张　平
社会建设和教科文卫工作委员会
主　任　陈鸿斌（至12月19日）
　　　　戴曙光（12月19日任）
环资城建工作委员会
主　任　李悦颖（女）
开发区工作委员会
主　任　赵　琴（女，12月19日任）

区管委会（区政府）职能机构

发展改革委
主　任　邱小平（至5月30日）
　　　　蔡　磊（5月30日任）
教育局
局　长　于勇军（至12月19日）
　　　　梅宏俊（12月19日任）
工业和科技创新局
局　长　马扬光（至12月19日）
　　　　申鹏飞（12月19日任）
司法局
书　记　李俊标（4月26日任）
局　长　蔡　磊（至5月30日）
　　　　秦勇华（女，9月28日任）
财政局
局　长　匡章斌
社会事业和退役军人事务局
局　长　卞晓江
住房和城乡建设局
局　长　徐旭东（至12月19日）
　　　　窦小林（12月19日任）
农业农村局
局　长　李俊标（至5月30日）
　　　　叶俊东（5月30日任）
商务局
局　长　姜志新（至7月28日）
　　　　王锁东（7月28日任）
卫生健康委
书　记　蒋加华
主　任　陈文兰（女）
应急管理局
局　长　戴永建（至12月19日）
　　　　成　晨（女，12月19日任）
审计局
局　长　曹映华
行政审批局
局　长　陈志俊（至7月28日）
　　　　贲　腾（7月28日任）
市场监督管理局
局　长　孙　静（女）
统计局
局　长　朱双六（至12月19日）
　　　　范晓娟（女，12月19日任）

区政协工作机构

办公室
秘书长　沈虹振
提案委
主　任　周昌军
学习文史委
主　任　常小红（女）
经济城乡建设委
主　任　叶　智
社会法制委
主　任　蒋　为
科教文卫体委
主　任　许建中（至3月21日）
　　　　周丽雅（女，3月21日任）

派出机构、直属事业单位

口岸雕花楼景区管委会
主　任　毛庆武
党校
校　长（暂缺）
党史方志办
主　任　李秀年（至2月28日）
　　　　邵釜明（2月28日任）
供销合作总社
主　任　戴立新（至4月6日）
　　　　叶　健（4月6日任）
区域社会治理现代化综合指挥中心
主　任　印亚男（女）
审评核查服务中心（挂江苏省药品监督管理局审评核查泰州分中心牌子）
主　任　徐永千（至8月31日）
　　　　周建明（8月31日任）
医药政策服务中心
主　任（暂缺）
新药申报服务中心
主　任　李润润（女，8月31日任）

群众团体

总工会
主　席　史连美（女）
团区委
书　记　刘阳阳（女）
妇　联
主　席　陈　思（女）
残　联
理事长　陈奎芝
科　协
主　席　白　剑
红十字会
党组书记、常务副会长　成　旭
工商联
主　席　周正青
侨　联
主　席　丁　丽（女）
文　联
主　席　王冬梅（女，至12月26日）
　　　　沈　亚（12月26日任）
社科联
主　席　孙婷婷（女）

园区、街道、镇

医药产业园管理办公室
书　记　丁志强
主　任　吴　翔（至7月14日）

蒋　鹏（7月14日任）

滨江工业园管理办公室

主　任　邵剑峰

电子信息产业园管理办公室（挂综合保税区管理办公室牌子）

主　任　吴　斌（至3月14日）
　　　　夏爱东（3月14日任）

港口物流产业园管理办公室

主　任　朱海涛

泰州港经济开发区管理办公室

主　任　王英俊（至9月14日）
　　　　杭绘东（9月14日任）

口岸街道

党工委书记　刘朝晖（至3月17日）
　　　　　　王英俊（3月17日至9月28日）
　　　　　　孙　俊（9月28日任）

办事处主任　孙　俊（至9月28日）
　　　　　　翟　云（9月28日任）

人大工委主任　于跃进（至9月28日）

刁铺街道

党工委书记　叶俊东（至9月28日）
　　　　　　秦　冲（9月28日任）

办事处主任　秦　冲（至9月28日）
　　　　　　袁　松（11月30日任）

人大工委主任（暂缺）

许庄街道

党工委书记　刘　力

办事处主任　严美华（女）

人大工委主任　乔向民

寺巷街道

党工委书记　陈小平

办事处主任　喻海峰

人大工委主任　吴　凡（至9月28日）
　　　　　　　杨　帆（12月19日任）

明珠街道

党工委书记　徐思达

办事处主任　叶平章（至8月31日）
　　　　　　帅小剑（8月31日任）

人大工委主任　史绚丽（女）

凤凰街道

党工委书记　韩洁桂（至8月31日）
　　　　　　沐桂峰（8月31日任）

办事处主任　董建民

人大工委主任　匡雄杰

沿江街道

党工委书记　周宏华（至8月31日）
　　　　　　柳　劼（8月31日任）

办事处主任　柳　劼（至8月31日）
　　　　　　申　进（8月31日任）

人大工委主任　许良兵

永安洲镇

党委书记　王晓瑾（至8月31日）
　　　　　束　羽（8月31日任）

镇　　长　尹富仕

人大主席　沈　亚

白马镇

党委书记　周　明

镇　　长　周　骏

人大主席　曹顺林

大泗镇

党委书记　刘　瑾（女）

镇　　长　徐　旭

人大主席　陈海燕

胡庄镇

党委书记　何　强

镇　　长　李晓娟（女）

人大主席　孔玉美（女）

野徐镇

党委书记　贲　腾（至9月28日）
　　　　　智日高（9月28日任）

镇　　长　智日高

人大主席　帅小剑

垂直管理部门（单位）

泰州市公安局医药高新区分局（高港分局）

局　长　刁德林

泰州医药高新区自然资源和规划分局

局　长　李筱敏（至10月14日）

高港区自然资源和规划分局

局　长　朱　兵（至10月14日）

泰州市自然资源和规划局医药高新区（高港区）分局

局　长　李筱敏（10月14日任）

泰州医药高新区生态环境分局

局　长　吴　涛

高港生态环境局

局　长　左祥生

泰州医药高新区（高港区）税务局

局　长　树荣海（至4月28日）
　　　　王　盛（6月28日任）

泰州医药高新区（高港区）全媒体中心

主　任　严虎

泰州市交通运输局医药高新区分局

局　长　刘广生（至2月3日）

泰州市交通运输局高港分局

局　长　冯智洋（至2月3日）

交警泰州医药高新区大队

大队长　金如俊（至2月11日）

交警高港大队

大队长　吉徐兵（至2月11日）

泰州市公安局交通警察支队医药高新区大队（高港大队）

大队长　吉徐兵（2月12日任）

泰州医药高新区消防救援大队

大队长　赵　峰

高港区消防救援大队

大队长　王林林（至6月1日）
　　　　杨　洋（6月1日任）

高港区气象局

局　长　樊增华

高港区邮政管理局

局　长　吴东升

人物名录

·人大代表名录·

（按姓氏笔画排名）

泰州医药高新区（高港区）出席第十四届全国人大第一次会议代表名录

王春香、徐浩宇

泰州医药高新区（高港区）出席江苏省十四届人大一次会议代表名录

丁志强、王国强、杨屹峰

泰州医药高新区（高港区）出席泰州市六届人大二次会议代表名录

丁志强、于涛、王龙、王玮、王嵘、王国强、王爱珍（女）、叶红（女）、叶冬华、冯海镛、史爱梅（女）、乔亚军、乔向民、葛立网、刘勇、刘瑛

（女）、刘亚芹（女）、刘宇轩、许飞、孙学军、杨义琴（女）、杨屹峰、李乐、李俊、李志萍（女）、顾宝林、吴文彬、吴新军、邹晶、沈明刚、张余松、陈林、陈小平、金晓中、赵良、顾鼎、徐建青（女）、徐思达、殷国庆、郭余庆、栾斌、彭小艳（女）、焦卉（女）、谢晓恩、蔡伟、廖鹏、鞠建中

高港区六届人大二次会议代表名录

丁志强、丁满生、丁伊梅（女）、刁保圣、刁德林、于跃进、于祥、于涛、于海泉、马砼、王婷（女）、王勇、王玮、王飞平、王九龙、王巧兰（女）、王笑中、王其军、王英俊、王林林、王海峰、王迎波（女）、王晓瑾、毛晓平、方玉华（女）、尹富士、孔琴（女）、孔玉美（女）、叶冬华、叶平章、叶俊东、卢洁（女）、冯海镛、田伟、田备、田为中、田宝武、史见平（女）、史爱梅（女）、史绚丽（女）、帅小剑、孙贝（女）、孙俊、孙平、孙琴（女）、孙杰文、孙建伟、孙京津（女）、孙承莉（女）、孙启斌、孙卫锋、许飞、许良兵、朱尧（女）、朱美云（女）、朱平平、朱国宝、朱俊茂、朱兆朋、朱海军、朱海涛、朱勤（女）、庄志华（女）、匡雄杰、全冬明、刘勇、刘瑛（女）、刘力、刘俊、刘阳阳（女）、刘瑾（女）、刘春生、刘朝晖、刘伯阳、刘天兰（女）、刘振东、刘建罗、乔莹（女）、乔向民、乔晶茗（女）、任志强、李丹、李强、李泽、李宁、李兴华、李文龙、李春荣、李晓娟（女）、李恺颖（女）、沈亚、沈小飞、沈立志、沈卫琴（女）、张平、张生、张进、张荔、张娟（女）、张万秋（女）、张佳鑫、张桂祥、张宏生、张卫东、张志伟、张海霞（女）、吴凡、吴斌、吴翔、吴剧（女）、吴仁群、吴文彬、邵剑峰、陈磊、陈林、陈林（白马镇）、陈盛、陈月兰（女）、陈九贵、陈小平、陈希斌、陈礼庆、陈亚伟、陈振华、陈开伦、陈海燕、陈鸿斌、何强、何长鑫、何丽琴（女）、严波、严美华（女）、汤玉君、陆河、陆露、陆政霖、周明、周骏、周宏华、周爱琴（女）、单晔钰、杭友斌、杨勇、杨建军、杨学军、杨春宣、季宝宏、赵晓玲（女）、赵冰奇（女）、赵琴（女）、赵锋、赵余虎、赵鹏程、贲腾、姚亚海、姚洁、姚淑颖（女）、祝婕（女）、柳劼、奚银泉、徐旭、徐爽、徐新、徐慧（女）、徐少华、徐书荣、徐思达、徐文亮、徐晓丽（女）、徐永千、徐勤生、徐佑国、徐海峰、陶旭、陶静、凌晓娟（女）、郭秀洁（女）、钱网小、高飞、高静（女）、高进云（女）、唐人峰、栾中庆、倪杰、秦冲、秦刚、秦长林、秦爱华（女）、秦勇峰、顾宝林、顾为进、顾宏兵、袁廷洛、袁荣熙、曹小琴（女）、曹美（女）、曹浩明、曹顺林、黄伟、黄雪华、黄良发、蒋凯、蒋锦静（女）、葛玉书、葛立网、戚文川、戚俊宏（女）、谢春华（女）、谢晓恩、蔡亚（女）、蔡兰芳（女）、智日高、韩绍庆、韩洁桂、喻海峰、解钰（女）、董建民、舒莲香（女）、穆俊杰、薛永忠、薛海明、樊庆勇、虞继罗、戴波、戴茹（女）、戴勇、戴萍（女）、戴锦忠、戴永星、戴曙光、戴小奎、戴晓娟（女）

·政协委员名录·

泰州医药高新区（高港区）出席泰州市政协六届二次会议委员名录

（按姓氏笔画排名）

王松、王锁东、孔秀芹（女）、卢洁（女）、史连美（女）、朱晋林、朱海涛、刘保兴、孙乃清、孙长奋、孙达妮（女）、孙红梅（女）、李蓉（女）、杨明、余军、沈建、周正青、侯先栋、秦勇华（女）、顾欣（女）、徐桂明、唐健民、龚朝晖、彭福中、葛士平、蒋志忠、蒋奇明、韩孟、韩韫（女）、薛永忠

高港区政协六届二次会议委员名录

（按姓氏笔画排名）

丁丽（女）、于勇军、于智平（女）、万宝常、马扬光、马宗佑、马腾云、王平、王欢（女）、王青（女）、王波、王粪、王敏、王文忠、王冬梅（女）、王连珠（女）、王步忠、王宏贵、王祖奎、王满朝、毛正哲、毛庆武、毛晓珏（女）、仇真、卞云祥、卞晓江、孔云、孔雯、左祥生、卢洁（女）、叶智、叶新、叶争华（女）、史平凤（女）、白剑、令狐昌黎（女）、印江、包继林、冯宇、匡章斌、吉园（女）、吉洋章、吉徐兵、朱平、朱娟（女）、朱双六、朱兰平（女）、朱宏俊、朱建军、刘云（女）、刘治、刘喆、刘永华、刘加红（女）、刘克滨、刘金钲、汤学斌、许勇、许立新、许建中、孙勇、孙静（女）、孙乃清、孙达妮（女）、孙志平、孙建东、孙祎雯（女）、孙晓军、纪德峰、严虎、李苹、李旻、李京、李艳（女）、李敏（女）、李小兵、李文华、李红桂、李俊标、李惠平（女）、杨帆、杨盟（女）、杨溢、杨鑫森、肖刚林、肖学明、吴琦、吴斌、吴志超、吴爱军、邱立、邱小平、何碧波、冷洪、沈建、沈虹振、宋杰（女）、宋文捷（女）、宋凌翔、张卫、张伟、张健、张祥、张敏（女）、张云弓、张月霞（女）、张玉林、张年防、张国胜、张显伟、张葛珊、张锦秋、陆乔立、陈吉（女）、陈京、陈琪（女）、陈雯（女）、陈锐、陈曦、陈文兰（女）、陈玉宇、陈红星、陈志俊、陈志斌、陈雨霏（女）、陈学东、陈建梅（女）、陈奎芝、范乐、季京、金如俊、周勇、周娟（女）、周正青、周冬升、周叶年、周昌军、周法鸣、周俊松、周鑫科、封茜（女）、赵晖、赵汶杰（女）、赵荣林、赵燕来（女）、胡毅为、侯明敏（女）、俞乐（女）、俞晓莲（女）、施义明、施巍巍、姜志新、姚静（女）、姚娟妹（女）、秦晖（女）、袁华（女）、袁庆、袁斌、袁翔、袁国湘、都兴宇、耿艳（女）、晋光泽、夏恋秋（女）、顾婧（女）、顾双喜、顾正兵、倪健萍（女）、徐昊、徐峰、徐卿、徐萌、徐田昊、徐旭东、徐桂明、高立、高莹（女）、高卫东、郭美娟（女）、唐宇、陶琴（女）、陶

金华、黄华、黄浩、黄梅(女)、黄文静(女)、梅娟(女)、曹小平(女)、曹明德、曹映华、曹莉莉(女)、戚秀兰(女)、戚鸭章、戚斐斐、常虎、常莉(女)、常小红(女)、常建斌、崔正彬、蒋为、蒋伟、蒋加华、蒋震宇、韩文星、韩文瑞、韩明荣、程永进、詹绛(女)、窦克祥、蔡晶(女)、蔡磊、蔡剑飞、蔡祥稳、翟云、潘小泉、燕红祥、薛永忠、冀小燕(女)、戴文平、戴立新、戴永建、戴佳枫(女)、戴建斌

文献选录

重整行装 攀高逐新
奋力谱写高新高港现代化建设新篇章

——在中共泰州医药高新区工委(扩大)会议暨中共泰州市高港区委六届六次全体会议上的讲话

2023年12月28日

叶冬华

这次会议的主要任务是，坚持以习近平新时代中国特色社会主义思想为指导，深入学习贯彻习近平总书记对江苏工作重要讲话重要指示精神，认真落实中央经济工作会议和省委十四届五次全会、省委经济工作会议以及市委六届七次全会部署要求，回顾总结今年以来工作，研究部署明年工作任务，动员全区上下进一步牢记嘱托、感恩奋进、走在前列，奋力谱写“强富美高”高新高港现代化建设新篇章。

下面，根据区党工委(区委常委会)会议讨论的精神，我讲四个方面意见。

一、直面艰与难，在知重负重、唯实唯勤中交出忠诚答卷

今年是全面贯彻党的二十大精神的开局之年。一年来，面对复杂多变的外部环境和诸多长期积累的矛盾隐患，全区上下坚决落实党中央和省、市委决策部署，埋头苦干、真抓实干，经济社会发展和党的建设取得新成效。

这一年，我们承压奋进、负重前行，全力稳住经济大盘。认真落实“四敢”重大要求，树牢“一心一意为企业，全力以赴拼经济”导向，千方百计强信心、稳预期、促发展，全区经济运行总体呈现“开局平稳、中场盘桓、恢复向好”态势。“稳”的基础更加牢固。预计全年实现地区生产总值1200亿元、增长6.5%，规上工业总产值1968亿元、增长3.7%，一般公共预算收入103.16亿元、增长2%，固定资产投资增长6%，社会消费品零售总额295亿元、增长7%，主要经济指标好于预期、稳中优进。发展质效不断提升。全年新增“四上”企业288家，创成国家专精特新“小巨人”企业2家、国家级工业互联网试点示范项目1家，省级智能工厂1家、“潜在独角兽”企业1家。截至目前，全区共有“潜在独角兽”企业9家、占全市比重75%，瞪羚企业27家、占全市比重67.5%，总量及占比均位居全市第一。营商环境持续优化。全面开展亲企清政走访服务活动，努力构建“四上”企业挂钩服务体系，推动各类惠企政策直达快享，为各类市场主体减税降费15.07亿元。推动市区政务服务中心一体化运行，创新实施“拿地即开工”“一件事一次办”等改革，着力减事项、减材料、减环节、减时限，全力做到“成本低”“速度快”“效率高”。

这一年，我们聚焦重点、补短锻长，不断积蓄发展动能。始终紧扣事关高质量发展的关键点位，加大组织推进力度，进一步补齐短板、拉长长板、锻造新板，一步一个脚印地为中国医药城长远发展打下坚实基础。主导产业加速成长。成功举办第三届健康中国发展大会、首届健康中国建设研讨会，获批国家药品进口口岸，建成全国首家药品监督服务综合体，实体化运行新药申报服务中心、医药政策服务中心、审评核查服务中心，大健康产业规模突破1200亿元，中国医药城首次进入全国生物医药产业园区综合竞争力十强，取得历史性突破。重大项目持续突破。深入实施“招商菁领”培养计划，组建重大项目服务专班，

全年新开工、新竣工5亿元和3000万美元以上项目21个、20个，总投资100亿元的生物基高分子材料生产基地项目、总投资100亿元的煤炭储运中心交易项目成功落户，总投资120亿元的盛虹储能项目（一期）当年开工、当年投产，6个省重大项目全部开工。关键平台加快推进。依托北大医学部运行医药健康产业创新中心、设立医药临床研究联合中心，联合南医大共建医药产业研究院，借力长三角国创中心建成泰州区域离岸创新中心，扬子江药业国家重点实验室成功重组，生物安全三级防护实验室、华西海圻药物非临床安全评价中心、华为（泰州）数字化创新中心、科大讯飞医疗人工智能研究院等一批平台加快建设。重点改革深入实施。深化产业园用地整治提升试点和“亩均论英雄”改革，全年盘活土地3800多亩。扎实推进国资国企改革深化提升行动，盘活闲置资产面积超50万平方米，创成全市首家双AAA主体信用评级国企，全区融资能力进一步增强、融资成本进一步压降、融资渠道进一步拓宽，金融生态持续向好。

这一年，我们尽力而为、量力而行，持续增进民生福祉。始终坚持以人民为中心的发展思想，积极克服经济下行、减税降费、债务化解等影响，集中有限财力优化公共服务供给，1—11月民生领域支出占一般公共预算支出比重达78.87%。全力保障群众生活。积极拓宽就业创业渠道，城镇新增就业2万多人，居民人均可支配收入50913元、增长6.1%左右。基础养老金、医保补助、城乡低保标准稳步增长，筹建保障性租赁住房3167套，全区第一家医养结合型养老机构投入运行。扎实办好民生实事。十大类30项民生实事扎实推进，新增全市义务教育“新优质学校”3所，高新区高级中学开工建设，完成刁铺、许庄卫生院迁址新建和3家医共体组建，创成1家省级普惠托育机构。加快城乡融合发展。紧扣“一轴一核三极三城”城市格局，精心打造城市新中心、高铁枢纽片区，总投资40亿元的天德湖奥特莱斯项目开工建设。有序推进城市更新，实施城建重点项目39个，完成老旧小区改造6个，铺设城乡污水管网136公里、燃气管网10公里，防洪排涝圈层建设、城区积淹点改造等工程加快实施。深入推进乡村振兴，新建改造高标准农田1.42万亩，粮食产量逐年递增，新增省级特色田园乡村2个，“高港河蟹”入选第三批全国名特优新农产品。

这一年，我们直面挑战、攻坚克难，切实守牢发展底线。深入贯彻总体国家安全观，针对各类风险隐患，保持耐心与定力，最大限度化解存量、遏制增量、严防变量，努力实现高质量发展和高水平安全良性互动。防范系统性金融风险。坚持“六条原则”，妥善处置各类矛盾，累计清退农民资金互助合作社10家。调整优化全口径债务管控组织架构，进一步完善资金接续、到期预警、资金调度等机制，竭力守住债务率和债务风险等级“两个不反弹”。加快生态环境改善。切实抓好生态环境突出问题整改，空气质量$PM_{2.5}$年均浓度、断面水质稳定达标，获批国家环境健康管理试点，创成国家生态文明建设示范区。持续深化社会治理。聚焦建筑施工、船舶修造、道路交通等重点领域，以案为鉴、举一反三，深入开展安全百日攻坚等行动，整改隐患4万多处。扎实推进信访积案攻坚行动，创新实施治安防控“五联管”模式，“警法融合、三所共治”工作得到省委政法委肯定，获评全省扫黑除恶先进区，群众安全感、法治建设满意度继续保持全省领先。

这一年，我们刀刃向内、去腐生肌，着力重塑政治生态。坚定不移推进全面从严治党，引导全区上下更加坚定拥护“两个确立”、坚决做到“两个维护”。扎实开展主题教育，定期召开理论学习中心组学习会，举办专题研讨班、专题党课，开展正反典型案例解剖式调研，深入践行正确政绩观，切实做到以学铸魂、以学增智、以学正风、以学促干。坚决维护意识形态安全，深入开展党的二十大精神“园区行”“乡村行”“机关行”系列活动，组织实施“五新工程”，扎实推进“书香城市”建设，持续深化全国文明城市创建，意识形态主阵地更加牢固。深入贯彻新时代党的组织路线，全市首创产业联盟党委“联盟日”活动载体，认真实施镇街“书记项目”12个、村（社区）党组织书记“放亮”项目290个，深入推进村（社区）书记“百千万”工程，党的基层基础进一步夯实。积极配合省委巡视，从严从实抓好反馈意见整改，累计追赃挽损12.45亿元。持之以恒正风肃纪，深入推进“清风行动”，扎实开展国企投融资、政府工程、营商环境等领域专项整治，精心打造“清新高新”廉洁文化品牌，政治生态逐步向上向好。全力支持区人大开展“民生实事+专题询问”，创设开发区人大工作“1151”模式，助推区政协持续深化“党建+政协”“书香政协”“活力政协”工作品牌，统筹推进党管武装、统一战线、老干部、工青妇、关心下一代、科协、老区建设等各项工作，全区上下和衷共济、团结奋斗的良好局面进一步巩固。

事非经过不知难，成如容易却艰辛。回顾这一年，我们在拼搏中前行、在奋进中成长。最深刻的感受是，我们在任何时候都要以习近平新时代中国特色社会主义思想定向领航，在胸怀“国之大者”中应对挑战、抢抓机遇，把握好“稳”和“进”的辩证关系，善于用系统观念、法治思维、改革精神、创新办法、市场机制推动工作、解决问题。最突出的变化是，这一年，我们知耻而后勇，坚持埋头苦干、不图虚名、不骛虚声，全力以赴解难题、打基础、谋长远，实现了浴火重生、凤凰涅槃，我们的每一项指标数据，每一个落地项目，每一点民生改善，都突出了一个“实”字，全区各个领域的工作推进都蹄疾步稳、有序展开，在大家的共同努力和支撑下，“两高”融合发展“稳进好”的态势进一步巩固。最可喜的局面是，面临始料未及、前所未有的内外承压态势，在市委市政府的坚强领导下，“两高”经受住了考验、稳住了心神、保持了定力，经济社会发展势头稳中向好，真抓实干、干事创业正成为“两高”大地的最强主旋律，全区上下心往一处想、劲往一处使、智往一处谋，积蓄了铆足一股劲向上攀登的澎湃动能。

二、迈步从头越，在重整行装、攀高逐新中增强信心底气

“两高”融合以来，成之惟艰，殊为不易。两区融合的碰撞、发展要素的制约、政府债务的困境、社会治理的难题、腐败案件的冲击，一系列问题挑战接踵而至。面对这一状况，我们坚持破立并举、纠治并重，一手抓融合、促发展，一手防风险、守底线，在组织架构上搭框架、稳人心、强队伍，推动经济社会管理模式在重构的基础上实现变革与转型；在发展路径上完整、准确、全面贯彻新发展理念，全力打造更具向心力、更具竞争力、更具辨识度的改革先行区、创新活力区、发展引领区和幸福示范区；在统筹发展与安全上坚持新官理旧账，发扬斗争精神，牢牢守住稳定、安全、生态、廉政“四条底线”。当前的高新高港，融合理念渐入人心、改革创新形成自觉，“1+1=1”的化学反应正在生成，“1+1>2”的乘数效应加快释放。

“两高”融合以来的奋斗实践，让我们更加深刻地体会到：必须坚持改革创新这一根本动力，坚决破除思想藩篱，克服路径依赖，以改革的精神突破瓶颈，以创新的思维破解难题，勇闯“无人区”、争当“示范生”，让发展的源泉充分涌流、创新的成果竞相迸发。必须坚持高质量发展这一首要任务，完整、准确、全面贯彻新发展理念，更好统筹质的有效提升和量的合理增长，突出质量第一、效益优先，大力增强质量意识，视质量为生命，以高质量为追求，全力打造大健康地标产业，努力实现经济总量的叠加量变、发展质效的飞跃嬗变。必须坚持人民至上这一价值取向，始终把人民摆在心中最高位置，把为党争取人心、赢得民心作为第一位的任务，所有决策、所有工作，都要从长远发展考虑和人民群众根本利益出发，注重满足不同群体的利益诉求，竭尽全力为人民的美好生活而奋斗。必须坚持正确政绩观这一施政之要，坚决摆脱速度情节和换挡焦虑，始终保持历史耐心和战略定力，不为指标波动所惊慌、不为困难增多所畏惧、不为外部议论所困扰、不为虚名盛名所连累，决不急功近利，决不搞短期行为，坚定不移办好自己的事，走稳自己的路，努力用高质量发展的过硬成果开辟未来。必须坚持党的领导这一根本保证，充分发挥党委总揽全局、协调各方的作用，全面调动“人”的积极因素，努力让领导班子有事业心、中层干部有上进心、全体同志有责任心，推动党旗飘扬在一线、党员冲锋在一线，致力做最好的自己，带最强的团队，创最优的事业，建最美的“两高”。

同志们，雄关漫道真如铁，而今迈步从头越。站在融合发展的新起点上，我们仍然有许多“娄山关”“腊子口”需要去闯去攻。希望全区上下斗志不减、标准不降，以抓铁有痕、踏石留印的韧劲，重整行装再出发、攀高逐新勇争先，奋力开创“两高”融合发展更加美好的明天。

重整行装、攀高逐新，我们要满怀感恩之心，牢记嘱托走在前。今年是江苏发展史上具有特殊意义、非凡荣光的一年。一年中，习近平总书记在全国两会期间参加江苏代表团审议，并在7月、12月两次亲临江苏考察，发表重要讲话、作出重要指示，使我们倍感温暖、倍受鼓舞、倍增干劲。一年来，在习总书记的把脉定向、指路领航下，我们更加深刻地感悟到“两个确立”的决定性意义，更加深刻地认识到习总书记是众望所归、当之无愧的党的核心、人民领袖，全区上下务必坚定捍卫“两个确立”、坚决做到“两个维护”，始终在思想上高度信赖核心、感情上衷心爱戴核心、政治上坚决维护核心、组织上自觉服从核心、行动上始终紧跟核心。务必坚持学以致用、做到知行合一，更加自觉地用习近平新时代中国特色社会主义思想武装头脑、指导实践、推动工作。务必始终牢记“国之大者”、勇担“责之重者”，紧扣“四个走在前”“四个新”重大任务，努力在标志性、引领性工作上扛起“两高”担当，打造“两高”示范，求真务实创造经得起历史和人民检验的实绩。

重整行装、攀高逐新，我们要锚定发展路径，一张蓝图绘到底。前行的航船离不开灯塔的指引，一个地方的发展也离不开目标的驱动。“两高”融合以后，市委对我们的要求和定位既一以贯之，又与时俱进，从“当好排头兵、建强核心区”，到“加快打造高质量发展标杆、现代化建设样板，成为令人向往的泰州发展新中心”，再到“带好头、挑大梁、走在前”，所有这些要求，集中到一点，就是要求我们多作“两高”贡献、展现“两高”担当，既为一域争光，更为全局添彩。身为中国医药城的核心区，就必须最硬核，在大健康产业高质量发展、科技自立自强、数字经济、营商环境、高质量发展考核等重点工作上，理应走在全市前列、成为全市标杆；就必须最坚固，不断扬优势、补短板、强弱项，成为牢不可摧的发展高地、前沿阵地；就必须最有力，善于把握全局、抓住时机，落实党中央和省、市委决策部署迅速到位，不断提升发展能级与综合实力。在今后的前进道路上，我们要锚定目标、加压奋进，把发展的标杆立得更高，把谋划的视野拓得更宽，把已经在做的做得更好，奋力实现更大跨越、创造更优业绩、作出更多贡献。

重整行装、攀高逐新，我们要遵循客观规律，树牢正确政绩观。“两高”融合近三年，之所以至今仍有“四把剑”悬于头顶，归根结底，就是因为我们一度“有哗众取宠之心，无实事求是之意”，错误政绩观给我们带来了“血淋淋”有着“切肤之痛”的教训。面对矛盾和问题，我们既要正确看待历史与客观情况，但也不能把今天所有的问题都归结于历史，然后自己又成为后人的历史。我们必须认真回答好“政绩观三问”、处理好“五大关系”、坚决防止“四个冲动”，立足实际、科学决策，着眼长远、打牢基础，多谋促发展的实招硬招，力戒博名利的虚招歪招，坚持产业发展实打实，遵循产业逻辑和项目建设规律，坚决杜绝那些贪大求洋、脱离实际的项目，一时想不清楚的，不要急于实施，以现在“战略留白”为未来“无限可能”留足空间；坚持经济工作实打实，更加关注市场主体的经营发展情况，用好“四上”企业挂钩服务体系，抓实经济普查，强化经济运行科学调度，进一步推动经济回升向好；坚持调查研究实打实，传承弘扬“四下基层”优良作风，真正把功夫下到察实情、出实招、办实事、求实效上，切实抓住老百姓最急最忧最怨的问题，解决好群众最关心最直接最现实的利益问题。

重整行装、攀高逐新，我们要带头苦干实干，聚精会神抓落实。实干是一种品质，更是一种力量。“两高”融合以来，我们之所以能在非正常状态下承压前行，靠的就是苦干实干，靠的就是广大党员干部人不卸甲、马不离鞍，一仗接着一仗打，一根骨头接着一根骨头啃。防疫情，我们采取非常“7+7”工作法，合力应对疫情持续的反复冲击；稳经济，我们坚持“一心一意为企业，全力以赴拼经济”，有力推动经济率先复苏并不断巩固和增强回升向好态势；保安全，我们建立每月研判化解突出风险隐患制度，用好脑筋、笨功夫、死办法牢牢守住安全发展底线；促发展，我们始终把项目建设作为头版头条，把科技创新作为核心密码，一大批重大项目开工投产，一大批重点平台相继落户，为高新高港长远发展打下坚实根基。这样的状态务必要继续保持。我们要始终牢记“我们都是干活的人”的自身定位，坚决和官僚主义、形式主义、佛系做派、乡愿倾向作斗争，始终做到在岗在位在状态，着力打造大健康产业集聚发展的产业高地、未来泰州拥江发展的新城中心。要坚决扛起“我们都是托底的人”的使命担当，以昂扬的斗志破难题、解新题，以清醒的头脑防风险、堵漏洞，坚决守住高质量发展的底线红线。要大力弘扬“马上就办、真抓实干”的优良作风，坚持任务项目化、项目节点化、节点责任化、责任到人头，把关键环节、关键事项牢牢抓在手上。我们坚信，只要大家始终保持舍我其谁、忘我无私、有我必成的决心意志，不驰于空想、不骛于虚声，就一定能够在新的一年里，把各项工作做得更好！

三、奋力走在前，在勇挑大梁、争做标杆中开创现代化建设新局面

即将到来的2024年，是中华人民共和国成立75周年，是全面完成“十四五”规划目标任务的关键一年，做好明年工作意义重大。当前，世界百年变局正全方位、深层次加速演进，国际政治纷争和军事冲突多点爆发。越是这个时候，定力越重要、信心越珍贵。我们既要看到经济回升向好、长期向好的基本趋势没有改变，也要看到高新高港经济底盘强、潜力后劲足，产业发展、科技创新、项目建设正在起势成势、蓬勃发展。只要我们坚持从“五个必须”的科学指引中找准定位和方向，稳中求进、以进促稳、先立后破，全力抢抓机遇，从容应对挑战，聚精会神做好自己的事，就一定能打开高新高港高质量发展和现代化建设的新天地。

明年工作的总体要求是：坚持以习近平新时代中国特色社会主义思想为指导，全面贯彻党的二十大精神，深入贯彻习近平总书记对江苏工作重要讲话重要指示精神，认真落实中央经济工作会议和省委十四届五次全会、省委经济工作会议以及市委六届七次全会部署要求，坚持稳中求进工作总基调，完整、准确、全面贯彻新发展理念，服务构建新发展格局，着力推动高质量发展，统筹扩大内需和深化供给侧结构性改革，统筹新型城镇化和乡村全面振兴，统筹高质量发展和高水平安全，全面落实“四个走在前”“四个新”重大任务，锚定目标、加压奋进，重整行装、攀高逐新，努力在推进中国式现代化中走在前、做示范，不断谱写“强富美高”高新高港现代化建设新篇章。

根据党中央和省、市委部署，结合高新高港实际情况，区党工委（区委）考虑，明年经济社会发展主要预期目标是：地区生产总值增长6%以上，一般公共预算收入、居民人均可支配收入与经济增长基本同步。具体工作中，要着重抓好六个方面重点：

1.聚焦转型升级，着力构建现代化产业体系。准确把握产业发展和赛道成长规律，统筹推进传统产业焕新、新兴产业壮大、未来产业培育“三大行动”，更高质量推进产业“锻链升级”。加快向“高”跃升。大健康产业要用足用好省支持政策，立足健康制造业和健康服务业“双轮驱动”，重点发展“3+2”产业体系，培育发展特色医疗、康养旅游、文体健康等产业，构建具有区域竞争优势的发展格局。石化及新材料产业要重点发展高端特种油品、高性能锦纶产业链高附加值细分领域与关键环节，开辟“新能源+

储能”新赛道，提升产业链现代化水平。电子信息及智能制造产业要瞄准“国产替代”方向，深耕基础电子、汽车电子、能源电子等细分产业，积极拓展医疗电子等领域，努力向价值链中高端攀升。高端装备制造产业要依托长城汽车及其配套企业，构建以整车制造为主，汽车零部件、机械设备为辅的产业结构，打造新能源汽车产业全链条。港口物流产业要发挥黄金岸线资源优势，持续提升港口能级，大力发展多式联运、保税物流、供应链金融等业态，深入开展原料药产业项目突破和传统粮油产业提档升级行动，提升产业集群发展水平。要围绕省“10+X”未来产业体系，瞄准细胞和基因技术、前沿新材料、新型储能等领域，早布局、早谋划、早行动，推动未来产业从无到有、从有到优，形成现代化产业体系的重要支柱。加快向“智”转变。充分发挥政策资金的撬动作用，统筹实施“转型发展”“做优做强”“创新引领”“智改数转”四大行动，引导企业持续加大技术研发投入，通过5G、物联网、大数据、云计算等赋能生产、优化工艺，加快结构体系升级、技术路径创新、发展模式优化，以更多新技术新产品增强行业话语权和市场竞争力。抢抓“AI+医疗”机遇，加强与华为、科大讯飞等企业的合作，共建华为（泰州）数字化创新中心、讯飞医疗—泰州医学人工智能研究院，着力打造全国有影响的精准健康服务体系、全国区域人工智能化转型标杆。加快向“绿”前行。坚持绿色改造和节能降碳并重，鼓励工业企业绿色化改造，深入开展“散乱污”企业整治提升专项行动，依法依规有序淘汰落后产能，促进产业绿色低碳转型。围绕化石能源清洁低碳利用和可再生能源大规模利用，深入开展工业领域能效领跑行动，推动重点用能企业持续赶超引领，探索建设零碳园区，不断提升工业能效水平。

2.突出创新驱动，加快培育新质生产力。始终坚持创新驱动战略，不断优化以企业为主体、市场为导向，产学研深度融合的创新体系，用新技术激发新动能、开辟新赛道。聚焦需求端强企业。针对产业链关键环节，建立技术攻关项目库，滚动编制关键核心技术攻关清单，综合运用定向委托、“揭榜挂帅”等模式，积极开展技术攻关，力争开展关键技术攻关项目15个以上。深入实施“科技企业培育计划”，年内新增“瞪羚”“潜在独角兽”企业6家、专精特新企业40家。聚焦供给端抓平台。基础支撑方面，全力推动创建“国家级泰州队列研究中心”，争创省级重点实验室，打造全球慢病防控、精准医学科技发展的“生物数据银行”。产品研发方面，要在概念验证中心、GLP、GCP等载体建设上持续攻坚。对内，提升北大医学部（泰州）医药健康产业创新中心、中国医药城药物非临床研究中心运行水平，打造长三角领先、全国知名的临床研究和非临床研究高地。对外，健全“离岸+靠岸+在岸”孵化体系，嫁接长三角国创中心资源，积极招引重大项目入驻离岸创新中心，促进重大科技成果到我区孵化、转化、产业化。应用服务方面，充分发挥药品监督服务综合体作用，加快构建覆盖“基础研发、临床试验、检验检测、审评审批、中试及生产、销售流通、企业上市”全生命周期的服务体系，形成产前、产中、产后全闭环服务模式。聚焦服务端优生态。坚定不移把人才作为第一资源，用足用好2.0版“113医药人才特别计划”，着力培育引进一批科技领军人才、“高精尖缺”人才、产业紧缺人才，让各类人才“如鱼得水、如鸟归林”。坚持把金融服务实体经济作为根本宗旨，结合产业资本需求特征，分类研究推出“投资机构池”“金融产品包”，打造全链条企业上市培育体系，构建覆盖创新全生命周期的“资本雨林”。

3.聚力项目攻坚，筑牢高质量发展硬核支撑。牢固树立“大抓项目、抓大项目”理念，坚持扩增量、优存量、强变量并重，努力实现项目招引建设进度上再提速、总量上再提升、质态上再提档。全年新开工、新竣工5亿元和3000万美元以上项目30个、30个，招引落户超百亿元项目2个、50到100亿元项目3个。立足当下“推”。紧盯2024年拟开工的64个项目，全面实行“一张图”管理，以目标倒逼责任、以时间倒逼进度、以考核倒逼落实，狠抓在手项目快落地、在建项目快投产、竣工项目快达产，推动项目投资量、实物量、工作量“三量齐增”。要全方位做好服务保障，重点抓好“国能绿岛”、生物基高分子材料生产基地、高端润滑油特种油国产化产业升级、电子产品精密零部件扩建等重大项目。着眼长远“谋”。聚焦国家大战略、政策大盘子，充分发挥自身资源优势，深化与重点央企、大型上市公司、知名民企、外资企业、金融机构的战略合作，重点攻坚50亿元、100亿元重大项目，努力拓展新的优质增量，推动全区重大产业项目取得新的突破。全力以赴“抓”。既注重大项目的顶天立地，也突出中小项目的铺天盖地，进一步调整优化产业园区、镇（街道）亿元项目建设考核办法，坚持分类引导、抓大不放小，招引建设一批成长潜力大、科技含量高、市场前景好的中小项目，培育壮大一批具有全球影响力、行业竞争力的专精特新“小巨人”和“潜在独角兽”企业，努力形成支撑未来发展更多的新的增长点。

4.深化城乡一体，倾力绘就融合发展新画卷。推进以人为核心的新型城镇化，坚持人民城市人民建、人民城市为人民。提升城市能级。扎实开展区国土空间规划详规编制工作，进一步优化国土空间规划布局。紧扣“一轴一核三极三城”城市格局，高标准做好城市新中心、高铁枢纽片区建设，大力提升城市价值、彰显城市风貌。持续发力强基础补短板，稳步推进北沿江高铁下穿等道路建设，加快推进积淹点改造和防洪排涝完善工程，确保早开工、早建设、早竣工。加快华信广场综合体建设，升级打造万象城商圈、天虹商圈、雕花楼商圈，加快培育夜游、夜市、夜娱等新业态，助力提升城市经济活力。加快乡村振兴。依托省级现代农业产业高质量发展示范园、农产品集中加工区、粮食物流产业园、"一路高畅"品牌农路等载体，完善"产加销服""农文旅教"一体化的农业产业体系，做精做足"土特产"文章，提高产业竞争力。深入学习运用浙江"千万工程"经验，实施人居环境整治提升和精致高新示范村居创建三年行动，连片打造乡村振兴示范典型，创成省级生态宜居美丽乡村示范镇1个，省级生态宜居美丽乡村示范村5个，精致高新示范村居10个。接续开展新型农业经营主体提升行动、党建引领新型农村集体经济发展"四强四有"行动、农民收入十年倍增计划，力争集体经营性收入100万元以上村居占比达55%、农民人均可支配收入增幅7.2%。厚植生态优势。扎实抓好中央、省环保督察交办问题整改，坚决打好蓝天、碧水、净土保卫战。紧盯$PM_{2.5}$浓度、优良天数比例等重点指标，坚持"五源同治"，守护蓝天白云。坚定不移抓好长江大保护，加快生态河道治理和污水处理等项目建设，确保国考、省考断面优Ⅲ比例稳定达标。序时推动"无废城市"建设，持续开展土壤污染重点监管单位隐患排查及"回头看"，深入实施国土绿化提升行动，不断提升"两高"生态的"绿色含量"。

5.坚持人民至上，持续提升群众获得感幸福感。深入践行以人民为中心的发展思想，坚持发展为了人民、发展依靠人民、发展成果由人民共享。始终把解决"民生之本"放在心上。全面实施就业优先战略，开展职业技能提升和重点群体就业能力提升行动，全年新建标准化"家门口"就业服务站3个，开发就业见习岗位1500个，确保城镇新增就业1.5万人。始终把追求"美好向往"抓在手上。着眼学有所教，全力支持口岸中学高质量发展，加快建设跨区域城乡义务教育一体化发展改革实验区。着眼病有所医，深化纵向医联体、区域性医共体建设，持续开展健康惠民系列工程，打造"健康高新"。着眼"一老一小"，加快推进示范性养老服务综合体建设、养老服务组织培育，扎实做好婴幼儿普惠托育、学前教育等服务保障，用心用情托起"朝夕美好"。着眼劳有所得，深入开展根治欠薪攻坚行动，完善保障农民工工资支付长效机制，坚决打赢"治欠保支"攻坚战。着眼住有所居，多渠道筹集保障性租赁住房，推进公租房"一件事一次办"改革，托起百姓"安居梦"。着眼弱有所扶，加强困难群众社会救助兜底保障，进一步织密扎牢社会保障网。始终把深化"精神富有"落实在行动上。深入挖掘"一江、两城"文化内涵，大力培育协商文化，着力彰显"两高"发展新气象、新面貌、新成就。持续放大"大江文化惠万家""柴墟读书节""一镇一品、一街一特体育赛事"等品牌文化效应，打造具有"两高"特色的"文化印记"。以创建文明城市为引领，坚持重在建设、以立为本，坚持久久为功、持之以恒，把精神文明建设贯穿现代化建设全过程，让"文明新风"吹遍"两高"大地。

6.树牢底线思维，更好统筹发展与安全。新时代新征程需要应对的风险挑战、防范化解的矛盾隐患比以往更加严峻复杂，必须增强忧患意识，坚持底线思维，努力以高水平安全保障高质量发展。坚决守好安全生产底线。巩固提升安全生产专项整治三年行动成效，以安全生产治本攻坚三年行动为引领，深入开展重点行业领域专项排查整治，持续开展"打非治违"行动，积极创建安全发展示范城市，切实提升本质安全水平。防范化解重大领域风险。金融风险方面，要以金融监管体制改革为牵引，加强和完善现代金融监管，扎实有序推进存量非法集资案件、农民资金互助合作社等风险防范化解。房地产市场风险方面，在扎实做好保交楼各项工作的基础上，用足用好国家最新政策，推动房地产市场向新发展模式平稳过渡。地方政府债务风险方面，坚决打好政府性债务风险防控和融资平台监管主动仗，持续压降隐性债务规模、降低全口径融资成本，牢牢守住不发生系统性金融风险的底线。新的一年，我们要全面过"紧日子"，牢固树立"三保"支出在财政支出中的优先地位，严格压降政府性投资项目，从严控制、压降"三公"经费和一般性支出，统筹资金优先用于"三保"、债券还本付息等刚性支出，切实防范风险向上蔓延。着力维护社会和谐稳定。以升级打造"精网微格"工程、开展"祥泰网格"创建为牵引，做实网格化管理、精细化服务，切实优化"网格报告、镇街吹哨、部门报到"机制，筑牢维护稳定的"第一道防线"。坚持好、发展好新时代"枫桥经验"，深化"'枫'景这边独好"诉源治理"全链条"、矛盾化解"一站式"创新活动，做到"预防在前、调解优先、运用法治、就地解决"。织密治安防控网，最大限度挤压违法犯罪空间，推动群众安全感、法治建设满意度持续保持全省前列。

四、展现新作为，在自我革命、正本清源中加强党的建设

深入学习贯彻习近平总书记关于党的建设的重要思想，不断健全全面从严治党体系，提高党的建设质量，切实增强自我净化、自我完善、自我革新、自我提高能力，为推动高质量发展提供坚强保障。

一要旗帜鲜明加强政治建设。始终把党的政治建设摆在首位，把拥护"两个确立"、做到"两个维护"

作为政治大节来恪守、作为根本政治责任来履行、作为最重要的政治纪律来遵守，任何时候任何情况下都自觉同以习近平同志为核心的党中央保持高度一致。要把学懂弄通做实习近平新时代中国特色社会主义思想作为立身之本、履职之要，在深化、内化、转化上聚力用劲，不断筑牢信仰之基、补足精神之钙、把稳思想之舵。当前，第二批主题教育已临近收官，在这个关键节点，必须标准不降、劲头不松，再接再厉、善始善终。要把“国之大者”作为“责之重者”，坚决落实习近平总书记重要讲话重要指示精神和党中央大政方针，确保各项事业始终沿着总书记指引的方向笃定前行。

二要强基固本夯实基层基础。树牢大抓基层鲜明导向，大力实施基层党建“五聚焦五落实”固本强基行动，抓实村（社区）党组织功能“六强六好”分类提升工程，深入开展产业联盟党委“联盟日”活动，不断增强基层党组织的号召力凝聚力影响力。深入推进抓党建促乡村振兴、以党建引领社会治理，让党旗飘扬在项目建设、产业富民、维护稳定等一线。常态化开展村干部能力大比武，探索村干部专业化管理，打造一支有本领、会担当的村居干部队伍。传承弘扬“四下基层”优良作风，健全完善基层减负长效机制，坚决杜绝形形色色的形式主义、官僚主义，持续为基层松绑减负，让干部有更多时间和精力抓落实。

三要唯实唯勤锤炼干部队伍。鲜明树立新时代选人用人导向，突出“四个注重选拔、四个坚决不用”，用好领导干部“双考双反”制度，大力推进年轻干部“365培养行动”，把政治过硬、素质过硬的党员干部人才汇聚到事业中来。深入实施“高新干部专业化培训矩阵”，常态化举办“格物讲堂”，有针对性地开展系统性、专业化培训，着力打造一支素质过硬、作风优良、能力突出的干部队伍。坚持严管与厚爱相结合，加大容错纠错、澄清正名等工作力度，推动干部能上能下、能进能出，让干部有奋斗激情、无后顾之忧。全区各级党员干部都要大力弘扬不怕困难、不畏艰险，勇于斗争、敢于胜利的精神，做疾风劲草、当烈火真金，让实干担当成为高新高港党员干部最鲜明的底色。

四要激浊扬清重塑政治生态。正风肃纪不可分割，必须匡正风气、严肃党纪，准确把握风腐同源、由风及腐的特征，健全风腐同查工作机制，深入开展“三带头三整治”纠风防腐专项行动，不断铲除腐败滋生的土壤和条件。要坚持不敢腐、不能腐、不想腐一体推进，聚焦国有企业、金融、政法、功能园区等关键领域，紧盯“人财物”关键环节，深入彻查违纪违法问题，持续深化以案促改、以案促治，做到严惩腐败与严密制度、严肃教育协同发力。要对照巡视反馈意见，以最坚决的态度、最有力的措施、最严格的要求，扎实推进整改，确保所有问题不折不扣整改到位。要聚焦“关键少数”推动政治监督精准化，以强有力的监督巩固拓展风清气正的良好政治生态。

同志们，历史长河奔流不息，时代考卷常答常新。让我们更加紧密地团结在以习近平同志为核心的党中央周围，深入学习贯彻习近平新时代中国特色社会主义思想，稳扎稳打、善作善成，以更强的信心、更足的底气、更大的干劲、更实的作风，奋力谱写“强富美高”高新高港现代化建设新篇章。

政府工作报告

——2024年1月9日在泰州市高港区第六届人民代表大会第三次会议上

丁志强

2023年工作回顾

过去一年，我们以习近平新时代中国特色社会主义思想为指导，全面贯彻党的二十大精神和习近平总书记对江苏工作重要讲话重要指示精神，在市委、市政府和区党工委、区委的坚强领导下，在区人大、区政协的监督支持下，弘扬“四敢”精神，直面挑战、攻坚克难，较好完成了主要预期目标。预计，全年实现地区生产总值1200亿元，增长6.5%左右；一般公共预算收入103.18亿元，增长2%；固定资产投资增速6%以上，城乡居民人均可支配收入与经济保持同步增长，主要经济指标好于预期、稳中优进。

改革先行区在勇于开拓中走深走实。重点改革高效集成。省药监局审评核查泰州分中心先后获150项赋权，建成省内首个“药品监督服务综合体”；新药申报服务中心、医药政策服务中心、审评核查服务中心实体化运行。推进产业园用地整治提升试点和“亩均论英雄”改革，盘活低效闲置用地1529亩，3亩以上工业企业亩均税收29万元，全市第一。深化新一轮国资国企改革，出售出租标准厂房、经营用房等60多万平方米，收益8.5亿元；泰州国投集团获双“AAA”主体信用评级，全市首家。入江清水通道高水平保护与大健康产业高质量发展（EOD）项目入选省级试点。营商环境向优向好。市区政务服务中心一体化运行，只进一扇门、办事少跑腿。“拿地即开工”流程标准化、制度化，跑出审批“加速度”。开展“亲企清政”走访服务活动，累计兑现各级涉企扶持资金4.17亿元，为各类市场主体减税降费23.14亿元，新增市场主体近1.2万户、“四上”企业288家。对外开放不断深化。国家药品进口口岸获批并运营，成功举办第十四届医博会、首届健康中国建设研讨会、2023疫苗前沿技术与应用国际论坛，30个国家和地区的近900家企业和机构参展，成为引领行业发展的风向标。预计完成进出口总额41亿美元，实际利用外资和港澳台资1.8亿美元。

创新活力区在蓄势聚能中提质提效。创新动力不断增强。北大医学部（泰州）医药健康产业创新中心正式启用，大幅缩短临床项目试验进程。与华西海圻合作共建非临床安全评价中心，补齐医药产业创新生态链关键一环。与中国农科院上海兽医研究所合作共建生物安全防护三级（P3）实验室，成为长三角地区第一家大动物生物安全三级实验室。携手复旦重组扬子江药业国家重点实验室，联合南医大共建医药产业研究院。建成国家级知识产权保护中心、全省首家知识产权运用促进中心，大健康产业知识产权联盟获得首批省专利导航服务基地认定。创新主体持续壮大。泰州（上海）区域离岸创新中心投入运营，科技企业孵化器建设工作获省政府督查激励。统筹推进产学研协同创新、知识产权强企、高企培育，新认定高新技术企业119家、国家专精特新“小巨人”企业2家、国家级工业互联网试点示范项目1家，新增省级专精特新中小企业46家、“潜在独角兽”企业1家，创成省级以上“智改数转网联”标杆项目9个。创新要素加速集聚。发布2.0版“113医药人才特别计划”配套实施细则，举办中国创新创业大赛生物医药全国赛、第二届中国医药城人才发展大会，引进各类高层次人才（团队）952名（个），入选国家级人才计划3名。复旦大学泰州健康科学研究院获批国家自然科学基金依托单位，泰州队列获国家“中国自然人群示范队列建设研究定向委托项目”；产业前瞻技术“揭榜挂帅”项目上榜数7个，全市第一。

发展引领区在负重前行中出新出彩。现代产业提档升级。大健康产业规模突破1200亿元，占全市比重40%以上；高端装备制造、电子信息及智能制造、石化及新材料产业产值达1020亿元、同比增长5.5%。服务业复苏有力，泰州金融广场获评省级现代服务业高质量发展集聚示范区，泰州港经济开发区入选省现代服务业高质量发展两业融合试点，服务业增加值、社会消费品零售总额预计分别增长7%、8%。建筑业稳步发展，总产值超700亿元。现代农业提质增效，新建改造高标准农田1.42万亩，粮食喜获丰收，产量逐年递增，“高港河蟹”获评全国名特优新农产品，创成全国县域农业农村信息化发展先进县、“平安农机”示范县。园区能级逐步提升。中国医药城首次进入全国生物医药产业园区综合竞争力十强，列全国第9位、全省第2位。滨江工业园区通过省化工园区认定复核，由化工集中区升格为化工园区。高港综合物流园获评“国家级示范物流园”，全市首次获此殊荣。项目建设量质齐升。建立“五个一”招商工作机制、“五议一促”园区工作例会，成立重大项目服务专班，实施“招商菁领计划”，“三比一提升”新开工项目21个、新竣工20个，数量、体量均保持全市前列。阿斯利康进博会首日再签增资大单、安达唐项目正式投产，盛虹储能项目实现当年签约落户、当年开工建设、当年竣工投产，中海油气（泰州）石化动物疫苗佐剂国产化项目填补国内空白，欧拉好猫车型登陆港澳市场，生物基高分子材料、国能煤炭储运等百亿级项目纷纷落户，蓝思三园智改、石药制剂产业化等一批重大项目加快推进。

幸福示范区在共建共享中可触可感。城乡一体协调发展。实施城建重点项目39个，在全市率先完成北沿江高铁动迁任务。筹集保障性租赁住房3167套，改造老旧小区6个，新增停车位1080个，铺设城乡污水管网136公里、燃气管网10公里。新增省级垃圾分类达标小区20个，创成省级党建引领物业管理示范点2个，获评省级宜居示范居住区2个、省特色田园乡村2个、省绿美村庄5个，农村河道长效管理工作获全省一等奖。空气质量$PM_{2.5}$年均浓度、断面水质稳定达标，建成全省首个规范性沿江生物多样性观测站，获批国家环境健康管理试点，创成国家级生态文明建设示范区。公共服务更加均衡。完成十大类30个民生实事项目年度任务，建成标准化“家门口”就业服务站3个，新增城镇就业1.73万人、创业2700人。新增全市义务教育“新优质学校”3所，高新区高级中学开工建设，荣获省高质量平安校园建设区，全市唯一。组建医共体3家，迁址新建社区卫生服务中心2个；常态化开展专家下基层义诊活动，健康惠民系列工程惠及群众4万余人。完成特殊困难老年人家庭适老化改造275户，创成省级普惠托育机构1家，“青仔公益暑托班”实现镇街全覆盖。文旅事业日益繁荣。区图书馆创成国家一级馆，长篇小说《筑梦记》《返归》顺利出版，“大江文化惠万家”项目入选省群众文化“百千万”工程。创成省级全域旅游示范区，新增国家AAA级景区1个、省工业旅游区1个，A级景区数量全市第一；海军诞生地纪念馆、海军舰艇文化公园入选“水韵江苏·长江百景”，游客接待量创新高。社会大局保持稳定。建立安全生产“1+X”工作架构，压紧压实专委会责任，扎实推进国务院督导和省市安全生产巡查反馈问题整改，深入开展“9+N”小场所安全百日攻坚等行动，整改隐患4万多处。有力应对汛期超大雨量极端暴雨。成功申报建制县隐性债务风险化解试点，政府性债务规模和债务率“双下降”。开展信访突出问题攻坚化解巩固提升年行动，全域行政诉讼零败诉，获评全省扫黑除恶先进区，公众安全感和法治满意度继续保持全省领先。

这一年，我们深入开展第二批学习贯彻习近平新时代中国特色社会主义思想主题教育，围绕建设人民满意政府，持续提升政府系统执行力，政府自身建设全面加强。政治能力更加过硬。深刻领会“两个确立”的决定性意义，增强“四个意识”，坚定“四个自信”，做到“两个维护”。聚焦学思想、强党性、重实践、建新功，自觉用新思想新理念谋划发展、推动工作、创造实绩。履职本领持续提升。开展“四下基层”，大兴调查研究，围绕科技创新、产业发展、民生保障等课题组织专题调研，以实的态度把准问题，以实的行动“解剖麻雀”，政策举措更加符合实际、顺应群众期待。廉政意识明显增强。从严从实抓好巡视巡察和审计统计反馈问题整改，加强重点领域廉政风险防控，一以贯之落实“过紧日子”要求，“三公”经费持续压降。勤实作风不断改进。把抓落实作为政府工作的生命线，以制度执行倒逼效能提升。主动接受人大法律监督、政协民主监督，高效办理建议提案193件，满意和基本满意率100%。

此外，老龄、妇女儿童、青少年、残疾人、工会、红十字会、慈善、志愿服务、关心下一代等事业取得新成效，民族宗教、审计、统计、外事、对台事务、侨务、科协、史志档案、工商联等工作取得新进展，国防动员、后备力量建设、双拥共建、退役军人事务等工作得到新加强。

各位代表，高新高港正处在爬坡过坎、转型升级的重要关口，我们每个人都在奔跑、都在奋斗、都在拼搏，每个精彩瞬间都值得铭记、每份耕耘收获都来之不易。成绩的取得，根本在于有习近平总书记作为党中央的核心、全党的核心掌舵领航，在于有习近平新时代中国特色社会主义思想科学指引，得益于市委、市政府和区党工委、区委的正确领导，得益于在座的各级领导、各位人大代表、政协委员的关心关注和大力支持，得益于全区上下的苦干实干、锐意进取。在此，我代表区人民政府，向为高新高港发展作出贡献的社会各界人士，致以衷心的感谢和崇高的敬意！

在肯定成绩的同时，我们也清醒认识到发展中仍面临不少问题和挑战：重大项目推进速度还不快，科技创新与产业发展的耦合度还不高；城市配套功能欠账较多，城市管理体制仍未理顺；教育、医疗、养老等公共服务还有不少短板；生态环保、安全生产等领域还存在不少风险隐患；政府系统的精神状态、能力素养还不能完全适应新形势新要求。我们一定直面问题，久久为功，切实加以解决。

2024年工作安排

今年是中华人民共和国成立75周年，是实施“十四五”规划的关键一年，做好各项工作事关全局、影响长远。我们将坚持以习近平新时代中国特色社会主义思想为指导，全面贯彻党的二十大精神，深入贯彻习近平总书记对江苏工作重要讲话重要指示精神，认真落实中央和省委经济工作会议以及省、市、区委全会部署安排，坚持稳中求进工作总基调，完整、准确、全面贯彻新发展理念，服务构建新发展格局，全面落实“四个走在前”“四个新”重大任务，着力推动高质量发展，统筹扩大内需和深化供给侧结构性改革，统筹新型城镇化和乡村全面振兴，统筹高质量发展和高水平安全，重整行装、攀高逐新，努力在推进中国式现代化中走在前、做示范，奋力谱写“强富美高”高新高港现代化建设新篇章。

今年经济社会发展主要预期目标是：地区生产总值增长6%以上，一般公共预算收入增长5%，固定资产投资增长7%左右，社会消费品零售总额增长8%，城乡居民收入与经济同步增长，节能减排完成市交目标，安全生产形势稳定向好。

围绕上述目标，重点抓好十个方面工作：

1.保持经济稳健运行。坚定做好经济工作的信心，把“稳增长”作为首要任务，推动实现质的有效提升和量的合理增长。精准加强经济调节。主动应对超预期因素冲击，全面提升经济工作组织能力，常态化做好重点行业领域的“预测、预警、预判、预报”，精准发力、靶向施策，防范问题积累和扩散，保持经济运行在合理区间。坚持“以旬保月、以月保季、以季保年”，健全三级联动工作统筹机制，规范完善数据纳统，高质量完成“五经普”工作。持续提振消费需求。鼓励扩大新能源汽车、家电、家居等大宗消费，大力提振住宿餐饮、批发零售、休闲娱乐等传统消费，推广数字人民币应用场景，培育数字消费、互联网消费等新型消费，进一步释放消费活力。鼓励金融机构推出低利率消费信贷，支持企业开展形式多样的促消费活动，进一步激发消费潜力。促进房地产业良性循环和健康发展，更好满足人民群众刚性和改善性住房需求。大力发展民营经济。坚持“两个毫不动摇”，梳理完善落实支持民营企业发展的一揽子政策，确保精准滴灌、直达快享，让更多市场主体活跃起来、壮大起来。尊重市场规律，强化政府守信践诺，坚守契约精神，落实国企民企平等对待要求，依法保护各类市场主体合法权益。用好“圆梦高新”创咖汇、“海棠湖”下午茶、工商联“云平台”等政企对话平台，常态化开展沟通交流，让企业家放心投资、专心创业、安心经营。大力弘扬企业家精神，在全社会营造尊重企业家价值、鼓励企业家创新、发挥企业家作用的良好氛围。

2.构建现代产业体系。统筹产业基础高级化和产业链现代化，立足自身优势，加快构建自主可控、安全高效的现代化产业体系。聚焦打造地标产业。用足用好国家、省市支持政策，坚持以健康制造业为核心、健康服务业为延伸，把“链主”“链核”“链源”作为主攻方向，加快构建生物医药产业新优势，力争大健康产业规模增长8%以上。健康制造业，重点发展疫苗和抗体药、诊断试剂及高端医疗器械、化学药新型制剂、兽用生物制品、特医食品、中药制造等细分领域，放大扬子江药业、雀巢健康等龙头企业带动效应，推动中慧元通、硕世生物等企业加快发展，全程做好阿斯利康安达唐、安达释等重磅产品的上市服务。全力创建国家级原料药基地，提升产业链供应链韧性和安全水平，增强产业吸附力，招引一批“原料药+制剂”一体化项目。健康服务业，着眼于全人群、全生命周期，探索医药制造与医疗数据、康复养老、特色诊疗、健康旅游等健康服务前延后伸、跨界融合，构建“大健康生态圈”。做大做强支柱产业。石化及新材料产业，围绕“油”和“化”两大特色链条，全力推进中海油气二期项目，扩大润滑油基础油产能规模，打造全国最大的高端润滑油产业基地；通过引进下游关联企业将化工产品“吃干榨尽”，在生物基、可降解领域实施高端精细化“卡脖子”项目，与大健康产业密切衔接。电子信息及智能制造产业，瞄准国产替代和专精特新两大主攻方向，积极寻求与国内电子行业龙头企业合作，大力发展消费电子、基础电子、能源电子等细分领域，积极进军医疗电子、穿戴设备等赛道，努力向专业化和价值链高端攀升。高端装备制造产业，聚焦智能网联、汽车电子等领域，依托长城汽车及其配套企业，构建以整车制造为主，汽车零部件、机械设备为辅的产业结构，推进省级汽车机电零部件产品质检中心建设，打造新能源汽车产业全链条。引导现有船舶企业提升高技术、高附加值船型研发建造水平。放大消防器材企业集聚优势，在特种设备、工程车辆等应急装备领域多元发力，增强抗击现有产品结构单一风险的能力。大力培育新兴产业。现代物流产业，依托长江黄金岸线资源，发挥国家进境粮食指定口岸优势，打造粮油产供销“一基地一枢纽一中心”；加快中外运（苏中）智慧物流园建设，提升港口综合服务能力；全力推进“国能绿岛”项目，打造长江沿线体量最大的煤炭储运交割中心、能源运输航运服务中心。新能源产业，突出先进电池和能源装备两大重点，依托盛虹动能泰州基地，引育一批电芯、隔膜、储能等上下游企业，主攻锂电、氢能、光伏等重点领域，做大新能源版图。前瞻布局未来产业。重点围绕省“10+X”未来产业体系，瞄准细胞和基因技术、前沿新材料等领域，早布局、早谋划、早行动，推动未来产业从无到有、从有到优。

3.加快发展新质生产力。坚持创新在现代化建设全局中的核心地位，促进“关键变量”加速成长为“最大增量”。增强创新载体功能。提升北大医学部（泰州）医药健康产业创新中心运行水平，用好临床试验“绿色通道”，完成首批10个概念验证项目入驻，构建辐射长三角地区的临床研究重大服务平台。加快中国医药城药物非临床研究中心建设，确保一季度开工、核心管理团队入驻。深度挖掘泰州队列富矿，加快“国家级泰州队列研究中心”建设，争创省级重点实验室，打造具有国际影响力的生物样本库和健康大数据共享、应用、服务平台。推进P3实验室建设，提升新药研发、传染病防治、突发公共卫生事件应急处置等能力。深化ICGEB—泰州区域研究中心与总部合作，加速泰州医药产业融入全球研发制造供应体系。推进省医疗器械检验所泰州检验室实体化运作，加快国家药监局B级检验机构达标建设。积极上争设立“国家人类遗传资源管理（泰州）服务中心”。优化知识产权运营服务平台体系，促进大健康产业知识产权联盟发挥更大作用。提升企业创新水平。实施“科技企业培育计划”“小升高”“高升规”等专项行动，年内获批高新技术企业80家，新增“瞪羚”“潜在独角兽”企业6家、专精特新企业40家。深化产学研合作，综合运用定向委托、“揭榜挂帅”、合作攻关等模式，年内实施关键技术攻关项目15个以上。加快“智改数转”，叠加“网联赋能”，扩大场景应用，创建市级以上智能制造示范车间（工厂）5家，新增省级星级上云企业40家。发挥扬子江药业国家重点实验室示范带动作用，引导企业加大研发投入，年内新增各类研发机构20家，有研发活动企业数占比达50%以上。放大要素集聚效应。瞄准打造世界级特色产业人才中心目标，深化人才发展体制机制改革，用足用好2.0版

“113医药人才特别计划”和“凤栖高新”英才计划政策，年内新增高层次人才（团队）600个。健全数据产业发展运营机制，加快讯飞医疗—泰州医学人工智能研究院、华为（泰州）数字化创新中心建设，促进数字经济和实体经济深度融合。发挥大健康母基金引导作用，采取天使基金、股权投资、信用贷款、科技贷款等多元化投入机制，完善覆盖创新型企业全生命周期的金融服务体系。

4.攻坚重大项目建设。坚持项目为王、质量至上，“一切围绕项目转，一切围绕项目干”，全年“三比一提升”新开工项目30个、新竣工30个。提升项目招引精准性。聚焦中字头、国字号、500强、上市企业、头部民企，紧盯行业龙头和细分领域专精特新企业，强化产业链招商、以商引商、基金选商、驻点招商，持续提升关联产业、上下游配套企业集聚度。加快建立市场化招商运行机制，深耕长三角、珠三角、京津冀等国内重点地区，以及欧美、日韩等海外重点国家，着力突破一批体量大、质态优、带动强的重特大项目。全年招引10亿元以上项目10个，其中50亿元以上3个。提升项目建设专业性。常态化开展项目建设“擂台赛”，实施“一张图”管理，紧扣“落地、开工、投产、达效”四个维度，更好发挥重大项目服务专班作用，全流程全方位做好服务保障。加快高端润滑油特种油国产化产业升级、生物基高分子材料生产基地、电子产品精密零部件扩建等重大项目建设，力争形成更多投资量和实物量。提升项目评估科学性。严把投资强度、技术先进性、亩均效益“三个关口”，严控安全、环保、能耗“三个门槛”，科学衡量经济、社会、生态“三个效益”，切实防止“四个冲动”。深化产业园用地整治提升“8+5+4”模式，推进“亩均论英雄”改革，全面挖掘存量空间，全年盘活低效工业用地500亩以上；开展项目产出效益“回头看”，刚性执行投资强度、亩均效益等协议，3亩以上工业企业亩均税收增幅6%以上，让每一寸土地真正释放“黄金效益”。

5.扩大改革开放步伐。加强改革系统集成，坚定不移扩大开放，为高质量发展破解瓶颈制约、打开更广空间。提升政务服务效能。对标“市场化、法治化、国际化”营商环境，持续推进“放管服”改革，让部门办事不看人、企业办事不求人。深化“园区吹哨、部门报到”工作机制，实施“园中区”项目环评审批改革试点，扩大“超时默认制”适用范围，让项目服务更便捷、更高效。深化“一件事一次办”改革，破解制约企业发展的“高频事件”，打通事关群众感受的“痛点堵点”，实现“一件事”掌上办、集成办、就近办。加快能耗、科技等领域要素改革攻坚，推动资源向优势产业、高新企业、重大项目、重点区域集聚，促进要素畅通流动、资源高效配置。深化财税金融改革。提升区级财政统筹资源能力，理顺区与板块收入分配和权责关系，逐步提高事权、支出责任与各地能力的匹配度。加强企业上市梯度培育，储备一批、股改一批、上市一批，全年新增上市企业1～2家。积极争取政策性开发性金融资金、专项债券、特别国债和中央预算内投资，公募REITs力争实现全市首单。建立国企现代化管理体系，健全市场运作、绩效薪酬和考核激励机制，确保国有资产保值增值。拓展开放合作空间。主动对标CPTPP和DEPA等高标准国际经贸规则，深度融入国内国际双循环，力争全年实际利用外资和港澳台资3亿美元、完成进出口总额41亿美元。用好国家级一类口岸、综合物流园、跨境电商综合试验区等重要载体，实施外资总部、外企利润再投资等政策，吸引更多跨国公司布局地区总部和高技术产业研发制造基地。发挥综保区政策优势，大力发展保税加工、物流、研发以及跨境电商等业务，积极争取纳入江苏自贸区扩容。办好第十五届医博会，打造更高层次对外交流合作平台。支持本土企业参加广交会、华交会和重点境外展会，拓展东盟、RCEP成员国以及“一带一路”共建国家市场，培育外贸新增长点。

6.丰富城市品位内涵。深度融入长三角一体化发展战略，全力策应泰州“一轴一核三极三城”规划布局，以精致建设、精细管理、精明增长为导向，大力提升城市价值、彰显城市风貌。塑造功能形态。完成区国土空间总体规划审批，启动详规编制工作，全力服务好城市新中心、高铁枢纽片区开发建设。加快北沿江高铁下穿等道路建设，完成扬子江南路改造、褚雅路新建等工程，配合做好姜高路二期改造、东环高架南延、G328改线、常泰高速、盐泰锡常宜铁路高新高港段等前期工作。完善公共配套，筹集保障性租赁住房3800套，改造小区停车位400个，新增电动车充电点位2000个，改造提升绿化景观道路12条、重要节点20个。强化地下管线协同管理，疏通检测市政污水管网30公里，完成向阳路以及盛唐花苑、格林美郡等10个小区排水管网整治，改造药城大道、金港北路等积淹水点17处；铺设燃气主管网20公里，新增农村燃气用户7000户。提升管理质态。深化全国文明城市创建，紧盯后街背巷、农贸市场、居民小区等重点难点，系统开展占道经营、私搭乱建、乱停乱放等“微治理”，努力实现精细化、长效化管理。深化城市管理体制改革，加快数字城管建设，着力构建“大城管”格局。加强物业管理行业监管，建立准入和退出机制，提高群众满意度。繁荣服务业态。加快升级万象城商圈，引导泰福里、悦天地优化商业业态，植入潮牌潮玩等网红元素，招引知名餐饮、零售品牌首店落地，带动人气商气加速集聚，打造城市消费新地标。加快完善天虹商圈，全方位改造东方小镇商业街，精心运营华信广场商业综合体，培育夜游、夜市、夜娱等新业态，让城市“烟火气”更旺。加快建设雕花楼商圈，激发大型商超活力，推出一批沉浸式、互动式、体验式文旅消费新产品，打造“柴墟古镇”旅游IP。深度挖掘楼宇资源，招引一批研发、商务、金融等项目，不断提高楼宇经济贡献度。

7.深入推进乡村振兴。坚持农业农村优先发展，促进农业高质高效、乡村宜居宜业、农民富裕富足。发展现代农业。加强耕地保护，坚决遏制耕地“非农化”，防止“非粮化”。实施粮食和重要农产品产能提升行动，新建改造高标准农田1.4万亩，粮食播种面积稳定在24万亩以上，创成省级农业生产全程全面机械化示范区。聚焦特色农业，做足、做活、做精“土特产”文章，“高港河鲀”“高港河蟹”争创国家地理标志证明商标。推进国家农业产业强镇、现代农业产业高质量发展示范园、农业社会化服务中心建设，实施农业农村重大项目21个、总投资8.95亿元以上。建设和美乡村。学习运用“千万工程”经验，分层分类推进村庄规划编制工作，探索集中连片打造宜居宜业和美乡村示范片区。实施乡村建设品质提升行动，补齐农村基础设施和公共服务短板，推进口岸闸、同兴闸拆建、生产河整治等一批水利工程，建设南官河、刁铺府前河等片区防洪排涝工程。实施人居环境整治，突出农村户厕改造、生活垃圾处理等重点任务，打造精致高新示范村居10个，创建绿美村庄4个。用好特色乡土文化资源，加强新时代文明实践中心（所、站）建设，提升农民精神风貌和乡村社会文明程度。拓宽致富渠道。继续推进实施农民收入十年倍增计划，构建稳定增收长效机制，农民人均可支配收入增幅7.2%左右。统筹实施富民强村帮促、“四强四促”等行动，村集体经营性收入50万元、100万元、200万元以上占比分别达90%、55%、26%。稳妥推进全区二轮土地延包试点，因地制宜开展“小田并大田”、闲置宅基地盘活利用等改革，让生态变生计、资源变资产。

8.改善生态环境质量。践行“绿水青山就是金山银山”的理念，更高站位、更大力度推动美丽高新高港建设。深化污染防治。扎实抓好中央和省环保督察交办问题整改，持续打好蓝天保卫战，落实$PM_{2.5}$和臭氧双控双减，降低大气污染物排放总量。持续打好碧水保卫战，加快电子信息产业园工业污水处理厂、凯发新泉污水处理厂改造等项目建设，港城污水处理厂三期投入运营，城市生活污水集中收集率达70%，农村生活污水治理率达50%，国考、省考断面优 Ⅲ 比例稳定达标。持续打好净土保卫战，加强土壤污染源头防控，做好农业面源污染防治，高标准推进“无废城市”建设。加快生态修复。严格执行“三线一单”管控要求，完善生态环境保护责任清单，促进生态空间“扩容”、资源承载“降负”。坚定不移抓好长江大保护，打好“十年禁渔”持久战，提升沿江生态系统多样性、稳定性。坚持林地、湿地、草地“三地”共建，新增造林不少于200亩，治理生态河道17公里，建成湿地保护小区2个。健全生态环境目标评价考核、责任追究机制，严格落实生态损害赔偿制度，构建多元主体协同治理格局。推进低碳转型。积极研究、主动应对欧盟“碳关税”挑战，落实碳达峰、碳中和目标任务，加快发展绿色低碳循环经济。坚持降碳、减污、扩绿、增长协同推进，多措并举做好能耗“双控”工作，坚决遏制高耗能、高排放项目盲目发展。推广绿色清洁生产，创成省级以上绿色工厂2个。倡导绿色理念，推动全社会生活方式和消费模式向简约适度、绿色低碳、文明健康的方向转变。

9.提高人民生活品质。践行以人民为中心的发展思想，主动回应多层次、多样化的民生需求，让老百姓过上更好的日子。抓好稳岗就业。实施就业优先战略和创业带动就业工程，提升重点群体就业能力，全年新建标准化“家门口”就业服务站3个，新增城镇就业1.5万人、高技能人才500人以上。组织各类补贴性职业技能培训2000人次，安置失业、困难人员就业7000人，扶持创业2000人。建好用好“青年人才驿站”，开发就业见习岗位1500个，提高青年群体就业率。织密保障网络。实施全民参保计划，加快法定人群社保全覆盖，为3500名灵活就业人员提供社保补贴。落实保障待遇稳步调增机制，促进城乡居民保险待遇、基础养老金、低保救助标准适度增长。健全低收入人口动态监测和救助帮扶机制，运用“大数据+铁脚板”，提高社会救助主动发现能力。精准做好残疾人、困境妇女儿童等群体关爱帮扶工作，实施“梦想改造+”项目，创建省级精神障碍社区康复服务示范点和未成年人保护工作站各1家。优化公共服务。办好人民满意教育，实施“名师导航”“雁阵领航”工程，稳步提升教育教学质量，创建跨区域城乡义务教育一体化发展改革实验区。高标准实施胡庄小学、高港中专校等校舍安全工程，加快推进高港实验初中、田河中小学异地重建工作，促进城乡教育资源均衡布局。深化纵向型医联体、区域性医共体建设，年内新增市级特色专科和名医工作室3个以上；实施“星网计划”“福声计划”，完成适龄妇女免费“两癌”筛查9000人以上、老年人免费健康体检5万人以上，争创省级健康示范区、国家疫苗临床试验现场单位。切实关爱“一老一小”，加快区老年大学建设，改造提升综合性养老服务中心2个、社区助餐点5个；新增普惠托育服务机构2个，千人口托位数提高到3.9个以上。推动文旅融合。放大省级全域旅游示范区品牌效应，深入挖掘长江、海军、大健康等文化内涵，整合旅游资源，做优文旅产品，充分激发旅游市场活力。精心打造“大江”系列文化套餐，全年开展文化惠民活动1000场以上。均衡布局公共体育设施，新改建全民健身步道5公里、体育公园1处，加快构建“10分钟健身圈”。

10.高位统筹发展和安全。全面落实总体国家安全观，推进治理体系和治理能力现代化，坚决守牢安全发展底线。提升本质安全水平。以创建安全发展示范城市为统领，严格执行党政领导挂钩联系督导、安全生产巡查、专委会述职等制度，拧紧安全责任链条。严格落实“三管三必须”要求，聚焦危化品、建筑施工、船舶修造、城镇燃气、消防等领域深入攻坚，全力压降生产安全事故起数和死亡人数，坚决遏制重特大事故发生。开展交通安全提升工程，规范标牌标识，新建一批隔离护栏、减速带等交通基础设施。坚持防抗救一体化，科学布局应急救援和物资储备系统，加快城南消防站、医药园区微型消防站等基层消防设施建设，筑牢安全生产保障体系。提升社会治理效能。以“精网微格”“祥泰网格”建设为牵引，依托区域治理现代化指挥中心，完善网格化管理、精细化服务、信息化支撑的基层治理平台，推动基层治理更加高效。坚持和发展新时代“枫桥经验”，深化矛盾纠纷多元化解“一站式”平台规范化建设，做到“预防在前、调解优先、运用法治、就地解决”。强化公共法律服务，新建法律援助工作站3个，提供服务1000人次以上。加强社会治安整体防控，常态化推进扫黑除恶，严打严防电信网络诈骗等各类违法犯罪活动。深化双拥共建，进一步完善国防动员体系。提升风险防范能力。加强政府债务管控，排实债务化解计划和资金来源，坚决遏制违规新增债务、虚假化债；穿透监管非法集资、农民资金互助社等领域风险，牢牢守住不发生区域性系统性风险底线。严格抓好食品药品监管，加强生物安全建设，防范重大环境风险，坚决维护社会大局稳定。

全面加强政府自身建设

各位代表，面对时代的呼唤、发展的重任、人民的期盼，我们将始终坚持忠诚为政、为民施政、务实勤政、依法行政、廉洁从政，努力建设人民满意政府。

保持高度政治自觉。学深悟透习近平新时代中国特色社会主义思想，巩固拓展运用主题教育成果，坚定拥护“两个确立”、坚决做到“两个维护”，不断提升政治判断力、政治领悟力、政治执行力。深入落实习近平总书记对江苏工作重要讲话重要指示精神，立足“两个大局”，胸怀“国之大者”，坚决落实党中央、国务院和省市区委各项决策部署，切实把党的全面领导贯穿政府工作各领域全过程。

坚持为民造福追求。牢牢把握江山就是人民、人民就是江山这一根本立场，致力在发展中保障和改善民生，用心用情用力办好民生实事，更高水平实现“民生七有”，让现代化建设成果更多更公平惠及全区人民。推进数字政府建设，提高政府服务的响应率、解决率、满意率。树立和践行正确政绩观，统筹好发展和安全、当下和长远、整体和局部，多做打基础、利长远的实事，努力为高新高港的未来发展积蓄后劲、赢得优势。

锤炼实干担当本领。持之以恒提升政府系统执行力，大力弘扬真抓实干、马上就办的优良作风，强化闭环督办机制，切实当好执行者、行动派、实干家。保持“时时放心不下、事事落实到位”的责任感，增强履职担当的“八种本领”“七种能力”。突出“四敢”导向，强化争先意识，全力抢机遇、抓项目、拼经济，奋力当好高质量发展的领跑者、示范生、排头兵。

深化法治政府建设。自觉运用法治理念、法治思维和法治方式推动工作，严格执行重大行政决策程序，不断提高科学决策、民主决策、依法决策水平。深化综合行政执法、行政复议体制改革，让行政执法既有力度、又有温度。加快政府职能转变，以严实作风圆满完成机构改革任务。依法接受人大及其常委会监督，自觉接受政协民主监督，主动接受群众监督、舆论监督、审计监督，让权力始终在阳光下运行。

永葆清正廉洁本色。加强政府系统党风廉政建设，高标准抓好省委巡视、市委巡察整改工作，营造风清气正的政治生态。坚决落实中央八项规定及其实施细则精神，持续深化纠治“四风”，让铁规铁纪成为自觉遵循。强化公共资源交易、工程建设、金融信贷等重点领域和关键环节的廉政风险防控，从源头上预防和治理腐败。坚持“过紧日子”，严控一般性支出，严格财政资金绩效管理，树牢为民务实清廉的良好形象。

使命呼唤担当，实干成就梦想。让我们更加紧密地团结在以习近平同志为核心的党中央周围，在上级党委政府和区党工委、区委的坚强领导下，继续奋斗、勇往直前，以“走在前、做示范”的实际行动，奋力谱写“强富美高”高新高港现代化建设新篇章！

重要文件题录

2023年泰州医药高新区（高港区）重要文件题录一览表

表36

文号	文件标题	文件日期
泰高新委〔2023〕68号	关于成立区党工委（区委）考核工作委员会的通知	2023-07-15
泰高新委〔2023〕69号	关于全区2022年度综合考核结果的通报	2023-07-15
泰高新委〔2023〕97号	关于成立泰州医药高新区（高港区）数据产业园发展领导小组的通知	2023-08-31
泰高新委〔2023〕100号	关于成立区党工委（区委）学习贯彻习近平新时代中国特色社会主义思想主题教育领导小组的通知	2023-09-14
泰高新委〔2023〕101号	印发关于深入开展学习贯彻习近平新时代中国特色社会主义思想主题教育实施方案的通知	2023-09-14
泰高新委〔2023〕127号	关于对2022年度考核优秀公务员给予奖励的决定	2023-10-31
泰高新委〔2023〕128号	关于2023年度全区食品安全工作情况的报告	2023-11-20
泰高委〔2023〕17号	转发中共泰州市高港区人大常委会党组关于加强开发区人大工作和建设的意见的通知	2023-07-22
泰高新政〔2023〕6号	关于印发泰州医药高新区（高港区）突发事件总体应急预案的通知	2023-02-05
泰高新政〔2023〕11号	关于表彰2022年度食品安全工作先进镇（街道）的决定	2023-03-17
泰高新政〔2023〕13号	印发关于支持生物医药产业创新融合集群发展若干意见的通知	2023-03-18
泰高新政〔2023〕22号	关于做好我区第五次全国经济普查工作的通知	2023-05-06
泰高新政〔2023〕37号	关于授予2023年泰州医药高新区（高港区）区长质量奖和区长质量奖提名奖的决定	2023-08-18
泰高新政〔2023〕41号	关于印发泰州医药高新区（高港区）区级财政专项资金管理办法的通知	2023-09-15
泰高新政〔2023〕57号	关于印发泰州医药高新区（高港区）大健康产业高质量发展规划（2023—2030年的通知	2023-12-28
泰高新政〔2023〕58号	关于印发泰州医药高新区（高港区）支持园区、镇（街道）经济高质量发展实施方案的通知	2023-12-28
泰高新政〔2023〕60号	关于印发泰州医药高新区（高港区）政府投资项目管理办法的通知	2023-12-28
泰高新委办〔2023〕6号	印发关于更加有效发挥统计监督职能作用的实施细则的通知	2023-03-14
泰高新委办〔2023〕7号	关于印发2023年度落实档案工作责任制任务清单的通知	2023-03-29
泰高新委办〔2023〕8号	关于印发中共泰州医药高新技术产业开发区工委（泰州市高港区委）巡察工作办公室职能配置、内设机构和人员编制规定的通知	2023-03-30
泰高新委办〔2023〕10号	关于印发泰州医药高新区党工委（高港区委）、区管委会（区政府）2023年重点工作任务分工方案的通知	2023-04-10
泰高新委办〔2023〕14号	关于印发泰州医药高新区（高港区）领导干部职务名称表等的通知	2023-04-19
泰高新委办〔2023〕15号	关于做好2023年区人大代表建议区政协委员提案办理工作的通知	2023-04-27
泰高新委办〔2023〕16号	印发关于在全区各级党组织和广大党员干部中大兴调查研究的实施方案的通知	2023-04-28

续表36

文号	文件标题	文件日期
泰高新委办〔2023〕18号	关于成立泰州医药高新区（高港区）省级全域旅游示范区创建工作领导小组的通知	2023-05-04
泰高新委办〔2023〕19号	关于印发泰州医药高新区（高港区）乡村建设行动实施方案的通知	2023-05-16
泰高新委办〔2023〕20号	转发中共泰州市高港区政协党组关于培育协商文化更好发挥专门协商机构作用实施意见的通知	2023-05-17
泰高新委办〔2023〕21号	关于在第二批学习贯彻习近平新时代中国特色社会主义思想主题教育前组织“先学一步”的通知	2023-05-18
泰高新委办〔2023〕23号	印发关于加强新时代离退休干部党的建设工作实施方案的通知	2023-06-02
泰高新委办〔2023〕24号	关于印发中共泰州医药高新区工委中共泰州市高港区委全面深化改革委员会2023年工作要点的通知	2023-06-19
泰高新委办〔2023〕25号	印发关于加强园区管理企业监督管理实施意见的通知	2023-06-20
泰高新委办〔2023〕27号	关于2022年度“创新创优奖”评定结果的通报	2023-07-15
泰高新委办〔2023〕28号	关于印发2023年度泰州医药高新区（高港区）“六争”竞比活动方案的通知	2023-07-15
泰高新委办〔2023〕30号	关于印发泰州医药高新区（高港区）“散乱污”企业整治提升等六大专项行动实施方案的通知	2023-08-22
泰高新委办字〔2023〕1号	关于转发泰州医药高新区（高港区）关心下一代工作委员会2023年工作要点的通知	2023-03-24
泰高新委办字〔2023〕2号	关于印发2023年泰州医药高新区（高港区）区级督查检查考核计划的通知	2023-03-29
泰高新委办字〔2023〕6号	关于印发医药高新区（高港区）村（社区）干部处分（处理）执行实施办法（试行）的通知	2023-09-05
泰高新委办字〔2023〕7号	关于建立医药高新区（高港区）乡村建设行动联席会议制度的通知	2023-09-19
泰高新委办字〔2023〕8号	关于印发重要紧急情况（含突发事件）信息报告责任主体表的通知	2023-11-02
泰高新委办字〔2023〕9号	关于成立泰州医药高新区（高港区）专门教育指导委员会的通知	2023-12-14
泰高新政办〔2023〕1号	关于印发泰州医药高新区（高港区）关于进一步加强违法建设预防和治理工作的实施意见的通知	2023-01-05
泰高新政办〔2023〕2号	关于成立泰州医药高新区（高港区）违法建设防治工作领导小组的通知	2023-01-05
泰高新政办〔2023〕3号	关于印发泰州医药高新区（高港区）数字经济专项行动实施方案的通知	2023-01-05
泰高新政办〔2023〕4号	关于印发泰州医药高新区（高港区）数字社会专项行动实施方案的通知	2023-01-05
泰高新政办〔2023〕5号	关于成立泰州医药高新区管委会（高港区政府）法律顾问委员会的通知	2023-01-11
泰高新政办〔2023〕6号	关于印发2023年政府民生实事票决项目任务分工方案的通知	2023-01-17
泰高新政办〔2023〕7号	关于成立制造业高质量发展示范区建设工作领导小组的通知	2023-02-01
泰高新政办〔2023〕8号	关于成立泰州医药高新区（高港区）区长质量奖评审委员会的通知	2023-02-09
泰高新政办〔2023〕9号	关于印发泰州医药高新区管委会（高港区人民政府）2023年工作要点的通知	2023-02-27
泰高新政办〔2023〕10号	关于成立泰州医药高新区（高港区）综合评价工作领导小组的通知	2023-03-20

续表36

文号	文件标题	文件日期
泰高新政办〔2023〕11号	关于印发开展“深化乡村地名服务　点亮美好家园”试点工作方案的通知	2023-03-29
泰高新政办〔2023〕13号	关于印发泰州医药高新区（高港区）数字城乡专项行动实施方案的通知	2023-04-17
泰高新政办〔2023〕14号	关于印发2023年区政府行政规范性文件制定工作计划的通知	2023-04-28
泰高新政办〔2023〕15号	关于印发泰州医药高新区（高港区）重大行政决策目录管理办法的通知	2023-04-28
泰高新政办〔2023〕16号	关于印发2023年区政府重大行政决策事项目录的通知	2023-04-28
泰高新政办〔2023〕17号	印发泰州医药高新区（高港区）关于全面加强和改进行政执法监督工作的意见的通知	2023-05-15
泰高新政办〔2023〕18号	关于印发医药高新区（高港区）重点行业领域安全生产风险专项整治巩固提升年行动方案的通知	2023-05-15
泰高新政办〔2023〕19号	关于成立医药高新区（高港区）爱国卫生运动委员会的通知	2023-05-18
泰高新政办〔2023〕20号	关于成立泰州医药高新区（高港区）老旧小区改造工作领导小组的通知	2023-05-17
泰高新政办〔2023〕21号	关于成立泰州医药高新区（高港区）城市管理委员会的通知	2023-06-06
泰高新政办〔2023〕22号	关于成立泰州医药高新区（高港区）慢性非传染性疾病综合防控示范区建设工作领导小组的通知	2023-06-15
泰高新政办〔2023〕23号	印发关于国有企业整合和管理体制实施方案的通知	2023-06-20
泰高新政办〔2023〕24号	印发关于开展公职律师工作实施方案的通知	2023-07-19
泰高新政办〔2023〕25号	关于印发公职律师管理办法的通知	2023-07-19
泰高新政办〔2023〕26号	关于公布泰州医药高新区管委会（高港区政府）部分行政规范性文件清理结果的通知	2023-08-09
泰高新政办〔2023〕27号	关于印发医药高新区（高港区）安置房管理办法的通知	2023-08-11
泰高新政办〔2023〕28号	关于印发2023年医药高新区（高港区）对口支援协作合作工作要点的通知	2023-08-14
泰高新政办〔2023〕29号	关于实行重度残疾人护理补贴城乡一体化的通知	2023-08-21
泰高新政办〔2023〕30号	关于公布泰州医药高新区（高港区）行政许可事项清单（2023年版）的通知	2023-08-21
泰高新政办〔2023〕31号	关于表彰2022年度医药高新区（高港区）建筑业明星企业、纳税突出贡献奖企业、外埠市场开拓贡献奖企业、最具成长性企业和优秀企业家、先进个人的决定	2023-09-25
泰高新政办〔2023〕32号	关于印发推进气象事业高质量发展实施方案的通知	2023-11-10
泰高新政办〔2023〕34号	关于印发医药高新区（高港区）数字人民币试点工作方案的通知	2023-11-22
泰高新政办〔2023〕35号	关于建立医药高新区（高港区）家庭教育工作联席会议制度的通知	2023-11-27
泰高新政办〔2023〕36号	关于印发泰州医药高新区（高港区）发展新型农村集体经济的若干措施的通知	2023-11-29
泰高新政办〔2023〕37号	关于印发泰州医药高新区（高港区）深入推进“减证便民”打造政务服务升级版实施意见的通知	2023-12-29
泰高新政办〔2023〕38号	关于印发“园中区”项目环评审批改革试点实施方案的通知	2023-12-29

续表36

文号	文件标题	文件日期
泰高新政办〔2023〕39号	关于印发医药高新区（高港区）产业项目“拿地即开工”审批服务实施办法的通知	2023-12-30
泰高新政办字〔2023〕7号	关于印发医药高新区（高港区）消防规划2023年度实施计划的通知	2023-07-10
泰高新政办字〔2023〕8号	关于印发泰州医药高新区（高港区）2023年政务公开工作要点的通知	2023-07-10
泰高新政办字〔2023〕9号	关于成立泰州医药高新区（高港区）第五次全国经济普查领导小组的通知	2023-07-21
泰高新政办字〔2023〕11号	关于成立泰州医药高新区（高港区）EOD项目申报工作领导小组的通知	2023-08-03
泰高新政办字〔2023〕12号	关于印发泰州医药高新区（高港区）地区生产总值统一核算部门联席会议制度的通知	2023-08-11
泰高新政办字〔2023〕13号	关于印发医药高新区管委会（区政府）2023年度消防工作任务清单和领导班子成员重点工作任务清单的通知	2023-09-04
泰高新政办字〔2023〕16号	关于成立泰州医药高新区（高港区）城市生命线安全工程建设推进工作领导小组的通知	2023-11-01
泰高新政办字〔2023〕19号	关于印发医药高新区（高港区）餐饮场所“瓶改管、瓶改电”工作实施方案的通知	2023-12-29

统计资料

2023年泰州医药高新区（高港区）国民经济综合指标一览表

表37

指标名称	单位	数值
地区生产总值	亿元	1191.95
第一产业	亿元	16.19
第二产业	亿元	645.37
其中：工业	亿元	578.28
建筑业	亿元	67.13
第三产业	亿元	530.39
服务业增加值占GDP比重	%	44.50
农林牧渔业总产值	亿元	25.55
建筑业总产值	亿元	667.35
粮食总产量	吨	113152
固定资产投资	亿元	661.28
规模以上工业总产值	亿元	1963.53
高新技术产业产值	亿元	718.27
高新技术产业产值占规模以上工业产值比重	%	36.58
规模以上工业营业收入	亿元	1821.64
规模以上工业利润总额	亿元	93.73

续表37

指标名称	单位	数值
社会消费品零售总额	亿元	292.36
出口总额	万美元	171200
实际利用外资和港澳台资	万美元	10271
一般公共预算收入	亿元	103.18
全体居民人均可支配收入	元/人	50975
城镇居民人均可支配收入	元/人	61043
农村居民人均可支配收入	元/人	33192

2023年泰州医药高新区（高港区）人均经济社会主要指标一览表

表38

指标	单位	数值
人均地区生产总值	元	246869
人均一般公共预算收入	元	21370
人均一般公共预算支出	元	17422
人均进出口总额	美元	8425
人均社会消费品零售总额	元	60551
城镇非私营单位在岗职工平均工资	元	120398
全体居民人均可支配收入	元	50975
城镇居民人均可支配收入	元	61043
农村居民人均可支配收入	元	33192

2023年泰州医药高新区（高港区）主要经济指标占全市比重一览表

表39

指标	单位	泰州市	泰州医药高新区（高港区）	占泰州市比重（%）
年末常住人口	万人	450.70	48.28	10.7
地区生产总值	亿元	6731.66	1191.95	17.7
第一产业	亿元	344.71	16.19	4.7
第二产业	亿元	3258.62	645.37	19.8
第三产业	亿元	3128.33	530.39	17.0
人均地区生产总值（按常住人口计算）	元	149383	246869	165.3
一般公共预算收入	亿元	439.70	103.18	23.5
社会消费品零售总额	亿元	1709.71	292.36	17.1
进出口总额	万美元	1912000	406800	21.3
出口总额	万美元	1335400	171200	12.8
实际利用外资和港澳台资	万美元	92907	10271	11.1
全体居民人均可支配收入	元	49255	50975	103.5

续表39

指标	单位	泰州市	泰州医药高新区（高港区）	占泰州市比重（%）
城镇居民人均可支配收入	元	59604	61043	102.4
农村居民人均可支配收入	元	31810	33192	104.3

2023年泰州医药高新区（高港区）人口及其变动情况一览表

表40　　单位：户、人

指标名称	全区合计	口岸街道	刁铺街道	许庄街道	凤凰街道	寺巷街道	明珠街道	沿江街道	永安洲镇	白马镇	胡庄镇	大泗镇	野徐镇
总户数	138937	23676	8322	11575	21821	12440	12110	4617	8182	6438	12862	9743	7151
总人数	439629	70802	25692	37500	65549	43314	36654	14321	28922	21859	38158	31455	25403
男	219106	34936	12453	18692	32489	21369	18154	6950	14116	11108	19859	16475	12505
女	220523	35866	13239	18808	33060	21945	18500	7371	14806	10751	18299	14980	12898
出生人口	2118	347	130	161	387	232	186	58	105	107	163	147	95
男	1113	179	75	76	210	129	97	24	51	58	87	82	45
女	1005	168	55	85	177	103	89	34	54	49	76	65	50
死亡人数	4252	685	221	443	338	417	320	160	298	240	499	375	256
男	2374	400	124	241	187	224	185	87	161	143	277	206	139
女	1878	285	97	202	151	193	135	73	137	97	222	169	117
迁入人数	1935	382	235	45	721	97	170	4	26	35	49	49	122
省内	1021	136	121	18	470	49	104	2	8	13	22	13	65
省外	914	246	114	27	251	48	66	2	18	22	27	36	57
迁出人数	1685	319	101	133	287	159	150	55	98	43	155	84	101
省内	840	154	50	73	139	74	71	17	59	11	104	32	56
省外	845	165	51	60	148	85	79	38	39	32	51	52	45

2023年泰州医药高新区（高港区）居民家庭年末耐用消费品拥有情况（每百户）一览表

表41

指标名称	单位	全体居民	城镇居民	农村居民
1.家用汽车	辆	72	80	58
其中：新能源汽车	辆	7	9	3
2.摩托车	辆	9	8	10
3.助力车	台	199	194	208
4.洗衣机	台	123	120	127
5.电冰箱（柜）	台	141	135	150
6.微波炉	台	99	97	103
7.彩色电视机	台	213	216	207

续表41

指标名称	单位	全体居民	城镇居民	农村居民
8.烤箱	台	10	13	5
9.空调	台	318	328	300
10.热水器	台	109	107	112
11.洗碗机	台	6	9	2
12.排油烟机	台	95	100	87
13.固定电话	线	6	3	12
14.移动电话	部	295	287	308
15.计算机	台	73	72	75
16.照相机	台	9	11	5
17.乐器（500元以上）	架	8	11	2
18.健身器材	台	14	17	8
19.空气净化器（含新风系统）	台	12	16	5
20.地面清洁电器	台	29	39	13

机构简称

泰州医药高新区（高港区）部分组织机构全称、简称对照一览表

表42

全称	简称
中共泰州医药高新技术产业开发区工作委员会	区党工委
中国共产党泰州市高港区委员会	区委
泰州市高港区人民代表大会常务委员会	区人大常委会
泰州医药高新技术产业开发区管理委员会	区管委会
泰州市高港区人民政府	区政府
中国人民政治协商会议泰州市高港区委员会	区政协
中共泰州医药高新区技术产业开发区纪律检查工作委员会	区纪工委
中国共产党泰州市高港区纪律检查委员会	区纪委
泰州市高港区监察委员会	区监委
中共泰州医药高新技术产业开发区工委（泰州市高港区委）巡察工作办公室	区党工委（区委）巡察办
泰州医药高新技术产业开发区（泰州市高港区）党政办公室	区党政办
中共泰州医药高新技术产业开发区工委（泰州市高港区委）研究室	区党工委（区委）研究室
中共泰州医药高新技术产业开发区工委（泰州市高港区委）机要保密局	区党工委（区委）机要保密局
泰州医药高新技术产业开发区（泰州市高港区）国家密码管理局	区密码管理局

续表42

全称	简称
泰州医药高新技术产业开发区（泰州市高港区）外事办公室	区外事办
泰州医药高新技术产业开发区（泰州市高港区）大数据管理局	区大数据管理局
泰州医药高新技术产业开发区（泰州市高港区）档案局	区档案局
中共泰州医药高新技术产业开发区工委（泰州市高港区委）全面深化改革委员会办公室	区党工委（区委）深改办
中共泰州医药高新技术产业开发区工委（泰州市高港区委）国家安全委员会办公室	区党工委（区委）国安办
中共泰州医药高新技术产业开发区工委（泰州市高港区委）外事工作委员会办公室	区党工委（区委）外办
中共泰州医药高新技术产业开发区工委（泰州市高港区委）组织部	区党工委（区委）组织部
中共泰州医药高新技术产业开发区工委（泰州市高港区委）机构编制委员会办公室	区党工委（区委）编办
泰州医药高新技术产业开发区（泰州市高港区）事业单位登记管理局	区事业单位登记管理局
中共泰州医药高新技术产业开发区工委（泰州市高港区委）区级机关工作委员会	区党工委（区委）区级机关工委
中共泰州医药高新技术产业开发区工委（泰州市高港区委）非公有制企业和社会组织工作委员会	区党工委（区委）“两新”工委
中共泰州医药高新技术产业开发区工委（泰州市高港区委）党建工作领导小组办公室	区党工委（区委）党建办
中共泰州医药高新技术产业开发区工委（泰州市高港区委）老干部局	区党工委（区委）老干部局
中共泰州医药高新技术产业开发区工委（泰州市高港区委）离退休干部工作委员会	区党工委（区委）离退休干部工委
泰州医药高新技术产业开发区（泰州市高港区）公务员局	区公务员局
泰州医药高新技术产业开发区（泰州市高港区）考核工作委员会办公室	区考核办
中共泰州医药高新技术产业开发区工委（泰州市高港区委）宣传和统战部	区党工委（区委）宣传和统战部
泰州医药高新技术产业开发区（泰州市高港区）精神文明建设指导委员会办公室	区文明办
泰州市高港区人民政府新闻办公室	区政府新闻办
泰州医药高新技术产业开发区（泰州市高港区）互联网信息办公室	区互联网信息办
泰州医药高新技术产业开发区（泰州市高港区）新闻出版局	区新闻出版局
泰州医药高新技术产业开发区（泰州市高港区）版权局	区版权局
泰州医药高新技术产业开发区（泰州市高港区）文化体育和旅游局	区文化体育旅游局
泰州医药高新技术产业开发区（泰州市高港区）文物局	区文物局
中共泰州医药高新技术产业开发区工委（泰州市高港区委）台湾工作办公室	区党工委（区委）台办
泰州市高港区人民政府台湾事务办公室	区政府台办
泰州医药高新技术产业开发区（泰州市高港区）民族宗教事务局	区民宗局
泰州市高港区人民政府侨务办公室	区政府侨办
中共泰州医药高新技术产业开发区工委（泰州市高港区委）网络安全和信息化委员会办公室	区党工委（区委）网信办
中共泰州医药高新技术产业开发区工委（泰州市高港区委）政法委员会	区党工委（区委）政法委
泰州医药高新技术产业开发区（泰州市高港区）信访局	区信访局
泰州医药高新技术产业开发区（泰州市高港区）发展和改革委员会	区发展改革委

续表42

全称	简称
泰州医药高新技术产业开发区（泰州市高港区）地方金融监督管理局	区金融监管局
泰州市高港区人民政府金融工作办公室	区政府金融办
泰州医药高新技术产业开发区（泰州市高港区）粮食和物资储备局	区粮食和物资储备局
泰州市高港区国防动员办公室	区国防动员办公室
泰州医药高新技术产业开发区（泰州市高港区）教育局	区教育局
中共泰州医药高新技术产业开发区工委（泰州市高港区委）教育工作委员会	区党工委（区委）教育工委
泰州医药高新技术产业开发区（泰州市高港区）工业和科技创新局	区工业和科技创新局
泰州医药高新技术产业开发区（泰州市高港区）工业和信息化局	区工业和信息化局
泰州医药高新技术产业开发区（泰州市高港区）科学技术局	区科技局
泰州医药高新技术产业开发区（泰州市高港区）司法局	区司法局
中共泰州医药高新技术产业开发区工委（泰州市高港区委）全面依法治区委员会办公室	区党工委（区委）依法治区办
泰州医药高新技术产业开发区（泰州市高港区）财政局	区财政局
泰州市高港区人民政府国有资产监督管理办公室	区政府国资办
泰州医药高新技术产业开发区（泰州市高港区）社会事业和退役军人事务局	区社会事业和退役军人事务局
泰州医药高新技术产业开发区（泰州市高港区）民政局	区民政局
泰州医药高新技术产业开发区（泰州市高港区）人力资源和社会保障局	区人力资源社会保障局
泰州医药高新技术产业开发区（泰州市高港区）住房和城乡建设局	区住房城乡建设局
泰州医药高新技术产业开发区（泰州市高港区）城市管理综合行政执法局	区城市管理综合行政执法局
泰州医药高新技术产业开发区（泰州市高港区）地震局	区地震局
泰州医药高新技术产业开发区（泰州市高港区）农业农村局	区农业农村局
泰州医药高新技术产业开发区（泰州市高港区）水利局	区水利局
泰州医药高新技术产业开发区（泰州市高港区）乡村振兴局	区乡村振兴局
中共泰州医药高新技术产业开发区工委（泰州市高港区委）农村工作领导小组办公室	区党工委（区委）农工办
泰州医药高新技术产业开发区（泰州市高港区）商务局	区商务局
泰州医药高新技术产业开发区（泰州市高港区）口岸办公室	区口岸办
泰州医药高新技术产业开发区（泰州市高港区）卫生健康委员会	区卫生健康委
泰州医药高新技术产业开发区（泰州市高港区）疾病预防控制局	区疾病预防控制局
泰州医药高新技术产业开发区（泰州市高港区）应急管理局	区应急管理局
泰州医药高新技术产业开发区（泰州市高港区）审计局	区审计局
中共泰州医药高新技术产业开发区工委（泰州市高港区委）审计委员会办公室	区党工委（区委）审计办
泰州医药高新技术产业开发区（泰州市高港区）行政审批局	区行政审批局
泰州医药高新技术产业开发区（泰州市高港区）政务服务管理办公室	区政务服务办

续表 42

全称	简称
泰州医药高新技术产业开发区（泰州市高港区）市场监督管理局	区市场监管局
泰州医药高新技术产业开发区（泰州市高港区）知识产权局	区知识产权局
泰州医药高新技术产业开发区（泰州市高港区）统计局	区统计局
泰州市高港区人民代表大会常务委员会办公室	区人大办
中国人民政治协商会议泰州市高港区委员会办公室	区政协办
泰州市高港区人民检察院	区人民检察院
泰州市高港区人民法院	区人民法院
中国人民解放军江苏省泰州市高港区人民武装部	区人武部
泰州市高港区总工会	区总工会
中国共产主义青年团泰州市高港区委员会	团区委
泰州市高港区妇女联合会	区妇联
泰州市高港区残疾人联合会	区残联
泰州市高港区科学技术协会	区科协
泰州市高港区工商业联合会	区工商联
泰州市高港区文学艺术界联合会	区文联
泰州市高港区归国华侨联合会	区侨联
泰州市高港区红十字会	区红十字会
泰州市高港区关心下一代工作委员会	区关工委
泰州市高港区哲学社会科学界联合会	区社科联
中共泰州医药高新技术产业开发区工委（泰州市高港区委）党校	区党工委（区委）党校
泰州医药高新技术产业开发区（泰州市高港区）党史方志办公室（档案馆）	区党史方志办（档案馆）
泰州医药高新技术产业开发区（泰州市高港区）供销合作总社	区供销社
泰州医药高新技术产业开发区（泰州市高港区）区域社会治理现代化综合指挥中心（大数据中心、网格化服务管理中心）	区区域社会治理现代化综合指挥中心（大数据中心、网格化服务管理中心）
泰州医药高新技术产业开发区（泰州市高港区）医药政策服务中心	区医药政策服务中心
泰州医药高新技术产业开发区（泰州市高港区）审评核查服务中心（江苏省药品监督管理局审评核查泰州分中心）	区审评核查服务中心（省药品监督管理局审评核查泰州分中心）
泰州市高港区口岸雕花楼景区管理办公室	区口岸雕花楼景区管理办公室
江苏省高港现代农业产业园区管理办公室	高港现代农业产业园管理办公室
泰州医药高新区（高港区）医药产业园管理办公室	区医药产业园管理办公室
泰州医药高新区（高港区）滨江工业园管理办公室	区滨江工业园管理办公室
泰州医药高新区（高港区）电子信息产业园管理办公室〔泰州医药高新区（高港区）综合保税区管理办公室〕	区电子信息产业园管理办公室（区综合保税区管理办公室）
江苏泰州港经济开发区管理办公室	泰州港经济开发区管理办公室
泰州医药高新区（高港区）港口物流产业园管理办公室	区港口物流产业园管理办公室

缩略语注释

缩略语注释一览表

表43

缩略语	注　释
“9+N”小场所	“9”指小学校或幼儿园、小医院、小商店、小餐饮场所、小旅馆、小歌舞娱乐场所、小网吧、小美容洗浴场所、小生产加工企业九小场所,“N”指其他具有小场所大风险特点的生产经营单位,包括汽车维修点、电池换电站、空调维修点、废品收购站、“厂中厂”、库改住以及密室逃脱场所等
“一轴一核三极三城”	“一轴”是北起凤城河、南至天禄湖,东至鼓楼路、西至海陵路的城市活力中轴,是贯通城市历史、现代和未来,连接高质量生活区、高品质商业区、高水平运动活力区的城市脊梁,也是展示形象的“城市客厅”;“一核”是凤城河文化核,将致力打造传递乡愁情怀、蕴含烟火气息的宜居家园;“三极”是金融商务极、健康服务极和高铁枢纽极,是中心城市未来发展的黄金三角;“三城”就是海陵、高新(高港)和姜堰,将围绕各自资源禀赋,加快塑造特色优势
“一案双罚”	对企业处罚的同时,也对企业主要负责人进行处罚
“一案四检视”	案发单位对照违纪违法问题清单,从政治建设、制度规范、选人用人、日常管理等方面,以点带面深刻检视,全面查找制度性、根源性不足,剖析案发原因和危害,采取有效措施,在收到违纪违法问题清单后3个月内完成整改落实工作
“一短三快”	接处警时间短,出动到场快、战斗展开快、救人灭火快
“一湖三河”	里下河腹部地区湖泊湖荡、泰州引江河、通榆河、泰东河
“一湖六河”	里下河腹部地区湖泊湖荡、泰州引江河、泰东河、通榆河、新通扬运河、三阳河、潼河
“七种能力”	政治能力、研究能力、科学决策能力、改革攻坚能力、应急处突能力、群众工作能力、抓落实能力
“八类”案件	杀人、抢劫、强奸、放火、投毒、爆炸、贩毒、故意伤害致人死亡案件
“三下乡”	文化、科技、卫生下乡
“三比一提升”	重点开发园区比质量规模、比推进效率、比产出效益、提升核心竞争力
“三公”经费	因公出国(境)经费、公务车购置及运行费、公务招待费
“三全”社区家庭教育	实现社区教育社区全域、父母全程、家庭类型全覆盖
“三会一课”	定期召开支部党员大会、党支部委员会和党小组会,按时上好党课
“三乱两违”	乱占、乱排、乱建,违法圈圩、违法建设
“三评三促三提升”	评示范村(居)促和谐,提升“微自治”精度;评优秀案例促创新,提升基层治理广度;评优秀规约促引导,提升乡风文明纯度
“三所共治”	司法所、派出所、法律服务所共同治理
“三定”规定	关于部门(单位)主要职责、内设机构和人员编制的规定
“三官一律”	法官、检察官、警官、律师
“三线一单”	生态保护红线、环境质量底线、资源利用上线和生态环境准入清单

续表43

缩略语	注 释
“三重一大”决策机制	重大事项决策、重要干部任免、重要项目安排、大额资金的使用，必须经集体讨论作出决定
“三保”	保基本民生、保工资、保运转支出
“三超一疲劳”	超速、超员、超载和疲劳驾驶
“五老”	老干部、老战士、老专家、老教师、老劳模
“五好”关工委	领导班子建设好、“五老”作用发挥好、制度健全执行好、积极探索创新好、活动经常效果好的关工委组织
“五好五老”	忠诚敬业好、关爱实绩好、务实创新好、无私奉献好、群众信誉好的“五老”
“五好五强”法院领导班子	理论武装好、政治定力强，专业素养好、担当能力强，班子结构好、整体功能强，团结协作好、斗争本领强，制度执行好、作风建设强的法院领导班子
“六长出题”	地方党委、政府、人大、政协、政法委、检察院主要负责人围绕党委政府关注、代表委员关心、政法工作重点“出题”
“双师型”教师	教师资格+中级以上技术职务或职业资格教师
“双创”人才	创新创业人才
“双交办、双点评”	“双交办”机制，巡察整改意见既交办被巡察单位，也交办区分管领导；“双点评”机制，由区党工委（区委）巡察工作领导小组成员结合日常监督情况，对被巡察党组织整改工作进行点评；区分管领导对被巡察党组织及主要负责人落实整改责任、履行职能责任情况进行点评
“双报到、双服务”活动	机关党组织到所在社区报到、在职党员到居住社区报到，服务社区治理、服务居民群众
“双招双引”	招商引资和招才引智
“双积双评”	两次积分累计和两次民主评议
“双减”	减轻义务教育阶段学生过重作业负担和校外培训负担
“双随机、一公开”	在监管过程中随机抽取检查对象，随机选派执法检查人员，抽查情况及查处结果及时向社会公开
“双联双管”机制	流出地党组织和流入地党组织双向联系双重管理
“四下基层”	宣传党的路线、方针、政策下基层，调查研究下基层，信访接待下基层，现场办公下基层
“四上企业”	规模以上工业企业、房地产企业，资质等级以上建筑业企业，限额以上批发零售业、住宿和餐饮业企业，规模以上服务业企业
“四个自信”	中国特色社会主义道路自信、理论自信、制度自信、文化自信
“四个走在前”“四个新”	在科技自立自强上走在前，在构建新发展格局上走在前，在推进农业现代化上走在前，在强化基层治理和民生保障上走在前；在科技创新上取得新突破，在强链补链延链上展现新作为，在建设中华民族现代文明上探索新经验，在推进社会治理现代化上实现新提升
“四个意识”	政治意识、大局意识、核心意识、看齐意识
“四不两直”	不发通知，不打招呼，不听汇报，不用陪同接待，直奔基层，直插现场
“四风”	形式主义、官僚主义、享乐主义和奢靡之风
“四同八助”	同心同行同力同赢，助定战略、助强管理、助聚人心、助建文化、助攻难关、助兴人才、助联内外、助美声誉
“四好”商会	班子建设好、团结教育好、服务发展好、自律规范好

续表43

缩略语	注　释
“四敢”	干部敢为、地方敢闯、企业敢干、群众敢首创
生活垃圾“四分类”	对可回收物、有害垃圾、厨余垃圾、其他垃圾进行分类投放
年轻干部“365培养行动”	至2026年，全区配备“85后”正科职干部30名、“90后”科级干部60名、“95后”科级储备干部50名
优化法治营商环境“1+4”专项行动	全面规范企业信用修复工作，全力提升“执转破”工作成效，全面强化善意文明执行助企纾困力度，全力实现涉党政机关执行积案清理目标，全面化解涉执信访突出问题
全面从严治党“三张清单”	任务清单、负面清单、监督清单
全面依法治省“双提双评”专项行动	提高地方立法公众参与度专项行动，提升现代公共法律服务水平专项行动，重点领域行政执法案卷评查专项行动，司法案件法律文书和卷宗评查专项行动
企业负责人安全生产“六个带头”	带头研究推进本企业重大事故隐患排查整治、带头落实全员安全生产岗位责任、带头开展动火等危险作业排查整治、带头开展外包外租等生产经营活动排查整治、带头建立健全安全风险管控机制、带头开展事故应急救援演练
安全生产“三个年”“六个一”行动	“三个年”行动指“巩固提升年”行动、“强化推进年”行动、“风险防范年”行动，“六个一”行动指开展一轮燃气安全全链条排查整治、一次全面安全风险研判、一轮重点行业领域专项排查整治、一轮安全生产专项精准执法行动，进行一轮全面安全生产巡查督导、一轮曝光警示
农村集体“三资”	农村集体所有的资金、资产和资源
防汛“三袋”	草袋、麻袋、编织袋
妇女“两癌”	宫颈癌、乳腺癌
劳动保护“三亮三必讲”民主管理	“三亮”指厂务公开栏亮安全风险源，生产车间亮安全风险点，生产班组亮安全建议箱；“三必讲”指晨会例会必讲规范操作，总结分享必讲违规操作，民主管理必讲安全保护
村（社区）“两委”	村（社区）党支部委员会（党总支、党委），村（居）民委员会
“两个大局”	实现中华民族伟大复兴的战略全局和世界百年未有之大变局
“两个维护”	坚决维护习近平总书记党中央的核心、全党的核心地位，坚决维护党中央权威和集中统一领导
“两个确立”	确立习近平同志党中央的核心、全党的核心地位，确立习近平新时代中国特色社会主义思想的指导地位
“两化”融合	工业化和信息化融合
“两公一住”用地	公共管理用地、公共服务用地、住宅用地
“两客一危一货”	公路客运、旅游客运、危化品运输车辆及货运车辆
“两高”“两区”	泰州医药高新区、高港区
“两高”项目	高污染和高耗能项目
“两超一非”	超范围、超量使用添加剂，非法添加非食用物质
“两新”组织	新经济组织和新社会组织
助学帮困“双百工程”	资助全区100名以上的特困生和100户以上的贫困户
助残“三进三送”	进家庭，送温暖；进企业，送政策；进机构，送爱心

续表43

缩略语	注　释
里下河“五纵六横”骨干河道	“五纵”是：三阳河接大三王河、蔷薇河、戛粮河、射阳河，泰州引江河接卤汀河、下官河、沙黄河、黄沙港，从卤汀河港口接茅山河、唐港河、东涡河至新洋港龙岗，自新通扬运河姜堰接姜溱河、盐靖河、冈沟河至新洋港龙岗，泰东河接通榆河；“六横”是：白马河下游引河穿射阳湖荡区经杨集河、潮河接射阳河，宝射河接黄沙港，潼河穿大纵湖接蟒蛇河、新洋港，兴盐界河接斗龙港，北澄子河接车路河、川东港，新通扬运河经老通扬运河接栟茶运河
快速执行“三分流”机制	执行程序性事务与实施性事务分流、简易案件与复杂案件分流、涉民生案件与一般执行案件分流
青少年体育“5621”工程	省教育厅、省体育局在全省推进实施的青少年体育“5621”工程，即每个县（市、区）至少推动5个运动项目，每个项目至少布局6所小学、2所初中、1所高中
“放亮”书记项目	“放样子、亮群像”书记项目
治安防控“五联管”	政企联动“源头管”、平台联通“网上管”、专群联勤“面上管”、“萤火”联盟“片上管”、警网联处“块上管”
政协文化“五进”活动	进企业、进单位、进园区（镇街）、进机关、进“两新”组织
科协“四长”	医院院长、中小学校长、农技推广部门负责人和科技型企业家四类人群
食品安全“两个责任”	属地管理责任和企业主体责任
夏季“三送”	送清凉、送安全、送法律
监督执纪“四种形态”	经常开展批评和自我批评、约谈函询，让“红红脸、出出汗”成为常态；党纪轻处分、组织调整成为违纪处理的大多数；党纪重处分、重大职务调整的成为少数；严重违纪涉嫌违法立案审查的成为极少数
“高低大化”场所	高层建筑、地下工程、大型综合体和化工场所
离休干部看病就医“三有一落实”工作	让每名离休干部都享有就医绿色通道、享有家庭签约医生、享有医疗特困帮扶机制，落实好提高享受医疗待遇政策
家庭农场“三簿”制度	“三簿”指生产销售记录簿、财务收支记录簿和培训登记簿
船舶出港“三核查”	核查船舶高级船员配备是否满足航行要求，核查船舶是否存在超载装货行为，核查船舶是否存在超法定检验航区航行
船舶进港“五核查”	核查船舶是否按规定通过中国海事船舶报告系统进行正确进出港报告；核查船舶AIS轨迹，是否存在未开启AIS、AIS信息不准确等问题；核查船舶是否按照船名标识规范进行船名、船籍港标识；通过“船E行”海事慧眼系统对船舶配员情况进行核查；核查船舶砂石来源、载货量等情况
领导干部“双考双反”	“双考”，即考察和考核；“双反”，指将考察情况和考核结果“双反馈”，主要负责人的“双考”情况向其本人和区分管领导“双反馈”，其他区管干部的“双考”情况向其本人和单位主要负责人“双反馈”
“清四乱”	清理整治河道治理范围内乱占、乱采、乱堆、乱建等突出问题
绿色食品企业“五有”	生产有标准、管理有规范、过程有记录、产品有追溯、宣传有标识
提案工作向政协常委会“一报告一述职双评议”	区政府负责人向区政协常委会报告全区提案办理情况；重点提案承办单位向区政协常委会汇报提案办理工作；区党政办、承办单位、提案利益相关方、提案委员会等对重点提案进行评议，提案人、区党政办、利益相关方、提案委员会等对重点提案办理情况进行评议
智改数转	智能化改造和数字化转型

说明：按缩略语首字笔画排列

索 引

说 明

1.本索引采用主题分析法提取，部分则选用关键词。
2.本索引按首字汉语拼音字母顺序排列。
3.索引名称后的数字表示内容所在的页码，数字后面的 a、b、c 分别表示左栏、中栏和右栏。
4.图片、表格分别在页码出处后标注“图”和“表”字。

D

E

F

G

K

L

M

N

P

Q

R

S

T

Y

Z